青马育骏程(2024 年卷)

鞠晗　马毓轩　主编

山东大学出版社
SHANDONG UNIVERSITY PRESS
·济南·

图书在版编目(CIP)数据

青马育骏程. 2024 年卷 / 鞠晗，马毓轩主编.
济南 ：山东大学出版社，2025. 4. -- ISBN 978-7-5607-8648-3

Ⅰ. G640-53

中国国家版本馆 CIP 数据核字第 2025WE9909 号

策划编辑　刘　彤
责任编辑　董　戈
封面设计　王秋忆

青马育骏程(2024 年卷)

QINGMA YU JUNCHENG(2024 NIAN JUAN)

出版发行　山东大学出版社
社　　址　山东省济南市山大南路 20 号
邮政编码　250100
发行热线　(0531)88363008
经　　销　新华书店
印　　刷　济南乾丰云印刷科技有限公司
规　　格　720 毫米×1000 毫米　1/16
　　　　　14.5 印张　236 千字
版　　次　2025 年 4 月第 1 版
印　　次　2025 年 4 月第 1 次印刷
定　　价　59.00 元

《青马育骏程(2024年卷)》
编委会

驭风扬鬃，“青马”蹄疾

峥嵘岁月，镌刻光辉伟业；盛世华年，续写恢宏新篇。甲辰纪年，是中华人民共和国成立75周年，也是实现“十四五”规划目标任务的关键之年。青年的理想信念关乎国家未来。青年理想远大、信念坚定，是一个国家、一个民族无坚不摧的前进动力。新的历史起点正呼唤着青年以青春之名赴时代之约。

以“青马”工程凝魂聚气，强基固本；以“仿吾”之旅启智润心，立德铸魂。

作为充分发挥山东大学马克思主义学科优势、推动“全国重点马克思主义学院建设”和“青年马克思主义者培养工程”的重要举措，山东大学成仿吾英才班为培养有理想、有本领、有担当的青年马克思主义者贡献了“山大智慧”，树立了“山大典范”。

千年鲁韵长，杏坛济水旁；百廿风云易，“仿吾”志未央

1901年，山东大学的前身山东大学堂于济南创立，自觉承担起了续千年鲁韵、融万国学识、育华年英才的使命。百廿风雨洗礼，山大精神弥新。时局维艰，伟大的无产阶级革命家、教育家，社会科学家、文学家、翻译家，忠诚的共产主义战士成仿吾先生于1958年担任山东大学校长，精神巍巍，胆略昭昭。

革命心，教育志，笔墨剑，育李栽桃，译述鸿猷。山东大学成仿吾英才班以成仿吾先生的名字命名，正是希望同学们从以成仿吾先生为代表的山大

先贤身上,汲取精神力量,扛鼎时代重任。前贤导夫先路,“青马”扬鬓蹄疾。

邃理探马列,躬行践学思;家国胸臆阔,井冈松柏姿

山东大学第七期成仿吾英才班融理论教学、实践教学和个性化培养为一体,通过理论授课、基层锻炼、文化育人、社会实践等形式进行马克思主义理论教育,实现实践技能的提升。

笃学经典,马列启明——笃守课堂教学的主渠道,强化专业理论学习。融合八期理论专题教学、四期马列经典读书会、青年导师见面会、专题辅导报告等多种理论课堂形式,山东大学第七期成仿吾英才班力求增强学生的理论素养和知识储备,在读原著、学原文、悟原理上下功夫,吃透理论精髓,强化理论武装,努力做到“知其言更知其义、知其然更知其所以然”,进一步增进对党的创新理论的政治认同、思想认同、理论认同、情感认同,同时培养学生的家国情怀和历史担当,筑牢信仰之基,促使其切实“明理”“增信”“崇德”“力行”。

学思悟践,并肩躬行——注重“社会即课堂”的现实观照,善用社会历史实践资源。从专题理论教学、家风访谈教学、“三湾改编”情景教学,到在黄洋界、八角楼、烈士陵园、茨坪旧居和大井等革命旧址缅怀革命先烈、追寻红色记忆,再到坝上急行军、自做红军餐、步云山练兵、唱红歌、编草鞋……井冈巍巍,英魂长眠,山东大学第七期成仿吾英才班积极倡导构筑多元主体参与的协同育人新格局,组织成员赴全国青少年井冈山革命传统教育基地完成了为期五天的暑期实践教学活动。春风化雨,寓教于行。“仿吾”学子还积极赴浙江、山东多地展开理论宣讲、调研家乡发展、开展志愿服务,走入社会,知行合一。

“青马”自奋蹄,五育并驱驰;青年鸿蒙志,奋抒正当时

节物风光不相待,“青马”红心从未改。理想如炬,信念如磐,山东大学

成仿吾英才班成员始终以学习和宣传马克思主义为己任,长期活跃于校园内外。守己持正,砥砺深耕,躬耕专业学术研究,以国际视野话中国故事;五育并举,文体赋能,融入多彩校园活动,以尚学兴艺展身心风貌;务实服务,躬行实践,积极履任校院社会工作,以志愿精神行公益之责;心之所向,党旗所指,依循铸魂育人价值导向,全面响应党的教育方针。一笔一墨,刻不尽热爱;一思一念,诉不尽期许。“青马”同侪,热望满怀,自当昂首信眉,砥节砺行。

征途迈迈,求索无止;目光炯炯,信仰应是。

不忘初心,留火种以谨承;负薪构堂,树丰碑而俊迈!

编　者

2024 年 8 月

目　录

第一目　追光而遇，沐光而行

第二目　博学笃志,砥砺深耕

第三目 井冈情深，红旅铸魂

第四目　青春扬帆，榜样同行

第五目　行而不辍，履践致远

第六目　万千思绪，诉诸笔端

第七期成仿吾英才班同学参加“学习二十大、永远跟党走、奋进新征程”主题培训班结业仪式

第七期成仿吾英才班同学参加“学习二十大、永远跟党走、奋进新征程”主题培训班文艺汇演

第七期成仿吾英才班同学实地调研井冈山市茅坪镇马源村

第七期成仿吾英才班同学参观茅坪八角楼

第七期成仿吾英才班同学参加步云山练兵活动

第七期成仿吾英才班同学参加“重温红色经典，唱响主题旋律”红歌教学

第七期成仿吾英才班同学参加“坝上急行军”活动

第七期成仿吾英才班同学参观井冈山革命博物馆

第七期成仿吾英才班同学参观黄洋界保卫战胜利纪念碑

第七期成仿吾英才班同学参加青年导师见面会活动

第七期成仿吾英才班同学进行“学编红军草鞋”体验教学(1)

第七期成仿吾英才班同学进行“学编红军草鞋”体验教学(2)

第七期成仿吾英才班同学参加郑敬斌教授《正道沧桑话百年》赠书仪式

第七期成仿吾英才班同学参加郑敬斌教授理论教学

第七期成仿吾英才班同学参加段光鹏老师授课活动

第七期成仿吾英才班同学参加“两会归来话成长”活动

第一目　追光而遇，沐光而行

文字如同时间的镜头，定格下“仿吾”学子相遇相知、共同蜕变的足迹，将我们在一起的瞬间化为永恒。翻开这本时光相册，往事点滴浮现眼前。

课堂上、讲座中的我们，专心致志，目光灼灼；读书会、讲台上的我们，侃侃而谈，滔滔不绝；井冈山、红军路上的我们，学思践悟，细照笃行。我们，同为追随马克思主义信仰之光而来，又怀着追随光、成为光的希冀，在知识的海洋中遨游，在实践的田野上耕耘，沐浴着马克思主义真理的光辉茁壮成长。

这是不平凡的一年，亦是不孤单的一年，那些深夜里的灯火通明、那些实践中的汗水与欢笑，都成为我们心中最宝贵的记忆。在成仿吾英才班，我们拥有彼此。未来，我们还是“我们”。

第一话｜名家荟萃，思想领航

【编者按】 名师汇聚，智慧激荡。成仿吾英才班设置的核心课程涵盖马克思主义理论前沿问题研究、马克思主义经典著作选读、中国化马克思主义著作选读、中共党史、党的建设专题研究等课程，力求全面提升学员的理论素养。学校特邀国内知名专家学者进行理论教学，为“小青马”们引航，通过深入浅出的讲解和互动研讨，帮助学员们在理论学习中不断进步，坚定理想信念，向着思想新高地稳步迈进。

心中有信仰,脚下有力量
——山东大学第七期成仿吾英才班理论教学第一讲

2023 年 9 月 17 日,第七期成仿吾英才班开班仪式暨开学第一课在山东大学中心校区举行。山东大学马克思主义学院院长张士海教授出席并进行专题辅导,第七期成仿吾英才班全体成员参加活动。本次活动由山东大学马克思主义学院青年教师、第七期成仿吾英才班班主任段光鹏主持。

张士海院长从四个切入点向学员们阐释了为什么要信仰马克思主义:一是马克思主义是科学的理论,拥有马克思主义科学理论指导是我们党坚定信仰信念、把握历史主动的根本所在,青年学子应当树立科学的马克思主义观,不断拓展思维视野广度;二是马克思主义是人民的理论,人民性是当代中国马克思主义最闪耀的理论品质,只有做到始终与人民心心相印,与人民同甘共苦,与人民团结奋斗,才能向人民交出一份合格的答卷;三是马克思主义是实践的理论,我们党始终以不断发展的理论指导新的伟大实践,回答、解决社会发展中的问题;四是马克思主义是开放的理论,马克思主义能够永葆其美妙之青春,不断探索时代发展提出的新课题、回应人类社会面临的新挑战。

段光鹏老师在讲话中向学员们介绍了成仿吾英才班的筹办历程、名称由来及班级定位,指出成仿吾英才班建立的初衷是培养政治坚定、素质全面、具有卓越领导力和高度社会责任感的青年人才,希望同学们不忘初心,在学思践悟中汲取精神力量,正确认识时代赋予的历史使命。

“仿吾”闻先声,“青马”起新风。本次仪式中共有 30 名学员顺利开启新的马克思主义理论学习历程。山东大学成仿吾英才班历时七载,不断推进“青年马克思主义者培养工程”,育英才、凝力量,为党输送了一批真正学懂弄通做实马克思主义理论、工作能力突出、具有卓越领导力和高度社会责任感的青年学生骨干。

正确价值观,为青春指路
——山东大学第七期成仿吾英才班理论教学第二讲

2023 年 10 月 15 日,第七期成仿吾英才班举行理论教学第二课。山东大学人文社科研究院院长郑敬斌教授出席并开展“社会发展与青年价值观变迁”专题讲座,山东大学马克思主义学院青年教师、第七期成仿吾英才班班主任段光鹏主持,第七期成仿吾英才班全体成员参加活动。

授课前,郑敬斌教授向第七期成仿吾英才班全体成员赠予其专著《正道沧桑话百年》,鼓励同学们学史鉴今守初心,读史明理担使命。

郑敬斌教授从“改革开放以来中国社会的发展”“改革开放以来青年价值观变迁”“新时代条件下打造社会主义核心价值观”三个方面展开专题讲座。郑敬斌教授指出,中国在改革开放以后进行了五个方面的转型,分别是:社会主义市场经济体制的建立;从以农业为基础的传统农业社会向以工业和服务业为主导的现代城市社会逐步转变,同时还正在向以知识为基础的知识创新社会加速转变;从传统中央集权政治体制向社会主义民主政治体制转变;从封闭半封闭经济社会向开放经济和全面开放社会转变;从现实社会向网络社会转变。

郑敬斌教授通过流行歌曲、生活实例等生动地讲述了改革开放以来青年价值观的改变,这种改变体现为国家认同感的增强,自主观念和平等意识越来越鲜明,有高度的自信心、突出的创新创业精神、更强的开放心态,政治参与日益积极,同时也有不可忽视的心理焦虑。

讲座最后,郑敬斌教授强调了新时代下社会主义核心价值观的引领作用。国家的进步、民族的复兴需要有强大的精神力量,我们每一个个体的发展同样如此。拥有远大理想,我们每一个个体才能心向光明、有持守的定力、有向上的激情,也才能把祖国母亲打扮得更加美丽,我们才能把握自己人生出彩的机会,成为枝繁叶茂的大树,将青春书写在祖国大地上!

深学创新理论,汲取真理力量
——山东大学第七期成仿吾英才班理论教学第三讲

为深入学习贯彻党的二十大精神,引导青年学子自觉用习近平新时代中国特色社会主义思想凝心铸魂、以学促干。2023年11月12日上午,第七期成仿吾英才班举行理论教学第三课。本次理论教学由成仿吾英才班联合山东大学文学院团委共同开展,第七期成仿吾英才班班主任段光鹏老师出席并作“习近平新时代中国特色社会主义思想是如何创立的”专题讲座,成仿吾英才班成员、文学院团委青年发展部部长冉德鸿主持,成仿吾英才班及文学院共145名同学参与。

述往思来,向史而新。段光鹏老师从百年党史中的几次关键会议讲起,介绍了习近平新时代中国特色社会主义思想的历史来源,加深了同学们对“习近平新时代中国特色社会主义思想是马克思主义中国化时代化新的飞跃”的理解,鼓励同学们以历史视角体悟理论之创新、感受思想之先进。

立足当下,把握时代。段光鹏老师从“世界面临百年未有之大变局”和“中华民族伟大复兴正处于关键时期”的具体内涵出发,深入讲解了习近平新时代中国特色社会主义思想提出的时代背景。此外,他还以“中国特色社会主义进入新时代是我国发展新的历史方位”为切入点,从依据、成就、意义三方面出发,带领现场同学们全方位领悟新时代、感受新时代,引导同学们把握习近平新时代中国特色社会主义思想的精髓要义,掌握强大的真理力量,不断攀登新的思想高峰。

展望未来,踔厉奋发。段光鹏老师全面总结了习近平新时代中国特色社会主义思想的重要意义,鼓励同学们继续筑牢信仰之基、补足精神之钙、把稳思想之舵,自觉用习近平新时代中国特色社会主义思想武装头脑,并将其转化为指导实践、推动工作的强大力量,切实增强个人本领,在新征程上踔厉奋发、勇毅前行。

讲座最后，冉德鸿同学就段光鹏老师的讲座分享了自己的感悟。他提到，在新的历史条件下，青年学子应认真感悟思想伟力，凝聚奋进力量，坚持学习和贯彻党的二十大精神，把握好习近平新时代中国特色社会主义思想的世界观和方法论，运用好贯穿其中的立场、观点和方法，在全面建设社会主义现代化国家的伟大实践中担当起青年使命，在新的历史征程中创造新的辉煌。

在热烈的掌声中，第七期成仿吾英才班第三次理论教学正式落下帷幕。本次理论教学专题讲座就“习近平新时代中国特色社会主义思想是如何创立的”作了详细解读，加深了“仿吾”学子对习近平新时代中国特色社会主义思想的认识，有助于“仿吾”学子牢固树立共产主义远大理想和中国特色社会主义共同理想，把好世界观、人生观、价值观的“总开关”，做坚定不移听党话、跟党走的新时代好青年。

坚定道路自信，继续砥砺前行
——山东大学第七期成仿吾英才班理论教学第四讲

2023 年 12 月 17 日，第七期成仿吾英才班理论教学第四课在线上举行。山东大学马克思主义学院博士生导师黄广友教授出席并进行专题辅导，第七期成仿吾英才班全体成员参加活动。本次活动由山东大学马克思主义学院青年教师、第七期成仿吾英才班班主任段光鹏主持。

授课之初，黄广友教授指出，马克思、恩格斯把现代化分为两大阶段，其中共产主义现代化阶段意味着更高的阶段，是超越资本主义生产关系的现代化。

黄广友教授认为，中国对现代化的认识是在反侵略斗争中逐渐加深的，对现代化探索的思考是逐步加深的。相较于资本主义制度，社会主义制度的优越性体现在“以每个人的自由而全面发展”为基本原则。中国的现代化经历了漫长过程，现代化的布局安排伴随着认识的不断深入和实践的不断丰富,具有承接性、延续性。党的十八大以来,以习近平同志为核心的党中央立足中华民族伟大复兴战略全局和世界百年未有之大变局,紧密结合新的时代条件和实践要求,以全新的视野深化对中国共产党执政规律、社会主义建设规律、人类社会发展规律的认识,推动中国式现代化理论与实践不断在创新中发展。中国式现代化是人口规模巨大的现代化,是全体人民共同富裕的现代化,是物质文明和精神文明相协调的现代化,是人与自然和谐共生的现代化,是走和平发展道路的现代化。中国式现代化走得通、行得稳,是强国建设、民族复兴的唯一正确道路。

黄广友教授总结道,中国式现代化既是对中国共产党人探索现代化历程的总结,又是直面现实问题的一种开拓;既有对马克思主义理论的创新发展,又有对中华优秀传统文化的吸收和运用;既有对中国式现代化发展的理性判断,又包含着中国共产党人的理想和不懈追求,因此具有历史、现实和未来的三个维度。希望第七期成仿吾英才班的同学能够加深对中国式现代化的认识,深入挖掘中国式现代化的本质内涵,为中国式现代化行稳致远贡献青春力量。

担当强国重任,争做有为青年
——山东大学第七期成仿吾英才班理论教学第五讲

2024 年 3 月 9 日下午,山东大学召开党委理论学习中心组(扩大)学习会议,国务院原副秘书长、中国工业经济学会会长、中国社会科学院大学教授江小涓应邀作专题辅导报告。校党委书记任友群主持会议,校长李术才出席会议。

江小涓教授以“坚定走中国式现代化道路:蕴意、机遇和挑战”为主题,结合大量数据和生动案例,围绕“新征程新起点:经济社会发展取得巨大成就”“建设社会主义现代化国家:新高度新机遇新挑战”“坚定推进中国式现代化:立足国情和目标抓住机遇跨越挑战”“推进改革与开放,增强现代化建设新动能”“培养适应现代化建设新要求的高水平人才”五个方面展开,对中国式现代化进行了全面深度的解读。

江小涓教授强调,面对现代化建设阶段的国情世情,要坚持系统观念培养适应时代要求的高水平人才,加强对青年的能力和眼界的培养。激励青年努力学习,攀登知识高峰,在学术研究各领域作出原创性贡献;要结合国家发展目标和人民诉求,增强青年多层次观察、多角度理解、多因素平衡和多方面统筹能力;要立足国家发展和合作共赢,以构建人类命运共同体的胸襟应对挑战和参与全球治理,为人类文明进步贡献智慧和力量。

任友群书记在主持时表示,江小涓教授的报告,既有理论的深度,又有专业的精度、实践的力度,有很强的思想性、指导性,为我们更好地把握中国式现代化这一最大的政治提供了切入点。要进一步深入学习领会习近平总书记关于中国式现代化的重要论述,紧密结合习近平总书记关于教育强国的重要指示精神,进一步找准山东大学在中国式现代化建设中的方位和定位,主动担当作为,积极开拓进取,努力回答好“强国建设、山大何为”的历史答卷。

第七期“仿吾”英才聆听讲座后,纷纷感叹新时代宏伟蓝图催人奋进,伟大而光荣的事业必将在一代又一代人的接续奋斗中成为现实。“仿吾”学子必将在刻苦学习中不断坚定理想信念、奉献自我、付诸行动,为实现强国目标贡献青春力量!

筑牢家国情怀,培育国际视野
——山东大学第七期成仿吾英才班理论教学第六讲

2024年3月23日上午,第七期成仿吾英才班举行理论教学第六课,山东大学马克思主义学院博士生导师韩升教授出席并进行专题辅导,第七期成仿吾英才班全体成员参加活动。本次活动由山东大学马克思主义学院青年教师、第七期成仿吾英才班班主任段光鹏主持。

韩升教授结合自己的研究专长，为同学们开展了“全人类共同价值引领21世纪全球化生存”专题理论教学。韩升教授首先介绍了“全人类共同价值”概念是对以往理论界相关思考、全球化发展现状的高度凝练总结。随后，从“相遇”“相知”和“相融”三个方面深入解析了全人类共同价值如何引领21世纪全球化生存。韩升教授提出，当今时代的全球化生存正处于从资本扩张的单向支配向普遍交往的互动共建转型之中，全人类共同价值体现了人类命运共同体构建进程中全球化生存的类价值自觉。全人类共同价值立足全球化生存的现实，理顺了全球化演进的机制，廓清了全球化发展的路径，是全球化和谐生存实践的重要价值引领。

最后，韩升教授鼓励同学们作为新时代中国青年应正确处理好理想和现实、主义和问题、利己和利他的关系，尤其是在小我和大我、民族和世界等方面保持清醒认知，要始终坚守正确的价值观和理想信念，防范错误思潮侵蚀，不能崇洋媚外，主动承担起弘扬全人类共同价值的责任，向国际社会阐释中国道路、展示中国智慧、传播中国声音，为人类的发展进步积极奉献青春才华。

培养法治思维，提升法治素养
——山东大学第七期成仿吾英才班理论教学第七讲

2024年4月20日上午，第七期成仿吾英才班举行理论教学第七课，山东大学马克思主义学院蔡卫忠教授出席并进行专题辅导，第七期成仿吾英才班全体成员参加活动。本次活动由山东大学马克思主义学院青年教师、第七期成仿吾英才班班主任段光鹏主持。

蔡卫忠教授结合自己的研究专长，为同学们开展了“培养法治思维，提升法治素养”专题理论教学。蔡卫忠教授首先从法律的定义及内涵出发，强调“良法”是反映人民意志、得到人民尊重并且人民愿意服从的法律。随后，针对法治与德治的区别和联系展开讨论，提出道德因具有非规范、非强制及高标准的特征而不能作为社会治理的唯一途径,法治是社会稳定的必要条件的观点。

中国特色社会主义法治道路的一个鲜明特点就是坚持依法治国和以德治国相结合,强调法治和德治两手抓、两手都要硬。法治与德治相结合,不单是实现道德与法律功能上的互补,更强调道德对法理念、法灵魂的价值统摄性。蔡卫忠教授认为,法律与道德形成了良性互补关系,部分法律是道德规范的法律化,法治手段能解决部分道德无法解决的问题。唯有建立"良法",方能实现"善治"。

蔡卫忠教授强调,《中华人民共和国民法典》的颁布宣告中国迈入"民法典时代"。这是一场新时代科学立法、民主立法的生动实践,充分保障了人民权利,在"民"与"法"之间彰显了为民情怀。

新时代是全面依法治国的时代,法治思维是每一位公民必备的素养。最后,蔡卫忠教授号召同学们深入学习法律知识,树立法治信仰,以法治思维引领行为决策,用法治力量守护公平正义,为建设法治中国贡献力量。

感悟思想伟力,谱写教育新篇
——山东大学第七期成仿吾英才班理论教学第八讲

2024 年 5 月 11 日下午,第七期成仿吾英才班举行理论教学第八课,山东大学马克思主义学院韩萌教授出席并进行专题辅导,第七期成仿吾英才班全体成员参加活动。本次活动由山东大学马克思主义学院青年教师、第七期成仿吾英才班班主任段光鹏主持。

韩萌教授结合自己的研究专长,为同学们开展了"习近平总书记关于教育的重要论述"专题理论教学。韩萌教授首先从教育的定义和内涵出发,从日常用法习惯和对"教育"一词的词源分析出发,结合西方哲学家和我国教育家关于教育思想的理论阐释,强调教育对个体社会化、个体品德社会化、社会道德内化具有重要的塑造作用。随后,她针对当下社会现实对促进高等教育发展的动力作出深入剖析,指出由于经济增长、劳动力市场需求扩大、“知识爆炸”新模式产生等原因,我国高等教育正处在快速发展、全面普及的新阶段。

坚持党对教育工作的全面领导是办好教育的根本保证,要坚持实施人才强国战略,将社会主义核心价值观融入国民教育体系,坚持理论性和实践性相统一的思想政治工作。坚持以人民为中心发展教育,要实现教育事业的精准扶贫,贯彻机会平等的重要原则,坚持把服务中华民族伟大复兴作为教育的重要使命。

韩萌教授认为,习近平总书记关于教育的重要论述体现了政治的高度、历史的厚度、教育的温度、哲学的深度、实践的力度的有机结合,蕴含着丰富的教育思想方法和工作方法,为新时代建设教育强国提供了根本遵循和行动指南。

“教育兴则国家兴,教育强则国家强。”高等教育是一个国家发展水平和发展潜力的重要标志。最后,韩萌教授号召同学们珍惜教育机会,养成良好习惯,努力成为符合党和国家事业发展所需要的人才,成为担当民族复兴大任的时代新人,为社会主义事业建设贡献力量。

第二话|诵读经典，启迪人生

【编者按】 以书为舟，以心为帆。读书是文明传承之途、社会进步之力、人生成长之梯，更是我们青年成才之要。在山东大学成仿吾英才班的理论学习中，同学们开展了多次读书分享活动。读书分享会上，不仅有对马克思主义经典及其中国化成果的深入研读，而且还有跨学科的智慧碰撞与精彩纷呈的问答交流，同学们在字里行间感受理论的魅力与时代的脉搏。这里，每一本书都是一座桥梁，连接着过去与未来、理论与实践；每一次分享都是一次心灵的触动，激发着同学们对知识的渴望、对真理的追求。同学们围绕马克思主义经典著作分享各自的阅读感悟，在思想的碰撞中迸发出新的火花，共同探讨如何在新时代背景下坚守初心使命，将理论学习转化为实践动力。通过"共沐书香，阅享初心"主题读书分享会，每位同学都更加坚定信仰，明确方向，携手在阅读马克思主义经典著作的旅途中，共同追寻并享受纯粹的初心与梦想。

第一期"共沐书香,阅享初心"主题读书分享会

2023 年 10 月 28 日上午,第七期成仿吾英才班成功举办了马克思主义经典著作主题读书会,同学们对选定的四篇经典文献进行了深入研读和学习分享。

第一组同学共同阅读了《星星之火,可以燎原》,林奕璇从"实事求是"思想——马克思主义中国化在《星星之火,可以燎原》中的深刻体现来分析这篇重要著作。林奕璇从三个角度进行分析论证:根据中国国情,否定"城市中心论"的错误思想;运用历史唯物主义,分析中国社会的本质特征;结合中国革命斗争实际,开辟"农村包围城市,武装夺取政权"的新道路。林奕璇认为,解放思想、实事求是具有辩证统一关系,只有解放思想,才能真正做到实事求是;只有实事求是,才是真正解放思想。

第二组同学共同阅读了《井冈山的斗争》,王一帆从湘赣边界的割据和八月失败、割据地区的现势两方面进行讲解。中国红色政权在不同时期采取不同的策略,进而得以促进红色政权的巩固和发展。对于割据地区的现势,毛泽东从军事、土地、政权、党的组织、革命性质、割据地区问题六个方面进行论证分析,提出解决的意义。王一帆总结到,我们党始终坚持一切从实际出发,经过调查研究和对实践经验的总结,形成了具有中国特色的军事战略战术。

徐浩钊分享了第三组同学阅读《共产党宣言》的心得感悟,从马克思主义的优越性、马克思主义对于人类社会发展的深远影响两方面进行分析,同时讨论了共产党相比于其他阶级政党的优越性、共产党人同全体无产者的关系等问题。

王昱萱分享了第四组同学在阅读了《中国的红色政权为什么能够存在?》之后对于文章的整体理解。结合当时半殖民地半封建的时代背景,毛泽东提出了中国红色政权发生和存在的五个必然性条件,进而分析了湘赣

边界的割据以及经济问题和军事根据地问题。文章中的见解独到且深刻,从实际出发把马克思列宁主义和中国实践结合起来,将保住红色政权的方法具体化,指明了中国革命胜利的航向。

钟证代表第五组同学分享了对《共产党宣言》的感悟。“十月革命一声炮响,给我们送来了马克思列宁主义”,马克思主义自十月革命以来日益为中国先进分子所接受和关注,成仿吾老先生也曾五次翻译《共产党宣言》。钟证提到,要认识社会发展规律,自觉肩负时代担当;同时坚守人民立场,提升为民情怀,立鸿鹄志做奋斗者,知行合一做实干家。共产主义者同盟高呼“全世界无产者,联合起来”的口号,誓要用暴力摧毁资产阶级的统治,实现共产主义的终极目标。

刘纾言分享了第六组同学阅读《共产党宣言》的感想,对资本主义之前的文明形态进行分析,对现代资本主义文明进行辩证审视,同时从经济基础、阶级基础、思想基础三个方面论证了超越资本主义文明的新文明形态。最后,刘纾言提到,马克思主义最终要实现的是每个人自由而全面的发展。

百余年前,革命先辈以理论与行动为共产主义理想不懈奋斗、奉献一生,我辈青年也应在奋斗和奉献中释放青春激情、追逐青春理想,从《共产党宣言》中汲取精神动力,从《中国的红色政权为什么能够存在?》《井冈山的斗争》《星星之火,可以燎原》中学习具体问题具体分析,以青春之我、奋斗之我,为实现中华民族伟大复兴的中国梦而不懈奋斗。

第二期“共沐书香,阅享初心”主题读书分享会

为提升同学们的马克思主义理论素养,夯实理论基础,坚定理想信念,2023 年 11 月 26 日下午,第七期成仿吾英才班的同学们进行了第二次读书分享会。

第一组同学共同阅读了《哥达纲领批判》,张澳忍认为,《哥达纲领批判》全面深刻地批判了拉萨尔主义,同时对无产阶级实现社会主义的路径,未来

新社会的发展阶段、国家制度等都作了系统阐释,捍卫和发展了科学社会主义理论。《哥达纲领批判》彻底清算了拉萨尔主义,为国际共产主义运动奠定了革命理论与策略的基础,是各国共产党人加强思想理论建设,克服各种机会主义的锐利思想武器。《哥达纲领批判》依然具有重要现实意义,为我们坚持和完善中国特色社会主义制度提供了科学指南。

第二组同学共同阅读了《论十大关系》,李陈仪鸿认为,《论十大关系》前五条分别讲重工业和轻工业、农业的关系,沿海工业和内地工业的关系,经济建设和国防建设的关系,国家、生产单位和生产者个人的关系,中央和地方的关系;后五条分别讲汉族和少数民族的关系,党和非党的关系,革命和反革命的关系,是非关系,中国和外国的关系。《论十大关系》系统总结了我国社会主义建设经验,明确提出了"要把国内外一切积极因素调动起来,为社会主义事业服务"的基本方针和"把我国建设成为一个强大的社会主义国家"的战略目标,初步确定了我国社会主义经济建设、政治建设的若干重要原则,标志着我们党对怎样建设社会主义有了建立在实践经验基础之上的深刻认识,对当时和以后的社会主义建设都有很强的针对性和理论指导作用。

杨晨曦分享了第三组同学阅读《社会主义从空想到科学的发展》的心得,认为为了用科学社会主义理论武装新成立的法国工人党,恩格斯发表了《社会主义从空想到科学的发展》。这部著作是科学社会主义的重要代表作,曾被译成十多种文字在世界各国传播,产生了广泛而深远的影响。马克思称赞这本书是"科学社会主义的入门",列宁说它是"每个觉悟工人必读的书"。这部著作跨越时空、历久弥新的思想魅力在于,它深刻回答了资本主义时代人类解放的重大课题,用通俗的语言指明了通向未来的现实之路。

杨璐禅代表第四组同学分享了《论十大关系》,他指出《论十大关系》对如何建设社会主义进行了全方位的探索,提出了许多重要的理论观点。十大关系就是十个方面的矛盾和问题,前五条侧重讨论经济建设问题,后五条重点讨论政治、文化建设问题。这充分体现了系统的、普遍联系的观点,充分表明了政治以经济为基础,同时政治建设又保障和推动经济发展。在处理这些具体矛盾和问题上,始终秉持唯物辩证法的矛盾观点,强调矛盾双方既相互对立又辩证统一。处理好这一系列重大关系,最终归结到一点,就是

“我们一定要努力把党内党外、国内国外的一切积极的因素,直接的、间接的积极因素,全部调动起来,把我国建设成为一个强大的社会主义国家”。

第五组同学共同学习了党的十三大报告《沿着有中国特色的社会主义道路前进》,吴美娴从大会报告及概况、提出经济发展战略“三步走”、实行差额选举、干部年轻化四个方面进行讲述,并总结1987年召开的党的十三大概括了党在社会主义初级阶段的基本路线,确定了“三步走”的发展路线,既为我国今后的经济发展建设提供了理论依据,也规划了我国社会主义的宏伟蓝图,为改革开放和社会主义现代化建设的顺利进行明确了路线图和时间表。

第六组同学共同阅读了《社会主义从空想到科学的发展》,认为恩格斯运用唯物史观的基本原理,阐述了科学社会主义是资本主义基本矛盾和冲突在工人阶级头脑中的反映,资本主义基本矛盾和冲突是科学社会主义产生的物质经济根源。这些认识对于今天科学分析当代资本主义及其新变化、对于我们在当今时代背景下重新认识社会主义和建设社会主义都具有十分重要的意义。

诵读经典著作,坚定理想信念。通过本次读书分享会,同学们对马克思主义有了更深刻的领悟,有利于同学们用坚定信念开启前路,用责任坚定步履,把个人之力融入时代的潮流中,与时代共振,书写新时代的辉煌篇章!

第三期“共沐书香,阅享初心”主题读书分享会

为提升同学们的马克思主义理论素养,夯实理论基础,坚定理想信念,2024年3月30日下午,成仿吾英才班的同学们进行了第三次读书分享会。

第一组同学共同阅读了《为人民服务》,胥志锦认为《为人民服务》跨越时空、历久弥新。重读《为人民服务》,就是要进一步深化对党的性质宗旨的认识,深刻把握人民至上的历史必然和实践逻辑,着力解决人民群众的急难愁盼问题,筑牢党最可靠、最深厚的群众根基。

在分享第二组同学阅读的《青年在选择职业时的考虑》时，徐浩钊从三个方面展开讲述：基于理性，认识自我，树立科学择业价值观；澄清劳动的本质价值，树立高远志向；澄清利己与利他的关系，追求全面发展。最后，徐浩钊认为要把人类的幸福和自身的完美统一起来，在强国建设的伟大征程中绽放青春之花。

第三组的同学分工协作，一起阅读了《为人民服务》。谭雯俊认为，《为人民服务》深刻揭示了党群关系、干群关系、军民关系的真谛。党的百余年奋斗历程及新时代党和国家取得的历史性成就、发生的历史性变革反复证明，群众路线是党的生命线和根本工作路线，是党永葆青春活力和战斗力的重要传家宝。新时代新征程，我们要把以人民为中心的发展思想贯穿全部工作之中，始终保持对人民群众的深厚感情，虚心向人民学习，倾听人民呼声，接受人民监督，用实干实绩向人民交上一份满意的答卷。

宇奕霖分享了第四组同学阅读《青年在选择职业时的考虑》的心得，提出《青年在选择职业时的考虑》是马克思于1835年8月在德国特里尔中学写下的中学毕业论文。在文中，17岁的马克思重点论述了青年为什么要选择职业、如何选择职业、应该选择什么样的职业这三大核心问题，清晰明确、坚定有力地阐明了自己的择业价值观。在当代，青年马克思的择业价值观仍具有重要的时代价值，它指导着当代大学生树立科学正确的择业观，努力提升自身能力，在奉献社会中实现自我价值。

宋彩林代表第五组同学分享了《在庆祝中国共产主义青年团成立100周年大会上的讲话》，她从习近平总书记的寄语切入，分享了先进共青团员的事迹，并提出新时代中国青年应当自觉提升政治素养与理论水平，团结凝聚在党的周围，以昂扬向上的精神风貌在中国式现代化建设中挺膺担当。

叶鑫涛从写作背景、内容梗概和对"人的完美"的思考三个方面出发，讲述了第六组同学阅读的《青年在选择职业时的考虑》。青年在选择职业时，应当考虑到自己的选择如何能够促进社会共同目标的实现，以及如何通过自己的工作为谋求人类的幸福作出贡献。如此，个人不仅能够实现自身的价值，而且还能够在更广泛的社会层面上实现"人的完美"。

人的精力是有限的，读优秀经典，无疑是含金量最高的文化阅读。马克思主义经典著作蕴含和集中体现着马克思主义基本原理，是马克思主义理论的本源和基础。学习马克思主义经典著作是掌握马克思主义基本理论、树立马克思主义信仰的重要途径。本次读书会让同学们对马克思主义经典著作有了更深入的了解和学习，深化了大家对马克思主义的认识和理解。

第四期“共沐书香，阅享初心”主题读书分享会

为提升同学们的马克思主义理论素养，夯实理论基础，坚定理想信念，2024 年 5 月 25 日下午，第七期成仿吾英才班的同学们进行了第四期读书分享会。

第一组同学共同阅读了《社会主义从空想到科学的发展》，李羽煊介绍了科学社会主义产生的经济背景和思想理论来源，以及恩格斯的观点“不成熟的理论，是同不成熟的资本主义生产状况、不成熟的阶级状况相适应的”，既肯定了空想社会主义者的历史功绩，又对其根本缺陷进行了阐述。同时，对两种思维方式即形而上学和辩证法的界限、发展、特征及资本主义基本矛盾进行了介绍。

李佳茗代表第二组以“把社会主义置于现实基础之上”为主题，重点分析了《社会主义从空想到科学的发展》一书中空想社会主义的思想来源，对空想社会主义的历史进步性和科学社会主义的理论基础及其现实原理进行了介绍。

杨晨曦分享了第三组同学阅读《在武昌、深圳、珠海、上海等地的谈话要点》的心得，认为这是一篇精彩的闪耀着马克思主义思想光辉的文章。其主线就是解放思想，解放生产力。这篇讲话一发表，民心为之一振，眼睛为之一亮，推动了中国新一轮改革发展浪潮。

赵熙琳代表第四组同学分享了《新民主主义论》，详细介绍了《新民主主义论》是毛泽东思想的重要代表作。毛泽东将马克思主义基本原理同中国具体实际相结合，创造性地提出了新民主主义理论，系统回答了时代和革命斗争实践提出的紧迫问题，指明了中国革命的前景和出路，极大地鼓舞了全

国抗日军民胜利前进的信心，其所蕴含的科学的世界观和方法论为解决当前面临的诸多现实问题提供了重要启示。

第五组同学共同阅读了毛泽东的《论十大关系》，司文从十大关系的核心特点出发，认为要处理好重点突破和统筹推进的关系，处理好效能提升和成果共享的关系，处理好激发活力和保持秩序的关系，处理好自立自强和对外开放的关系。

第六组同学共同阅读了《在武昌、深圳、珠海、上海等地的谈话要点》，陈钱从写作背景、主要内容、价值意义、哲学意蕴四个部分对文章进行了分享，认为其中贯穿了一个鲜明的中心思想，即必须坚定不移地全面贯彻执行党的“一个中心，两个基本点”的基本路线，解放思想，实事求是，放开手脚，大胆试验，排除各种干扰，抓住有利时机，加快改革开放的步伐，集中精力把经济建设搞上去，不断把中国特色社会主义事业全面推向前进。

马克思主义经典著作蕴含和集中体现着马克思主义基本原理，是马克思主义理论的本源和基础，只有认真学习马克思主义经典著作，系统掌握马克思主义基本原理，才能创造性地运用马克思主义立场观点方法分析和解决我们面临的实际问题。学习和研读马克思主义经典著作，对照马克思、恩格斯当年的思考来审视目前中国与世界的状况，我们将大受裨益，深获启迪。

第三话|火热实践,信仰弥坚

【编者按】 习近平总书记在瞻仰井冈山革命烈士陵园时指出:“井冈山是革命的山、战斗的山,也是英雄的山、光荣的山。”1927年10月,毛泽东率领秋收起义部队走上井冈山,开展工农武装割据斗争。井冈山漫山遍野的杜鹃花绚烂绽放,如同燃烧的火焰,红色就是井冈山永不改变的底色。学习革命精神,守卫精神家园。第七期成仿吾英才班学员们怀揣扎实基本功夫、发扬革命精神的拳拳爱国之心来到井冈山,火热开展为期五天的暑期社会实践研学。“仿吾小青马”们在夯实理论修养的基础上重走先辈来时路,缅怀先烈事迹,追寻红色基因在中华民族漫长奋斗史中的生动演绎,从红色基因中找到属于当下、属于未来的伟大力量。内蕴家国情怀于心,外化红色精神于行,让红色基因永不变色,代代相传。

奋楫扬帆启新程,薪火传承展芳华

宏伟蓝图,展现光明前景;伟大征程,召唤新的进发。2023年7月19日,由山东大学团委副书记翁祥栋和山东大学团委兼职副书记、马克思主义学院青年教师段光鹏带队,山东大学第七期成仿吾英才班在全国青少年井冈山革命传统教育基地进行了第一天的深入研习。

上午,首先进行了开班仪式,李羽煊作为学生代表进行发言。随后,成仿吾英才班全体学员听取了基地党委书记、中国共产主义青年团宣传部副部长张健为同志的专题讲座。讲座主题为"在习近平新时代中国特色社会主义思想指引下动员引领广大青年为全面建设社会主义现代化国家而团结奋斗——共青团十九大精神解读"。张健为书记从习近平总书记集体谈话、党中央致词的主要精神、团十九大报告的主要内容和团章修改情况四个方面集中讲解了近期党中央和团中央关于共青团工作情况的总结和指示,帮助同学们全面把握团十九大精神,深刻领悟"两个确立"的决定性意义,明晰新时代好青年的具体标准。讲座过程中,同学们积极思考,认真记录,深刻认识习近平总书记关于青年工作的重要论述在共青团工作中的指导地位。

下午,全体学员认真聆听了滕永琛老师的"井冈山斗争与井冈山精神"专题教学,滕永琛老师从井冈山的历史地位、毛泽东带兵上井冈山、艰苦卓绝的井冈山斗争等几个方面对井冈山斗争和井冈山精神进行了详细讲解。同学们充分学习井冈山斗争的历史,在井冈山时期政党建设和军队建设的实践成果中领悟中国智慧。在今天,我们要结合新的时代条件,坚定执着追理想、实事求是闯新路、艰苦奋斗攻难关、依靠群众求胜利,让井冈山精神焕发出新的活力。

晚上,学员们跟随黎美玲老师完成了"三湾改编"情景教学。三湾改编丰富了我党早期的统一战线思想,从理论和实践上对统一战线工作作出了很大贡献。在了解三湾改编的基础上,同学们按照班级进行团队组织改编,切身体会三湾改编的核心内容，每班分别选出班长、宣传员、生活员、卫生员、安全员及士兵委员会委员。同学们积极参与，全身心地投入其中，并设计了班名、班旗、班歌、班级口号和班级造型等，轮流进行展示，课堂氛围融洽。

经过一天的学习，山东大学第七期成仿吾英才班学员增强了爱国爱党意识，树立了珍惜青春时光、力争实学实干、练就过硬本领、勇于创新实践的理想信念。如今，在新时代的长征路上，我们要进行具有许多新的历史特点的伟大斗争，尤其需要大力弘扬井冈山精神，激发中华民族伟大复兴的强大动力，使井冈山精神绽放出新的时代光芒。

（文/徐浩钊　王一帆）

陵园高峰奠英烈，旧居大井念情怀

触摸历史，激发感情，涤荡心灵，坚定信念。2023 年 7 月 20 日，山东大学第七期成仿吾英才班在全国青少年井冈山革命传统教育基地进行了第二天的深入研习。

上午，成仿吾英才班全体学员前往北山革命烈士陵园瞻仰忠魂，感悟精神。登上 49 级台阶，思绪穿回 1949 年新中国成立的金秋；走过 60 级台阶，井冈山 60 年的故事一一浮现。在纪念堂，同学们敬献花圈、默哀缅怀，跟随老师的讲述走进烈士一生，感受历史温度。纪念堂外，姚瑶老师进行了“坚定执着追理想”的专题教学，讲述革命故事，回忆峥嵘岁月。全体学员重温入团誓词，镌刻历史轨迹于心，坚定理想信念之魂。

从烈士陵园出发，全体学员向茨坪革命旧址前进，依托基地特色的现场教学，读懂了由井冈山上沉淀的历史故事和革命精神提炼而成的一部部鲜活教材。简玉群老师关于彭德怀的“顾全大局勇担当”的专题教学，带领同学们了解了其出其不意的谋略、顾全大局的坚守、勇于担当的人格魅力。张冉老师与同学们实地参观中国红军第四军军官教导队旧址、湘赣边界防务委员会旧址、毛泽东同志旧居等红色遗迹,用心铭记曾经发生的每一段历史。

下午,同学们来到大井朱毛旧居,走近革命伟人,重温红色革命岁月。据了解,大井是井冈山革命斗争时期红军开展革命活动的重要场所之一。同学们走进朱毛旧居,参观遗留的残墙和常青树,遥思红军的艰辛生活。读书石旁,成仿吾英才班的同学们仿佛看到毛主席读书、看报、思考中国革命道路发展的场景。在大井朱毛旧居,同学们缅怀了过去那段艰苦奋斗的岁月,也渐渐读懂了老一辈革命者们的初心使命。

随后,同学们一同前往领袖峰。在山脚下,同学们探讨了"因为相信所以看见,还是因为看见所以相信"的问题,大家思想交锋,各抒己见。李陈仪鸿、娄载庚和叶鑫涛同学作为代表进行了发言,思路清晰,逻辑严密。最后,班主任段光鹏老师运用历史唯物主义对这个问题进行了总结,大家受益匪浅。讨论之后,同学们自由参观领袖峰。同学们在王佐烈士墓前缅怀先烈,在领袖峰广场远眺井冈山主峰,在静默中感受伟大革命精神。

回眸历史,凝聚力量。经过一天的学习,山东大学第七期成仿吾英才班学员对井冈山精神有了更深刻的体悟,对自身所肩负的时代重任有了更明晰的认知。井冈山精神过去是,现在是,将来仍然是我们宝贵的精神财富,我们要永远铭记、世代传承,让井冈山精神绽放出新的时代光芒。

(文/李松阳　杨亚潼)

油灯之光永相传,步云练兵筑同心

赓续红色血脉,凝聚奋进力量。2023年7月21日,山东大学第七期成仿吾英才班在全国青少年井冈山革命传统教育基地进行了第三天的深入研习。

上午,成仿吾英才班全体学员首先在基地广场参加升旗仪式。随后,全体成员前往茅坪八角楼进行参观。“天上的北斗亮晶晶,八角楼的灯光通通明。”楼阁书桌上,一灯如豆。据姚瑶老师讲解,当年,毛主席借着一根灯芯的微弱光芒,写下了《井冈山的斗争》《中国的红色政权为什么能够存在?》两篇著作,回答了“红旗到底打得多久”的问题。岁月已远去,薪火永相传。毛主席敢为天下先的大无畏革命精神深深打动着成仿吾英才班的每一名同学,“实事求是”“敢闯新路”也镌刻在每一名“仿吾”学子心中。

中午,同学们前往马源村的乡亲们家中制作红军餐。又是牡丹飘香时,大枫树下共炊事。学员们分为四个班,前往四位江西老乡家中亲手制作红军餐。同学们分工明确,配合默契,择菜、切菜、炒菜,每个步骤都有条不紊地进行着。吃着自制的红军餐,听着乡亲们讲述的历史故事,同学们更加真切地感受到今日美好生活的来之不易。

下午,同学们来到步云山红军练兵场,体验红军练兵,提升团队凝聚力。据了解,步云山是当年地方武装袁文才农民自卫军早期进行整训的地方,也是井冈山斗争时期著名的红军练兵场。教学主要分为三个环节:投掷手榴弹、穿越封锁线以及翻越障碍墙。同学们充分发挥团队的力量,积极协作,秉持不畏困难、勇往直前的精神,攻克每一个挑战。

晚上,同学们进行了以“重温红色经典,唱响时代旋律”为主题的红歌教学。井冈山是革命的摇篮,也是红歌的摇篮。在钟国华老师的带领下,同学们学唱了《江山》《天上太阳红彤彤》《太阳最红毛主席最亲》等革命歌曲,在歌声中寻找红色记忆,点燃生命激情。同学们歌声嘹亮,神情坚毅,进一步树立了正确的党史观,增强了使命感和责任感。

“红军不怕远征难,万水千山只等闲。”经过一天的参观与体验式学习,山东大学第七期成仿吾英才班学员切身体会到了革命先辈们艰苦卓绝的奋斗历程,感受到了井冈山红色革命的波澜壮阔。重走红军路,传承井冈情。“仿吾”学子将继续发扬百折不挠、吃苦耐劳的革命传统,传承井冈山精神,把井冈山精神融入日常生活中,让井冈山精神在新时代绽放出独特光芒。

(文/宋彩林　陈钱)

黄洋界上悟使命,学编草鞋体艰辛

跨越时空,重温历史,奋斗史诗,震撼人心。2023年7月22日,山东大学第七期成仿吾英才班在全国青少年井冈山革命传统教育基地进行了第四天的深入研习。

上午,成仿吾英才班全体学员前往黄洋界追溯历史,感悟精神。"星星之火,可以燎原",苍劲有力的大字映入眼帘,黄洋界保卫战胜利纪念碑矗立在前。纪念碑前,姚瑶老师进行了"军民协作夺胜利"的专题教学,讲述了黄洋界保卫战红军以少胜多的光辉事迹,强调了人民群众对于中国革命的重要性。"江山就是人民,人民就是江山。"全体学员参观黄洋界后纷纷感悟,要赓续革命传统,坚定信仰信念,汲取前行力量,在新征程上继续为人民服务,依靠人民创造历史伟业!

下午,同学们进行了"学编红军草鞋"的体验教学,深切体会红军艰苦奋斗的优良作风与不惧困难的革命浪漫主义情怀。草鞋编制工序极其复杂。在基地两位老师的细致讲解与展示下,同学们积极体验,身临其境地感受当年那段峥嵘岁月的艰辛。"打双草鞋送红军,南征北战打胜仗;脚穿草鞋跟党走,刀山火海不回头。"一双双草鞋伴随着红军战士踏遍了祖国大半山河,红军草鞋是当年共产党人率领红军战士艰苦跋涉、浴血奋战的历史见证和精神象征。

"苟利国家生死以,岂因祸福避趋之。"经过一天的学习与实践,山东大学第七期成仿吾英才班学员深切感受到,爱国是每个人心中都抱持的深情,这份深情也意味着赤诚和责任。吾辈应当将这份朴素深情内化于心,外化于行,接过燃烧火炬,坚守不渝初心,讲好红色故事,赓续红色基因,以红色精神激荡复兴伟业。

(文/郑佳宁　刘纾言)

革命后代讲家风，文艺汇演赞盛景

踔厉奋发，笃行不怠。2023 年 7 月 23 日，山东大学第七期成仿吾英才班在全国青少年井冈山革命传统教育基地进行了第五天的深入研习。

上午，同学们来到井冈山革命博物馆参观学习。井冈山革命博物馆陈列着井冈山革命斗争时期的文物 800 多件、照片 2000 多张，序厅里两侧墙上分别挂着毛泽东诗词《西江月 · 井冈山》和《水调歌头 · 重上井冈山》。参观过程中，同学们在“朱毛挑粮”实景雕塑前静静观看，感悟革命艰辛；在毛泽东用过的油灯和砚台前，学习毛泽东怎么在只有一根灯芯的昏暗灯光下，写下了《中国的红色政权为什么能够存在?》《井冈山的斗争》两篇光辉著作。展馆里有一块泛黄的粗布，上面写着 24 字的入党誓词，虽然还有几个错别字，但却吸引了同学们的注意。“这是迄今为止保留下来的最早的中国共产党入党誓词。1931 年，永新县北田村农民贺页朵在自家榨油坊正式宣誓加入中国共产党，他激动地将宣誓词写在一块红布上表达自己的决心，它展示了农民党员对党的热爱之心和对革命的坚定信念。”讲解员说道。

随后成仿吾英才班一行人抵达始建于 1968 年、占地 15 公顷的南山公园。南山公园以“红色传承”为思想主题，入口广场竖立着象征井冈山斗争的工农兵群雕塑和伟人题词，沿途有以井冈山斗争时期著名的五大哨口地命名的仿竹小亭，火炬广场上高耸矗立着 34 米高的火炬雕塑，周围还矗立着 90 个火炬，寓意着 90 周年。

下午，在“革命后代话初心 · 讲家风”访谈教学中，我们有幸聆听两位革命先辈的子女伍连连、朱新春讲述他们的父辈们的传奇革命人生。

伍连连女士的父亲伍修权先生是我国无产阶级革命家、军事家、外交家，曾参加过长征、遵义会议。我们了解到伍修权先生曾赴莫斯科学习，后强烈要求回国参与革命斗争，于 1931 年几经周折终于归国，挥诗一首：“故国忽地起烽烟，身居桃源忧心重。终经万里崎岖路，投入血火战斗中。”伍连连女士的母亲张毓兰更是舍小家为大家,以身作则言传身教,影响着孩子们。

另一位嘉宾朱新春先生为我们讲述了其父亲朱良才上将的革命事业,这位从井冈山走出去的老红军被毛主席称赞为“军之良才”,在青年时期他就说出了“只要不砍头,我就要入党”的豪迈誓言,他也曾翻山越岭、千里行军整整36天寻找党组织,并在战争后期整理、收集、宣传了大量英雄事迹,更是在高级领导干部终身制的年代第一位主动让位的开国将军,为国家奉献一生。

我们通过革命先辈们的故事已经可以窥见他们的高风亮节,当代青年更应在新时代新征程中担负起责任,在各自的事业上发光发热,实现人生理想。

晚上,进行了文艺汇演,成仿吾英才班的同学们献上了精彩节目《溯梦》,梦望未来,秉承红色精神,少年心怀热忱,眼有星辰大海,胸有丘壑万千,心有中华盛景。文艺汇演结束后,颁发了结业证书。

经过五天的学习,2023年度“学习二十大、永远跟党走、奋进新征程”主题教育培训活动已圆满结束,山东大学第七期成仿吾英才班的全体成员对井冈山精神也有了更加深刻的认识。在未来,我们将接过历史的接力棒,坚定不移跟党走,不断从井冈山精神中汲取力量,攻坚克难,砥砺奋进,为中华民族伟大复兴而不懈奋斗!

(文/司文　王昱萱)

第二目　博学笃志，砥砺深耕

在心中播下马克思主义信仰的种子，人生才不会荒芜。一载春秋，“仿吾”学子秉承博学笃志之精神，矢志不渝强化理论根基。八次深度理论讲座、四期经典原著研读会，多元化理论教学掀起学习马列的热潮；青年导师面对面、专题辅导点对点，特色化知识讲解深悟透思马克思主义的精髓。

在这里，我们惜时如金，像海绵吸水一样汲取知识，在老师们的传道授业中提升理论素养，在细读经典文献中捕捉真理光芒。

在这里，我们多思多想，用笔尖文字记录所想所感，真正将马克思主义基本原理内化于心。如此，方能骄傲且有底气地说：“我是‘仿吾’人。”

第一话|时代重任，舍我复谁

【编者按】 时移世易，青年赤子，重任在肩。当此之时，科技进步日新月异，社会结构不断调整，文化交融日益频密。时不我待追梦人，任重道远肩重任。“仿吾”学子深谙青年之责，回首仁人志士以身许国，他们或是笔耕不辍之文化巨擘，或是英勇无畏之革命先驱，或是默默奉献之普通民众；也展望今人承前启后、继往开来之重任，于科创领域需攻克技术难题，于环保事业需笃守绿色理念，于全球化进程中应促进文化交流，守护人类命运共同体。时不我待矣，任重而道远；舍我复谁乎，为国为民情。在这个充满变数的时代，每个人皆是历史的书写者，哪怕青灯黄卷，亦可披荆斩棘；理想高悬，更能脚踏实地。“仿吾”学子将始终自觉保持昂首信眉的状态、揆诸社会的勇气、肩挑时任的志向。

踏吾心之所向，正时代之风帆

中华悠悠五千载，飞扬壮志充其间。吾辈青年当立凌云之志，向心中理想圣地大步前行，不断修正前行的航道，方能到达企盼的彼岸。

以理想为矢，踏足前路征程

“铅刀有干将之志，萤火希日月之光。”忆往昔，太史慈疾呼“大丈夫生于乱世，当带三尺剑立不世之功”，然性格刚烈、忠诚无双，为东吴的繁荣富强鞠躬尽瘁；宗悫“愿乘长风破万里浪”，历经南朝宋文帝、孝武帝两朝，在平定叛乱和巩固边疆的军事行动中立下赫赫战功；毛润之改诗“埋骨何须桑梓地，人生无处不青山”，在风雨飘摇的年代，身着粗布衣从韶山出发，把拯救中国的使命担在肩上，最终赢得了民族独立和人民解放。

看今朝，天才少年曹原怀乾乾笃志，在石墨烯领域取得瞩目成就；中山大学博士研究生韦慧晓投身军旅，蜕变为我国海军首位女副舰长。进入中国特色社会主义新时代以来，经济保持快速发展，改革开放不断深化，生态文明建设持续推进，人民生活水平稳步提高……每一个举世瞩目的成就背后，都闪耀着无数青年后继者的名字，他们跋涉于梦想的长征路上，远望苍穹，探索深海；焊花闪烁，刀锋起舞；逢山开路，遇水搭桥；遇风浪，战而胜之；遇礁石，破而后立！用炽热的灵魂，灼透千篇一律的皮囊；以纯粹的愿景，换明朝的如泻天光！这就是青年，怒马鲜衣，今将图南。

以奋斗为翼，翱翔万里碧霄

行如涓滴汇入江海，身如微芒聚于星河。曾记否，那个驰骋沙场以未及弱冠之年义无反顾地扛起反清复明大旗的青年高呼，“无限山河泪，谁言天地宽?”曾记否,那个惊才绝艳的少年诗人,以自己的才智为后人留下了千古绝唱。他们,是夏完淳,是王勃,他们以奋斗之姿让自己的姓名长悬于历史长河之中。而今,实现强国伟业成为新时代中国青年的理想使命。愿以奋斗点染岁月,以烈火长燃盛年。

青年时代之醇醪,乘风扶摇云涌时易,星燧贸迁,今之中国六合同风九州共贯,已然成为能傲视群雄的东方雄狮;今之时代开放包容,同舟共济,已然成为能包罗万象的承平盛世。青年助力时代欣欣向荣,时代亦助青年扶摇九天。历史坐标上,始终清晰的是奋斗者的身姿,正如那不畏艰难的探险家征服未知的领域,那坚韧不拔的运动员在赛场上挥洒汗水,那勤奋学习的学子在书海中寻求真理,都是坚持不懈精神的体现。只有不畏艰难险阻、不屈不挠地砥砺前行,才能在人生的道路上绽放出最绚烂的花朵。

千载悠悠,情满一盈,明月只有高挂才能永葆清辉皎洁;卉木萋萋,春光乍泄,繁花只有恣意才能无悔绽放。因此,我们新时代的青年应如磐石般坚定,不畏风雨,不惧挫折,用奋斗铸就辉煌。

以自省为尺,丈量成败得失

先贤因三省其身而笃行不怠,太宗纳谏臣之言而名垂青史,桀纣因刚愎自用而灰飞烟灭。往事如风,如若不能加以改进,则因毫无生机而灭亡于一潭死水中,或因妄自尊大而毁灭于癫狂,陷入不可知的境地之中。人生是一次单程的旅途,迈进深渊当中,万劫不复就是必然的结果。莎士比亚曾说,因为容忍祸根乱源而不加纠正,危险已是无可避免的。诚哉斯言,自省是一面镜子,可以帮助我们“正衣冠”,在复杂的脉络中不断碰壁又不断修正,从而减少主观性可能带来的谬误。“吾日三省吾身”中的“省”就是自我反省、对自身的怀疑,怀疑是否陷入了一种偏见,从而去尝试另一种看法。这样既有先见之明,又能脚踏实地,否则只能浮于事物的表面,无法深入理解。所以,从某种程度上看,古人所强调的“反省”乃是对方法论的思考,思考我们以怎样的方式更好地协调前见与自省的关系。

驻足在历史的长廊里,回首那曾经的征程。作为中国人,近代屈辱的历史仍在每个人的心中警钟长鸣。由于自明中叶后中国贫穷积弱落后于时代,自是人为刀俎我为鱼肉,任外国列强宰割。当今之际,我们深刻反省自身,放眼世界,不再故步自封,而是敞开国门实行改革开放,并最终取得了辉煌成就。

“少年的肩上有清风明月和国家担当,挑起时代的脊梁。”鲲鹏九万里,直上云海巅。伟哉大宇宙,壮志充其间。当代青年有乘风好去之志,无江郎才尽之忧,以心之所向,踏时代风帆!

（文/宇奕霖）

紧扣时代脉搏,争做有为青年

白云悠悠,有去有返,万事如流水,唯时间与行。社会历史发展的车轮滚滚向前,青年一代的价值观也在不断发生变化。苏子有言“盖将自其变者而观之,则天地曾不能以一瞬”,很多人被这瞬息洪流,或裹挟前进,或淹没其中。因而在这个瞬息万变的时代,想成为弄潮好手,需树立正确的价值观,顺应时代变迁,争做有为青年。

白岩松说过:“没有一代人的青春是容易的。每一代有每一代人的宿命、委屈、挣扎、奋斗,没什么可抱怨的。”在那黄钟毁弃、瓦釜雷鸣的时代,仍有人愿意挺身而出,举世皆浊我独清,更何况生逢其时的我们。青年人是新时代的后继者,是社会主义的接班人,是实现中国梦的先锋力量,作为大学生的我们,必将把青春年华奉献给中华民族伟大复兴这一千秋伟业。

心中有信仰,脚下有力量。卢新宁在演讲中说道:“在这个怀疑的时代,我们依然需要信仰。”青年一代,怀着一腔孤勇踏上人生的旅途,不论遭遇何等挑战与挫折,都不要失去信仰。嘉兴红船上,因为信仰,希望的火种窥过未来天光;长征路途中,因为信仰,星星之火已成燎原之势;荒滩戈壁里,因为信仰,升腾的蘑菇云成为每个中国人的底气;无垠苍穹外,因为信仰,中国足迹留在了第二个星球……我们的未来将融汇于中华民族伟大复兴的新征程，我们处在一个大有可为的时代。泅渡了几千年的霜雪长河，中国这条巨龙已然盘旋在了七大洲的上空。少年兴则国兴，少年强则国强，这条巨龙能否腾空而起在于少年。青年人应摒弃消沉之心，坚定信仰，知其难，信其力，行其艰。

胸怀大格局，见时代真章。“受光于庭户见一堂，受光于天下照四方。”要想成为新时代的有为青年，需要一双注目家国的眼，若要承担起时代的使命，便不能成为“精致的利己主义者”，而应让这双眼睛望向天下、苍生。张载将眼睛望向天下、苍生，才吟出“为天地立心，为生民立命，为往圣继绝学，为万世开太平”；顾宪成将眼睛望向天下、苍生，才写下“家事国事天下事，事事关心”；西南联大师生将眼睛望向天下、苍生，才唱响“中兴业，须人杰。便一成三户，壮怀难折”。于高山之巅，方见大河奔涌；于群峰之上，更觉长风浩荡。青年人应胸怀大格局，像鲁迅先生所说的“无穷的远方，无数的人们，都与我有关”，方能在时代浪潮中大有所为。

然而，总有质疑的声音出现，有人认为00后是“垮掉的一代”。没有经历战乱的颠沛流离，没有经历国家初建的艰难困苦，没有经历飞速发展经济的压力重重，生在稳定发展的和平年代，00后好像温室里的花朵，根茎早已纤弱不堪，难以挑起时代大梁了。可是，真的是这样吗？00后战士陈祥榕在面对敌人挑衅时毫不畏惧，英勇牺牲，他说“清澈的爱，只为中国”；00后跳水小将全红婵在奥运赛场上冷静镇定，一跳定乾坤，她说“我一直都在往前迈”；00后援鄂护士刘家怡勇敢奔赴抗疫一线，成为那片黑夜里的最美逆行者，她说“穿上防护服，我就不是孩子了”。生逢盛世的我们，或许在时代的大山下感到渺小，或许会为时代的一粒灰尘感到绝望，但不要忘了，我们的身后还有千千万万人，我们总能扛起责任、使命走向远方。

历史的车轮在不断前进，青年一代并非垮掉的一代，而是大有可为也定要大有所为的一代。知而后信，信而后行，不自我束缚，不妄自菲薄，心怀信仰，放眼天下，以昂扬之姿，以无畏之志，去行动，去奋斗，则中华之强盛，可指日而待也。

不驰于空想，不骛于虚声。顺应时代变迁，争做有为青年。

（文/李昀芷）

强国复兴有我,青春筑梦未来

偶然间,我翻开了曾经熟读的历史课本,恰巧停在了辛亥革命的一页,耳边顿时传来了青年士兵的口号声与隆隆的炮声……在 110 多年前,以孙中山为代表的革命党人发动了震惊世界的辛亥革命,推翻了清朝政府,结束了在中国延续几千年的君主专制制度,为实现民族独立、人民解放艰辛探索。而现在,眼见鲲鹏展翼的粤港澳大湾区,大桥高架、高铁飞驰;蓬勃生长的雄安新区,机械轰鸣、塔吊林立;风景如画的乌梁素海,百鸟竞舞、波光荡漾;奋楫扬帆的"长三角",江海交汇、河湖相通……放眼 960 多万平方公里的神州大地,处处呈现着奋跃而上、生机勃发的气象,14 亿多中国人民阔步行进在通向现代化强国的康庄大道上。我们是新时代的青年,在这个最接近百年奋斗目标的时刻,在这个社会蓬勃发展、欣欣向荣的时刻,在这个世界联系空前紧密的时刻,心中不禁涌起强烈的自豪感和使命感。

林和靖先生有言:"心不清则无以见道,志不确则无以定功。"自古以来,欲成大事者,必先立下凌云之志。党的十八大以来,习近平总书记站在实现中华民族伟大复兴中国梦的战略高度,把脱贫攻坚摆在治国理政突出位置,推动中国减贫事业取得巨大成就。"我们不同于几十万人、几百万人、几千万人的现代化,而是十四亿多人口的现代化。"超大规模的人口,既能提供充足的人力资源和超大规模市场,也会带来一系列难题和挑战。以中国的体量,再大的成就除以 14 亿多人都会变得很小,再小的问题乘以 14 亿多人都会变得很大。正如习近平总书记指出的,"光是解决 14 亿多人的吃饭问题,就是一个不小的挑战"。要让现代化建设成果更多、更公平地惠及全体人民,就要坚决防止两极分化。实现共同富裕是一个长期任务,必须一代又一代人久久为功,咬定青山不放松,接续奋斗,才能不断取得新进展。

人无精神则不立,国无精神则不强。实现中华民族伟大复兴,需要物质文明极大发展,也需要精神文明极大发展。"两手抓、两手都要硬。"在党的二十大报告中,习近平总书记深刻指出:“物质贫困不是社会主义,精神贫乏也不是社会主义。”“物质富足、精神富有是社会主义现代化的根本要求。”在历史长河的冲刷下,留下了智慧,留下了真理,我们可以通过学习,站在巨人的肩膀上,望见更遥远的地方,撷取更高处的果实。通过对先进文化的了解,坚持社会主义先进文化前进方向,继承革命文化,发展社会主义先进文化,不忘本来、吸收外来、面向未来,更好构筑中国精神、中国价值、中国力量。

大风泱泱,大潮滂滂。洪水图腾蛟龙,烈火涅槃凤凰。经历苦难后的中国一定会重现往日的华光,一代又一代的中国青年们,志向坚定,潜心向学,坚韧不拔。他们会用稚嫩但结实的双肩扛起几代人的梦想。他们相信:中华民族伟大复兴,定将舒天朝晖,磅礴东方!

(文/李彦蓉)

昂首信眉,砥节励行

中国式现代化是人口规模巨大的现代化,是全体人民共同富裕的现代化,是物质文明和精神文明相协调的现代化,是人与自然和谐共生的现代化,是走和平发展道路的现代化。中国式现代化不仅是对过去40多年改革开放成果的延续,也是对未来发展的深惟重虑。自当于经济建设的主战场、文化传承的接力赛、生态文明的守护园中诠释新时代青年的责任与担当,让世界看到中国青年的力量。

经济战略须锚定基石,强化宏观调控与前瞻指引。在全球化激烈竞争的宏观经济环境中,我国经济的稳健前行依托于高瞻远瞩的战略布局与精准施策。自改革开放以来,我国经济实力迅速提升,在世界舞台上的地位日益显著,但也面临一系列新的挑战。一方面是短期的增长压力,即如何在当前全球经济不确定性增加的背景下,保持经济的稳定增长;另一方面是长期的增长压力，即如何在进入高收入阶段后，避免陷入“中等收入陷阱”，实现经济的持续健康发展。这需要我们在结构调整、创新驱动、产业升级等方面下功夫。这不仅是国家经济持续繁荣兴盛的核心动力，而且是确保经济之舟破浪前行的关键。

文明薪火须不懈赓续，坚持深入挖掘和守正创新。在继承中创新，在创新中发展，理解中国从哪里来，思考我们将要到哪里去，我们要在全球化的大背景下，把握中国发展的脉络，理解中国式现代化的独特路径和深刻内涵。“民惟邦本，本固邦宁”的民本思想是我国传统治国理念的基石和核心内容；“治国先治吏”，讲的是治理好国家，首先要管好官吏；“天人合一，道法自然”，治理应该遵循自然规律……遗落的珠玑，待后人拾起，文化的灯火，幽幽不熄。在经济转型、社会变革、文化交融的今天，更当善用传统文化中的“胆”与“识”面对新问题、提出新观点、实践新方法。

生态治理须澄源正本，构筑智慧路径与和谐愿景。坚持可持续发展，既要生产发展，也要生活富裕和生态良好，实现中华民族永续发展。要坚持节约优先、保护优先、自然恢复为主的方针，政府要发挥重要作用。环境保护、绿色发展需要政府发挥关键作用，需要发挥举国体制的优势，需要构建有效的激励和约束政策体系。人与自然和谐共生，是中国，更是全球的发展议题。其中，减排问题是科学、环境、经济和政治的混合体，也是一、二、三产业的交叉地带，因此需要综合运用科技力量、经济激励、政策引导和公众参与等手段，跨越学科界限，融合产业实践，形成全球性的减排合力。

青年学子要具备宽广胸襟，以构建人类命运共同体的理念和行动作出有利于国家、民族乃至全球共同发展的权衡和决策；加强多层次观察、多角度理解、多因素平衡和多方面统筹的能力培养；在思考中成长，在成长中思考，不断提升自己的思想境界和道德修养；在实践中锻炼自己，提升自己的能力，同时也要敢于质疑，敢于创新，敢于引领时代潮流；经过40多年的学习和跟跑，国家实力增强、创新驱动发展更受重视，研发投入持续增加，我国有望成为全球最大研发投入国。我们也应乘时代之势，攀学科高峰，为人类社会作出原创性贡献，将个人的成长与时代的发展紧密结合，将个人的理想追求融入国家和民族的事业中，用实际行动践行社会主义核心价值观，用青春的热血书写属于我们这一代人的辉煌篇章。

百年党史,江山留胜迹;不忘初心,我辈复登临。展现中国式现代化的良好风貌,既是对内凝聚共识、激发活力的过程,也是对外展示国家形象、提升国际影响力的重要途径。我们应当去做不空谈的理想者、不软弱的仁爱者、不偏激的刚执者,在乾坤万变、机遇与挑战并存的时代,踏浪而歌,昂首前行。

(文/冉德鸿)

春华秋实,勇立潮头

在成仿吾英才班所接触的讲座已达十余次,我仿佛乘一叶扁舟在理论的海洋中汲取知识的力量,行至今日,满载而归。

从井冈山的革命先辈经历分享会,到山东大学党委理论学习中心组(扩大)专题辅导报告会,再到四次读书会,我们研读了包括《共产党宣言》《中国的红色政权为什么能够存在?》《井冈山的斗争》《在庆祝中国共产主义青年团成立100周年大会上的讲话》在内的众多启迪智慧、激荡人心的经典著作。这些都成为我在成仿吾英才班收获的宝贵精神财富。作为哲学专业的一名学生,我对无数革命先辈艰苦卓绝的奋斗有了更深刻的认识。我体会到哲学不仅是一种爱智慧的学科,而且还是一种指导生活、变革的思想武器。在习近平总书记的重要讲话中,我也感受到了作为新时代青年所肩负的责任与使命。

生逢盛世,心存感激。生于没有战火的年代,若学无长进,我又何以对天。经历了众多的理论讲座和社会实践的熏陶与锻炼,更加明显地感受到了我们肩负的时代使命的紧迫感。马克思在《关于费尔巴哈的提纲》中曾说过:“哲学家们只是用不同的方式解释世界,而问题在于改变世界。”我有幸在成仿吾英才班中学习、实践,以知识为羽翼,以行动为风帆,逐渐找到改变世界的力量。

在成仿吾英才班这个家庭中，我们逐渐从相识到相知，从相知到相惜，从相惜再到相携。在这段旅程中，每份经历都如同一篇精心撰写的篇章，串联起我们从青涩蜕变为成熟的轨迹，每一次的思想交汇和心灵交融都如同文字，深深地镌刻在我的记忆中。这些点点滴滴最终汇聚成一本书，记录着我们青春年华追求梦想的故事。

梁启超于《少年中国说》中如是说："纵有千古，横有八荒；前途似海，来日方长。"春风浩荡日月新，披荆斩棘正当时。我辈青年也将在青春的赛场上以跟跑的意志力、领跑的责任感冲破困难，勇立潮头。

（文/司文）

挺膺担当，不负韶华

在五四青年节到来之际，习近平总书记寄语新时代青年，强调："广大青年要继承和发扬五四精神，坚定不移听党话、跟党走，争做有理想、敢担当、能吃苦、肯奋斗的新时代好青年，在推进强国建设、民族复兴伟业中展现青春作为、彰显青春风采、贡献青春力量，奋力书写为中国式现代化挺膺担当的青春篇章。"当前，我们党正团结带领人民以中国式现代化全面推进强国建设、民族复兴伟业。当代中国青年生逢其时，迎来了实现抱负、施展才华的难得机遇，更肩负着全面推进强国建设、民族复兴伟业的时代重任。

做有理想的新时代青年

理想是指引青年成长进步的灯塔，青年的理想信念关乎国家未来。正所谓，"立志而圣则圣矣，立志而贤则贤矣"。青年志存高远，就能激发奋进潜力，青春岁月就不会像无舵之舟漂泊不定。习近平总书记指出："正确的理想、坚定的信念必须从青年抓起。"青年一代的理想信念、价值追求、精神状态,是一个国家发展活力的重要体现,也是一个国家核心竞争力的重要影响因素。广大青年只有树立正确的世界观、人生观和价值观,坚定科学的信仰、正确的方向,才能在实践中自觉校正自己思想和行为的偏差,使之符合社会规范和行为准则,最终成为健康向上、追求进步、全面发展、有益于社会的人。

中国特色社会主义共同理想是全党全国各族人民为之奋斗的共同目标,是共产主义远大理想在现阶段中国的具体体现,也是青年个人理想的航标与向导。广大青年树立与时代同向的理想,就是要充分认识共产主义远大理想、中国特色社会主义共同理想与青年个人理想的辩证统一关系,将个人追求汇入全体人民的共同追求,在实现国家富强、民族复兴、人民幸福的过程中,实现自己的人生理想。

做敢担当的新时代青年

鲁迅先生说,青年“所多的是生力,遇见深林,可以辟成平地的,遇见旷野,可以栽种树木的,遇见沙漠,可以开掘井泉的”。一切视探索尝试为畏途、一切把负重前行当吃亏、一切“躲进小楼成一统”逃避责任的思想和行为,都是要不得的,都是成不了事的,也是难以真正获得人生快乐的。中国共产党百余年来领导中国人民取得的历史性成就,离不开一代代中国青年的担当作为。习近平总书记指出:“紧跟时代砥砺前行,担当责任奋发有为,是我国青年的光荣传统,也是党和人民对广大青年的殷切期望。”

新时代好青年“敢担当”,首先是敢于担苦。广大青年敢于担苦,既要在物质层面保持艰苦朴素、勤俭节约的生活作风,又要在精神层面葆有战胜一切艰辛困苦的精神意志。其次是敢于担难。“志不求易者成,事不避难者进。”广大青年敢于担难,就要勇于攻坚克难、迎难而上、知难而进,在关键时刻冲得上,危难关头豁得出。再次是敢于担重。广大青年敢于担重,就要知重负重、勇挑重担,用实际行动承担起时代赋予的使命任务。最后是敢于担险。青年既面临建功立业的人生机遇,也会遇到各种风险挑战。广大青年敢于担险,就是要做好防范和抵御风险挑战的准备,具有应对和化解风险挑战的能力,能够打好化险为夷、转危为机的战略主动战。

做能吃苦的新时代青年

习近平总书记指出:“年轻一代要继承和发扬吃苦耐劳、自力更生、艰苦奋斗的精神,摒弃骄娇二气,像我们的父辈一样把青春热血镌刻在历史的丰碑上。”进入新时代,艰苦奋斗依然是主旋律,依然是新时代青年必须继承与发扬的优良传统。当代青年必须深刻理解新时代“吃苦”的新内涵。对于新时代青年而言,“苦”已不再是食不果腹、衣不蔽体的肉体之苦。“能吃苦”不是“找苦吃”,不是故意降低生活标准、制造苦难历练;“能吃苦”也不是“干苦力”,消耗体力并非吃苦意志的全部体现。“能吃苦”的新时代青年,必须是“知情行”相统一,既懂得“天将降大任于是人也,必先苦其心志,劳其筋骨,饿其体肤”的深刻道理,又要有“自律、自制、自持”的韧劲和“自励、自助、自强”的意志,还必须“动心忍性,曾益其所不能”,做到遇到危险能上、遇到困难能扛、遇到挫折能熬、遇到诱惑能抗。

做肯奋斗的新时代青年

百余年来,一代又一代中国青年接续奋斗,积极投身党领导的革命、建设和改革事业,为实现民族独立、人民解放,实现民族振兴、人民幸福不懈奋斗。

青年因青春而充满活力。习近平总书记在纪念五四运动100周年大会上的讲话中指出:“奋斗是青春最亮丽的底色。”奋斗赋予了新时代中国青年超越小我、走向大我的可行性。在新时代新征程上,青年要勇当排头兵和生力军,展现出自信自强、刚健有为的精神风貌。

新时代青年要以大我为参照赋予奋斗以价值论意义,明确青年的奋斗需要超越以自我为中心、以自我需求满足为目的的小我价值指向,追寻以人民的利益为取向、以集体主义为原则的大我价值实现。

不论学习还是工作,都要面向实际、深入实践,实践出真知;都要严谨务实,一分耕耘一分收获,苦干实干。广大青年要努力成为有理想、有学问、有才干的实干家,在新时代干出一番事业。

进入新时代以来,社会变革快速,青年价值观也在发生改变。新时代青年有更强的国家认同感。快速增强的综合国力使得中国青年成为"平视"一代,底气十足地摆脱了之前的"仰视"滤镜,能够理性而热烈地爱国。新时代青年有更突出的自主意识。从广受赞誉的"大学生自觉排队"等事件不难看出,新时代青年有着更强的道德自主意识,正在实现从"要我做"到"我要做"的转变。然而不变的是,青年始终紧握党的旗帜,时刻准备为建设社会主义现代化强国挺膺担当。

中国式现代化开辟的是人类迈向现代化的新道路,是一项前无古人的开创性事业。使命光荣、任务艰巨,需要一代又一代中国青年拼搏奋斗。广大青年要继续用青春之我创造青春之中国、青春之民族,在广阔的舞台上施展才干,在担当使命中历练成长,为中国式现代化注入强大动力。

(文/徐浩钊)

第二话｜理论治学，钩深致远

【编者按】 学问之道，贵在求真，重在致用。书山有路，学海无涯，“仿吾”学子不仅认真汲取“仿吾”课程中的理论知识，而且还坚持课后整理回顾、广泛涉猎马列经典，努力夯实自身专业素养。革故鼎新日日新，钩深致远志弥坚。“仿吾”学子博观约取，揆诸理论价值的深度与广度，也关注其能否有效地指导实践，解决实际问题；见微知著，从细微之处发现值得探讨的问题，从平凡之中挖掘非凡价值；善于沟通，相互交流所学、巩固知识、查缺补漏；敢于创新，保持一颗好奇之心，勇于探索新问题，提出新思考。博观约取探幽微，钩深致远究天机；学无止境勤求索，持之以恒功不菲。“仿吾”学子仍将勤勉笃行，精益求精，为知识宝库添砖加瓦，为社会之进步贡献力量。

文脉赓续，斯文在兹

习近平主席强调："没有文明的继承和发展，没有文化的弘扬和繁荣，就没有中国梦的实现。"让中华优秀传统文化绽放出奇光异彩，是我们作为中华儿女不懈的追求。肩负时代使命，传承中华文化，唯有如此，中华文明的长河才会川流不息。

推其根本，以思想之内化与传承发扬中华优秀传统文化

经史子集、诗词文章这些中华民族的深邃思想影响着中华文明上下千年，推动着中华文化不断攀越高峰。先秦时期的《诗经》《楚辞》是现实主义文学和浪漫主义文学的源头，后世文人墨客无不以之为范；受到儒家"仁爱"思想的熏陶，冰心在作品中展现出了她对于"爱"的理解与感悟，确立了"母爱、童真、自然"的创作风格；武侠小说作家金庸、古龙受到了中华优秀传统文化中侠义精神和浪漫主义的影响，对武侠的描绘入木三分，文化底蕴在其作品中得以彰显。将中华优秀传统文化所蕴含的深沉哲理思想内化和传承，是发扬中华优秀传统文化的根本之道。

与时俱进，以形式之创新与发展传承中华优秀传统文化

文化不仅要汲取，而且还要创新，要与时代的发展相结合。正如鲁迅所说："总之，我们要拿来。我们要或使用，或存放，或毁灭。那么，主人是新主人，宅子也就会成为新宅子。"中华优秀传统文化是中华民族的基因，它使得远古连接着现今，让中华优秀传统文化适应新时代、重新迸发出生机活力，也是值得我们深入思考的重大课题。《经典咏流传》节目"和诗以歌"，将古诗词和部分近代诗词配以现代流行音乐，带领观众在一众唱作歌手的演绎

中领略诗词之美,发现中华优秀传统文化的深层价值。放眼全球,在经济全球化背景下,孔子学院方兴未艾,这使得用不同语言讲述中华文化成为现实。实践表明,只有将中华优秀传统文化赋予新的时代含义和新的表现形式,才能让文化焕发出持久的生机活力。

慧眼识珠,以理性之选择与取舍优化中华优秀传统文化

我们传承发扬中华优秀传统文化,并不是照单全收。任何一个时代,都有落后腐朽的文化,时代发展日新月异,中华优秀传统文化也需要不断进步以契合时代。中华文化的长河奔流不息、泥沙俱下,我们需要在这条长河中淘金,需要将真正反映中华民族精神内核、代表民族风度气韵的中华优秀传统文化传承和发扬,将腐朽落后、封建迷信的文化摈弃。鲁迅在《二十四孝图》中所提"老莱娱亲"的愚孝现象在当今真诚和睦的社会氛围中销声匿迹,千百年来的封建文化等级制度也在新时代下烟消云散。在新时代下,我们需要批判地继承、理性地抉择,让中华优秀传统文化得到提纯优化,进而迸发活力。

清渠需活水,用心方传承。希望我们每一个人都能弘扬经典,传承经典,坚守文化自信,为中华优秀传统文化经久不衰而努力。让中华优秀传统文化之花绽放在民族复兴之路上,让中华优秀传统文化薪火相传。

(文/钟证)

红色基因,薪火相传

不忘来时路,方知向何行。红色精神是连接过去、现在和未来的重要精神纽带,闪耀着信仰的光芒,照亮着青年人奋斗的征途。一个个红色故事,一位位革命英雄,既浓缩着共同的民族记忆,也体现着时代的价值追求。每

一次对英雄的缅怀，都是精神的洗礼；每一次对红色故事的回眸，都是信念的传承。

从上海石库门到嘉兴南湖，一艘小小红船承载着人民的重托、民族的希望，越过急流险滩，穿过惊涛骇浪，成为领航中国行稳致远的巍巍巨轮。回想过去的峥嵘岁月，无数革命英雄以大无畏的牺牲精神，为中国革命事业建立了彪炳史册的功勋，我们要沿着革命前辈的足迹继续前行，把红色精神世世代代传承下去。

传承红色精神中不怕牺牲的奉献基因，厚植热血丹心的家国情怀。“生当作人杰，死亦为鬼雄。”革命先烈们在苦难辉煌中锤炼了不可战胜的强大精神力量，那是赵世炎“志士不辞牺牲”的坚定信念，是瞿秋白临刑前“此地甚好”的慷慨从容，是何叔衡“为苏维埃流尽最后一滴血”的无畏壮举……一个个鲜活的生命，一段段厚重的历史，挺立起民族的脊梁，融入民族的骨血，诠释着中华儿女最真挚的拳拳爱国心、殷殷报国情。在新时代的今天，这一精神不断发扬光大。我们倾听习近平总书记“我将无我，不负人民”的庄严承诺，见证王继才、王仕花夫妇毕生守岛的无怨无悔，体会无数驻村干部扎根脱贫一线的赤子之心，感受医护人员主动请缨支援抗疫的爱国之情。“青年如初春，如朝日，如百卉之萌动，如利刃之新发于硎，人生最可宝贵之时期也。”吾辈青年应心怀家国，以小我奉献大我，以小家成就大国，将青春岁月镌刻在祖国发展的年轮中。当每一个“了不起”的你我都在挥洒热血、赤诚报国，必将汇聚起伟大中国的磅礴伟力。

发扬红色精神中敢为人先的豪迈气概，勇于开拓时代发展新局面。百年前，莽莽神州，满目疮痍。李大钊在漫漫长夜中苦苦摸索，最终如同普罗米修斯般，为中国从欧洲取来了马克思主义火种，从此照亮了中国前进的道路。“冲决历史之桎梏，涤荡历史之积秽，新造民族之生命，挽回民族之青春!”最先觉醒的早期中国共产党人用呐喊唤醒了沉睡的民族，如春雷初动般惊醒整个时代的青年，引领没落的旧中国走向新生。如今，改革先锋们勇立时代潮头，攻克一个个难关，让东方红在时代的春风中猎猎飘扬。小岗破冰、深圳试水、海南弄潮、浦东逐浪、雄安扬波，在改革开放的浪潮里，涌动的是“敢教日月换新天”的进取精神，中国前进的巨轮一往无前。突破革新的背后，脚踏实地的步履从未停歇。我们看到了科技工作者在田间地头传道授业时细密的汗珠，听到了驻乡干部在推销特色农产品时干哑的嗓音，嗅到了试验田中微风携来的缕缕稻香。都说时代进步快，可时代哪有脚？是这些敢为人先、敢想敢做的前行者用脚步在丈量祖国大地。如今，我们更应积淀过往的精神力量，勇进取，敢创新，绘制中国梦的宏伟蓝图。

赓续红色精神中不畏艰险的拼搏豪情，永葆攻坚克难的锐气斗志。艰难方显勇毅，磨砺始得玉成。从“山下旌旗在望，山头鼓角相闻”的井冈山，到“金沙水拍云崖暖，大渡桥横铁索寒”的万里长征，一篇篇可歌可泣的壮丽史诗，记录下革命先辈不畏艰险的英雄意气。唯勇毅，得功成。从战争年代爬雪山、过草地的艰苦行动，到面对疫情时代医护工作者们直面感染风险救死扶伤的逆行壮歌；从凭借落后条件研发出“两弹一星”的钱学森、邓稼先等科学家们，到如今“清澈的爱，只为中国”的陈祥榕、肖思远等戍边战士，红色精神一直绵延至今。正是他们在红色精神的感召下负重前行，才换来了今日中国的山河无恙、国泰民安。这种奋斗精神正为吾辈青年所需，在实现梦想的征程中，青年人应如革命先辈般矢志拼搏，越是艰险越向前，为伟大中国梦的实现尽绵薄之力。

然而，揆诸当下，“丧文化”甚嚣尘上，“佛系”青年屡见不鲜。他们秉持看淡一切的“生活哲学”，在“内卷”的时代下心安理得地选择“躺平”。然究其本质，“佛系”生活不过是中国发展号列车呼啸而过时的“随遇而安”。这样的青年，忘却了红色基因“有一分光，发一分热”的呼唤，忘却了尘雾之微犹可补益山海，萤烛末光亦可增辉日月。青春少年，有此红色基因，何不抛下“佛系”，迎风而起，拼出自己的一番天地？

回望历史滚滚黄沙，踏破未来漫漫荆棘。追随先辈足迹，是为了更好地勇毅前行。对革命历史最好的致敬，就是让红色精神薪火相传，让信仰之火熊熊不息。心中有红色信仰，脚下有奋斗力量，新时代的英雄史诗将由我们续写。

（文/吴美娴）

相遇相知,美美与共

“没有人是自成一体、与世隔绝的孤岛,每一个人都是广袤大陆的一部分。”英国诗人约翰·多恩如是说。在全球化的今天,各国家和地区生活在同一个地球村里,你中有我、我中有你,相互联系、相互依存的程度空前加强。在这场无可避免的盛大相遇中,我们应秉持“人类命运共同体”的理念,相知相融,敲响“美美与共,天下大同”的钟声。

“相遇”:普遍交往与共生共在

“没有一个国家可以退回到一个孤岛”,此言掷地有声。面对世界百年未有之大变局,各国命运与共、休戚相关,彼此紧密依存,利益高度融合。正因如此,在全球抗疫的关键时期,我们与各国同呼吸、共命运。病毒没有国界,环球同此凉热。在紧急关头,国际社会积极援助中国。“同气连枝,共盼春来”抒发了世界人民对中国的支持。中国同样主动援助他国,运往世界的物资上印有“消失吧,黑夜!黎明时我们将获胜!”等中国话语,寄托着中国人民对世界的祝福。由此可见,面对人类共同面临的各种新情况、新问题、新挑战,和平、发展、合作、共赢越来越成为各国人民共同的期盼。

然而,你死我活、弱肉强食、赢者通吃的冷战思维和零和博弈仍然存在,霸权主义、恐怖主义等依旧盛行。美国修筑美墨边境围墙,无理打压中国企业;日本一意孤行排放核污水,在国际社会引起轩然大波;俄乌战争尚未平息,伊以冲突又不断升级……在文化排异、种族歧视的滤镜下,文化专制与强权政治只会让唯我独尊的民族走向傲慢与偏见、无知与疯狂。历史和事实证明,人类命运一体,各国兴衰与共。唯有构建人类命运共同体,以共生共在的理念替代“丛林法则”,方能走“己欲立而立人,己欲达而达人”的和平发展之路。

“相知”:视域融合与自信平视

回望历史,明清时期的中国曾领跑世界,令他国景仰。然而,以“天朝上国”自居的清政府狂妄自大,俯视他国,终致国力衰弱,仰人鼻息,被列强俯视。近代以来,有部分国人经受欧风美雨的洗礼,开始仰视西方而妄自菲薄,主张全盘西化。新中国成立以来,我国的经济虽然起步较晚,但后劲十足。正如习近平总书记所言,“70后、80后、90后、00后,他们走出去看世界之前,中国已经可以平视这个世界了,也不像我们当年那么‘土’了”。新时代的中国,早已是山河无恙、国富兵强,无需仰视欧美,也不接受被俯视,取而代之的是平视世界的自信姿态。

深厚的文化自信给了我们平视世界的底气。《战狼》走出国门,扬我国威;中医药价值被重新发掘,在抗疫中发挥重大作用;北京冬奥会开幕式强势出圈,世界的目光聚焦在中国……源远流长、博大精深的中华文化为其现代的创造性转化、创新性发展提供了源流活水,也在世界文明交流互鉴的过程中焕发生机活力。“风物长宜放眼量”,以平等的视角远眺世界的未来,谱写更加激越辽远的百国交响。从鉴真东渡,山川异域、风月同天,到郑和下西洋,千帆竞渡、万舸待发,平视的视角一直体现着中华民族“和衷共济,四海一家”的天下情怀。以平视的视角看待世界,多边主义火炬才能为迷雾中的世界廓清方向,天下大同梦也因平视而不再是遥远的乌托邦。

“相融”:美美与共,天下大同

墨子说:“视人之国若视其国,视人之家若视其家,视人之身若视其身。”各国的社会制度、文化传统、宗教信仰、价值观念等方面固有差异,但构建人类命运共同体是世界人民的价值共识。“一花独放不是春,百花齐放春满园。”透过历史的长镜头仔细端详,哥伦布远航,帆影幢幢;古丝绸之路,驼铃声声;鉴真东渡,烟波浩渺……一部人类发展史,就是一部多元文明共生并进的历史。放眼当今,不论是中华优秀传统文化在世界各国大放异彩,还是异域文化在中国别开生面,都向我们诠释出一个真理:文明因交流而丰富,世界因多元而多彩。

“孤举者难起,众行者易趋。”推动共建“一带一路”,提出全球发展倡议、全球安全倡议、全球文明倡议,旨在让世界分享中国发展机遇;从坚持走多边主义之路,始终做国际秩序的维护者,到坚持走和平发展之路,始终做世界和平的建设者……中国始终积极推动构建人类命运共同体,在国际舞台上发出中国声音,让国际社会看到中国方案。除了文化交流与国际担当,中国亦为世界经济增长提供了强劲动力,为全球发展带来了更多机遇。脱贫攻坚助力提升全球减贫治理成效,“世博会”琳琅满目的商品牵动着各国,中国高铁走出国门走向世界……唯有守望相助,互利共赢,才能让人类命运共同体行稳致远,步履铿锵。

“尚和”是流淌在中国人血液中的基因。在全球化的今天,各国一荣俱荣、一衰俱衰,和合则两利,抗争则两败,和则兴,斗则亡。“万物并育而不相害,道并行而不相悖。”冲突和战争不是解决全球问题的正确方案,而是世界不稳定、不安全的根由。构建人类命运共同体以“拥抱”代替“拳头”,以合作代替对抗,以共赢代替零和,从而擘画一幅协和万邦、天下大同的美好图景。

(文/吴美娴)

中华英雄,生生不息

中华民族的英雄,怀揣着赤子之心、家国情怀,追逐理想与信仰。他们是中华民族的脊梁,是国家和人民的希望,是青年前行的榜样。

回望史载丹青,中华民族从来英雄辈出。莫说远古女娲补天、大禹治水,莫说古代岳飞抗金、邓世昌抵倭,莫说抗日年代艰苦卓绝军队、人民不惜流血,莫说社会主义建设时期多少党员为了国家人民鞠躬尽瘁、死而后已,莫说新冠疫情流行时多少怀揣家国情怀的人临危受命、舍生忘死。他们先天下之忧而忧,后天下之乐而乐,为生民立命,为万世开太平。他们都是中华文明上下五千年历史中英雄的剪影,岁月的流逝淘金般沉淀下他们英雄的事迹,缀连起中华民族的英雄精神,夺目耀眼。

“一个有希望的民族不能没有英雄。”英雄是国家的灵魂和荣光,是民族的胸襟与脊梁,是中华儿女生生不息的力量源泉,是中国屹立于世界之林的底气。英雄总是与一个国家、一个民族在动乱中的屹立、时代中的发展相伴而行,一个国家的进步需要由英雄来引领,一个民族的精神需要由英雄来传承。试想若是没有前仆后继的民族英雄的牺牲奉献,我们岂能在封建腐朽的牢笼壁垒中寻找到中国新的出路,岂能在外来势力的侵略荼毒中延续中华民族的根脉,岂能见证新中国成立和中华民族的崛起复兴?

“崇尚英雄才能产生英雄。”一个没有英雄的民族是不幸的,一个有英雄却不知敬重爱惜的民族是不可救药的。数典忘祖,忘记那些为了延续中华民族辉煌而付出一切的英雄人物,是一种可悲可耻的思想;不尊重牺牲者、以各种粗鄙丑陋的形式侮辱英雄烈士,是一种可鄙可恨的行为。

每个人生而为人,身上都有着不可推卸的担当与责任,这是一种信念,也是一种情怀。我们因之忘我,我们为之奋斗,我们无私奉献甚至牺牲生命在所不惜。不要将英雄的定义局限于狼烟烽火之中,和平年代各行各业坚守岗位为民为国,不辞辛劳无私奉献的所有人都可以称为英雄,当今蓬勃发展的新中国呼唤更多英雄的出场以助力中国梦的实现和中华民族的复兴。

我们新时代的青年正值风华正茂,自当于民族复兴之际行有为之事,我们需要怀揣英雄情怀、家国之心,接过先辈们手中高举的接力棒,挑起先辈们肩上背负的行囊,继续开辟光明之路,传承铭刻在中华民族骨子里的英雄精神,无怍前程高远,无愧心中大志,无惧坎坷,砥砺前行。唯此,中华英雄,方能生生不息。

(文/钟证)

百年遥望，砥砺前行

为期一周的井冈山暑期实践课程结束，坐在回程车上，眼前的景象从群峦叠翠变为高楼林立，我也仿佛坐上了时光的列车，从百余年前的那段历史中穿越回来，感触良多。

从小到大，红色教育贯穿于我们的学习生活中，而这次与以往不同的是，走进井冈山，我就不再仅仅是故事的倾听者，更像是历史的见证者，唤醒了我要做好一名历史的叙述者与传承者的责任和使命。

这一切感受，若用一个词概括，那便是真实。这是不论多么生动的文字描述、多么丰富的史料都不可企及的效果。而唯有实践，唯有当我的双脚一步一步踏过井冈山革命烈士陵园 109 级台阶、将足迹刻印在蜿蜒山路、将汗水挥洒在马源村的乡间小道时，才能产生的“代入感”。

在我看来，这种更为真实的代入感，正是因为打破了历史学习中的“距离感”。生活在百年后国富民强的新时代的我们，即便是亲历者拼凑起的回忆、老一辈口口相传的故事也只能让我们对其停留在较为片面、表层的感性认识阶段，至于各个革命阶段我党的每个战略部署的合理性、革命背后的规律与本质等深层次的逻辑却是力不能及，仍需要无数个“为什么”来搭建整体认知。恰恰是通过旧址参观、实操体验、面对面访谈交流等，我对这段历史的了解不再局限于大段文字史料，更多是在切身体验中与革命先辈产生跨越历史的共鸣。当我真正把自己代入到那片战火纷飞的战场、领悟到不足当年风刀霜剑时饥寒交迫的万分之一的痛苦、因万千百姓视死如归的决绝而热泪盈眶时，才称得上是“走进了”那段革命历史。我不禁反思起先前对于历史学习的“割裂感”的困惑，我们到底应该以怎样的视角了解一段历史？又应该站在怎样的历史方位解读一段历史？结合毛主席于 1937 年 7 月所著的《实践论》中对于马克思主义的认识论进行的系统讨论，我作了如下思考。

“历史距离使历史解释成为可能,站在当下,只有对过去所发生的事件有一定距离,才能看清其轮廓。”当我们跳出历史的漩涡,超越特定时空的视角可以产生相对客观理性的认识、冷静地审时度势;而若将历史事件从彼时大环境中抽离开来“就事论事”地讨论,无疑是不够深刻切实的。因此,无论是追溯时间深度或是追求客观的历史视角,客观体现为时间间隔的“历史距离”不可避免。

与此同时,历史距离又不仅限定于时间层面,加拿大历史学家马克·菲利普斯提出“距离效益”的观点,将距离视为一种关系,“对于每一部历史作品,我们至少需要考虑四个基本的表现维度:形式、情感、意识形态和认知”。关于历史学家的研究理论问题,我目前不足以深入探究,但对于反思学习历史的过程以及接下来的深入学习有一定启发。历史距离承载着一个民族的价值观念与意识形态,而我之所以在迈上井冈山革命烈士陵园109级台阶时心中一阵酸楚、之所以在倾听先烈后辈分享的一个个小故事时热泪盈眶,只因中华民族一脉相承的红色基因。我们生在红旗下,长在春风里,当我们从千里之外奔赴井冈山的一刻起,就已经消除了时空的距离,万千浴血奋战的战士的面庞似乎就在眼前,我们为中华民族之崛起、中华民族伟大复兴而奋斗终生的心产生了强烈的共鸣。

一旦设身处地于当时危急存亡之秋,一切“为什么”的问题似乎也有了答案。在第二日参观教学的最后,我们在领袖峰下探讨了“因为相信所以看见,还是因为看见所以相信”的问题,在我看来,彼时的“看见”并非形而上学地预知未来,而是在实践中不断探索出的革命发展规律。正是在井冈山时期,毛主席写下了《中国的红色政权为什么能够存在?》《井冈山的斗争》《星星之火,可以燎原》三篇重要文章,深入浅出地揭示了中国革命发展的客观规律和必然趋势。进一步,我党充分运用规律更好地指导实践,实现了意识与实践的相辅相成。联系到毛主席的《实践论》,体现了实践与认识的矛盾运动。人对于革命的认识逐步从感性上升到理性,又从理性到革命实践,实现了认识的两大飞跃。同时一扫质疑革命前途的重重阴霾,化解了悲观和迷惘的消极情绪,为接下来的革命进程发挥了重要的稳固和推动作用。

站在新时代的历史方位上,我们回望百年前的燎原烈火,看到的是黄洋界保卫战中奋不顾身的万千百姓,看到的是艰苦抗战长途跋涉终于会师的

1600余条铮铮铁骨,看到的是无数粗衣淡饭的战士的面庞,看到的是红军将领寝食难安、连夜谋划的感人场景……通过此次实践教学,我深刻体会到鲜活的实践、生动的现实蕴含着丰富的理论之源、信念之基、情怀之根,在具体案例与实践中结合理论,马克思主义众多理论都"鲜活"了起来。与此同时,我们更应展望未来,延续伟大革命精神,在新的历史起点继续坚持和发展马克思主义,让井冈山精神放射出新的时代光芒。

紧紧团结群众、依靠群众,是井冈山革命根据地创建和发展的重要法宝,群众路线在革命战争年代是胜利之本,在和平年代同样是胜利之本。当我们走入成功脱贫摘帽的茨坪镇马源村,看着焕然一新的现代式住房与宽敞平坦的道路,便能窥见从国家到百姓全体的共同努力,在与村民交谈中更是领悟到地方治理者扶贫扶智的良苦用心。现如今,以乡村振兴为代表的一系列重大战略始终坚持人民至上、实践第一,秉持发扬中国化时代化马克思主义的人民性。当下的我们,"因为相信所以看见",因为相信党的正确领导,相信以正确规律与经验可以更好地指导实践,所以看见中华民族伟大复兴的康庄大道,看见中华民族的光明未来。

正所谓"一次井冈行,一生井冈情"。短短五天的教学实践于我而言无疑是一堂成功的"大思政课"。在井冈山脚下,我们善用"大资源"、汇聚"大能量",破除时空距离;在这片苍翠大地上,我的心灵再一次与先辈共振、与时代共振,立志为心怀"国之大者"而终生学习、奋斗。

(文/王昱萱)

星火燎原,信仰永驻

很多人将毛主席的《星星之火,可以燎原》称为经典,这个描述其实平常。在"仿吾"读书会的思想碰撞与深入研讨交流后,我更愿意称之为肯定土地革命时期战略方向和鼓舞军队斗志的"基石"。作为毛泽东众多战略计谋中的一篇文章,这封信不仅是对林彪个人困惑和疑虑的解答,而且还是对中国革命前途命运的深刻洞察和坚定信念的体现。

这是一封写于1930年的信,彼时,党的工作重心已在大革命失败后由城市转入农村,并建立井冈山革命根据地。但党内有“左”倾思想的人仍对大城市抱有幻想,对时局估量悲观,不相信革命高潮很快就要来临,认为在距离革命高潮尚远的时期做建立政权的艰苦工作为徒劳,这从林彪在行动中不赞成一年争取江西计划,只赞成闽粤赣交界三区域的游击,同时在三区域也没有建立赤色政权就可见一斑。

毛泽东在信中批评了林彪的错误思想,指出:(一)现在中国革命的主观力量虽然弱,但是立足于中国落后的脆弱的社会经济组织之上的反动统治阶级的一切组织(政权、武装、党派等)也是弱的。(二)1927年革命失败以后,革命的主观力量确实大为削弱了,但是“星星之火,可以燎原”,现在虽只有一点小小的力量,它的发展会是很快的。(三)对反革命力量的估量,决不可只看它的现象,要去看它的实质。1928年底至1929年初,敌人对井冈山根据地进行三次“会剿”,好像很有力量,其实英、美、日在中国的斗争已十分露骨,军阀混战业已形成,实质上这是反革命潮流开始下降,革命潮流开始复兴。(四)现实的客观情况是,各种矛盾都向前发展了,全国都布满了干柴,很快就会燃成烈火。“星火燎原”的话,正是现时局面的适当形容词。

读完整篇文章,最大的感受是毛主席对时局的科学分析和对理想信念的坚守。在回信中,毛泽东从中国的具体国情出发,科学地分析时局。“中国是全国都布满了干柴,很快就会燃成烈火”,中国革命的高潮是快要到来的。在分析中国社会的本质特征之后,毛泽东通过自己进行革命斗争的亲身体验,总结井冈山革命斗争和其他红色政权建设的经验教训,提出“工农武装割据”思想,开辟出“农村包围城市,武装夺取政权”的新道路。以正确的战略观和科学的方法论为指引,全军坚定理想信念,勇毅前行。

同时,毛泽东也解答了许多同志对“快要”二字的质疑,即“快要”只在于马克思主义者不是算命先生,未来的发展变化只应该也只能说出大致方向,而不应该也不可能机械地规定时日。“快要”并非“有到来之可能”那样可望而不可即的虚无缥缈,而是有确定性的必然发生。“它是站在海岸遥望海中已经看得见桅杆尖头了的一只航船,它是立于高山之巅远看东方已见光芒四射喷薄欲出的一轮朝日,它是躁动于母腹中的快要成熟了的一个婴儿。”

以史明鉴,察往知来。中国革命历史是最好的“营养剂”,党的历史是最生动、最有说服力的教科书。对时局的科学分析与对理想信念的坚守,放在如今同样适用。作为新时代的青年马克思主义者,我们当以实事求是为基础,科学分析时局,正确认识、把握客观事物的内在联系、本质和规律,再作出判断解决问题。同时,我们更应该坚定理想信念。习近平总书记说:“理想信念就是共产党人精神上的‘钙’,没有理想信念,理想信念不坚定,精神上就会‘缺钙’,就会得‘软骨病’。”我辈当坚定共产主义信仰,沿着中国特色社会主义道路阔步前行。

(文/李松阳)

知行合一,笃行致远

“行之力则知愈进,知之深则行愈达。”高中时期的我并未选考政治这门课,所以在来到大学之前我的心里有一些担忧:大学的思政课是什么样子的?它会仅仅充斥着枯燥的、大段的、对我来说可能晦涩难懂的条目吗?如今,我可以坚定地回答:思政课并不是这样的。

学有所思,学有所悟,学有所得。习近平总书记强调,“要加强理论学习、厚实理论功底,自觉用新时代党的创新理论观察新形势、研究新情况、解决新问题”。大学思政理论课堂从来都不是照本宣科、枯燥乏味的,而是生动的、“以理服人”的课堂。翻转课堂、线上授课、雨课堂……多种多样的课堂形式为理论学习提供了丰富途径,辅助老师把理论讲深讲透,以彻底的理论说服人、教育人,在此基础上提高学生的理论素养,教育引导学生养成高尚的道德品质,树立共产主义远大理想和坚定中国特色社会主义信念。我们从“四史”等课程中汲取智慧和力量,深刻领会党的创新理论的重要意义,掌握其中蕴含的逻辑理路,从而生动展现习近平新时代中国特色社会主义思想的当代价值。

行有所知,行有所感,行有所获。从“雷锋月”主题活动,到“两红两优”劳动教育,再到大大小小的主题教育学习和社会实践活动,我们在实践中感悟成长,在实践中培养“真情怀”与责任感。行之愈笃,知之愈明。仍记成仿吾英才班井冈之行,追寻历史足迹,聆听历史回声。在“红军的一天”中,我们体验红军战士们的生活,急行、练兵、做红军餐、编草鞋……我们体会到那个时代艰苦的生活,体会到革命的艰辛,更深刻感受到红军战士们在艰苦环境下的坚持和毅力、对革命事业的忠诚和信仰。在那个战火纷飞的年代里,红军战士们用自己的双手编制出行军打仗时所穿的草鞋,用来支撑着自己一步步走过艰苦的征程。草鞋粗糙,却凝聚着红军战上们坚定的信仰和顽强的毅力,是红军战士们不断前行的力量。我深刻地感受到,正是因为有了他们的坚持和信仰,才换来了革命的胜利,才换来了我们今天的幸福生活。思政实践课助力青年成长成才,也让情怀与责任融入我们的血脉之中,强化新时代青年对马克思主义的理解和认同,厚植家国情怀。

百年前,李大钊先生大声疾呼:“人人奋青春之元气,发新中华青春中应发之曙光。”如今,理论深耕立德树人,实践赓续精神血脉,新时代的“大思政课”育“大情怀”“大格局”的新青年,当有“一往无前以赴之”的勇气,有“夙兴夜寐以求之”的毅力,也有“不遗余力以成之”的干劲。“一代人有一代人的长征,一代人有一代人的使命”,站在新时代风口,我们以“大思政课”为向导,用信念开启前路,用责任坚定步履,把个人之力融入时代的潮流中,与时代共振,一往无前书写新时代的辉煌篇章。

(文/李佳茗)

第三目　井冈情深，红旅铸魂

如果将“仿吾”这一年的旅途写成一本书，井冈山之行必定是其中最动人的篇章。一次井冈行，一生井冈情。这不仅是一次社会实践，而且还是一场心灵的洗礼与灵魂的共鸣。

踏上这片热土，我们追随先辈足迹，赓续红色血脉。山岗上，祭英魂而神伤；青松下，承遗志而昂扬；望残壁，万言悲怆化苍凉；思先烈，英雄豪气寄四方。巍巍青山埋忠骨，猎猎红旗照后人。站在井冈山头，于盛世中眺望，那抹中国红温热眼眶，我们知道，是英雄的鲜血染红了她。

热爱与敬重，我们不需道明，只把五角星时时铭刻胸膛。

第一话|踏迹名山,英魂得瞻

【编者按】“星星之火,可以燎原”。在井冈山上,这簇微小的革命火种,最终燃起了照亮中国大地的熊熊烈焰。回望井冈,那片被革命烽火洗礼过的红土地,不仅镌刻着历史的沧桑与辉煌,而且还激荡着新时代青年的心潮。作为“仿吾”学子,踏在井冈研学的征途上,我们循着先辈的足迹,聆听历史的回响,一砖一瓦皆为讲义,一山一水皆是课堂。在这里,我们不仅看到革命先烈的英勇无畏,而且还深刻领悟到信仰的力量与坚持的意义。井冈之行,是一次心灵的洗礼,一次精神的升华,它让我们在回望中汲取力量,在前行中坚定信念。让我们以井冈山精神为灯塔,照亮青春之路,不忘初心,砥砺前行,在新时代的征程上,继续书写属于我们的红色篇章,让青春在党和人民最需要的地方绽放绚丽之花。

忆井冈峥嵘岁月,请长缨不负青春

英魄毅兮,欲佑千阙锦绣山河;红色血脉,流淌滚烫古今历史。一座山,辉映历史;一种精神,照耀未来。习近平总书记指出:“井冈山是中国革命的摇篮。井冈山斗争的伟大实践,对中国革命道路的探索和抉择、对中国共产党和人民军队成长具有关键意义。”在党旗飘扬的红色七月,我有幸作为山东大学成仿吾英才班第七期成员,前往井冈山参加“学习二十大、永远跟党走、奋进新征程”主题教育活动。在短短的五天时间里,我接受党史教育,感悟井冈山精神,思想受到洗礼,心灵产生触动。井冈山精神过去是,现在是,将来仍然是我们宝贵的精神财富,我将永远铭记并传承,让井冈山精神放射出新的时代光芒。

昔在井冈,漫步穹苍。千峰相连,龙蛇奔放。翠竹松杉,烟霞滉漾。五井茅坪,稻菽争长。踏上井冈山的瞬间,一种庄严和肃穆油然而生,仿佛时光倒流,回到那个战火纷飞、红歌高昂的革命年代。我们进行理论学习,深入了解和感悟井冈山斗争和井冈山精神;我们在北山烈士陵园瞻仰忠魂,在茨坪革命旧址回望毛泽东和朱德、陈毅、彭德怀等同志领导井冈山斗争、创建农村革命根据地的历历场景;我们在茅坪八角楼思索良久,感受毛泽东同志在一盏清油灯下对中国革命未来的沉思;我们在大井朱毛旧居前缅怀过去艰苦奋斗的岁月,读懂老一辈革命者们的初心使命;我们化身“急行军”,跋涉于山林中蜿蜒的小路,流下的汗水是对红军的歌颂;我们走进马源村,望着山环水绕、炊烟袅袅的村庄,欣喜于农村翻天覆地的变化,也感受到身上沉甸甸的责任;我们前往井冈山革命博物馆,聆听革命后代讲家风,体会革命先辈朴素的阶级感情和“淡泊名利,执着人生”的生命箴言……每一处红色革命遗址,都是一座精神的丰碑;每一次对它们的瞻仰,都是一次信念的传承。在这伟大的革命时代,那些让人备受振奋的红色精神,不仅是我们情感的依附和寄托,而且还是我们继续前行的动力。

习近平总书记指出，“井冈山是革命的山、战斗的山，也是英雄的山、光荣的山”。这里见证了中国共产党人建立农村革命根据地的伟大实践，淬炼了党与群众同甘共苦、血脉相连的优良作风，也锻造了伟大的井冈山精神。跨越时空的井冈山精神是井冈山时期留给我们最为宝贵的财富。井冈山精神，最重要的方面就是坚定信念、艰苦奋斗，实事求是、敢闯新路，依靠群众、勇于胜利。今天，我们重温井冈山精神，信念的光芒、热血的挥洒、人民的伟力，仍然历久弥坚、动人心弦。经过五天理论与实践相结合的学习，我对井冈山精神有了更深层次的体悟。

首先，坚定执着追理想。理想信念之火一经点燃，就不会熄灭。十月革命的一声炮响，给中国送来了马克思列宁主义。对马克思主义的坚定信仰，对社会主义和共产主义的坚定信念，激励了一代又一代中国共产党人英勇奋斗。这些信仰，是井冈山军民战胜一切困难的力量源泉，也是井冈山精神的灵魂。在井冈山革命博物馆里，那条两端印有“遂川第五乡工农兵苏维埃政府”字样的识别带是遂川县赤卫队队长王棣权作为革命者的一种标记，也是其坚定信仰的见证。在当时，为了区分敌我，战士们会在脖子上系上红带子，只要系上它，就准备随时为革命献身。这条简简单单的红色带子凝聚着革命者们舍小家为大家、不怕牺牲的革命斗志和不屈精神，也是“星星之火，可以燎原”的无声见证。

其次，实事求是闯新路。实事求是、敢闯新路是井冈山精神的重要内容，也是中国共产党的鲜明特质。秋收起义、广州起义等的失败，说明了在当时的客观条件下，中国共产党不可能像俄国那样走“以城市为中心”的道路来取得革命的胜利，党迫切需要找到适合中国国情的革命道路。以毛泽东同志为主要代表的中国共产党人在秋收起义失败后率领部队南下，在何挺颖连队的启发下，毛泽东进行三湾改编，根据当时部队的实际情况，确立党指挥枪、支部建连上、官兵平等，从政治上、组织上保证了党对军队的绝对领导，是我党建设新型人民军队最早的一次成功探索和实践。中国共产党把马克思列宁主义的普遍真理同中国革命的具体实践相结合，建立井冈山革命根据地，开辟了“农村包围城市、武装夺取政权”的正确道路。

再次，艰苦奋斗攻难关。艰苦奋斗是中国共产党的政治本色和优良传统，也是井冈山精神的基石。在井冈山研学的过程中，我们学习了编草鞋，体会了红军艰苦奋斗的优良作风。由于恶劣的自然环境和频繁的行军作战,有时红军战士一天就能磨破两三双草鞋。“草鞋”作为一个历史符号,见证了“红军不怕远征难”的豪迈,而穿草鞋的人则书写了“天翻地覆慨而慷”的传奇。新时代,我们更要发扬“草鞋精神”,脚踏实地,继续保持艰苦奋斗的作风。

最后,依靠群众得胜利。中国共产党的初心使命就是为中国人民谋幸福、为中华民族谋复兴。如果要问我,中国共产党如何取得井冈山斗争的胜利,答案一定是依靠人民,为了人民。毛泽东同志率领部队到达井冈山后,提出最响亮的口号“打土豪、分田地”,目的就是把广大贫苦群众从地主豪绅的重重盘剥中解放出来;部队上山之后立即颁布的六项注意,其中“上门板”“捆稻草”两条直接来自群众;毛泽东同志在井冈山斗争和苏区工作的艰苦环境下,坚持密切联系群众,深入开展调查研究,进行了宁冈调查、永新调查、寻乌调查等社会调查,通过这些调查加深了对农村、农民的认识,也赢得了人们的信任。

“共和国是红色的,不能淡化这个颜色。”井冈山意味着一段历史,更蕴含了一种永不磨灭的精神。我们要用井冈山精神滋养坚如磐石的初心,从中国共产党人的精神家园中汲取奋斗营养,发扬光荣传统,传承红色基因,赓续红色血脉,让红色基因成为鼓舞和激励我们不断攻坚克难、奋力前行的强大动力,以蓬勃向上的面貌、不畏艰辛的勇气和无私奉献的精神肩负使命、继往开来、勇毅前行。

(文/杨业潼)

前人导夫先路,吾侪骐骥驰骋

七月,井冈山草木葳蕤,我们温澜潮生。

这是怎样一个历经沧桑、日新月著的井冈山!血与泪、战与宁交织的革命历史长河，闪过多少前赴后继、浩气凛然的共产党人的身影！井冈山精神，以熊熊烛爝之貌，温热吾辈血脉……

凝聚思想共识，自觉培根铸魂。井冈山学习之旅以“在习近平新时代中国特色社会主义思想指引下动员引领广大青年为全面建设社会主义现代化国家而团结奋斗——共青团十九大精神解读”主题讲座拉开了序幕。讲座中先后带领我们重温了团十九大精神。同日，我们参与了主题为“重温红色经典，唱响时代旋律”的红歌教学。铿锵的旋律、昂扬的基调为我们呈现了当年兵士们固若金汤的革命信仰、热情洋溢的革命乐观主义精神。多校同侪合唱，声势如虹，那句“天上太阳红呀红彤彤哎”洋溢着强烈的集体归属感、幸福感。

重温革命历史，赓续红色血脉。“井冈山斗争与井冈山精神”专题教学由浅及深、鞭辟入里地讲述了井冈山斗争的历史事实，总结了政党建设和军队建设的历史经验。从文家市退兵到三湾改编、古城定策、茅坪安家，再到水口会师、荆竹山宣纪，最终进驻茨坪……多少次兵力溃散、险入虎口，多少次山重水复、弹尽粮绝！山峦高峻，高不过农民子弟兵的脚步和身影；悍匪凶险，毛泽东只身闯入“虎穴”，以见识和胆略化敌为友，绝境逢生……“革命后代话初心·讲家风”访谈教学活动邀请到两位革命先辈的子女讲述父辈的传奇革命人生与家庭教育对自身成长的塑造作用。由此，革命先辈的形象在我们心目中更加具体可感。走出报告厅，西天山峦上，余霞成绮。

身临井冈旧址，追寻革命足迹。循红色足迹，我们在烈士陵园敬献花圈，默哀缅怀，聆听并铭记先烈们誓死反抗残暴的日军，捍卫党的尊严与安全的革命故事，并重温入团誓词；在黄洋界保卫战胜利纪念碑前大声念出石刻“星星之火，可以燎原”，自豪于我军以寡敌众、以智取胜的气度与胆略；在大井革命旧址中参观毛泽东旧居和红军医务所旧址等，在一床一榻、粒粒红米中感受革命历史留下的庄严印记；在八角楼和茨坪旧居中进一步了解了毛主席的革命思想，体悟其在昏黄的油灯微光下为民族未来而书的伟大革命情怀。同时，我们也深刻体会到革命生活条件的困苦，对如今的美好生活倍加珍惜。参观之余，师生探讨老一辈革命者“看见”与“信仰”的因果关系，共同领略革命认识与实践相统一的过程。革命旧址散发着经久不衰的魅力，如同革命者脉搏的余温。

落实学思践悟，体验革命生活。在“三湾改编”情景教学活动中，我们了解了三湾改编的详细史实。随后，通过职能分工、班旗制作、队形与口号设计等沉浸式游戏活动，模拟改编情景，帮助同学们切身体会三湾改编核心内容的同时，锻炼了其协调合作能力、创新能力等。富有趣味性的教学体验为井冈山之旅平添了亮色，也迅速增强了成仿吾英才班集体的凝聚力。“红军的一天”体验活动包罗甚广，既包括坝上急行军、步云山练兵等体力磨砺，也涵盖自做红军餐、学编红军草鞋等技艺训练。革命的波澜壮阔既体现为荒林原野上的驰骋、枪林弹雨中的穿梭，同样也寓于和人民群众同甘共苦、为人民群众排忧解难的人道主义关怀之中。

在新时代的长征路上，我们将坚持实事求是、敢闯新路的井冈山精神，发扬百折不挠、吃苦耐劳的优良革命传统，并将其内化于心、外化于行，坚定理想信念，永续红色血脉。前人长缨在手，苍龙已缚，更待今朝续写时代的壮丽华章；“仿吾”学子，目光炯炯，整装待发。

（文/冉德鸿）

寻访先辈旧居，重拾革命记忆

“为有牺牲多壮志，敢教日月换新天。”从浙江嘉兴南湖上的小小红船，到燎原之势的星星之火，革命的故事流传在每一代中华儿女的口中，革命的精神激荡在每个中华儿女的心中。在成仿吾英才班赴井冈山实践教学活动中，那些荡气回肠的革命故事再一次鲜活起来，为我们带来了生动的一堂课。

清晨的井冈山还透着些寒意。迎着初升的朝日，来自全国各地的同学整齐列队，肃立在广场上，沐浴在金色的阳光里。伴随着庄严的国歌声，五星红旗冉冉升起。这是一次具有独特意义的升旗仪式。百年后的今天，刀光剑影黯淡，鼓角争鸣远去。在红军战士们曾挥洒热血、殊死拼搏的土地上，鲜红的旗帜在晨曦中高高飘扬。青山伫立，晨风轻拂，为新时代的青年们带来遥远的嘱托。

随后，我们在老师的带领下来到了茅坪。在井冈山斗争期间，这里既是毛主席和红军其他主要领导同志的居住地，也是红军的机关驻地。斑驳的墙壁上，“打倒国民党”“欺骗工农的国民党”等标语依然清晰可见。透过遒劲有力的字迹，似乎仍能看见当年革命根据地人民对国民党反动派的深恶痛绝，以及他们对此奋起反抗、追求解放的决心。毛主席居住过的地方被称为“八角楼”，曾是当地大户人家的祠堂。当时，大部分地主阶级都不愿支持新生的红色政权，甚至帮助国民党打击红军。而当地的开明乡绅不但接纳来到此地的红军，而且还主动将自己祖祖辈辈供奉的祠堂腾出来供红军使用，实在是难能可贵。正是中国共产党人“为中国人民谋幸福，为中华民族谋复兴”的初心使命打动了他们，让他们甘愿牺牲自己的利益，来帮助这个真正把人民放在心上的革命政权。

当年，毛主席就在八角楼二层的小阁楼里主持工作。小楼的名字来源于阁楼顶八角形的天窗。天窗外是战火纷飞、内忧外患的中国，天窗内是运筹帷幄、文思泉涌的毛主席。在物资短缺、敌人阻挠的恶劣条件下，毛主席完成了《中国的红色政权为什么能够存在？》等一系列理论著作，毛泽东思想的雏形已具，这是马克思主义中国化的伟大开端。

走出八角楼，回望这小小的木楼，我不禁感慨万千。国民党反动派有气派的总统府、宽敞的柏油路、繁华的南京市，而工农革命军只有低矮的八角楼、崎岖的盘山路、贫穷的井冈山，可红色政权不仅没有被消灭，反而越打越多，越打越强，最终打败了国民党反动派。红色政权的胜利靠的不是先进的武器装备，也不是庞大的军队，而是人心所向。“得道者多助，失道者寡助。”中国共产党的胜利是中国人民的选择，也是历史的必然。

离开茅坪，我们走进了小山，重走红军战士们曾经穿行过的山路。虽然群山的海拔落差并不大，但在山间快速行进也绝非易事。我们轻装上阵，穿着运动鞋，走在基地的老师已经修整过的路上。近几日没有下雨，明亮的阳光照在平整的土路上，也照在我们热情洋溢、充满期待的心上。即使条件已大大改善，在山间穿行仍是个不小的考验。遥想当年，挑着近百斤重的物资的红军战士们，是怎样行走在杂草丛生的山间小路上的呢？

他们脚上的草鞋也许早已经破烂不堪，路上一块小小的石子都可能划破他们的脚。若是在下雨天，泥泞的小路寸步难行，稍不留神就可能滑进路边的山谷中。然而，他们的目光依然坚毅，他们的脚步依然坚定。红军战士们就在这样艰辛的环境中，以慷慨激昂的旋律一步一步地迈向中国革命的光明未来。

百年后的今天，在老师的带领下，我们让这朴实而又充满力量的声调再一次回响在井冈山的群山里。“红米饭那个南瓜汤哟咳罗咳……”在动人的歌谣中，那些挑着扁担、身着红军服的身影们仿佛又出现在我们面前。他们热情地笑着，大踏步地走着，丝毫不见倦怠之色，招呼我们跟上他们的脚步。在先辈们的革命乐观主义精神的指引下，太阳似乎不再炎热，双腿似乎不再沉重，我们迈开了步子，紧紧追随着那些挺拔的身影。

井冈山精神究竟是什么呢？这次实践之旅让我有了更深刻的理解。井冈山精神是坚定执着追理想。马克思主义信仰、共产主义远大理想、中国特色社会主义共同理想，是中国共产党人的精神支柱和政治灵魂，是保持党的团结统一的思想基础。井冈山精神是实事求是闯新路。近百年前，以毛泽东同志为主要代表的中国共产党人，在正确分析形势的前提下，作出了向敌人统治力量薄弱的农村山区进军的正确决策，开辟了农村包围城市、武装夺取政权的正确革命道路。井冈山精神是艰苦奋斗攻难关。井冈山革命根据地军民靠红米饭、南瓜汤，在极其艰苦的条件下同心奋斗，巩固和扩大了革命根据地。井冈山精神是依靠群众求胜利。中国共产党人坚信“星星之火，可以燎原”，广泛动员群众、紧紧依靠群众，打开了武装割据的局面。这就是井冈山精神。

有人说，革命时期的精神已经随那一代人一起永远离开了我们。但经过这一天的实践学习，我真真切切地感受到，它就在我们身边，从未离开。习近平总书记指出：“这些伟大革命精神跨越时空、永不过时，是砥砺我们不忘初心、牢记使命的不竭精神动力。”此次井冈山之旅虽然短暂，但意义非凡。“青年如初春，如朝日，如百卉之萌动，如利刃之新发于硎，人生最可宝贵之时期也。”生于新时代的广阔天地，我们更应该赓续先辈血脉，传承先辈精神，让那些动人的故事转化为激励我们前行的不竭力量，为欣欣向荣的中国擘画明日的美好蓝图，向这个大有可为的时代交上属于我们自己的答卷。

正所谓“一次井冈行,一生井冈情”,在革命圣地井冈山领略到的先辈们追求真理、不惧艰险、坚持奋斗的革命精神,将永远指引我前进。在接下来成仿吾英才班的一年学习中,我也将继续发扬革命精神,努力学习马克思主义理论,向着有理想、敢担当、能吃苦、肯奋斗的新时代好青年目标前进,努力成长为堪当民族复兴重任的时代新人。

(文/徐浩钊)

乘学旅之风,探井冈山精神

随着南下的列车远去,仲夏的太阳逐渐被抛在身后,取而代之的是连绵不断的丘陵溪流和笼罩其间的蒙蒙烟雨。在七月下旬,第七期成仿吾英才班的同学们来到井冈山接受精神洗礼,重新走过百余年前的小径,呼吸着先烈们沐浴过的晨雾,聆听山谷间传荡了百余年的冲锋号角和隆隆枪炮,再一次回味那段戎马倥偬的岁月。

竹林和松柏的青翠是井冈山夏日的主色调,放眼望去,一片波浪起伏的绿色汪洋,是前辈们奋斗过的地方。狭窄崎岖的山路,九转回肠,客车跻身其中尚显局促,百年前的大军如何穿梭而行,更是一番奇迹。井冈山并非某一座具体的山,而是一片地理区域的统称。当地将山间盆地称作“井”,按地理方位共有大小五井,形成五个自然村,他们就是井冈山的主体。年轻的毛泽东和朱德曾率领红军辗转奋斗于此地,仅故居便有三处,分别坐落在茅坪和其他两个“井”中。步入其中,对三处住址的第一印象都是狭窄且昏暗逼仄,斑驳的木骨泥墙是千百年来客家先民保存的古老技术,时间仿佛在这里失去了话语权,低矮的房屋困住了百余年的沧桑,里面的陈设一如当年般简单朴素。可以想象,昏黄的油灯下,年轻的毛泽东结束了一天的劳累,仍端坐于木几前,思考着中国未来的方向。在这几间不起眼的屋子里,诞生了近代中国最伟大的构思,《井冈山的斗争》《中国的红色政权为什么能够存在?》

等经典著作均在这一时期完成。毛泽东思想也正是在井冈山时期逐步确立,成为马克思主义中国化的最早尝试。中国革命的星星之火,正是从这里开始有了燎原之势。从井冈山到雪山草地,从陕北高原到西柏坡,中国共产党人在实践中不断推进马克思主义中国化,走出了农村包围城市、武装夺取政权这条适合中国国情的革命道路。再回首,看到这群革命青年梦想出发的地方,不禁感慨万千。

面对国民党政府当局的严密封锁和残酷屠杀,就连来自苏联的共产国际也对中国共产党的革命道路持有疑虑,不愿给予有力的支持。那么,在这样艰苦卓绝的条件下,年轻的中国共产党又是如何发动了两年零四个月的井冈山的斗争呢?毛泽东给出的答案是:放手发动农民群众,广泛发掘当时中国人数最多的社会阶级,开展前所未有的工农武装割据。在中国历史上,王侯将相、才子佳人一直是史学家记录的主体,但是毛泽东同志开创性地将农民群众作为了历史的主体,打破了上层阶级推动社会进步的历史魔咒,动员起了中国大地上最广泛而深远的力量——千百年来一直默默耕耘的农民群众。在井冈山的日子里,中国共产党的领导人留下了许多动人的故事。在研学的最后两天,我们参观了黄洋界。山下一段曲折的沙土路吸引了我们的注意。那是一条看起来相当有年代感的小径,隐没在莽莽树林中,光滑的石头和被踩实的地面默默诉说着过去的故事,走在其中,一侧是悬崖绝壁,一侧是厚重的山体,稍有不慎就会滑落深渊,十分惊险。直到第二天在井冈山革命博物馆见到一件文物,才把这段故事串联起来。这条小径,原来就是小学语文课本中《朱德的扁担》的发生地,而那根扁担至今仍然静静地躺在博物馆的展陈柜里,供后人记住这段故事。在那个艰苦的年代,井冈山的封锁十分严重,所有物资都需要靠扁担挑上山。朱德每次都和年轻的民兵们一起挑山,但战士们担心朱德同志的安全,便总是偷偷藏起他的扁担,骗朱德说:“扁担已经用完了。”但是朱德坚持要和群众共同出力,便在自己的扁担上写上“朱德的扁担”,以防再次“丢失”。除此以外,还有毛泽东吃苦菜的故事、毛泽东巧用比喻的故事,类似故事在井冈山比比皆是。它们一直留在当地老百姓的心里,代代相传,教育一代又一代的青年,永远铭记共产党人的初心和使命。

短暂的研学活动很快便结束了。仅仅是参观式的爬山,便已经让我感到筋疲力尽。但在百余年前，朱德和其他中国共产党领导人却在同样的山路上日复一日地挑着扁担，住在狭窄的陋室里，坚持自己的革命理想和信念，即使身处困顿，也不忘中国的未来和亿万黎民的幸福。这就是井冈山精神背后所包含的中国共产党人的初心和使命，是回答中国共产党为什么能、中国特色社会主义为什么好的最佳答案！归根结底，是马克思主义行，是中国化时代化的马克思主义行！百年大党，不改初心。胸怀千秋伟业，恰是百年风华。年轻的中国共产党从这里走出自己的道路，年轻的中国共产党人从这里锤炼自己的信念，年轻的我们也继续从这里汲取源源不断的精神营养。井冈山，不仅仅是一片群山，更是一个精神符号，一段传奇故事，一份军民鱼水情，一份坚守理想信念的初心，共同熔铸成一首唱不完的山歌，久久回荡在山谷之间。

（文/杨璐禅）

井冈英雄魂，照亮红旗路

为期一周的井冈山革命根据地游学活动结束了，回顾这几天的游学历程，思绪良多，一时不知从何说起。从初逢到挥别，我一直在思考，这群山之中究竟存在着怎样的能量，能够使赤红的他们在面临屠刀与子弹时仍然坚持心中的那道光芒。这份答案在我踏上归乡之程时才浮现于脑海之中，我意识到自己灵魂的某一部分已伴随着萦绕的山雾留存在这漫漫群山之中。

山路难行，蜿蜒曲折，哪怕是乘车穿梭在这盘山公路之上，也会使人身心疲惫，无精打采。时间回到百余年前，一根树枝，一套遍布弹孔的军服，一杆鲜艳飘扬的红旗，带领着他们来到了这里。山陡，路曲，阻碍不了他们前进的脚步；秋雨，苔石，磨灭不了他们心中的光辉。当时的他们或许不曾知晓，这漫漫群山，成了中国共产党走向新的历史的起跑点，也成就了一段峥嵘岁月的光荣序章。星星之火由此点亮，神州大地迎来了新的生机。

几天的游学时间里，我们踏入一个又一个充满红色底蕴的历史遗迹，在一栋栋复原的历史建筑间体会着他们的奋斗历程。每一处历史遗迹都难以称得上宏大，兴许只是三五座土木制成的小屋，兴许只是一面布满弹孔的残壁，又兴许只是一块被磨平了棱角的石头，它们太普通了，普通到几乎会忽视它们的存在，可它们仍然挺立在那里，似乎是在默默地讲述着他们的故事，沧桑的轮廓上似乎也有着点点光辉。

这几天的游学过程中，我们听了许许多多的讲座，其中井冈山党史教育讲座和“革命后代话初心 · 讲家风”讲座给我留下了深刻的印象。在井冈山党史教育讲座中，老师用生动的故事将我们带回到那段艰苦但充满希望的岁月。来井冈山参加游学活动之前，虽对这段历史有所了解，但并没有想到这期间竟有这么多的坎坷与起伏，正是这些不间断的坎坷，使我更加震撼于中国共产党的毅力与决心。在这段讲述中，我突然发觉，红色英雄们并没有超出常人的能力，他们就来自普罗大众，来自占中国人口比例最大的工农队伍之中，他们用自己的血肉之躯谱写了英雄的赞歌，平凡的他们铸就了打不倒、战不败的红色巨人。

“革命后代话初心 · 讲家风”讲座上，两位革命战士的后代向我们讲述了他们与父母之间的故事，他们的人生伴随着父母的经历也充满坎坷与跌宕，但他们毫无怨言，毫不气馁，父母的言传身教赋予了他们前进的动力。他们就像万千中国人民一样，朴实、真诚，却又在不经意间体现出一种对国家和党的自豪感，这种自豪感充满历史的痕迹，历经革命岁月的锤炼而熠熠生辉，我能感受到这样的自豪感伴随着他们的教诲逐渐注入了我们的心中。在他们身上，我看到了最纯粹的革命精神，看到了无穷无尽的希望。我更加坚信，这种精神会代代相传，牢牢地把握住人民的信任与爱戴，推动国家和社会走向新的发展与进步。

从大井到黄洋界，从井冈山红色革命教育基地到井冈山革命博物馆，一路的游学历程中，我静静地思，慢慢地想，感受着历史的厚重。那一处处革命遗迹似乎在讲述着当年的革命生活。在井冈山革命博物馆中，陈列着一把当年战斗时使用过的军号，斑驳的锈迹难以掩盖泛出的金光，我看到它仿佛听到了吹响的冲锋号，仿佛看到一位少年勇敢地向前跑去，穿着草鞋，挎着步枪，在山顶插上了鲜艳的红旗……

习近平总书记指出:“要结合新的时代条件,坚持坚定执着追理想、实事求是闯新路、艰苦奋斗攻难关、依靠群众求胜利,让井冈山精神放射出新的时代光芒。”井冈山精神强调坚定执着追理想、实事求是闯新路、艰苦奋斗攻难关和依靠群众求胜利这四大要点。我们必须深刻认识到,对马克思主义的坚定信仰,对社会主义和共产主义的坚定信念,是井冈山精神的灵魂,也是共产党人立身、处世、干事的精神支柱;实事求是、敢闯新路,是井冈山精神的核心,革命如此,建设和改革也如此,都必须从实际出发,敢于开辟前人没有走过的路;艰苦奋斗是我们党的政治本色和优良传统,也是井冈山精神的基石,现在国家面貌和人民生活发生了翻天覆地的变化,但艰苦奋斗精神永远不能丢;紧紧团结群众、依靠群众,是井冈山革命根据地创建和发展的重要法宝,群众路线在革命战争年代是胜利之本,在和平年代同样是胜利之本。井冈山精神过去是,现在是,将来仍然是我们党的宝贵精神财富,要永远铭记、世代传承,在思想上正本清源、固根守魂,始终保持共产党人政治本色,让井冈山精神放射出新的时代光芒。

一次井冈行,一生井冈情。我十分感激这次游学,让我对中国共产党的革命历程更加了解,也使我对祖国的未来更加充满信心。我将积极学习井冈山革命烈士们奋勇向前的革命精神,为祖国和社会作出更多的贡献,同时会尽自己所能,将井冈山精神传播到更远的地方。井冈山上的英雄们永远不会被遗忘,井冈山精神也将代代相传,指引着我们前进的道路与方向。

(文/杨晨曦)

一次井冈行,一生井冈情

于细雨蒙蒙时知来处,于井冈山绿处明归途。在去往井冈山的那个清晨,我尚未意识到此去山水一程,将会带给我多少感悟与思考,多少割舍不下的情怀。

朱德将军曾为井冈山题词“天下第一山”,中国大好河山雄伟绮丽,井冈山并非最秀丽,并非最险峻,并非最高耸,也并非最雄壮,那何来这“第一”之称?因为,她孕育了中国革命。她在中国革命史上的地位和作用,“天下第一山”当之无愧。千流归大海,奔腾卷巨澜,罗霄大旗举,红透半边天。井冈山为中国革命的胜利奠定了坚实的基础,而这里孕育出的井冈山精神,穿过时光的洪流,仍在熠熠照耀着新时代的我们。

井冈山湿润静谧的空气里,蕴蓄着一缕一缕红色的风。这风也许藏在基地一场一场的报告里,也许藏在烈士纪念馆那满墙的名字里,也许藏在我们爬山时落下的一滴滴汗水里,也许藏在八角楼、黄洋界经历过炮火洗礼的老房子里,也许藏在每一缕阳光里、每一丝细雨里。不管藏在哪里,这红色的风都以不可阻挡之势吹进了我的心里,掀起了无人可见的惊涛骇浪。

在井冈山革命烈士纪念馆,台阶两侧树木高耸,浓荫洒下,包裹着前来祭拜的每一个人,仿佛革命先辈们温和的注视。当我在馆内看到满墙的烈士姓名时,感受到了前所未有的震撼。比起一个数字,这满墙密密麻麻的姓名有着无可替代的冲击力。每一个姓名的背后,都是一条生命悲壮的绽放,都是一个家庭悲恸的破碎。也正是因为这一个个姓名以及更多我们无从得知的姓名,是他们的牺牲和付出,才使脚下这片大地换了人间。

七月的井冈山,没有了曾经隆隆的战鼓漫天,也没有了昔日的滚滚硝烟,这片曾战火遍布的土地上,如今早已染尽了层林青翠的绝美风光。体验“红军的一天”是此次实践中最累的一天,也是收获最大的一天。坝上急行军,我们翻过了一座山头,当沿着山间小路翻山时,我仿佛真的看到了当年革命先辈的身影,我走过你曾走过的小路,那我们算不算相逢?今天的我们穿着舒适的运动鞋,装备齐全,尚且走得艰难,很难想象曾经的红军战士们是如何穿着草鞋,在炮火连天中翻过一座座山,最终取得胜利的。一路上不时有人跌倒又爬起,我们的汗水滴落,也将这片土地滋润了一丝。山路固然难走,可当我们翻过山头,走进村庄,回首望,皆是层层叠叠的翠绿,向前看,尽是新时代乡村的大好风光。我不禁思索,长征又何尝不是这样?中国革命又何尝不是这样?带着“回首向来萧瑟处”的洒脱,带着“拨开云雾见青天”的喜悦,带着“红雨随心翻作浪”的希冀,无惧风雨,阔步向前走。

在井冈山,我不只看见了昔日红色革命的风云沉淀,还看见了在新时代的今天,这里的人民用自己勤劳的双手去谋求富足生活的努力。在这片偏远的山区,地形条件影响了经济的发展,贫困村、贫困县在这里并不少见,曾经的红色革命根据地,如今的脱贫攻坚主战场,时代在发展,但这里的人民从来不缺为生活奋斗的干劲和勇气。在国家乡村振兴战略、扶贫政策的支持下,井冈山与外界的交流和联系越来越密切,旅游业以蓬勃之势迅速发展,百姓们抓住机会,景区门口随处可见摆摊售卖的农户,黄桃、莲蓬、李子、各种果干乃至手工艺品,最简单朴素的商品,也藏着村民们期盼美好生活的最质朴的心。这里民风淳朴,百姓良善,算不上富裕,却让人觉得生活有奔头。革命老区以老年人居多,但并不让人觉得死气沉沉,反而充满不苟于现状、花甲古稀仍愿以双手改变生活的奋斗活力。同时,也有越来越多的年轻人学成归来,选择扎根故乡,以毕生所学为家乡振兴尽一份力,让青春绽放在井冈山这片红色土壤上,热烈精彩,终有一日,会有累累硕果缀满枝头。

井冈山之行很短暂,短到如人生的一枚针脚,转眼间已成过去式;井冈山之行也很漫长,长到需要用一生去体会、去感悟。党的二十大报告中指出"当代中国青年生逢其时,施展才干的舞台无比广阔,实现梦想的前景无比光明",习近平总书记鼓励广大青年"立志做有理想、敢担当、能吃苦、肯奋斗的新时代好青年"的殷殷嘱托体现了党对青年一代的亲切关怀和殷切期待。通过此次井冈山实践之行,我对党的二十大精神有了更深的理解和感悟,青年当有凌云志,万里长空竞风流,我们要有脚踏实地的沉稳,也要有问鼎苍穹的魄力。少年不惧岁月长,山高路远又何妨?我们要将理论应用于实践,将所学落实于所做,在青春的赛道上奋力奔跑,跑出当代青年的最好成绩。

一次井冈行,一生井冈情。我只在这里留下了浅浅的足迹,却带走了在这里的每一帧见闻、每一份思考。带着井冈情怀,带着新的心境,我将继续出发,以勇毅盖过怯懦,以进取压倒苟安,在通往星辰大海的征途上奋楫争先!

(文/李昀芷)

坚韧拼搏,星火燎原

2023 年 7 月 18 日,这是我第一次踏上井冈山这片热土,青山绿野随着行程的推进渐渐开阔。此时已是下午时分,难觅丝毫酷热。绿树成荫,景色怡人,那些值得被镌刻在历史长河中且如同不朽的石碑一般的红色记忆正在缓缓铺陈开来。

在大井朱毛旧居里,试想毛主席在读书石上看书读报,批阅文件;感悟毛主席坚持学习,勇于探索的精神。“饭可以一日不吃,觉可以一日不睡,书不可一日不读”,在严峻的战争生涯中,毛主席始终坚持不懈地阅读,在长夜尽处的探索和研究中,领悟出中国革命的真谛。

八角楼的灯光,打破了黑夜的昏暗,更照亮了中国共产党的前路。毛主席在这里带领中国共产党不断壮大革命力量,为中国革命指明了“农村包围城市,武装夺取政权”唯一正确的革命道路,取得了中国革命的节节胜利。在不停闪烁的煤油灯淡淡的光照下,毛主席先后写成了《中国的红色政权为什么能够存在?》《井冈山的斗争》等著作。面对“红旗到底打得多久”的质疑,交出了“星星之火,可以燎原”的壮丽答卷。

在黄洋界保卫战中,“黄洋界上炮声隆,报道敌军宵遁”,这一炮声在党的辉煌历史中留下了深深烙印,散发出耀眼光芒。登上黄洋界,水雾浓密,了无酷暑。顺着山间的石栈道蜿蜒而上,左边是镌刻着“星星之火,可以燎原”的纪念碑,右手边则是刻有《西江月·井冈山》的石壁。老师将这场以少胜多的战斗娓娓道来,青山恒常,斯人已逝,但中国正走向胜利的未来、光辉的未来。

参观完这些我不禁思考:在与那个时代有着巨大差异的现代社会,井冈山精神对于我、对于国家有着什么意义呢?

井冈山实践让我明白了持之以恒的重要性。井冈山地区的山地环境恶劣,交通困难,敌人围追堵截,严峻的斗争形势让人望而生畏。然而,毛主席等革命先驱并没有放弃，他们坚守在井冈山，组织广大群众进行长期的游击战争，最终取得了革命的胜利。这种坚持不懈的精神深深地感动着我，教会我在面对困难和挑战时不要轻易退缩，要有持续努力的毅力和决心。

井冈山实践也让我认识到群众的力量。井冈山的革命斗争是在广大人民群众的积极参与下取得的，他们组织起来，勇敢地与敌人作战。通过创办合作社和发动土地革命等，他们既改善了自己的生活，也为革命提供了有力的支持。这些告诉我，可以通过团结合作与他人一起实现更大的目标，共同创造美好的未来。

井冈山的实践还给我上了一堂关于领导力的课程。毛主席等革命领导人在井冈山时期展现出了卓越的组织能力和非凡的战略眼光。他们建立了严密的组织结构，制定了符合实际的斗争策略，从而在艰苦环境中取得了胜利。这使我深刻理解到领导者应该具备的重要素质，如坚定的信念、智慧的决策和良好的组织能力，这也激励着我要不断学习，为实现目标而努力。

新时代，斗转星移，变了乾坤，但中国共产党人的信仰从未改变，光辉灿烂的井冈山精神从未改变。当我经过井冈山历史纪念馆英雄的雕塑，一瞬间，好似两个不同的时代在我面前交融。我仿佛看见了革命前辈们，在山林小路上保持着高昂的斗志，唱起了激昂的红歌，勇往直前，奔向下一场战争，他们笑脸盈盈，朝我微笑示意，如同在说“历史洪流滚滚向前，时代的接力棒此时已经交到你们手上了，小同志，加油啊！”

红色政权来之不易，新中国来之不易，中国特色社会主义来之不易，今天的幸福生活来之不易，作为新时代的山大学生，我们要继承伟大的井冈山精神，赓续中国共产党人精神血脉，在为中国人民谋幸福、为中华民族谋复兴的道路上贡献我们的青春力量！

（文/万道睿）

井冈万里，朝气永屹

歌曲、诗词、图画、故事……耳濡目染，“井冈山”这个名字浸润了硝烟与战火，坚韧与血汗，在我的心里埋下了一颗向往的种子。江西，吉安，井冈山，我只知这是一方潮湿、多山、喜辣的土地，好奇长江那边陌生的南方风光，更好奇党史中这军民同心、时艰共渡的明艳一笔。

如今，作为成仿吾英才班的一员，我终于有机会踏上这片曾有星星之火闪耀的土地。云天明净澄澈，有高高的翠竹静立，八角楼、黄洋界……阳光朗照下，旧居、古碑肃穆而不失生机。触摸着弹痕斑驳的墙壁，听着一个个熟悉的故事被更加详细深情地讲起，我仿佛又回到了那个前途晦明的时期。重抬眼，山还是那座山，历史从未停下脚步，我们进步、变强，但前方仍有荆棘和桎梏。前路变幻，但精神不灭，有如山麓。

这精神何解？

井冈山精神的重要内容是实事求是、敢创新路。马克思主义最重要的精髓，就是一切从实际出发，实事求是。而在明晰局势、实事求是的基础上敢于探索新路，需要莫大的气概与胆识，需要极强的执行力与决策力。井冈山根据地是中国共产党人在大革命失败、白色恐怖笼罩的恶潮中闯出来的，是从国民党军队的层层包围中杀出来的，是在同党内“左”倾错误思想的较量中悟出来的。在这连亘绵延的井冈山，由毛泽东领导的一众共产党人，冲破了国民党军队的包围圈，开创了一条“农村包围城市，武装夺取政权”的中国革命新道路。中国革命有别于俄国革命，倘若一味照搬外国经验，不考虑中国的实际情况，则不可能取得成功。秋收起义失败后，毛泽东并没有一蹶不振，而是独辟蹊径，重振旗鼓，向敌人力量薄弱的农村山区挺进，建立了中国第一块农村革命根据地，并在一系列粉碎国民党“围剿”的斗争中，总结出了“分兵以发动群众，集中以应付敌人”“敌进我退，敌驻我扰，敌疲我打，敌退我追”等一系列实用的战略战术。同时，进行了三湾改编等改革，这是建设无产阶级领导的新型人民军队的重要开端,对保持党的组织建设、作风建设的先进性具有重要作用。邓小平所说的“适合中国情况的革命道路”,正是独具特色的井冈山道路。这种脚踏实地、勇于探索的精神,也是我们建设中国特色社会主义所需要的,跳出教条主义的束缚,着眼于马克思主义基本原理的实际应用和与时俱进,坚持不懈地改革创新,方能保持生机与活力,把路走得宽敞,走得通达。

井冈山精神的特色是坚定信念,矢志不渝。面对“三月失败”和“八月失败”的重创,不少战士和群众都丧了气,有人甚至提出了“红旗到底打得多久”的疑问。毛泽东经过理性深刻的分析,写下了《中国的红色政权为什么能够存在?》和《星星之火,可以燎原》,指出了小块红色根据地存在的合理性和决胜地位,搭建了“以乡村为中心”的中国革命道路理论的基本框架,也提出了那句大名鼎鼎的“星星之火,可以燎原”,这是何等高明的预见,又是何等坚定的信念!同样怀有必胜信心的还有朱德、陈毅等一众革命将领,他们不畏苦难,一路挺进井冈山。还有卢德铭、张子清、刘仁堪、小井红军医院的医护伤员……无数年轻的战士为理想中的胜利之光,献出了自己美好的生命。在这个信息纷杂的时代,我们也应该守好自己的信念和初心,坚定自己的信仰和理想,用坚定的信念来提升自身的思想政治素质,在全球化的挑战和浪潮中,走好中国特色社会主义之路。

井冈山精神的奠基是依靠群众,穷当益坚。邓小平曾经说过,中国共产党“在井冈山打旗帜才几千人,一打就是二十二年,最后还是战胜了帝国主义和他们支持的力量,中国人站起来了”。在井冈山,中国共产党在国民党严苛的军事和经济封锁下,依然心系百姓,凭着广大人民群众的支持,成功地创造了奇迹。湘赣边陲经济并不发达,封闭小农经济在敌人的封锁下很快陷入了空前的困境,吃穿用一直困扰着战士们。毛泽东带领大家依靠群众,自力更生,组织耕田队,恢复农业生产,开辟大陇草林,构建赤白贸易,铸造工字银元,组织广大群众熬硝盐。多种举措齐下,方才渡过难关。党的根基在人民、血脉在人民,为政之道,在顺民心。想人民之所想,保持同人民百姓的血肉联系,不脱离群众,这是中国共产党能够战胜重重艰难险阻的深层原因。保持初心,并不是要像当年那样学吃红米饭、喝南瓜汤,在物质上紧缩,而是要在新的历史背景下保持艰苦奋斗的精神,肯用功愿奋斗,不做物欲的奴隶，做到权为民所用、情为民所系、利为民所谋，勤俭节约，用心奉献。

革命传统要继承，要发展。在新时代，我们需要井冈山精神，井冈山精神也应不断被赋予新的时代内涵。我们是学生，是年轻人，也是时代的希望、前锋和栋梁。这份宝贵的精神财富值得我们珍视，时时回味，刻刻警醒。离开这片土地的那一刻，我才真切体会到了这“天下第一山”流传的“一次井冈行，一生井冈情”，这蓝天白云，碧竹清波，红心赤情，教人永志不忘。

（文/林奕璇）

春风化雨，且思且行

习近平总书记指出：“井冈山时期留给我们最为宝贵的财富，就是跨越时空的井冈山精神。”2023年7月18日至24日，我作为第七期成仿吾英才班的一员，有幸随班前往全国青少年井冈山革命传统教育基地，追随先辈足迹，赓续红色血脉。这一部鲜活的红色教材给我们上了一堂生动深刻的思政课，使我铭记于心。

汲取先烈精神力量，坚定执着追逐理想。我们来到井冈山革命烈士陵园，向革命烈士致敬。每每想到烈士中的大多数牺牲在了同我们一样的花样年华，我便会被他们相信革命必胜而义无反顾地抛头颅、洒热血的信念深深感动。纪念堂内，我们敬献花圈、鞠躬默哀，跟随老师走进烈士生平，感悟革命精神。纪念堂外，我们在姚瑶老师“坚定执着追理想”的专题教学中回忆革命的峥嵘岁月，在入团誓词的铿锵之音中回首入团初心。斯人已逝，信仰永恒，吾辈青年亦要在心中植一棵精神之树，让理想信念的明灯永远在心中闪亮。

学习先辈勤俭美德，艰苦奋斗攻难关。在“红军的一天”体验日中，我们重走红军路，领会革命先辈奋力跋涉于崎岖泥泞的山路上的艰辛；学习编草鞋，想象红军战士忍受脚下的疼痛与敌人斗智斗勇的坚韧；倾听“朱德的扁担”的故事，体会红军将领和普通士兵共克难关的决心；唱着“红米饭那个南瓜汤哟咳罗咳，挖野菜那个也当粮罗咳罗咳”的红歌，感受军民在艰苦物质条件下的豁达……我懂得，这种艰苦奋斗、苦中作乐的精神，使得党和红军能够克服缺衣少粮、缺枪少弹的困境，取得革命一次又一次的胜利。如今，我们实现了全面小康，人民生活水平显著提高，但在物质的森林里奔跑，不能将精神宝石遗落在身后。我们要传承革命先辈们勤俭节约的美德，用好艰苦奋斗“传家宝”，在新征程中牢记初心，接续奋斗。

传承红色基因，依靠群众力量。参观井冈山革命博物馆时，我们看到了展台上引人注目的红军“三大纪律、六项注意”的大字。登上黄洋界后，我们在“军民协作夺胜利”的专题教学下了解了黄洋界保卫战以少胜多的光辉事迹。“江山就是人民，人民就是江山。”党和红军坚持群众路线，真心实意为群众谋利益，得到了群众的支持和拥护。军民同心铸成保卫黄洋界的铜墙铁壁，让敌人铩羽而归。可见，人民群众的力量才是可以燎原的星星之火。身为山大学子，我们亦要以为人民服务为宗旨，在社会实践中走进群众，想人民之所想，急人民之所急，在志愿活动中服务人民，为共同创造更加美好的生活而奋斗。

一座山，辉映历史；一种精神，照耀未来。研学期间，眼中所见，是饱经沧桑的革命历史遗迹；心中所想，是井冈山动人心魄的精神深度。在这个革命圣地，我第一次走出“书本”，身临其境地体会到“坚定信念、艰苦奋斗，实事求是、敢闯新路，依靠群众、勇于胜利”的井冈山精神，从这段厚重的党史中深化对思政课理论学习的思考。“雄关漫道真如铁，而今迈步从头越。”面对未来的重重挑战，我会学习“红军不怕远征难，万水千山只等闲”的坚强勇毅，保持“敌军围困万千重，我自岿然不动”的定力，书写青春无悔的精彩人生。

我时时会想起这次社会实践，亦时时会念起井冈山。那片红色的土地成为我的精神家园，给予我生生不息的精神动力。

（文/吴美娴）

井冈山巅，光辉熠熠

“山下旌旗在望，山头鼓角相闻。敌军围困万千重，我自岿然不动。早已森严壁垒，更加众志成城。黄洋界上炮声隆，报道敌军宵遁。”这首《西江月·井冈山》是毛泽东为井冈山黄洋界保卫战写下的一曲赞歌，抒写了井冈山革命斗争的光辉史诗。在当时那般敌众我寡、敌强我弱的艰苦背景下，在生死存亡的危急关头，黄洋界上留守的红军士兵同井冈山的当地百姓一道，借着山体地形的优势，齐心协力构筑起“竹钉阵、壕沟、竹篱笆围栏、滚木擂石、用木石及泥土筑成的射击掩体”五道防线，誓死守卫井冈山革命根据地。他们凭借过人的勇气和智慧，最终打赢了这场以少胜多、以弱胜强的保卫战，从敌人的汹汹大军下保下了井冈山这一革命要地，铸就了黄洋界保卫战的传奇佳话。

今年暑假，我有幸与第七期成仿吾英才班的老师同学们一同来到井冈山，亲眼见证这一革命摇篮的真实面貌。“四面重峦嶂，五溪曲水萦。红根已深植，今日正繁荣”，如今的井冈山，虽经历了岁月的洗礼，可它那扎根于土壤中的红色印记却始终清晰可见。“红米饭，南瓜汤，秋茄子，味好香，餐餐吃得精打光”，这是革命斗争时期驻守在井冈山的红军战士最真实、最动人的生活写照。由于国民党反动派的封锁，红军官兵不得不面对粮食供应不足的艰苦条件。但即便如此，红军战士们依旧凭借自身昂扬的革命斗志和乐观的革命精神苦中作乐，在井冈山点燃了中国革命燎原的星星之火，并最终迎来了革命胜利的曙光。

“吃一顿红米饭，唱一首红军歌，走一趟红军路，扫一次红军墓”，井冈山的五天红色体验虽然短暂，但带给我的感触却是无比深刻的。井冈山的体验，让我先前在书本中所看到的一个个符号变得鲜活了起来，它们不再只是停留在纸张上的文字，而是一个个有血有肉的影像。前往北山烈士陵园，于石碑之下垂首哀思，铮铮铁骨犹在，烈士英魂不朽；前往黄洋界，于炮台之上眺望谷底，耳边炮火隆隆，喊声响彻云霄。这一刻，我仿佛成为井冈山革命斗争的一个亲历者，与革命先辈们一起，亲眼见证中国革命在历经无数波折后走向胜利。我为老一辈革命家面临的重重险境心焦如焚，也为中国革命最终拨云见日而热血沸腾。

“红军不怕远征难，万水千山只等闲。”“红军的一天”体验项目，令我进一步地体会到了红军战士们在井冈山长途跋涉、翻山越岭的辛苦。井冈山山路曲折陡峭、险象环生，仅是在山路上跋涉行走便要费去不少力气，而红军战士们不仅需要肩扛辎重，而且还要应对敌人的突袭，可以说是难上加难。然而，尽管前路遍布艰难险阻，红军战士们依旧义无反顾地前进着，没有丝毫的退缩。这种坚定信念、艰苦奋斗、敢闯新路、勇于胜利的作风铸就了伟大的井冈山精神，并激励着中华儿女为祖国的解放、民族的复兴和社会的进步顽强拼搏、英勇奋斗，取得了一个又一个伟大的胜利。

“你们是早上八九点钟的太阳，希望寄托在你们身上。”这是革命英雄伍修权将军的女儿伍连连女士在“革命后代话初心·讲家风”访谈中对我们新一代青年人的寄语。在这一访谈活动中，两位革命英雄的后代为我们讲述了父辈们光荣的革命往事，将我们的思绪再度带回到那个战火纷飞的年代。前事不忘，后事之师。无论是伍修权将军“终经万里崎岖路，投入血火战斗中”的报国之志，还是朱良才上将“只要不砍头，我就要入党”的坚毅信念，都令我无比感动。回首往昔，多少青年才俊长征万里齐聚一堂，将信仰化作力量，冲破万千艰难险阻，让红旗得以在井冈山迎风飘扬。放眼今朝，作为新时代的中国青年，我们也应当学习革命先辈们不怕牺牲、英勇奉献的大无畏精神，讴歌他们的历史功绩，弘扬他们的革命精神，让红色精神永不褪色，让红色基因代代相传。

井冈山的五天研学时光虽然短暂，却处处充满温情。在“红军的一天”体验项目中，热情好客的井冈山村民将我们请进家中，拿出丰盛的菜肴款待我们；在“井冈山斗争与井冈山精神”讲座中，我们见证了池煜华老人对参军丈夫李才莲饱含爱意的一生守望；在红歌教学课程中，一首《红军阿哥你慢慢走》，展现出井冈山人民舍小家为大家的高尚爱国情怀……这样类似的故事，在井冈山还有很多很多。一腔温情注入红土，孕育出淳朴真挚的井冈山人民，也让井冈山精神得以代代传颂。

一次井冈行,一生井冈情。“井冈山是革命的山、战斗的山,也是英雄的山、光荣的山。”在茅坪八角楼旧址处,习近平总书记曾指出:“伟大的理想信念要有扎实的理论基础,井冈山道路是马克思主义中国化的经典之作,从这里革命才走向成功。”八角楼夜里通明的灯光,照亮了中国革命的万里前程。毛泽东当年就是在这里,用一支笔杆掀起了革命的厉厉风雷,自此,天翻地覆慨而慷,五洲四海红旗扬。

本次井冈山之旅虽已画上句号,可在这片红色土地上所领悟到的井冈山精神,却伴随我一路前行。

(文/赵熙琳)

今昔剧变,涤荡心灵

“山下旌旗在望,山头鼓角相闻。敌军围困万千重,我自岿然不动。早已森严壁垒,更加众志成城。黄洋界上炮声隆,报道敌军宵遁。”这首儿时便熟稔的《西江月·井冈山》在我第一次踏上井冈山这片红色的土地时不断在我耳畔响起,再次振奋我心,震撼我心。

如果让我用一句话形容这次井冈山之行,我想说它不仅是从济南到井冈山一次坐标的变化,更是一次心灵的洗礼与成长。在井冈山之行中,我们于专题讲座中加深了对井冈山斗争历史的了解,在重游革命圣地中读懂了峥嵘岁月里先辈的信仰,更在走出校园走进乡村的实践中产生了对人民和土地纯粹的热爱。

于专题讲座中加深了对井冈山斗争历史的了解。一直听闻井冈山被称为“天下第一山”,“第一”并非其海拔高度而是其政治高度。直到和滕永琛老师一起走进“井冈山斗争与井冈山精神”专题讲座,我才真正理解“天下第一山”这个符号。在专题讲座中,最令我印象深刻的是“毛泽东引兵井冈”。中国共产党人在被选择的同时,他们以更加积极主动的姿态来选择,呈现出

“创造”历史的趋势。而这个首创从“毛泽东引兵井冈”开始。

1927年,中国革命史上具有特殊意义的一年,北伐战争因国民党反动势力叛变而失败,蒋介石、汪精卫相继发动“四一二”“七一五”反革命政变,中国革命处于危难关头。中国共产党人先后发动南昌起义、秋收起义,结果均告失败。在严酷的斗争和血的教训中,中国共产党深刻认识到,攻打大城市的路走不通。危急关头,毛泽东提出“上山”思想,找敌人统治力量薄弱的地方。这一思想的确立,为大革命失败后中国共产党保存革命武装、积蓄革命力量提供了有效途径,也是中国共产党人建立农村革命根据地、探索中国革命道路的第一步。

于革命圣地中读懂峥嵘岁月里先辈的信仰。我们在北山烈士陵园瞻仰忠魂、感悟精神,在茨坪革命旧址了解彭德怀顾全大局的坚守、勇于担当的人格魅力,在领袖峰探讨“因为相信所以看见,还是因为看见所以相信”,在茅坪八角楼走进毛主席与《中国的红色政权为什么能够存在?》,在黄洋界理解何为“军民协作夺胜利”,在南山公园登顶共赏飘扬的火炬……是什么力量支撑着当年这些革命先烈在经历了那些艰苦卓绝的岁月后仍然矢志不渝、坚守信念?是什么力量激励着当年这些革命先烈在经历了惨烈悲壮的战争后仍然孜孜不倦地探寻中国解放之路?脚踏革命先烈们曾经战斗过的这片红土地,耳边似乎回响起密集的战鼓声、嘹亮的号角声和震天的喊杀声,眼前仿佛浮现出满山遍野的革命者在猎猎红旗的指引下前仆后继、奋勇向前,打击进犯之敌。忽然意识到,这股力量的源泉正是井冈山精神:坚定信念、艰苦奋斗,实事求是、敢闯新路,依靠群众、勇于胜利。这就是井冈山的红土地和革命先烈的鲜血所凝炼、所铸造的井冈山精神。

在走出校园、走进乡村的实践中产生了对人民和土地纯粹的热爱。在走入井冈山的村子之前,我对这片土地有很多设想。基于易守难攻、交通闭塞而被选择建立的井冈山革命根据地,在革命斗争时期遭受敌人封锁时,自给自足都很困难。贫穷落后还是封闭保守?这个想法在走进村子后很快消失不见。映入眼帘的是干净宽敞的沥青路、整齐的房屋、开满荷花的池塘以及成片的果树。和村里的老人了解后才知道,这几年政府助力脱贫攻坚,帮忙修了路,改造了旧屋,改善了村容村貌。

脱贫攻坚完成时,作为高中生的我大部分时间还身处学校,没有更多的机会接触社会。“脱贫攻坚”“全面建成小康社会”于我而言更多是课本上的文字,没有具体的认知与直观的感受。而当我真正走出学校,走进这个村子时,我读懂了这些词语。开满荷花的池塘与成片的果树是这个村庄的主要经济来源,除了第一产业,第三产业也在飞速发展。井冈山的红色底蕴得到挖掘,文旅产业在这里生根发芽,带动一系列配套服务业如餐饮、民宿、特产超市的发展。中午,我们在老乡家做“红军的一餐”,这家老乡就得益于红色文旅教育的发展:村委与教育基地建立合作,既帮助教育基地同学提供实践机会,又获得了除农业种植之外的第二份经济收入。离开书本,走进社会,看到发展成果真正在现实生活中体现,没有人不热爱自己生活的这片土地。

习近平总书记在中国人民大学考察时强调:“希望广大青年用脚步丈量祖国大地,用眼睛发现中国精神,用耳朵倾听人民呼声,用内心感应时代脉搏,把对祖国血浓于水、与人民同呼吸共命运的情感贯穿学业全过程、融汇在事业追求中。”如果把这次井冈之行比喻为一篇文章,那么,理论知识是这段历史的梗概,而离开书本走进这片土地的今昔剧变,走入村民的谈笑风生才是一篇文章的主题。实践出真知,愿我们都可以把文章写在中国大地上。

(文/李松阳)

第二话|井冈红韵,星火长明

【编者按】 井冈山,这片红色沃土,不仅承载着革命的火种,而且孕育了永恒的精神。第七期成仿吾英才班学员们踏着先辈的足迹,深入这片红色圣地,不仅是一次历史的追溯,而且是一次心灵的触碰。“坚定信念、艰苦奋斗,实事求是、敢闯新路,依靠群众、勇于胜利”,这24字箴言,不仅是井冈山斗争的写照,而且是我们新时代的行动指南。通过研学,学员们将理想信念的火种播撒于心田,让伟大的井冈山精神在实现中华民族伟大复兴中国梦的征途上焕发出新的时代光芒。相信“小青马”们将接过历史的接力棒,勇敢担负起时代赋予的使命和责任,以井冈山精神为指引,不忘初心,牢记使命,以青春之我,创造青春之国家,青春之民族。

信仰照亮人生,灯塔指引前路

数风流人物——一颂井冈魂

从刀山火海里走来,他们是孤地的勇者;向万水千山中走去,他们是无名的英雄。一名名长征红军,一位位烈骨忠魂,用生命诠释了何为信仰、何为乐观、何为大无畏精神。

在井冈山精神专题讲座中,我们系统学习了长征这段历史,不断思考老师布置的问题——"因为相信所以看见,还是因为看见所以相信"。我想,每个时代有每个时代的答案。百余年前,国家蒙辱、人民蒙难、文明蒙尘。长期生活在农村的毛泽东,不仅对人民的疾苦深有体会,而且将自己的忧民情怀体现在领导一系列为中国人民谋幸福、为中华民族谋复兴的斗争当中。"星星之火,可以燎原",正是千千万万有着坚定信仰的"革命之星"绘就了"三军过后尽开颜"的伟大史卷。是信仰,给予了红军战士们"万水千山只等闲"的精神力量,让他们看到了革命成功的光明前景。而如今,宏伟蓝图已经绘就,我们比历史上的任何时期都更接近实现中华民族伟大复兴的目标,比历史上的任何时期都更有信心、更有能力实现这个目标。井冈山早已不仅仅是一座山,更是一种符号、一种象征、一种震撼。心有所信,方能行远。让井冈山精神放射出时代光芒,需要吾辈栉风沐雨地奋斗、笃行不怠地传承。

"明镜所以照形,古事所以知今。"正如习近平总书记在庆祝中国共产党成立95周年大会上发表的重要讲话那样,"今天,我们回顾历史,不是为了从成功中寻求慰藉,更不是为了躺在功劳簿上、为回避今天面临的困难和问题寻找借口,而是为了总结历史经验、把握历史规律,增强开拓前进的勇气和力量”。漫漫长征路,犹如地球上的红飘带,给每一名向党组织努力靠拢的青年以精神力量。过去的革命道路历尽千难万险,今天的幸福生活又谈何容易。我们何其有幸,生活在如今富饶又和平的祖国。饮水思源、知古鉴今,这也使我不由得发出感叹:要永远谦卑,永远心怀敬畏之心。

风景正独好——二忆井冈行

经过近七小时的车程、两小时的山路,我们终于到达了全国青少年井冈山革命教育基地,开启了期待已久的井冈之行。下车后,一排遒劲之字映入眼帘:让信仰照亮人生。

“山下旌旗在望,山头鼓角相闻。敌军围困万千重,我自岿然不动。”当第一次站在井冈山的红色大地上时,我才切切实实感受到毛主席诗词中的磅礴气势,感受到那个时代的荡气回肠。

三湾改编情景教学,我们兵分四路,模拟分工。像外公一样,我主动请缨担任“卫生员”一职。能用自己所学的专业知识帮助到更多的人,这何尝不是一件幸事呢?在北山烈士陵园之行中,老师庄严肃穆的讲解,使我们为之动容,为四万名牺牲的红军前辈流下了感动的热泪;观光茨坪革命旧址与伟人旧居,我们敬佩长征英雄们那种革命意志高于天的豪情与信念;前往黄洋界保卫战胜利纪念碑,我们深刻地体味到人民战争的伟大;学编红军草鞋,我们从零学起,身临其境地感受当年艰辛的峥嵘岁月;来到步云山红军练兵场,我们投掷手雷、穿封锁线、翻障碍墙,在一个个协作训练中增强团队精神……在基地老师精心准备的各个专题教学中,我们学思践悟井冈山精神,更加明确了新时代青年的担当——学无止境提本领,气有浩然勇攀登。

恰同学少年——三念井冈情

仍记得,在山路上晕车时,是师友们的真诚细致的关心让我缓解了焦虑;仍记得,重走长征路时,是师友们的帮助让我渡过了不慎摔倒的难关;仍记得,开班发言时,是同学们的加油鼓劲让我勇敢地站上了舞台。“累了吗? 来,咱们一起走。”不怕烈日的灼烧,不怕瓢泼的大雨,只因有你们相伴——成仿吾英才班亲爱的班主任老师与来自 18 个学院的 30 名伙伴。老师和蔼可亲、同学优秀上进,茶余饭后,我们倾听着彼此成长的故事,诉说着各自生活的烦恼,分享着大家学习的收获。我想,这便是青春最好的模样。

“红米饭那个南瓜汤哟咳罗咳,挖野菜那个也当粮罗咳罗咳,毛委员和我们在一起罗咳罗咳,咳! 餐餐味道香,味道香……”当歌声和欢笑在手机相册里再次播放,我才意识到,和大家的友谊是多么真挚,多么纯粹,多么可贵。我想,我怀念的不仅是那段和老师们、朋友们一起度过的欢乐时光,更是一次心灵洗涤、精神成长的红色之行。

成仿吾英才班的同学情,也由此正式开启。

一次井冈行,一生井冈情。在革命圣地,我们开启了一次庄严神圣的寻根之旅,一次触动灵魂的“补钙”之旅,一次受益良多的“充电”之旅。暑期实践时间虽短,但却凝聚了老师们辛勤的汗水和诸多心力。每一位同学在实践活动中有所成长、有所收获,在记忆深处留下了美好回忆,这必将成为我们追梦路上的精神力量。再次感谢学校提供的宝贵机会,感谢各位老师的无私付出。

习近平总书记曾指出,“井冈山时期留给我们最为宝贵的财富,就是跨越时空的井冈山精神”,坚定执着追理想,实事求是闯新路,艰苦奋斗攻难关,依靠群众求胜利。做讲政治、有理想、肯奋斗的“仿吾”青年,我们一直在路上!

(文/李羽煊)

追寻革命印记,筑牢信仰之基

井冈山,“天下第一山”,我对其仰慕已久,心向往之。是何种水土养育了此地的百姓,又是何种风情造就了革命的摇篮,这些问题,在我心里埋下了探索的种子。炎烁夏日,我随山东大学成仿吾英才班的同学们一起,走进了这座光荣的山,走进了这片绿茵当道、英魂驻存的红色天地。

“学习二十大、永远跟党走、奋进新征程”主题开班仪式开启了井冈山学习的第一扇大门。会上,老师和同学们掷地有声的发言深深地触动了我。“行程万里,不忘初心”,“井冈山是革命的山、战斗的山,也是英雄的山、光荣的山”,习近平总书记的话语让我对这次学旅有了更高的期待与敬意。“我们要做井冈山精神的学习者、传播者和建设者,追寻先辈足迹,坚定理想信念,不忘初心,砥砺前行!”在一声声呼号中,我更坚定了自己此次学旅的决心。井冈山精神,坚毅而不间断,刚强而不羸弱,需要我们永葆热忱,去深入学习,去感悟体思,去继承发扬。

身为新时代的青年,要做勇立潮头的举旗人,要有国之大局的胸怀和担当。“在习近平新时代中国特色社会主义思想指引下动员引领广大青年为全面建设社会主义现代化国家而团结奋斗——共青团十九大精神解读”的理论课中,便明晰了党对青年工作的要求、发展方向以及个人学习和工作方向,介绍了共青团会议的各项情况,为本次学旅做好了理论与实践的衔接,也使我更明确肩上的重任。“井冈山斗争与井冈山精神”的理论课讲述了这片土地上的传奇故事,铺开了这幅历时两年多的革命画卷。在井冈山斗争的两年多时间里,牺牲了 4.8 万余名红军烈士。正如习近平总书记所说,“回想过去那段峥嵘岁月,我们要向革命先烈表示崇高的敬意,我们永远怀念他们、牢记他们,传承好他们的红色基因”。

立于八角楼前,遥望伟人身影。也许当年夜深人静之时,毛主席曾点一盏油灯,奋笔天明;也许当年革命危急之时,毛主席曾凝望星火,写下传奇。

这座小楼承载了太多历史,让人不敢触碰,却又被深深吸引。急行军路,崎岖难行。烈日当头,载歌为伴。我们重走红军来时路,重温红军离时情。山中的蜿蜒小路,一眼望不到头,但战友们的陪伴、彼此的鼓励与支持,让人忘却了炎热与疲惫,只有无限的激情与动力。前方将至的目的地,也在指引我们前进。或许这就是革命胜利的秘密,互相扶持,共同奋进,精神信仰,引领前行。“山重水复疑无路,柳暗花明又一村”,到达马源村后,我不禁发出这样的感慨。翻过群山峻岭,一阵清风袭来,山水田园画卷徐徐展开。这个曾经贫穷落后的小村落,现在无处不焕发着生机。粉荷黛莲,远山青色,黑瓦白墙,白云碧空。这是无法言表的美,这是需亲自感知才能体悟的美。乡村旧貌换新颜,文旅双翼促发展。原来只在书本上、谈话中的乡村振兴,如今真的落在了实处,展现在了我的眼前。

“山下旌旗在望,山头鼓角相闻。敌军围困万千重,我自岿然不动。早已森严壁垒,更加众志成城。黄洋界上炮声隆,报道敌军宵遁。”毛主席的《西江月·井冈山》生动地描述了1928年红军在井冈山第二次反“会剿”的情形。同时,这也充分体现了井冈山两年零四个月革命斗争的严酷形势和军民一心的斗争决心。百余年过去了,黄洋界的隆隆炮声早已散去,但革命精神犹存。黄洋界保卫战胜利纪念碑矗立在前,“星星之火,可以燎原”八个大字映入眼帘。这场战役中,红军以不足一个营的兵力打退了敌人四个团的进攻,以一夫当关、万夫莫开的气势守住了阵地,书写了以少胜多的传奇。这场胜利离不开人民群众的支持与协作,男女老少和红军一起布置了五道防线、三条阵线,以不可挡之势打退了敌人之师。“江山就是人民,人民就是江山。”在新征程上,我们仍需依靠人民创造历史伟业,与人民共同执笔绘就江河胜卷。

将目光从一幅幅场景移开,聆听来自历史深处的声音。两路青松,高大巍峨,似护园卫士,静静守卫着长眠于此的战士们和那段光辉而又残酷的历史。走进井冈山革命烈士陵园,肃穆之意和英烈之气直击灵魂,让人不禁闭上双眼,去用心感受他们的故事。因为相信所以看见,还是因为看见所以相信?相信战士们给出的答案会是前者,而我的答案也是前者。因为相信英烈长存、信仰不灭,所以睁开眼看这四周,满是从前。对于战士们,革命前途渺茫,无人能给必胜承诺,何去何从无人知晓,雨中孤舟不知方向。但有一批人高擎火炬前行,信念之火永不灭,“我们党之所以能够经受一次次挫折而又一次次奋起,归根结底是因为我们党有远大理想和崇高追求”,正是因为有信仰的力量,中国共产党人才无惧“敌军围困万千重”,以“革命理想高于天”的坚定信念,用抛头颅、洒热血的英雄壮举,攻克了一道又一道难关,夺取了一次又一次胜利。因为相信前方有光,所以只顾大胆去闯。正如鲁迅所言,“其实地上本没有路,走的人多了,也便成了路”。

一次井冈行,一生井冈情。“天下第一山”不在于其海拔之高,而在于其拔地参天的精神高度。我相信,我会带着这份精神——坚定执着追理想、实事求是闯新路、艰苦奋斗攻难关、依靠群众求胜利,行走在中国大地上,让其放射出新的时代光芒,让信仰照亮人生!

(文/郑佳宁)

赓续红色血脉,凝聚奋进力量

天渊翻覆,风雷磅礴,一声鸡唱,故地重来所见何。仲夏七月,我和第七期成仿吾英才班的同学们,怀揣着肃穆崇敬之心,重走井冈山革命先辈之路,共同奔赴这座“英雄的山”。在参观学习之余,我们循着习近平总书记的红色印记,寻找井冈山革命根据地的精神力量与共产党人的信仰。

井冈埋忠骨,翠柏勉英魂

习近平总书记指出:“井冈山是革命的山、战斗的山,也是英雄的山、光荣的山……回想过去那段峥嵘岁月,我们要向革命先烈表示崇高的敬意,我们永远怀念他们、牢记他们,传承好他们的红色基因。”我们来到全国青少年井冈山革命传统教育基地,在听完滕永琛老师关于井冈山革命精神的讲座后,我心潮起伏,久久不能平复。一段段遥远且真实的故事浓缩着井冈山在革命年代的血雨腥风,一张张已故但仍年轻的面孔向我们诉说着这片革命老区的峥嵘岁月。这些无不在精神和心灵上给我们带来了震撼与洗礼。

井冈山革命根据地的开辟,井冈山精神的酝酿、形成,实际上是中国共产党人在革命斗争中不断奋斗、探索中国特色的民主革命道路的一个生动缩影,是中国共产党人把马克思主义基本原理同中国革命实际紧密结合的经典范例。井冈山革命先辈们在艰苦卓绝的环境中奋斗,“真心实意为群众谋利益”,“为团体努力”,“为主义而牺牲”。在两年零四个月的井冈山斗争中,共有4.8万余人为革命捐躯。他们抛头颅、洒热血,为的就是坚定执着的理想信念,他们对社会主义和共产主义的坚定信念便是井冈山精神的灵魂!“坚定执着追理想,实事求是闯新路,艰苦奋斗攻难关,依靠群众求胜利”,这不朽的井冈山精神不仅在革命时期鼓舞着先辈们前赴后继、攻坚克难,而且在新时代指导着我们以一往无前的奋斗姿态,创造出无愧于时代、无愧于人民、无愧于先辈的业绩。昔日“人口不满两千,产谷不过万担”的井冈山,今已发展成美丽的生态旅游山城;昔日挑粮小道,而今也已高路入云端。

重上井冈山,建功新时代

“纸上得来终觉浅,绝知此事要躬行。”行进在巍巍五百里井冈,我们体验了红军的苦与乐。润碧湿翠苍苍掩,山影万籁岑岑寂。山路崎岖,可峰回路转。我们一行人在群山中跋涉,走过羊肠小道,走过蜿蜒狭路,终到了马源村。回望红军“雄关漫道真如铁”的艰难过去,道阻且长;追溯“千磨万击还坚劲”的不变初心,信仰永存。

“井冈山是中国革命的摇篮。井冈山斗争的伟大实践,对中国革命道路的探索和抉择、对中国共产党和人民军队成长具有关键意义。井冈山时期留给我们最为宝贵的财富,就是跨越时空的井冈山精神。”在这座成为中国革命不断走向胜利的光辉起点的英雄之山,中国共产党建立起第一个农村革命根据地,凝结出不朽的井冈山精神,孕育着共产党人的信仰。生命有限,信仰永恒。在新时代下,井冈山精神指引着我们不断前进。井冈山脱贫攻坚战中,共产党人与革命老区人民“有盐同咸,无盐同淡”,坚定不移、全面“锚定‘三区’战略、打好‘十大攻坚战’”，坚信星星之火，可以燎这片贫困的原野。如今的井冈山，正如群众所说，“糍粑越大越黏，日子越过越甜”。

“青马”自奋蹄，井冈万古讴

青山碧水井冈秀，苍雾翠竹英雄魂。无论是茅坪八角楼上一点灯光如豆，还是井冈山上极目远眺的“天下第一山”这五个大字，都见证着“犹记当时烽火里，九死一生如昨”的峥嵘岁月。

江山不负英雄泪，且把利剑破长空。青春逢盛世，我辈当就此跨越时空的桥梁，迎接新时代光芒四射的朝日，坚定执着追理想，实事求是闯新路，以先辈之烈魂，筑时代之风貌——往前尽是中国的华章！

（文/宋彩林）

追忆井冈山精神，续写时代华章

历史川流不息，井冈山精神代代相传。回望过往历程，眺望前方征途，我们必须始终赓续红色血脉，用党的光荣传统和优良作风坚定信念、凝聚力量。“井冈山是革命的山、战斗的山，也是英雄的山、光荣的山。”这里，见证了中国共产党人开辟农村包围城市、武装夺取政权道路的伟大实践；这里，见证了党与人民群众同甘共苦、血脉相连优良作风的养成；这里，见证了跨越时空的井冈山精神的孕育与形成。何其幸运，我能够作为成仿吾英才班的一员在井冈山进行社会实践活动，受益颇多，体悟深刻。

感悟红色精神，在重温历史中立根铸魂

人无精神不立，国无精神不强。坚定执着追理想，是井冈山精神的灵魂。正是因为有了“革命理想高于天”的信仰力量，中国共产党才能对“红旗到底打得多久”的疑问作出有力回答。今天，在全面建设社会主义现代化国家的新征程上，面对风霜雨雪甚至惊涛骇浪，更加需要高举理想火炬，坚定信念不迷失方向。实事求是闯新路，是井冈山精神的核心。坚持实事求是，立足中国现实，把马克思主义基本原理同中国革命具体实际紧密结合，中国共产党找到了一条革命成功的道路　　农村包围城市、武装夺取政权。今天，我们创造了中国式现代化新道路，这是前无古人的伟大事业，要始终坚持一切从实际出发、实事求是的原则，把握实际工作的特点和规律，解决前进中的各种问题。艰苦奋斗攻难关，是井冈山精神的基石。根据地的军民不畏强敌、不畏艰难，“红米饭，南瓜汤，挖野菜，也当粮”，取得了一个又一个胜利。依靠群众求胜利，是井冈山精神的法宝。井冈山斗争的历史经验充分说明，正是相信群众、依靠群众，才能“唤起工农千百万”，才能“敢教日月换新天”。新征程上，我们要树牢以人民为中心的发展思想，始终与人民同呼吸、共命运、心连心，凝聚起万众一心全面建设社会主义现代化国家的磅礴力量。

传承红色基因，在奋力前行中开拓攻坚

触摸历史，涤荡心灵。走过黄洋界，登上八角楼，走进烈士陵园，跋涉红军路。在五天的实践教学中，我们曾在北方烈士陵园前默哀缅怀，瞻仰忠魂，追忆烈士生平，触摸历史温度；也曾参访军官教导处旧址、湘赣边界防务委员会旧址，铭记历史，了解革命伟人事迹，重温红色革命岁月……红色基因是我们党带领人民在百余年奋斗历程中形成的先进思想因子的结晶，是百余年以来中国人民的精神特质，是党性与人民性、民族性与时代性、先进性与开放性的高度统一。无数革命先烈为坚定理想信念、探索革命道路付出了宝贵生命，井冈山精神鼓舞着当代青年不忘初心、牢记使命，艰苦奋斗、

砥砺前行。我们要永远铭记、世代传承井冈山精神，不懈奋斗，以更加严格的标准要求自己，让井冈山精神放射出新的时代光芒。

千秋伟业，百年只是序章。回首过往历程，眺望前方征途，井冈山精神过去是，现在是，将来仍然是我们宝贵的精神财富。让我们肩负起在新时代新征程中赓续红色血脉的责任和使命，谱写新时代更加出彩的绚丽篇章。

（文/李彦蓉）

踏寻红色记忆，弘扬革命精神

暑期我们前往井冈山革命教育基地进行了为期五天的实践教学活动，在井冈山这一中国革命的摇篮接受了思想的洗礼。

我们在北山烈士陵园留下了足迹，沉痛缅怀在井冈山斗争中牺牲的革命烈士。为了藏好组织的印章，烈士们坚守革命信仰，大义赴死，这份忠诚的革命精神岂能不令我们动容？我们前往参观大井和茨坪旧居，近百年前，毛泽东带领着一批胸怀大义的革命者在此处运筹帷幄，规划着中国革命的宏伟蓝图。一桌一椅、一砖一瓦，无一不承载着历史的印记。

我们坝上急行军，经历的困难不及红军战士们当年所遇的万分之一；我们自做红军餐，丰盛的蔬菜、甘香的稻米又怎能表征出红米饭和南瓜汤的滋味？我们怀着敬畏之心生火做饭，又怀着敬畏之心追忆往昔的艰辛；我们从老乡的口中了解了井冈山这一革命老区的脱贫之路，实践再一次证明了历史的选择无比正确。

“敌军围困万千重，我自岿然不动。”踏上黄洋界，我似乎听到了那穿越时空而来的隆隆炮声，军民齐心共同克敌，凝聚了革命智慧的五道防线、三条阵线在今天看来仍然令人敬佩万分。上午在黄洋界下看见了茂密树林间陡峭的小道，指示牌上写着那是朱德挑粮的小路；下午在基地里学编了红军草鞋，当年的无数红军战士就是穿着这种草鞋踏出了革命光明的前景。难以想象,近百年前,泥泞陡峭的羊肠小道崎岖不平,两筐粮食的重量压在肩上,糙硬的草鞋磨着脚底,红军靠着肩挑背驮把30多万斤粮食运上了井冈山,解决了给养问题。仅仅是挑粮便如此艰辛,遑论行军作战!

我们学习共青团十九大精神,在政策纲领中感受中国共产主义青年团的活力;我们学唱红歌,在一声声情深意切的民腔中感受人民群众对红军的深切情义,在一句句斗志昂扬的唱词中体会红军战士们的远大抱负;我们体会经过历史考验延续至今的伟大精神;我们聆听革命后代讲家风、话初心:"淡泊名利,执着人生"是朱良才上将给予朱新春老师的人生箴言,更应该成为我们新时代青年的人生追求;"你们是早上八九点钟的太阳"则深刻流露出革命前辈对我们的殷切期望,青年人关乎国家和民族的未来,充满无限希望。

对于井冈山精神,习近平总书记曾这样说道:"井冈山是中国革命的摇篮。""井冈山时期留给我们最为宝贵的财富,就是跨越时空的井冈山精神。""今天,我们要结合新的时代条件,让井冈山精神放射出新的时代光芒。"

但是,理解中国共产党的伟大和艰辛,又岂能仅从井冈山时期开始?中国共产党之所以叫共产党,就是因为从成立之日起我们党就把共产主义确立为远大理想。百年风雨,无数共产党人不惜流血牺牲,靠的就是这种信仰,为的就是这个理想。在革命战争年代,这种信仰是夏明翰英勇高呼"砍头不要紧,只要主义真"的坚定执着,是方志敏写就《可爱的中国》的深情呼唤;在和平建设时期,这种信仰是"两弹一星"等广大国防和科技工作者"干惊天动地事,做隐姓埋名人"的无怨无悔,是张富清"我要为党、为人民奋斗一生"的笃定坚毅。世界上没有哪个党像我们党这样,遭遇过如此多的艰难险阻,经历过如此多的生死考验,付出过如此多的惨烈牺牲。但是,无论是艰难险阻还是生死考验,都没有动摇我们党追求远大理想的决心。

一次井冈行,一生井冈情。革命的峥嵘岁月虽然已经远去,但革命者的铮铮誓言仍然回荡在我们的耳边。不要畏惧前行路上的峭壁悬崖,我们可以用艰苦奋斗和使命信仰搭梁起架。现在的时代是由无数英雄的中华儿女、无数勇敢的仁人志士用鲜血、用生命换回的昭昭盛世、朗朗乾坤。我们恰少年风华正茂时,自当于峥嵘之时为不群之事,我们需要接过先辈们手中高举的理想火炬、挑起先辈们肩上背负着的历史使命,继续秉持先辈们的遗志开辟出光明之路,肩负起建设祖国、复兴民族的重大使命,传承好革命先烈们的优良精神,为实现中华民族伟大复兴的中国梦贡献自己的力量。无怍前程高远,无愧心中大志,无畏风霜,无惧坎坷,砥砺前行。

(文/钟证)

重织英雄岁月,传承红色基因

井冈山革命根据地的创立,点燃了“工农武装割据”的星星之火,为实现中国革命的中心工作从城市到农村的伟大战略转移,开辟了新的革命道路。走进红色革命根据地,漫步于井冈山的崇山峻岭之间,每一位来到井冈山革命传统教育基地的人心中都涌动着敬畏之情。传承红色基因,弘扬革命精神,是我们每个人义不容辞的责任。红色基因承载着革命先烈们的血脉和精神,是我们奋进的力量源泉。

在井冈山革命根据地,我们坚定理想信念和追求。

在本次社会实践中,我们来到大井朱毛旧居,走近革命伟人,重温红色革命岁月。大井是井冈山革命斗争时期红军开展革命活动的重要场所之一。我们走进朱毛旧居,参观当年遗留的残墙和常青树,见证红军的艰辛生活。看着狭小的寝室和简陋的家具,我对共产党人的坚韧品质有了更深刻的理解。老一辈革命者们舍弃了物质享受,将自己全部奉献给了革命事业。面对困难和逆境,他们始终坚定地追求自己的信念,抛开个人享受,将自己的一切奉献给人民。他们以自己的坚韧品质和无私奉献,鼓舞了无数革命者和后来者,为中国带来了翻天覆地的变化。读书石旁,我们仿佛看到了毛主席读书、看报、思考中国革命道路发展的场景。在朱毛旧居的参观中,我深深感悟到了革命者的责任与担当。不论环境如何艰苦,我们都应该坚定自己的信仰,勇往直前,无私奉献。只有经历了艰苦和磨砺,才能铸就真正强大和伟大的人。在大井朱毛旧居,我们缅怀过去那段艰苦奋斗的岁月,也渐渐读懂了老一辈革命者们的初心使命。

在坝上急行军中,我们切身体会到了革命先辈们艰苦卓绝的奋斗历程,感受到了井冈山红色革命的波澜壮阔。重走红军路,传承井冈情。我们将继续发扬百折不挠、吃苦耐劳的革命传统,传承井冈山精神,把井冈山精神融入日常生活中去。

在学编红军草鞋的体验教学中,我们深切体会红军艰苦奋斗的优良作风与不惧困难的革命浪漫主义情怀。在基地两位老师的细致讲解与展示下,尽管草鞋编制工艺十分复杂,我们也纷纷积极体验,感受当年那段峥嵘岁月的艰辛。"打双草鞋送红军,南征北战打胜仗;脚穿草鞋跟党走,刀山火海不回头。"一双双草鞋跟随着红军战士踏遍了祖国大半个山河,红军草鞋是当年共产党人率领红军战士艰苦跋涉、浴血奋战的历史见证和精神象征。吾辈应当将这份朴素深情内化于心、外化于行,接过燃烧的火炬,坚守不渝初心,讲好红色故事,赓续红色基因,以红色精神激荡复兴伟业。

在茅坪八角楼,我们听着"天上的北斗亮晶晶,八角楼的灯光通通明",想象着楼阁书桌上,一灯如豆。当年,毛主席借着一根灯芯的微弱光芒,写下了《井冈山的斗争》《中国的红色政权为什么能够存在?》两篇文章,回答了"红旗到底打得多久"的问题。岁月已远去,薪火永相传。毛主席敢为天下先的大无畏革命精神深深打动着我们,井冈山精神也镌刻在我们心中。

在井冈山革命根据地,我们懂得了在困境中寻求突破。

在茨坪革命旧址,我们依托基地特色的现场教学,读懂了由井冈山上沉淀的历史故事和革命精神提炼成的一部部鲜活教材。在关于彭德怀"顾全大局勇担当"的专题教学中,我们了解了彭德怀出其不意的谋略、顾全大局的坚守、勇于担当的人格魅力。井冈山是中国革命的摇篮,在险峻的山峦和艰苦的环境中,老一辈革命者们带领红军作战,并以出色的策略和顽强的斗志取得了重大胜利。在实地参访军官教导处旧址、湘赣边界防务委员会旧址、毛泽东同志旧居等红色遗迹中,我们用心去铭记曾经发生的每一段历史。

在步云山红军练兵场,我们体验红军练兵,提升团队凝聚力。步云山是当年地方武装袁文才农民自卫军早期进行整训的地方,也是井冈山斗争时期著名的红军练兵场。投掷手榴弹、穿越封锁线、翻越障碍墙,我们充分发挥团队的力量，积极协作，秉着不畏困难、勇往直前的精神，迎接每一个挑战。

我们在黄洋界追溯历史，感悟伟大革命精神。“星星之火，可以燎原”，苍劲有力的大字映入眼帘，黄洋界保卫战胜利纪念碑矗立在前。纪念碑前，“军民协作夺胜利”的专题教学讲述了黄洋界保卫战红军以少胜多的光辉事迹，强调了人民群众对于中国革命的重要性。“江山就是人民，人民就是江山。”我们新时代青年要赓续革命传统，坚定信仰信念，汲取前行力量，在新征程上继续为人民服务，依靠人民创造历史伟业。井冈山上的革命故事，也让我明白，在困境中寻求突破和创新，是实现个人和国家发展的重要法宝。

在井冈山革命根据地，我们感受到了革命精神的强大力量。

在北山烈士陵园，我们瞻仰忠魂，感悟精神。登上 49 级台阶，思绪穿回 1949 年新中国成立的金秋；走过 60 级台阶，井冈山 60 年的故事一一浮现。在纪念堂，我们敬献花圈、默哀缅怀，跟随老师的讲述追忆烈士生平，触摸历史温度。纪念堂外，“坚定执着追理想”的专题教学让我感触颇深，我们聆听革命故事，回忆峥嵘岁月。我们重温入团誓词，镌刻历史轨迹于心，坚定理想信念之魂。“苟利国家生死以，岂因祸福避趋之。”经过一天的学习与实践，我深切感受到，爱国是我们每个人心中都抱持的深情，这份深情也意味着赤诚和责任。

在“革命后代话初心 · 讲家风”访谈教学中，我们有幸聆听到两位革命先辈的子女——伍连连、朱新春讲述他们的父辈们的传奇革命人生，“故国忽地起烽烟，身居桃源忧心重。终经万里崎岖路，投入血火战斗中”的革命精神也深深触动着我。

在井冈山革命博物馆，我们在“朱毛挑粮”实景雕塑前静静观看，感悟革命艰辛；在毛泽东用过的油灯和砚台前，学习毛泽东怎么在只有一根灯芯的昏暗灯光下，写下《中国的红色政权为什么能够存在?》《井冈山的斗争》两篇光辉著作。展馆里一块泛黄的粗布上 24 字的入党誓词，深深震撼着我。“这是迄今为止保留下来的最早的中国共产党入党誓词。1931 年，永新县北田村农民贺页朵在自家榨油坊正式宣誓加入中国共产党，他激动地将宣誓词写在一块红布上表达自己的决心，它展示了农民党员对党的热爱之心和对革命的坚定信念。”革命烈士们为了实现人民幸福，不惜一切代价，这种无私奉献和对革命事业的忠诚精神令人敬佩。

经过几天的学习，我们增强了爱国爱团意识，树立了珍惜青春时光、力争实学实干、练就过硬本领、勇于创新实践的理想信念，对井冈山精神也有了更加深刻的认识。在未来，我们将接过历史的接力棒，坚定不移跟党走，不断从井冈山精神中汲取力量，攻坚克难，砥砺奋进，为中华民族的伟大复兴而不懈奋斗。井冈山精神过去是，现在是，将来仍然是我们宝贵的精神财富，我们要永远铭记，世代传承，让井冈山精神放射出新的时代光芒！

（文/王一帆）

我相信这片红色的土地

犹记得井冈山一行，在领袖峰下，带队老师问过我们这么一个问题：“我们是，因为相信所以看见，还是因为看见所以相信？”当时怅触不深、不知所言，如今，经过一年的理论学习，我似乎对这个问题、对那段旅程有了新的感悟。

从性质上来说，“看见”是客观的，而“相信”显得有些主观。“因为看见所以相信”，是实践的，是实事求是的，是基于事实决定自己的意志的；而“因为相信所以看见”，相比之下是主观的，反映了人的主观能动性，更多包含了自信心和意志力等成分，从而影响人们的所感所作所为。

在回望了井冈山两年零四个月艰苦奋斗的岁月后，我愈发觉得，在革命的艰苦道路上，先辈们白手起家、从零开始，更多是因为，他们“相信”。

世事多艰,难以“看见”

“因为相信所以看见”的观点确实是反直觉的,因为经验告诉我们,你只有能够看见,才能够判断;倘若看不见,事物的真假又从何说起?但可悲的是,大多数情况下,我们确实无法“看见”,或者说,我们无法短时间内看清事物的真相,尤其是在艰难的革命岁月下,国家内忧外患,人民水深火热,我们更加无法“看见”。

井冈山道路被历史和人民证明是一条成功的符合中国国情的道路,但是它的提出并不是一帆风顺的。在第一天聆听滕永琛老师的讲座《井冈山斗争与井冈山精神》时,我们了解到,在此之前,我们从俄国十月革命中看到了希望,一直在走“以城市为中心”的道路,未能及时“看见”两国国情的差异、阶级力量的不同,因而秋收起义等均以失败告终。

1927年,第一次国内革命战争失败的前夕,军队“心情苍凉,一时不知道如何是好”,倘若他们拘泥于“看见”,依旧继续走“以城市为中心”的道路,抑或踌躇不前、不敢创新、丧失信念,中国的革命事业恐或毁于一旦。此时,若非毛主席等深思熟虑,冷静分析局势,并“相信”自己的判断,则难以作出引兵井冈、在敌人力量薄弱的地方驻军的决定,就难以提出“农村包围城市,武装夺取政权”的工农武装割据思想,就难以解救中国的革命形势,难以“看见”全新的出路。

可以说,唯其“相信”,才有了井冈山的道路。

愈是纷繁复杂的世道,我们所能参考的历史与方法也就愈少,愈难以“看见”事物的本质。此时合理的判断和坚定的主观意志便成了我们寻找新出路的一剂良药,只有从科学原理和实际国情出发,坚定地“相信”自己的判断,才能实事求是,谋得新出路。

正唯“相信”,所以接近,所以看清

只有当我们相信自己所走的道路,有强大的自信心和底气,才有足够的精神动力支撑我们的行动,让我们接近所设想的目标,更好地看清当下的形势。

革命初期,举步维艰,筚路蓝缕,或许有很大一部分原因便是那时许多军民理想信念不坚定,没有足够的精神力量,没有充分相信我们所走的道路。犹记得第一天晚上讲解“三湾改编”时提到这样的一幕:秋收起义战败后,军队中军心涣散,士兵逃跑不断,超过半数的军队被打散,更是有一个班,除了班长外,其余全部逃跑。溃逃的士兵和军官由于接连的败仗、总指挥的牺牲、炎热的天气和车马的劳顿动摇了信念,怀疑了道路;而留下来的战士因为坚定了共产党员崇高的革命理想,在艰苦的环境下继续选择“相信”,一步步地走向革命的胜利。

因为“相信”所以行动,因为行动所以靠近,因为靠近所以看清。不论是毛主席在大革命失败后审时度势进行的三湾改编、提出的井冈山道路,还是革命志士朱良才穿过巍巍祁连山、越过茫茫大戈壁、躲过众多麻匪的千里寻党,抑或伍修全先生为了让中国重返联合国而在联合国大会上发表的长篇言论,都彰示着“相信”的力量——他们并不能保证行为的结果,但是他们“相信”,相信自己的判断,相信科学,结合实际,以巨大的精神力量坚定自己的行动,发挥自己的主观能动性,并且在实践的过程中不断调整方向,稳步靠近彼岸,最终才逐渐实现那个理想中的目标。

“见”“信”统一,共筑火炬

在我们的实践过程中,尤其是在革命道路的艰难延伸中,“看见”和“相见”二者是相统一的。“相信”诚然关键,但“看见”亦不可或缺。

“相信让我们坚定”,并非意味着我们应该死守某一观点或信念终生不变,否则难免显得执迷不悟、冥顽不化。任何主观的信念都需要历史进行检验,而检验的唯一方法,便是实践。我们应当善于“看见”实践的结果和反馈,反作用于“相信”,作出下一步的决定。当实践结果足以充分证明某一方法行不通时,我们应该及时止损,用科学的原理重新审视事实,守正创新,另谋可行出路;倘若实践最终可以得出积极的效用,我们必然更加“相信”自己的道路,哪怕过程再艰苦都将是意义非凡的。故而古人云:“圣人不凝滞于物,而能与世推移。”

井冈山上的道路正是如此。

吾爱“因为相信所以看见”,因为它是主动的抉择,是对自己的肯定。在井冈山两年零四个月的斗争中,正是这种对革命事业的殷勤追求与肯定,维系着一代又一代的革命志士。革命先辈们“相信”社会主义的崇高事业,所以开垦出了一片片红色的土地,让我们“看见”。

(文/叶鑫涛)

致井冈山根据地革命先烈的一封信

尊敬的井冈山根据地革命先烈们:

你们好!

我是山东大学第七期成仿吾英才班的成员陈钱。2023 年 7 月 19 日至 23 日,我们奔赴全国青少年井冈山革命传统教育基地完成了为期五天的暑期实践教学活动,重走了你们当年的征途。

井冈山,是一座英雄的山。你们在这片土地上抛头颅、洒热血,用自己的生命和鲜血,照亮我们前行的道路。“坚定执着追理想,实事求是闯新路,艰苦奋斗攻难关,依靠群众求胜利”,你们秉持着这样的井冈山精神,将革命的火种播撒到全国,掀起燎原之势。

在井冈山革命根据地两年零四个月的时间里,超过四万名年轻志士为了信仰长眠于此。你们是以鲜血染红旗帜、以生命追求共和国信仰的人,是以初心化行动、以生命践行共和国使命的人。心中有了信仰,脚下就有了前进的动力。青山有幸埋忠骨,正是因为你们怀揣着革命胜利的坚定信心,执着追求心中信仰,才有了如今中国的繁荣昌盛、国泰民安。

“为有牺牲多壮志,敢教日月换新天。”面对国民党的封锁,你们以无惧无畏的勇气一往直前;面对装备先进的敌人,你们以百折不挠的态度团结协作;面对艰苦的革命条件,你们以乐观向上的精神砥砺向前。艰苦奋斗攻难关的红军，成功擦亮了黎明前的黑暗。

民者，万世之本也。你们心系百姓，处处为百姓着想，和人民群众结成鱼水情深的血肉联系，取得人民群众的支持；人民群众也发挥他们的智慧，投入到革命的浪潮中。红军始终关心群众，在井冈山上扎了根，同时依靠人民群众的力量，集中人民群众的智慧，迎来了胜利的曙光。

井冈山时期，革命事业正处于低潮。在历史的关键时刻，你们实事求是，敢闯新路，把马克思主义基本原理同中国革命实际相结合，创造性地开辟了“农村包围城市，武装夺取政权”的中国特色革命道路，提出工农武装割据的理论，为中国革命指明了方向。如今，位于井冈山的马源村，利用其独特的自然条件，成功打造了“井冈山高山黄桃”绿色品牌，同时结合自身的历史文化条件，勇于创新，走出了一条“红色研学游”的脱贫道路。革命时代，井冈山率先燃起星星之火，并在全国掀起革命斗争的燎原之势；在脱贫攻坚战中，井冈山创造性地提出脱贫之策，在全国掀起脱贫摘帽的燎原之势。

新时代，我们将不忘初心，牢记使命，大力弘扬井冈山精神，将你们的故事传承下去。我们不会忘记你们，祖国不会忘记你们，历史不会忘记你们！相信在一代代青年的不懈努力下，中国会拥有更辉煌的未来。这盛世，如你们所愿！

此致

敬礼！

陈钱

2023年8月1日

第四目　青春扬帆，榜样同行

时光的画卷缓缓铺展，每一笔都镌刻着相遇的奇迹。人间的美好源自相逢。“幸得识卿桃花面，从此阡陌多暖春”，于“仿吾”遇见彼此，初见乍惊欢，久处亦怦然；“砍头不要紧，只要主义真”，与革命先烈邂逅，是信仰的传递，也是灵魂的重生；“峨峨兮若泰山，洋洋兮若江河”，与同窗知己相遇，有如伯牙子期，高山流水觅知音；“令公桃李满天下，何用堂前更种花”，与师长相逢，一朝沐杏雨，一生念师恩；“高山仰止，景行行止”，与榜样相逢，追光的人，终会光芒万丈……人与人相逢，有了故事，也有了力量。

感谢与那个人相逢，惊艳了时光，也温柔了岁月。

第一话|英雄不朽,精神长留

【编者按】“天地英雄气,千秋尚凛然。”千百年来,天地山河激荡着英雄之气。它充盈于普通的生命,熔铸于中国的历史年轮,更召唤着当代的我们共谱英雄与时代的华章。英雄先烈是中华民族的脊梁,他们从黑暗中开辟前进的道路,于磨难中孕育光明的未来。中国特色社会主义进入新时代,我们党承担着崇高的历史使命,要在新的历史起点上进行伟大斗争、建设伟大工程、推进伟大事业、实现伟大梦想。把党的二十大描绘的宏伟蓝图变为现实,这是一次新的长征。前行路上,老一辈革命家的英雄主义、革命精神是永不褪色的红色基因。第七期成仿吾英才班的“小青马”们重回历史的长廊,追寻时光的痕迹,倾听“愿以寸心寄华夏”的历史余音,定格“甘将热血沃中华”的磅礴岁月,长夜已尽,星火赓续。

铁肩担道义,妙手著文章

“黄卷青灯,茹苦食淡,冬一絮衣,夏一布衫,为庶民求解放,一生辛苦艰难。”

在历史的长河中,有些人物如恒星般璀璨,他们的光芒穿越时空的尘埃,照亮后代的道路。其中,“知有主义不知有家”的李大钊先生最让我难以忘怀。这位在北大图书馆担任教授、每月薪水超过 200 大洋足以衣食无忧的先生,毅然将收入的 2/3 用于革命,剩下少部分资助困难学子和穷苦百姓。为中国谋解放,心系天下黎民苍生。他的一生虽然短暂,却如同闪电划破夜空,为中国人民指明了前进的方向。

开思想之先河,启智润心

李大钊先生是中国最早的马克思主义传播者。在那个风起云涌的时代,他敏锐地捕捉到了马克思主义的光辉,并毅然决然地将其引入中国。先生的选择并非偶然,而是基于对国家和民族的深刻洞察与坚定信念。新文化运动时期,他积极宣传民主、科学,从《法俄革命之比较观》《庶民的胜利》到《布尔什维主义的胜利》《新纪元》等,新思想如春风般吹拂着人们的心田,唤醒了无数追求进步的青年。五四运动前后,他大力宣传马克思主义,从在《新青年》和《晨报》开辟马克思主义研究专栏介绍学说,到发表《我的马克思主义观》,系统介绍马克思主义的唯物史观和科学社会主义,让越来越多的人认识到马克思主义的伟大力量,积极投身到革命的洪流中去,为中国革命树立起马克思主义的思想旗帜。

破旧制之牢笼，建党立业

李大钊先生不仅是一位杰出的马克思主义传播者，更是中国共产党的创始人之一。他曾满怀信心地预言："试看将来的环球，必是赤旗的世界！"1920年，李大钊和陈独秀酝酿组建中国共产党，发起组织马克思学说研究会。同年10月，北京共产主义小组成立。20世纪20年代，我国正处于北洋军阀政府统治时期。各地军阀割据混战，给百姓带来了无穷的苦难。反对帝国主义和北洋军阀，破除旧制，建立全新的政党，一定会与在位的统治阶级产生矛盾，暗流涌动下危险重重。1926年4月18日，张作霖占领北京后疯狂"讨赤"，大街小巷贴满了"宣传赤化，主张共产，不分首从，一律死刑"的告示，北京城内充满了恐怖气氛。在此危急关头，李大钊坚持留在北京领导如火如荼的革命斗争。李大钊先生临危不惧、视死如归、舍生忘死的精神，实际上在他1919年写作的短文《牺牲》中早有体现。他写道："人生的目的，在发展自己的生命，可是也有为发展生命必须牺牲生命的时候。因为平凡的发展，有时不如壮烈的牺牲足以延长生命的音响和光华。绝美的风景，多在奇险的山川。绝壮的音乐，多是悲凉的韵调。高尚的生活，常在壮烈的牺牲中。"为振兴中华、觉醒民众而牺牲生命，这是先生毕生的写照。

在他的领导下，早期的共产党员们团结一心，克服重重困难，最终取得了新民主主义革命的胜利。可以说，没有李大钊等老一辈革命家的艰苦卓绝的斗争，就没有新中国的诞生，更没有今日之中国。

领革命之主导，贡献卓越

李大钊先生还是中国革命的主要领导者之一。在长期的革命斗争中，他始终站在最前沿，领导人民与反动势力进行殊死搏斗。他不仅有着高超的革命理论素养，而且有着坚定的革命意志和无私的奉献精神。从推动冯玉祥等国军将领参加国民革命、帮助孙中山改组国民党，到领导北方地区党组织配合五卅运动、为大革命的胜利推进而努力，李大钊作出了卓越贡献，为革命事业付出了巨大的心血甚至生命,他的精神永存人间。在他和老一代无产阶级革命家的精神感召下,中国人民展现出了无比的勇气和力量,推翻了压在中国人民头上的“三座大山”,实现了民族独立和人民解放。这一切,都离不开先生的卓越领导和英勇斗争。

所幸,这盛世如您所愿,如今的中国已经发生了翻天覆地的变化,我们从一穷二白的落后国家发展成为世界第二大经济体。这一切的变化和发展,都证明了李大钊等老一辈革命家的远见卓识和伟大功绩。他们为我们指明了前进的道路,他们的努力为今日之发展奠定了坚实的基础。在今天这个和平繁荣的时代,我们更应该怀念像李大钊这样的先辈。他们为了民族的解放和人民的幸福,不惜牺牲自己的生命。他们的精神是我们最宝贵的财富。我们应该学习他们的坚定信念、无私奉献和高尚品德,为实现中华民族伟大复兴的中国梦而努力奋斗。

回首过去,我们深感自豪;展望未来,我们充满信心。让我们携手共进,为祖国的繁荣昌盛贡献自己的力量!

(文/李松阳)

品读领袖人生,感悟时代精神

我喜欢阅读文字,对诗词情有独钟。从无数古今诗词里,我收揽精妙的用典、宏大的叙事、奇巧的篇章,体悟作者们有志、有情、有义的哲思。闲暇之余,我又从一摞摞专业课本中翻出了毛泽东的诗词,借此机会采撷诗词之趣。

记得小学课本里收录了《忆秦娥·娄山关》,“而今迈步从头越”是我第一次接触毛主席的诗词。儿时未觉精妙,直到后来随着对于历史的了解和人物的认识,才逐渐体会到了其诗词的字字珠玑。

毛泽东是伟大的爱国者和民族英雄,是领导中国人民推翻“三座大山”、改变国家面貌的一代伟人。毛泽东诗词是毛泽东的人生观、价值观的高度浓缩和艺术载体，其中流露出的真挚情感与中国共产党人的初心有着天然的联系。

毛泽东最初是一介怀有雄心壮志的书生。“孩儿立志出乡关，学不成名誓不还”，他借此向父亲表达好好读书、学有所成的决心，同时表达好男儿志在四方的人生追求。毛泽东说：“我读了六年孔夫子的书，读了七年资本主义的书，到一九一八年才读马列主义。”这是他人生目标发生转变的关键时期。随着对人生道路的不断探索，毛泽东救国救民的初心逐渐形成，这才逐渐展现出他诗词中的雄心壮志。他最终成为一个坚定的马克思主义者和共产党人，为中国的革命道路呕心沥血。

1915 年 5 月 7 日，袁世凯悍然接受丧权辱国的“二十一条”。湖南省立第一师范学校师生群情激愤，集资刊印了揭露日本侵华和袁世凯卖国罪行的《明耻篇》。毛泽东在其封面上奋笔题写了《四言诗·〈明耻篇〉题志》：“五月七日，民国奇耻。何以报仇？在我学子！”这时的毛泽东已经受到许多先进思想的熏陶，对中国的黑暗现实有了深刻认识，救国救民的使命感和责任感不断增强。中国共产党成立后，青年毛泽东日渐成为社会政治家和职业革命家，忙忙碌碌、四处奔波，“粪土当年万户侯”，初现热血青年指点江山之气魄，追溯了他在湖南那段激情燃烧的岁月。

“人间变了，似天渊翻覆”，这是新中国成立、中华民族站起来了的胜利宣言；“为有牺牲多壮志，敢教日月换新天”，这是社会主义建设时期，国家和社会向好发展的生动写照；“春风杨柳万千条，六亿神州尽舜尧”，这是人民当家作主、社会发生全新变化的全面描摹。

习近平总书记在纪念毛泽东诞辰 120 周年纪念大会上讲道：“年轻的毛泽东同志，‘书生意气，挥斥方遒。指点江山，激扬文字’，既有‘问苍茫大地，谁主沉浮’的仰天长问，又有‘到中流击水，浪遏飞舟’的浩然壮气。”以毛泽东同志为代表的中国共产党人通过顽强奋斗，最终带领全国人民彻底改变了中国命运。在这一波澜壮阔的伟大实践中，毛泽东实现了他的初心。

读罢合卷，不住遐思：党的二十大顺利召开，我们青年“要坚定不移听党话、跟党走，怀抱梦想又脚踏实地，敢想敢为又善作善成，立志做有理想、敢担当、能吃苦、肯奋斗的新时代好青年，让青春在全面建设社会主义现代化国家的火热实践中绽放绚丽之花”。作为新时代青年的我们更应该深入品读领袖诗词，跟随毛泽东的人生轨迹领略峥嵘岁月，在诗词中找到与党的二十大精神契合的部分，并在今后的学习和工作之中贯彻落实党的二十大精神。

趁着满园春光，多读些书吧。去看、去想、去感悟，文字的力量又怎能局限于短短的纸面之中。

（文/钟证）

铿锵誓言明心志，伟人光辉耀古今

一提到十里长街送总理，周恩来的名字就会跃入脑海。他享年78岁。他的一生，没有子女，没有房产，没有墓地，为党和人民的事业鞠躬尽瘁，是真正意义上的伟人。习近平总书记在纪念周恩来同志诞辰120周年座谈会上深情地说：“周恩来，这是一个光荣的名字、不朽的名字。每当我们提起这个名字就感到很温暖、很自豪。”

铿锵誓言明心志。1898年3月5日，周恩来出生在江苏淮安。1911年，13岁的周恩来就读于沈阳东关模范学校。有一天，校长问大家都是为什么而读书，周恩来说出了那句让人振聋发聩的话——“为中华之崛起而读书”。这个理想，他实践了一辈子。今天，我们更要把“为中华之崛起而读书”的远大理想内化于心、外化于行。

青年时代，周恩来就逐渐明晰了自己的政治追求。1917年，19岁的他远走日本寻求革命真理，立志改变中国积贫积弱的面貌。他写下最热血的壮志诗篇，“大江歌罢掉头东，邃密群科济世穷。面壁十年图破壁，难酬蹈海亦英雄”，并从此开始接触马克思主义。22岁，他反复学习《共产党宣言》后作出自己一生最重要的选择：确立共产主义信仰。20岁出头的年纪，他加入了旅法中国共产党早期组织之一巴黎共产主义小组，与其他共产党早期组织成员一道，共同发起创建了中国共产党。

周恩来亲历过战场上炮火的洗礼,也经历了百废待兴基础上建设新中国的艰难历程。1949 年 10 月 1 日,周恩来总理在天安门城楼上参加中华人民共和国成立庆祝大会。在阅兵式上,他沉思良久:“飞机不够,我们就飞两遍。”70 多年弹指一挥间,新时代的中国早已是山河无恙、国富民强,我们的飞机再也不用飞两遍。

新中国成立后,周恩来成为总理,担负起“共和国大管家”的重任。1954 年 9 月,在中南海怀仁堂,周恩来总理作政府工作报告:“全国的劳动人民正在中国共产党和人民政府的领导下英勇奋斗,迅速地改变着我们的祖国的面貌。我们一定可以经过几个五年计划,把中国建设成为一个强大的社会主义的现代化的工业国家。”2024 年是新中国成立 75 周年,也是实现“十四五”规划目标任务的关键一年。十三个五年规划目标已经实现,在一步步扎实推进的基础上,我国已经取得举世瞩目的成绩,并继续向新的目标前进。

周恩来还是一个卓越的外交家,也是和平外交政策的奠基人。1955 年 4 月,周恩来总理出席万隆会议。在这场具有划时代意义的会议上,周恩来总理抓住时机发表演说,阐述新中国的外交理念。第一句话,就掷地有声:“中国代表团是来求团结而不是来吵架的。”经过数次力挽狂澜,周恩来总理将会议一步步地引向求同存异、和平共处的外交理念上来。

周恩来分管中国外交 26 年,其间共有 107 个国家与中国建交。他提出的和平共处五项原则、求同存异等外交思想,至今仍在指导中国的外交工作。周恩来总理的外交风格、外交智慧和外交艺术已经成为很多外交人士学习的典范。

周恩来理想坚定,矢志不渝,一生都把人民放在心里。他关心人民群众的切身利益,千方百计地为群众排忧解难。他时时刻刻提醒大家,“我们的一切工作都是为了人民的”。

为国为民,鞠躬尽瘁。日理万机的周恩来总理,渐渐积劳成疾。1972 年 4 月 6 日,周恩来总理陪同马耳他代表团去南京访问。一个多月后,他被确诊为膀胱癌。而此时的他,还在为国民经济日夜奔波操劳。

伟人光辉耀古今。从觉悟社到巴黎共产主义小组,从黄埔军校到南昌起义,从领导第三次武装起义到遵义会议,从长征到三大战役,从郑州黄河花园到邢台地震,周恩来总理一直都在忙碌着,从未停歇。

周恩来总理的一生,是为党和人民无私奉献的光辉一生。周恩来总理去世后,联合国为他降了半旗,当时的联合国秘书长在联合国会议上发表讲话说:“如果你们国家的领袖可以掌管世界上五分之一的人口却无儿无女,如果你们国家的领袖可以在海外没有一分钱的存款,谁做的到的,我也给降半旗。”由此可见,周恩来总理的高尚品格举世无双。

50 多年革命生涯,26 年总理任期,他把全部的精力都奉献给了祖国和人民。

百余年前,他在去往日本留学之前,为送别他的同学写下寄语“愿相会于中华腾飞世界时”,这是周恩来总理在百余年前的中国梦。

今天,中华民族已经迎来了从站起来、富起来到强起来的伟大飞跃。从新中国到新时代,我们必将赓续奋斗的梦想。这盛世,如您所愿,山河犹在,国泰民安。我们要继续弘扬周恩来总理一生为国为民的伟大精神,传承红色血脉,勇担重任,为中华民族伟大复兴贡献力量。

(文/赵熙琳)

小平同志,中国高铁不负您所愿

1978 年 10 月 22 日,邓小平在日本访问,乘坐时速 210 公里的新干线时感慨:“就感觉到快,有催人跑的意思。”那一年,中国的铁路营运里程只有5.2万公里。

在历史的长河中,有些人以其卓越的才能、坚定的信念和无私的奉献,深深地烙印在时代的记忆中。邓小平便是这样一位伟人,他为中国的发展和进步付出了巨大的努力,留下了不可磨灭的功绩。今天,我们怀着无比崇敬的心情,回顾他的生平事迹,缅怀他的丰功伟绩。

邓小平的一生充满了奋斗与拼搏。早在革命初期,他就跟随党的步伐,投身于民族解放和独立的伟大事业中。无论是在艰苦卓绝的战争年代，还是在建设新中国的征程中，他都始终坚定信念，勇往直前，为党的事业发展作出了重要贡献。

在新中国成立后，邓小平在多个重要岗位上展现了他的领导才能和政治智慧。特别是在西南工作期间，他不仅亲自参与了解放西南的重大任务，还深入基层，了解民情民意，为解决当地的经济问题和社会矛盾倾注了大量心血。

然而，邓小平的伟大之处不仅仅在于他的历史贡献，更在于他为国家和人民谋幸福的崇高理想。在改革开放的伟大历史时期，邓小平以非凡的政治勇气和智慧，推动了中国的现代化进程。“实践是检验真理的唯一标准”“解放思想、实事求是”等，极大地解放了人们的思想，推动了中国社会的进步和发展。

在邓小平的领导下，中国经济持续快速增长，人民生活水平显著提高。这一切的一切，都离不开邓小平的英明决策和坚定信念。他的功绩不仅被载入史册，而且深深地铭刻在每一个中国人的心中。

此时，抬头看——在广袤无垠的中华大地，一条银色的“巨龙”正疾驰而过，穿越山川河流，连接起城市的脉搏，这就是中国高铁。它的发展，不仅是中国交通史上的一次革命，而且是对“中国速度”的生动诠释。回望过去，中国高铁的发展历程是一部波澜壮阔的史诗。从最初的沈阳至大连铁路修建计划的搁浅，到 20 世纪 90 年代初高铁规划的重新启动，再到引进国外技术、设立专门机构，中国高铁在摸索中逐渐成长。特别是 2003 年“和谐号”高速列车的横空出世，标志着中国高铁进入了快速发展的新时代。此后，中国高铁以惊人的速度奔驰在中华大地，一次次刷新着世界纪录。

小平同志，您看到了吗？如今的盛世，正是中华儿女跟随您的脚步前仆后继努力奋斗来的。回顾邓小平的一生，我们可以深切地感受到他对党和人民的忠诚以及对事业的执着追求。他以高瞻远瞩的战略眼光和务实求真的工作作风，为中国的繁荣富强奠定了坚实基础。他的思想和精神，成为激励一代又一代中国人不断前行的强大动力。

（文/闫佳靓）

且看年少胸襟,品悟廓落大志

“故天将降大任于是人也,必先苦其心志,劳其筋骨,饿其体肤,空乏其身。”回望历史,西北高原上黄沙漫漫,青年时期的习近平有追求、能吃苦、爱学习、办实事、重辩证、敢担当。在七年的知青岁月中,他以新中国青年的姿态在艰苦奋斗中阐发了对农村发展的深刻思考。

“些小吾曹州县吏,一枝一叶总关情。”习近平心系人民的赤子神情仿若全书的线索,串联起篇章字句。黄土地上的磨练和沉淀为他今后的治国理政理念埋下了伏笔,七年的知青岁月让他逐渐建立起自己的人生理想,“为老百姓干实事”的信念和抱负在黄土地上生根发芽。“贴近黄土、贴近人民。”在这段至关重要的岁月里,他将为人民谋福利作为自己的第一要务,这便是选择了一条志向高远、责任重大的人生道路。后来他回到北京,放弃了平坦舒适的道路,下沉到基层前沿,一步一个脚印地为人民服务,这是何等的气魄、何等的勇敢、何等的担当!新时代,为实现民族复兴和人民幸福,中国共产党人的责任重于泰山,事业任重道远。他对全国人民流露深情承诺“我将无我,不负人民”,短短八字便饱含了光荣艰巨的使命、夙兴夜寐的奉献和大公无私的崇高精神,这也是中国千千万万名共产党人初心使命的真切表达。

“宝剑锋从磨砺出,梅花香自苦寒来。”缺水少粮、寒冷酷暑,陕北艰苦的生活条件从未催败习近平的意志,反而成为他磨砺坚韧毅力的试金石。在困境中生存和生活意味着要直面苦难而不失初心。能吃苦方能磨心志,从苦难中汲取难得的精神财富和宝贵的人生经验是坚定勇毅者的必修课。试想:在贫穷落后的西北乡村,跳蚤关、饮食关、生活关、劳动关、思想关关关不易,如果没有极高的思想认识和崇高的精神境界,未尝不会在此番困境之中低迷消沉。何毅亭提到,习近平是年龄最小、去的地方最苦、插队时间最长的知青,他在梁家河的山沟里书写了自己七年珍贵的青春岁月;延川县梁家河村民都说“近平与我们同吃同住同劳动”，朴实的话语是习近平知青岁月的真实写照。他从不抱怨困苦，从不怨天尤人，反而顶住压力、渡过难关，下定决心扎根农村，立志改变梁家河的落后面貌。

“博观而约取，厚积而薄发。”习近平在梁家河插队期间，即使生活再困苦、工作再劳累也从未有一日放下过书本、从未有片刻停止过思辨。与习近平一同插队的知青戴明说：“近平在梁家河从来没有放弃读书和思考。”赵华安、张春富也说：“近平很喜欢读书学习，也喜欢写东西。”那装满了两个箱子的书，便是习近平总书记热爱学习的最好证明。在田间地头利用休息的间隙翻阅书籍，在夜深人静的时候挑灯夜读，他勤奋好学到了夜以继日的程度。他所读涉猎颇广，政治、历史、文学、哲学、军事，导向明志、善思汲知，注重分析、细致对比，力求知其所以然。他所读过的书被极大程度地内化为品德，外化为言行。当今，习近平总书记系列重要讲话之所以具有独到的眼光、深厚的底蕴和博大的智慧，之所以能深刻把握历史规律和攫取历史经验，正与他注重学习读书有关，与他的厚积薄发有关。

除了借助受访者之口还原历史面貌，从学习、工作和生活等方面全方位地了解青年习近平，《习近平的七年知青岁月》这本书也让我了解到了中国的农业、农村和农民。重复繁重的生产劳作、艰难求索的集体经济、千头万绪的乡村事务，中国农村的进步和发展离不开一代又一代人的奉献。新时代的中国依然把“三农”问题放在极为重要的位置上，新时代的乡村振兴离不开青年人的接力奋斗。

七年的知青岁月在习近平总书记整个成长、成熟、成功的历程中发挥了至关重要的作用，是当代青年树立正确人生观、励志成才的鲜活教材。扣好人生的第一粒扣子、走好人生的第一步是习近平总书记对新时代青年的劝勉，我们自然也应当效仿青年习近平，用艰苦奋斗和使命信仰点燃人生。青年兴则国家兴，青年强则国家强。青年一代有理想、有本领、有担当，国家就有前途，民族就有希望。新时代的青年们啊！我们恰少年风华正茂时，自当于峥嵘之时为不群之事，接过先辈们手中高举的接力棒、挑起先辈们肩上背负的行囊，无怍前程高远，无愧心中大志，无畏风霜，无惧坎坷，砥砺前行。

（文/钟证）

破晓曙光中的巾帼英魂

在中国浩瀚的历史星空下,缪伯英的名字宛若一束穿透暗夜的光芒,于革命黎明前的混沌中熠熠生辉。作为中国共产党光荣史册上的首位女性党员,她以流星般短暂却绚烂的生命轨迹,携手伴侣何孟雄,共同绘制了一幅动人心魄的英雄画卷。

在那个风雨飘摇,却因坚定信念而光彩夺目的年代,缪伯英宛如一朵破冰而出的寒梅,以不让须眉之勇与超凡入圣之智,傲然绽放于时代的前沿。在北京女子高等师范学院的象牙塔内,她果断挥剑斩断千年的封建锁链,以一袭飒爽短发为墨,于人生的宣纸上勾勒出对祖国未来深沉的挂念与辽远的期许。缪伯英的生平,恰似高昂的号角,回响在那个觉醒年代的女性心中,成为追求自由、平等道路上最铿锵有力的音符。

在中国共产主义运动先驱李大钊的智慧照耀下,缪伯英的心灵之海被真理的光芒点亮,她仿佛夜航者找到了北极星,坚定不移地踏上了共产主义这条光明而又坎坷的道路。"以身许党"这四个掷地有声的字,不仅是她对党的无悔承诺,更是她永恒誓言的凝练,铸就了初心不改、矢志不渝的精神丰碑。

缪伯英用短短的30载书写了人生的壮丽春秋,其取得的出色成就广受赞扬。"中国共产党历史上第一位女党员""中国共产主义运动先驱""中国妇女解放运动的开拓者"等头衔见证了缪伯英在建党初期所形成的追求真理、以身许党的精神风范。这种精神风范是中国共产党革命精神的重要构成,亦是中国共产党人"不忘初心、牢记使命"的精神源泉。

缪伯英的故事,是那个风云激荡时代的一面镜子,映照出女性力量的觉醒与崛起,激励着后来者继续在追求理想与正义的征途上勇敢前行。她的生命虽然短暂,却留下了永恒的光芒,照亮了通往平等、自由与进步的道路。在历史的长河中,缪伯英不仅是一位革命先驱,更是无数女性心中的灯塔,指引着人们不断探索真我，勇于担当，矢志不渝地追寻那片光明的未来。

借由缪伯英那跨越时空的传奇，我们犹如轻启一扇秘境之门，透视进那个风云激荡时代的幽深轮廓，目击了无数中国青年以沸腾的赤子之心和磐石般的毅力，毅然肩负起民族自立与复兴的壮志宏图。在这片群英荟萃的天空下，每名青年宛若时代洪流里跃动的浪花，以独一无二的姿态绽放光华：邓稼先，于寂静无声处谛听科学的惊雷，以默默耕耘之姿，为祖国筑起坚不可摧的护盾；陈延年，在严酷拷问前铁骨丹心，以生命的火花点燃信仰的烽火，照亮真理之路；鲁迅，挥舞犀利如剑的笔触，刺穿沉闷的暗夜，唤醒沉睡的民族魂魄。而缪伯英，无愧为这浩瀚星河中熠熠生辉的星辰，以瞬息却辉煌的生命轨迹，向世界宣告：纵使生命脆弱短促如晨曦的露水，也能在历史的天幕上镌刻下永恒的印记。

她是女性觉醒的灯塔，也是那个时代精神的光辉象征，引领着后人在理想的征途与自由的探索中，不畏风雨，坚定前行。缪伯英的传奇，犹如一曲激昂悲壮的诗歌，穿越历史的长廊，回荡不息，激励着一代代中华儿女。无论岁月如何更迭，我们都应铭记初心，勇毅前行，在各自的天地间绽放异彩，携手绘制出中华民族伟大复兴的辉煌画卷。

（文/杨亚潼）

绽放在雪域高原的格桑花

格桑花，藏地精灵，在藏语中寓意美好。它在日照充足、风大、土壤贫瘠的条件下存活。花开时，独生于枝条顶端，斑斓而挺立。每当阿里秋风萧瑟，无数俗媚望秋先零，狮泉河畔的格桑花踽踽盛放，沐浴着高原那永恒倾泻的日光。

家国抉择:字间藏露华,遥寄格桑歌

鸿雁几时到,江湖秋水多。字间藏露华,遥寄格桑歌。1988年一个静谧的夜晚,青灯下,孔繁森与妻子王庆芝在小屋内,对话简短却重若千钧。"我还得去趟西藏。"话语中是坚定不移的使命感,而王庆芝的泪水,是对丈夫无尽的支持与理解。这一幕,是家国情怀的细腻展现,是责任与牺牲的温柔碰撞。

书信寄情:愿尔如格桑,凌寒独自开

藜杖听雨,松窗棋罢,纸短情长,愿尔如格桑,凌寒独自开。小女儿孔玲手捧父亲的信件,字字珠玑间,是孔繁森对子女深沉的爱与期盼。"尽早成为一个人格、素质俱佳的对社会有用的人。"这份跨越千山万水的家书,如同高原上顽强绽放的格桑花,传递着父亲对子女成长的希冀与远方的挂念。

高原夜话:格桑花畔月如钩,寄言边塞志未休

风雪夜归人,灯下论古今。问天地间何为贵?答曰:志在高山,心向明月。夜幕低垂,孔繁森与地委秘书长在微弱的手电筒光下,探讨着阿里的未来。面对人才流失的困境,孔繁森的眼神中闪烁着坚定与希望,他的话语如同夜空中最亮的星,指引着阿里前进的方向,"我们的畜产品和矿产资源丰富,这是我们的优势"。他的信念,如火种般点燃了阿里发展的希望之光。

病躯前行:雪压青松挺且直,霜凌格桑色愈鲜

病骨支离纱帽宽,孤臣万里客江干。问风霜何久经?答曰:松柏之质,经霜弥茂。在病痛缠身之时,孔繁森依旧忘我工作,他那颗为人民服务的心,比任何时候都要炽热。"老百姓们需要我的时候,我怎么能停下?"其坚韧不拔,正如古人云:"病骨支离不足论,犹有壮心酬明主。"他的身影,虽然

因疾病而显得脆弱,但那份坚持与担当,却如同高原上的格桑花一般,风尘仆仆春与秋,坚韧何处不芬芳。

花开不败:高原雪域藏幽梦,格桑花语映朝霞

尔于风中立,静待春暖花开时。在孔繁森先生感人事迹的激励下,西藏高原迎来了翻天覆地的变化。这些年来,西藏循着孔繁森同志的光辉足迹,谱写了一曲曲民族团结与社会进步的壮丽凯歌。孔繁森以其无私奉献的精神,不仅深深融入了藏族人民的心中,而且成为一代又一代党员干部学习的楷模,他们接力奋斗,带领西藏走向现代化的新征程。

图书馆内,阳光透过窗棂,斑驳地洒在古旧的木质桌面上,我捧读起孔繁森的事迹材料。阳光模糊闪烁,孔繁森先生的身影浮现眼前。“格桑虽小,却能在逆境中绽放。你们生在一个美好的时代,拥有更多机遇与挑战,也要成为那朵不畏艰难、勇敢绽放的格桑花。”孔繁森的声音仿佛穿越了纸张,温厚而坚定。

云边格桑情几许,霜冷星河梦难收。格桑花下人未老,岁月如歌志愈高。格桑花开时,他成了风的低吟、雪的轻吻,成了山与水的对话、冰雪与极寒的守望。

(文/冉德鸿)

第二话|星火滚烫，赓续传承

【编者按】 习近平总书记指出："红色江山来之不易，守好江山责任重大。要讲好党的故事、革命的故事、英雄的故事，把红色基因传承下去，确保红色江山后继有人、代代相传。"党的故事、革命的故事、英雄的故事，是我们宝贵的精神财富。它们如同历史的灯塔，照亮我们前行的道路，激发我们继续奋斗的力量。成仿吾英才班的"小青马"们通过研习、走访，听到诸多感人至深的故事，它们形成了一幅幅生动的历史画卷，展现了不同时期共产党员的精神风貌。英雄们以坚定的信念和不懈的追求，投身于革命事业，为人民的利益奋斗终身，为国家的繁荣富强鞠躬尽瘁。这些故事不仅是对过去的回顾，更是对未来的启迪，激励着我们继续前行。

穿林海，走草原

“塞罕坝”的意思是“美丽的高岭”，位于河北省承德市围场满族蒙古族自治县。这里地域辽阔、植被茂密、树木参天，曾被称为“千里松林”。但是，晚清时期人们对塞罕坝进行的开围放垦使其森林植被被大面积破坏。后来，这里又经历了严重的掠夺采伐、连年不断的山火和不断增加的农牧活动，千里林海最终退化为沙地荒原。20 世纪 60 年代，塞罕坝的自然环境十分恶劣，呈现出高寒、高海拔、大风、沙化、少雨等多种极端恶劣环境状态。“黄沙遮天日，飞鸟无栖树”，美丽的高岭千疮百孔。

1962 年，林业部选派河北承德当地 242 名干部、工人以及全国 24 所大中专院校的 127 名毕业生，组建塞罕坝机械林场，进军莽莽沙漠。第一代塞罕坝人面对“一穷二白”、严寒肆虐的茫茫荒原，咬紧牙关坚持了下来。历经 60 年，三代人接力奋斗，“种子”伴随着“一棵树”，长成了“一片海”。三代塞罕坝人从因林而生到与林共进，始终心中有党、绝对忠诚，牢记党赋予他们“为首都阻沙源、为京津涵水源”的神圣使命。他们饱经风霜而本色依旧，历经风雨而初心不改，用青春、汗水甚至血肉之躯，在茫茫荒原造林 115 万亩，在浩瀚荒漠沙地上筑起一道牢固的绿色屏障，筑起一条为京津阻沙涵水的“绿色长城”。这一行为成为生态文明建设范例，塞罕坝人被联合国环境规划署授予地球卫士奖。

今天的塞罕坝，被称为“河的源头、云的故乡、花的世界、林的海洋、鸟的天堂”。登高远眺，塞罕坝就是一幅用墨绿、浅绿、鹅黄绘就的巨幅画卷。从荒漠变绿洲，一代代中国人艰苦奋斗、甘于奉献，不断探索实践，结合实际情况运用科学的方法和技术，敢于突破传统思维，勇于创新，为绿色发展提供了宝贵的经验，发扬了牢记使命、艰苦创业、绿色发展的精神，这就是塞罕坝精神。它是三代塞罕坝人初心不改、披荆斩棘所创造的文明成果，是来自四面八方的塞罕坝建设者用青春、汗水甚至生命凝结而成的精神财富，也是中国共产党带领中国人民探索人与自然关系的智慧结晶。

今天的塞罕坝,生动诠释了“绿水青山就是金山银山”理念的真理性和科学性。在林场的带动下,周边地区发展生态苗木基地4400多亩,苗木总价值达7亿多元,年产值1.4亿元,帮助4500多名贫困人口实现人均年收入增加5000余元。此外,周边乡镇通过发展农家游、手工艺品制作、土特产品加工等产业,每年实现社会总收入6亿多元,带动1200余户贫困户1万余名贫困人口脱贫致富。

伟大事业孕育伟大精神,伟大精神引领伟大事业。让我们传承和弘扬塞罕坝精神,让绿色发展的理念深入人心,让生态文明建设落地生根;让我们共同书写绿色辉煌的新篇章,使祖国大地更加美丽富饶,使我们的未来更加充满希望;让我们以塞罕坝精神为动力,在实现中华民族伟大复兴的征程上,奋勇前进,创造属于我们的时代辉煌——

黄沙飞,天日掩,茫茫一片大荒原;
三代人,六十年,吃苦耐劳展新篇;
天空蓝,白云舒,树林苍翠又连绵;
穿林海,走草原,绿色发展敢当先!

(文/李佳茗)

一蓑烟雨任平生

“在最低的境遇,活出最高的境界。”

他曾居庙堂之高,万千风光;也曾贬江湖之远,茅屋秋风。风华绝代,万人景仰,风雨飘摇,颠沛流离,相互矛盾的词语用来形容他却毫不违和。一身才华,满腔抱负,却最终被命运之手蹉跎得七零八落。他,便是北宋著名的文学家、书法家、画家,“唐宋八大家”之一的苏东坡。

乐观的生活家

提及苏轼，后人皆谓此人乃“乐天派”也。是啊，他多乐观，被贬杭州，他说：“欲把西湖比西子，淡妆浓抹总相宜。”被贬密州，他说：“老夫聊发少年狂，左牵黄，右擎苍，锦帽貂裘，千骑卷平冈。”被贬黄州，他说：“竹杖芒鞋轻胜马，谁怕？一蓑烟雨任平生。”被贬惠州，他说：“日啖荔枝三百颗，不辞长作岭南人。”不管被贬到哪里，他好像都有值得高兴的事。他甚至自嘲“自笑平生为口忙，老来事业转荒唐”，好像满不在乎，贬不贬官都无所谓，反正我总有的吃有的玩，颇有一种“人生苦短，及时行乐”的气势。

他不仅很会愉悦自己，还很会安慰自己。颠沛流离、居无定所，他安慰自己没事，“此心安处是吾乡”；公务清闲，无聊游玩，他安慰自己没事，“谁道人生无再少？门前流水尚能西”；登台远眺，触动乡思，他安慰自己没事，“休对故人思故国，且将新火试新茶。诗酒趁年华”……不管何种境遇，不管何种景色，他总能找到一个自我安慰的缺口，给自己加油打气。

悲观的生存者

苏轼乐观的时候太多，我们便以为他总是这样乐观。我想，他当然是一个“乐天派”，只不过他虽在乐观地生活，却在悲观地生存。他的诗词里，总有时不时流露出的悲观。他也会有“拣尽寒枝不肯栖，寂寞沙洲冷”这样的心灰意冷，也会有“长恨此身非我有，何时忘却营营”这样的悲愤难抑，也会有“心似已灰之木，身如不系之舟”这样的自怨自艾，也会有“知不可乎骤得，托遗响于悲风”这样的无奈凄凉。他当然会悲观。我们甚至无法想象，从春风得意备受欧阳修推崇的科考奇才，到初出茅庐、踌躇满志、深得仁宗皇帝赏识的青年才俊，再到谪居他乡、失意落寞的戴罪犯官，如此巨大的人生落差，苏轼的内心要经历怎样的痛苦与挣扎，才能与命运和解？

造化弄人，三起三落的命运仿佛上天的一个玩笑，却书写了苏轼几经波折的一生。也或许他是悲观到了极致，以至于他表现出的乐观中，又带着一丝对命运的无奈与玩味。宦海浮沉，上位者的一挥袖便将他的抱负热忱打得七零八碎，他不是真的“无所谓”，而是无可奈何，他又能怎样“有所谓”呢？

豁达的行路人

“人生如逆旅，我亦是行人。”在看破命运的红尘之后，苏轼深知自己无能为力，比起乐观，他更多的是一个豁达的行路人。不再纠结于终点，也不再纠结于怎样的结局才能配得上这一路的颠沛流离，他只管向前走，孤身一人跋涉过这场生命苦旅，无问西东。所以他说，“小舟从此逝，江海寄余生”。

纪录片《苏东坡》里讲道：“几乎每一个中国人，都会在不同的境遇里与苏东坡相遇。世间的每一个人，都能从苏东坡的艺术里重新感受人生，而苏东坡也定然在后人的品读里，一遍遍地重新活过。”风雨人生路，超然旷达情。苏轼的一生，本就是一本在不同年龄不同境遇能品出不同滋味的书，合上书的那一刻，“但远山长，云山乱，晓山青”。

（文/李昀芷）

致邓恩铭同志书

邓恩铭同志勋鉴：

“数风流人物，还看今朝。”您作为中共一大代表，刚过而立之年就从容就义，留给了我们太多的惋惜、感动与思考。走在济南市纬八路大街上，读着您豪迈而悲壮的《诀别》诗，再联想到您在济南市侯家大院刑场身负镣铐高唱《国际歌》从容就义的情景，以及生前与家庭、与父兄的林林总总，怎不让人感慨万端！

“卅一年华转瞬间，壮志未酬奈何天；不惜惟我身先死，后继频频慰九泉。”您壮丽的青春定格在30岁，伟大的事业才起步，面对叛徒的告密和敌人的枪口，您慷慨激昂，无怨无悔。

诚然,“卅一年华”在历史长河中只是短暂的一瞬。在那个年代,像您这样能上济南省立第一中学的学习者,家庭毕竟寄予厚望。您所选择的革命之路,要冒着来自家庭等多方面的不解与压力,但您不但顶住了,而且走得义无反顾。

曾记否?令尊大人曾在信中告诉您,希望您能回到贵州“谋阔差光宗耀祖,早订婚传宗接代”。但是,您一句“儿生性与人不同,最憎恶的是名与利,故有负双亲之期望”,谢绝了父母最朴实的希望,这是掷地有声的铿锵誓言,这是革命者最深厚的情怀。“儿明天回青岛,仍就原事”,“原事”即为党和人民的事业而战斗,视个人的功名利禄为粪土,把党和人民的事业放在首位,把解放劳苦大众的事业放在首位,不惜牺牲个人的一切。

面对“壮志未酬”的现实,您发出“奈何天”的慨叹,遗憾之中满是希望。您谢绝“光宗耀祖”“传宗接代”的传统思潮,永远激励着共产党人勇往直前。“出师未捷身先死,长使英雄泪满襟”确实成为许多像您这样的革命先驱悲壮人生的写照。“儿主张既定,决不更改,故同意与否,儿概不问,各行其是可也。”有了这样的坚定精神和崇高信仰,才能有“惟我身先死”也丝毫“不惜”的情怀。

邓恩铭同志,您把别样的青春献给了党和人民,短暂的人生厚重而精彩。你们开创的伟大事业确实“后继频频”,无数革命先烈用鲜血和生命换来的这个崭新而强大的新中国,如今在各个领域都创造出了人间奇迹,让世界刮目相看。

今日的中国,高楼林立,桥梁飞架,信息发达,高铁纵横陆地,航班环绕全球,飞船探索太空……我们已经迎来了从站起来、富起来到强起来的伟大飞跃。您的家乡贵州荔波早已实现脱贫,旅游业发展迅速,生态良好,风景宜人,人民欢声笑语、载歌载舞。您所工作的济南市与青岛市,正作为齐鲁大地两大龙头带领山东起飞……

踏着英雄的脚步在伟大的新时代乘风破浪,是新时代弄潮儿应有的姿态。您的理想,正在一代代的“后继频频”中成为现实;您身上流淌的红色血液,正在新时代青年的心中澎湃!

此致

敬礼

万道睿

留得青白在人间

80余年后,我出生在您出生的地方,我听着您的故事长大。有一天,我梦到了您……

"别动! 我帮您消炎。"

"小同志,你是谁啊? 我认识你吗?"张培之躺在监狱黑暗的牢房里,迷茫地问道。

"我是您80余年后的同乡,您现在是我们敬仰的烈士!"我激动地说道。

"我们胜利了吗?"张培之忐忑地问道。

"胜利了! 人民当家作主了!"我接着讲述了现在国家的强大与人民的富足。

张培之眼泛泪花,"胜利了,过上好日子了……"

"可是,您是怎么被折磨成这样子的啊?"我担心地问道。

"唉……1940年2月,我带公务员到乐陵五区花园街东张家店办党训班。汉奸伪村长张同升告密,我们不幸被官道刘据点的日伪军逮捕。我和另外两个刚报到的学员一起被押回据点,被关进严密看守的伪警备队监狱。"

"到了监狱以后,我和其他同志分析了目前的处境,意识到一场严酷的斗争摆在我们面前。于是,我秘密召集大家,严肃地说:'同志们,党考验我们的时候到了。在敌人面前,我们每人的表现,就是我们参加党训班学习后交出的最好答卷。'第二天,审讯在伪警备队大院开始。堂上一片阴森,如狼似虎的汉奸分列两旁,地上放着各种刑具。汉奸刘聚轩冷冷地问:'你就是共产党地委秘书长李杰吗?''你既然知道,何必再问!'我答道。他悻悻地来回走了几步,翘着大拇指说:'痛快,痛快!''将日本帝国主义赶出中国,将那些吃里扒外的狗杂种斩尽杀绝,那才是真正的痛快!'我坦率地回答,也击中了汉奸走狗的痛处,气得刘聚轩咬牙切齿,从牙缝里挤出几个字:'你——你不要忘了你站在什么地方！这是监狱！’‘我乃堂堂中国人，站在我们自己的国土上！’我义正词严地答道。不过这也惹怒了汉奸们。于是，匪徒们捆了我的双手，把我吊在梁上，用几支蘸了水的皮鞭在我身上乱抽。‘快讲！地委机关在哪里？’‘地委机关在我的脑子里，在我的胸膛中！’”

听着听着，我也接续上了以后的故事……

刘聚轩恼羞成怒，用手指着各种刑具凶残地说：“我叫你尝遍这些刑具的滋味！来呀……”几个打手蜂拥而上。张培之被敌人用烙铁烙，用压杠压，用辣椒水灌……敌人用尽了招数，把张培之折磨得死去活来、伤痕斑斑，肋骨折断好几根，但张培之始终守口如瓶，没向敌人透露半点机密。每次受审回来，张培之都挣扎着，去抚摸同志们的伤处，询问疼不疼，并用明朝的一首《石灰吟》诗勉励大家：

千锤万凿出深山，烈火焚烧若等闲。
粉骨碎身浑不怕，要留清白在人间。

教育大家要学习石灰的风格，树立“宁为玉碎，不为瓦全”的革命人生观，告诫大家莫愧为一个共产党员的光荣称号。

“可是你们越狱会失败啊！”我突兀地说道。

“小同志，你竟然知道我们下一步的行动。但是，不成功便成仁！”张培之认真地说道。“我知道，可是——”

“‘千锤万凿出深山，烈火焚烧若等闲。粉骨碎身浑不怕，要留清白在人间。’小同志，我们不能给共产党员丢脸啊！有一丝成功的机会我们就要行动！”张培之说着，眼里透露着坚毅的光。

我仿佛看到了张培之等同志被押赴刑场，他们在敌人的枪口之下面不改色心不跳，高喊：“打倒日本帝国主义！”“日寇必败，中国必胜！”“中华民族解放万岁！”“中国共产党万岁！”我郑重地起身，向张培之告别：“你们都是我们的脊梁，正是你们的不畏牺牲、无私奉献，才有了80多年后我们的幸福生活。历史不会忘记，时光不会忘却，我们一定会将祖国建设得更加美好！”

（文/万道睿）

红色血脉,清廉楷模

李宏塔,祖父是"铁肩担道义,妙手著文章"的中国革命先驱李大钊先生,父亲是中共安徽省委原书记、中国人民银行原行长李葆华。作为"红三代"的李宏塔敢做急先锋,九死而不悔。一年中他有一半的时间都在走基层,为保证自己看到的不是"盆景",他采取反向工作法,亲自去各县各市跑基层,为百姓守住切实利益。在面对困难时,李宏塔便会来到历史展览馆,来到那 0001 号文物——爷爷李大钊就义的绞刑架下,在爷爷的身影中伫立许久,立志要身体力行,启发民智。2003 年,安徽淮河流域遭遇特大洪灾,他连续一个月在一片汪洋的灾区奔走,坐上冲锋舟为受灾百姓解决问题,安置灾民的出色工作得到了民政部的点名表扬。2021 年,他被授予"七一勋章"。可面对荣誉,这个"让房,让官"谦让了一辈子,唯独不让老百姓吃亏的李宏塔,却又选择了谦让,最终将承载他一生荣誉的"七一勋章"捐赠给李大钊纪念馆。

为官数十载,清廉自守节。在一套 55 平方米的老居室里,李宏塔一家生活了 16 年,屋内装修简朴,只有一套二手老式弹簧沙发,而厅长级别的李宏塔 20 年骑坏了 4 辆自行车。李大钊自撰的一副对联——"革命传统代代传,坚持宗旨为人民"深深影响着李宏塔的言行举止,他以自己的纯粹与担当,传承着优良家风,秉持着党的宗旨,践行着沉甸甸的誓言,将信仰和奉献镌刻在江淮大地的山水之间。

岁月流转,信仰永固。李大钊同志曾有家训——"吾人自有其光明磊落之人格,自有真实简朴之生活,当珍之、惜之、宝之、贵之,断不可轻轻掷去,为家族戚友作牺牲,为浮华俗利作奴隶"。这既是李大钊清正廉洁、品德高尚的真实写照,也是李大钊家族世代相传的宝贵精神财富。

从 1919 年到 2023 年,红色基因代代传承,从他的祖父——中国共产党创始人李大钊,一生为国为民,两袖清风;到他的父亲——中国人民银行原行长李葆华,主政一方,廉洁奉公,被誉为"人民青天";再到根正苗红的"红三代”李宏塔，为官清廉，甘守清贫，问心无愧，坚守初心，启发民智。一家三代，百年传承，让我们看到了共产党人的责任和担当。红色是信仰，家风是“守常”，他们是中华民族真正的脊梁，是我们百姓心中的英雄！

（文/司文）

韬光静照，奋笔载道

著名的新闻记者、出版家和政论家邹韬奋，是新民主主义革命时期的文化名士、爱国志士和民主斗士。邹韬奋，原名邹恩润，1895 年 11 月 5 日出生于福建永安。

邹韬奋的生平，可以划分成四个阶段。第一阶段，弃工从文，振兴新闻。1919 年，他破格考入上海圣约翰大学，1926 年接任《生活》周刊主编，实现新闻梦想。第二阶段，以笔为战，抗日救亡。九一八事变后他凭《生活》周刊揭露日军罪行，组织募捐活动。1933—1935 年流亡期间，他赴多国考察，写成《韬奋漫笔》《萍踪寄语》等书，并创办《大众生活》《生活日报》《抗战》等刊物，发展壮大了生活书店。第三阶段，曲折参政，愤而辞职。1936 年因领导抗日救亡运动被国民党政府逮捕。出狱后，他被聘为国民参政员，继续为呼吁抗战、争取民主付出大量心血，后在国民党的加剧迫害下愤然辞职，出走香港。第四阶段，辗转苏北，甘之如饴。这一时期他与共产党关系已十分亲密，但不幸患癌，颠沛东江、苏中、苏北等地，在病床上完成《对国事的呼吁》和《患难余生记》的前两章，于 1944 年 7 月 24 日逝世，年仅 49 岁。

治学者·为“文”之启迪

疾风知劲草，时局乱中见笔力。邹韬奋从初中起就在《自由谈》等刊物上不断投稿，每次他的文章被刊登，“好像替他打了强心针，再陆续写几篇”。

邹韬奋的文字平实而有力,擅长用通俗易懂的语言阐述深刻的道理,使普通读者也能轻松理解复杂的时政议题。这对于治学者来说,是一种重要的表达能力,即如何将深奥的学术研究成果转化为公众能够接受的知识,促进知识的普及与交流。邹韬奋先生始终坚持实事求是的原则,无论是办刊还是著文,都力求内容真实可靠,反映社会现实。他以《生活》周刊为平台,报道民生疾苦,揭露社会黑暗,倡导改革,其文章充满时代气息,贴近民众生活。这对治学者而言,是一种提醒:学术研究应当立足实际,关注社会热点,以解决实际问题为导向,让学问真正服务于社会进步。

奋斗者·从“事”之示范

持之以恒,敬业乐群。学业上,邹韬奋为豁免学费,苦学不感兴趣的工科以至于咯血,整个中学时期都跻身校前三名“优行生”,他课余还通读国学典籍和时兴报刊;事业上,新闻记者邹韬奋恪尽职守,负责《生活》周刊七年间从未“脱刊”。他还勇于尝试,敢于突破传统框架,以创新思维解决问题,推动新闻出版领域的创新实践,如采用问答形式、注重读者互动等。邹韬奋先生在职业生涯中多次遭遇挫折和迫害,但他始终坚守坚韧不拔的意志,即使在流亡海外期间,也不忘初心,继续为民族解放和民主事业奔走呼号。这种忍辱负重、百折不挠的精神,可歌可泣。

仁爱者·做“人”之督勉

邹韬奋是个好丈夫、好爸爸。生活中,他亲昵地称妻子沈粹缜为“财政部长”。1933 年开始的两年流亡,夫妻间书信竟达 100 多封。他具备先进的教育目标论、价值论和方法论,从诸如分配零花钱、自己打饭等小事抓起,培养孩子的自理能力,且从不打骂。1941 年,日本侵占香港,他流亡至东江纵队,还不忘帮沈粹缜到山溪中为孩子们洗衣服、做杂事。他也是一位好记者、好作者。在与同事相处期间邹韬奋同样展现出无私的仁爱。作为领导,他不仅仅是一位严厉的指导者,更是同事们的良师益友。面对困难与挑战,邹韬奋总是率先垂范,以身作则,与团队同甘共苦,鼓励大家携手共进。《生活》周刊辟“读者信箱”专栏,答复读者问题。他“答复的热情,不逊于写情书,一点也不肯马虎,鞠躬尽瘁,写而后已”。他曾心急如焚地开解欲自杀的昆明女青年,这也让沈粹缜越发体会到他工作的意义。1942 年,他在梅县江头村隐蔽时,“山村夜谈”传知识,“寻龙捉脉”广调查,习得当地方言,慰问那些国民党暴压下的受害村民……

信仰者·追“光”之振奋

邹先生的信仰,源自对真理与正义的执着追求。在那个风雨飘摇的时代,他坚守着对民主、自由、进步的坚定信念,即便身处逆境,也不改初衷。这种超越个人得失、为更广大人民利益和社会进步而不懈努力的信仰力量,是每一位追光者的灵魂支柱,激励着人们在迷茫中寻找方向,在困境中坚持到底。1933 年,邹韬奋已确立马克思主义世界观,成为中国共产党的同路人。“书生报国无他物,唯有手中笔做刀。”邹韬奋先生不仅是一位思想家,更是一位行动派。他将信仰落实到每一次抗争、每一次发声、每一次出版之中,用实际行动诠释了什么是真正的信仰。他的生活和工作,就是对信仰最生动的注解。42 岁的邹韬奋在入狱期间坚持创作《经历》。第二次“审判”,他在法庭上义愤填膺,历述救国会主张,驳斥检察官捏造的“罪状”,使其理屈词穷。他一生流亡 6 次,途中坚持学习考察。行将就木、骨瘦如柴的他在病床上还在擘画着恢复书店、创办书馆和日报的未来,预估只剩两周的他竟支撑了半年之久。他曾沉痛道:“我刚刚看到了真理,刚刚找到了要走的路,难道便这样死了吗?”“身既死兮神以灵,魂魄毅兮为鬼雄”,没人比他更迫切地需要生命,只因真理和祖国。

时局多艰,独立高峰顶,举目无凡俦。烛焰微曳,漏尽更残,一豆灯火映孤影;砚田黑润,毫端绽蕾,千重忧思知冷暖;纵横捭阖,字字珠玑,云涌之际执笔战。穿梭烽燧,涉渡寒津,斩奸佞,护真理,先生之风,山高水长。

(文/冉德鸿)

侠肝义胆,传奇剑魂

宣侠父先生:

您好!“神州遍地涨烽烟,莫只登楼意黯然。唯有齐心来革命,一条生路在人前。”我是山东大学的一名普通大学生,偶然的机会,我知晓了您的事迹,对先生的敬仰之意油然而生,如同春潮涌动,心里有千言万语,想说与先生听。

说来也惭愧,我本是浙江台州人,但十几年来,对先生波澜壮阔的一生却所知甚少。直至大学以来,对党组织的向往与日俱增,我才逐步了解早期党组织的故事,才逐步认识到您的伟大与崇高。您在台州建立的第一个共产党组织中共海门小组,掀开了中国共产党在台州领导革命的历史篇章。您在黑暗中点燃了革命的火种,以坚定的信念和不屈的铁骨,引领着一代代人走向光明。

1920 年,您东赴日本求学,接受了马克思主义的熏陶。我想,可能就是在那个时候,革命的火花在您的胸膛中悄然点燃,逐渐汇聚成燎原的烈焰;可能就是在那个时候,拯救黎民于水深火热的宏愿,深深地镌刻进了您的骨髓。

1924 年的“蒋宣事件”,大概是众多同侪听到您铮铮铁骨的第一枪,是一声划破时代沉默的惊雷。那年,您考入黄埔军校,以超群的文采和幽默随和的性格在朋辈中颇孚众望。开学不久,蒋介石实施有悖民主制度的国民党支部建设安排,是您在万马齐喑之际不畏蒋介石的权威和盛怒挺身而出,抗命不从。您在呈递的报告中力陈利弊,据理力争;您在蒋介石办公室里慷慨陈词,冷静分析;您在禁闭室里,拒不写悔过书,呼号“学生无过可悔”;您在廖仲恺先生的调解下仍不肯委曲求全,誓死抗争独断专行的独裁之风。在原则面前寸步不让,先生成为黄埔一期唯一被开除的学生。“美璞未成终是宝，精钢宁折不为钩。”先生拂袖而去，如是捍卫着自己的傲骨。

而后，在李大钊同志的推荐下，您踏上了西北的辽阔土地，来到冯玉祥部做政治宣传工作。您在西北军中开办图书室、俱乐部、训练班，对广大官兵进行启蒙教育，让他们在革命的熔炉中淬炼成钢。1925年底，在您的不懈努力和助推下，甘肃省第一个党组织中共甘肃特别支部得以成立。在略显简陋与艰苦的西北地域，先生用知识和智慧，点燃了人们心中的革命火种，激发了人们对真理的追求和对理想的向往。先生的言行，如同春风化雨，潜移默化地影响着每一个人，让他们在革命的道路上更加坚定和自信。

1937—1938年，我想对先生而言，是悲痛而又难忘的两年。西安事变后，您协助周恩来同志进行统战工作，以八路军驻西安办事处负责人的身份在国民党上层和高级将领中进行统战工作。您为统一战线的建立和巩固立下了汗马功劳，但也正是您卓有成效的工作，触动了国民党的敏感神经，让国民党胆战心惊。1938年7月31日，那个黑暗的日子，蒋介石的一纸手谕“着将宣侠父秘密制裁”，将您从我们中间无情地夺走。您的生命之火，在那一刻被残酷地熄灭，您再也无法在深爱的革命岗位上继续奋斗。

先生没能看到，在您“失踪”后，周恩来同志曾三度找蒋介石当面要人，其情之切、其辞之严；先生没能看到，在阴谋败露后，中共中央向国民党提出严正抗议，强烈要求蒋介石答复并严惩凶手；先生没能看到，马清瑞同志怀恨写下了《我永远敬念你超人的灵魂》的诗章来歌颂您不朽的一生；先生没能看到，1945年中共七大召开时，在会场为您举行的隆重的追悼仪式；先生没能看到，您的故事激励了多少后人，被后人尊称为“传奇将军”；先生自然也没能看到，革命最终取得硕果、新曙光朗照的那一刻……

“但是，灯塔一般矗立于悲剧的宇宙间，曳引着万人，歌咏着胜利，招展着斗争之旗。而像无数火轮样飞驶的，那不是宣侠父的超人的灵魂吗？在这圣洁的灵魂之前，一切妥协、腐蚀被照彻，被战栗，被淘汰；一切柔懦、自私被暴露，被悔悟，被消灭；一切新鲜、生动被焕发、成长起来。葱葱的像春天的树林爆烈地成长起来。”马清瑞同志如是赞叹您。

先生虽已离我们而去，但您“走向超人的灵魂”却如同时代最嘹亮的号角，响彻云霄，激荡着每一颗跳动的心。您的精神和理想将永远激励着我们,成为我们心中不灭的灯塔,照亮我们前行的道路。您的铮铮铁骨,必然激励着一代又一代的人,为了坚守的那点光,不断奋斗,不断前行。

(文/叶鑫涛)

红星照耀,勤劳致富

在 2023 年暑假的井冈山社会实践中,我遇到了一位阳光般的老人。他带领我触摸马源村这一革命老区的厚重历史,感悟勤劳致富的奋斗力量,至今仍激励着我前进。

马源村扎根在黄洋界脚下,生长在群山怀抱之中,进村要像红军“急行军”般跋涉过崎岖不平的山路。烈日当空,草木葱茏,雨后的黄泥路还十分湿滑,不时有同伴失足滑倒,但我们的脚步未曾停歇。远远望去,葳蕤山路上蜿蜒着成仿吾英才班的红色长龙。然而,走了大约半小时,目的地还很遥远,山路也越发陡峭了起来。没有一丝风,空气中翻滚着七月的热浪,繁芜的草木时不时拉住你的衣裳。走着走着,双腿慢慢变得沉重,汗水渐渐打湿了后背,额头上豆大的汗珠几乎要模糊双眼,耳边充斥着山间鸟虫单调的曲子。清风徐来,眼前出现了一片平坦的稻田,一条水泥路直通前方,我们真切有“柳暗花明又一村”的欣喜之感。

沿路走来,我们惬意地享受着乡村的田园之美。小山羊慢悠悠地咀嚼着嫩绿的青草,黄瓜在屋檐下悄悄地撑开了淡黄的裙裾,一只灰色的猫懒洋洋地在阳光下打盹。一片片绿油油的稻田和一个个盛放着荷花的池塘相映成趣,一间间小巧的新居就藏在生机盎然的大自然之中。路旁,“人民对美好生活的向往就是我们的奋斗目标”的宣誓语随处可见;远处,红色庄严的党旗和国旗迎风猎猎飘扬。

走进一所民居,等待已久的袁爷爷热情地接待了我们。大家同做红军餐，其乐融融，早已备好的食材不一会便成了餐桌上的美味佳肴。茶余饭后，我们询问袁爷爷过去和现在生活的差异，他笑着带我们上楼参观了新房子，说三层的房间共可以接待22名游客。我们称赞着新房子的宽敞明亮，站在高处远眺，美丽的马源村尽收眼底。但以前可非如此，袁爷爷拿出低矮阴湿的老房子的照片，向我们娓娓道来这几十年马源村的沧桑巨变。“民亦劳止，汔可小康。”从袁爷爷对过往的描述中，我们可以想象出那辈人所经历的贫困劳苦。山路蜿蜒崎岖，小村与世隔绝，贫困于是在此生根发芽。改革开放以来，特别是在党和国家的扶贫政策的支持下，包括袁爷爷在内的马源村村民们利用当地红色历史、绿色生态和古色建筑等优势，依托红色研学潮、旅游潮，大力发展旅游业和服务业，最终打赢了脱贫攻坚战，摘掉贫困帽，奔向小康路。“我们的新房子政府补贴了一万多，墙体都是政府粉刷的……村里那条路是1986年修的，后来党又将其改成了柏油路；我们老兵每天还有补贴，村子里信号也很好。”从袁爷爷眉眼中洋溢的喜悦与幸福，我们能够真切地感受到人民对党和国家的拥护和感恩。“没有党就没有现在的幸福生活”，袁爷爷说完，眼眶便湿润了。

讲起他的军旅生活，袁爷爷眼中又闪烁起兴奋的光芒。在客家乡音中，他谈年轻时的当兵经历，讲马源村的红色故事。“我是1952年出生的，16岁的时候在福建当兵……”他说希望将团结互助、承担责任、奉献国家的精神传递给马源村的儿孙，让他们记住井冈山脚下的马源村是当年红军走过的地方。如今，马源村被打造成“红色名村”，具有浓厚的革命气息。“红军一桥”“红四军小道”等红色遗址与青山同在，人们通过“引兵井冈”“马源拓展”等红色研学课程为游客们讲好红色故事，传承好红色文化。可以说，马源村是革命老区脱贫攻坚的小小缩影，开创出新时代“红色引领，绿色崛起”的发展新路。袁爷爷说，现在的生活有了盼头，未来还会继续和乡亲们苦干实干，用双手创造幸福生活，从脱贫之路走向推进乡村全面振兴之路。

临别之际，袁爷爷把我们送到家门口，用最朴实的话嘱咐我们：“要跟党走，好好学习，好好工作，为国家多做贡献。”我将袁爷爷的话牢记在心，立志传承好红色精神，用最平凡的双手创造最伟大的奇迹，用最坚实的脚步抵达最辽阔的远方。作为新时代青年，我们将秉持着“人民对美好生活的向往就是我们的奋斗目标”的伟大信念，用红色精神武装头脑，满怀信心地向共同富裕的目标扎实前进，创造更加美好的生活。

（文/吴美娴）

悠悠岁月久，无悔爱国情

榆杨树下，白发苍苍的外祖父在摇椅上轻摇蒲扇，讲述着过去的故事，这早已定格于我的生命中，成为我生命中不可分割的一部分。

从我幼时记事起，便是生长在军队大院里的，伴随着规律的军号声、嘹亮的军歌声、洪亮的口令声长大。这些军营里特有的声音传递着纪律和秩序，也带给我一种天然的安全感。

说回我的外祖父，他名为刘玉卿，是一名军医，曾效力于北海舰队，榆杨树下的故事也从这里开始。他精通历史，参加过对越自卫反击战。夏日的午后，蝉鸣此起彼伏，外祖父半眯着眼睛，轻摇蒲扇。一千多年前，北宋大将郭逵就曾率领大宋西军击败了悍然入侵的交趾国；数十年前为了国家主权和领土完整，我们也击溃了来犯之敌。外祖父的蒲扇轻轻地搅动阳光，声音却哽咽了，眼角淌出热泪，仿佛又看到了当年那些受伤的士兵，心如刀绞。为了国家的荣誉，他尽心尽力地医治，只为守住国家的利益和尊严。

外祖父也曾参加过唐山大地震的救援，顶着余震的冲击，在医疗条件极其恶劣的情况下，还需要帮忙挖掘寻人。即使在这种艰苦恶劣的环境下，外祖父所在的医疗队还是圆满地完成了任务。由于当时的技术尚不十分发达，医疗队在一段时间内甚至与总部失去了联络。而面对一片狼藉，废墟中不断传来呼救声和哭泣声，外祖父和他的战友们也是通力合作，不顾个人安危全力救助伤员，在人手紧缺时甚至还要帮忙挖掘废墟、翻转瓦砾，寻找被困的人员。外祖父曾对我讲述在救援过程中发生的故事，一位年轻的女孩被困在废墟下，她的腿被瓦砾压住，无法挪动分毫。救援队花费了几个小时才将她从废墟中救出，外祖父及时为她进行了紧急手术，最终成功挽救了她的生命。整个救援过程充满了艰辛与感动，当外祖父讲述完自己的经历，我已经热泪盈眶。我深刻感受到了军人的责任与担当，我也更加为我的外祖父而骄傲。

尽管外祖父不愿意过多地夸耀自己的功勋，可我仍能看到他熠熠发光的金子般的心。外祖父最喜欢的颜色是红色，外祖父最喜欢的歌曲是《没有共产党就没有新中国》，外祖父最敬仰的人物是毛主席。时至今日，每日清晨，外祖父还时常小心翼翼地拭去军功章上的灰尘，戴上老花镜细细地阅读党章及毛主席的思想著作。

在我居住的军队大院里，每个家庭都互相照应，彼此之间十分融洽。而我的邻居们都来自军人家庭，邻里之间经常会互相帮衬。从小就在这样的氛围中耳濡目染，我也能够感受到家人般的温暖。闲暇时间，外祖父也会带着我远远地驻足观看，观看军人们严肃的训练，聆听他们的军歌，目睹他们的风采，这让我深刻感受到了军队的训练水平、严明纪律以及团队合作精神。这也让我更加尊重和敬佩我们的军人，他们的无私奉献和勇敢精神是我们国家的宝贵财富。铁血和坚毅的精神也深深地触动了我的内心，于是我也立志要成为一名对国家和民族有用的人，用自己的力量为社会作出贡献。

犹记成人礼之时，外祖父郑重地递给我一双崭新的皮鞋。这是祖父当兵时部队配发的宝贵皮鞋，更是他之前甚至不舍得试穿一下的皮鞋。我默默地接过这双沉甸甸的皮鞋，在手中感受着它的重量，那一刻，它仿佛重如千钧。我深深地知道，这不仅仅是一双皮鞋，它饱含着榆杨树下的故事，更寄寓着外祖父对祖国美好的祝愿。

“我们的生活越来越好，我们的国家蒸蒸日上。祖国强，我强；祖国富，我富，我和祖国血肉相连！”建党百年之际，外祖父坚毅地登上了驶向北京的列车。2021 年 7 月 1 日的清晨，北京天安门广场人头攒动，我轻轻地牵着外祖父的手，一如外祖父小时候牵着我的手一样。我仿佛看到了当年榆杨树下，外祖父轻轻地摇动着蒲扇，搅动着午后慵懒的时光。

“祖国啊，你永远在我心中”，迎着熹微的晨曦，望着冉冉升起的国旗，伴随着雄浑铿锵的国歌，外祖父缓缓敬起了标准的军礼。

正如鲁迅先生所言，“我们从古以来，就有埋头苦干的人，有拼命硬干的人,有为民请命的人,有舍身求法的人……这就是中国的脊梁”。尽管世殊事异,情境也不尽相同,有人或权重一时,或藉藉无名,而时间涤不掉的,则是他们的爱国热情。于己之岗行己之责,为国尽忠,我想这大概就是爱国的真谛吧!

历经悠悠岁月久,此生无悔爱国情!

(文/宇奕霖)

见蒙山沂水,念赤诚红嫂情

在伟大的革命历程中,有这样一些人,她们没有冲锋在枪林弹雨的前线,却也在革命的战场上倾尽自己的全部力量,为革命筑起一道坚不可摧的长城。这种力量,正是源于沂蒙人民对党和军队的深厚情感,以及对开拓奋进、艰苦创业、无私奉献精神的坚守。

巍巍蒙山翠,滔滔沂水长。在临沂的土地上,记录着无数红嫂的故事。“人人那个都说哎沂蒙山好,沂蒙那个山上哎好风光。青山那个绿水哎多好看,风吹那个草低哎见牛羊……”这首家喻户晓的《沂蒙山小调》,唱响在巍巍蒙山、滔滔沂水,唱响了军民水乳交融、生死与共的沂蒙精神,在中华大地绵绵不绝、久久回响。

抗日战争和解放战争时期,八路军第一纵队、115师司令部、新四军军部、华东野战军总部等曾长期驻扎在沂蒙。沂蒙人民的爱党爱军情怀,不仅体现在对子弟兵的深情厚谊上,而且体现在他们开拓奋进、艰苦创业的实际行动中。王换于是沂蒙红嫂中的一员,她和儿媳张淑贞创办战时托儿所,在1939年秋到1942年底三年多时间里,抚养了30多名革命后代和8名烈士遗孤,其中包括罗荣桓、徐向前等将帅的子女。她们的无私奉献,正是沂蒙精神的生动体现。

1941年正处于抗日战争最激烈的时期。1941年秋冬时节,日伪军大肆扫荡沂蒙山区,包围了驻沂南马牧池的八路军山东纵队司令部。11月4日,一名八路军小战士在冲出敌人包围圈时身负重伤,一路踉跄着穿过坟冢与树林,正巧遇到明德英。明德英见状,急忙将浑身是血的小战士掩藏起来。不多会儿,两名荷枪实弹的日本兵追过来,他们发现明德英是个哑巴,就比画着小战士的身高、打扮,追问下落,明德英见状毫不犹豫地向村外西山一指。见他们越走越远,明德英才仔细打量这名八路军小战士。她发现由于失血过多,小战士已陷入昏迷。尚处在哺乳期的明德英,来不及生火烧水,便慨然解开衣襟,将一滴滴乳汁滴进小战士的嘴中。小战士得救后,明德英与丈夫又杀了家中仅有的两只鸡,炖成鸡汤,一口口地喂给他。明德英还每天为小战士清洗感染流脓的创口,半个月后,小战士伤愈,重新归队。

随着革命进程的不断推进,"红嫂"也从对几个人的美称,变成了对一个群体的美称。这个群体,正是像明德英、王换于一般的平凡而伟大的妇女,她们将自己的丈夫、兄弟、孩子送上革命的前线;她们用自己单薄瘦弱的肩膀,扛起自家的门板,在水流湍急的河里为解放军战士搭起一座"人桥";她们用自己勤劳的双手,为前线的革命战士们纳出一双又一双针脚细密的鞋垫,烙出一张又一张煎饼。她们牢牢守住革命的后方,为革命的胜利贡献了一份最坚实的力量。

红嫂的故事与精神,几十年来一直在沂蒙山区人民之间传颂着。她们作为广大人民群众的代表,始终以一颗赤诚之心,为革命倾尽自己的力量,为革命的胜利作出了不可磨灭的贡献。在新时代,红嫂依旧是我们奋斗的精神标杆,是平凡成就伟大的典范。红嫂们是革命战争期间的平凡百姓,但她们坚韧不拔、甘于付出与奉献、一心向党和国家的精神品质,铸就了她们伟大的灵魂。这种精神,也正是长久蕴藏于沂蒙百姓心中的蒙山沂水那片红。正是沂蒙儿女吃苦耐劳、勇往直前、永不服输、敢于胜利、爱党爱军、开拓奋进、艰苦创业、无私奉献的精神,激励着千百万沂蒙人民在新的领域昂首阔步地前进。伴随着历史车轮的滚滚前行,沂蒙精神必将折射出愈加璀璨夺目的光芒,他们也必将影响一代又一代的革命后人,造就一代又一代的民族脊梁。

(文/李彦蓉)

枪林弹雨浑不怕,一心赤诚向党魂
——采访退伍老兵傅金锭

65年前,他是解放军28军83师的一名侦察兵,在炮击金门的战斗中,冒着连天炮火,在距离金门岛仅1600米的岛屿上抵近侦察,为我军炮火指引方向。

43年前,他是晋江市磁灶镇人民法庭的庭长,在工作中积极化解矛盾纠纷,用"小案子"讲好"大道理",在另一片不同的"阵地"上,为社会的公平正义指明道路。

现在,他85岁,"人老了,心不能老,思想要跟得上时代,活到老学到老"。从军人到庭长,他在不同岗位上恪尽职守,只因他是一名中国共产党党员。他就是退伍老兵傅金锭。

责重山岳,一腔热血赴军营

1957年3月,年仅19岁的傅金锭怀揣着一颗为国为民的心加入了解放军,成为83师侦察连的一名战士。在训练时,他不仅努力学习基本的枪械射击,尤其提高夜间射击准确率,还重点学习了军事地形学,利用地图和指北针指示目标。作为侦察兵,除了基本的军事训练外,傅金锭还曾多次参加针对金门的侦察活动。从近海到半海,甚至到金门岛附近,傅金锭乘坐民兵驾驶的小船,在颠簸的海上秘密观测国民党的军事要点和攻势要地,并一一标记在地图上。这些训练活动为我军后来的攻击打下了基础。

金门岛作为国民党军的重点防御地区,布防严密,许多侦察只能在夜间秘密进行。即便这样,对金门岛的侦察仍然十分凶险。某次侦察结束后,傅金锭所在的侦察小组刚要撤退,却被国民党军发现。敌军炮艇带着刺耳的尖啸追来,炮弹在小船附近炸响,溅起的水花打湿了每个人的衣服。傅金锭赶紧发出紧急信号，通知我军炮兵，最终在我军炮火掩护下顺利撤回。还有一次，傅金锭与其余两名侦察兵、两名民兵在营长的带领下外出侦察。在金门附近，三名侦察兵开始紧锣密鼓地观察，一人在船头用望远镜观察，一人负责在地图上标记。在侦察快要结束时，几人遭到了国民党军的机枪射击。同行的一名民兵队长被子弹擦破了皮，而营长却在把舵过程中，大腿直接被机枪子弹打穿。傅金锭老人回忆道："当时哪里有什么怕不怕，就想着一定要完成任务，把地图带回去。"

赴火蹈刃，金门硝烟历生死

1958 年 8 月 23 日，是傅金锭老人印象最深的一天。当天，金门炮战打响，我军对金门国民党军指挥机构、炮兵阵地、仓库等重要军事目标实施大规模炮击。傅金锭被分配到小嶝岛观察所进行侦察。小嶝岛距离金门岛仅 1600 米，是中国大陆离金门岛最近的地方。今天的小嶝岛是厦门市的热门景点，每年有许多游客在此垂钓。而 40 多年前，傅金锭正是在这片炮火纷飞的阵地上观测敌军动向，为我军炮火指引方向。在战斗最激烈的一天，"下午我们还在战壕里开团支部的小组会，回去的时候发现我们的床铺全都被敌人的子弹打中，枕头上还留着子弹的碎片"。傅金锭老人对当时的情景历历在目。傅金锭所在的侦察连，积极侦察敌军动向，判定敌军方位，指引我军炮兵压制住了敌军的炮火，摧毁了敌军大批军事设施及物资。23 日当天，炮击持续 2 个多小时，毙伤守军 600 余人，击伤大型货轮 1 艘。

以法为器，恪守公正务民生

1971 年，已经担任连指导员的傅金锭转业，从部队回到晋江市。在县委的安排下进入晋江市人民保卫组，即后来的晋江市公安局，保卫人民的生命财产安全。

1980 年，傅金锭被分配到晋江市磁灶镇人民法庭担任庭长。这一待，就是 11 年。工作期间，傅金锭不忘军人本色，在政法工作中本着严谨认真的态度处理每一起案件。他积极调解群众矛盾，做好普法工作，维护社会公平正义,保持社会健康运行。由于傅金锭出色的工作,他所在的法庭被评为"福建省先进法庭"。在工作中,傅金锭总是积极主动地学习关于政法工作和党的有关知识。关于基层法治工作,傅金锭老人说道:"群众的事无小事,共产党员就是为人民服务的,案子不大,老百姓放心才是最大。"

从那个带着稚气满怀一腔热血投身革命的少年战士,到后来练达老成心系百姓的法庭庭长,春去秋来,傅金锭老人每一步都在用自己的实际行动向我们展示一名军人、一名共产党员的坚守。国民党的炮火淬炼了他的战斗意志,政法工作磨炼了他的党性,无论在哪里,他都始终遵守党的章程,把党的工作作风贯彻落实到工作和生活的方方面面,严格要求自己、提升自己。

在采访的最后,傅金锭老人表达了自己对当今青年最衷心的期盼:"我们当初抛头颅、洒热血,就是为了国家强大、民族复兴、人民幸福。现在的中国正在一步一步地站起来、富起来、强起来。在每一个时代,年轻人都有属于自己的历史使命。作为老党员,我希望新时代的青年们能够刻苦学习、努力工作,发挥青年同志应有的积极性,努力为共产主义事业奋斗终生。"

(文/林奕璇)

第五目　行而不辍，履践致远

课本是平面的，而世界立体丰富；文字是无声的，而生活五彩斑斓。“纸上得来终觉浅，绝知此事要躬行。”“仿吾”学子的精气神，不仅要在“有字之书”中涵养，还要在“无字之书”中砥砺。

看井冈练兵，烈日当空而无一点畏难之色；立太行之巅，感英雄之气而外化于行；学非遗手艺，为文化传承贡献青年力量；赴基层支教，让爱与希望生根发芽……行而不辍，履践致远。只有用脚步丈量祖国大地，方能在博万物中广其识，在涉世道中明其理，以实际行动诠释“青春何为”。

以青春为笔，以担当为墨，让我们共同书写属于这个时代的华彩篇章。

第一话|奉献传薪,使命作舟

【编者按】 习近平总书记指出:“新时代中国青年要勇做走在时代前列的奋进者、开拓者、奉献者。”成仿吾英才班的“小青马”们,以青春之名,立下鸿鹄之志。他们肩扛历史使命,心怀家国情怀,不惧山高水远,将知识的种子播撒在希望的土壤中;他们点亮文化之光,弘扬非遗之美,在奉献中找寻价值,于实践中锤炼自我;他们以青春之名,以行践言,以践行远,书写着属于这个时代的壮丽篇章。“广大青年要坚定不移听党话、跟党走,怀抱梦想又脚踏实地,敢想敢为又善作善成,立志做有理想、敢担当、能吃苦、肯奋斗的新时代好青年,让青春在全面建设社会主义现代化国家的火热实践中绽放绚丽之花。”薪火相传,点亮希望,让我们在时代的浪潮中携手并进,以实干作舟,以奉献为帆,不负韶华,不负时代之托,共赴星辰大海。

华彩流光,文化传承

云海苍苍,江水泱泱;文化之风,山高水长。中华优秀传统文化是中华民族的根与魂,是中华民族显著的精神标识。习近平总书记多次强调要传承和弘扬中华优秀传统文化,实现中华文化的创造性转化和创新性发展。党的二十大报告也提出要把马克思主义同中国具体实际相结合,同中华优秀传统文化相结合。新时代新征程上,我们要坚持以习近平文化思想为引领,担负起新的文化使命,坚定文化自信、秉持开放包容、坚持守正创新,切实把中华优秀传统文化传承好、发展好。

中华优秀传统文化源远流长、博大精深,是中华文明的智慧结晶。作为新时代青年,我有幸参与到山东大学国际教育学院"华彩课堂——中华优秀传统文化进校园、进社区"活动中,为中华优秀传统文化的传承贡献青年力量。

团扇制作是我与华彩课堂的第一次会面,也是我与文化"两创"缘分的开始。剪纸,绒花,珠花,缠花,拓印,青团,宫灯……最开始,我是一个充满好奇的学习者,期期不落,盼望每次华彩课堂的开课,期待每次对非遗文化的了解与学习;后来,我成为传统饮食、传统宫灯等课程的助教,开始接触、学习传统技艺的教授;最后,我作为拓印、绒花等课程组的主讲人,走出学院报告厅,站在小学、社区等不同的讲台上,向大家讲述中华优秀传统文化的故事。从感受者、学习者,到参与者、传播者,我越来越真切地为中华优秀传统文化的魅力所感染,也更加深刻地体会到文化传承与创新的重要性。中华优秀传统文化蕴含着丰厚的民族精神和深刻的道德理念,是我们在新时代对青少年开展道德教育的重要思想养分,在对青少年进行世界观、人生观、价值观、理想信念等方面的教育有着极为重要的导向作用。我们的每次实践都致力于让中华优秀传统文化走进校园,在教学实践中传承文化精髓,让青少年在教育中学会体悟和欣赏"中国美"。

而这样的实践,我把它称作一种责任、一种情怀。

我印象最深刻的是在一次绒花课程的最后,我问小学生们:“大家想把自己制作的花送给谁呢?”让我没想到的是,有几个小朋友马上把自己认认真真制作的小雏菊递给了我:“老师,我把这个送给您,您下次再来给我们讲课好不好?”他们天真可爱的小脸上透露出对这次绒花制作课程的喜爱和对下一次传统文化体验课程的期盼。绒花,即永生花,它代表着永远的记忆。我想,让同学们拥有体验传统文化的美好回忆,让大家感受传统文化的魅力,这便是文化公益行活动的意义吧。而我正在做这一件极其有意义的事情,正在为中华优秀传统文化的传承献出自己的一份力量,我感到充实,也感到幸福。

中华优秀传统文化在浩瀚的历史长河之中历久弥新、百看不厌、经久不衰,是中华民族的精神家园。习近平总书记指出:“如果没有中华五千年文明,哪里有什么中国特色?如果不是中国特色,哪有我们今天这么成功的中国特色社会主义道路?”建设文化强国、建设中华民族现代文明,必须坚持守正创新,厚植文化底蕴、赓续历史文脉,坚守好马克思主义这个魂脉和中华优秀传统文化这个根脉,有效把马克思主义思想精髓同中华优秀传统文化精华贯通起来,为中国式现代化提供深厚的文化沃土和强大的精神力量。同时,要充分挖掘中华文化的时代价值,推动中华优秀传统文化创造性转化和创新性发展,做到古为今用、洋为中用、辩证取舍、推陈出新,不忘本来、吸收外来、面向未来,实现传统与现代的有机衔接。作为高校学子,我们应发挥青年力量,为中华优秀传统文化的传承和发展作出自己的一份贡献,让中华多彩文化在新时代焕发出新的光芒。

(文/李佳茗)

春风可追，山海有为

对大学多姿多彩生活的憧憬支撑我走过被试卷淹没的岁月，也陪伴我度过埋头前行不敢停歇片刻的高中时光。那时的我盼望在大学校园里参加各种各样的实践活动，盼望自己蜕变式的成长。

但在人学开学前的那个暑假里，有很多很多人告诉我，大学里还是要好好学习，不用参加那些“乱七八糟”的东西，对于个人成长根本没用。那时的我开始感到一些迷茫：我的大学生活真的要和高中一样，被成绩化身的新名词“学分”“绩点”牢牢束缚住吗？

“活着的最好态度，原不是马不停蹄一路飞奔，而是不辜负。”那些所谓“乱七八糟”的东西——也可以称为“第二课堂”——让我在青春旅途中不断学习。它教会了我如何快乐，也教会了我责任、创新与成长；它让我结交了五湖四海的朋友，也让我在各个方面进一步发展自我、明确自我、提升自我，向着未来更加坚定地前行。

令达之声，不已之动。我在梦迪音乐厅中与“国之佼佼”共同唱响从前慢，在“音乐无国界之夜”的弹拨中感受青春与自由，在体育艺术节与大家共同挥洒汗水、挥动花球，在“猫鼠大战”的游戏中尽情追逐奔跑……同时，作为学院第十一届体美活动部的部长，除了参与活动之外，我还策划开展了多种多样的活动。这些活动增强了我的组织能力和沟通协作能力，也锻炼了我的时间管理能力和随机应变能力。体美活动让我的大学生活充满生机与乐趣，也为我的青春画布染上了最鲜活的颜色。

不啻微芒，造炬成阳。大一时我加入了唐仲英爱心社，也参与了各种各样的志愿服务活动。薪传孝礼、旧衣回收、环益会、志愿风采展、晚安故事、希望小屋……我在志愿服务过程中逐渐成长为一名有责任、有担当的青年。在去泗水支教时，通过与当地微公益协会儿童服务站的老师们接触，我真切感受到了他们的一腔志愿热血，“这里的孩子就是我的亲生孩子”。他们坚韧奋发，勇敢笃行，为我上了生动而又深刻的一堂课。“青春不以山海为远，志愿只向家国未来。”参与志愿工作既是“助人”，亦是“自助”；既是“乐人”，亦是“乐己”。帮助他人、服务社会，传递爱心、传播文明，志愿服务拉近人与人之间的心灵距离、减少疏远感，让我感到充实、快乐，让我们展现青春的力量与担当，让我拥有为社会变得更好而作贡献的实感。心怀热爱，温暖人间，志愿服务播撒了善意的种子，而追光的人终会光芒万丈。

贾平凹曾经说过，会活的人，或者说取得成功的人，其实懂了两个字：舍得。所以当我眼花缭乱并且已经有些无措地面对越来越多的活动时，当我不得不经常性地在课堂上处理堆积成小山的工作时，当我怎么也抓不住成绩单上不断下滑的分数时，我才终于明白“无节制”地“取”只会让我痛苦地陷入烦躁与迷茫编织的迷宫。相对于高中单调的生活，大学里五彩缤纷的活动确实很容易让人挑花了眼。于是，我开始学会选取，学会舍得。我不再盲目地将所有的活动都“收入囊中”，而是根据自己成长的需要，选择更有意义的或自己真正热爱的活动参与其中，并慢慢调整自己的状态和生活，以更加清新、积极的心态继续投入大学的生活。这或许也是“第二课堂”以另一种方式教会我的道理——有舍才有得。

“青年的动人之处，就在于勇气，和他们的远大前程。”太阳初升，疾风过境，大学里的“第二课堂”为正值青春的我提供了一个广阔的平台，让我得以有机会、有时间、有资源、有信心，同时也有选择地去充实自我、重塑自我。更重要的是，它让我体会到自身的价值，让我有勇气去横向探索人生路途的风景与挑战。亲爱的自己，放手去做吧，大胆地拓展自己的青春。你我来自五湖四海，而在山东大学，在春风院，春风自可追，山海皆有为。

（文/李佳茗）

履践宣讲,弘德扬声

奋楫笃行启新程,踔厉奋发创新绩。新时代巨大成就激荡人心,新征程使命号角催人奋进。党的二十大高举旗帜、凝聚力量,在政治、理论、实践上取得一系列重大成果。在全面贯彻党的二十大精神的开局之时,广大团员青年要努力在全面学习、全面把握、全面落实上下苦功、做实事、见实效。

身为“仿吾”学子,积极学习与宣传马克思主义是我们义不容辞的责任,因此我们自发组建起山东大学成仿吾英才班“薪火相传”党的二十大精神主题宣讲团,赴全国三省十地开展党的二十大精神宣讲活动。此次宣讲之旅,我们创新性地采用了线上与线下相融合、校园内外双轨并进的策略,结合多元化的视角、丰富的媒介载体与广泛的传播渠道,旨在全方位、多层次、宽领域地引领中小学生群体更加深入地了解与领悟党的二十大精神,推动党的二十大精神接地气、入人心。

宣讲实践,融合创新,探索宣讲理念传达与感知的多元路径

宣讲主题涵盖“绿水青山蓝天,共创美好人间”“锻造强健体魄,奋进时代征程”“为人类谋进步,为世界谋大同——推动构建人类命运共同体”等方面。融合现场宣讲、影视剧混剪片段、经典红歌视频、竞答游戏、自由提问等表现形式,团队致力于以典型人物为镜,寓教于生动故事,趣味化、故事化对中小学生而言相对晦涩的概念与论述,将“绿水青春”“体魄锤炼”等宏观构想细腻植入宣讲肌理,同时弘扬新时代生态治理、体育锻炼、国际合作等精神理念。宣讲每每接近尾声,成员都会帮助听众巩固此次的宣讲知识,并进行线上抢答。

智媒矩阵,宣传赋能,拓展与深化新媒体技术与平台使用能力

顺应信息化潮流,我们依托“智媒矩阵”与“宣教策略”的深度融合,开启宣讲影响力跨越物理界限的全新征程。点亮荧幕、借台唱戏,让党的二十大精神的宣讲不仅停留在宣讲会,团课和宣讲的相关视频、音频以及预录制的课程会被上传至各大网络平台,同时还开设了相关专栏和系列专辑,其中包括抖音、哔哩哔哩、喜马拉雅、微信小视频等。团员们在课余时间,也可以随时随地学习、重复播放,以增强学习的自由性。宣讲团全平台播放量达千余次,许多网友留下了好评,并且收藏了我们的系列课程。网络宣传效果显著,成为优化文化传播路径、深化公众认知的一次成功实践。

芳华炽烈,实践铸就梦想阶梯;奋斗无止,青春绽放时代芳华。宣讲团的成员们在实践的过程中,也不断提升自我政治素养,不断增强党的创新理论学习宣传的感召力、凝聚力、影响力,努力使党的二十大精神落地生根、开花结果。日月开新元,万象启新篇。未来,“青马”丹心不改,“仿吾”同侪仍将以不懈奋斗的姿态,深植社会实践的厚土,挥洒宣讲的热情,将党的二十大精神深化于头脑、付诸实践。

(文/冉德鸿)

一朵云推动另一朵云

时光就这样毫不留情地滑过指尖,将我留在时间的漩涡里。手下的键盘久久无声,一时间思绪纷涌,最终却无语凝噎,匮乏的文字不足以表达我复杂的心情。短短十二天的时间,我收获了太多太多……

怀揣满心的期待,2023年的暑期,我有幸作为支教团队的成员,踏上了一段意义非凡的旅程——前往河南省濮阳市翟庄小学,与孩子们共度了十

二个绚烂的日子，留下了深刻而温暖的教育印记。在这片土地上，我亲历了尊重与被尊重的温柔交织，感受了关怀与被关怀的深切温暖。在当地校长与老师们的鼎力支持下，我们支教团队携手并进，为孩子们编织了一个充满欢笑与知识的难忘暑假。

这并非我初次涉足支教之旅。上一个寒假，疫情的阴霾迫使我们只能借助虚拟的网络桥梁，与桂林的孩子们遥遥相望。尽管纯真无邪的笑颜与清澈的笑声是从屏幕另一端传来，但我心中那份渴望亲身传递温暖与希望的火种却未曾熄灭。因此，当机会再次降临，我毫不犹豫地再次投身支教，怀抱一颗质朴之心，既为了追寻真实的支教体验，也想要为那些渴求知识的眼睛带去一抹光亮。同时，更希冀在这一路上，能结识一群同样怀揣梦想、肩并肩前行的伙伴。

筹备期间，我们团队以每周例会为轴，穿插着无数次思维碰撞的聚会，从陌生到默契，我们一步步地构建起属于我们的团队文化。共谋课程主题时的脑力激荡，教案撰写中的字斟句酌，乃至轻松时刻的游戏嬉戏，每一幕都见证了我们从陌生人到挚友再到并肩作战战友的蜕变过程，这份深厚的联结，成为我们共同前行的坚固基石。

开营之日，我被孩子们蓬勃的活力与盎然生机所震撼。有人或许视他们为“野孩子”，而我却视这份“野”为至宝，它璀璨如钻石，闪耀似繁星，是自由、纯洁且不受拘束的童真展现。在当今社会，孩子们多被过度保护与规训，作业、辅导班、兴趣班如重负，压弯了他们探索世界的脊梁。不禁反思，这份对于天性的束缚，难道真是成长的正道？那些本应自由翱翔的灵魂，又该栖息何方？在我看来，“野性”非但不是“顽劣”的代名词，反而是大自然赋予的宝贵财富，蕴含着坚韧、勇敢、不屈与创新的火花。唯有理解“打破常规，方能激发新意”，我们才能全面审视孩童行为背后的成长价值，而非片面指责。因此，在这十二天的时光里，我与孩子们达成了默契的约定，既立规矩，又不扼杀他们的天性，归还他们在课间追逐嬉戏的自由。临别之际，孩子们不舍的泪水与纯真的眼神，尤其是那些平日里最淘气的小家伙，也满怀期盼询问归期，这一切都深深地触动了我，让我确信，他们的纯真与热情依旧璀璨，未被磨灭。

初时，我满载忐忑与不安，害怕自己不够好，担忧课程不能吸引孩子们的兴趣，忧虑满心的热情换不来对等的回应。然而，孩子们以他们的纯真、温暖与细腻，教会了我何为信任与接纳。在他们的包围下，我的每一分疲惫都被欢笑驱散，每一份用心都得到了手工小礼物和真诚话语的回馈。原来，我在播撒爱的同时，也在收获满满的温情与幸福。

这段支教生活，如诗如画。骑电动车采购途中的欢声笑语，夕阳下转动的风车，夏夜捉知了的童趣，所有的一切，让劳累与艰辛都变得值得。教育，原就是心灵的触碰，是灵魂的共鸣。十二天虽短，却足以在孩子们心中种下美好的种子，哪怕只是一句话、一个瞬间，只要能激发出他们内心的一丝涟漪，这份影响便是无价的。夏令营的意义就在于此，用爱与热情，唤醒每一个沉睡的灵魂，共绘一幅关于成长与梦想的绚丽画卷。

在这个蝉鸣悠长的夏日，我们虽是微小的个体，在广袤大地上投下的影子难以遮蔽每一寸土地，但我们的热情与梦想，却能像那穿越山谷的声音，响彻云霄，影响深远。正是这份不息的回响，汇聚成推动社会进步的强大力量。

在支教的路上，我们不仅是知识的传递者，更是马克思主义信仰的践行者。我们青年一代，紧跟党的步伐，以实际行动诠释着“为人民服务”的宗旨。在这片充满希望的土地上，我们用教育的种子，播撒着改变未来的希望，让马克思主义的光芒照亮每一个渴望知识的心灵。

青春，因奉献而闪光；理想，因实践而璀璨。我们深知，个人的成长与发展离不开国家与时代的呼唤。正如马克思所言：“哲学家们只是用不同的方式解释世界，而问题在于改变世界。”作为新时代的青年志愿者，我们选择深入基层，以教育为舟，以爱心为帆，不仅是为了传授书本上的知识，更是为了激发孩子们内心的梦想，引导他们成为有责任、有担当的时代新人。

在这个旅程的尾声，或许会有不舍，会有遗憾，但更多的是对未来的无限憧憬。我们相信，自己所做的每一次努力都为这世界增添了一份清澈与美好。让我们携手并进，在党的领导下，继续发扬青年的志气、骨气、底气，不仅做知识的传播者，更要做中国特色社会主义事业的建设者和接班人。

即使夏日终将过去，但那份因爱与奉献而生的温暖，将如同不落的艳阳，永远照耀着我们前行的道路。我也会带着这份信念与热忱，继续在祖国需要的地方发光发热，共同书写属于我们的灿烂篇章。

（文/杨亚潼）

争做一束光,助力少年梦

习近平总书记强调,要“以教育之力厚植人民幸福之本,以教育之强夯实国家富强之基,为全面推进中华民族伟大复兴提供有力支撑”。作为新时代的青年学生,我们与祖国的教育事业发展息息相关,我很荣幸能够作为山东大学的青年学生,投入本次寒假志愿支教工作中。

安徽省安庆市岳西县是我们的支教所在地。绵延的山峰,起伏的丘陵,萦绕的云烟汇聚在此,构成了一幅雄伟壮观的山水画。当地孩子们的眼眸如这里的蓝天一样清澈,他们的音容笑貌与这里优美的风景相互映衬。通过孩子们的纯真,我们感受到了当地独特的人文风情。我有幸和孩子们共同开展了一节具有当地特色的母爱文化特色课。我向孩子们介绍了世界各地的母亲节,展示了世界各地对母爱的不同理解与表达方式。变的是方式,不变的是真情,尽管表达形式各有差异,但对母爱的那份尊重与感恩是世界各地母亲节的共通之处。孩子们对这一点感触颇深,与我积极分享了他们对母亲节的看法和今年庆祝母亲节的方式。他们天真烂漫的想法让我十分动容,我感受到了孩子们对母亲纯洁而深厚的爱意。

孩子们对我们这些支教老师充满了好奇,他们与我进行了亲切的交流。孩子们对我个人和学校都有浓厚的兴趣,问了我许多问题,“老师,您来自哪所大学呀?”“老师,您有多高呀?”“老师,您的爱好是什么呀?”一连串的问题让我感受到了孩子们的热情,令我印象最深刻的是一个名字与我很相像的小男孩,他用肉嘟嘟的小拳头将脑袋垫在桌子上,开心地问着我一个又一个问题,清澈的眼神令我动容,我想这是童年应有的模样。从他的眼神里我能看到他对生活的热爱,更能看到祖国未来的希望。这一刻我理解了支教工作的意义,也明白了我们作为支教老师在这些孩子们眼中的重要地位,我们就像是一束光,为这些孩子们的世界带来不一样的色彩。因此,我们支教队员更有责任做好这束光,让它照耀到每个孩子的心中,或许我们并不能为这些孩子提供太多学业知识层面的帮助,但我们仍然有责任激发孩子们对未来的希望。

作为一名新时代的大学生,我很荣幸能够通过支教工作这样的途径,参与到教育强国的建设过程中。教育兴则国家兴,教育强则国家强。当前我国教育事业取得历史性成就,但也面临不少困难和挑战,实现从教育大国向教育强国的跨越依然任重道远。实现教育强国,需要我们青年人的力量,需要我们持之以恒地投入这项光荣伟大的事业之中。

(文/杨晨曦)

燃一己微光,照国之大道

1921 年山川静谧的一天,在中华大地的净土之上,一汪平静的湖水镶嵌其中,夏日的和风吹拂着绚丽的光景。殊不知,这里正在为未来的排山倒海之势悄悄蓄力。

凌风雪踏寒,铸盛世图景。中国共产党成立至今已是 103 周年,而其中的峥嵘岁月、波澜壮阔也如烙印般留在每个国人心间。“节物风光不相待,桑田碧海须臾改。”君可见,女足在亚洲杯赛场上实现逆风翻盘,展现拼搏之力;杭州亚运会以数字火炬手突破传统火炬传递形式,点燃亚洲之光;华为在美国制裁之下突破技术封锁,实现独立自强。以目标破却前路荒芜,以潺潺细流汇聚大江奔腾,以大江奔腾突破凛冬严寒,在凛冬之下,中国血脉奔腾不息。

2022 年 5 月 10 日,习近平总书记在庆祝中国共产主义青年团成立 100 周年大会上的讲话中说:“时代总是把历史责任赋予青年。新时代的中国青年,生逢其时、重任在肩,施展才干的舞台无比广阔,实现梦想的前景无比光明。”2022 年,党的二十大召开之年,我通过高考步入山东大学。这一年的我在成长,在实践,在听崭新的故事,在观赏不一样的风景。2023 年春节期间,我奔赴陕西汉中未成年人保护中心支教,见证了一场特别的相遇。这是我的幸运,能够参与他们的青春。时光如白驹过隙,支教结束的这天,我想起面试官曾问我的问题:“你认为短期支教能为孩子们带来什么?”我想告诉他们,山的那边是海,我想在清澈的目光中讲述“有教无类”的故事。2024年7月,我跟随成仿吾英才班登上井冈山脉领略前辈的丰功伟绩,下乡访民情、调研脱贫情况。曾经贫困帽子下不见生机的马源村,依托红色背景发展旅游文化,展开了丰饶画卷。我在日记中写下“士不可以不弘毅,任重而道远”。那些在荒芜土地中种出梦想的人,那些戴着草帽热情招待我们的人,谱写了真正的历史长歌。2024年暑假期间,我在全国范围内进行社区宣讲及服务,以“筑牢精神家园,坚定理想信念”为宗旨,助力党的二十大精神在千家万户落地生根——每一次历练都让我在经历中寻找方向、在行动中慢慢成长。“公家设立学堂,是为天下储人才,非为诸生谋进取;诸生来堂肄业,是为国家图富强,非为一己利身家。”我将这句话带向我奔赴的大江南北,讲述山大的办学理念。“雄关漫道真如铁,而今迈步从头越。”百年前,与我们年龄相仿的青年人挑起国之重任,为中华之崛起而读书,风华正茂的他们,可自由挥洒热爱与梦,可用爱国的火光盈满世间的每一道沟壑。百年后,我在山东大学见证榜样的力量,有幸能继续诉说“种花家”的故事。“千千万万个你的努力,叠成了国与家的安宁图景。”“青衿之志,履践致远。”“路漫漫其修远兮,吾将上下而求索。”

习近平总书记曾言:“我们现在所处的,是一个船到中流浪更急、人到半山路更陡的时候,是一个愈进愈难、愈进愈险而又不进则退、非进不可的时候。”四十年筚路蓝缕,七十载长歌未央,千帆争进,百舸争流。我辈青年要将个人的努力汇集于田垄之间,雄起于大道之上,腾飞于世界之中,汇聚中华民族前进的不息长流,以青年之力展未来时代图景。奏一曲时代悠悠长歌,谱一段青年奋力前进的诗意华章!

(文/闫佳靓)

第二话|红迹铸梦，青力续辉

【编者按】 作为成仿吾英才班的一员，我们怀揣着对革命先烈的无限敬仰与对红色基因的深切追寻，踏上了这片神圣而庄严的土地。在这里，我们不仅仅是以旁观者的身份，更是以传承者的姿态深入这片红色的热土。马源村的脱贫攻坚实践，是新时代中国发展成就的生动呈现；黄洋界等红色景点的探访，则让我们的心灵得以洗礼，精神得以升华；碧竹环绕的练兵场上，我们以青春之名，许下对红色基因的永恒承诺，让其在心中生根发芽，绽放出最耀眼的光芒。在未来的日子里，无论风雨兼程，我们都将不忘初心、牢记使命，以扎实的理论修养、坚定的理想信念和不懈的奋斗精神，为实现中华民族伟大复兴的中国梦贡献自己的力量。井冈之行，红色之旅，让我们在历史的长河中，找到了自己的坐标与方向。愿我们都能成为那抹永不褪色的红色，照亮前行的道路，共同书写新时代的壮丽篇章！

青山埋忠骨,山河念英魂

青山埋忠骨,山河念英魂。又是一年清明时,我跟随小队前往四五广场和英雄山拍摄红色视频,走近"党的忠实儿子"——刘谦初烈士。

在四五广场,矗立着一座被青松翠柏环绕的四五烈士纪念碑。"宁死不屈,浩气长存",八个金色大字,赫然映入眼帘。1927年大革命失败后,由于国民党反动派的疯狂镇压和叛徒的出卖,中共山东省委及各地党组织屡遭破坏,大批党员和干部被捕。1931年4月5日,刘谦初、邓恩铭等22名中共党员被国民党残忍杀害。其中,曾任中共山东省委书记的刘谦初,是山东大学杰出校友。1918年,刘谦初考入齐鲁大学。在这里,他开始研究《新潮》等宣传马克思主义的进步书刊。30岁时,刘谦初正式加入中国共产党,全心全意投身工农运动。

在英雄山烈士陵园,每一块墓碑都是有生命的。当我触摸刘谦初的墓碑时,我仿佛看见他在呼吁齐鲁大学的同学们努力学习吸收五四运动后的新思想、新理论,为救亡图存做准备;我仿佛看见他在燕京大学成立燕大文学会,接办《燕大周刊》;我仿佛看见他在狱中如饥似渴地学习着狱外党组织秘密寄来的马列著作,"争取时日,多懂一些真理";我仿佛看见他在遗书中嘱咐妻子,"无论在任何条件下,都要好好爱护母亲!孝敬母亲!听母亲的话……",而这里的母亲,指的正是中国共产党。

"两岸土石好筑垒,万里波涛可行船。从来华夏不可侮,滔滔黄河胜雄关。"刘谦初的这首诗歌,铿锵有力,激情澎湃,传递着的是这群英雄最平凡真挚的愿景。

英雄山下,一位身穿蓝色练功服的爷爷在舞软剑。身姿轻盈似飞燕,剑舞挥洒向云天。刚能锋到定乾坤,柔则飘摇随风旋。劈、刺、点、挑,跳跃、平衡、旋转,一招一式,流畅无滞。"一条大河波浪宽,风吹稻花香两岸,我家就在岸上住……",阵阵歌声传来。爷爷奶奶们围成一个圈,歌声随着总指挥手势的变动而此起彼伏。“我们是住在这附近的退休职工,大家都特别喜欢唱军歌。起初是几个人一起在这公园里唱唱歌,就当娱乐。后来,不断有喜欢唱军歌的同志加入进来。现在,我们已经是一个合唱团了。”总指挥奶奶表示,他们每周都会来这合唱,一唱就浑身充满了劲。

赤心求真理,舍身铸党魂。斯人已去,但是刘谦初的精神永远指引着我们。追思,传承,前行。看着如今四五广场和英雄山上勃勃的生气,我不禁思索,如若没有革命先烈的“锦绣山河谁做主,革命事业我与君”,何来如今的“舒天昭晖,磅礴东方”?让我们秉承英烈遗志,赓续英雄精神,担当历史使命,向着新目标奋楫再出发!

(文/陈钱)

绿树村边合,青山郭外斜

仲夏的天气总是难以捉摸。清晨,厚重的乌云给连绵的青山盖上盖头,雨水仿佛面纱,笼罩在翠绿的枝头,给深处盆地中的大小五井村带来甘霖。不一会儿,夏日的阳光又刺破乌云,给雨后清新的村落带来一丝暖意,像一位微笑的老妪,沉默但热情地欢迎我们的到来。

这是井冈山社会实践的第三日,我和我的朋友们一起出发,走过当年的红军小径,去村落中探寻英烈后人,感受革命家风。空山新雨后,天色却越发好起来了,行走在郁郁葱葱的竹林中,两侧是风吹竹叶带来的沙沙声,脚下是柔软的落叶和刚刚拔节出土的笋芽。山回路转,不一会儿便已迷失在大自然的怀抱中,期待着下一个转弯的风景。回想百年之前,也是由一群这样的年轻人,他们怀着蓬勃的朝气和坚定的革命斗志穿梭于此,不知他们可曾想过,山路的尽头是出口,中国革命道路的尽头又是什么?彼时的中国,军阀混战,民不聊生,年轻的中国共产党人正是在这样的环境里,思考着中国未来的出路。

沉思间，眼前豁然开朗。映入眼帘的是一个山间盆地，群山环绕，绿水蜿蜒。山间的小溪灌溉着稻田，雨露反射着阳光，映照着村落的影子。刚才思考的问题，似乎在这一刻得到了回答。眼前的景象，正是先辈们奋斗终生梦寐以求的生活。行走在崭新的硬化路面上，两侧是村民自建的别墅楼群，黄发垂髫，怡然自乐，俨然一副世外桃源的模样。

溪头桥边，主人家早已站立欢迎我们的到来。简单寒暄几句后，我们便受邀前往主人家中共进午餐。朋友们分工明确，杀鱼清鳞、洗菜择菜、起锅下油，一气呵成，小小的厨房霎时间充满了烟火气息。准备过程中，我们和主人家聊起了家常。原来他们也是革命烈士后代，自己的爷爷辈几乎在那个年代全部上了战场，参与过井冈山的斗争，为中国革命和中国共产党的早期发展立下了汗马功劳。但由于自然条件的制约，解放以后，当地作为革命老区，依然面临着诸多困难。直到党的十八大以来，"要致富，先修路"和"精准扶贫"政策贯彻落实，井冈山才迎来了发展的第二个春天。柏油路面第一次通到了家门口，村民们可以将自己种植的农产品拉到附近集镇上出售。省里的农业专家还专门考察了井冈山，号召当地农民种植果树。我们去的时候正好是桃子的成熟季，每个礼拜，快递都会将井冈山的蜜桃送到全国各地，这里的蜜桃甚至成为地理标志产品，真正实现了"绿水青山就是金山银山"这一发展愿景。

谈笑间，已到晌午时分，我们在树荫下参与了一场正宗的农家宴席，颇有"故人具鸡黍，邀我至田家"的轻松愉悦。如果当年的先烈看到今天的幸福生活，他们也一定会有同样的感受。正是在这片群山中，军民鱼水情交融汇流。回想到前几日的忆苦思甜饭，从红米饭、南瓜汤到今天的幸福生活，变化的是物质生活条件，不变的是中国共产党全心全意为人民服务的宗旨以及为中国人民谋幸福、为中华民族谋复兴的初心和使命。这是一个跨越百年的约定，历经岁月的洗礼而越发鲜活，常看常新，永不过时。

青山有幸，见证历史沧桑；人民有幸，躬逢盛世华章。百年筚路蓝缕，百年奋斗不息，我们在感谢今天的幸福生活的同时，不要忘记青山掩映下的故人先烈，不要忘记来时的路。唯有常回头看看，才能坚定初心，找准方向，永不迷路。

（文/杨璐禅）

青年练兵行,吾辈谱华章

巍峨井冈山,是"仿吾"学子相遇相识相知的地方。这里群英荟萃,几十年前,我们的前辈为了守护这片古老而神奇的土地抛头颅、洒热血;几十年后,我们穿越时空的风云,与前辈的灵魂于此相交。于我辈青年而言,井冈练兵是很重要的一部分。

当日从八角楼急行军,适逢烈日当空,而同学们却无一点畏难之色,反而跃跃欲试,踏上了艰难而有趣的征程。中途有同学摔倒,大家齐心协力进行救助,所幸并无大碍,我们共同完成了此次艰难但有意义的行军任务。时至下午,就是我们的练兵时刻。

练兵第一步,投掷手榴弹。教官首先对我们进行了投掷手榴弹的技巧教学,并让我们用手榴弹模型来进行训练。同学们排成一列,目光坚定地注视着面前的训练场地。而我们手中正握着沉甸甸的"手榴弹",蓄势待发。一声令下,第一位同学踏上圆形投掷台。此刻他的大脑正在飞速运转,计算着角度和距离,在脑海中模拟着完美的抛物线。只见他深吸一口气,调整姿势,手臂向后摆动。随着一声高亢的呼啸,"手榴弹"划破长空,旋转飞向目标。在寂静的空中,"手榴弹"的轨迹清晰可见,宛若一道闪电,以惊人的速度飞过训练场,目标近在咫尺。而这位同学也是身体紧绷,目光如鹰隼般锐利地追踪着"手榴弹"的路径,紧张地等待着结果。果然不出所料,"手榴弹"精准地击中目标。同学们欢呼雀跃,为这位"神投手"的精彩投掷喝彩。同学们轮流上场进行练习,我们的技巧和精度也在不断提高。"手榴弹"在空中呼啸穿梭,像流星划过夜空,在训练场上留下一个又一个痕迹。随着训练的继续,同学们的手榴弹投掷技术愈发娴熟。我们更是学会了如何适应不同的风速和距离,如何克服压力和恐惧。每一次投掷,都是对同学们技能、勇气和奉献精神的考验,也是对我们身心的淬炼。

练兵第二步,跨越障碍墙。教官也是先对我们进行了演示教学。同学们排成一列，目光坚定地注视着面前高耸的障碍墙，此刻的它就像一座不可逾越的山峰，考验着我们的力量、耐力和决心。随着一声令下，第一位同学助跑冲刺，双脚蹬地，腾空而起。他的手臂在空中划出优美的弧线，身体舒展开来，仿佛一只雄鹰在天空中恣意翱翔。在最高点，他的身体短暂地悬浮在空中，他的目光越过障碍墙，投向那遥不可及的远方。随后他开始下落，双腿并拢，瞄准墙顶。随着一声沉闷的撞击声，学生的手指抓住了墙顶，他的身体迅速跟上。他双臂用力，跃上墙头，然后敏捷地翻身越过障碍。同学们轮流上场，尽管他们跨越障碍墙的姿势各异，但无一例外都表现出了非凡的决心和毅力。有的同学动作敏捷，像猎豹一样飞跃障碍；有的同学力量惊人，用力量把自己拉上墙头；有的同学技巧娴熟，利用墙壁的凹陷处和支撑点借力。每跨越一个障碍，同学们的信心就增强一分。大家也逐渐意识到只要有坚定的决心和永不放弃的精神，就没有什么障碍是可以阻挡大家的。这其实也是对我们精神力量和韧性的考验。我们已经用实际行动证明，我们有能力克服任何障碍，实现自己的目标！

青年练兵，是对自我的一种挑战，更是当今时代的大势所趋。其实青年练兵并非要将学生个个培养为军人，而其中最重要的，则是培养其“文明其精神，野蛮其体魄”的决心与意志。回首往昔，毛主席在青年时期常与三五好友横渡湘江，登上橘子洲头，或在电闪雷鸣的雨夜爬岳麓山。在湖南第一师范的校园里，毛主席当年进行冷水浴的水井犹在，他认为冷水浴“足以练习猛烈与不畏”，更是一种锻炼身体和意志的好方法。毛主席在大学时代也进行过青年练兵，当有溃兵袭击长沙时，青年毛泽东也将校内的志愿兵组织起来，令拿木枪的学生军把守校门，握真枪的警察占据山头，将大部分防守力量放在校后，在溃军官兵提心吊胆行进的时候打响第一枪。本来袭来的就是残兵败将，刚经历了失败心下正恐慌，一下子就被突如其来的枪声、呐喊声给吓蒙了，以为陷入桂军的重围，于是稀里糊涂放弃了抵抗。这正是青年练兵卓有成效的体现，也是对吾辈青年的一种激励。

此次井冈练兵成效斐然，故有诗赞曰：

步入江西，奔赴井冈，
兵刃交错，映日光芒。
汗水浸润，战魂燃烧，

草木为证,誓要变强。
初战沙场,拼搏力行,
铁血封印,心中狂飙。
耳聆军号,肩负荣光,
坚毅豪情,练就翅膀。
跋山涉水,穿越困扰,
丹田之气,激荡心潮。
冷暖自知,拼尽全力,
锤炼身心,意志如钢。
朝乾夕惕,胜属于我,
军训磨砺,勇往直前。
磨难塑形,志存高远,
实现理想,铸就辉煌。
学生练兵,非常时刻,
国家召唤,责任重大。
锻造意志,铸成脊梁,
决胜未来,为国争光!

(文/宇奕霖)

铁肩担重任,实践出真知

《礼记·中庸》有言:“博学之,审问之,慎思之,明辨之,笃行之。”作为肩负民族复兴重任的当代大学生,在认真学习专业知识、提升个人文化水平的同时也要积极投身社会实践,在实践中运用和检验所学知识,更多地学习在课堂和课本中没有的知识。

在一年的社会实践中,我着力提升思想认识水平,结合自身专业特点进行社会实践,在加深对专业知识认识的同时为人民生命健康作出自己的贡献。

其中,最难忘的当数暑假成仿吾英才班前往井冈山进行的“乘学旅之风,求革命精神”主题社会实践。这是一次理论与实践相结合、真实而具体的红色之旅。我们系统学习了井冈山精神,了解了井冈山的历史传统、工农革命军在此开展的伟大斗争,深刻领悟了先辈们的伟大革命精神。重走长征路、编草鞋等实践活动让我们切身体会到了战争时期红军战士所面对的艰苦环境,磨炼了吃苦耐劳的精神和毅力,更深刻体会到了如今幸福生活的来之不易。通过实地参观革命烈士纪念馆、茅坪旧居等地,我们真切感受到了革命志士大无畏的革命精神和爱国情怀,获得了身临其境的心理体验和深入灵魂的情感熏陶,触碰信仰,净化心灵。

从井冈山学习归来后,我久久不能忘却在那里所见到的与学到的一切。无论是八角楼上明亮的天窗,还是烈士纪念碑上闪耀的名字,都深深触动了我的心灵。而在我身边,有一些青少年却始终对“四史”学习提不起兴趣,对于优秀革命文化、革命精神的现实意义缺少全面具体的认识。因此,我迫切地想要把我在井冈山所见到的、所感受到的一切传达给社区的青少年,帮助他们形成对革命历史的正确认识。在济宁市李营街道薛口社区工作人员的全力支持下,我在中信银行济宁任城分行的会议室内进行了宣讲活动。社区内大学生、中学生等青少年参与了宣讲。宣讲结束后,我由衷地为自己在传播和弘扬井冈山精神的过程中出了一份力而感到开心和骄傲。

作为一名医学生,我始终牢记“健康所系,性命相托”所蕴含的要求,深知只有不断精进临床专业技能才能更好地实现人生价值,才能更好地服务人民生命健康事业。我作为实践队副队长,开展了主题为“血净病自除,心安兴更添”的科普宣传调研活动,针对心血管相关疾病开展了问卷调研、科普宣讲、科普推文宣传等一系列社会实践活动,以实际行动践行医学生的使命担当。

毛泽东在《人的正确思想是从哪里来的》中指出,“人的正确思想,只能从社会实践中来”。经过一年左右的社会实践,我对这句话的理解得到了进一步加深。人的正确思想不能只靠向他人学习、向先贤学习,最重要的是在实践活动中得来。理论需要在实践中得到检验,知识需要在实践中得到升华。作为新时代新青年,我们要成长为堪当民族复兴重任的时代新人,就要知行合一、躬身实践,在中国特色社会主义建设的广袤天地中历练成长,为中华民族伟大复兴的中国梦奉献力量。

(文/徐浩钊)

竹林深处见英魂

当我来到井冈山之前,我忍不住在思考,这场研学的意义与独特之处在哪里。课本已经使我掌握了一定的知识,互联网时代发达的信息技术使信息变得唾手可得。那么,我们万里奔赴,来到这里的意义又是什么?

当大巴车开进山里,盘山公路曲折蜿蜒,眼前是平坦的沥青路面,但望着远处连绵的群山,又很难不想到,那群人就是穿着草鞋、走着山路、带着伤员辗转至此。到达基地,天空开始飘起雨丝,离开的前一天,更是下起了倾盆大雨,又很难让人不想到,雨天行军是红军当年的常态:穿着草鞋、披着蓑衣、戴着斗笠的背影,是何等的坚毅与卓绝。理论学习中,老师向我们展示了电视剧《井冈山》的片段,其中就有这样雨夜行军的场景。我只熟知"一蓑烟雨任平生"的思悟,"孤舟蓑笠翁"的寂然,"青箬笠,绿蓑衣,斜风细雨不须归"的自得,却很少想过,蓑衣斗笠也曾在红军的身上,为社会最底层的劳苦大众挡住时代最残暴的风雨。

在烈士陵园,我们走上一级一级的阶梯,每一级阶梯背后,都是无数的鲜血淋漓。在整个井冈山斗争时期,平均一天牺牲57位战士,在这里逝去的四万条生命,只有一万多人留下了名字。这些英雄大部分文化程度有限,家庭条件贫寒,但也不乏家庭优越甚至散尽家财者。纪念馆里字迹稚拙,不乏错字的入党宣言传递着这群英雄最平凡真挚的愿景。陵园的现场授课中,老师说:"这里的每一块石头都是有生命的。"无数年轻的生命带着对民主政权无限的希冀长眠在这里,青青竹林之间,残存着赤血的温度。

在伟人故居里,狭窄低矮的建筑采光很差,但也就是在这里,诞生了一篇篇巨著，正确地指明了中国革命的走向，指引了新民主主义革命的斗争。

在革命博物馆，我被那些珍贵的革命文物和历史照片深深地震撼，我看到了革命先烈们使用的简陋武器、穿过的破旧衣物，还有他们坚定的眼神和豪迈的口号。这些实物让我更加直观地感受到了那个时代的艰辛和不易。

每一个历史时刻都仿若发生在昨天，踏着先烈们走过的红土地，头顶一片天，共饮一江水，看着当地百姓发自内心的笑颜，我知道，不是因为看见所以相信，而是因为相信所以看见。一群平凡的人，在风雨如晦的暗夜中勇敢点亮火把，只是往前走。

井冈山的斗争是中国革命的重要历史事件。在这个动荡的时期，毛泽东率领的中国共产党通过农村革命斗争和军事运动，展示了他们的组织能力、战略思维和对于农民问题的独特理解。井冈山的斗争充分体现了中国共产党的群众路线和艰苦奋斗的精神。毛泽东坚信，革命的根基在于群众，必须根据群众的利益和需求来进行斗争。他重视农民的地位和力量，积极组织农民进行土地革命和建立农村苏维埃政权。

在井冈山，我亲身感受到了革命先烈的英勇无畏和坚定信念。他们为了民族独立和人民解放，不惜付出生命的代价，这种精神深深地感染了我。在井冈山，我还听到了许多关于革命先烈的感人故事。他们为了民族的解放和人民的幸福，不惜牺牲自己的生命，用鲜血和生命谱写了一曲曲壮丽的革命史诗。他们的故事让我深受感动，也让我更加坚定了自己的信仰和追求。这段实践经历鼓舞我勇敢面对困难和挑战，同时也提醒我重视群众的力量和关注他人的需求。它让我认识到领导者应该具备坚定的信念、艰苦奋斗的品质和良好的组织能力。同时，它也让我明白理论的重要性，要不断学习和思考，以指导自己的行动和决策。回顾这次井冈山社会实践，我深感收获颇丰。我深刻认识到，革命精神是我们宝贵的财富，它激励着我们不断前进、勇攀高峰。同时，我也意识到，作为新时代的青年，我们要继承和发扬革命精神，勇于担当、敢于创新，为实现中华民族伟大复兴的中国梦贡献自己的力量。

竹林深处，微风拂过，竹叶沙沙作响，仿佛在诉说着那些革命先烈的英勇事迹。我闭上眼睛，聆听这来自历史的低语，感受那份深深的敬意和无尽的怀念。那些先烈们的身影在我的脑海中浮现，他们坚定的眼神、豪迈的口号，仿佛穿越了时空，与我相遇在这片竹林中。他们的精神如同这竹子一般,坚韧而顽强,永远激励着我们去追求真理、追求进步。竹林深处见英魂,这是一种超越时空的相遇和感悟。在这片翠绿的海洋中,我找到了那份对历史的敬畏和对未来的期许。先烈们的英魂,如同那笔挺的翠竹,虽静默无言,却在我心底激起千层波澜。他们的英勇与牺牲,犹如一盏明灯,永远照亮我们前行的道路,让我们在追寻梦想的旅途中,不再迷茫与彷徨。让我们铭记那些革命先烈们的英勇事迹和精神风貌,让他们的英魂在竹林中永恒地守护着这片土地和人民,成为我们心中最坚定的力量和最深厚的慰藉。

现在,我对来到这里的意义已经有了答案,这是青山翠柏、烈士英魂所教给我的,因为相信所以看见。

(文/李陈仪鸿)

巍巍太行,英灵不朽

初见纪念馆

巍巍太行,横亘于华北大地,千峰竞秀,万壑争流。这是一片古老的土地,承载着中华民族悠久的历史与文化;这是一片英雄的土地,见证了无数英勇儿女的壮烈牺牲与不朽传奇。我一直对那段充满硝烟与热血的岁月充满好奇与向往,因此我踏上了前往武乡八路军太行纪念馆的旅程。此次实践,不仅是一次对历史的追寻,而且是一次心灵的洗礼与成长。

遥想当年,日寇铁蹄践踏中华大地,民族危亡之际,太行儿女挺身而出,誓死捍卫家园。他们不畏艰险,不惧牺牲,用鲜血和生命谱写了一曲曲感天动地的英雄赞歌。那些熟悉的英雄名字、英勇事迹在太行山间传颂不息,激励着后人不断前行。

八路军将领组雕位于八路军太行纪念馆内中轴线上,革命先辈的形象唤起了我对于那段烽火豪情的无尽想象。进入纪念馆,首先映入眼帘的是庄严肃穆的建筑风格和丰富的展品。馆内陈列着大量珍贵的文物、照片和文献资料,生动地再现了八路军在太行山地区英勇抗战的壮丽画卷。在参观过程中,我们仿佛穿越时空,回到那个烽火连天的年代,亲身感受八路军战士们为了民族独立和人民解放所付出的巨大牺牲和不懈努力。题词厅悬挂着邓小平、杨尚昆、徐向前、聂荣臻、薄一波、秦基伟等40多位中央领导人的亲笔题词。纪念馆通过大量的照片、地图和珍贵的革命实物等,展示了太行地区八路军和人民在抗战时期的贡献,再现了朱德、彭德怀、刘伯承、邓小平、杨尚昆等老一辈无产阶级革命家的形象,激励着中国人民继承和发扬无产阶级革命家艰苦奋斗的精神。展厅内的展品将战争的惨烈与革命的艰苦生动展现,有日本老八路前田光繁使用过的军号,有抗战时期八路军使用过的长征行军锅,还有抗战时期孙继先使用过的狗皮褥子。尽管生活艰苦,但浓浓的革命乐观主义扑面而来。

太行之巅,所思所感

站在太行之巅,俯瞰群山连绵,心中涌起一股莫名的敬意与豪情。那些曾经在这片土地上浴血奋战的先烈们,他们的身影仿佛穿越时空,与我相遇在这巍巍太行之巅。他们的英勇事迹,如同太行山的巍峨壮丽,永远铭刻在我的心中。

在太行之巅,我仿佛听到了那嘹亮的冲锋号声,看到了那硝烟弥漫的战场。先烈们手持钢枪,奋勇杀敌,他们的身影在炮火中显得如此高大而坚定。他们的英勇无畏,让我深感敬佩与感动。正是有了这些英雄儿女的牺牲与付出,才有了我们今天的和平与安宁。

太行山的每一寸土地,都浸透着先烈们的鲜血与汗水。他们的英灵,如同这巍巍太行一般,永恒而不朽。他们用自己的生命诠释了什么是忠诚、什么是勇敢、什么是责任。他们的精神,将永远照耀着我们前行的道路,激励着我们不断追求进步与发展。

站在太行之巅,我感受到了那种超越时空的力量。先烈们的英灵仿佛穿越了时空的障碍,与我产生了共鸣。他们的精神与品质,在我心中引起了强烈的震撼与共鸣。我仿佛看到了他们坚定的眼神，听到了他们豪迈的口号，感受到了他们那种为了民族和人民利益不惜一切代价的豪情壮志。

巍巍太行，见证了中华民族的崛起与复兴。在这片英雄的土地上，我们不仅要铭记历史、缅怀先烈，更要传承和发扬他们的精神。我们要以先烈们为榜样，坚定信念、勇往直前，为实现中华民族伟大复兴的中国梦而努力奋斗。

在太行之巅，我感受到了生命的顽强与坚韧。那些生长在峭壁之上的松柏，历经风霜雨雪的洗礼，依然挺拔苍翠。它们用自己的存在，见证了历史的沧桑与岁月的变迁。同样，那些先烈们的英灵也如同这松柏一般，永恒而坚韧，永远活在我们的心中。

巍巍太行，英灵不朽。在这片英雄的土地上，我们不仅要铭记历史、缅怀先烈，更要将他们的精神传承下去。我们要将先烈们的英勇事迹和崇高精神作为我们前行的动力和信念的支撑，我们要用自己的实际行动去践行他们的精神，去创造更加美好的未来。

站在太行之巅，我深深地感受到了历史的厚重与深沉。那些曾经在这片土地上浴血奋战的先烈们，他们的英灵将永远守护着这片土地和人民。他们的精神将永远激励着我们不断前行，为实现中华民族伟大复兴的中国梦而努力奋斗。

巍巍太行，你是中华民族的脊梁；英灵不朽，你们是我们永远的精神灯塔。让我们铭记历史、缅怀先烈，传承和发扬他们的精神，为实现中华民族的伟大复兴而努力奋斗！

游览过程中，我深感八路军太行纪念馆不仅是一处红色旅游景点，更是一部生动的历史教材。它让我深刻理解了抗战时期八路军所承载的民族精神和历史责任，也让我对那个时代的英雄们充满了敬意和感慨。在这片充满传奇与荣耀的土地上，我将永远铭记那些英勇无畏的先烈们。他们的精神将永远激励我前行，让我在人生的道路上不断追求进步与超越。在这片英雄的土地上，我们每一个人都应该怀着一颗感恩的心，去珍惜来之不易的和平与安宁。我们要将先烈们的精神内化于心、外化于行，让他们的英灵在太行之巅永恒闪耀。

（文/李陈仪鸿）

可以宽恕,但绝不能忘却

在繁华的南京城中,隐藏着一处令人震撼的地方——侵华日军南京大屠杀遇难同胞纪念馆。近日,我踏入这片历史的沉重之地,去探寻那段被时间尘封却又永远无法被遗忘的悲痛记忆。

刚刚走进外门,就看到馆外陈列的一组表情惊恐、纠结挣扎的人像,那是战争的难民、被屠杀的流亡者。他们眼神恐慌,表情透露出绝望,身体则做出了逃命的样子,但又明知自己逃不过敌人的追杀,所以恐惧而狰狞。还未进馆,看到这样的场景,从未经历过战争的我已深受震撼——战争中的普通人竟是这个样子的吗？如果第一幕已是如此震撼,那么馆内的展览岂不更加惊人？怀着忐忑的心情和抑制不住的对战争的恐惧,我踏进了展馆。

踏入展馆的那一刻,我仿佛被一股无形的力量牵引,穿越时空的隧道,回到那个黑暗而残酷的年代。首先映入眼帘的是一幅幅触目惊心的历史照片,那些画面让我瞬间感受到了战争的残酷与无情。无辜的百姓被日军残忍地杀害,他们的眼神中充满了恐惧和绝望,仿佛在诉说那段不堪回首的往事。

展区内深色的基调、压抑的气氛令我十分紧张,而实物、影像等大量翔实的资料又令我震惊。史实太过残酷,但史实却又在那里,无可辩驳,我们能做的,只是接受这人性阴暗的另一面。战争固然会有伤亡,但那么多灭绝人性的虐杀、屠杀,让人不禁拷问施暴者是否还有人性可言！敌人残害生命时那种事不关己的冷漠、手刃同类时志得意满的笑容……如果你曾置身此地,你会感到浑身战栗,甚至于对人性的信心也可能会动摇,因为这个展馆内的一切仿佛组成了一片人性的荒漠。

在沉思堂中,我看到了那些被日军杀害的同胞们的姓名和照片。每一个名字都代表着一个鲜活的生命,每一张照片都记录着一段悲惨的历史。我默默地凝视着这些照片,心中充满了无尽的哀思和悲痛。这些同胞们曾经也和我们一样,生活在这片土地上。但是,他们却被日本侵略者残忍地虐杀了,用以满足他们那毫无道德、毫无底线、毫无人性的变态的心理与需求。

从阴暗的展区走出,来到明亮的大厅,我通红的双眼竟然承受不住这光明。大厅一侧循环播放着近百部有关南京大屠杀的电影、纪录片等资料,另一侧是一面资料墙,遇难同胞和历史证人的档案层层堆叠,竟高至十余米。如今真相都笼罩在明亮的阳光中,试问斯人可瞑目否?

答案当然是“否”!因为有些凶手还未曾认识到自己的错误,还未曾向亡灵道歉以平众怒,所以死者不能瞑目。那既然是反人类的罪行,为何凶手总是不承认,并且企图通过拒不承认来逃避惩罚?证据凿凿,难道凶手不承认,罪恶就不是凶手所为吗?如果凶手一再被放纵,那么历史的悲剧极有可能会重演!这是我们绝对不允许的!

走出展馆,我来到了和平广场。广场上矗立着一座象征和平的圣火台,圣火永远燃烧着,仿佛在告诫我们:和平来之不易,我们要珍惜它、捍卫它。我深深地鞠了一躬,向那些在那场浩劫中遇难的同胞们表示哀悼和敬意。

南京大屠杀是一段极其悲惨的历史,它让我们深刻地认识到了战争的残酷和无情。但同时,它也让我们看到了中国人民在危难时刻所展现出的坚韧和勇气。正是这些英勇无畏的同胞们,用他们的鲜血和生命捍卫了民族的尊严和国家的独立。

同时,在我看来,这座沉默的纪念馆比任何滔滔不绝的爱国主义教育都更有效。它虽然沉默,但从不拒绝发声,高举起血淋淋的“生死簿”,便能让世人同它一起缄默、哀悼。深埋地下的三十万魂灵再也不会说话,但我们,扛起历史的我们,总是有底气、有能力为他们发声,争取公正的待遇和历史的永不重演。

曾经,我们的国家贫弱交加,不能抵御外来入侵者的欺侮;“落后就要挨打”,所以我们曾经承受百年的挨打,每战每败,退无可退。如今,我们的国家好不容易发展了、强盛了,没有哪个国家可以随随便便地侵犯我们,我们也可以在国际舞台上发出自己的声音。那么,我们应该做些什么?一方面,呼吁国际社会承认南京大屠杀,让凶手道歉,让死者瞑目;另一方面,当然要努力维护我国和世界的和平,给准备挑起战争的危险思潮以严厉打击——和平才是共赢的基础,战争只会两败俱伤。

我在阳光明媚的上午写下这篇文章,希望一切不人道、不公正的行为都能在阳光下得到审判,所有冤死者都可以瞑目。

我们也不能忘记那段历史带给我们的教训。我们要铭记历史、珍视和平,努力避免类似的悲剧再次发生。我们要以史为鉴、以史为镜,不断推动国家和民族的发展进步,为国家和民族的繁荣富强贡献自己的力量。

(文/万道睿)

红岩翠峰:信仰与历史的共鸣

2023年7月17日卯时,天空刚泛起鱼肚白,被熏红过的太阳在东边冉冉升起,我和另外两名成仿吾英才班同学从山东大学中心校区出发,18个学院的30名同学集结在同一列高铁上,怀着对忠魂的敬仰、对先烈的缅怀,前往江西红色教育基地井冈山追寻“红色记忆”,进行为期一周的“红色研学”。从济南西到吉安西路途遥远,从文化浓郁的北方到山清水秀的南方,高铁全程途径18站,共计漫长的8小时。车上,我手中错落地翻阅着《西西弗神话》,一页又一页;耳机中单曲循环地播放着《反方向的钟》,一遍又一遍;眼中反射着远方若隐若现的绵延群山,一座又一座……直至踏实地站在江西井冈山的土地上。

7月底的井冈山,即使在晴天的下午也是薄纱轻笼、茶树掩映。薄雾下的青黛间点缀着淡淡红叶,虽没有映山红那么艳丽,但别有一番风味。我们成仿吾英才班一行人走进青少年井冈山革命传统教育基地,除了对忠魂的敬仰,我也在思索井冈山精神的根源在哪里?是谁给了井冈山老百姓理想?是谁给了井冈山工农革命军信仰?回顾井冈的一草一木、一砖一石,我想到了雷打石,想到了八角楼,想到了很多很多。

井冈山,一座历经了革命洗礼的山岳,先辈们的英雄事迹如泉水般源源不断浮现在我的脑海中。伴随着红色经典歌曲如交响乐般的激越,我们踏上了黄洋界、烈士陵园、马源村和茨坪旧居等地,体验了互动式的“三湾改编”情景教学和“红军的一天”等活动。

在马源村,我们与当地乡亲共制红军餐,亲身体验红军的日常生活,聆听乡亲们讲述革命故事。在步云山红军练兵场,我们翻越围栏,突破障碍,投掷手雷,躲避危险,仿佛穿越时空回到了那个硝烟弥漫的年代。在全国青少年井冈山革命传统教育基地,钟国华老师指导我们学习了《江山》和《天上太阳红彤彤》等革命歌曲,通过歌声,我们仿佛与历史对话,与先烈交流,感受着那份沉甸甸的历史责任。

革命先辈们犹如苍松翠柏历经风霜而愈发坚韧。他们以坚定的意志,挺立于动荡的岁月之中,用热血和生命捍卫着心中的信念与理想。在那些风雨如磐的日子里,他们相信革命是推翻旧世界、建立新秩序的必由之路。如井冈山的林木竞达于苍穹,他们的志向与抱负也高耸入云。

红日初升,光芒普照。先辈们的光辉历程振奋人心,巨龙振翅已待飞翔。我们这一代也将矢志不渝,不负时代所托,披荆斩棘,奋勇前行。

(文/司文)

壮志未酬誓不休,甘洒热血写春秋

习近平总书记曾说:“不忘初心、牢记使命,必须作为加强党的建设的永恒课题和全体党员、干部的终身课题常抓不懈。”身为“仿吾”学子,我积极响应党和国家的号召,参观了家乡附近的烟台市牟平区杨子荣纪念馆,近距离感受了英雄的光辉事迹。唤醒70余年来的峥嵘记忆,让站在时代坐标上的我们,可以更好地缅怀过去、感恩当下、面向未来。

步入杨子荣纪念馆,一尊巨大的杨子荣雕像映入眼帘,带着我走近曾经的杨子荣,仿佛走入了历史的深处。在绵长的怀念中往事纷飞,一段段历史至今让无数凭吊者感怀。星宇浩渺,若隐若现。那片林海,那片雪原,英雄的身影一掠而过，那段极具传奇色彩的往事又出现在我的眼前。纪念馆展览内容涵盖英雄的成就、成长经历和社会价值，让置身杨子荣纪念馆的我仿佛穿越回了林海雪原，真切感受到了“甘洒热血写春秋”的英雄气概。

英雄无畏，舍小家为大家。伫立于雕塑《瞒母参军》前，我仿佛看到面对母亲眼角的皱纹、妻子诀别的泪水，杨子荣目光坚定、炯炯有神，此刻我心中交织着心酸与敬佩之情。为了劳苦大众的解放与幸福，他毅然投入革命斗争，舍小家为大家，彰显出无畏的英雄担当。这种精神超越时空，触动人心，展现了忠诚与责任的崇高内涵。杨子荣的精神穿越历史时空，深深震撼着我的心灵，诠释了忠诚担当的深刻内涵。

智勇双全，剿灭悍匪强敌。激战杏树村，歼灭马喜山，智擒座山雕……这一桩桩、一件件，都是杨子荣立下的丰功伟绩。当讲解员讲述至此，展厅中的掌声经久不绝，我也深深地为战斗英雄的胆识和智慧所折服。“为人民的利益生死不怕，对敌人就一定会神通广大”，这正是杨子荣等同志用生命践行的铮铮誓言。

碧血丹心，为国死而后已。英雄的汗洒在了林海里，英雄的血也洒在了雪原上。《血洒闹枝沟》的雕塑展示了英雄的最后时刻，罪恶的子弹击中了杨子荣的胸部。杨子荣晃了几晃，倒在门旁，一个战士连忙扑过去抱住他，只听杨子荣用微弱的声音说：“……任务……”英雄在牡丹江剿匪的最后一场战斗中英勇牺牲，他带着对胜利的无限渴望、对生活的深深眷恋悲怆离去。

“时刻听从党召唤，越是艰险越向前。”这是杨子荣纪念馆影视大厅播放的专题教育片中的最后一句话，简短的戏词完整地诠释了杨子荣一生的忠诚与担当。歌颂英雄就是对英雄的永恒纪念，就是对英雄的精神传承。几十年来，杨子荣“越是艰险越向前”的牺牲精神，就像一面光辉的旗帜，指引着胶东地区人民艰苦奋斗、迎难而上。

重温峥嵘岁月，激发奋进使命。回眸历史，杨子荣烈士的故乡胶东地区在反抗帝国主义侵略的斗争中一直走在前列，并与争取人民解放的斗争紧密结合在一起。近代以来，先后爆发了义和团反帝爱国运动和农民抗捐抗税斗争；辛亥革命时期，烟台成为同盟会在山东乃至北方八省的大本营；1919 年五四运动的直接导火线就是青岛和胶济线的权益收回问题；土地革命战争时期，党在胶东建立了红军游击队，一直坚持下来并发展壮大；抗日战争和解放战争时期，胶东人民为了维护国家主权和领土完整、为了人民的解放作出了巨大贡献和牺牲。

胶东作为山东重要的文化宣传教育阵地，为根据地和解放区的社会建设提供了学习的典范。发展民族的科学的大众的新民主主义文化，是胶东抗日根据地建设的重要内容。当时胶东的《大众报》影响非常大。胶东也是全国教育比较发达的地区之一，人民群众的文化素质很高，走出了一大批将帅级人物。在社会主义现代化建设中，北极星钟表、张裕酿酒公司、万华集团等代表企业发展飞速；"铁柱子"王永幸、知识青年榜样徐建春等劳模纷纷涌现。这些具有代表性的工作、事件和人物故事，展现了胶东地区党和人民艰苦奋斗、拼搏向前的辉煌历史篇章。

"今日痛饮庆功酒，壮志未酬誓不休。来日方长显身手，甘洒热血写春秋……"落日余晖下，我仿佛看到杨子荣烈士欣慰地注视着今日繁荣昌盛的中国，挥一挥衣袖，只有漫天悠扬的歌声。

（文/宇奕霖）

第六目　万千思绪，诉诸笔端

岁月如梭，织就一年光景。在“仿吾”的这一年，我们对于国家和时代，对于青春和成长，都有了自己独特的经历和感悟。此时，将这万千思绪化作涓涓墨流，轻诉于素笺之上，与友人一同分享。

我们恰似织梦者，以璀璨往昔为线，细细编织那条通往心田的归途；同时，我们又是勇敢的旅人，以不懈的脚步，量度着脚下未知而充满希望的征途。走在充满光明又各自精彩的路上，先辈精神激励着我们，梦想召唤着我们，沿途虽是不一样的风景，但我们一样地坚定和执着。

前路漫漫亦灿灿，往事堪堪亦澜澜。带着收获和感悟重新启程吧，“仿吾”的朋友们，路的尽头是春暖花开。

第一话|“仿吾”情深，韶华共聚

【编者按】 情深意长，不负韶光。成仿吾英才班作为一个汇集优秀青年的平台，它不仅是一个学习之所，更是一个充满温情的家庭。经过一整个学年的理论学习与实践活动，成仿吾英才班的“小青马”们不仅在学业上取得了显著的进步，更是在这个特殊的集体中建立了深厚的友谊，这份情谊随着时间的推移而愈发深厚。在这份集体主义精神的熏陶下，每一位“小青马”都在不断地成长和进步，彼此之间的支持和鼓励成为他们前进道路上不可或缺的动力。成仿吾英才班不仅是他们心中理想的集体主义象征，更是他们青春岁月中最宝贵的财富，那些共同度过的时光将成为他们一生中最美好的回忆。

初见似重逢

在写下这些文字的时候,已经是又一年惠风和煦的暮春时日。去年的这个时节,踏着如雪的柳絮,我第一次加入了成仿吾英才班大家庭,其中有三两旧友,更多的则是初次见面。说来奇怪,尽管从未相识,但我们却一见如故,恰似久别重逢的老友。正是在这里,我收获了迄今为止最为珍贵的几段友谊,陪伴我度过坎坷,陪伴我分享喜悦,成为大学生活中一抹亮眼的色彩。

犹记得,社会实践时,我们通力合作的身影。从准备材料到进行宣讲,再到撰写报告。许多个夏夜,我们都在讨论如何更好地向听众传达党的二十大声音,如何尽我们所能将宣讲的影响最大化。通过生动有趣的自身案例,朋友们在各自学院以多种形式开展了别开生面的讲座,大家积极将各自的材料汇总成报告,成为答辩队伍中成果最丰硕、方式最多样的队伍之一,并成功斩获省级优秀志愿团队。这次愉快的合作经历令人难忘,每个队员都怀有极强的责任心和团队意识,将集体荣誉视为己任,不仅按时出色完成任务,还增进了对彼此的认识与了解,在合作中升华了友谊。

犹记得,遇到挫折时,我们互相勉励的身影。冬天的期末月就像夜晚一样漫长,刚刚步入大学生活的我们被困在浩瀚的学海中迷失了方向,被突如其来的压力压得喘不过气来。除此以外,还有人际关系上的不适应,独自来到外地求学的孤独感,刚刚步入成年的迷惘……诸多的困惑同时袭来,一时间不知道如何走出去。多亏了成仿吾英才班的朋友们,我们一起在课后吃饭谈心,一起在微信群里分享日常生活中的喜怒哀乐,遇到了困难也会及时表达,大家集思广益共渡难关。如果没有朋友们,或许我不会坚持一直修改论文,或许也不会在背书背到头痛时选择继续坚持,或许……我也不会成为今天这个当初想都不敢想的自己。没有朋友们的支持和帮助,或许就不会有后面的故事。感谢这些一路走来支持我的朋友们,成为我在学校最值得信赖、最能够依靠的亲人。

在生活的不同阶段,总会遇到不同的人。他们有的给予我帮助,有的则给予我警醒。真的很幸运,能在大二这一年里与成仿吾英才班的朋友们同行,一起为了共同的目标而奋斗,一起为了生活中的酸甜苦辣而共情。通过分享,我们扩大了自己的喜悦,分散了自己的悲痛,及时疏解了内心郁结的烦恼,在成长的路上多了同行的人。尽管欢乐的时光总是短暂,我们也终将前往下一站旅途,开启新的路途,但这份美好的回忆值得一直珍藏。"人生如逆旅,我亦是行人",或许成长的真谛就是幸运地在正确的时间遇到对的人,一路同行,携手高歌。

谢谢你们,我的朋友们。

(文/杨璐禅)

不负少年游

于我而言,过去一年中最美好的事,就是遇到"仿吾"七期。这个故事,从去年的初夏说起。

突然接到成仿吾英才班面试通知,我从太原家中匆匆赶回,一到学校,就赶赴面试现场。面试现场穿梭着一抹抹红,那是六期的学长学姐,我在面试房间门口焦灼地等待,这时一位路过的成仿吾英才班学长对我说,"加油"。我们素昧平生,但这样的鼓励让我稍稍松了口气。学生工作经验并不丰富的我决定大胆一试,从前的辩论经验让我的面试算是顺利,竟然成为成仿吾英才班的一员。

初次见面,大家都有些拘谨,而在井冈山之行出发前的见面,大家就显得熟稔得多。我们从济南西出发,经过漫长的旅途到达了吉安,华南的夏日风景如画,峰峦苍翠,井冈山深处弥漫着淡淡的烟雨。接下来的几天,我们一同走过崎岖的红军路,一同在村民家中访谈用餐,曾登上高高的山峰,在山脚下品尝当地的特色黄桃,我们学会了编草鞋,合影上的每一张笑脸格外灿烂。我们在这片红色热土上共同学习，红军的不朽精神深入我心，在理论课程开始前，千里跋涉到井冈山所学到的，对我接下来的学习产生了巨大的影响。我购买了全套《毛泽东选集》，作为历史系学生，我开始阅读从前只觉枯燥的马列著作，如《家庭、私有制和国家的起源》《1844年经济学哲学手稿》等，借以进一步思考古代社会。井冈山的这份经历让我感到好奇，是什么让这些生活本就贫寒不易的人，付出巨大代价，去实现心中的理想？我的学习，仍然在路上，但井冈山的学习经历，让我将这段亲身走过的红军路，时时放在心上。

除了革命精神的鼓舞，我无比幸运，能遇到我的同学们。从井冈山回到济南后，我们仍然时常见面聚会，交流学习。暑假结束后的秋季学期，我经历了我二十年生命中最难过的一段时光，这个世界让我感到苦恼，我在黑夜的湍流中逆行，无法前行，也看不到光。我在痛苦而漫长的自我鞭策中逐渐失去了行动意志，而成仿吾英才班的同学们，给了我那个黑夜中最绚烂的光。

在我情绪崩溃痛苦大哭时，是郑佳宁同学给我送来芒果和甜点，尽管我没看到消息，她在寒风中仍执着地等待了二十分钟，为我送来了最温暖的慰藉。在我因过劳而心脏不适，凌晨独自前往医院时，是成仿吾英才班的郑佳宁、王昱萱、宇奕霖、徐浩钊、杨璐禅五位同学，因为宿舍已经锁门没办法赶来而一直在线上陪伴我、安慰我直至我凌晨两点回到宿舍。我深知临近期末，他们都有繁重的学习任务，晚睡很可能会影响第二天的学习，因此我催促他们赶快去休息，但他们执意线上陪伴，这让我无比感动，被疲劳和颓丧折磨的心灵前所未有地充满了力量。那个寒冷的深夜，我检查结束已经凌晨一点，街道空无一人，只有朗朗月光相随。回到校园，校园静谧无声，落针可闻，但那五块手机屏幕，仍然为我而亮，生活中最艰难的时候，因为有他们，变成了最美的时光。

我无比幸运，能够遇到这样一群朋友。我在井冈山的室友胥志锦、李羽煊、钟证都是“仿吾”七期的班干部，我们朝夕相处一周，我被她们身上认真负责、服务同学的诚意与付出深深打动。胥志锦同学在酷暑中分发井冈山出发前的物资，李羽煊同学耐心负责地处理井冈山之行的种种事务，尤其是车票一项较为复杂且款项巨大，两位班长劳心劳力，将这次跋涉千里的旅行处理得井井有条。作为同龄人，我对于她们这种独当一面的魄力深感敬佩。钟证同学工作干净利落，每次的理论学习与感悟收集，听她的指令准没错！

来自医学院的李松阳、宇奕霖、徐浩钊同学真诚热情，对自己的工作和学习尽心竭力，面对医学繁重的学习任务，对成仿吾英才班其他同学仍然时常给予关心与帮助，他们的待人接物态度与奉献精神，一直是我学习的方向。王昱萱同学善良温柔，在上个学期那个近乎令人崩溃的考试周我们意外相遇，从此每天预约相邻座位复习。我们一同度过了2023年的最后一天，迎接岁末年初的每一缕朝阳和晚霞，在深夜合上书本，与冷月同行。大寒时节，最暖人心是并肩。我尤其要感谢的是郑佳宁同学，她陪伴我挺过了最艰难的那段时光。郑佳宁同学是个“小太阳”，她甜甜地笑，甜甜地呼唤你，照耀你。可她的生活中也有风雨，她也经历过许多无奈和失意，但她的心胸足以融化这些，她的温度还在温暖他人。我看着她为了十佳班集体答辩牺牲自己几乎所有的休息时间，我看着她有时付出许多却没有足以匹配她付出的回报，我的“小太阳”也有点伤心。但我从没有见过她颓丧的样子，她是真正的战士，温柔的外表下是一颗非常强大的心灵，她总是向前看，憧憬未来，而不是自怨自艾。想到郑佳宁同学的达观勇敢，我时常自惭形秽。过往一年，我大抵抱怨多而感恩少，泄气多而勇气少，固然我有我的不幸之处，可谁没有逆境呢？如果能像郑佳宁同学一样积极地面对这个世界，我的生活也必将有所不同。

这一年中值得铭记的事情很多，在此无法一一列举，我由衷地感谢成仿吾英才班每一位同学，他们让我看到了优秀的学生干部的模样。我看着大家兼顾学习与学生工作，这样繁重的生活压力虽然会给他们带来烦恼，但他们组织的一场场活动、一次次实践是如此圆满精彩。朋友圈的历尽千帆的感慨触动人心，我们都将成为更好的自己。我坚信，我善良真诚的同学们在未来无论走向什么岗位，也都一定会秉持着为人民服务的理念，成为为人民服务的人。

在井冈山研学的结业仪式上，我们演唱了《星辰大海》。很多个难眠的深夜，我擦干眼泪，打开这个视频，再次回忆这份美好的同时，也从这段经历中再次汲取力量。我们看到夜空里的帆船、穿云的船桨拨开命运的骇浪，我们在那个盛夏唱道：“青春自有青春的向往，梦想自有梦想的力量。”

（文/李陈仪鸿）

我的两匹“马”

抛开课程专业不谈，我的大学岁月似乎与两匹别具一格的“马”结下了不解之缘：一匹是我作为马拉松爱好者协会会长的身份的“马”，与长跑的坚持和毅力相连；另一匹则是我跻身“青马”行列的“马”，与成仿吾英才班的卓越追求相联结。选择这两匹“马”，我想是我大学生涯里最无悔的选择；又或许，正是这两匹“马”的引领，赋予了我大学生活的真正意义。

成仿吾英才班的“青马”，点亮了我信仰的火炬。

一

“你可以试试报名成仿吾英才班。”

“成仿吾英才班？是个啥……”

“成仿吾英才班，学习马克思主义基本理论知识的。我看答辩的时候，最优秀的那批人很多都是成仿吾英才班的。不过，可能不太容易进，我们学院这两年都没有进的。”大一时，我的辅导员建议我，这也是我第一次听闻成仿吾英才班的大名。

浏览学校官网，得知成仿吾英才班以理论授课、基层锻炼、交流访学、人文育人、社会实践等形式为载体，探索具有马克思主义理论素养和领导才能的特色人才培养模式，发展一批走在时代前列的奋进者、开拓者，社会主义核心价值观的坚定信仰者、积极传播者和模范践行者，使其成为引领广大青年学生成长、推动校园文化传承与发展的榜样力量。

这短短的描述让我心驰神往，但得知每年有超过 200 名学生报名选拔时，我的内心不禁泛起了一丝犹豫与徘徊。怀着试一试的心态，我提交了报名表，也不知是着急还是无所谓般地等待着结果。

“恭喜，可以准备面试了。”同乡的成仿吾英才班学长告知我。学长的消息无疑让我松了一口气,焦虑的情绪也释放了一些,随后便平静地等待着面试。

2023年5月13日,我第一次来到"仿吾"学堂等待面试,见到了身穿印有山东大学成仿吾英才班的字样衣服的学长学姐。同来面试的同学大多身着正装,神情略显严肃,这让因要赶火车去青岛参加半程马拉松而衣着随意的我显得格格不入。不过幸运的是,在等待间隙和学长学姐的交谈中我放松了很多,最后顺利通过了面试,有幸成为成仿吾英才班的一员。

二

"你为什么想加入成仿吾英才班?"

"我想学习马克思主义的基本知识,我是说,真正的马克思主义的基本知识。我的政治经济学课程老师曾讲过,现在社会上有很多对马克思主义的误解,例如人们动辄说人是一切社会关系的总和,而忽略了'在其现实性上'这个大前提,忽略了其抽象意义上的特性。"

面试的时候我如是回答。

如我所愿,在之后的学习中,我们或有幸邀请到马克思主义学院的教授为我们授课,或有幸聆听知名专家的精彩讲座。每一次课程,都是一次知识的丰收,它们不仅丰富了我的知识储备,更在我心中播下了对马克思主义基本原理的浓厚兴趣。随着学习的深入,我对这些原理的理解愈发清晰,愈发深刻。我仿佛站在了巨人的肩膀上,得以窥见那些宏大理论背后的微妙与精深。张士海老师从"科学""人民""实践""开放"四个角度阐述了"为什么要信仰马克思主义"的宏大命题;郑敬斌老师以改革开放为切入口,剖析社会发展与青年价值观变迁;段光鹏老师立足"两个大局"的时代背景,解释习近平新时代中国特色社会主义思想提出的历史必然性;黄广友老师紧扣国情,提出关于中国式现代化道路的几点认识……

如我所愿,在之后的学习中,日常的读书会活动如同思想的砺石,激励着我深入研读那些红色革命的经典著作,不断加固我的理论素养和知识储备。在这样的交流中,小组内的成员共同研读一篇篇书目,相互之间进行知识的交流与智慧的碰撞，取长补短，共同进步；而在不同小组之间，我们则通过分享会，交流各自的读书心得和理论见解，实现了知识的互补和视野的拓展，相得益彰。《共产党宣言》《哥达纲领批判》《井冈山的斗争》《星星之火，可以燎原》《论十大关系》……成仿吾英才班的读书会不仅是知识传递的场所，更是思想交流的平台。

三

"纸上得来终觉浅，绝知此事要躬行。"

理论的光芒照亮了思想的深邃，以语言为载体，传达信仰的张力；实践的检验照亮了时间的脉搏，以探索为路径，聆听历史的呼吸。成仿吾英才班的课程并非一味地空中楼阁般的理论教学，更是结合社会实践，知行合一。

犹记得那次井冈行，在全体"仿吾"学子心中镌刻了一生难忘的"井冈情"。

沿着革命先辈的红色足迹，我们来到庄严肃穆的烈士陵园，以沉默的哀悼来缅怀为反抗残暴的侵略者而献身的英烈；在烈士纪念碑前，我们重温入团誓词，聆听着他们誓死捍卫党的尊严与安全的革命故事；在大井朱毛旧居，我们参观毛泽东同志的旧居和红军的医疗所遗址，仿佛能感受到当年革命先辈们在这里的艰苦生活和不屈不挠的斗志；走进八角楼和茨坪旧居，我们似乎能看到在那些枯黄的油灯下，毛主席为民族的未来和人民的解放事业，书写了一篇篇震撼人心的篇章；站在黄洋界保卫战胜利纪念碑下，我们久久默念着，"星星之火，可以燎原"；在"三湾改编"情境教学里，我们赞叹于人民军队对严明纪律、钢铁作风的孜孜追求……

在实地探寻中，我们与历史对话，与过往交流，与伟人隔空交谈。我们开始理解，历史并非遥远的记忆，而是活在当下的血脉；我们开始明白，理论并非抽象的概念，而是指导实践的引航。理论与实践的结合，让我们的认识更加全面，让我们的思考更加深刻。

我们在理论的指引下，勇敢地走向田野，走向历史。我们用言语表达思想，用双手触摸历史。我们在理论与实践的交融中，不断探索，不断前行，以更加坚定的步伐,走向更加辽阔的未来。

我与成仿吾英才班这匹意气风发的“青马”,从相识到相知,再到相行;我与成仿吾英才班的所有成员,齐头并进,不待扬鞭自奋蹄。

(文/叶鑫涛)

邂逅于夏末余晖

在那个夏末的余晖中,我与成仿吾英才班的不解之缘犹如一场精心策划的邂逅,悄然绽放,引领我踏上了一场成长与蜕变的非凡旅程。成仿吾英才班,这个名字,不仅是对先驱深情的回望,更是对青年一代寄予的厚望,它犹如夜空中最亮的星,引领我们在知识的瀚海中破浪前行,探求真理的无限奥秘。

这一年时光的洗礼,成仿吾英才班赠予我的,远远超乎知识的累积。它如同一把神奇的钥匙,开启了我与马克思主义思想深层次的对话,那些曾经遥远而抽象的理论,经由教授们妙趣横生的讲解,变得生动鲜活,贴近生活肌理。我逐渐领悟到,马克思主义不仅是一种深刻的哲学思想,更是一种强大的行动指南,它赋予我以批判性的视角洞察世间万象的智慧,给予我用实践的力量破解现实难题的能力,使我在纷繁复杂的现实中找到了清晰的坐标。

成仿吾英才班的教育,让我深刻理解了实践的价值。从深入学习党的二十大精神,到亲身参与基层社会实践,每一次走出象牙塔的尝试,都让我愈发感受到“理论源于实践,实践检验真理”的真谛。在实践中,我学会了探索真理的奥秘,学会了服务社会的真谛,更学会了勇于担当的分量,这一切都更加坚定了我为人民谋幸福、为民族谋复兴的初心。

还记得那个炎炎夏日,我们一行人踏上井冈山的信仰之旅,晨光微露中,历史的呼吸与自然的韵律交织成一首无声的赞歌。革命博物馆内,每一个物件都是时光的低语，讲述着往昔的铁血与梦想；徒步红军路，每一步都重叠着先辈的足迹；黄洋界的炮声在心中回响，不仅是对过去的缅怀，更是对坚韧精神的深刻领悟。篝火边，星光下，红色故事温暖了夜色，也点燃了心中不灭的火种。井冈山之旅，不仅穿越了时空，更是一场心灵的觉醒，让红色文化以最鲜活的姿态，镌刻成永恒的记忆，照亮前行的道路。那个夏天，我深切体会到，每一个平凡人都是潜在的英雄，伟大出自平凡，而我们作为新时代的青年，更应接过历史的接力棒，以实际行动传承先辈的精神，每一步坚实的步伐，都是对过去最好的致敬。

在成仿吾英才班的大家庭里，我有幸与一群同样胸怀梦想、志同道合的伙伴并肩作战。我们围绕着理想与未来激烈辩论，在实践活动中携手共进，这些经历如同一阵阵强劲的风，推动着我们的青春之舟破浪前行。读书会上，思想的碰撞如同璀璨的烟火，照亮了彼此的心灵，让我们学会了在多样性中寻求共鸣，在共识中促进深层次的理解与尊重，拓宽了我们的认知边界。

成仿吾英才班这一年的时光，无疑是我的青春叙事中最绚烂的一章。在这里，我不仅获得了知识的灌溉，更在精神上得到了磨砺与升华。成仿吾英才班，这座连接过去与未来的桥梁，让我在铭记历史的同时，更加明确了未来的航向。如今，我手持信念的火种，心中满怀对未来的美好憧憬，誓要在新时代的广阔天地中，继续传承“仿吾”精神，勇往直前，不懈探索，追求真理，为中华民族的伟大复兴添砖加瓦。这段在成仿吾英才班的宝贵经历，将如同一颗璀璨的珍珠，镶嵌在我人生的项链上，永远激励我攀登高峰，直到星辰大海。

（文/杨亚潼）

“仿吾”，我心中的集体主义

“你为何选择‘仿吾’？”

在和“仿吾”同学畅谈时，在“仿吾”精彩的理论课堂中徜徉时，在翻看相册中外出研学实践的照片时，我无数次地想起一年前的夏天，想起这个我曾想出无数个答案却又觉得找不出最合适的答案的问题。

一年前的下午，我坐在理综教室第一排，一面思考着宋明理学和逻辑学的作业任务如何进行，一面犹豫着在如此仓促的时间、如此激烈的竞争下，我是否真的有尝试的必要——我要试试吗？我真的有可能成功吗？我翻看着成仿吾英才班的建班历史，浏览着往届学长学姐一张张合影上青春洋溢的面容，心想：我一定是向往的吧。我向往能接受“青马工程”指导下系统性、理论性的马克思主义理论学习，我向往能和来自各个学院的优秀同学一起碰撞思想、激扬青春。“深窥自己的心，而后发觉一切的奇迹在你自己。”彼时的我尚且不敢相信奇迹会发生，但我愿为了心中小小的、悦动的向往而努力一试。

我无比庆幸当时的勇气胜过怯懦，进取压倒苟安。这一年里我收获了珍贵的友谊，在一次次互相打趣、组队参赛、社会实践中建立了和不同院系、不同地域的同学的深厚情谊。“仿吾”的同学们优秀而博采众长，温暖而富有人情味，初来乍到时的一点点惶恐和一点点担忧不断被进入这样一个特别集体的欣喜所消解。这一年里我塑造了更好的自己，在理论教学中我学习了关于中国式现代化、社会主义制度优越性等种种具有当代价值和宽广理论视野的重要知识，在实践探索中我们深度走入那段红色的峥嵘岁月，感受红军长征时每一个惊心动魄的日子，在和班主任段光鹏老师、导师尤文梦老师的交流中学习他们身上潜心做学术、扎根讲好课的宝贵品质。

或许，如果没有进入“仿吾”，我依旧会努力学习马克思主义理论、树立坚定的理想信念，过着“平凡如千千万万个昨天的日子”；但正是因为“仿吾”,我的大学生活被点缀进了一抹亮红色,我将带着“成仿吾英才班第七期学员”的标签走出去,不饶点滴、不饶自己,我将永远记得这段发光发亮的青春。大家虽各有选择,但都在不断前进,愿我们各自乘风破浪,于人生更高处相逢如初。

所以,回到开头——为什么选择“仿吾”呢?因为它是“仿吾”,这便是唯一的理由。因为它是“仿吾”,所以我拥有了整个大学时光中最有归属感和集体荣誉感的班集体;因为它是“仿吾”,所以我明晰了自身的生涯发展规划,并决定带着这份荣誉向上走;因为它是“仿吾”,所以它值得千千万万山大学子前赴后继、充满憧憬。所以,答案如此明了,因为它是“仿吾”。

感谢“仿吾”,给予我具象化的集体主义。愿我们如五月的花海,如初升的太阳,如曾经每一代先进的中国青年一样,看见光、追逐光、成为光。愿我们于人生更高处相见,永葆朝气,进取向上,前程浩荡。

(文/刘纾言)

第二话|精研覃思,青春许国

【编者按】 青年兴则国家兴,青年强则国家强。习近平总书记强调,“广大青年要继承和发扬五四精神,坚定不移听党话、跟党走,争做有理想、敢担当、能吃苦、肯奋斗的新时代好青年”。“小青马”们依托成仿吾英才班的优秀平台深入学习探索马克思主义理论,好学思辨、勇毅前行。大道行思,取则行远。许凌云之志,筑现实之基,汇强国之海。“小青马”们仰望星空、追寻真理,以中流击水的气魄与囊萤映雪的勤勉迸发时代强音、奋进家国理想。

寄望于沃土,不如拔节生长

井冈山研学行程的最后一天下午,我们进行了“革命后代话初心·讲家风”教学访谈活动。这是我第一次如此近距离地接触那段峥嵘岁月的亲历者,第一次如此近距离地感受那段鲜活生动、可歌可泣、荡气回肠的光荣历史。在我看来,革命后代对历史岁月的讲述是一种更浪漫、更立体的对革命情怀与历史细节的展现。浪漫,在于其代代传承、历久弥新的崇高革命理想和永不褪色的爱国热情;细节,在于我们能通过其讲述走进微观的历史脉络,走进时代沙尘之下个体的命运变迁。

伍修权将军之女伍连连老师和朱良才将军之子朱新春老师站在他们的角度,深度挖掘他们记忆里印象深刻的细节,把他们所受到的家风教育、他们记忆中的父辈光辉形象,掰开了、揉碎了和我们倾吐、分享,以此告诫我们要有理想,要淡泊名利、执着人生,要在缅怀中传承,在开拓中弘扬,让红色基因永不褪色、代代相传。“传统不是守住炉灰,而是热情火焰的传递。”未来,我们会努力在红色基因中挖掘新的时代内涵,彰显新的时代价值,为崇高事业不懈奋斗。

英魂永驻,初心不改。在井冈山深度学习的五天,也是我深切回望、体会那段历史、体认中国共产党永恒精神光芒的五天。回望历史,近代中国积贫积弱,在内忧外患中飘摇动荡,各阶层的救国方案均告失败。直到中国共产党诞生,中国革命的面貌焕然一新。无论征途多么坎坷,他们始终用“万水千山只等闲”的英勇气魄“逢山开路,遇水架桥”;无论黑夜如何沉重,他们坚信“为有牺牲多壮志,敢教日月换新天”,一路势如破竹,用热血和生命践行着革命信仰。在中国工农红军的顽强抗争下,形成了井冈山精神等一系列具有光辉价值的精神谱系,那鲜血染红的党旗上凝聚着厚重的理想与奋斗精神;忠诚无悔、敢为人先、自强不息的共产党人,守护着千千万万中国人民的坚毅信仰。从“山下旌旗在望，山头鼓角相闻”的井冈山瞭望，到“金沙水拍云崖暖，大渡桥横铁索寒”的万里长征，他们突破暗夜重围，凭铁血丹心书写英雄赞歌。只要党旗始终高扬，今日之中国、今日之人民就会始终心有信仰、行有力量！而我又何其有幸，能在青年时期以双足走过这片热土，为自己的未来找到精神指引、信仰寄托。

如果说井冈山精神的坚定信念、艰苦奋斗、实事求是、敢闯新路、依靠群众、勇于胜利给予我们追求民族之独立与解放的答案，那么吾辈青年的踔厉奋发、笃行致远将成为我们接续奋斗、孕育家国希望的最好答案。

“时间是历史的雕塑家，它镌刻着奋斗的年轮，勾勒出变迁的轨迹。”中国共产党的百年党史，留下了不可磨灭的光辉烙印，谱写了荡气回肠的山河史诗。这波澜壮阔的征程不仅记录着历史发展、时代变迁的轨迹，而且描绘着更壮丽辉煌的明天。历史的画卷，在砥砺前行中铺展；时代的华章，在接续奋斗中书写。

经历栉风沐雨的岁月，走过筚路蓝缕的路途，新世界最终会展现在奋斗者的眼前！

（文/刘纾言）

我为他砥砺奋进礼赞歌唱

没有人会忘记一九二一，没有人会不因那年七月开天辟地的壮举而感到骄傲自豪。党旗上鲜艳的红色点燃了每一位仁人志士的斗志，他们将那鲜红作为心中崇高的信仰，举起锤头，砸碎了行将就木的腐朽社会；扬起镰刀，斩断了禁锢百姓的沉重枷锁。百年间风雨激荡，他翻越万水千山，一如既往地怀揣着永恒不变的初心和梦想，砥砺奋进，征服远方。而我，则追随着他的脚步，为他砥砺奋进礼赞歌唱。

他是谁？他是在中国共产党的带领下每一位为中华民族伟大复兴而作出贡献的人。他是革命年间在战场上保家卫国马革裹尸的英雄，他也是建设年代在全国各地为祖国人民鞠躬尽瘁的先锋；他是新时代奋斗在脱贫攻坚建设小康社会的模范，他也是新时代心怀家国为抗击疫情奉献自我的奋斗者……千千万万个他有着崇高信仰，有着初心使命，向着中华民族伟大复兴的中国梦奋力前行。

我是谁？我是千千万万个生活在幸福新时代下的中华儿女，为祖国取得的一切骄人成就而感到无比自豪、与有荣焉。我是学生，端坐在课桌前如饥似渴地学习知识；也是老师，手捧书本在三尺讲台上传道解惑；我是青年，信心满满地拼搏奋斗，誓要成为伟大新时代新征程的参与者、建设者；我是老者，见证着伟大新时代的到来，心生无限感慨……千千万万个我追随着千千万万个他的脚步，为他砥砺奋进的礼赞歌唱。

因为有他的改变，我的一切都焕然一新：因为有他，我所生活的国家政治清明、人民民主，我可以自由地行使权利，而不再身处封建专制、苦不堪言；因为有他，我所接触的文化繁荣、科技进步，我安身立命、精神富足，而不再是温饱不足、精神空虚；因为有他，我所生存的社会安定祥和、人民和谐，而不必忧心社会动荡、居无定所；因为有他，我拥有了学习科学文化、摆脱蒙昧无知的权利，我拥有了享有医疗的权利，我拥有了自由选择的权利……他改变了我前途昏暗的生活，为我带来了光明；他改变了我未知的命运，为我指引了方向；他改变了我腐朽落后的思想，为我更新了观念；他改变了我浑浑噩噩的生存状态，一步步地带领着我大步迈入新时代。

我又岂能安然地接受他为我带来的欣欣向荣的改变而不追随于他的脚步砥砺向前？千万个他、无数个我将继续以中华民族伟大复兴的中国梦为方向，以初心使命为动力，团结一心、顽强奋斗，砥砺前行、开拓创新，信心昂扬地迎接各种困难和挑战，昂首阔步地跨入更加伟大的时代。

党的一百零三年风雨，祖国的七十五载飘摇，无论跨越多少山水、历经多少磨难，党和每一个以之为信仰的人始终是每一位中华儿女最可靠的后援团、最坚实的顶梁柱。他——每一个在中国共产党的带领下为中华民族伟大复兴而无私奉献的人——砥砺奋进，征服远方；而我——每一个生活在新时代下的中华儿女——则会追随着他的脚步,为他砥砺奋进礼赞歌唱。

(文/钟证)

68年前的一批人

六十八载光阴荏苒,回首往昔,有这样一批默默无闻的英雄,他们虽未在硝烟弥漫的前线谱写驰骋沙场的赞歌,却在另一片寂静的领域里敲响了时代最深沉的回响,挥毫出同样动人的诗章。

在我的故乡台州湾的碧波之中,大陈岛犹如一颗璀璨的明珠,镶嵌在东海之滨,涌动着一段令人心潮澎湃的往事。那里,曾是一片荒芜的沙地,却因一群青年的热血,变得生机盎然;那里,曾只有海风侵蚀后的满目疮痍,却因一群群青年的前仆后继,成为熠熠生辉的“东海明珠”;那里,曾是无人知晓的荒岛,却因青春和汗水的浇筑,铸就了所有台州市民引以为傲的大陈岛垦荒精神。

1956年1月31日,时代呼喊“到边疆去,到祖国最需要的地方去”,于是一艘载有227名青年志愿垦荒队队员的轮船便驶进了大陈岛。青年志愿者们带着对祖国的忠诚和对人民的热爱,义无反顾地踏上了这片荒凉的土地,开启了一段与自然抗争、与命运搏斗的壮丽征程。他们登上大陈岛的凤尾山顶,俯瞰满目的疮痍,“决不退缩,坚持建设,与英雄边防军一起,用辛勤的劳动,把海岛变成可爱的家乡!”——这是他们面对飘扬的旗帜、举起右手的庄严宣誓。

严峻的自然条件如同无情的雕刻师,狂啸的台风、汹涌的潮涌、荒芜的盐碱地,百般阻挠着垦荒队员;缺乏稳固的住所、平坦的道路、清澈的淡水以及先进的工具和技术,基础设施的极度匮乏阻挠着垦荒队的每一项建设工作;在生存的最前线,有限的医疗资源与无情的疾病,构成对垦荒队的双重打击……然而,正是在这样的逆境中,青年志愿者们展现出了他们不同凡响的精神风貌。他们以艰苦卓绝的奋斗精神,面对困难不退缩;以革命的乐观主义精神,面对挑战不气馁。他们用惊人的意志品质,携手并进,共同击破了孤独与辛苦的锁链,驱散了未来不确定性的阴霾。

"登岛后看到的荒凉景象,至今都印在我脑海里。山上长满了野草,岛上只留下了一位奄奄一息的老人躺在床上,家人在边上放了一口棺材。在破败的民居里,还能看到发黑的饭菜。那时的大陈岛是一个死岛、荒岛。最要命的是,国民党临走前把岛上唯一的水库给炸了,岛上的淡水资源变得极其匮乏。"首批垦荒队队员张其元如是回忆。

"张寿春,你是共产党员?""是的,我是共产党员。""党委决定让你去竹屿岛养羊去。""好的,我去。"面对垦荒队扩大放牧的目标和遥远的无人荒岛,第二批垦荒队队员张寿春如是回答。

"天上有女的飞行员,地上有女的拖拉机手,我这个女同志可以到海上去锻炼,做个轮机手嘛。大家看到我这么热情,好多女同志也都会响应去海上锻炼。"第一个报名参加海洋捕捞队的女队员金育育如是申请。

从1956年到1960年,五批共467名青年志士,如同勇士般踏上了大陈岛这片充满挑战的土地。他们以青春的华章和热血的激情,在这座曾经荒凉沉寂的孤岛上谱写了一曲曲奉献与希望的赞歌。他们的身影,如同岛上不屈的雕塑,铸就了大陈岛永恒的精神丰碑。

"艰苦创业、奋发图强、无私奉献、开拓创新",这16字是那些青年志愿者以热血和泪水凝练而成的大陈岛垦荒精神。它如同岛上的灯塔,引领着后人前行的方向。而"一次登岛,两次回信",则成为当代青年心中最深沉的时代呼唤,激励着我们不断追寻先辈的足迹。

六十余年的风雨兼程,大陈岛垦荒精神如同燃烧的火炬,代代相传,愈发璀璨。它与红船精神等革命精神血脉相连,成为我们心中不可磨灭的印记。从"垦二代"到"垦三代",传承的不仅是一段历史,更是一种责任和使命。他们对大陈岛垦荒精神的继承与发扬,是对时代呼唤的有力回应,展现了铁肩担道义、奋勇争先的精神风貌。

我们每个人都应当以那些青年志愿者为榜样,去传承那份坚韧不拔的精神,去延续那份对美好生活的追求,去忍受那些不可避免的艰难困苦,去坚守那份对理想信念的执着。让我们以实际行动，续写大陈岛垦荒精神的新篇章，让这份精神之火，照亮更多人的心灵，引领我们共同迈向更加辉煌的未来。

（文/叶鑫涛）

一窗明月半床书

之前有时候我会想，好像我不该来学文科。

高中时同学间流行的说法是，文科大部分没有门槛，学理也能报，但是学文不行，它少了一种选择。于是为了这个选择，也为了“说不定能学医”，我把擅长的政治换成了生物，拼命学了三年理科。

但是好巧不巧，我被提前批录取了，我来学了文科，学了更擅长但看起来好像“出路少”的文科。大一时我经常会感到迷茫，感觉我们学的东西都是“理论”，而不是“技术”，难道四年后我将捧着一堆“理论”去养活自己吗？有的时候我甚至会有极端思维，思考当世界末日来临时学文科的我能做什么，既不能救死扶伤，也没能力研究高新技术防护罩，更别说什么研究新型核武器来打怪。

但是，我可以记录。

法律是对社会中平衡人性与规则的一种规训，哲学是对人类发展路途的一种回望和包容，历史正是一代代记录者用笔墨堆叠的春秋。文科专业是对过去规律和经验的一种记录和总结，比如说工业革命的环境污染，比如现代化建设，比如阶级问题，等等。在复杂的社会发展历程中，它是人类向前发展的“操控官”，也是“指挥者”。发生了这么多事情，总得有人是记录者，而负责记录故事这件事，本身就意义非凡。唯有文字可战胜沧海桑田。

我可以传情。

花海，火烧云，天涯石，这些事物好像也不能给我们带来什么物质的力量，但是它们是爱或者其他任何情感的出口，它们拥有人类所赋予的内涵和意义，成为“浪漫”的附属。如果只从科技与数据来看，颜料用来绘画是一种浪费，清水用来洗墨是一种污染，伤春悲秋是一种“妄想情感过剩综合征”，我见山只是山，见水只是水。艺术缺席、情感缺席、人文缺席，生命无法乘兴而来，人类无法尽兴而归。唯有深情文字可抵岁月漫长。

我可以思考。

“我的人生就是在这些没用的基础上建立的，否则就有沦为行尸走肉的悲哀。”文科看起来好像不能解决任何问题，读一本毛姆也并不会比打一局牌“高尚”——打赢一把好牌说不定还能赚点喝彩。但是，物理可视实用主义无法涵盖一切“有用”的定义，文科切实赋予了我们看待世界的全新角度，切实赋予了我们思索和辩证的思维。如果人文一直跟不上时代的发展，人类迟早会消逝于科技与欲望的无限扩展。精神世界的重要性振聋发聩，历史上几乎任何一场有关人类命运的运动都是由学者发起的。西方启蒙运动在黑暗的中世纪劈开一道理性之光。20世纪，在中华民族危亡时刻，李大钊和陈独秀等中国先进青年创办的《新青年》掷地有声，他们始终在寻找的救亡图存的道路归根结底是马克思主义理论及其指引的社会主义道路。而如今，我们也有了新时代新的答案——“中国式现代化是物质文明和精神文明相协调的现代化”。唯有文字和理论之光可照亮前行道路。

从另一个角度来看上边所说的一切其实也正是我作为一名文科生的思考。我无法做到罗列条目，给不出具体的、直接的答案，而是以一些模糊的、抽象的隐喻或者类比来让这个问题变得更饱满。有一个朋友曾经和我说，他认为文科的意义就在于发掘意义，从而做到不乱赋予意义、不空谈意义。就像莫言所说，“文学最大的用处就是没有用处”，我们大可以在物理角度赞美无意义、庆祝无意义。如果在很多年后，我写的这些内容可以让已经正式步入社会、开始忙于生计的我再次有些思索，这其实也是一种沉淀的价值，一种崭新的意义。以文为证，不负热爱与生活。

所以，回到最开头，其实我不该来学文科吗？不，我明明更擅长、更喜欢文科，我的“不该”算是一种赌气，以此来给曾经“为了学理”而努力了那么久的自己一个安慰，而不是对文科本身价值与意义“该不该”的评判。

找到在川流不息的人群中静止的片刻本真,统筹世间万物命运与未来的规律,传递代代人文、逻辑、思维与情感的声音,这便是文科专业给我带来的收获。

(文/李佳茗)

厚实之风薪火传

“参天之树,必有其根;怀山之水,必有其源。”若将一个家庭比作清之活水,传承良好的家风便是树之根、水之源、家之本。习近平总书记指出:“不论时代发生多大变化,不论生活格局发生多大变化,我们都要重视家庭建设,注重家庭、注重家教、注重家风……使千千万万个家庭成为国家发展、民族进步、社会和谐的重要基点。”诚如斯言,家风不染尘,清廉思久远。

我来自党员之家,同时也来自地地道道的教师家庭。母亲的祖父在从曲阜师范学校毕业后便在家乡当起了一名人民教师,再到我的爷爷和父母,教书育人似乎已成为家庭的传统。上高一时,长辈们问我上大学想报考什么专业,我毫不犹豫地回答是思想政治教育,一直传承教书育人的职业,成为一名光荣的人民教师。但我清晰地记得,爷爷语重心长地对我说:“当老师可是个良心活儿,我希望你成为一个厚道的孩子。”在我浅显的理解看来,厚道是严于律己、宽以待人的真诚与包容,是对成长路上无私给予我帮助的父母师长常怀感恩之心,亦是为人处世的坦坦荡荡。

何谓人之“厚”?我一直在追寻这个问题的答案,其转折点是我迈入山大校园后的第一堂党课。彼时我们刚刚进入大学生活,激昂与困惑交织在每个人的心头。“你们是祖国的未来,要成为德才兼备的学生。”我将这句话工整地记录在本子上,因为我想这便是为人厚实的最好诠释。德才兼备并不是一个伪命题,而是作为一名新时代青年应有之姿的辩证统一。所谓厚实,不仅是成长为具备更多知识的学生,更是具备听党话跟党走应有的坚守、有理想敢担当的追寻、干一行爱一行的热爱的昂扬青年。爷爷当时的话如同回旋镖般打中了三年后的我:德才兼备,方堪重任;厚实做人,方能成才。

回头看,家风的构建、弘扬有其规律可循。一方面,家庭要重言传、重身教,教知识、育品德,身体力行、耳濡目染,帮助孩子扣好人生的第一粒扣子,迈好人生的第一步。是家里一面面感谢师恩的锦旗和父母作为党员干部在抗疫时一次次的挺身而出,让我儿时便对桃李满天下的师生情谊与成为一名德才兼备的党员心向往之。另一方面,只有全社会、每一个家庭、家庭中的每一个成员共同努力,传承弘扬,不坠家风,努力使每一个家庭都成为人生幸福、美好生活的港湾,才能积水成渊,激荡起家风、国风、民族风的一池春水,成为国家发展、民族进步、社会和谐的重要基点。

百年来,中国共产党人精神谱系铸造于为国为民的生死以赴中,也展现在、存养于具体、平常而又伟大的家风中。家风托起“世风国运”。我们每一个家庭都为这个社会、为这个国家、为这个民族贡献我们的力量,发展动力就会更加强大,厚实之风便会更为清远。

（文/李羽煊）

宣誓向长空

在历史长河中,革命先辈看似离我们很远,其实很近。在考入成仿吾英才班后,我追寻着革命先辈的事迹。我的高中母校太原五中,是一所具有悠久革命历史的百年名校,早期共产党人高君宇、王振翼、贺昌、王瀛、张友清、张叔平和老一辈无产阶级革命家彭真,曾在这里就读。太原社会主义青年团,中国共产党山西省第一个党小组、第一个党支部,在这里诞生;社会主义青年团太原地方执行委员会、中国共产党临时省委机关、中国共产党太原市南部委员会,也在这里创建。我曾在一本文集中读到高君宇爱人石评梅的一篇悼文,感人至深,因此开始探寻校友的足迹。

高君宇,原名高尚德,字锡三,号君宇,出生于山西省静乐县峰岭底村(今属娄烦县)。他是一位中共早期著名的政治活动家、理论家,中共北方党团组织的主要负责人和山西党团组织的创始人。在求学时期,高君宇于1912年考入了山西省立第一中学(现太原五中)。在山西省立第一中学的学习过程中,他展现出了强烈的爱国情怀和革命精神。1915年,当袁世凯与日本帝国主义秘密签订丧权辱国的“二十一条”后,高君宇立即参与反对袁世凯卖国行为的斗争,他翻印了“二十一条”全文并广为散发,组织学生游行和街头演讲。高君宇在山西省立第一中学的学习经历为他日后的革命生涯奠定了坚实的基础。他在这里不仅获得了丰富的知识,更重要的是,他在这里坚定了自己的革命信仰,立志报国、追求真理,确立了共产主义信仰。因此,可以说山西省立第一中学是高君宇人生道路上的一座重要里程碑,是他走向革命道路的关键一步。他的成长和后来的成就都与他在山西省立第一中学的学习经历和革命活动密切相关。

“革命是要为了群众利益的!”高君宇是中国共产党成立时最早的50多名党员之一。从建党之日起,高君宇便开始分析革命的动力以及党的作用等重大问题。他认为,中国广大民众是革命运动中的最大要素。1922年10月,为反抗剥削和压迫,中国劳动组合书记部领导开滦五矿工人举行大罢工,得到社会各界声援和支持。然而国民党《沪报》《民国日报》刊载的文章,却对此事态度含糊、立场暧昧。高君宇一腔义愤,在《向导》第8期发表《国民党报纸不应有这样记载》一文,指出国民党不应该替军阀和外国军队说话,至少应该帮助和鼓励工人。高君宇指出,离开群众的支持,革命不可能成功,“中国国民革命的主力军,唯有是团结了的劳动群众”。这一观点十分先进。直到1926年9月,毛泽东在《国民革命与农民运动》一文中还在大声疾呼:“农民问题乃国民革命的中心问题,农民不起来参加并拥护国民革命,国民革命不会成功。”

1920年,在一次山西同乡的聚会上,高君宇与石评梅相识。在高君宇的影响下,石评梅加入了马克思学说研究会。他俩经常书信往来,谈思想,谈抱负,谈论民族前途、革命与文学。面对动荡的社会和不可预知的未来,他们在苦闷和彷徨之际相互安慰与勉励。高君宇在信中鼓励她鼓起勇气,积极投身迎接新文化、改造旧世界的斗争中去,字里行间流露出担当“改造世界的责任”的革命豪情。共同的理想与革命抱负,使两个年轻人越走越近,成为恋人。

后来高君宇曾当选为中国社会主义青年团第一届中央执行委员,并担任中国共产党第二、三届中央委员,做过孙中山的秘书,1925年在北京病逝。高君宇逝世后被安葬于陶然亭公园,随他一起葬入墓穴的,有石评梅的一张小照片和一枚象征他们恋情的象牙戒指。

英烈已逝,而其精神光耀千秋。高君宇烈士的家乡围绕着他的革命事迹展开了宣传与教育。2013年6月,修复后的高君宇故居纪念馆正式对外开放,月均接待游客3000余人。2017年,有7万余人前来参观,有许多单位选择在这里举行入党、入团仪式,进行党团员培训。学校也纷纷组织青少年学生来这里聆听英雄事迹,接受爱国主义教育。

在太原五中学习的三年里,我不断接受革命文化的熏陶教育。学校每年组织参观校史馆,了解学校光辉的革命历史,还到彭真纪念馆参观学习。令我印象最深刻的,是那次观摩《高君宇与石评梅》话剧的经历。高二时,全年级观摩了话剧《高君宇与石评梅》,这一剧目依托于我们革命名校的光辉历史,由我们的同学自行组织排练,一幕幕令人心潮澎湃又动人心弦的戏剧,向我们展现了风云激荡的革命年代里一对革命伉俪共同战斗的历史。

在最终一幕,我们的学生演员演绎了石评梅的《墓畔哀歌》。《墓畔哀歌》书写了革命者慷慨而又凄婉的爱情。铮铮铁骨如石评梅,面对爱人的离去,笔下极尽哀婉悲叹,心中大悲:“我爱,我原想追回那美丽的皎容,祭献在你碧草如茵的墓旁,谁知道青春的残蕾已和你一同殉葬。”而情感的流动中,仍然表现出革命者顽强不屈的意志:“星月满天时,我把你遗我的宝剑纤手轻擎,宣誓向长空:愿此生永埋了英雄儿女的热情。”文章感人至深,演员的生动演绎进一步增强了感染力,同学们潸然泪下,在接受校史教育、革命教育的同时,人间真情感人至深。

高君宇致石评梅的一封信的结尾曾这样说:“你是很有力的,一切的不满意将由你自己的力量破碎了!过渡的我们,很容易彷徨了,象失业者踯躅在道旁的无所归依了。但我们只是往前抢着走罢,我们抢上前去迎未来的文化罢！好了,祝你抢前去迎未来的文化罢!”斯人已逝,精神犹在,作为后来者,请大家,抢上前去迎未来的文化吧!

（文/李陈仪鸿）

一株木棉

谈起身边的人,总会想起一位前辈,一位成长旅程中给予诸多指导的师长,一位低谷失落时可以敞开心扉话家常的好友,一位学术道路上勤勉前行敬事如仪的学者。

初见乍惊欢,久处亦怦然。仍记得初次见面,在台下,我是那个默默的聆听者。那娓娓道来的是曾经的我多么渴望学习到的知识,是高中三年的遗憾,是无限接近却永不相交的追逐。如果说满怀崇敬之情的是那挥斥方遒的学者气质,慢慢走进我所热爱的那片土地后,我却发现与前辈多了几分惺惺相惜。每棵伟岸橡树的近旁都会有一株木棉,彼此靠近。“根,紧握在地下;叶,相触在云里”,共同“分担寒潮、风雷、霹雳”,一起“共享雾霭、流岚、虹霓”。一程山路,经历太多不易。岁月予以沉淀,待人接物谦逊随和、学术研究严谨厚实、为人处世沉稳踏实,教我如何不敬仰倾慕。

“淡极始知花更艳,愁多焉得玉无痕。”每当迷茫焦虑时,我总会想起相处的点滴,找寻那份初心。微弱的星光无法照亮世界,却可以闪烁着温暖的光芒。每次如沐春风的话语,都让我倍感鼓励。是“好风凭借力,送我上青云”的冲劲,是“莫愁千里路,自有到来风”的从容,是即使前方荆棘密布,也不枉亲人期待、师友支持、内心追寻的沉淀。我发觉成长原不是一蹴而就的迸发,而是更加温柔且坚定地稳步前行。当屹立于天地间,背负着沉重的目标与担当,我时常庆幸,每当失意之时,总有一股力量支撑我沉默前行。自此,心中便多了一份豁达与坦然,能够信心满满地面对前路的困难与挑战。

“买得杏花,十载归来方始坼。”与其仰望,不如成为那个理想中的自己。

在金沙江边,木棉花沿线绽放,挺立岸中,向着天空尽力发出它们的遒枝,点缀着江水的寂寞。江畔云蒸霞蔚,江边空旷高原,木棉俊逸挺拔,那盎然的生机高挂在枝头,让春天怒放成满目的风景,滋养大地。我们与其感叹命运的多艰、成长的坎坷、时间的流逝、色彩的减淡,不妨相信一切是最好的安排。即使没有机会站在曾经我所热爱、向往的土地,但我相信,手持灯盏者,无惧暗夜风霜;奋力追光者,终将光芒万丈。相信多年后再见,仍会有“我见青山多妩媚,料青山见我应如是”的春和景明。

愿为江水,与君重逢。做一株木棉吧,用旺盛的生命力塑造红硕的花朵和恬淡的枝丫,点缀那远方的“铜枝铁干”,热烈而坦荡,简单却纯粹,生动且鲜活。

(文/李羽煊)

石元春全集

COMPLETE WORKS OF SHI YUANCHUN

杂文文集卷

石元春◎著

中国农业大学出版社
China Agricultural University Press
·北京·

内 容 简 介

《石元春全集·杂文文集卷》有《往事篇》《讲话篇》《建议篇》《信件篇》《短文篇》《诗词 /PPT 篇》，包括 130 余篇文作，近 40 首诗词，以及 75 帧讲演用的 PPT。本卷文体形式多样，文字活跃，诗词、诗画配及 PPT 更是别具风格，反映了作者丰富多彩的生活与情愫。

图书在版编目（CIP）数据

石元春全集. 杂文文集卷 / 石元春著. --北京：中国农业大学出版社，2022.2

ISBN 978-7-5655-2696-1

Ⅰ.①石… Ⅱ.①石… Ⅲ.①石元春－全集 ②杂著－中国－现代－选集 Ⅳ.①N53②Z429.6

中国版本图书馆CIP数据核字（2021）第 264074 号

书　名　石元春全集·杂文文集卷

作　者　石元春　著

总 策 划　席　清　丛晓红　　**责任编辑**　杜　琴

策划编辑　杜　琴　　**封面设计**　李尘工作室

出版发行　中国农业大学出版社

社　　址　北京市海淀区圆明园西路 2 号　　**邮政编码**　100193

电　　话　发行部 010-62818525，8625　　读者服务部 010-62732336

编辑部 010-62732617，2618　　出　版　部 010-62733440

网　　址　http：//www.caupress.cn　　**E-mail**　cbsszs@cau.edu.cn

经　　销　新华书店

印　　刷　涿州市星河印刷有限公司

版　　次　2022 年 2 月第 1 版　　2022 年 2 月第 1 次印刷

规　　格　170 mm × 240 mm　　16 开本　　31.5 印张　　615 千字　　插页　2

定　　价　220.00 元

滴水粒沙集

——代全集序

科教生涯快 70 年了。

前 40 年主要从事土壤地理科教工作。参加过中国科学院黄河中游水土保持综合考察和新疆综合科学考察；参加过土壤地理教学；“文革”后参加黄淮海平原旱涝盐碱综合治理达 20 年之久。

世纪之交，参加过国家高技术研究发展计划（863 计划）、国家重点基础研究发展计划（973 计划）以及国家中长期科学和技术发展规划等三次国家重大科技发展战略的研究。

学术生涯的最后一站，是年过古稀还满怀激情地投入到一个全新领域，倡导生物质科技与产业化。

20 世纪八九十年代，担任过 8 年北京农业大学校长。

自研究生学习以来，养成了一种“随做随总随写”的勤干笔耕习惯。为庆祝中国工程院成立 20 周年，不到一年时间就编撰出版了 280 多万字五卷册《石元春文集》。当了 8 年校长，秘书没为我起草过一篇文稿。因勤于笔耕，70 年积淀了一大箩筐的陈年旧纸。

2016 年夏得短暂性脑缺血症，即小中风，体能明显衰退，毕竟已是 85 岁的人了。于是减少外勤学术活动，增加室内写作，启动了整理编撰《全集》计划。

《全集》包括：文集类 6 卷册，《土壤文集卷》《农业文集卷》《教育文集卷》《生物质文集卷》《杂文文集卷》和《研究报告文集卷》；专著类 4 卷册，《黄淮海平原水盐运动卷》《战役记卷》《决胜生物质卷》《决胜生物质Ⅱ卷》，其中《决胜生物质卷》上一版出版后，美国和韩国的两家出版社又分别出版了英文版和韩文版，此次一并纳入《全集》中；其他类 5 卷册，《PPT 选辑卷》《视频选辑卷》《自传卷》《影像生平卷》和《全集总览卷》。《全集》中的部分卷册是新编的，部分卷册之前出版过，此次在原有版本基础上稍做修改补充，尽量保持原貌。作为科技与教育成果，《全集》内容与资料都已经过时了，但却留下了一些时代印痕。《全集》工程，打算2023年底收官。

感谢一生中鼓励、支持和帮助我的贵人；感谢我的老伴李韵珠教授；感谢中国农业大学出版社席清社长和丛晓红总编辑等同志为出版《全集》所做的巨量工作；感谢王崧老师在《全集》出版过程中提供的种种帮助。

我是新中国培养的知识分子。通过《全集》，将自己一生工作做一番清理，像整理打扫一间老旧住房一样。也想以此作为一种交代，对培养我的祖国与人民的一个交代与感恩，对辛勤一生的自己的一个交代与慰藉。

科学是一条流淌不息的长河，科技工作者是一滴水；科学是一座巍峨雄伟的大山，科技工作者是一粒沙。科技工作者的岗位就是做好滴水粒沙工作。

石元春

识于北京燕园，2021年末

序

将一些大块文章整理入《土壤文集卷》《农业文集卷》《生物质文集卷》《教育文集卷》诸卷后，总算松了一口气。

可是，电脑里还有一大堆的讲话、建议、信札、短文、随笔、打油诗等的文存。其中有全球金融危机期间给胡锦涛总书记的紧急建议信，有上交政协的提案，有给数十年未见同窗的一段叙旧，有在飞机上的奇思妙想……从国家大事到鸡毛蒜皮，从天地洪荒到小方顽石，这些都是就一时一事而论，或不经意中思想冒出的星星火花，即兴发挥而已。多少年后重读，自觉旧情旧感难忘，尚可玩味自娱，弃之可惜，于是整理成卷。算个什么卷？就《杂文文集卷》吧！

多年未有住过的老房子，里面家私杂物、书架衣柜等杂乱堆放，灰尘蛛网难免，将它来一番打扫和重新装修整理，乃一大快事也。此次整理《文集》也有此种感受与心情。

一般而言，大块文章整理较易，杂文凌乱不羁，整理较难。这还要感谢电脑，它像一栋房子，可以将 1998 年后 17 年间的一应“家私杂物”统统堆在了里面，不像 1998 年以前纸质资料容易散失和不便打理。故 1998 年后的文存丰而之前者稀。电脑里杂文数百，先分别放进了往事、讲话、建议、信札、短文、诗词 6 个筐子里，再在每个筐子里剔除一些，留下一些，即可成卷了。故本卷收集的都是 1998 年学会使用电脑以后的文作。

大块文章命题乃大，旁征博引，起承转合，洋洋大观。杂文不然，主题随意，开门见山，用词精锐，不拘一格。大块文章如四菜一汤的正餐，杂文犹如小吃，上海小笼汤包、北京炒肝、武汉热干面、永和豆浆，各具特色，风味喜人。但本卷杂文恐不在此列，一些路边小摊早点罢了。

本《杂文文集卷》将“往事”放在首篇，意在对作者科学生涯与工作有个梗概介绍，为便于对以后诸篇内容的了解，篇中还有年谱与著作名录。《讲话篇》含 26 文，主要是在一些学术性会议上的系统发言。有在国务院会议上，也有在开学典礼或某个座谈会上的发言。《建议篇》含 28 文，内容更是五花八门，轻重长短有之，但都能反映作者对事的一种态度和观点。《信件篇》含 48 封，有给同窗好友的，有给专家院士的，有给国家主席和总理的，多出于工作上的沟通与联系。《短文篇》含 25 文，有序作和寄语，有随笔和感言，有短论和针砭时弊之作。《诗词 /PPT 篇》收集诗词 39 首，另选 PPT 一篇 75 帧。诗词多随意即兴，明志抒情，自娱自乐而已。近十多年作者用 PPT 作报告讲演约 200 场，深感这是除文字和语言外的一种科学内容与图片相结合的特殊表达形式，精练而生动。我挑了 2013 年在一次学术讲演时用的 PPT，将 PPT 收入《文集》也是一种尝试。

平时我鲜读他人《文集》，我自己的《文集》，读者必是寥寥。我以为《文集》更主要的是对自己一生劳作的一个交代，是给自己存念和闲时把玩的。这样想，可以心安理得一些。

石元春

2014 年初冬于北京

目录

CONTENTS

往事篇

讲话篇

建议篇

信件篇

短文篇

诗词/PPT篇

往事篇

《杂文文集卷》以"往事篇"开篇，意在通过对作者学术与工作的梗概介绍，对后续的"讲话""建议""书信""短文"与"诗词"等诸篇内容的了解有铺垫和提纲挈领之效。

往事篇目录

1 学术成就

【写作背景】

由钱伟长院士担任主编，由数学、力学、天文学、地理学等21卷组成的大型纪传《20世纪中国知名科学家学术成就概览》于2010年开始陆续出版。作者担任其中的《农学卷》主编，以下是收入该卷的“石元春学术成就”文稿，由作者本人撰写。

石元春（1931— ），湖北武汉人，土壤学家。1991年和1994年先后当选为中国科学院院士、中国工程院院士和第三世界科学院院士。1956年北京农业大学土壤农化系研究生毕业，师从中国著名土壤地理学家李连捷院士。曾任中国科协副主席、国务院学位委员会委员、国家科技奖励委员会委员等职。早期从事古土壤和土壤地理学研究，提出“地学综合体”概念和黄土高原的古土壤类型及演替。20世纪70年代初参加和主持大型国家科技攻关项目“黄淮海平原旱涝盐碱综合治理和农业发展”达20年，提出了“半湿润季风气候区水盐运动”理论、水盐运动调节模式与技术等。该项目推动了黄淮海平原低产地区的治理和农业发展，带动了全国黄土高原等9大农业区域的综合治理和农业发展。该项目获1993年度国家科学技术进步奖特等奖。1987—1995年任北京农业大学校长，提出和实践了他的农业高等教育思想。90年代中期至今，主要从事农业宏观方面的研究。

参加了中国“S-863计划（2001—2010）”（高技术）、“973计划”（基础研究）以及《国家中长期科技发展规划》的战略研究，提出了新的农业科技革命、现代农业、生物质产业与后现代农业等一些新的学术观点。

一、家庭背景和成长经历

父亲幼时很苦，念了两年私塾就当学徒。后来自己开店，经营不错，家道还算殷实。他常对四个子女说：“我小时候没念上书，一定让你们都能念上大学。”尽管家境不很富裕，但我们四人上的都是当时学费很贵的教会中学。我是唯一的男孩，父亲没让我帮他做生意而让我念书，这才给了我机会和今天。

高中是在当时武汉最好的、美国教会办的文华中学念的。学校对“住读生”管得很严，两个星期放一次假。假日里，我们这群男孩的最大乐事是看美国西部片，对骑马奔驰在辽阔牧场上的“牛仔”和田园风光情有独钟。1949年高中毕业，七八个小伙子就相约报考了武汉大学、北京大学和清华大学的农学院。报考志愿竟受到一定程度美国西部片的影响。

我报考的是武汉大学农学院和清华大学农学院。先后收到武汉大学和清华大学的录取通知书，父母要我上武汉大学，我要上清华，最后还是遂了我的心愿。但入清华才一两个月，农学院就合并为北京农业大学（简称北京农大）了。四年的大学生活是在充满革命激情中度过的，追求进步，努力学习，入团入党。毕业分配表上的志愿栏填的全都是“坚决服从分配”和“到边疆去，到农业生产第一线去”，不想却分配留校当研究生，还为此闹了点小情绪。当时全国都在向苏联学习，由于农学方面的苏联专家因病推迟来华，土壤专家先来了，我就从农学系调到了土化系，在当时，个人志愿是绝对服从革命需要和组织安排的。

导师是中国著名土壤地理学家李连捷教授，是他设计了我一生的学术蓝图。除补修化学课外，安排我到北京地质学院和北京大学地理系修读了袁复礼先生的“第四纪地质学”和王乃梁先生的“地貌学”。研究工作是参加中国科学院黄河中游水土保持综合考察队的第四纪地质组，由著名第四纪地质学家刘东生先生任副导师。连捷导师常说，听课和学习一定要找最好的老师。导师的这个理念才使我有机会得到这许多名家大师的教诲和熏陶。毕业后留校，并随同导师参加中国科学院新疆综合考察队四年，为我打下了较好的从事科学工作的基础。

我的早期科学工作是从这两次科学考察开始的，20 世纪 70 年代开始参加黄淮海平原旱涝盐碱综合治理的国家科技攻关项目长达 20 年之久。1987 年至 1995 年任校长，以后的学术工作多偏重于农业宏观方面的研究。

1991 年和 1994 年先后当选为中国科学院院士、中国工程院院士和第三世界科学院院士。曾兼任中国科协副主席、国务院学位委员会委员、国务院资源环境委员会科学顾问、国家科技奖励委员会委员（至今）、国务院能源领导小组专家组成员等学术职务及第八届和第九届全国政协委员等。曾获 1993 年度国家科学技术进步奖特等奖（主持人）、陈嘉庚农业科学奖、何梁何利农业科学奖、王丹萍科学奖、全国劳动模范以及十多项省部级奖励。

二、“地学综合体”观与黄土高原的古土壤地理

修读“地貌学”和“第四纪地质学”以及随后的两次科学考察，使我有机会领会和综合运用第四纪地质、地貌、水文和水文地质、土壤、植被等多学科的地学知识。记得 1958 年中苏两国专家考察完新疆焉耆盆地后的业务交流会上，我代表土壤组作考察报告，开始只有土壤组的苏联专家参加，他听了不久就叫我停下来，将其他学科组的七八位苏联专家都请来听我的考察报告，看来是“地学要素综合”打动了他们。在中苏专家共同汇编的《新疆维吾尔自治区的自然条件论文集》中选载了我的“塔里木盆地北部盐分积聚规律”文章，这是我最早就“地学综合体”写作的论文。

新疆综合考察回京后，通过参加北京郊区土壤普查以及带同学土壤调查实习工作，撰写了北京东南郊土壤改良综合区划论文（1963）；主持完成了黄淮海平原旱涝盐碱综合治理区划及农业图集。这些研究和实践孕育了我的“地学综合体”思想，到后来在 20 世纪 80 年代初为研究生开设的“地貌学与第四纪地质学”课程时才作了如下的总结。

在自然界，第四纪沉积物、地貌、水文与水文地质、土壤、植被等五个地学要素不是各不相干和随机叠置，而是有规律和相互协调地组成一个统一的地学系统。第四纪沉积物是地学综合体的基础，决定了地貌的基本骨架和构成物质的岩性与年代，以及水文和水文地质特征；地貌是水、风、重力等外营力作用于第四纪沉积物的一种外在表观；土壤和植被则是在一定的沉积物、地貌、水文和水文地质条件下发育生成的。把握了第四纪沉积物、地貌特征及水文与水文地质状况，土壤与植被的类型及分布规律就一目了然了。地学五要素及其综合体形形色色，繁复多样，但在空间分布上与地貌类型的相关性和一致性最高。这就是我的“地学综合体”观。

在两位导师悉心指导下，1956 年完成的研究生论文题目是《晋西地区黄土及其形成》。此时正逢召开“中国第四纪地质研究会成立暨第一次代表大会”，为提携后生，两位导师安排我在大会上作学术报告。当时我不知深浅，可一到会场就傻眼了，上千人的会场坐得满满的，一些素日敬仰，只见其书文而未见其人的前辈和权威们就坐在前排，现在想起来还觉得汗颜，真是应了“初生牛犊不怕虎”这句老话。

1989 年，应《第四纪研究》杂志社之约发表了《中国黄土中古土壤的发生学研究》一文。文中应用形态及微形态学、化学、矿物学、孢粉学的研究结果，全面阐述了中更新世离石黄土中十数层古土壤系干旱森林灌丛下发育程度不同的褐土型土壤；晚更新世马兰黄土中古土壤为疏林草原植被下发育的强生草弱黏化灰褐土型土壤，以及全新世黄土为灌丛草原下发育的碳酸盐灰褐土型土壤。文中提出了黄土中古土壤的分类系统，以及第四纪期间的棕褐土—典型褐土—灰褐土—碳酸盐灰褐土的古土壤演替序列。土壤是一面镜子，可以反映黄土高原第四纪期间的古气候及古植被以及干旱化趋势。

三、结缘黄淮海

20 世纪 50 年代末和 60 年代初，黄淮海平原出了大事，因治理方针失误而发生了大面积的土壤次生盐渍化。

黄淮海平原是我国东部中朝陆台的一个构造沉降带，是黄河、淮河、海河等大量水系自西而东携带泥沙入海前堆积下的一大片低平原。由于季风盛行和地势低平，这里春旱夏涝，土地盐碱，地下水苦，灾害频仍，自然条件十分复杂。1957 年大搞水利化和 1958 年“大跃进”中推行的“一块地对一块天”（将降水蓄存下来）、“满天星”的平原水库和沟渠相连的“葡萄串”等以“蓄”为主的错误治水方针，使盐渍化土地面积由 2700 万亩骤增到 5000 多万亩，农民“谈水色变”。1963 年，海河平原又发生大面积洪灾，使这片平原满目疮痍，农产大减，民生凋敝。

在一些学术讨论会上，对此众说纷纭，莫衷一是。我很自然地与新疆荒漠带土壤盐渍化作了对比，感到这里情况要复杂得多，大家看法之所以如此分歧，症结在于对这里的水盐运动情况不明。当时没有研究课题和经费，只好利用土壤教研组的土钻、铝盒和实验室的化学分析条件，每月一次地到北京南郊大兴县（现大兴区）芦城村采样作图，以了解土壤中水盐的周年动态。每次采样总是晨出夜归，坐 5 个小时公共汽车，步行 30 里路，一人打钻取土 4 个多小时，回到学校已是筋疲力尽，还要用近一周时间去处理和化验采来的土壤样本。就这样干了两年多，可惜未待资料整理完，就在“文化大革命”中以“白专道路”和“资产阶级接班人”的罪名被红卫兵抄走散失了。留下的只是一份了解水盐运动规律的渴求。

接着大面积的土壤次生盐渍化和大涝，后又是连续数年的大旱，真是“屋漏又遭连夜雨”。1972 年周恩来总理在河北召开了北方 17 省抗旱工作会议，并指示国家科委在河北黑龙港地区组织“合理开发地下水”的科技大会战，其中设置了综合治理旱涝盐碱的课题和 9 个实验区。1973 年秋，北京农大土化系的 6 名教师（以后发展为各系二三十位教师参加）蹚着水进驻了河北曲周县北部的老碱窝张庄村，建起了“曲周旱涝盐碱综合治理实验区”。这里“春天白茫茫，夏天水汪汪，只听耧声响，不见粮归仓”，农民靠救济粮维生，十分困苦。我们与农民同吃同住同劳动同治碱，后来组建北京农业大学曲周试验站至今。从 1973 年到 1993 年，我在曲周试验站和黄淮海项目中一干就是 20 年。

四、半湿润季风气候条件下的水盐运动理论

不曾想到，京郊水盐运动资料在“文化大革命”中被毁数年后，又迎来了曲周试验区和黄淮海平原这个更大的水盐运动研究现场。进入曲周试验区，一手抓旱涝盐碱综合治理工程的设计和施工，一手抓水盐运动的观测和研究。在头三年里，用土钻把一大片试验地打得“千疮百孔”，取得了数万个观测数据，基本了解了这个地区水盐运动的特点。由此提出以开采浅层地下水为杠杆调节区域水盐运动和综合治理旱涝盐碱的主体思想和“沟渠林路建（建筑物），井田肥机电”的综合治理工程系统。

不料“浅井论”却撞在了当时河北省委大力发展深井（水利部拨款）的“枪口”上，各试验区的汇报会上不许我们提“以浅层地下水为主”，并以“对抗省委治水方针”的罪名将我们告到了国务院（“文化大革命”期间）。但是我们继续坚持“浅井论”和一再向上级申诉，因为我们“有恃无恐”的是，曲周试验区的治理效果是最好的，最受当地农民和地方领导欢迎和认可。当时河北省委拿我们没有办法，“文化大革命”后不得不向我们道歉。事过 30 年，黄淮海平原盐渍化发展趋势也证实了这个观点的正确性。

通过大量观测研究和治理实践，运用地理对比的方法提出了“半湿润季风气候区水盐运动”的理论。世界土壤盐渍化及其研究工作主要是在干旱与半干旱地区，几乎没有半湿润和季风气候条件下土壤盐渍化的研究与报道，二者的水盐动态特征和治理途径是完全不一样的。“半湿润季风气候区水盐运动”理论的要点是：

（1）旱涝盐碱和地下咸水共存以及交相为害是半湿润季风气候和泛滥平原地学条件下区域水盐运动所表现出的一组自然现象，是一种独立的地理景观和生态

系统。

（2）旱涝盐碱是一个统一的系统和有机的整体，必须综合治理，不能孤立地“头痛医头，脚痛医脚”，这是过去治理不成功的主要原因。

（3）综合治理旱涝盐碱的实质是对区域水盐运动（降水、地表水、地下水、土壤水及其中的易溶盐分）的科学调节与管理，使之由旱涝盐碱和地下咸水的自然态运行及表征，向着旱涝盐碱消减、浅层地下水淡化、农田生产状况改善的方向发展。

（4）浅层地下水的开采与回补是调节管理区域水盐运动的枢纽和杠杆。与此理论体系相应的技术有：区域水盐运动的概念模型和数学模型、PWS 区域水盐监测预报体系、不同条件下的水盐调节模式和技术等。

改革开放后，这个国家科技会战发展到由 4 个部委主持，中央及四省两市的 204 个科研教学单位 1141 名科技人员参加的“黄淮海平原中低产地区综合治理与农业发展”的大型综合国家科技攻关项目，我一直担任项目专家组组长和主持人。此项目在不同类型地区设置了 12 个试验区，建立了不同的田间工程系统和管理模式、农田水盐运动监测预报体系、农田综合防护林体系、作物种植制度和水肥管理体系等，显著地改善了这些地区的自然和农业生产条件。

治理前（20 世纪 70 年代初），政府每年要为黄淮海平原调进救济粮 50 多万吨，通过 20 年的治理，抗旱和防涝能力大大提高；耕地中的盐渍土面积由原来的 5000 多万亩减少到 1500 万亩以下；粮食年总产由 4000 万吨提高到 7500 万吨；小麦、棉花和玉米产量分别占全国总产的 43%、52% 和 30%；每年还可向区外提供商品粮 150 多万吨；农民收入由原来的年均 500 元提高到 2000 元以上。通过治理，灾害频仍和低产缺粮的黄淮海平原转变成为中国的重要农业生产基地。

五、黄淮海效应

科研成果不仅要写在纸上和描在大地上，还要为社会带来更多的福祉，改革开放为此提供了一个极佳环境。

改革开放之初，联合国“国际农业发展基金会”（IFAD）副总裁来中国考察，当时的农牧渔业部介绍到了曲周实验站。记得是 1979 年麦收季节的一个艳阳高照的早晨，我从邯郸将他接到曲周，一路上向他介绍情况，到试验区考察现场，又系统报告了研究和治理成果。他在最后的讲话中不无感慨地说：“发展中国家的这类项目我考察过很多，一般总要半个多月，这次到你们这里，半天就够了。我已经决定 IFAD 上这个项目，相信回去向总裁汇报后他也会同意的”。在回邯郸的路上他很认真地问我：“你们做了这么好的工作，怎么国际上不知道？”

我说："您是否忘了两三年前中国还在'文化大革命'"。不到一年，IFAD 就与中国政府签订了贷款 3000 万美元的曲周旱涝盐碱综合治理项目，这个天文数字就像天方夜谭中的神话一样不可思议。曲周试验区一下子由几百亩扩大到 23 万亩，使旱涝盐碱肆虐无度的整个曲周县北部旧貌换上新颜。

当时，世界银行也闻风而至，要争夺曲周这个项目，说他们比 IFAD 有钱得多。但凡事都有个"先来后到"，农牧渔业部只得在黄淮海平原另辟 350 万亩低产地与他们签订了综合治理项目，贷款 6000 万美元。20 世纪 80 年代末完成这个项目时，灌溉和防涝面积分别增加了 106% 和 189%；盐碱地减少了 77.5%；粮食总产和单产分别增加了 166% 和 260%，被世界银行评为"优秀执行项目"。

黄淮海平原项目的成功开创了中国中低产田综合治理的先河，国家"七五"科技攻关项目中又增加了黄土高原、三江平原、西北旱作农业区、南方红黄壤区等几个中低产田综合治理项目。当时为摆脱国家缺粮困境，利用黄淮海平原等在区域治理上提供的成功经验，国务院于 1988 年制定和出台了一个投资 560 亿元，涉及 20 个省份、3.8 亿人口、3100 万公顷耕地的"区域治理和农业开发计划"（1988—2000 年），我在参与这个国家计划制定时的心情是可想而知的。十年后，朱镕基总理政府工作报告宣布中国粮食总产超过 5 亿吨，可以基本自给和丰年有余。在结束几千年中国缺粮历史的过程中，以黄淮海项目为龙头的"区域治理和农业开发计划"是作出了重要贡献的。

1985 年，由黄淮海项目主持和筹备的"国际盐渍土及其改良学术会议"终于在济南召开了。国际土壤学会前主席 Donald Nielsen 教授等 20 多个国家的一百余名专家，用两天时间一路考察了曲周等几个综合治理试验区，我作了大会主题报告。《会议纪要》中写道"对中国科学家提出的半湿润季风气候区盐渍土水盐运动及其调节的有关理论以及采用灌排农林等对区域水管理的综合治理盐渍土的办法予以肯定。与会科学家认为，中国人民应为此成就而自豪"，此纪要全文发表在国际土壤学会会刊上。

曲周试验区和黄淮海项目的成果在一级一级地放大，社会影响也在不断扩散。李鹏总理 1988 年 6 月到曲周试验区视察，7 月邀请黄淮海项目部分科技人员到北戴河休假，颁发国务院嘉奖令。该项目先后获数十项国家和省部级奖励，1993 年获国家科学技术进步奖特等奖。

六、农业高等教育观——校长八年

1985 年被任命为北京农业大学副校长，1987—1995 年任校长，将一个长期工作在科研教学一线的我推到了农业高等教育管理的一线，扮演一个全新的角色。

“文化大革命”期间，北京农业大学是农业院校中元气大伤的“重灾户”，20世纪80年代初连一个完整的校舍也没有。当全国高校已由恢复进入全面发展时，北京农大还在恢复中百废待兴，千头万绪。作为一校之长必须保持清醒头脑，要尽快跟上全国的发展形势。上任之初的第一次学校工作会议上就提出了新形势下的北京农大存在着专业学科与院系设置、教育层次与结构、育人观、学科发展观等的“六个不适应”，将北京农大由一个传统农业大学向现代农业大学的转化作为工作的总纲。

任何一所大学都必须审时度势，有自己的科学定位和发展目标。在第一次工作会议上我提出了：“综合性和多科性的，一流和新型的农业大学”（1987）；以后又调整为“一流和新型的，以农科为主的综合性大学”（1992）的定位和发展目标。离任前，根据全国高等教育形势和北京农大的特点，参考美国加州理工大学和约翰霍普金斯大学的“小规模，高层次”模式，补充提出了北京农大应向“以本科教育为基础，重在研究生教育的研究型大学方向发展”，2010年本科生与研究生之比争取达到1∶1。这在当时犹如“痴人说梦”，因为北大和清华还不到1∶0.4，现在看来已经是可以追求的现实了。

院系设置是大学办学思想和目标的重要体现，是学科发展和社会需求变化的反映。为此，将全校调整和重建为8个学院29个系和74个专业方向的新框架，其中新设“基础科技学院”和“人文社会科学学院”以加强文理；新设“资源环境学院”以适应社会发展需要。新设的前沿、新兴和交叉学科及专业方向有分子生物学、生物技术、农业遥感、信息科技、生物环境控制工程、食品加工、饲料加工、肥料加工，以及种子工程等；经管和人文社科方面如农村发展、农产品贸易、乡镇企业经营管理、农业推广等。在发展本科及研究生教育的同时，于1988年率先在北京农大建立了继续教育学院，提倡终身教育思想。

人才培养模式是大学教育的核心。1988年提出本科生要由过去学习苏联的“专才”（培养农学家）模式改为广适应性的“通才”模式，使学生毕业后能较好地适应国家改革开放和社会就业中对人才广泛而多变的需要。为培养广适应性的“通才”，改过去的专业招生为按系招生并逐渐向按院招生方向过渡。为此，调整了院、系和专业方向设置，制订了新的培养方案、课程设置，以及教学内容和方法。

为适应科技和社会快速发展的时代，在1988年召开的第二次工作会议上提出了大学教育不能停留于知识传授，必须加强学生非智力因素和精神素质的培养，提出“高等学校应当具有一股强大的深沉气质，犹如一座陶冶英才的熔炉”。1991年将精神素质培养的四项内容与要求作为“熔炉工程”列入了学校的“211计划”。

教师是教育质量的根本。上任伊始，就采取聘任制、择优上岗制、年终讲评制、新职称评议标准，以及数倍提高课时津贴等以激活教师队伍的教学积极性；提出教学质量是教师的“第一职业操守”“上课迟到就是责任事故”等。从教师队伍结构分析中发现，十年“文化大革命”造成教师队伍“断层”现象，“文化大革命”前大学毕业的教师到 2000 年将只剩下不到 10%，因而将青年教师培养作为教师队伍建设的战略重点。

组建青年教师队伍，要国内国外两手抓，我常说：“有了 50 个‘土博士’和 50 个‘洋博士’，农大这台戏就好唱了”。当时房子就是人才，在农大刚迁回京，教职工住房十分紧张的情况下，不得不顶住极大的压力，抽出一部分“人才用房”，做到房子、妻子（安置工作）、名子（职称）、位子和票子“五子登科”。我对他们说，人才断层让“穷人家的孩子早当家”，你们要珍惜这个机会，把农大这个家当起来。十多年过去了，这批同志已经成长为当今农大各院系和管理部门的主要骨干了，包括现任校长、两名中国科学院院士和一名中国工程院院士、一批“长江学者”和颇有名望的中青年教授。

离任前，我发表了一篇“面向 21 世纪的中国农业高等教育——挑战和适应性思考”的前瞻性文章，作为“临别赠言”。校长八年是国家改革开放的八年，是北京农业大学由一个传统农业大学向现代农业大学转化的八年，是我认识和实践农业高等教育的八年。

七、参加国家科技发展战略研究“三大战役”

作为一个农业科技工作者，有幸参与了世纪之交的国家几个重大科技计划的战略研究，参与勾画 21 世纪前期我国科技发展的蓝图。1994 年参加了“S-863 计划（2001—2010）”（高技术），1998 年参加了“973 计划”（基础研究），2003 年参加了《国家中长期科技发展计划》，可谓是世纪之交国家科技战略研究的“三大战役”。这些活动使我有机会接触到更广阔的科技领域，结识了从基础科学到高科技的许多学科和领域的顶尖专家，阅识了这些“大家”的素养、智慧和科学精神，开阔了我的眼界和思路，我思考问题也越来越宏观。

1993—1998 年我作为核心组成员连续三届参加了“S-863 计划（2001—2010）”的发展战略研究。在我执笔的研究报告中分析了 21 世纪初世界农业高技术领域发展的基本态势，提出了中国发展农业高技术的战略定位与目标；分子遗传标记育种技术等三大技术前沿；超级种培育、控释专用复合肥、现代农业节水、设施农业、农业信息技术等 6 个重大项目及 28 个研究重点。

在 1998—2001 年担任“国家重点基础研究发展计划”（973 计划）第一届专家顾问组成员期间，提出了中国农业基础研究的战略和重点支持方向，如植物高产高效抗逆生理基础及营养代谢规律、农用动植物重要经济性状的分子生物学研究与育种、农业资源与生态环境的基础研究、农作物重大病虫害成灾机理与调控基础等。此四年中启动了涉农项目 28 个，投入资金 6.18 亿元。

2003—2004 年参加《国家中长期科技发展规划》的战略研究和担任农业组组长。战略研究报告全面分析了 21 世纪前二三十年世界和中国的农业及农业科技形势，围绕中国的粮食安全、农业生态安全、农民增收和科技支撑四大主题，分别提出了替代战略、解铃战略、拓展战略和跨越战略。农业科技的跨越战略是“以生物技术和信息技术为引擎，推动农业常规技术的效率革命和全面升级，加强技术转化和基础科学研究，掀起一次新的农业科技革命高潮”。在中长期农业科技发展中，围绕以上四个战略重点提出了 12 个优先主题，以及农用超级种培育和生物质能源 / 材料工程两个重大专项。

感到欣慰的是，由国家组织的“三大战略研究”中提出的“战略分析”“优先主题”和“重点项目”多已列入国家“十一五”及以后各有关计划中在付诸实施。

八、新农业科技革命观

参与科技战略研究的“三大战役”是一个很好的学习机会，是启迪新思想的沃土。19 世纪的细胞学说、进化论、孟德尔遗传学、李比希矿质营养学说以及合成化学为农业奠定了现代科学的基础，引发了以育种技术、化肥、合成农药、拖拉机为代表的农业技术革命，使延续了几千年的传统农业进入到近代农业，农作物产量成倍增长。20 世纪中叶，由于发现 DNA 双螺旋结构和提出信息论两个重大科学事件及所产生的生物技术与信息技术，正在对产业领域产生越来越广泛而深刻的影响。

1995 年我提出了“农业正在进入一次以生物技术和信息技术为主导的新的科技革命时期”的概念，当时农学界对生物技术尚可接受，认为信息技术有些勉强。我在中国工程院作了“我国农业的信息化改造”的学术报告（1996），发表了“农业呼唤信息技术”（1998），提出了“农业是以土、肥、光、温、气等自然要素为基本生产资料，从事生命物质生产的产业；是个变量因素很多，时空变异很大的复杂系统。所以，经验性强、稳定性差和可控程度低成为先天性的行业弱势，而计算机和信息技术的强大功能以及数字化、智能化、精准化和网络化将使农业的行业弱势得到全面改善”的观点。其后又发表了“土壤学的数字化和信息化革命”（2000）、“我国农业信息化发展战略”（2003）等一系列文章。随着信息高速公路、互联网、数字化地球和信息技术越来越发达，信息技术对传统产业的渗透力越来越大，以生物技术和信息技术为主导的“新的农业科技革命”的思想也逐渐被学界接受并写入了中央文件。

世纪之交，一路高歌猛进中的农业生物技术发生了 GMO 事件，美欧两大阵营对转基因或遗传改良问题展开了大论战。我与国内许多专家的共同主张是，在有控制的条件下应大力发展农业转基因技术和动植物的遗传改良，并多次向业务主管部门谏言，抓住这个时机把我国的农业转基因技术“突”上去。尽管效果不大，但农业生物技术在世界和中国的发展是势不可当的。

在新的农业科技革命以及市场化和经济全球化高度发展形势下的现代农业的特征和发展趋势受到广泛的关注。我在研究中提出了现代农业的四个要素，可持续发展理念；贸工农一体化经营；三元产业结构（基础农业、加工农业、能源农业），以及现代科技和装备的支撑。提出了美国的家庭农场、欧洲和日本的农户加经营组织、中国的贸工农一体化经营的三种发展模式。2003 年和 2005 年先后在《求是》杂志发表了“建设现代农业”和“农业的三个战场”的文章。

九、能源农业——农业的第三战场

中国农业发展和农民致富必须突破仅从事初级农产品生产的囹圄，必须大力拓展产业领域。在参加国家中长期科技发展战略研究中，为农业“开疆辟土”而查阅了大量文献，当看到 1999 年克林顿发布的“发展生物基产品和生物能源”总统令，眼前顿觉一亮，如获至宝地发现了农业的另一扇窗户，一片广阔的新天地——能源农业。由总统令“顺藤摸瓜”地收集到一大批有关资料，越看越兴奋。2004 年 6 月代表农业组汇报农业的拓展战略时，得到温家宝总理对生物质能源的肯定与支持，更是增强了信心。

汇报中提出“生物质经济已经浮出水面”的见解；提出不与人争粮，不与农争地，以农林废弃物和低质地种植能源和材料植物为主地发展中国能源农业的原则；提出结合农业结构调整，开拓经营门路，增加农民收入地发展中国能源农业的原则。2005 年发表的“发展生物质产业”一文中提出“种出一个绿色大庆”的观点等。

2004 年提出生物能源后，不曾料到化石能源的资源枯竭、全球暖化、二氧化碳减排，以及可再生能源替代化石能源的呼声一阵紧似一阵，桶油价格由 30 多美元涨到了 147 美元。生物能源被推上了时代舞台的中心位置，一方面是美欧和巴西提出“生物燃料是替代石油运输燃料的唯一选择”，全球燃料乙醇由 2000 年的 1500 万吨猛升到 2007 年的 4000 万吨；另一方面是影响粮食安全等质疑声不断，我也不由自主地被卷入到世界和中国的这个敏感的旋涡之中。我参加到国务院能源领导小组专家组，担负起中国工程院可再生能源重大咨询项目中生物质能源的发展战略研究。

研究中初步摸清了中国生物质原料资源的年产出潜力是 8.99 亿吨标煤，其中有机废弃物的原料潜力为 4.74 亿吨标煤，边际性土地种植能源植物的潜力为 4.25 亿吨标煤。根据不同原料的特点，对我国生物能源发展的宏观布局是：49% 用于替代石油，34% 替代煤和 17% 替代天然气。在不与人争粮（油、糖），不与农争地的前提下，提出了 2020 年到 2030 年间实现年产 5000 万吨“生物油”和 5000 万吨“生物煤”的目标。

2001 年中国为缓解陈化粮压力而批建了四座生物乙醇生产厂。但不久粮食又紧张起来，2006 年国务院叫停了粮食乙醇和鼓励发展非粮乙醇，但“影响粮食安全”的阴影总是挥之不去，2008 年的世界粮价危机给生物燃料带来了更大的压力。6 月我发表了“粮食，石油与生物燃料”的长文，通过大量资料分析，得出了生物燃料对粮食安全的影响是“事出有因，查无实据”的结论，中国已经叫停粮食乙醇和鼓励非粮乙醇，且非粮生物质原料资源十分丰富，应当尽快从“影响粮食安全”的阴影中走出来。石油替代在中国已是“燃眉之急”，物理态的风能、太阳能、核能等适合于转化电能，只有化学态的生物能源才是石油基运输燃料和石油基产品替代的最佳和唯一选择，这是个“绕不过去的坎”。

围绕农业的拓展战略，2005 年我在文章中提出了“农业三个战场”的观点，即以初级农产品生产为主的“基础农业”，以农产品为原料的“加工农业”，以及以农林废弃物和能源植物为原料的“能源农业”。新的农业“产业观”要求新的观念革命。

十、后现代农业与生物产业

以 1500 年的全球 GDP 为 1，1950 年为 22，1998 年是 135。GDP 增长是和物质资源消耗成正比的，工业社会加剧地球资源消耗的进程中，非再生和不可循环的化石能源首先进入了资源性的枯竭，继而是不可再生但可循环的金属矿产资源也在减量循环中陆续趋于枯竭，唯可再生和可循环的生物质可以在增量循环中得到永续。随着不可再生物质资源的逐渐减少和枯竭，可再生的生物质必将成为未来社会物质生产的主要资源基础，“生物经济”时代的到来是不以人们意志为转移的。据美国科学院预测，2050 年“生物基产品最终满足大于 90% 的美国有机化学消耗和达到 50% 的液体燃料需要”。

2005 年以来，我在多次讲演中系统阐述了农业经济—工业经济—生物经济的经济形态演变；农业正面临一个迎接生物经济时代的历史机遇与挑战，农业需要有革命性理论和观念的产生和指引。农业是从事植物性和动物性初级产品及其加工产品生产的，它已经向食品和轻纺，正在向能源、材料和生物化工方面拓展。生物技术和遗传工程将极大地改善和扩展动植物和微生物的物质和生产特性，生物反应器技术能以动植物为载体生产出十分贵重和稀有的药物和生物材料，生物基产品将越来越扩大它对不可再生原料及产品的替代。2005 年全球生物基化工制品产值 212 亿美元，预计 2025 年将达到 4830 亿～ 6140 亿美元，增加 23 ～ 29 倍。

生物经济时代的物质性生产只有生物与非生物两大类，农业将成为生物类产业的基础和主体，是技术先进和高度密集的新兴产业，农业大学也将发展为“生业大学”。

…… ……

一眨眼，在农业舞台匆匆走过了半个多世纪，由一个“牛仔粉丝”到耄耋之年。我天资平平，大环境上又没什么选择余地，能做的只是靠社会责任感和科学态度，靠把每件事都尽力做到最好而已，其他就交给“机遇”与“命运”了。

2 感悟农业

【写作背景】

应中国农业大学校长之邀，作者于 2008 年 3 月 16 日在“名家讲坛”作了题为“感悟农业”的讲演。讲坛由柯炳生校长主持，听众主要是本校师生。西校区新报告厅里，师生集聚一堂，气氛热烈。报告人拉家常式地讲述了自己近 60 年来对农业科研、教育和实践的经历与感悟。以下内容是根据校党委宣传部记录稿和讲演用 PPT 整理而成的。

主持人柯炳生校长讲话：

同学们、老师们，晚上好！

今天是一个非常重要的日子，新学期“名家论坛”再度开讲。自我上任中国农业大学（简称中国农大）校长之后，这是我主持和参加的第一次“名家论坛”。在正式介绍我们今天论坛的嘉宾之前，请允许我说几句背景情况。我听说我们“名家论坛”通常情况是在开学之后立刻举行，那么今年是晚了一点儿，原因是我想同学们开学之初很忙乱，尤其是南方各省的同学，经历了今年的低温冰雪冰冻灾害之后，同学们回来也需安顿一下。

“名家论坛”是一道精神大餐，我们需要安静下来，然后才能精心地品尝。有的同学就迫不及待了，说“名家论坛”是不是新校长来了就不办了？现在可以告诉大家，“名家论坛”不仅要办，还要办得更好！（热烈鼓掌）

主持今天的名家论坛我很高兴、很荣幸，但是也有几分忐忑不安的心情。不是因为第一次主持会议，我主持过比这个还大的国际会议。这是因为我们今天的嘉宾非常特殊。他 50 几年前从我们农大的农学系毕业，然后读研究生，是我国农学界、科学界最早的研究生之一；毕业之后就在农大工作，在农大这片沃土上辛勤工作了 50 多年；他是我国杰出的农业科学家，同时兼任中国科学院院士、中国工程院院士、第三世界科学院院士。同学们可能不知道，同时兼任三院院士的中国科学家为数很少，屈指可数，全国没有几位，我们农业科学界据我所知这

是迄今为止唯一的一位。（热烈鼓掌）

经过50多年的科学攀登，他取得了累累硕果，作出了巨大贡献。尤其是在20世纪70年代和80年代，他带领上百名农业科学技术人员取得了非常巨大的成绩，也取得了巨大的成就，为此早在1993年主持的项目就获得了国家科技进步奖的特等奖，是我国农业界首次获此殊荣的一个项目。

他是我国著名的农业教育家，从20世纪80年代中期起，他历任农大校长8年，励精图治，锐意创新，在学校管理方面进行了一系列重大改革，一时领全国高校之先。尤其是在人才培养方面，独具一格，呕心沥血培养新人。他提拔的新人如今已经是我们中国农业大学的教学和科研的中坚力量，包括我们一批新科院士，包括我们一批院长、系主任，“973项目”以及其他重要科技攻关项目的主持人，包括我们副校长，也包括中国农业大学的现任校长。（热烈鼓掌）

他已年过古稀，但仍然怀着一颗赤子之心，用他50年练就的锐利目光为中国的农业孜孜地寻求、思索，对我们国家和人民的事业贡献了他的远见卓识。今天晚上我们非常高兴，非常荣幸地一起分享他对农业的殷切情怀和深切感悟，他就是我们老校长、三院院士石元春先生！（热烈鼓掌）

同学们的掌声已经充分表达了我们的期待，下面让我们再次以热烈的掌声欢迎石先生讲演。

石元春讲演：

谢谢柯校长，谢谢各位同学和老师们。

刚才柯校长的介绍有点宣传味道，百闻不如一见，大家一见就是个老头（笑声）。这个老头在这个校园里一待就是60年，从18岁的小伙子到78岁的老头子。可是现在的同学们不一定知道校园里有这么个老头，因为这些年我住在校外，不怎么到校园里来。所以今天我跟大家的心情一样，很激动！是柯校长给了我这样一个机会和场合，能一次与这么多同学和老师见面，这也是我老年以后跟大家交流的一个形式。今天我不想跟大家谈那些沉重的科学问题和农业问题，只是拉拉家常，交流我的一些心得体会。

请大家看看这张幻灯片，上面有两张照片，左边是一个美国牛仔，右边是我。这两张照片看似风马牛不相及，其实关系很大。

我在被推选为院士后，好几位记者在采访时都问我：“你怎么当年就想起学农的呢？”我说这是一种巧合与缘分。我是武汉人，城里的孩子，典型的city boy，怎么就学上农了呢？这要从我念高中时的1946年说起。当时第二次世界大战刚结束，美国大片一拥而入，充斥在武汉市大大小小的电影院里。你想，一批念高中的十五六岁小男孩，最喜欢看的当然是美国西部牛仔片。我们那帮同学，都是牛仔粉丝，特别崇拜当时美国西部的牛仔，骑着马，拿着枪，驰骋在田野和草原上，好不威风潇洒。

1949 年，眼看高中就要毕业和考大学了，考哪个大学？学什么？家长不管我们，老师也不管我们。我们几个常在一起玩的同学一商量，对，咱们学农！当个西部片上的牛仔多来劲，于是都报了农学院，其实我们对农业一无所知。

我们是 1949 年，武汉刚解放不久考大学的，大概有六七位同学都报考和考上了清华大学农学院和北京大学农学院，刚入学就合并成北京农业大学，又聚到一起了。我们这批当年的牛仔粉丝，现在除了一位不在世以外，其他都还在世。有的在内蒙古，有的在山西，都很老了，也都在农业上有过很多贡献。所以我说，从 1949 年到 2008 年的 60 年里，从一个“牛仔粉丝”变为一个新中国的农业工作者，我感到非常欣慰和光荣。你们说这是不是一种缘分？（掌声）

60 年过去了，对农业有什么感受和感悟吗？可以用一句话来概括：农业是“从辉煌到被边缘，再到更加辉煌。”这要从五千年的农业文明、二百多年的工业文明说到当前和未来的后工业文明。

农业曾经是人类社会最重要和最受尊崇的事业，你们相信吗？（台下：相信！）

好！大家是一定会相信的，下面说我的感受。

一、感悟辉煌的农业文明

世界上最早对农业的文字记载首推中国的《诗经》。它是公元前 11—公元前 6 世纪，也就是西周到春秋时期口口相传的，以诗歌形式记载下来的人文和风情。一说到《诗经》，大家一定会朗诵起“关关雎鸠，在河之洲，窈窕淑女，君子好逑”，特别是后面两句。在《诗经》里面有大量的农业记载，特别是在《小雅》和《周颂》里。下面举个例子（引自《诗经》，尚熹译注，高等教育出版社出版）。

大田

【原文】 1. 大田多稼，既种既戒，既备乃事。
以我覃耜，俶载南亩，播厥百谷。
既庭且硕，曾孙是若。
2. 既方既皁，既坚既好，不稂不莠。
去其螟螣，及其蟊贼，无害我田稚。
田祖有神，秉畀炎火。
3. 有渰萋萋，兴雨祈祈。
雨我公田，遂及我私。
彼有不获稚，此有不敛穧；
彼有遗秉，此有滞穗，伊寡妇之利。

4. 曾孙来止，以其妇子。
馌彼南亩，田畯至喜。
来方禋祀，以其骍黑，与其黍稷，以享以祀，以介景福。

【今译】1. 大田肥美庄稼多，选育良种修犁锄，各种准备都充足。
用我犁头最锋利，开始耕作在南亩，不误农时播百谷。
禾苗挺拔又茁壮，曾孙顺意心舒服。
2. 庄稼抽穗结实早，谷粒饱满长得好，没有公禾狗尾草。
除去害虫螟和螣，蟊贼也都消灭掉，不许害我田中苗。
田祖有灵多保佑，投进烈火一把烧。
3. 乌云兴起黑漆漆，春雨落下徐又密。
雨水降在公田里，同时落在我私地。
那儿晚禾没割尽，这里禾捆未收拾。
那儿遗下禾一把，这儿谷穗有遗弃，这些都是寡妇利。
4. 曾孙来到大田里，农夫带着妻和子。
送饭到那南郊地，田官尝尝很欢喜。
四方神灵都祭祀，牲用黄牛黑羊豕，斋饭用的是黍稷。
献上祭品行祭礼，用来祈求大福气。

曾孙是谁？是周王在祭祀神灵和祖先时的自称。这是周王祭祀田祖以祈年的一首乐歌。乐歌细致描绘了当时品种、农具、备耕、除草、去虫、下雨、收割等田间生产，以至收割时照顾寡妇去捡拾麦粒的整个过程。前面的“曾孙是若”，说明播种时就来视察过；后面的“曾孙来止，以其妇子”是说收割的时候，又来和妇人孩子一起祭祀田祖，为来年的丰收祈福。当时的最高领导是何等重视农业啊！

很多世纪以后，相当于中国的西汉时期，即在公元前1世纪的古罗马，有一个叫M. T. Varro的人。恺撒大帝本是要杀他的，后得到赦免，80岁时写了一本书，叫《论农业》。看看他在书中是如何介绍他的一位农业工作者朋友的：

“他是个各方面都很有教养的人，也被认为是罗马在农业方面的最大权威。由于他经营得好，他的田庄在许多人看起来比别人的宫殿式的建筑还要好看，因为人们到他这里来参观田庄的房舍，看到的不是路库路斯家那样的画廊，而是满藏着果实的仓房。在圣街的最头上的地方，有我们朋友的果园，在那里果子是卖金子的。”

这里说到的田庄比宫殿式建筑还好看；将“满藏着果实的仓房”比作富豪家的画廊，还说“果子是卖金子的”。当时有一位诗人叫韦琪尔，写了一首《田园诗》，15 世纪的一位著名画家按此《田园诗》画了一幅画（图 1），大家看看，多美的田园风光！

图 1　15 世纪的罗马油画《田园诗》

中国是农业古国，有着辉煌的农业文明，有着大量描述农业的诗歌，有田园诗、悯农诗、耕织诗、歌谣和童谣等。我想大家都会知道陶渊明的《桃花源记》，我在上小学时，“桃花源记”是要全文背诵的，背诵时打一次磕巴，老师就打一下手心。有些名句，现在我还能背得下来：

“忽逢桃花林，夹岸数百步，中无杂树，芳草鲜美，落英缤纷……

“初极狭，才通人。复行数十步，豁然开朗。土地平旷，屋舍俨然，有良田美池桑竹之属。阡陌交通，鸡犬相闻。其中往来种作，男女衣着，悉如外人。黄发垂髫，并怡然自乐。”

另一首脍炙人口的，是李绅写的《悯农诗》：

“锄禾日当午，汗滴禾下土。谁知盘中餐，粒粒皆辛苦。”

诗中教育人们，农业很不容易，农人很辛苦。

我还想给大家介绍一首让人深受感动的诗，白居易的“观刈麦”。

白居易当时的官位有多高呢？翰林院学士，相当于现在的院士，但比一般院士要高得多，他是在皇帝身边拟诏，也就是为皇帝起草诏书的。他在看了农夫收割小麦后写下了“观刈麦”这首诗：

“今我何功德，曾不事农桑，利禄三百石，
岁晏有余粮。念此私自愧，尽日不能忘。”

这么高的官，这么大的学问，这么有名的诗人，看到农夫收割小麦却联想到

“我没有种地，却有 300 担俸禄，年终宴请时还有很多余粮，想到这些我总是心存愧意。”在当时的士大夫阶层，对于农业和农民总是崇敬有加的。

清康熙开了皇帝做“农业推广”的先河（笑声）。康熙皇帝颁诏，以后的每一代皇帝都要写《耕织诗》。以后的雍正、乾隆皇帝等都是遵行不误的。雍正即位前即以康熙年间的《耕织图》为蓝本，由宫廷画师作画，亲笔题诗，制作了诗画相配的《耕图》和《织图》各 23 幅，现保存于北京国家图书馆。图 2 是《耕织图》中的《一耘》。

图 2 《耕织图》中的《一耘》

画中是南方稻田耕耘情景，左上角是康熙的题诗：

一耘

丰苗翼翼出清波，荑稗丛生可奈何；
非种自应芟薙尽，莫教稂莠败嘉禾。
——爱新觉罗·玄烨

下面是乾隆皇帝的《耕织图》中的《织》（图 3）和《织》中的题诗。

织

织女工夫午夜多，莫将容易著丝罗；
银钉照处方成寸，已自循环掷万梭。
——爱新觉罗·弘历

诗中可以看出，乾隆很了解下情，他知道农村妇女白天下地和家务，只能午夜织布。诗中感慨地说，别以为纺织丝罗那么容易，在夜间昏暗灯光下织出寸许丝罗，就要往返投梭上万次。

图 3 《耕织图》中的《织》

“演耕”被作为“清律”，这是重农的又一象征。每年春季，都要举行由皇帝亲自率领三公九卿和诸人臣扶犁耕地的“演耕”礼。有一幅《皇帝祭先农图》描绘的就是雍正皇帝亲自扶犁“演耕”。北京故宫博物院里还收藏着一幅年画《皇帝耕田图》(图 4)，画面上阳光灿烂，春风拂煦。头戴皇冠、身穿龙袍的皇帝正手扶犁把耕田，身后跟着一个大臣，手提着竹篮在撒种，牵牛的是身穿长袍的七品县官，远处是挑篮送饭的皇后和宫女。画上还配有一首打油诗：“二月二，龙抬头，天子耕地臣赶牛，正宫娘娘来送饭，当朝大臣把种丢，春耕夏耘率天下，五谷丰登太平秋。”

图 4　皇帝耕田图

每年的“演耕”大礼都是在北京先农坛举行的，“演耕”地的面积是一亩三分地，这就是北京人常说的“管好自己的一亩三分地”的来源。

再说北京的“九坛八庙”。你们知道是哪“九坛”吗？有天坛、地坛、日坛、月坛、社稷坛、祈谷坛、先农坛、先蚕坛、太岁坛，这九坛几乎都与农业有关系。在宫廷连续剧里帝王和大臣满口的“江山社稷”，社稷是什么意思？它来源于1410年的《白虎通》一书，书中有“封土立社，示有上尊。稷五谷之长，故封稷而祭之”。就是视土地神为上尊，稷是五谷之首，立社以祭之，说的都是农业。

中国作为一个农业文明古国，农业科学技术在全世界也是绝对一流的，中华传统农业甲天下。两千多年前的《吕氏春秋》中就精辟地提出：“夫稼，为之者人也，生之者地也，养之者天也”，后称之“三才论”。还有“云气两行，云云然，冬夏不辍；水泉东流，日夜不休。上不竭，下不满，小为大，重为轻，圜道也”的“循环农业论”。1900多年前，东汉王充的《论衡》提出：“地可使肥，也可使棘”“尽地力之教”“勤谨治田”“深耕细锄，厚加粪壤，勉致人工，以助地力”的“地力常新论”。1400多年前，北魏时期贾思勰所著的一部综合性农学著作《齐民要术》提出“物宜、时宜、地宜”的“三宜论”，警示：“顺天时，量地利，用力少而成功多，任情返道，劳而无获”。

明末清初的《沈氏农书》提出“耕、耙、耱、压、锄”“耕、耙、耖、耘、耥”“勤耕多壅，少种多收”的“精工细作论”。清末提出的“相继以生成，相资以利用”以及从轮作倒茬、间混套作到“桑基鱼塘”的“相生论”等。

传统农业是以土地为中心的一种封闭式的物质与能量循环系统，各种农业措施使这个循环系统的产出效率最大化和可以持续。

从宋、元到明，中国GDP占世界GDP的1/3以上。那个时候的产品肯定不是钢铁、手机、电脑这些东西，主要是农产品，可见当时中国农业之发达，之辉煌。几千年的辉煌啊！

二、感悟百年近代农业

下面说说第二个问题，近百年的农业如何？

情形大不一样了。到了工业社会的近代农业，一方面是逐渐被边缘化和默默地为社会的工业化作出贡献；另一方面是在近代科技进步和工业化推动下发生了一次历史性的农业科技革命，以及它所带来的正负面影响。

近代农业科技革命中发生过三件大事。

第一件大事是出现了良种化。

施莱登的细胞学说（1838），达尔文的进化论（1859）和孟德尔的遗传学说

（1866）都发生在19世纪中叶，为农作物和畜禽的育种和良种化打下了理论基础。美国先锋种子公司创始人亨利·沃莱斯1910年提出“玉米可以杂交”假说，1913年开始育种，1924年出售种子，1926年成立先锋种子公司。北京农大李竞雄教授在美国学习的就是玉米杂交育种，回国以后培育了一个非常有名的玉米杂交种叫“中单1号”。现在中国农业大学的戴景瑞院士就是李竞雄先生的得意门生。另外大家都知道，杂交水稻是我国袁隆平院士等最早育成的，这事发生在1968年。20世纪后半叶，农作物和畜禽育种工作在世界和中国都取得了很大进展。

第二件大事是化肥化。

过去几百年间，人们认为庄稼在土壤里面吸收的营养是那些腐烂的有机物质，即腐殖质。1840年，德国化学家李比希通过他的系统试验研究，发现庄稼根系在土壤里吸收的不是有机物质，而是无机的矿物质，所以叫“矿质营养学说”；他还提出：人们从土壤里拿走了多少营养物质，还必须归还回多少，叫“养分归还学说”。李比希还亲自开化肥工业之先河，他的理论和实践对农业的贡献极大。

马克思曾对此说过两句话：一句是“仅仅一门化学，甚至仅仅亨弗利爵士和李比希二人，就使本世纪的农业获得了怎样的成就”；另一句是在一次世界经济学家大会上说的“德国的新农业化学，特别是李比希与申拜因对这件事，比经济学家加起来还重要”。他把化肥在农业中的作用提到了很高的地位。

我查到一些关于化肥的历史资料，很有意思。1913年全球化肥生产量是51万吨，1949年是360万吨，36年增加到7倍；1994年是7 276万吨，增加到143倍；1999年是14 136万吨，是1913年的277倍。化肥对近代农业产量的增加起着至关重要的作用。

第三件大事是机械化。

你们看看这个拖拉机怎么样？这是1902年戴姆勒在德国生产的世界上的第一台拖拉机（图5）。拖拉机是提高近代农业劳动生产效率的一个重要标志，标志着农业由几千年来的手工和畜力劳作开始向机械方向发展。

正是有了农业的科技革命中的这三件大事，20世纪的农业产量，特别是粮食产量发生了有趣的变化。图6是一幅20世纪粮食单产的年均增长量图，即平均每年每公顷增加多少公斤粮食的曲线，这里有世界、中国、美国、法国粮食单产的四条曲线。我不细说它的具体数字，我给一个概念性数字。在20世纪的上半叶，平均每年每公顷增长1.4公斤的粮食，到了20世纪的下半叶，平均

图5　世界上的第一台拖拉机

每年每公顷增加 43 公斤，相差 30 倍。

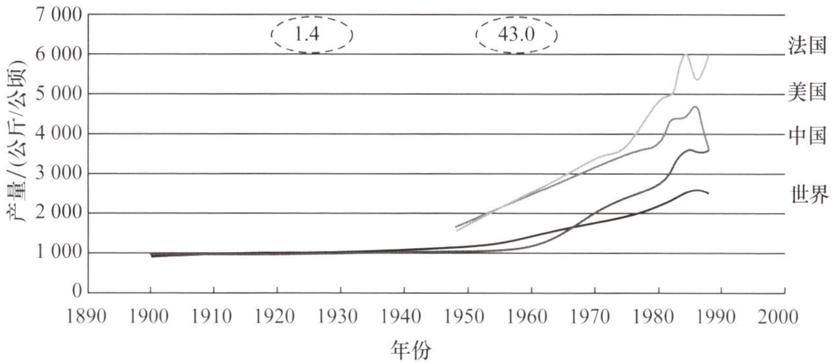

图 6　20 世纪世界及中国、美国、法国三国的粮食单产年均增长量

上半叶和下半叶为什么会有这么大的差距？除因第二次世界大战结束后稳定发展的社会因素外，重要的是 19 世纪开始的农业科技革命为农业带来的化肥、农药、良种、拖拉机和电力等开始发挥作用，带来后半叶农业的高速发展。

美国的一个农业专家叫贝维里斯，他写了一本书，研究提出近代农业中产量高速增长的科技贡献率是 73%，其中化肥和农药占五成，品种占三成，还有两成是灌溉面积的发展。20 世纪初的世界人口不到 20 亿，世纪末达到 60 亿，没有粮食的高速增长，60 亿人吃什么？我举中国的一个案例（图 7）。

中国从 1949 年到 1999 年的这 50 年中，粮食作物实现了良种化，化肥增加了 720 倍，农药从 0 到 131 万吨，机械动力增加了 6 125 倍，农业用电增加了 4 347 倍，灌溉面积增长 3.5 倍。在耕地面积不仅没有增加，还减少了将近 2 000 万公顷的条件下，粮食总产增加了 4.5 倍，肉类总产增加了 27 倍，禽蛋总产增加了 53 倍，其主要的贡献因素是科学技术和物质的大量投入。

1949 年，我国人口是 4.5 亿，现在是 13 亿，而人均占有粮食和食物量显著超过了 1949 年，为什么？就是因为 8 亿多农民和近代农业科技作出了重大贡献。

但是，话要两面说，问题要正反两面看：一方面是我们投入了大量化肥、农药、地膜，还有拖拉机、电力等能源消耗，带来了农业产量的大幅增长；另一方面也带来了化肥、农药的化学污染、塑料的白色污染、农业废弃物污染，以及耗费大量能量和排放二氧化碳。如何对待百年来近代农业的功与过的问题，我们应该有一个整体的、全面的和实事求是的评价与认识。在现阶段观念和科技水平条件下，通过这种科技和物质的大量投入以保障高速增长的世界人口对农产品的需求是必要的，成功的；但是这种高投入、高产出、高成本，高资源消耗农业积淀下来的生态与环境问题使它越来越不可持续。

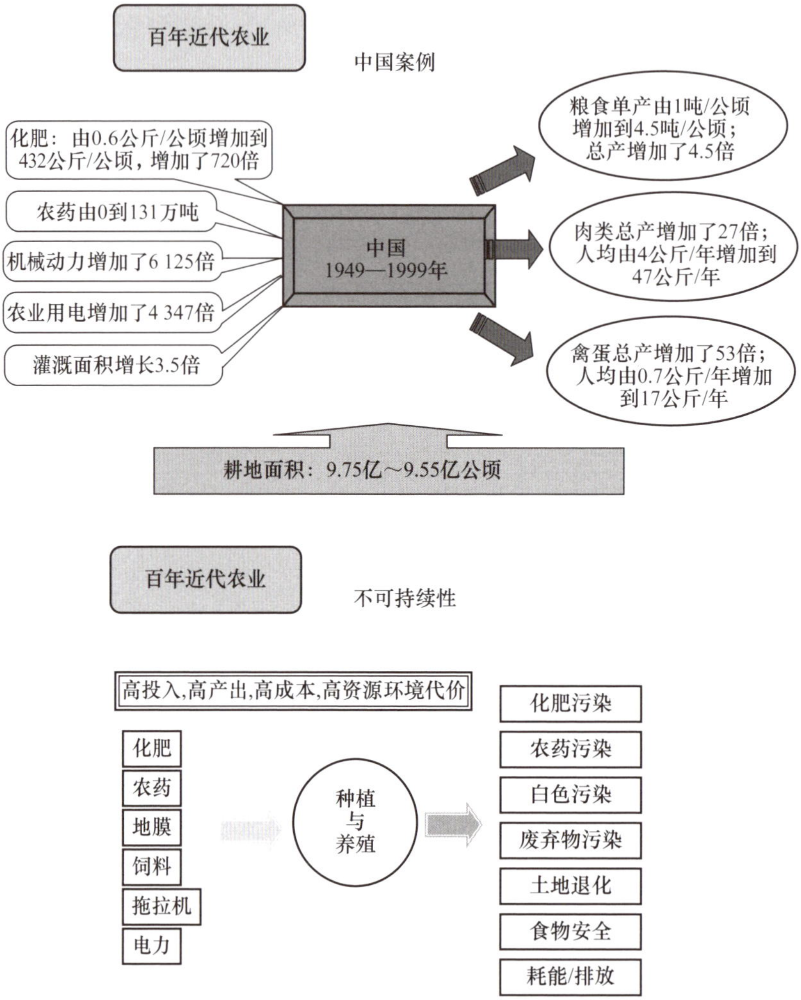

图 7　百年近代农业的中国案例（上图）和不可持续性（下图）

这里说的只是农业，至于说到工业和工业社会的科技进步和物质文明，更是无比辉煌。同样，强大的科技和工业生产力高强度地消耗了人类社会从事物质生产所需要的自然资源，以及导致对生态环境的严重伤害和难以为继。

三、感悟现代农业的要义：可持续发展

物极必反，否极泰来。

20 世纪后期，一个新的，后工业社会时代悄悄到来。人类社会的时代理念

开始变了，一次新的农业科技革命又开始了。

在讲具体内容之前，说个小插曲，因为和我对现代农业的感悟有关。

1994 年，国家科委通知我开会，到会的才七八个人，说是要讨论 21 世纪初期我国发展高技术的战略研究，叫“S–863 计划”。我和清华大学副校长倪维斗都疑惑地问：“现在研究 21 世纪的事，是不是早了点？”回答说：“这是宋健主任提出来的，说大计划要早动手”。从此我就有幸地和一些全国顶尖的专家，有机械、计算机、信息、能源、大飞机、航天、气候、医学等各行各业各领域的专家在一起研究 21 世纪初国家高技术发展战略与计划，农业领域只有我自己，一直到 1999 年结题。这是一次极好的学习机会，我可以从其他领域专家那里得到知识和启示，超越了过去对农业的一些传统观念，提升自己的学术境界。

第二次学习机会是参加“973 计划”。1997 年 3 月“两会”期间，李鹏总理到科技界小组参加讨论。好几位委员都提出来，如果现在还不加强基础科学研究，我国会错失一次时代机遇。李鹏总理说，好吧，我给你们想法弄钱去，后来就出台了“973 计划”，叫国家重点基础研究发展计划。开始时很神秘，国家科委找了十几位专家开“座谈会”，散会时对我们说：“以后通知你们开座谈会，你们来参会就是了，不用对外说座谈什么内容。”我又成为唯一的农业专家代表，直到 2002 年。参加讨论国家基础研究发展战略，制定“973 计划”、拟选题、评议申报课题材料，评选申报单位等。我也不断从中学习知识，拓展思路。

（柯柄生：在全国高校里面，我们主持“973 项目”仅次于清华、北大，跟您打下的基础很有关系。）

2003 年，科技部徐冠华部长两次给我家里打电话，要我参加制定国家中长期科技发展规划的战略研究和担任农业组组长。这次很特别，把我们这些专家半封闭式“关”（回单位和参加其他会要请假）在一起，干了整整一年，这是给我的第三次学习机会。

从 1994 年到 2004 年的 10 年里，有幸三次参加国家科技战略和规划研究，对我感悟现代农业有很大帮助。

好，言归正传吧，谈谈 20 世纪后期开始的，人类社会的“可持续发展”理念的产生。

20 世纪 50 年代，当人们为发明高效杀虫剂 DDT 而感到无比惊喜，农药制造商正为获得高额利润而欢欣鼓舞的时候，美国海洋生物学家 R.Carson 在 1962 年出版的《寂静的春天》书中告诉大家，人类社会将面临一场毁灭性的灾难。这是一记振聋发聩的警钟，唤醒了人类社会的良知，人们用各种文字，无数次地再版传播她的思想。30 年后，也就是 1992 年再版时，当时的美国副总统戈尔（Albert Gore），在序言中写道：《寂静的春天》犹如旷野中的一声呐喊，用她深切的感受、全面的研究和雄辩的论点改变了历史的进程。如果没有这本书，环境运动也许会被延误很长时间，或者现在还没有开始。

1972 年，联合国在斯德哥尔摩召开的第一次人类环境大会上提交了一份 58 个国家、152 位成员编写的一份报告《只有一个地球》，提出必须保护人类的家园。1987 年，以挪威首相布伦特兰夫人为首的 22 人国际委员会向联合国提交了一份非政府组织的《我们共同的未来》的报告，明确提出了“全球正面临人口、资源、食物和环境的严重挑战”。1981 年，L. 布朗的著作《建立一个可持续的社会》，是世界上首次提出了“可持续”概念，书中写道：“我们现在不是在前辈手中来继承地球，而是向子孙后代借用地球。”

联合国粮农组织于 1991 年在荷兰登博斯召开了一个由各国农业部长参加的“农业与环境”会议，我们国家的农业部何康部长参加了这个会议。会议发表了著名的《登博斯宣言》，提出了可持续农业和农村发展概念，要求建立强化有机质的循环利用，要减少化肥农药等石油产品的投入，提高农产品产出和它的质量，保护自然资源与环境的可持续性的农业系统。

1992 年，巴西里约热内卢召开了世界环境与发展的首脑峰会，我们国家当时是李鹏总理出席的，在这个会上通过了全球性纲领性文件《21 世纪议程》，还通过了《联合国气候变化框架公约》。从此，人类社会形成了一个新的理念，尽管科学技术已经非常发达，进步非常迅速，但却是不可持续的，人类社会必须要有一个可持续的未来，这就是 20 世纪留给 21 世纪最宝贵的精神财富。

过去农业上常说：“粪大水勤，不用问人，多打粮食就成”。在可持续发展时代理念下，农业就不那么简单了，必须要有一个全过程和全生命周期的综合评价体系。例如：

效率评价：WUE、FUE、PUE、PsUE
环境评价：FER、GHG、NEB (application per NEB)
生态评价：土地退化、生物多样性、可持续性
经济评价：投入成本、环境成本

即水分利用效率、养分利用效率、农药利用效率、光合利用效率的效率评价；能源、温室气体排放等的环境评价；土地退化、生物多样性、可持续性等的生态评价；投入成本和环境成本等的经济评价。要求现代农业构建一个高效率，低负面影响的，技术高度密集和可持续发展的农业经济及环境生态系统。从哲学意义上讲，中国是最有发言权的，刚才我给大家讲中国传统农业的“三生论”“三宜论”“精耕细作”等就是传统农业的综合系统。

现代农业的综合评价体系在国外发展得很快。下面是 2000 年在美国出版的《农业系统的模型》书中两幅图（图 8），这幅是一个农场的土壤—作物—养殖的

系统模拟和概念设计，其中有多种评价体系构成。

这幅图是一个养猪场系统的概念设计。仔猪是主要产品，利用猪粪生产沼气发电，既保护了环境，又可以将转换的能量给大棚番茄生产供热，多余电力卖给电网。这是一种科学和合理的物质能量循环系统，是可持续的农业。

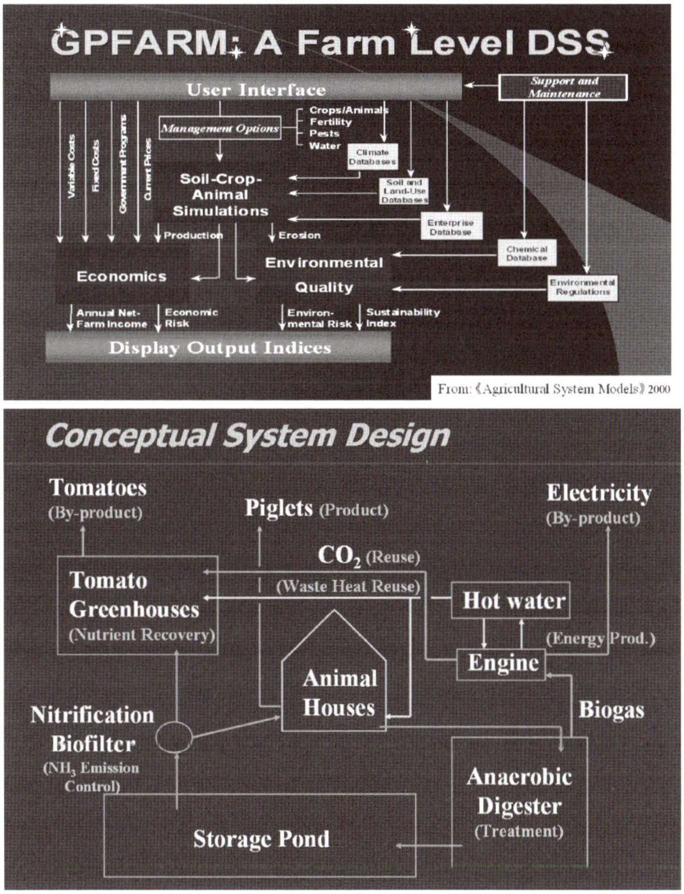

图 8　一个农场（上）和一个养殖场（下）层次的概念系统设计

四、感悟现代农业的新科技革命

感受现代农业，不能不说到 20 世纪下半叶农业科技上发生的两件大事及其引起的一场新的农业科技革命。一是 DNA 双螺旋结构的发现，二是计算机和信息技术的出现和进入农业。

“正在全球兴起的生物技术和信息技术正在引发农业的一次新的科技革命”，

这话是谁说的？我说的，我在 1995 年说的。记得那时程序教授在农业部当科技司司长，他在中国农科院召开了一个有院长、院士专家参加的会，讨论农业科技问题。在会上我提出了这个新的农业科技革命概念。一时没人发言，沉静了一会儿，谦谦君子的老院士庄巧生先说话了：“石校长，您说的生物技术引发农业科技革命这个意思挺好，信息技术就似乎有些勉强了，是不是先不提了。”于是我又补充谈一点感受和认识，但也自感太超前了些。不想，1998 年的中共中央文件里也提出了新的农业科技革命概念，而且把信息技术摆在了生物技术的前面。是不是我会算命，未卜先知？当然不是，是因为我参加过“S–863 计划”的战略研究，比较先学习和领悟到一些新的信息和思想。

好，说说生物技术引发农业科技革命的事。

人们对生物体（包括人类自身）的认识是从群体到个体，从个体到器官和组织，进而到细胞和基因水平的。1838 年施莱登提出动物与植物的基本单元同是细胞；世纪中叶 G·J·孟德尔从他的豌豆实验观察中发现植物遗传中的分离定律、独立分配定律和显性定律；20 世纪初叶摩根学派提出基因是生物体遗传的物质基础以及基因上染色体排列规律。这些都是基于细胞层次上的研究。

认识客观物质世界，只有认识物质结构本身才是真正的认识，才可能科学地把握和调控。1953 年，沃森发现遗传物质脱氧核糖核酸的双螺旋结构以及 1973 年博耶和科恩 DNA 重组成功，开创了分子生物学和生物技术的新纪元。这不仅是对待生物体的一些理论和概念问题，而且成为一门遗传工程，是可以重复和设计的，如基因工程、蛋白质工程、细胞工程，胚胎工程等。

可以对生物的遗传信息进行实验室操作；可以在动物、植物、微生物，即所有物种间作基因转移与重组；可以作遗传改良工程设计；可以注入，也可以产出作物原来没有的某些新特性，这些都有可能实现，有些已经都变成了现实。生物技术覆盖了种植、养殖和加工业；覆盖了育种、施肥、灌溉、植保和栽培等几乎农业领域的各个部分和环节。基因改良作物的种植面积从 1996 年开始出现，到 2006 年十年间已经发展了 1 亿公顷，发展得很快。

现在该说说信息技术了。

1997 年，我在《科技时报》的院士专栏里发表了一篇短文，题目是《农业呼唤信息技术》。想不到文章发表后不到一个星期，云南省民族事务委员会的同志就来找我，“我们搞了两年农业信息技术，很受农民欢迎，但也碰到很多问题，不知怎样解决。这次看到院士您的文章，豁然开朗了，我们恳请您能做我们的顾问，指导我们云南该怎么做。”

当时我在文章中写有这么一段：“农业是以土、肥、光、温、气等自然要素为基本生产资料，从事生命物质生产的产业；是个变量因素很多，时空变异很大的复杂系统。所以，经验性强、稳定性差和可控程度低成为先天性的行业弱势。

计算机和信息技术的出现，为农业带来了福音，它的强大功能将全面装备农业，改善农业的行业弱势。”

我还在当校长的时候，是国家教委科技委的副主任，经常和北大、清华等理工科大学校长一起开会，都很熟。一有机会，我就争取发言，谈农业科技和教育。一次我说，在人们印象里，农业科技比较落后，其实农业科技研究的对象是最复杂的。恩格斯在《自然辩证法》里讲过，物质运动中最简单的是物理运动，复杂的是化学运动，最复杂的是生命运动，农业研究的就是生命运动。

当然这是在开玩笑。农业上的区域性和局限性强，稳定性很差，可控程度很低，这就成为我们农业上先天性的行业弱势。我搞了大半辈子农业，深感农科不如工科，主要是农科工作对象太复杂。自参加“863 计划”战略研究以后，接触到信息科学和技术，像发现新大陆一般的惊喜，如果用现代信息科技装备农业，农业的先天性弱势就会逐渐消减。你们可以看这张幻灯片（图 9），农业的产前、产中、产后过程中都可以逐渐实现智能化、数字化和精准化管理，以及管理信息化和服务网络化。

1996 年中国工程院召开第二次院士大会，邀请我做学术报告。我说作报告可以，但可能会说错话，他们不明白我什么意思。我解释说：“我想做农业信息化方面的讲演，农业部分不会说错话的，信息部分没准会说错话。”后来的讲演题目是“我国农业的信息化改造”。讲演后曾德超院士说：“这是我听到的第一个全面阐述农业信息化的报告”。

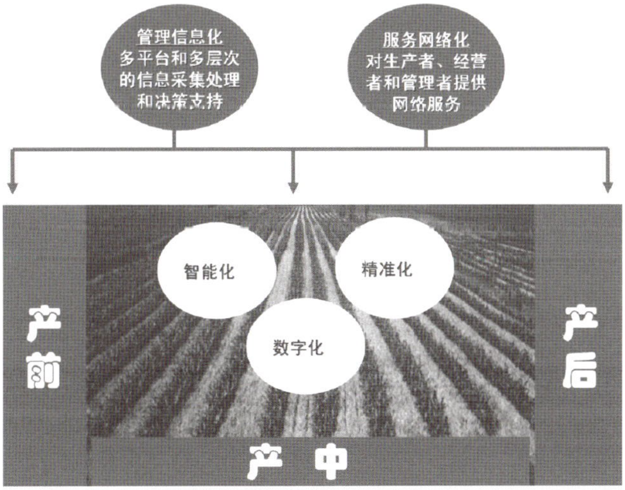

图 9　农业的信息化概念图

报告中我提出的农业信息化内涵有：

数字化——对象与过程的数字化与模型化是农业信息化的基础

智能化——智能化农业专家系统 AES 使农业由经验走向科学

科学化——3S（遥感、地理信息系统、全球定位）的对地实时测报技术使农业管理走向科学化

精准化——PA（精准农业）技术使农业由粗放到精准

网络化——网络技术使农业由闭塞到及时获取信息服务

我常给在农业管理干部学院和中央党校学习的县长和市长讲课。我说，今后你们应该像一个现代战争中的军长、师长、团长指挥作战一样，在电脑和显示屏上指挥农业，而不是拍脑袋瓜子和凭经验，这是以后分管农业的副市长和副县长上岗的一个必备条件。

刚才我说到了“3S”技术的卫星影像可以达到 1 米，“PA”技术使用的是 16 颗卫星的全球定位系统，定位精度达到 1 米，甚至小于 1 米，可以使农业由粗放到精准。除国防和军事外，能有几个工业行业能使用如此先进的技术？所以说现代农业是技术高度密集的行业，使用的是最新的生物技术和信息技术，是只有国防和军事才使用的航天航空技术，现代农业远不是锄头加扁担的农业了。钱学森同志在 20 世纪 80 年代就说过：“21 世纪的农业将是技术高度密集的产业”。

五、感悟现代农业必将有一次产业结构革命

上面说到了对现代农业可持续原则的感悟，和正在兴起的新农业革命的感悟。第三是现代农业必将会有一次新的产业革命的感悟。

为什么农业和农村那么落后？为什么农民那么穷苦？为什么农业的比较效益那么低？为什么人们不愿意搞农业？主要在于农业的产业结构太传统。

作为一个产业，农业的产业结构是农、林、牧。种植业结构是粮、经、饲，养殖业结构是猪、鸡、牛、羊。从传统农业到近代农业的几千年里都没有变，现代农业还不想变，行吗？ 2003 年我参加国家中长期科学发展规划和担任农业组组长的时候就在思考这个问题。2004 年 6 月代表农业组向温家宝总理作结题汇报时提出了“农业发展的拓展战略”；2005 年 3 月我在《科技日报》发表的《发展生物质产业》文章，提出“种出一个绿色大庆”；2006 年 10 月在《求是》杂志上发表了《农业的三个战场》文章，越来越感到中国的农业产业结构必须有一次革命。农业产业结构的演进是农业发展的规律与必然，现代农业必有现代的农业产业结构。

人类社会由农业社会进步到工业社会，农业产业也在发生相应变化。19 世纪末，德国经济学家李斯特提出农业发展三阶段论；20 世纪苏联卡西亚诺夫提出农业“纵向一体化论”，即向产前、产中，到产后加工的一体化方向发展；20 世纪

50 年代美国戴维斯教授提出“农业企业化论”（agribusiness）。这些理论与学说的出现，说明在工业化和市场化过程中，人们在不断寻求农业的演进规律与发展去向，以解决农业的小农生产与工业的社会化大生产之间的矛盾。美国的家庭农场，欧洲的农户加经营组织等形式都是农业演进发展中出现的种种新的形式。

大家都知道美国农业人口只有 2%。准确地说，在美国就业人口中直接从事农业一线生产劳动的占比是 2%，但有 18% 的就业人口是从事于农业产前、产中和产后工作的，包括农产品加工等，加起来是 20%。美国的农业很发达，这个结构很合理，而中国 58% 的就业人口都在从事农业一线的生产劳动，其他环节被忽视和弱化了，影响了农业的整体功能发挥和效益。

实际上，中央早已意识到这个问题，1996 年中共中央的二号文件就指出：“发展贸工农一体化经营，把农户与国内外实现农产品生产、加工、销售紧密的结合，是我国农业在家庭联产承包经营基础上扩大规模，向商品化、专业化和现代化转变的重要途径。”2003 年 10 月 14 日十六届三中全会通过的“支持农民按照自愿、民主的原则，发展多种形式的农村专业合作组织。鼓励工商企业投资发展农产品加工和经营，积极推进农业产业化经营，形成科研、生产、加工、销售一体化的产业链。”中央在这个问题上提得很早，也很清楚。可惜当改革重点转向城市和工业，农业改革被弱化了，农业主要给工业和城市作支持。

大家可以看看表 1，表中设初级农产品生产产值为 1，列出了美、日、英、中四国 2004 年的加工生产和食品生产产值。

表 1　四国农产品生产产值比较

产业类型	美国	日本	英国	中国
农产品加工业	2.7	2.4	3.7	0.22
食品工业	1.8	2.4	3.0	0.15

从表 1 中看到，美、日、英的农产品加工生产产值分别是 2.7、2.4 和 3.7，中国是 0.22。我国稻谷总产世界第一，精加工仅 3%；肉类总产占世界 1/4，加工能力仅 4%；水果总产居世界首位，加工能力仅 7%；苹果总产世界第一，加工率仅 4.6%（世界平均是 22%，德国是 75%）。从中可以得到这样一个启示，如果中国初级农产品产值与农产品加工业产值之比由 2007 年的 1∶0.37 调高到 1∶2，农业总产值可达 11 万亿元，相当于 2004 年全国 GDP 的 15.2%。

以上说到的只是农产品加工业，还有一块更具发展潜力的“能源农业”，就是我前面说到的“种出一个绿色大庆”。

先进科技、市场经济和强劲的工业化进程为人类社会带来巨大的物质财富，也加速了物质生产所需自然资源的急剧消耗。首先告急的是化石能源，请大家看这张近百余年世界能源演进的概念图（2000 年后的一段是我贴上去的）。图 10 中显示，19 世纪后期延续着仍以可再生能源（主要指薪柴）为主，煤炭消费开始增加；20 世纪前半叶煤炭为主要能源，达到消费高峰；后石油和天然气崛起，成为 20 世纪后半叶的主导能源。21 世纪将是化石能源消费渐减和可再生能源逐渐替代的世纪。

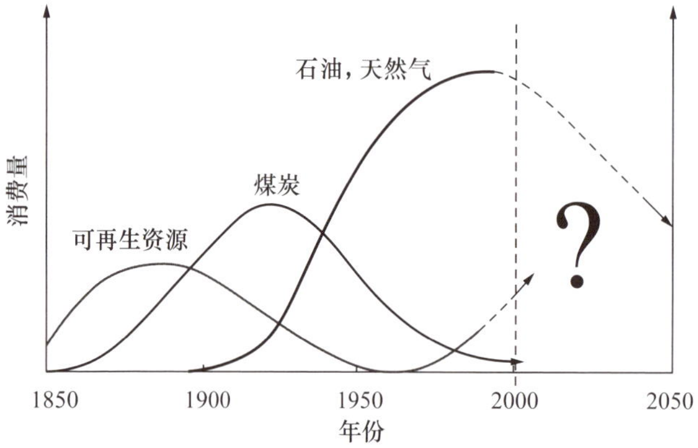

化石能源可使用时间：年

种类	全球	中国
石油	53	14
天然气	47	45
煤炭	63	57

美国能源信息署等

图 10　能源发展概念图

20 世纪后期，研究报告陆续报道，地球上不可再生的化石能源快用完了，一个多么可怕的消息。据美国能源信息署《世界能源观察・2005》等的预测，按全球石油、天然气和煤炭 2003 年的储采比，只能分别用 53 年、47 年和 63 年了；根据资料，中国的这三种化石能源仅分别能用 14 年、45 年和 57 年。前两年中国有个振奋人心大好消息，报道天津唐山一带发现一个有 10 亿吨储量的大油田。可是我算了一下，即使一滴不漏地都开采出来，也就够用两三年，杯水车薪啊！世界和中国的这些数字令人震撼和担忧，支持工业社会的能源只够用半个多世纪了，你们年轻人都会经历得到的。

能源是人类社会生产和生活的最重要支撑，特别是在现代的工业社会。20 世纪后期，一些国家就开始筹划对化石能源替代问题，氢能、核能、核聚变等，但现实可行的是水能、生物质能、风能、太阳能等可再生能源。特别是生物质能一马当先地冲在了前面，这还要感谢美国的克林顿总统。

2003 年年底，我在参加国家中长期科技发展规划期间，得到了一份资料，1999 年 8 月 12 日，克林顿发布了一个《发展生物基产品和生物能源》的总统令。总统令表示：目前生物基产品和生物能源技术有潜力将可再生农林业资源转换成能满足人类需求的电能、燃料、化学物质、药物及其他物质的主要来源。这些领域的技术进步能在美国乡村给农民、林业者、牧场主和商人带来大量新的、鼓舞人心的商业和雇佣机会；为农林业废弃物建立新的市场；给未被充分利用的土地带来经济机会；以及减少我国对进口石油的依赖和温室气体的排放，改善空气和水的质量。

我又顺藤摸瓜地查到2002年发布的美国《生物质技术路线图》，报告中写道：我们要像阿波罗登月计划那样，整合这个行业是一项意义深远的挑战，需要大胆的想象力，在多个科技前沿领域同时取得进展，在基础设施和市场开发上大量投资，提供政策和教育上的大力支持。路线图的制定者相信，成功的回报将是巨大的，它将是未来人类事业的基础。

2000年2月1日的《今日美国》上有篇报道说："石油的'能源之王'地位也许不久就会遭到废黜。如今，农田作物有可能逐渐取代石油成为获得从燃料到塑料的所有物质的来源。'黑金'也许会被'绿金'所取代。""在今后的25年内，工业农场主将能种植出足够的燃料和原料，从而我们几乎可以不再依赖于外国石油。专家估计，利用5000万英亩尚未得到利用的农田，美国最终每年可以生产750亿加仑乙醇，而我们目前每年利用进口石油提炼的汽油总量为700亿加仑"。

再说小布什总统，他在2006年1月31日国情咨文中有一段精彩讲话。他说："美国要保持领先地位就必须有足够的能源，当前我们存在的一个严重问题就是使用石油像吸毒一样的'上瘾'，而这些石油是从世界上不稳定地区进口的。"又说："最好的办法就是依靠技术进步去打破这种对石油的过分依赖，摆脱石油经济，让依赖中东石油成为历史"；"我们的一个伟大目标是：到2025年，替代75%的中东石油进口"。这个布什总统确实让伊拉克和伊朗搞得头疼了。他不得不靠美国的科学技术，解决自己的能源问题。

美国带头，世界跟进。欧盟在去年3月份的欧美首脑会议上也提出来，到2020年要减排温室气体20%，可再生能源占能源总消费量的20%，其中生物燃料占10%的目标。德国的一位部长说，到2010年，德国将可再生能源在总能源消耗量内占的比例提高2倍，2050年要占到50%。一个最快又最廉价，能提供可替代化石燃料的办法就是生物燃料，它是最快的，最廉价的，并以此来提高农民的收入。在德国已有100万公顷，相当于8.6%的耕地已经种植了能源物质。

美国发展生物质能源和生物基产品，美国农业部最积极，开展起"可持续能源系统的生物能源的战略性植物的农业研究"，一大批的绿色能源和生物基产品项目也上来了。2000年给美国国务院提交了《一个更具活力的美国农村》研究报告，世界著名的土壤学教材也提出："土壤的功能不仅是生产食物和纤维，还要担负起生产能源的任务"（2002年第12版）。美国国务院的可再生能源办公室就是由农业部和能源部两个部联合成立的，生物质能源和生物基产品主要是农业部管。

一个以农林等有机废弃物和利用边际性土地种植的能源植物为主要原料，进行生物能源（bioenergy）和生物基产品（biobased products）生产的生物质产业

（biomass industry）正在全球范围内兴起，它为农业提供了一个历史性机遇，开拓出一片极富潜力的市场。这是时代和世界性大趋势。

2005 年我在给河南省农业干部作报告的题目就是“农业的三个战场”，后发表在 2006 年的《求是》杂志第 10 期上。三个战场（图 11）是，以农林牧、稻麦棉、猪牛羊等初级农产品为生产对象的基础农业，以初级农产品加工为生产对象的加工农业，以农林有机废弃物为原料生产生物质能源和生物基产品的能源农业。如果说基础农业产值是 3 万亿元的，能源农业将是 6 万亿元，加工农业是 9 万亿元，合计 18 万亿元，农业不是弱势产业而是强势产业。

现代农业的四要素是：可持续、现代科技密集、三元产业结构，以及产业化经营。现代农业是全生物质产品生产和资源循环利用的绿色产业。要破除农业只从事初级农产品生产的“单一生产观”，单纯提供食物与原料的“第一产业观”，以及农业不能搞工业的工农“分隔观”。2004 年年初，我在春节座谈会上给农业部领导谈过基础农业、加工农业和能源农业的三元结构思想，得到的反应是只点头不动手，传统农业思想的力量太久远太强大了。

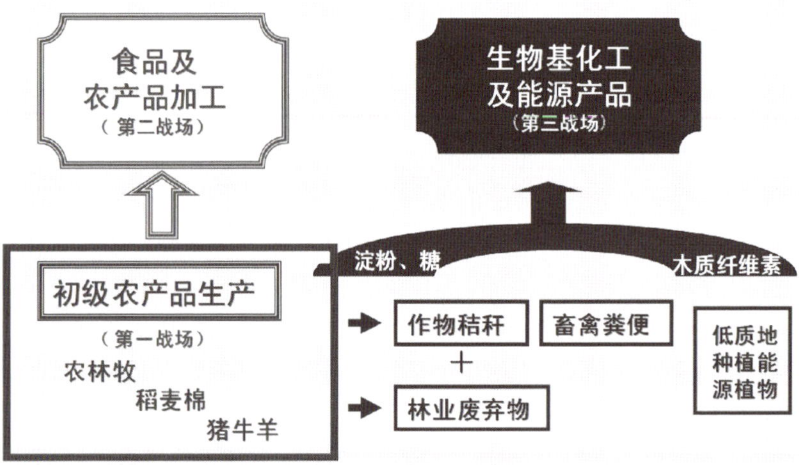

图 11　农业的“三个战场”概念图

六、感悟中国的“三农”困境

在完全市场经济条件下的，由农业社会向工业社会过渡的先行工业化国家，工业与农业是协同进化与发展的。中国不然，在计划经济体制下，依靠农业的原始积累起步工业化和城镇化，反之却以城乡二元化和工农二元化将农业边缘化，“以怨报德”地搞出个极大的社会不公与不平的“三农”问题来。作为一个农业工作者，我一直对此愤愤然。

去年举行的 2007 年“北京科学家论坛”上我发表了题为“解困‘三农’，路在何方？”的演说，后受邀以此题为“卷首语”发表在 2007 年第 18 期《科技导报》上。

下面请大家看看这幅图（图 12），我国城市和农村人口人均收入演化的曲线图。改革开放初期的 1980 年，农村居民和城市居民的收入很接近，当然二者都是低水平的。发展到现在的 2007 年，城市人口人均收入增加到 13786 元，而农村人口仅 4140 元，城市人均收入是农村的 3.32 倍，这个喇叭口还在不断扩大着。需要说明一点的是，农民人均收入是包括家存的粮食和养的猪等的净收入，而城镇居民是不含公费医疗、养老保险等的补贴以及社会福利的可支配收入，所以城乡居民人均收入的实际差距是 6 ～ 8 倍，这是多么严重的社会分配不公啊！大家可以看看表的右上角，自 1985—1995 年，丹麦、荷兰、加拿大、英国、以色列和美国的农与非农人口的人均收入是非常接近的。

如果说当今中国贫富悬殊，首先是城乡人口之间的贫富悬殊。

中国农业的生产要素困境也是令人十分担忧的。我国耕地和水资源的总量及人均占有量处在刚性的有减无增状态，图的右上角柱状图显示，1996 年到 2005 年的 9 年间，耕地由 1.30 亿公顷减少到 1.22 亿公顷，平均每年减少 90 万公顷，即 1 000 多万亩，多么可怕的数字！再看看右下角的 1978 年到 2005 年的 20 多年间，农村人口由 8.02 亿增加到 9.5 亿左右，农业劳动力向城镇非农劳动力转移了 2 亿，但是农业劳动力曲线基本上是平的，是新出生的孩子抵消了那 2 亿向非农转移的人口，劳动力仍是大量剩余。

另外，我们的粮食从 1949 年开始一直往上升，可是到现在我们已经有九年停滞不前了，或说恢复性增长，2007 年刚刚过 5 亿吨，还没有达到 1997 年的水平。而按规划提出的，2020 年要达到 6 亿吨，这是很不容易的。

我们再看看农民的情况。自 1949 年我上大学开始，国家就开始工业化和城镇化进程，这是要花很多钱的。中国盖工厂、开矿山、修铁路、建机场、办教育的钱是哪里来的？

那些先期发展起来的工业国家的原始资本积累靠什么？靠殖民地、靠海盗抢和侵略他国。18 世纪和 19 世纪的疯狂的全球性殖民化，英国成了“日不落帝国”；中国成了被签订种种不平等条约的半殖民地，包括八国联军到北京故宫来抢来烧，这个赔款，那个赔款，他们把这些银子和殖民国的资源拿去搞他们工业化。先期发展工业化国家的原始资本积累是血腥的、残酷的、卑鄙龌龊的。

解读“三农”困境1

人均收入困境：

城乡人均收入及增长率间的差距越拉越大

国家	国民平均绝对收入	非农/农业劳动者之收入比率		
		1985年	1990年	1995年
丹麦	28 390	1.50	1.59	–
荷兰	20 850	1.16	1.12	1.11
加拿大	20 290	0.76	0.77	–
英国	18 150	1.15	1.14	1.16
以色列	13 720	1.69	1.66	1.85
美国	35 216			1.18*
中国	–	–	–	3.32

转引自程序,2007.7.

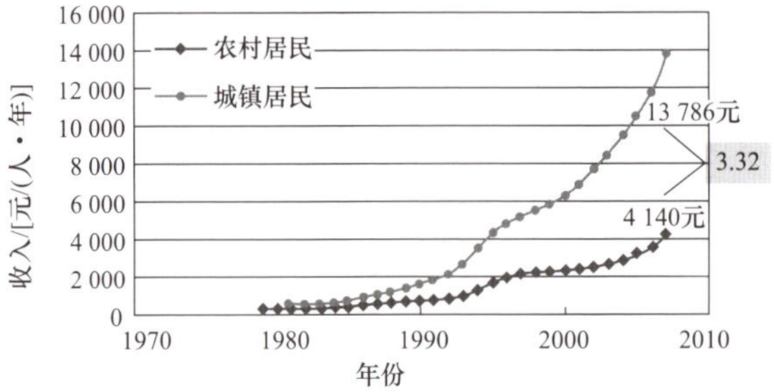

城镇居民为可支配收入，不含公费医疗、养老等各类保险、补贴及公共服务等，而农民为净收入。
二者实际差距是6～8倍

解读“三农”困境2

生产要素困境：

土水资源总量和人均有减无增

农村人口稳定增加，劳力过剩，转移困难

粮食增长乏力，再次出现求大于供的局面

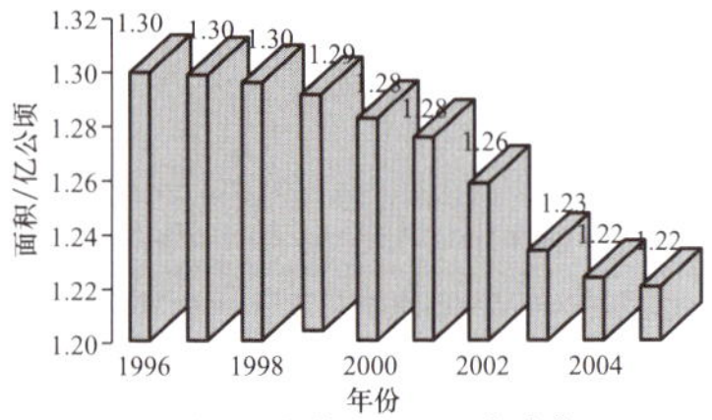

全国耕地面积(1996–2005年)变化

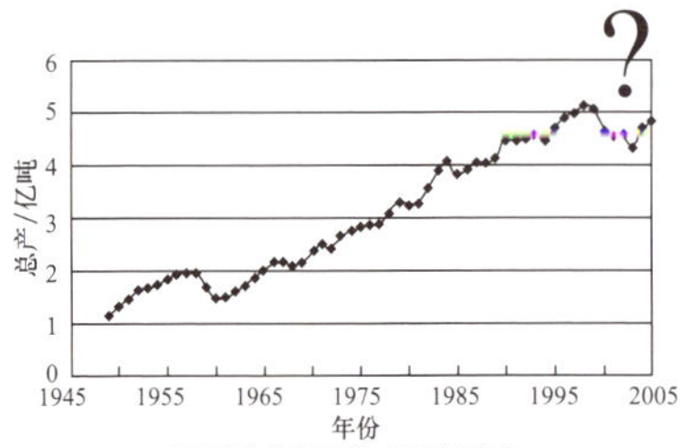

全国粮食总产(1949–2005年)变化

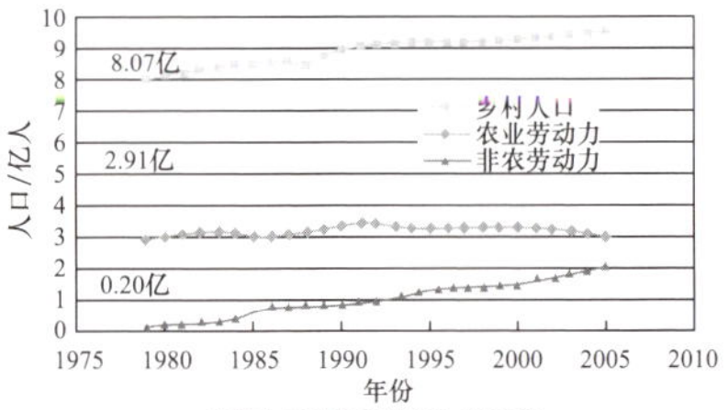

农村人口动态图(1979–2005年)

图 12 “三农”困境中的人均收入困境（上图）与生产要素困境（下图）

20世纪中叶才开始工业化和城镇化的中国到哪里去找钱？尤其是新中国刚成立，被那些先发展起来的列强军事和经济封锁得像一个铁桶一般。中国工业化的原始资本积累的“第一桶金”的唯一来源就是靠农民创造出来的。据不完全统计，从1953年到改革开放之初的25年间，就以工农业产品剪刀差等形式，由“三农”向工业化和城镇化提供了6 000多亿元。农业生产和农民的生活处境是非常艰难的。

所以，我们农大的同学一定要好好团结，来自城里的同学千万别看不起农村来的同学。

下面先说说当前对解决“三农”问题的两种说法。

第一种说法是农民进城论。这是一些著名经济学家的观点。他们的逻辑是，既然农村劳动力过剩和收入太低，那么就转移一部分农民进城。一是原来两个人吃一个馒头，转移后一个人吃一个馒头；二是城里人赚钱多，农民进城不是也能致富了吗？

其实，这种理论和办法在工业革命初期的欧洲和美国是很有效的，因为他们的农民本来数量就不多，这一手很管用。可是中国有9亿农民，如果一半留村一半进城，按现在农业生产状况和政策，留在农村的“一人一个馒头”，也只能是个小馒头，致富谈不上。另一半农民进城，中国城市人口马上翻番，城市的社会化服务（衣食住行、吃喝拉撒睡玩、能源消费等）体系能适应吗？需要多少建设投资才能建成？城市是经济发展的结果而不是生造出来的，更重要的是城里有那么多就业岗位吗？否则“失业大军”更可怕。

自“十五”和“十一五”，国务院都成立了一个顾问专家委员会，我有幸为其中一员。记得讨论“十二五”规划时的一次会，是国家发改委（国家发展和改革委员会）副主任陈德明主持的，我和吴敬琏、林毅夫两位经济学家在一个小组，为此争论了起来，有点唇枪舌剑的气氛。我在发言中说：“1900年，美、英、法、德、日五国的人口分别是7 630万、4 219万、3 896万、5 637万和4 481万，农业人口不过两三千万，而今中国农业人口是9亿。”（请注意，我当时刚研究过这个问题，手上有一大把数据和论点）从两三千万到9亿的量变必然带来质变。在当时场合，两三个回合能表明自己观点也就够了。我这个人有些较死理，会后给他们写了封长信，但他们没回信。

第二种说法是“多予少取论”。即免农业税，支持义务教育、基础设施建设等。这太需要了，太好了，早该这么做了。可是这能解决积重难返的“三农”问题吗？解决不了的。我说你们不信，请你们来看看，去年国家税务总局的副局长许善达是怎么说的，他说：“当前，社会上存在着农业税免征后的农民将处于无税状态的片面认识。”“仅农民从事农业生产所负担的不能抵扣的增值税等，2003年大体为4788亿元，约占农民总收入的14.3%。与城镇居民相比，农民所承担的税收负担相对其所能享受的公共产品和服务而言也是不对等的，单单取消农业税，并不能使我国长期以来形成的以牺牲农民利益换取城镇工业化发展的格局得到根本的转变，距离工业反哺农业、城市支持农村的战略目标还有很大的差距。”（载于2007年1月8日《农民日报》）。

作为一个农业工作者，在“感悟农业”中不能不想这些问题。我曾提出“三农”问题要“标本兼治，双管齐下”。治标就是以各种形式大幅度加大对“三农”的回报（我意不叫“反哺”叫“回报”为好），多多益善，来者不拒，什么都要，孩子上学、修马路、办图书馆电影院、合作医疗、建新农村等都要。

所谓“治本”，就是提升“三农”自身的成长性。具体来说，就是要深化农工贸一体和产业化经营的现代化农业经营体制，将“三农”从城乡二元化和工业二元化的枷锁中解放出来，推翻压在“三农”身上的这两座大山。

不是把农民轰进大城市去住贫民窟，而是整合基础农业、加工农业和能源农业，农工贸一体和产业化经营地发展现代农业。我有一个梦想：在辽阔的华夏农村大地上，星罗棋布地散落着现代化的农村居民点和农工商文相结合的中小城镇。一个个基于动植物生产的农工商联合体在这里千姿百态，茁壮成长；科技、金融、生产、生活、文化服务业林林总总，欣欣向荣；生物技术、机械、电脑、网络、卫星遥感、全球定位像过去的铁锹和犁杖一样普及。农民不必背井离乡地在大城市和乡村间流浪，而是驾着生物燃料驱动的汽车来往于现代化居民点与清净的中小城镇之间。他们生产生活上使用的是生物质能、太阳能和风能转化的热与电；他们享受的是人自然恩赐的土地的气息，流水的婉约，清新的空气，还有花香与鸟语；他们既能享受到大城市的物质与文化生活而又远离城市的喧嚣与紧张。这将是出现在中国大地上的21世纪“桃花源”。

什么“以工哺农”“建设新农村”“发展现代农业”“城乡统筹”都是概念，落到实处就得有抓手，抓手在哪里？对种种基础农业、加工农业和能源农业的农工贸一体的产业化经营就是抓手。这不是玩概念，是真刀真枪动真格地办农工贸一体的企业群。政府要投钱，往这上面投没错；企业家要投资，往这上面投没错，农民积极性准高。

1983年，费孝通先生写过一篇文章，题目叫《小城镇，大问题》的文章，称这些小城镇为人口“蓄水池”，因为“12亿人口中的80%是农民，中国城市里面是容纳不下这么多人的……中国农村经济的关键是工业下乡和工农相辅”。当前在发展城镇化上有两种意见，一种是发展大城市为主，因为城市公共服务的效率高；另一种是主张结合中国国情与农情，以发展中小城镇为主，我是后一种主张。

马克思曾表示，乡村农业人口的分散和大城市人口的集中，只是工农业发展水平还不够高的表现。要把工业同农业结合起来，促使城乡之间的差别逐步消灭。我们上大学的时候就学过马克思的消灭脑力劳动与体力劳动、工业与农业、城市与乡村三大差别的理论。

我讲一个外国例子。荷兰的国土面积3 400多公里^2。将近一半的土地是填海造的。荷兰人常说："上帝什么东西都给了荷兰，就是给的土地太少了。"你们知道吗？荷兰的农业非常发达，是世界农产品第二或第三大出口国，人均（农）出口创汇世界第一。它的秘密在哪里？就是把工农融合在一起，其初级农产品产值占全国 GDP 的 3% ～ 4%，但是它把它整合成加工生产和销售等的产值可占到 11%。2003 年我和荷兰的一个专家开会时，他说"只有将农业综合体内各种活动的总和考虑进去，才能构成一幅农业的完整图画"。

关于美国大力发展乙醇的事大家可能已有耳闻了，下面是 2007 年 8 月来自美国农业部能源政策和新能源利用办公室主任 Roger Conway 博士的信息。2007 年，美国的 118 个乙醇工厂生产了 70 亿加仑的燃料乙醇，105 个工厂生产了 8.64 亿加仑生物柴油，这 200 多厂子大多数是农民自己办的。Roger Conway 博士在文章中说："20 世纪之初，石油基工业制品逐渐取代了生物基工业制品；21 世纪之初，生物基工业制品重新回归，将逐渐替代石油基工业制品。"他用了"Everything Old is New Again"，用佛教的语言可以翻译成"轮回"，用通俗语言可以说是"返老还童"或"回归"。该文还对全球生物基化工制品作了如下市场预测：如果以 2005 年产值 212 亿美元为 1 的话，2025 年将达到 23 ～ 29，即 20 年增长到 23 ～ 29 倍。参加美国农业部生物质基产品研制的评选项目中，有清洁剂与消毒剂、黏合剂与树脂去除剂、吸附剂和玻璃清洁剂、地毯和室内家具的清洁剂，还有地板涂层、稳定性的液压液体、汽车用液压液体、塑料薄膜、地毯、可生物降解刀具、润滑剂、除冰剂等。

最后想谈一点关于后农业现代化问题，即工业经济向生物经济转型问题。

请看看，这是一条自 1500 年至 2000 年全球 500 年间的 GDP 曲线。如果设 1500 年的全球 GDP 为 1，1950 年为 22，即 450 年增长到 22 倍；1998 年是 135，即 50 年间就剧增到 135 倍。全球经济总量的高速度增长必然带来物质原料投入和消耗的高速增长。那么，用掉多少和还剩多少？这成了当今人类社会关注的一个焦点。

人类社会从事物质生产的原料资源是什么？有三类。第一类是不可再生和不能循环的物质资源，主要是化石能源，前面已经说到只够用半个多世纪了。第二类是指金属矿产资源，它不可再生但可回收循环再利用，一般每循环一次资源量减少 1/3，叫"减量循环"。第三类是生物质资源，可以再生和可以循环，循环中不是减量而是增量，叫"增量循环"。

2005 年陈至立同志在一次报告中讲道："2003 年，我国消耗了占全球 31% 的原煤，30% 的铁矿石，27% 的钢材以及 40% 的水泥。2004 年，由于我国对铁矿石需求的急剧增加，国际市场价格曾上涨了 71.5%；由于国际原油价格屡创新高，我国全年多支付外汇达数十亿美元。长此以往，越来越多的企业将不堪重负，国家将不堪重负"。

也是 2005 年，国家发改委制定“十一五”规划时发现，我国的 45 种主要矿产资源人均占有量不到世界水平的一半，铁、铜、铝等只是世界平均水平的 1/6、1/6 和 1/9。我国多数金属矿产资源禀赋不佳，开发利用难度大，选矿和冶炼成本高。到 2020 年，我国 45 种重要矿产资源中，可以保证的有 24 种，基本保证的 2 种，短缺的 10 种，严重短缺的有 9 种。

人类社会从事物质生产的，包括能源在内的原料资源越采越少，这怎么办？

1999 年，美国科学院给美国总统提交了一份报告，报告说：“生物基产品最终能满足大于 90% 的美国有机化学消耗和达到 50% 的液体燃料需要，并形成转化生物基产品的全球领导地位”。我查了一下资料，2002 年美国化工产品原料中 71% 是烃类原料，即石油基和煤炭基原料。石油和煤炭少了甚至没有了，生物基原料成为唯一替代。所以才有“生物基产品最终能满足大于 90% 的美国有机化学消耗和达到 50% 的液体燃料需要”一说。

请看，这是美国 Oak Ridge 国家实验室提供的一幅“生物炼制”（biorefinery）的概念图（图 13）。图中将自然条件下的生物生产与工厂化的生物炼制连接成统一的物质和能量循环系统。“生物炼制”概念将田间和工厂、乡村和城市、生物质生产和废弃物循环利用连成一个统一的系统。从中我悟出一个道理，以后的经济可能不再是一产（农业）和二产（工业），而是生物性产业（BI）和非生物性产业（NBI）。BI 有七大部类：动植物生产、农产品加工生产、生物能源生产、生物基产品生产、微生物产品生产、动植物生物反应器产品生产以及资源环境和生态管理及产品生产。此时的狭义农业将消亡和被广义的生物性产业所取代，所以我称之“后现代农业”。

2005 年在北京召开了首届世界生物经济高层论坛，2007 年 6 月在天津召开了第二届世界生物经济论坛。陈至立在第二届论坛上有一番讲话：“当今世界，生命科学研究、生物技术发展不断取得重大突破，为解决人类社会发展面临的健康、食物、能源、生态和环境等重大问题提供了强有力的手段，开辟了崭新的路径。生物科技的重大突破正在迅速孕育和催生新产业革命。现代生物技术发展开始进入大规模产业化阶段，生物产业将成为继信息产业之后世界经济中又一个新的主导产业。”

21 世纪将是生物经济的世纪；农业的后现代化将向生物产业演化。

农业是一个既古老与传统，又新兴与前景无限的产业！

农业是个令人充满激情的，现代高科技高度密集的产业！

农业是个为夯实国家经济基础，为九亿弱势群体“强身健体”的勇敢者的事业！

最后一张幻灯片，两个己丑年。第一个己丑年是我到北京农业大学上大学的 1949 年；明年又是 2009 年的己丑年，整整一个花甲，我幸福地务农 60 年了。

我目睹了中国农村之贫困和落后。

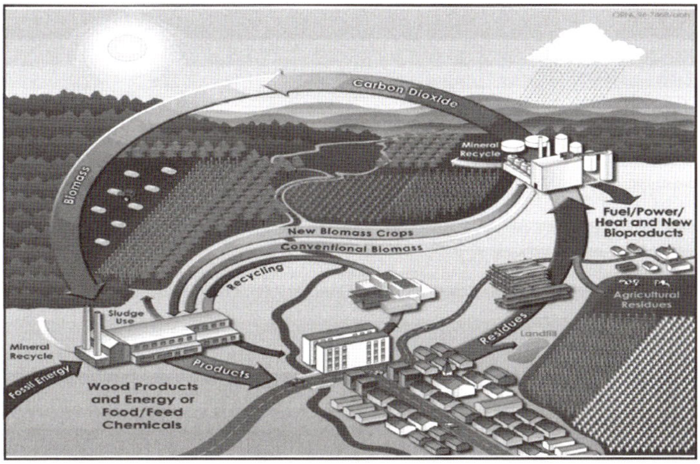

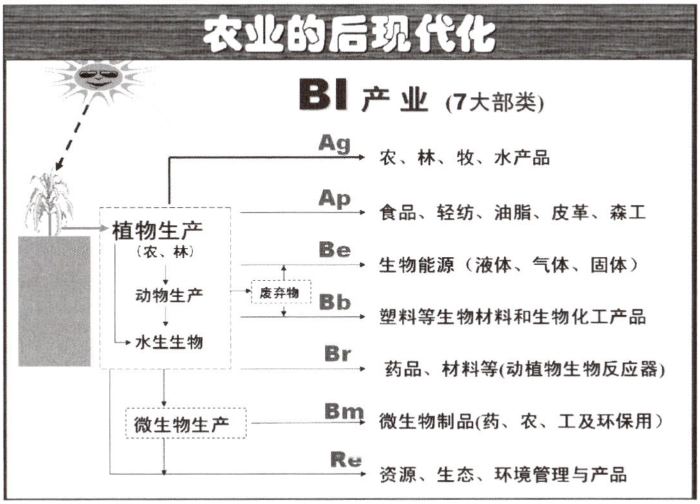

图 13 “生物炼制”（biorefinery）的概念图（上）与未来生物产业要素图（下）

我感受了中国农民之勤劳与艰辛。
我经历了中国农村的巨变和农业的长足发展。
我见证了中国几千年粮食不能自给历史的终结。
我看过了苏联的集体农庄和美国的家庭农场。
我感悟着现代农业和为她而欢呼与呐喊。
我为中国“三农”困境而困惑与求解。
我思考着农业的未来。
我期待着年轻一代农业工作者在中国农业的历史转型中建功立业。
我盼望着中国农大学子快快成长。
好，就说到这里，谢谢大家！

（讲演结束）

柯柄生：两个多小时，可能是我们名家论坛中比较长的。我想说的是，在这样长的时间内，同学们都一动也不动地在认真听着，同学们这种态度，就是对我们石校长这个报告非常精彩，引发感悟和启迪的最好说明。我个人的感悟等一下再说。我前面讲到我们今年论坛晚了点，在这个晚的过程中我没有闲着，思考我们“名家论坛”到底是一个什么样的宗旨。现在我正在看会场条幅上这几个字，也想出几个字来，“睹名家风采，开阔视野；与大师对话，启迪人生”。请宣传部，也请高参们琢磨琢磨。

下面是提问环节，非常难得的机会。我知道很多同学都憋足的劲，我也憋足劲地有一些问题。拿出半小时时间，提出你们的问题向我们老校长求教。

提问 1：石老师好！本学生姓史，是历史责任感的史，很高兴与您的姓同音。我非常爱我们农大，我也是因为爱我们农大，在生活中遇到问题，因责任感而不得不向您提问。我们校园中有不少让我们觉得骄傲的名师，但是我们仍然觉得思想上很饥渴，很茫然。比如说您 1949 年来农大，就有两位很著名的老师指引您，您才有这么光辉的成就，让我们非常羡慕。我有一个梦想将来也能像您一样，站在名家论坛讲台上，继续为下一代同学做思想指引。

就我个人而言，仍觉思想饥渴与茫然。我学兽医，前几天才想好将来做临床，当一名宠物医生。我都大三了才想好该怎么做，为什么？就是觉得生活中缺少思想指引。不少学生因为缺少思想指引而对学习失去兴趣，花很多时间玩网络游戏，这不是一个好现象，我们有这么多优秀名师，我们怎样才能有更多的机会跟他们接触，向他们学习，得到他们的指引呢？希望校长，老校长能不能帮我们的忙，想一想怎么办？谢谢。

柯柄生：我把他的这个话做点翻译，我们怎么样才能得到石先生更多的指导和教诲？

石元春回答：刚才这位同学说得很好，我觉得是不是名师并不重要，希望更多的师生交流是重要的。我建议把网络开通，我们所有的教师，特别是院士和一级教授，二级教授，都有他们的网站，可以面对面、一对一地与学生对话。我想这个平台会比较现代，会比网络游戏更有意义，是吧！

柯柄生：谢谢石校长对我们工作提出的要求，我们今后会落实，谢谢这位同学。

提问 2：石校长您好！我家在农村，假期作了一份回家问卷调查，整理调查问卷时颇有感触。问卷中所有农民的总收入（不是纯收入）最多的是两万多元，其中 90% 是打工来的。国家现在强调粮食安全，但很多农民回答不愿意种地，因为种地不挣钱，这是否会影响国家粮食安全？我觉得作为一个农大的学生，我们该怎么样做，或者说怎么样树立目标，才能将来为我们农民做一些实事，提高农民现在的这种状况，不让他们像现在这么苦，谢谢。

石元春回答：这个同学谈得很好，我们今天每一位中国的青年人，都要关心我们的9亿农民。我们农业大学的学生，更是与9亿农民心连心的，这是我们学校很好的传统。影响中国的粮食安全和总产的一个最重要和最直接的因素是农民种粮积极性。保障粮食安全的第一要务就是如何调动农民种粮积极性。我不是农业经济专家，真正的农业经济学家就坐在我旁边，你们的柯校长，所以我对粮食安全问题只能谈到此，谈农业也只是“感悟”而已。倒是建议此“名家论坛”可以请一位农业经济名家谈谈中国的农业问题和粮食问题。

提问3：石校长好！我的问题是两个，在投资期货方面，我感觉生物质能源是一个巨大无比的市场缺位，而且美国从自己国家安全的角度要生产生物乙醇，但是大量将农产品用于能源，会不会影响这些农产品的价格，会不会造成我国农产品价格的上涨。第二个问题，我是IT出身的，信息会影响农业，我想知道比如说GPS对农业有什么影响？

石元春回答：美国的玉米乙醇是不是会影响市场价格，这个早有定论，是会有影响的。所以美国今后重点是发展二代原料，即以纤维素和农业废弃物生产乙醇。布什总统下狠心要在6年里解决这个问题，就是说不想多占用玉米了。在中国，早就叫停了陈化粮乙醇，鼓励发展非粮乙醇，所以中国玉米涨价与生物质能源无关，可别误会。

提问4：石教授，我准备向您请教两个问题。第一个问题，刚才您用科学发展眼光和可持续发展理念考虑我国农业的发展。您提出农业应该扩展范围，不要受传统观念的束缚。我们农业不断要为国家和社会，工业化和城镇化承担粮食和农产品生产。之后您又提到世界农业，尤其是中国农业，面临的诸多问题中有一个是目前国家对农业的要求过高，压力过大，再增加功能，不是压力更大吗？我觉得这是一种悖论，一种矛盾，您对此有何高见。

石元春回答：谢谢。刚才我已经回答了这个问题了，我曾为此给总书记写过信，他不理我。

提问5：石老师您好！目前我国农业问题确实很严重，但我了解到中国农大的学生毕业后从事农业工作的并不是特别多，我觉得如何将我们这些能为农民贡献的学子，更有效地引导到为农业服务的行业中呢？谢谢。

石元春回答：这位同学的提问非常好。这里有一个概念问题，农业已经不是传统意义上的生产稻、麦、棉和猪、牛、羊，而是一个很庞大的产业体系。我刚说过，美国农业只有2%的人口在一线生产，却有18%的人口从事与农业有关的相关行业，叫大农业，今后这个可能更加宽广。一直有一种“跳出农门”的说法，其实，凡在这个大体系里，都在“农门”之内。再说，大学教育是国民教育中最高一级的普适性教育，能服务于社会就好。当然，如果有了研究生的学习经历和取得学位，那就有些可惜了。

提问 6：石教授，来农大我很少能这样感动过，今天晚上想请教您一个问题。您刚才说，您多次参加国家规划和科研政策方面的讨论，还提出一些不同意见，与主流经济学家意见不同，现在上面还请您吗?

石元春回答：我做人有个基本态度，就是说真话。在学术问题上从来就是怎么想的就怎么说。例如建立“城市圈”的问题上我就明确提出不同意见，还很尖锐，弄得领导到家给我解释，挺不好意思的。有人喜欢我的这种敢提不同意见的性格，也有人觉得我这个老头净找事，挺冒犯，以后不请我了。请不请随你，怎么说随我。

提问 7：尊敬的石教授您好。我有个问题想问您，您觉得土地的产量是有上限的吗？就是说地球可以满足人类的基本需求，但是不可以满足人类无止境的欲望吧?

石元春回答：你说的“上限”应当理解为“理论值”，任何一片土地，都有其光、热、水、气、土质等自然立地条件，其生物量产出是有一个“理论值”或上限。而在多种因素影响下的实际产出量是不会高出理论值，而可以尽量接近理论值的。你提的问题中要注意一点，不要陷于“人类中心主义”。人不是自然的主宰，而是要顺应自然，和谐发展，对自然要存有敬畏之心。

提问 8：我最近看一些杂志报道，国外有一些科学家说如果在 21 世纪全球碳排放量不趋于零的话，那么地球很快就会走向灭亡的。

石元春回答：这类的说法林林总总，看看就是了。如果不约束自己，人类社会发展不可持续是可能的，在亿万年里地球是不会灭亡的。

提问 9：石教授您好！我想问一些关于生物质能源的问题。您说它是 21 世纪最有发展潜力的能源，可能满足人类很多的需求，我想问的是如何才能满足人类需求。工业革命中石油和煤炭曾经满足过我们，现在却成为我们最大的恐慌，如果我们倾向于生物质能的话，则需要用更多的土地。现有的土地就让我们吃饱还成问题，哪有土地去养活我们的汽车?

石元春回答：这个问题带有普遍性。一个就是生物能源不是解决全部能源问题，只是能源多元化中的一种，重要的一种。至于美国等拿土地和粮食去换能源，这只是初期，暂时的，中国是绝不会这样做的。生物质能源的原料主要靠农林废弃物和边际性土地，这是对未利用资源的开发和循环利用、环保和低碳，不涉及影响农田和粮食。我正在写一本书，书名是《决胜生物质》，2010 年底或 2011 年初能写出来，它更有利于和大家交流。

柯柄生：我们企盼这本书早日出版。

石元春：出版后请大家踊跃购买。

提问 10：我想问一个问题，不知道该问不该问。关于您说的一号文件，还有您的“双管齐下，标本兼治”。一号文件写得很概括，不够详细，它为什么这么写？是因为它就应该这么写，还是因为我们中国国情很复杂。您觉得您的“标本兼治，双管齐下”是不是有点理想化了？是不是不可能实现？谢谢。

石元春回答：非常好，挑战老师，就该这样。每个人都可以从不同角度看问题，这是我的一种见解。我是相信自己对农业的60年感悟，“标本兼治，双管齐下”，非不能也，是不为也。我打个比方。一个农村的孩子，父母今天给窝窝头，明天给馒头，后天给糖包，这很好。但这只能饱肚子。如果父母千方百计地让你上学，好好念书，增强你们自身的成长和进入社会的能力，则可以让你越来越幸福，幸福一辈子。

十多年前，中国科学院有过一次统计，院士中近一半是江浙籍的。有人说其中有个秘密，是民间的一种文化。江浙一带，穷人家里常常是爹在家里种田，娘在外面当佣人，省吃俭用地让孩子念书，这种风气和文化使江浙一带文人学士、大官巨贾特多。我想，政府对“三农”是不是也是这样。窝窝头、馒头和糖包是必须给的，但最重要的是“念书”，提升“三农”自身成长能力。要“授之以鱼”，更要“授之以渔”。这是有些理想化，但连“理想”都没有，还要这些农业专家何用？

提问11：我问一个问题，就是现在非常热的一个问题。粮食价格上涨，我们那儿玉米一斤卖到七八毛，上涨很严重，你对此有什么看法。对农民有好处还是有坏处？社会效果又会如何？

石元春回答：最近国际上有个权威评估机构提交过一份报告。说美国生产一块钱的农产品农民只能拿到一毛九分钱，其他的八毛一分钱分摊在生产资料和市场流通过程中了。评估结果是粮食涨价的根源不在农民生产粮食，而在石油、化肥等生产资料的涨价及农产品流通过程成本增加。那么你说粮食涨价农民高兴还是不高兴？我说农民高兴也不高兴。高兴是拿到手上的钱多了，不高兴的是能装进兜里的不多。这是个经济政策问题，也是个时间问题。

柯柄生：涨涨价，有一定道理。

石元春：这是经济学家说的。在国外，市场经济比较完善的一些国家，他们会控制某些商品的涨价，但是对农产品的涨价是放开的。中国则相反，生怕农产品涨价影响了城里人，却不担心农民收入受到伤害，好像农民天生就是个受穷的命。

柯柄生：我刚才有个插话，请允许我补充几句。同学们对涨价有一种矛盾心情，尤其家庭是农村的。其实比较好的办法是国家把补给学生的钱直接打到卡里面去，尤其是对那些贫困学生。学校尽了很大努力，还是改变不了市场物价。

提问12：我是一个农民，很感谢您能理解农民的苦。我的问题是，刚才那个同学说他那里的玉米涨到七八毛了，我们那里还是五毛二、五毛三。今天晚上我打电话回家，我爸爸说化肥去年 110 多块钱一袋，今年一下子涨到 160 多，而粮食价格没有涨。所以，我觉得您是不是帮我们跟国家说一下，把农产品价格提高一下。

石元春回答：我真的很感动。在一个农业高等的学府里面有我们的农民的子弟在为他们的家庭，为农民在那里呼吁，我们这些人更是责无旁贷，刚才说了化肥涨了 50 多块钱，而粮食涨了多少？所以我觉得这个事情，我们会在不同的形式向上面反映。谢谢你！这位同学，回去跟你父亲说，说我们大家都很关心你们。希望粮价多涨点，化肥价少涨点。

提问 13：石校长您好！作为一名杰出的农业科研人员，请您给我们即将投身农业科研的青年学子们一些建议，谢谢。

石元春回答：从我本身的经历来讲，给你的第一条建议就是，一定要好好做人，做一个很正直的，很真诚的人，你把人做好了就有基础了。第二个是好好做事情，你需要有各种科学知识，遇到任何事情你都要想办法把手上的事情做到最好。我就是这样的，今天与你们交流用的 PPT 都是我自己做的，每一个字，大一点，小一点，用红的还是用绿的，蓝的？费了很多心思。我老伴说："你把这些时间花在这些形式上干什么？"我说："我希望做得再好一些，让同学们看得赏心悦目，效果会好一些。"做事就得从一点一滴做起。

柯炳生：让我们牢记老校长的嘱咐，好好做人，好好做事。

提问 14：石教授您好。其实我不是一个学生，就是一个农民。我一边打工，一边学习，学了三年的职业中专，也是农学，然后来到北京。在北京打工 12 年，今年我是本命年 37 岁了。这次在中国农业大学听您的报告，非常幸运。我去年 7 月份在农科院学习时，有一个学生，72 岁了，他是长白山种人参的一个老先生，他花了五千块钱到农科院学习种植人参的技术，现在老百姓已经走到这个地步了。像我这样的学生，在农科院、中国农业大学或小汤山，不停地走动，想看看现在的大学生在学什么，实验是在搞什么，未来怎么发展，我们农民怎么才跟得上。我希望石院士多为我们农民说话，多向上面提要求，谢谢。

柯炳生：谢谢这位朋友。你的精神很让我们感动。

提问 15：石老师您好，我的问题是替我华中农业大学的一个同学问的。他想问，今年是改革开放 30 周年，在这 30 年的历程中反思这个过程，在您看来改革开放对"三农"带来了什么？谢谢？

石元春回答：我觉得应当肯定一条，没有改革开放我们今天的农民会更惨，特别是邓小平同志提出来的联产承包责任制，还有所有这套系统都非常好。但是，随着形势的发展，特别是近一二十年来工业和城市改革和经济发展很快，农业和农民收入越来越赶不上，差距越来越大，这个问题已经引起中央的重视。你替华中农大同学问的，"改革开放对'三农'带来了什么？"我在前面的"感悟农业"

中已经提到了，请代为转达和向他问好。

提问 16：我想顺着刚才那个男同学的问题，“双管齐下、标本兼治”中您提到要用高科技什么之类的，我觉得它是一种精英的，我们农民承受不了这种高科技，没有钱来运用它，没有钱进行标本兼治，第二、三产业进入农村，农村也没有钱，“标本兼治”有可能吗？

石元春回答：我也向你提一个问题，农民看电视的时候是不是需要他自己造一个电子管和电视机？其实，他只要摁一下那个就可以出现画面，看新闻和连续剧。使用和研发是两回事，研发可能是非常高深，像抗虫棉就是分子水平的，棉农不需要研究分子育种，会种抗虫棉就行，像买台电视机一样。

柯炳生：各位老师，各位同学，我们的互动必须停止了，我知道我这样做会得罪很多同学，但是我知道继续下去可能我们整个晚上都会有很多的问题。同学们的踊跃提问，使我确实感受到名家论坛请名家大师讲演和互动，确是满足了同学们长期以来的期待。石校长两个多小时的讲演和半个多小时与同学们的互动，我有很多感慨。

首先，今天听石校长讲演，我又重新当了一回学生。石校长说话的语言很生动，图文并茂，视野宽阔，思想深刻。我个人最突出的感受可以归纳为三点。

第一点，我们老校长，尊敬的石老师、石教授，展示了他对农业热爱的情怀。还有他的一种使命感、责任感和自豪感。他在这个领域 60 年，孜孜不倦地求索，冲破了种种困难，大胆探索。我觉得一个人对事业的挚爱是发自内心的和引以为自豪的，我觉得这是我们所有学生，完成好我们在农大的学业以及今后进入职业生涯的一个基础。你一定要对你所选择的事情有一种发自内心的热爱，然后你才能够有自豪感。

第二点，这种热爱，这种自豪感，这种责任感和使命感不是建立在一种浮躁的，一种短暂的，而是构建在一种理性分析上的。我们可以看到石校长从农业的古代辉煌讲起，讲到农业边缘化，以及讲到现代农业新的胜利，所以我们感受到他的挚爱之心，以及他发自内心的自豪感。不是虚幻的，而是真实的。基于系统的逻辑分析，农业这个产业部门它本身的功能的扩展，使它得重新焕发了生机，有了新的生命力。因此，我们从事的农业，以及相关产业，按照石校长讲的基础农业、加工农业和能源农业就非常广阔。石校长讲美国直接从事农业生产的基础农业部门就业人口只占总就业人口的 2%，而农业领域等与农业相关的行业的就业人口是 18%，我想能源农业将来有很大发展空间，比重会不断增大。对农业的现在和未来的认识，对我们每一个农大人都很重要，因为社会需要农业。

第三点，刚才石校长讲了，你有热情，有理性分析，还需要有勤奋的精神。我们从石校长的报告中可以看到，他的那个 PPT 做得那么好，这股精益求精的精神。一个七十多岁的老人，智者，我不知道在座的同学中有多少个 PPT 的水平可以做到这个水平，我知道我们差得太远，太远。这是有很高技巧的事情吗？不是，这是一种精神，严谨做人和做事的精神。这种精神恰恰是我们要学习的。

我们有理想、抱负，怎么把你的理想和抱负能够实现，看看石校长引用国外的资料是什么时候的？是 2007 年的数据。现在有些同学抱怨说老师的讲课讲得不好，或者说这个条件不行，那个条件不好，都是现实，都是事实，作为学校来说会不断改进的。但是，你要主动的话，有这种精神的话，情况就会好许多。

有同学抱怨，上网查资料的网速太慢，我也抱怨。我在家里也上不了农大网，在农大上不了外面的网又怎么办？这个肯定要逐步改进的，没有问题。我尝试上美国农业部的网站很快，但上有些网站比较难。困难总是有的，关键是你有没有勇于克服困难的精神。

我的感悟还有很多。时隔这么多年，再次聆听到石校长教诲，我相信每个同学都和我一样有很多感悟，化为一句话，就是我们一定要不辜负我们的老校长。

我前几天跟同学们说过一句话，“每一个农大学子，为他们当年报考农大的决定不后悔”。有同学说要用“自豪”和“骄傲”等，那些帖子我都看了。同学们在辩论中说校长太自卑了，太实事求是了等。我感觉就是缺乏石校长给我们展示的那个严谨的精神。你会为您的学校感到自豪和骄傲吗？这是一个重要目标，石校长为我们树立这个榜样！

让我们以热烈的掌声感谢石校长给我们的讲演！感谢石校长使我没有为我当初报考农大的志愿而感到后悔。我将努力按照石校长的榜样，让你们也不后悔。

下面还有一个程序，有同学为了表达他们对老校长的崇敬和感激之情，准备了一个小小的礼物，请同学们拿上来！

（几位同学上台向石校长赠送对联）

同学代表：石院士您好，我们同学对您都非常敬仰，听说这学期第一次名家论坛会邀请您来，同学们都非常非常高兴。我们书法社和挚友社代表全体同学的心意为您准备了一份小小的礼物，一副对联。

上联是：志在天地得失寸心大家风范

下联是：惠泽蒹葭桃李满园名师功勋

横批是：高山景行。

这两副对联代表我们同学对石院士高尚品德及师德的赞美和敬仰之情，希望您能喜欢。

柯柄生：各位老师同学们，时间确实非常非常快，我刚才已经说了，我们这是本学期的第一次名家论坛。石校长为出席名家论坛作了非常精心的准备，今

16位同学提问，历时半个多小时

图 14 “名家论坛”现场

晚使我们非常感动的是，在这整整的三个小时里，他表现出如此对农业的热爱之情，以及他科学严谨的精神。我们期待着能够再一次有机会，有可能邀请石校长再次作客名家论坛。

再次感谢石校长。

本次论坛圆满结束，感谢大家。

3 感恩恩师

【写作背景】

这是为纪念恩师李连捷院士诞辰100周年写的文章。是恩师为作者设计了学术人生。

连捷导师不是手把手地教我如何如何，却设计了我的学术人生。

我大学念的是农学系，1953年毕业后留校念研究生。由于农学方面的苏联专家因病推迟来华，土壤专家涅干诺夫先来了，我就从农学系调到了土化系。土化系研究生班有二十四五位研究生，多数是从农学系转来的。这些研究生分给了当时土化系的李连捷、彭克明、叶和才、刘海蓬和华孟五位教授。我和林培、裘凌沧等6位分配在李连捷师门下，不想这竟成为我人生道路上的一个重要转折点，影响和决定了我的一生。

头次见到导师，就为他的气质、风度和幽默所倾倒。他常邀我们六人到他家里聊天，有时一聊就是两三个小时。谈的话题很广，学术的，非学术的，很融洽，不拘束。有时讲他在土壤调查中的一些故事，我们听得津津有味。导师是在用"闲

图1　1954年李连捷导师与他6位研究生在他住宅前的合影，右1为作者

谈”了解学生情况、性格、禀赋、爱好，启迪专业悟性。

选课是研究生培养的重要一环。为农学系转过来的研究生安排了物理化学和胶体化学、分析化学等化学类课程，叫补基础。整个研究生班都到北大修王乃樑教授讲授的“地貌学”，我们6人又按不同研究方向各安排一门专业课程。导师单独与我谈话，帮我选定和联系到北京地质学院旁听袁复礼先生讲授的“第四纪地质学”。每次我都是兴致勃勃地骑着自行车去听课，因为是旁听，常选坐在后排。导师常说，听课就要听最好教授的讲课，袁复礼（中科院首届学部委员）和王乃樑两位就是当时我国第四纪地质学和地貌学方面顶尖的教授了，正是这两门课开启了我的学术心灵。

导师为我们6人安排了一个极佳的学习和研究条件，就是参加中科院黄河中游水土保持综合考察队的野外考察（1955年）。在太原集结准备时，导师带我们6人去见了科考队队长马溶之教授，记得马先生说了一句“强将手下无弱兵”，他们二人就哈哈大笑起来。林培上吕梁山（山地土壤），钱光熹下川（川地土壤），裘凌沧搞水保，把我交给了第四纪地质组组长刘东生先生（副导师）。参加第四纪地质组和在刘东生先生身边学习，是我终生难忘的一次学术经历。

刘先生当时才三十多岁，但是考察中特严肃以至严厉，训斥起来毫不留情。对我这位“俗家弟子”不仅客气，还常吃些“偏饭”“一旁传授”。近半年地跟学在刘先生身边，看他如何识图作图，描述地质剖面，照相素描；如何透过现象探寻本质，时不时地向我们传授经验。他那严谨认真，一丝不苟的学术态度和风格使我们受益终生。刘先生常提醒我：“切莫轻易放过一个地质现象，因为它是过去地质时期留下的痕迹和证据。”

图2　2003年与恩师刘东生院士在人民大会堂留影

在两位导师的悉心指导下，我完成的论文题目是“晋西黄土及其生成”。完成论文后，时逢召开“中国第四纪地质研究会成立暨第一次代表大会”，两位导师为了给我鼓励和机会，让我在大会上报告。当时我不知深浅地遵从了师命，可一到会场傻眼了，上千人的会场坐得满满的，一些素日敬仰，只见其书未见其人的地质界前辈和权威们就坐在前排，一个尚未出道的研究生竟然在台上作报告，现在想起来还觉汗颜后怕。

导师与我们“闲谈”是前奏，“布课”是基础，研究是重头大戏。学习“地貌学”和“第四纪地质学”两门课程，安排在第四纪地质组刘东生先生身边是导师精心培养中的核心与高潮；参加综合考察和在大会做学术报告是让我去经“大风雨”，见“大世面”。就这样，用三年的时间为我勾勒了整个学术未来。

1956 年的早春，导师把我叫到办公室问我：“石元春，科学院组织了新疆综合考察队，你愿意跟我去吗？”我当然是满口答应的，由此而正式踏上了我科学生涯的征程。连捷导师是新疆科考队队长兼土壤组组长，由于忙于全考察队的工作，土壤组的日常工作自然就落在了我的身上。导师时常把我带在身边，出席各种场合的活动，提示我该怎么做，该注意什么。连捷导师和当时新疆军区司令员陶恃岳将军相交甚厚，记得一次在紫泥泉子牧场的草地野炊，让我也去饱饱感受了一次学者与儒将之间的那种高见过招和妙语雅风。

新疆考察队的 1956 年的野外考察结束了，考察队已经启程回京，导师让我留下来帮他准备向新疆维吾尔自治区党委书记张中翰（兼解放军新疆军区政委）的汇报，使我有机会参加和见识这种高级别的行政活动场合。

汇报后随同导师由乌鲁木齐乘机飞往兰州，这是我生平第一次坐飞机。当飞机起飞后侧望舷窗外的那种“一览众山小”的感觉真是奇妙无比。可惜好景不长，当这架只能坐二三十人的小飞机飞越博格达山时，上下颠簸几次，就让我呕吐不止，享受到从未享受过的难受。到兰州后向导师说：“李先生，明天您坐飞机回北京，我还是坐火车回去好。”导师笑了：“石元春，坐飞机跟土壤调查一样，一回生二回熟，多坐几次就没事了。”

“黄河中游水土保持综合考察”和“新疆综合考察”的五六年里，奠定了我科学的一生。综合科学考察就像一个交响乐队，不论你用的是哪种乐器，你都必须了解其他乐器的音色音质，只有相互间的默契与配合才能演奏出高亢、浑厚、优美的交响史诗。交响乐队是培养优秀乐手的沃壤，科考队是科技工作者成长的大课堂，导师就是把我们放到了这样一个大课堂里去“经风雨，见世面”，做一个交响乐队乐手的。

在这个交响乐队里，最基本的一条感受就是，再宏大的一部交响乐也是一个音符一个音符组成的，再伟大的科学发现也是一个数据一个数据积累的，占有可靠而丰富的一手材料才是一切科学工作的基础。科考队的另一个重要影响就是“综合”。人在土壤组，但必须考虑到地貌组、水文组、水文地质组、植物组、农业组、经济组等各有关学科组的成果和见解，才能形成比较接近自然真实的科学思考。再好的首席小提琴手也必须与整个乐队“和声”才能体现他的整体价值，团队精神是绝对必要的。这对我以后主持黄淮海工作、节水等国家重大课题，以至近年的宏观性研究都有很深的影响。

两位导师的教导和两次综合考察的熏陶，也教诲我科学思维和理论升华是如何的重要。与技术和工程不同，科学的任务是要揭示尚未被发现的自然现象和规律的。由晋西黄土及其中古土壤的研究而思考整个黄土高原的形成和第四纪古自然环境的演变，故进而在 20 世纪 80 年代写出了“中国黄土中古土壤的发生学研究”一文，阐述第四纪期间我国北方黄土地区土壤的古地带演替。在新疆考察中学习和阐述了塔里木盆地北部的地貌类型与盐分积聚规律，进而使我在 20 世纪 80 年代首次为研究生开出的“地貌与第四纪地质学”课程中，提出了“地学综合体”的概念。20 世纪 70 年代开始的，历时 20 年的黄淮海平原旱涝盐碱治理的研究，从大量的实际工作的基础上提出了“半湿润季风气候区水盐运动”理论。这些都是在认识自然中的理论性提升。

从连捷导师对我的培养中认识到，科学工作不仅要精于“单打”，还要善于“双打”和成为 11 人足球队中的优秀一员；科学工作是服务于社会的一种社会性活动，不能只靠一个人的冥思苦想和孤军奋战，而需要组织一个军团的战斗；科学发展需要专攻型干将，也需要科学的领军人才。

连捷导师离开我们已经十多年了，但他的科学成就和精神，对学生们的精心培养是会一代一代永相传承的。

（完成于 2008 年 7 月 1 日）

4 年谱简记

一、幼年及求学时期（1931—1953 年 /1—22 岁）

1931 年 2 月 18 日，出生于汉口，时农历正月初二，立春，故取名元春。父石燧平，经商，母徐淑媛，有一子三女，作者排行二。

1937 年，日军侵占武汉，举家迁汉口法租界。同年上竟成小学。

1943 年，上法国天主教教会办的汉口法汉中学念初中。

1944 年，躲轰炸举家迁往武汉郊区农村。

1945 年 9 月，抗日战争胜利，举家迁回汉口法租界，回法汉中学完成初中学业。

1946 年 9 月，考入美国基督教会办的武昌文华中学高中学习三年，受美国教会影响较多。

1948 年，受同班进步同学影响，参加演出进步话剧、唱进步歌曲、办墙报。秋季始学，被推选为文华中学级长会议主席。

1949 年 5 月，武汉解放前夕，组织学生护校队，作迎接解放军进城准备和组织同学上街欢迎解放军。

1949 年 7 月，高中毕业，与同学六七人一同报考武大、清华或北大农学院。石先后得武大及清华录取通知书，后决定北上求学。11 月，清华大学农学院、北京大学农学院、华北大学农学院合并为北京农业大学，石为首届新生。

1950 年，申请参加抗美援朝，未准。

1951 年 4—9 月，随学校“土改工作团”赴江西省信丰县参加土改，任信丰乡土改工作队副指导员。回校后被选为校学生会学艺部副部长。

1952 年，被选为校学生会副主席。

1953 年，大学毕业，留校攻读研究生。

二、科学生涯早期与“文化大革命”时期（1953—1973年/22—42岁）

1953年秋，由农学系转土化系攻读研究生，师从李连捷教授，土壤地理学方向。

1954年，学习了地貌学、第四纪地质学、物理化学与胶体化学、分析化学等课程。

1955年，按导师安排，参加中国科学院黄河中游水土保持综合考察队第四纪地质组，作黄土中古土壤研究，刘东生研究员协助指导。

1956年，完成毕业论文后在中国第四纪地质研究会成立大会做“晋西地区的黄土及其形成过程”报告。毕业后留校，随导师参加以导师为队长的中科院新疆综合考察队赴疆考察。协助导师做考察队及土壤组工作。6月至1957年11月任考察队队长秘书，11月至1958年12月，任新疆队土壤组副组长。

1957年，继续参加新疆综合考察。

1958年，继续参加新疆综合考察。发表论文“塔里木盆地北部盐分的积聚规律和盐渍土利用改良问题”。

1959年，除夕与同学李韵珠完婚。在京参加中科院新疆综合考察总结，秋季参加全国土壤普查中的北京市密云县（现密云区）土壤普查，写《北京市密云县土壤志》。

1960年，承担土壤学教学任务和在京郊开展研究工作，发表“北京土壤口性的研究”等论文，并开始在京郊大兴县进行盐渍土水盐运动观察研究。导师任土壤教研组主任，石任秘书。6月1日作为先进集体代表参加“全国文教卫体先进集体和先进个人群英会”。

1961—1963年，参加土壤地理和土壤调查两课教学。1962年4月得子石平。

1963—1964年，学校在涿县（现涿州市）实习农场开展半农半读教学改革，后任四区队副队长，分管生产。

1966年6月，由涿县试验农场回北京校部参加“文化大革命”。初以“走资派”与系领导一起劳动改造，数周后被“解放”，做“逍遥派”多年。

1967年12月，得女石琼。

1970年夏，参加学校搬迁延安的“先遣队”，赴延安清泉沟；秋，举家随校迁甘泉县清泉沟。

1971年，“工宣队”安排修小水库，当“库长”，“炸山”时被炸，险些丧命。

1972年末，得“克山病”，批准回京“异地疗养”。

三、黄淮海项目与任职校长时期（1973—1995/42—64 岁）

1973 年，根据国务院业务领导小组成员、北京农业大学前校长王观澜在河北邯郸地区设置盐碱地改良点的意见，石等 7 位教师进驻曲周县张庄村，建旱涝盐碱综合治理试验区，开始了为期四年的治理实践与研究。

1974 年，创办曲周农民技术培训学校。

1977 年，曲周综合治理四年，成效显著，研究成果累累，影响日增。

1978 年，农业部杨立功部长视察试验区，拨款 500 万元，将试验区由 4 000 亩扩大到 3 万亩。曲周试验区获“全国科学大会奖”。“黄淮海平原旱涝盐碱综合治理”正式列入国家“1978—1985 年科技发展规划”。

1979 年 4 月，国家农委何康副主任部署“黄淮海平原旱涝盐碱综合治理区划”，贾大林与石元春牵头。6 月，河北省为曲周试验区颁发科技成果一等奖；9 月，国务院颁发由华国锋总理签署的嘉奖令。是年被聘为副教授。

1980 年 5 月，参加赴匈牙利作盐渍土改良考察。6 月，接待联合国国际粮食发展基金会（IFAD）副总裁阿金斯先生对曲周试验区的考察，后立项，获优惠贷款 2294 万元，将试验区由 3 万亩扩大到 23 万亩。

1982 年，农业部批准成立北京农业大学曲周实验站。

1983 年，农业部 5 月在邯郸召开全国“三结合”经验交流会，推广北京农大曲周工作经验。12 月，河北人民出版社出版石元春等著《黄淮海平原的水盐运动和旱涝盐碱综合治理》一书。北京农业大学任命石为研究院副院长。

1984 年，国家科委启动黄淮海“六五”科技攻关战役，成立专家组，石任组长。

1985 年，由石元春、贾大林主持的“国际盐渍土改良学术讨论”在山东济南召开，中国盐渍土改良开始走向世界。农牧渔业部任命石为北京农业大学副校长兼研究院院长。

1986 年，全面总结黄淮海“六五”科技攻关项目成果和制定“七五”作战计划。被聘为教授，任国家教委科技委副主任。

1987 年 6 月，国务院任命石为北京农业大学校长。国务院根据黄淮海平原旱涝盐碱综合治理与农业发展取得的成功经验，制定和实施《1988—2000 年国家农业区域综合开发规划》，至 2007 年累计投资 3191 亿元。

1988 年 6 月，李鹏总理到曲周试验区视察和 8 月邀请以石为首的黄淮海科技攻关科技人员代表到北戴河做客休假，为黄淮海项目科技人员颁发国务院嘉奖令。任中国农学会副会长。曲周县在北京农业大学校园里立下刻有“治土改碱，造福曲周”题字的汉白玉石碑。

1989年5月，获“全国教育系统劳动模范”称号。6月9—15日，应邀访问日本东京农业大学。8月13—20日，随以宋健为团长的中国科学家代表团访问苏联，作了题为“中国黄淮海平原的综合治理与农业开发”的科学演讲。8月26—30日，参加中央领导召开的科教战线有突出贡献的部分专家座谈会。

1990年3月，参加全国科技工作会议并作大会交流发言。参加中共中央国务院召开的科学家座谈会并发言。10月，隆重举行北京农业大学建校85周年校庆。

1991年9月21日，国务院决定石连任北京农业大学校长。12月28日，当选中国科学院院士。

1992年，黄淮海科技攻关项目获1992年度农业部科技进步特等奖。

1993年，黄淮海科技攻关项目获1993年度国家科技进步特等奖。石获陈嘉庚农业科学奖，任中国政协第8届全国委员会委员。主持国家自然科学基金委农业节水重大项目。

1994年1月，访问泰国。3月，石元春、贾大林代表黄淮海项目组在人民大会堂接受颁奖；6月，在中科院第7次院士大会和中国工程院成立的两院院士大会上作了题为“以黄淮海平原为例谈区域综合开发和持续利用”的学术报告。被推选为中国工程院院士、第三世界科学院院士。

1995年9月，结束北京农业大学校长第二届任期。

四、参加国家科技战略研究“三大战役”时期（1995—2004年/64—73岁）

1994年2月，参加国家科委“S-863计划”战略研究专家组至1999年。

1995年，任中国科协第六届全国委员会副主席，至2001年。

1996年，获王丹萍科学奖。

1997年9月，参加国家“973计划”专家座谈会。

1998年3月，作“节水农业自然科学基金重大项目”验收结题报告。受聘“973”顾问专家组。任第9届全国政协委员，至2003年。

1999年1月，受聘于上海同济大学名誉教授。7月，向科技部做“S-863”战略结题汇报，发表“高技术与中国农业”论文。10月在土壤学会全国代表大会作“土壤学的数字化和信息化革命”学术讲演。

2000年3月，参加全国第二次基础研究工作会议。4月评审“973项目”。8月参加全国政协西北考察。

2001年2月，给朱镕基总理政府报告初稿提意见，“重视生态系统自我修复功能”建议被纳入当年政府工作报告。5月在科学院院士大会作“现代农业”学术报告。6 月随钱正英副主席赴宁夏、张掖等地考察。8 月随徐冠华部长赴新疆考察。发表“沙尘暴”和“退耕还林”方面文章。获何良何利农业科学奖。

2003 年 6 月，“国家中长期科技发展规划战略研究”启动，受邀任农业组组长；

2004 年 2 月，确诊前列腺癌，3 月手术出院。4 月“国家中长期科技发展规划战略研究”第二次集中；6 月 15 日代表农业组向温家宝总理汇报；7 月第三次集中，研究项目正式结题。

五、投身生物质能源时期（2004 年—/73 岁—）

2004 年 9—12 月，“国家中长期科技发展规划战略研究”结题前，向领导小组提出“发展生物质产业”重大专项申请，评选到最后一轮落榜。

2005 年 1 月，中国工程院举行“中国生物质工程论坛”，石作主题讲演。3 月 2 日《科技日报》发表石文章“发展生物质产业”，提出“种出一个大庆”。3 月 23 日与沈国舫等 4 院士联名就“建设年产 5000 万吨绿色油田”上书温家宝总理并获总理批示，国家发改委设“发展生物质产业”专项。5 月国务院成立国家能源领导小组，石受聘为专家委员会成员。5 月在河南省作“农业的三个战场”讲演，文章发表于次年《求是》杂志。中国工程院批准由石主持的“我国生物质产业发展战略研究”重点咨询项目。

2006 年 2 月，中国工程院与广西壮族自治区签署“合作开发生物质产业”协议，石等作了报告与考察。6 月中国工程院启动“中国可再生能源发展战略”重大咨询项目，石任生物质能源课题负责人。8 月国家能源局召开“全国生物质能开发利用工作会议”，石作主题讲演。9 月央视播出了《大家》栏目的“一个农学家的能源大梦”。由石等联合主编的《20 世纪中国著名科学家成就概览农业卷》启动。

2007 年 6 月，中国工程院与诺维信公司联合在钓鱼台举办了“中国生物质燃料乙醇产业化发展战略研讨会”，石作了主题讲演，与会者积极性很高。但此时因全国粮食形势趋紧，国务院叫停陈化粮乙醇，生物质能源发展势头受挫，“寒潮”即将袭来。

2008 年年初，全球粮食危机极大冲击美国玉米乙醇，质疑生物质能源声再起。6 月 8 日石在《科技日报》发表文章“粮食！石油！生物燃料？”驳斥对生物质能源的无端攻击。9 月发表“关于煤基与生物基之争——与佟振合院士等商榷”文，坚持生物基方向。3 月在中国农大“名家论坛”作“感悟农业”报告。11 月受邀在两院资深院士会议上作“学习十一届和十七届两个‘三中全会’”报告。

2009 年，全球金融风暴骤起，中国农业和农民工直接受到冲击。石在 1 月

9日《工程院院士建议》上发表了“为农民提供岗位和增加收入的紧急建议”；1月19日在《科学时报》发表“给‘三农’一个新的经济增长点”文；5月在河南郑州作“关于农民增收问题”报告。10月在《中国工程科学》杂志发表“中国能源困境与转型”文和参加中美清洁能源论坛并作讲演。11月参加国家发改委在合肥召开的“全国农作物秸秆综合利用现场经验交流会”，发表“能源草业”及两项建议。11月与匡廷云院士联合上书温家宝总理，力争生物质能源地位。

2010年3月，国家能源局召开会议听取对生物质能源发电的汇报与建议，会上出现肯定与否定两种意见，石明确持肯定态度，并在《科技日报》发表“当前不宜否定秸秆直燃发电”文。5月参加国家能源局组织的“中美先进生物燃料高层论坛”并作“中国生物燃料的战略思考”讲演。作为国务院“十二五”规划咨询专家组成员，石10月参加会议提出将生物质能源作为战略新兴产业列入规划被接受。国内生物质能源形势开始转暖，年末策划今冬明春开展包括“一展、一话、一书、一刊、一文”的生物质能源舆论宣传活动。12月5日的央视经济频道《对话》栏目播放了“决胜生物质”节目；12月9日《科学时报》发表了石的“生物质能源主导论”文。

2011年3月7日，在中国农大举行《决胜生物质》一书首发仪式；3月9日，由全国工商联新能源商会和中国科学技术馆共同主办的“中国生物质能源产业展示会”在科技馆开幕；展会期间，于12日作“生物质能源的十个为什么”的科普讲座；15日石等四院士与观众对话。8月，有人为泄私愤发出石学术腐败诽谤网文，石于9月20日在《中国科学报》发表了“事实与真相”文予以驳斥。经两部两院一校调查组半年余调查，结论是“没有任何依据，这是一次违背事实的炒作”。

2012年，综观2011年国内外形势，在2月1日《中国科学报》发表了“我国能源的忧思”文。8月首届中国绿色发展论坛上作了“绿色文明，说易行难”；11月在纪念中国农大资源与环境学院成立20周年大会上作了“现代资源环境观的发展”。

2013年，全国大面积，持续和严重发生雾霾，2月28日，在中国《科技日报》发表了“舍鸩酒而饮琼浆——也谈中国雾霾及应对”文。6月，《决胜生物质》英文版在美及全球发行。9月，全国工商联生物质专委会和中国低碳经济发展促进会举办的“生物质产业发展长春论坛”作“当前我国生物质能源产业发展形势”讲演。10月初，委托程序等6位专家对阳光凯迪新能源集团新近开发的“非粮生物液体燃料”作调研。10月31日，在《中国科学报》发表“发展煤制油气无异于饮鸩止渴”文。11月，《黄淮海平原水盐运动》《战役记——为纪念黄淮海科技战役40周年而作》二书正式出版，同时在曲周举行中国农业大学曲周实验站建站40周年，作大会发言。由石等联合主编的《20世纪中国著名科学家成就概览农业卷》共4卷本2013年全部出齐。年末在广州召开的“首届生物质能供热高峰论坛”上作“迎接大发展——生物质能源的春天”讲演，标志着中国生物质能源发展形势全面好转。

2014年1月，接受中国工程院出版《文集》任务，上半年完成出版了《土壤卷》《农业卷》《生物质卷》3卷。9月，参加第二届“生物质产业发展长春论坛”，为推动吉林省生物质经济发展专门作了“生物质经济”讲演。9月5日，在《中国科学报》发表了“中国能源革命不能没有‘一片’”。参加9月下旬在北京召开的“2014中国国际生物质大会”作“迎接生物质能源发展的第二次浪潮”讲演。为了给国家“十三五”规划提供生物质能源方面资料与建议，11月20日，给国家发改委等4部门上报了《关于“十三五”我国生物质能源发展建议书》。

5 著作名录（18部）

1. 石元春，等. 黄淮海平原旱涝盐碱综合治理区划（内部发行）. 1981.

2. 石元春，辛德惠，等. 黄淮海平原的水盐运动和旱涝盐碱综合治理. 石家庄：河北人民出版社，1983.

3. 石元春. 盐碱土改良——诊断，管理，改良. 北京：农业出版社，1986.

4. 石元春，李韵珠，陆锦文，等. 盐渍土的水盐运动. 北京：北京农业大学出版社，1986.

5. 石元春，贾大林. 黄淮海平原农业图集. 北京：北京农业大学出版社，1989.

6. 石元春，李保国，李韵珠，陆锦文，等. 区域水盐运动监测预报. 石家庄：河北科学技术出版社，1991.

7. 石元春，刘昌明，龚元石. 节水农业应用基础研究进展. 北京：中国农业出版社，1995.

8. 石元春.20世纪中国学术大典·农业科学. 神州：福建教育出版社，2002.

9. 石元春，等. 生物质能源发展战略咨询报告. 中国工程院，2007.（内部文件）

10. 石元春. 决胜生物质. 北京：中国农业大学出版社，2011.（2013英文版、2013韩文版）

11. 石元春.20世纪中国知名科学家学术成就概览·农业卷. 北京：科学出版社，2012.

12. 石元春. 黄淮海平原的水盐运动. 北京：中国农业大学出版社，2013.

13. 石元春. 战役记——纪念黄淮海科技战役40周年. 北京：中国农业大学出版社，2013.

14. 石元春. 石元春文集·土壤学卷. 北京：中国农业大学出版社，2014.

15. 石元春. 石元春文集·农学卷. 北京：中国农业大学出版社，2014.

16. 石元春. 石元春文集·生物质卷. 北京：中国农业大学出版社，2014.

17. 石元春. 石元春文集·教育卷. 北京：中国农业大学出版社，2015.

18. 石元春. 石元春文集·杂文卷. 北京：中国农业大学出版社，2015.

6 文章名录（221 篇）

1. 石元春 . 晋西黄土中古土壤层的研究 . 北京农业大学科学讨论会宣读论文，1957. 2.

2. 石元春 . 晋西地区的黄土及其形成过程∥中国第四纪研究 . 北京：科学出版社，1958：252–253.

3. 石元春，林培，等 . 中国科学院新疆综合考察队 1956 年土壤考察报告 . 新疆综合考察报告，1956.

4. 石元春 . 塔里木盆地北部盐分的积聚规律和盐渍土的利用改良问题∥ Э.М. 穆尔扎也夫，周立三 . 新疆维吾尔自治区的自然条件论文集 . 北京：科学出版社，1959：130–149.

5. 石元春 . 北京市密云县土壤志 .1960（内部刊物）.

6. 石元春，等 . 京郊土壤“口性”的初步研究 . 土壤通报，1960(2).

7. 石元春，等 . 正确认识土壤的矛盾运动和改造土壤 . 哲学研究，1961(1).

8. 石元春 . 京郊盐渍土的水盐动态 .1962（未刊稿）.

9. 石元春 . 大兴县盐渍土改良分区 . 全国盐碱土改良学术会议论文 . 1963.

10. 石元春，等 . 运用浅井深沟体系，综合治理旱涝碱咸 . 华北农业大学教育革命通讯，1975 年 1 月 .

11. 石元春，等 . 掌握水盐运动规律，综合治理旱涝碱咸 . 中国农业科学，1976(3)：37–41.

12. 石元春 . 曲周试验区及其周围的自然条件 . 华北农业大学农业科技参考资料 . 1977.

13. 石元春 . 季风区旱涝碱咸的发生规律及综合治理 . 华北农业大学农业科技参考资料 . 1977.

14. 石元春 . 咸水灌溉的土壤水盐动态及灌溉技术问题 . 华北农业大学农业科技参考资料 . 1977.

15. 石元春 . 季风气候影响下盐渍土水盐运动的特点及其调节 . 华北农业大学农业科技参考资料 . 1977.

16. 石元春 . 旱涝碱咸综合治理单元的土壤盐平衡 . 华北农业大学农业科技参

考资料 . 1977.

17. 石元春，等 . 旱涝碱咸综合治理的研究 . 土壤，1978(1).

18. 石元春 . 关于黄淮海平原的旱涝碱咸综合治理问题 . 科技情报专题资料 (64). 河北省科技情报所，1979.

19. 石元春，李韵珠 . 季风气候下盐渍土水盐动态及其调控//盐渍土改良论文集 . 济南：山东科学技术出版社，1979：198–221.

20. 石元春 . 搞好专题区划，为综合治理黄淮海平原旱涝盐碱提供科学依据 . 全国农业区划会议论文集 . 1980.

21. 石元春 . 盐碱地的综合治理 . 中国综合农业区划 . 北京：农业出版社，1981.

22. 石元春，辛德惠，杨守春 . 匈牙利土壤盐渍化的监测和预报 . 灌溉排水，1981(3).

23. 石元春，辛德惠，杨守春 . 匈牙利盐渍土水盐运动方面的研究 . 灌溉排水，1981(3).

24. 石元春，辛德惠，杨守春 . 匈牙利盐渍土改良方面的研究 . 灌溉排水，1981(3).

25. 石元春，等 . 黄淮海平原农业发展战略研究 . 黄淮海平原农业发展学术讨论会论文选集，1982.

26. 石元春 . 黄淮海平原的水均衡分析 . 北京农业大学学报，1982，8(1)：13–20.

27. 石元春 . 季风气候和黄淮海平原的水盐运动 . 黄淮海平原旱涝研究综合治理和农业发展研究报告，1982(4).

28. 石元春，俞和权，雷浣群 . 赴日、菲、印、泰四国农业遥感考察报告 . 农业遥感资料 . 1982(1).

29. 刘巽浩，石元春，等 . 在农业发展中要重视物质投入 . 农业现代化研究，1983(4).

30. 石元春，鲁铁相，等 . 农业资源信息系统——一项信息革命中的新技术 . 农业遥感资料，1983(2).

31. Shi Yuan-chun. The characteristics of water and salt movement and the regulation of salt-affected soils in semi-humid monsoon climate regions. In:《Proc. of the International Symposium. on the Reclamation of Salt-affected Soils, Jinan, China》, 1985, 191–210. (“半湿润季风气候区盐渍土水盐运动特征及其调节”)

32. Shi Yuan-chun. China’s salt-affected soils and their reclamation. Transaction of the XIII Congress of International Society of Soil Science. 1986, 1539–1540.

33. 石元春 . 中国盐渍土改良//中国百科年鉴 . 1986.

34. 石元春、李韵珠 . 盐渍土的研究现状与发展趋势 . 干旱区研究，1986，3(4).

35. 石元春，熊顺贵，谢经荣 . 我国的耕地问题和对策 . 北京农业大学农业资源，环境和遥感研究所编 . 我国耕地问题论文集 . 1987.

36. 石元春，汪维景 . 林家栋 . 有计划地安排农科本科实践教学环节的探索 . 中国高等教育，1987，12: 17–18.

37. Shi Yuan-chun, Xie Jing-rong. Remote sensing for surveying and mapping of salt-affected soils. Proc. Of the International Symposium on Solonetz Soils, Yugoslavia. 1988：104–110.

38. 石元春，李韵珠 . 盐渍土改良和利用 .《中国农业科技工作四十年 (1949—1989)》，农业部科技委员会 . 北京：中国科学技术出版社，1989.

39. 石元春 . 中国黄淮海平原的综合治理和农业开发 (俄文). 参加中苏科技周的科学报告，1989.

40. 石元春 . 中国黄土中古土壤的发生学研究 . 第四纪研究，1989(2).

41. 石元春 . 科技发展和粮食生产 // 现代农业发展战略研究 . 北京：学术书刊出版社，1989.

42. 石元春 . 北方旱区的土壤特点 // 我国北方旱区农业现代化 . 北京：气象出版社，1989.

43. 石元春，李韵珠 . 开发盐渍土区，促进粮食生产 . 中华人民共和国农业部 // 中国粮食问题及其战略对策 . 北京：农业出版社，1990.

44. Li Baoguo, Shi Yuanchun. Modeling for Predicting Seasonal Systematic Dynamics of Regional Water and Salt.In: Transactions of 14th ISSS, 1990, Ⅵ ,108–113. (“区域水盐动态的季节性预报模型”)

45. 石元春 . 区域水盐运动监测预报体系 . 土壤肥料，1992(5).

46. 王红亚，石元春，长江下游流域第四纪古年地表径流量的估算——一种第四纪古水文学研究的应用尝试 . 第四纪研究，1992，4：362–367.

47. 石元春 . 在历史性的转折中强化综合改革 . 中国高等教育，1993，1:15–16.

48. YANG PEILING, LUO YUANPEI AND sm YUANCHUN，Studies on Fractal Characteristics of . Several Typical Soil Textures in North China，Proceedings of the International. Workshop on Classification and Management of Arid-Desert Soils，August 20–29, 1993, Urumqi, China.

49. Li Yunzhu、Shi Yuanchun、Li Baoguo & Lu Jinwen, Monitoring and Prognosis of Regional Water and Salt, Geoderma,1993, 60: 213–233.

50. Shi Yuanchun. Comprehensive Harness and Agricultural Development of Huang Huai Hai Plain in China. In: Integrated Resource Management for Sustainable

Agriculture. Proceedings of the International Conference, Beijing Agricultural University Press, 1994.

51. 石元春．以黄淮海平原为例谈区域资源开发和持续利用．中国科学院院刊，1994，9(3)：239–244.

52. 石元春．挑战和适应性思考——面向 21 世纪的中国农科高等教育 // 当代科学技术发展与教学改革．1995，5：147–157；中国高等教育，1995，8；我的教育观．汪永诠．广州：广东教育出版社，2000，7：199–210；北京高等教育丛书．大学校长、书记谈办学．李静波 .2001，7.

53. Shi Yuanchun. On the Exploitation and Sustained Utilization of Regional Resources, Taking the Development Program to Take the Huanghuaihai Plain as an Example. Bulletin of the Chinese Academy of Sciences 1995，9(3).

54. 卢良恕，裘维蕃，石元春等．排除压力、严防 TCK 传入我国．中国进出境动植检，1996(1):3–4.

55. 石元春．农业的信息化改造．中国工程院学术报告，1996，6.

56. 李卫东，李保国，石元春．区域冲积土壤质地剖面的随机模拟及其在土壤水转移上的应用（简报）．中国农业大学学报，1996，1（5）：46，62.

57. 潘学标，韩湘玲，石元春．一个可用于栽培管理的棉花生长发育模拟模型 –COTGROW. 中国农业科学，1996，（2）：94.

58. 潘学标，韩湘玲，石元春 .COTGROW：棉花生长发育模拟模型．棉花学报，1996，8（4）：180–188.

59. 石元春．我国粮食的增产潜力及展望．科技日报，1996–10–21(4).

60. 石元春．现代农业和农业科技产业．中外产业科技，1997(5)：11–12.

61. 石元春．警钟长鸣——谈我国的粮食问题．地理知识，1997(1)：9–11.

62. 石元春．迎接新的农业科技革命．中国科学报．1997–05–02.

63. Li Weidong , Li Baoguo, Shi Yuanchun. Application of the Markov chain theory to describe spatial distribution of textural layers. Soil Science,1997, 162(9)：672–683.

64. 段建南，李保国，石元春，朱德海，严泰来．确定人类活动与土壤变化之关系的建模研究，见“迈向 21 世纪的土壤与植物营养科学”．北京：中国农业出版社，266–270.

65. 石元春．我国基础研究和发展高技术的进军号．世界科技，1997，19(5)：11–13.

66. 刘建利，石元春，罗远培．作物生长对土壤水分变动的双重效应．生态农业研究，1997，5（1）：18–21.

67. 石元春．展望未来美景无限．科技日报，1997–11–29.

68. 石元春．前进的步伐 改革的深化．学位与研究生教育 .1997，4.

69. 石元春 . 我国农业的信息化改造 . 国家科委∥中国农业科学技术政策背景资料 . 北京：中国农业出版社，1997，12 ：9–12.

70. 石元春 . 农业的科技和产业革命与山区综合开发 .1998–4–25.

71. 石元春 . 新的农业科技革命与我国农业的发展 . 求是，1998(3) ：30–33.

72. 石元春 . 实事 创新 求是∥院士思维 . 卷一 . 合肥：安徽教育出版社，1998.

73. Shi Yuanchun. High technology and agricultural development in China. ∥ T. C. Tso, Francis Tuan, Miklos Faust. 中国农业 Agriculture in China, 1949—2030. IDEALS, INC., 1998, 398–414.

74. 李保国，李卫东，石元春 . 冲积平原上区域土壤质地层次的某些分布特征 . 土壤学报，1998，35（4）：433–439.

75. 段建南，李保国，石元春，严泰来，朱德海 . 应用于土壤变化的坡面侵蚀过程模拟 . 土壤侵蚀与水土保持学报，1998.4（1）：47–53（J.of Soil Erosion and Soil Water Conservation）

76. Duan Jiannan，Li Baoguo，ShiYuanchun，Zhu Dehai & Yan Tailai. A Modeling Approach to Evaluating Soil Chang Caused by Man ∥ Z.Cao ED.Soil, Human and Environment Interactions. Beijing ： China Science & Technology Press, 1998: 71–79.

77. 石元春 . 农业呼唤信息技术 . 中国科学报，1998–07–20.

78. 石元春 . 农学基础研究思考 . 科技日报，1998–08–04.

79. 石元春 . 高技术与中国农业 . 科教兴国国际研讨会文集 .1998，8.

80. 石元春 . 基础研究与国家目标 . 中国科学报，1998–09–09.

81. 石元春 . 汇涓涓细流 涌澎湃波涛 . 中国科学报，1998–09–11.

82. 石元春 . 知识经济初识∥大连计划委员会 . 知识经济——大连跨世纪的战略思考 .1998，10.

83. 石元春 . 高技术与中国农业发展 . ∥中国农业：1949—2030. 北京：中国农业大学出版社，1998.

84. 李卫东，李保国，石元春 . 应用 Markov 链理论定量描述区域冲积土壤质地层次的垂向变化特征 . 土壤学报，1999，36（1）：15–24.

85. 石元春 . 新的农业科技革命势在必行 . 中国农学通报，1999（01）.

86. 石元春 . 农业新科技革命的挑战 . 人民日报（第 7 版），1999–03–17.

87. Xuyong, Li Baoguo, Lu Huayou, Duan Jiannan, Shi Yuanchun. Modeling and Simulation of Carbonate Deposition Processes in a Loess-paleosol Sequence. Chinese Science Bulletin, 1999.

88. Li Xuyong, Li Baoguo,Guo Zhengtang, Zhao Chengyi, Shi Yuanchun. A Soil Morphological Index for Paleosol Research, Chinese Science Bulletin，1999.

89. 李卫东，李保国，石元春 . 区域农田土壤质地剖面的随机模拟模型 . 土壤学报，1999，36（3）：289-300.

90. 段建南，李保国，石元春等 . 干旱地区土壤碳酸钙淀积过程模拟 . 土壤学报，1999，36（3）：318-326.

91. 石元春 . 热爱科学 献身科学 . 新世纪的嘱托——院士寄语青年 . 上海：上海教育出版社，1999：4.

92. Li Weidong，Li Baoguo，Shi Yuanchun. Markov Chain Somulation of Soil Textural Layers, Geoderma. 1999.92(Nos 1-2)：37-53.

93. Li Weidong，Li Baoguo，Shi Yuanchun. Markov Chain Somulation of Soil Textural Layers. Geophysical Research Abstracts, 1999，1（2）：279.

94. Li Xuyong，Li Baoguo，Lu Huayi，Duan Jiannaan & Shi Yuanchun. Modeling and Simulation of Carbonate Deposition Processes in a Loess-paleosol Sequence, Chinese Science Bulletin. 1999，44(supp):211-217.

95. Li Xuyong, Li Baoguo, Guo zhengtang, Zhao Chengyi and Shi Yuanchun. A Soil Morphological Index for Paleosol Research.Chinese Science Bulletin, 44(supp.):218-222.

96. 白由路，李保国，石元春 . 基于 GIS 的黄淮海平原土壤盐分分布与管理研究 . 资源科学，1999，21（4）：66-70.

97. 石元春 . 高技术与中国农业 . 中国现代农业发展战略研讨会论文集//科技进步与学科发展 . 南京：东南大学出版社，1999，10：13-20；农药市场信息，2000(4):9.

98. 石元春 . 农业的新技术革命，叩响高新技术之门 . 北京：北京出版社，1999：11.

99. 石元春 . 开拓中的蹊径：生物性节水 . 科技导报，1999（10）.

100. 石元春 . 素质教育的环境工程//素质教育的较量 . 王克 . 广州：广东高教出版社，1999：12.

101. 石元春 . 关于生物工程产业 . 中国工程科学，2000，2（7）.

102. Duan Jiannan, Shi yuanchun, Li baoguo Yan tailai and zhu dehai. Modeling of Slope Erosion Process for Soil Change In Laflen, Tian and Huang(eds.) Soil Erosion and Dryland Farming,CRC press, Boca Raton FL, usa. 529-538.

103. 石元春 . 土壤学的数字化和信息化革命 . 土壤学报，2000，37（3）：289-295.

104. 石元春 .21 世纪初农业风景画 . 文汇报（科技文摘版），2000-12-02(8).

105. 石元春 . 我国农业发展需求和高技术选择 . 农民日报，2000-12-23.

106. 石元春 . 农业和农业科技展望// 2000 上海科技论坛综合报告会演讲集 . 上海科坛，2000，12：68-77 另见：河北省科学技术协会 . 首届湖北科技论

坛论文集 .2001，10.

107. 中国农业发展的高技术战略 . 光明日报，2001-02-19.

108. Weidong Li, Baoguo Li, and yuanchun shi, Diederik Jacques and Jan Feyen, Effect of spatial variation of textural layers on regional field water balance, Water Resources Research, 2001，37（5）：1209-1220.

109. 李叙勇，李保国，石元春 . 土壤发育指数及其在黄土古土壤序列中的应用 . 土壤学报，2001，38（2）：153-159.

110. 石元春 . 生命科学在农业 . 2001，5.

111. 石元春 . 农业发展呼唤信息技术 . 中国民族报，2001-01-19(2).（转载）

112. 石元春 . 关乎全局的大事 . 出版广角，2001，2.

113. 石元春 . 中国农业发展的高技术战略 . 光明日报，2001-02-19(B02).

114. 石元春，等 . 能源高技术的发展趋势及 21 世纪初的基本态势 // S-863 计划发展战略研究 .2001，5.

115. 石元春 . 农业科技及其产业化前景 . 湖北科技论坛，2001-10-01:33-51.（报告记录稿）

116. 石元春 . 高效节水和现代农业 . 张掖报告，2001.6.12.（未刊稿）

117. 石元春 . 发展中国农业科技产业，人民日报，2001-06-11（11）.

118. 石元春 . 新的农业科技革命及其发展趋势 . 群言，2001，7.

119. 石元春 . 新疆农牧业考察情况汇报，2001 年 8 月（内部报告）.

120. 石元春 . 农业和农业科技展望 . 农业发展与金融，2001（10）：57-61（转载）.

121. 石元春 . 新兴农业科技产业 . 科技日报，2001-12-17.

122. 石元春，林培 . 深切怀念我们的导师——李连捷院士 . 第四纪研究，2002，22(1):47-56.

123. 石元春 . 走出治沙和退耕中的误区 . 科技日报，2002-02-25；华夏星火，2002(1):22(1)；走出治沙与退耕中的误区 . 草地学报，2004(5).

124. 石元春 . 从基因改良风波说起，科技日报，2002-04-22(7).

125. 石元春 . 农业科技产业方兴未艾 . 中国高校科技产业化，2002(1).

126. 石元春 . 农业节水中的盲区和亮点 . 科技日报，2002-06-17.（7）

127. 王红亚 . 石元春，等 . 河北平原南部曲周地区早中全新世冲积物的分析及古环境状况的推测 . 第四纪研究，2002，22(4)：381-393.

128. 石元春 . 现代农业 . 世界科技研究与发展 .2002，24(4)；高等农业教育，2002(9)：4-6（转载）；科技日报，2002-10-14；中国农业科技导报，2002(12)（转载）；第二届中国现代农业发展战略研讨会论文集 .2002.7.（转载）；中国高教研究，2002(7):17-19.（转载）

129. 石元春，张湘琴 .20 世纪的中国农业科学 .20 世纪中国学术大典 · 农业科学 . 福州：福建教育出版社，2002（9）：1–35.

130. 石元春，林培 . 土壤学 .20 世纪中国学术大典 · 农业科学 . 福州：福建教育出版社，2002（9）：189–196.

131. 石元春 . 农业科技产业方兴未艾 . 中国高校科技与产业化，2002，10.

132. 石元春 . 论新兴的农业科技产业 . 华夏星火，2002（1）：19–21.（转载）

133. 石元春 . 现代农业是新型产业 . 省情与农情，山西省发改委，2002.12.（转载）

134. 石元春 . 什么是现代农业 . 江苏经济，2003（1）：71.（转载）

135. 石元春 . 一座伟大的里程碑∥中国首届农业生物技术发展论坛文集 . 李学勇，2003（4）：21–26；科技和产业，2002，12；生物学通报 . 2003，38（8）.

136. 石元春 . 西北呼唤草业 . 草业学报，2003，12（1）.

137. 石元春 . 建设现代农业 . 求是，2003（7）：18–20.

138. Shi Yuanchun, Comprehensive Reclamation of Salt-Affected Soils in China's Huang-Huai-Hai Plain, Journal of Crap Production, Vol 7, Numbers 1/2 2003, Food Products Press, New York.

139. 石元春 . 我国农业信息化发展战略 . 科技导报，2003（8）.

140. 石元春 . 高科技与现代农业 . 华夏星火 . 2003（12）:6–9.（转载）

141. 石元春 . 现代农业和农业科技 . 中国农村科技，2004–01–01（6–8）.（转载）

142. 石元春 . 现代农业和农业科技 (续). 中国农村科技，2004–02–01（7–9）.（转载）

143. 石元春 . 中国生态农业需要更多的关注 . 生态学报，2004，24(4):863–864.

144. 石元春 . 中国农业的三次转型∥透视中国农业：2050. 北京：中国农业大学出版社，2004.

145. 石元春 . 农业发展中的重大科技工程（摘要）∥中国工程院第 7 次院士大会学术报告会 .2004.06.

146. 石元春 .（执笔)中国农业科技发展战略研究 . 国家中长期科技发展规划，2004（内部报告）.

147. 石元春 . 发展生物质产业 . 科技日报，2005–03–02；安徽科技，2005，5（报刊撰写）；科技导报，2005，5“卷首寄语”；中国科学院研究生院演讲录第 10 辑，2006，11.

148. 石元春 . 从农业发展历史看科学与人文互动∥中国科学与人文论坛讲演录第 3 辑，2005，4.

149. 石元春 . 解决“三农”问题需关注“三个战场”. 科学时报，2005–05–30.

（A3 版）

150. 石元春 . 构建现代农业大三元结构体系 . 农资导报，2005-11-22(23):1.（报刊撰写）

151. 石元春 . 日渐崛起的生物质能源 . 生命世界，2005-04-15.

152. 石元春 . 怎样种出个“绿色大庆”——谈发展生物质产业 . 科技信息，2005（3）:16-19.（报刊撰写）

153. 石元春 . 谈发展生物质产业中的几个问题 . 中国基础科学，2005（6）：3-6.2005（12）：1-6.

154. 石元春 . 重中选重，顶层设计，合力攻关 . 科技日报，2005-07-16(1).

155. 石元春 . 资源危机催生生物质产业 . 中国化工报，2005-03-14(2).

156. 石元春 . 生物产业发展将给能源领域带来深刻变化 . 生物技术产业，2006.

157. 石元春 . 发展生物质产业 . 中国农业科技导报，2006（1）.

158. 石元春 . 凝练全局性战略性重大课题开展自主创新 . 广东科技报，2006-03-14(2). 鞍山日报，2006-04-12(2).

159. 石元春 . 生物技术是亚洲国家创造奇迹的契机 . 中国生物经济高峰论坛 . 中国民营经济报，2006-09-29(5).（报刊撰写）

160. 石元春 . 生物质能源的开发势在必行 . 科学导报，2006-12-18(2).

161. 石元春 . 农业的三个战场 . 求是，2006（10）.

162. 石元春 . 农业要开展一次新的产业结构革命 . 北戴河文，2006.07（内部资料）.

163. 石元春 . 高科技与现代农业 . 学习与研究，2007（3）.

164. 石元春 . 一个年产亿吨的生物质油田设想 . 科学中国人，2007（4）：33-35.

165. 石元春 . 解困“三农”路在何方 . 科技导报，2007（18）. 卷首语

166. 石元春 . 农业生物技术产业的机遇与挑战 . 农业生物技术发展趋势及对新兴产业的影响论坛报告汇编 .2007.

167. 石元春 . 我国生物质能源发展战略与目标//石元春文集·生物质卷 . 北京：中国农业大学出版社，2015.

168. 石元春 . 生物质能源破解中国“世纪难题”. 瞭望，2007(9):87.

169. 石元春 . 生物质能源前景无限 . 新农业，2007（1）:4-5.

170. 石元春 . 信息化推动农业发展//中国信息产业部 . 农村信息化工作经验与应用方案汇编 .2007.12.

171. 石元春 . 感悟农业//石元春文集 · 杂文卷 . 北京：中国农业大学出版社，2015.

172. 石元春 . 粮食！石油！生物燃料？科技日报，2008-06-08；第 7 届科学家论坛，2008-6-29.

173. 石元春 . 为中国生物质燃料呐喊奔走 . 科学时报，2008(6)：16.

174. 石元春 . 感恩恩师 . //石元春文集 · 杂文卷 . 北京：中国农业大学出版社，2015.

175. 石元春 . 在我国四大沙地建设生态 – 能源基地的建议//石元春文集 · 杂文卷 . 北京：中国农业大学出版社，2015.

176. 石元春 . 生物质能源是我们绕不过去的坎 . 中国绿色时报，2008-08-07.

177. 石元春 . 关于煤基与生物基之争——与佟振合院士等商榷 . 中国科学院院士建议，2008，（21）.

178. 石元春，李十中 . 生物燃料良机莫失 . 中国石油石化，2009（1）；中国改革报，2009-01-09(7).

179. 石元春，李十中 . 生物燃料功过是非之辩 . 中国经济导报，2009-02-10(B02).

180. 石元春，李十中 . 生物燃料五宗罪 . 中国石油石化，2009(1):18-21.

181. 石元春，李十中 . 走出观望谋大局 . 中国石油石化，2009(1):22-23.

182. 石元春 . 为农民提供岗位和增加收入的紧急建议 . 工程院院士建议，2009（15）.

183. 石元春 . 给“三农”一个新的经济增长点 . 科学时报，2009-01-19（A2）.

184. 石元春 . 学习“三中全会”文件，解读“三农”问题 . 学部通讯，2009（1），2009-02-10

185. 石元春，李十中 . 生物燃料功过是非之辩 . 能源，2009，2（10）.

186. 石元春 . 生物质能源在 2008 //石元春文集 · 生物质卷 . 北京：中国农业大学出版社，2015.

187. 石元春 . 以积极心态看待生物质能产业发展 . 科学时报，2009-07-27；学部通信，2009（2）.

188. 石元春 . 中国能源困境与转型 . 中国工程科学，2009（10）.

189. 石元春 . 中国发展可再生能源的战略重点是生物质能源 .2009.9.21.（未刊）

190. 石元春 . 当前不宜否定秸秆直燃发电 . 科技日报，2010-06-07.

191. 石元春 . 莫辜负了生物质能源这块美玉 . 人物，2010，(9)（总第 259 期）（专访）.

192. 石元春 . 清洁能源在中国//石元春文集 · 生物质卷 . 北京：中国农业大学出版社，2015.

193. 石元春 . 生物质能源主导论 . 科学时报，2010-12-09.

194. 石元春 . 恰当定位生物质能源 . 能源评论，2011（1）.

195. 石元春 . 再不明确生物质能源战略中国将成输家 . 环球城市，2011.

196. 石元春 . 中国生物质原料资源 . 中国工程科学，2011（2）.

197. 石元春 . 中国的生物质能源（摘要）. 中美合作论坛，2011.5.

198. 石元春 . 科学发展可再生能源 . 紫光阁，2011(6).

199. 石元春 . 安全，但要转变发展方式——粮食安全之我见//科学与社会，2011，地卷（3）.

200. 石元春 . 石元春：决胜生物质 . 瞭望，2011（34）；2011，8（22）.

201. 石元春 . 绿色文明，说易行难 . 山东东营生态文明会议，2012.8.31（未刊）

202. 石元春 . 程序 . 生物能源是中国走向生态文明的助推剂 . 农民日报，2012–10–16.

203. 石元春 . 生物质能源仍被边缘化 . 科学时报，2011–12–26.（专访）

204. 石元春 . 我国能源的忧思 . 中国科学报，2012–02–21.

205. 石元春 . 现代资源环境观的发展 . 中国农业大学资源环境学院建院 20 周年科学报告会 . 2012.12.8.

206. 石元春 . 舍鸩酒而饮琼浆 . 科技日报，2013–02–28；学部通信，2013(10).

207. 石元春 . 中国雾霾的产生机理及应对策略研究 . 陕西电力，2013(4)（转载）

208. 石元春 . 解决雾霾的主要障碍在决策层 . 马克思主义文摘，2013(5).（转载）

209. 石元春 . 用科学精神抵御“热病”. 科学新闻，2013，9（10）.（总 467 期）

210. 石元春 . 能源困局，也不该发展煤制油气 . 中国科学报，2013–10.

211. 石元春 . 迎接生物质能源发展的春天//石元春文集 · 生物质卷 . 北京：中国农业大学出版社，2015.

212. 石元春 . 迎接种植绿色能源新时代//石元春文集 · 生物质卷 . 北京：中国农业大学出版社，2015.

213. 石元春 . 生物质能源发展的第二波//石元春文集 · 生物质卷 . 北京：中国农业大学出版社，2015.

214. 石元春 . 生物质的真瓶颈 . 能源，2014.3.5.（专访）

215. 石元春，朱万斌 . 迎接生物质能源发展的春天 . 经济日报，2014–03–17.

216. 石元春 . 当前我国生物质能源产业的发展形势//石元春文集 · 生物质卷 . 北京：中国农业大学出版社，2015.

217. 石元春 . 三管齐下，破除体制界面 . 科学新闻，2014，3（25）.（总 476 期）

218. 石元春 . 生物能源四十年 . 生命科学，2014（5）.

219. 石元春 . 中国能源革命不能缺少生物质煤油气田 . 瞭望，2014，9（35）.

220. 石元春 . 中国能源革命不能没有“一片”. 中国科学报，2014–09–05.

221. 石元春 . 忠厚的长者，永远的楷模——怀念安民校长 . //安民教授纪念文集 .2014.

讲话篇

出席专业性会议或座谈等场合，常有“讲话”任务。为此多有一些准备，或腹稿或提纲，讲话后常成文存入电脑。此次整理出版《全集》时，电脑中存有讲话文稿50余篇，从中选用了26篇。讲话文稿有明确的讲话背景和主题，口语化和阐述性较强，有别于正式发表的文章。以下按年排序。

讲话篇目录

1 在"攀登计划"实施大会上的发言

（1992 年 7 月 22 日）

【讲话背景】

为加强基础性研究，国家 1991 年开始实施"攀登计划"。包括以探索和认识自然界客观规律为目的的攀登 A 项目，和瞄准社会进步、经济发展为目标的攀登 B 项目。在国家科委 1992 年 7 月召开的"攀登计划"实施大会上，作者代表农业组作了如下发言。

各位领导、各位专家、同志们：

今天国家科委在这里召开"攀登计划"实施大会，这是我国科技界的一件大事，它对推动和加强我国的基础性研究，提高我国科学技术的整体实力和水平，促进国民经济建设的发展将发生十分重大和深远的影响。我们广大科技工作者将在国家科委的领导下，以极大的热情，积极投入"攀登计划"的实施，力争取得更多更好的研究成果。

基础性研究使人类对客观世界的本质和运动规律的认识不断深化。一个新的概念和理论的产生都将促进技术的发展和推动人类社会的进步，这在农业上表现十分明显。20 世纪的前 50 年世界粮食单产平均每年增加 0.1 公斤，而后 40 年达到 3 公斤。据科技史专家帕维里斯的研究，科技发挥的作用约占 81%，特别是化肥、良种、水利和机械四大技术，其中化肥占 40%，良种占 20%。而应用化肥和现代育种技术的发展要归功于 19 世纪后半叶的两项理论突破：一是德国化学家李比希研究发现植物从土壤中吸收的营养物质不是有机态腐殖质，而是氮磷钾及微量元素等无机态的矿物质，创立了植物矿质营养学说。该学说的创立开创了世界的化肥工业生产，大幅提高了农作物产量。二是现代育种技术是基于 19 世纪后期的孟德尔遗传学说和 20 世纪的摩尔根基因遗传学说。我国以世界的 7% 耕地养活世界 22% 人口，以及这个地球能承受 54 亿人口生活需求的压力，都是和这些理论上的研究和突破分不开的。

当今，在新技术革命浪潮中，农业科学和技术正在孕育新的理论和技术上的突破。1953 年瓦特森发现遗传物质 DNA 和 1973 年鲍尔伯格的基因重组开创了人类认识和控制生物遗传过程的新纪元。植物的光合作用、体内物质运输和信息传递的机理、植物生长过程的调控以及生物固氮等重大理论课题均等待我们去认识。列入“攀登计划”的粮棉油雄性不育和杂种优势利用的研究、主要农作物高产优质高效和抗逆新理论体系的研究等都将在取得重要理论性成果的同时，对农业技术和生产将发挥很大推动作用。

农业科学是一个庞大的开放系统，它需要更多地学习、借鉴和吸收生物学、化学、物理学、数学和地学等许多学科在理论和技术上的最新成就，特别是在基础性的研究领域。我相信，只有更多的学科综合交叉和合作才能取得农业科学的更好的发展。我希望，有更多学科的科学家携手联合，共同攀登科学的高峰。我们一定能取得成功，一定能立于世界先进科技之林。

再一次预祝在国家科委领导和科技工作者的共同努力下，我国的“攀登计划”取得重大进展和成功！

谢谢！

（1992 年 7 月 22 日）

2 谈新的农业科技革命

（1998年1月10日，在兰州大学一次会议上的发言）

【讲话背景】

1998年1月，国家教委科技司邀请了几所高校校长和专家，在兰州大学讨论农业科技问题。作者在座谈会上介绍了农业的科技革命和新进展，随之结合西北和甘肃省农业问题发表了自己的见解。

长期以来，农业发展相当缓慢，这主要是由于以土地为基本生产资料，从事生物性生产的农业在生产上高度分散，区域性和时变性强，可控性和稳定性差所致。因此，18世纪以来的，以机械为代表的第一次技术革命和以电力为代表的第二次技术革命对于农业的影响和推动远不及工业。装有内燃机的拖拉机到20世纪初才出现，中叶才在欧美用于生产，较工业晚了近二百年。但是，农业也有它自身的技术和生产发展经历，19世纪达尔文的杂种优势理论和孟德尔遗传学开创的现代育种技术和种子产业；李比希的植物矿质营养学说和维勒人工合成尿素开创的化肥工业和现代施肥技术；缪勒将合成化学应用于有机农药合成开创的农药化工等，在20世纪上半叶形成了现代农业的技术体系与产品，推动了20世纪下半叶农业的高速发展，使世界粮食单产的年均增长量比上半叶提高近30倍。

令人十分高兴的是，20世纪50年代以来，又有两项重大科学技术的突破对农业科技和生产已经和将产生极为重大和深远的影响。一是1953年发现遗传物质脱氧核糖核酸的双螺旋结构，使生物学由细胞水平进入到分子水平；20年后，即1973年的基因重组成功，使人类可以对生物的遗传信息进行实验室操作，从而产生了遗传工程设计和生物技术产业。“多莉”羊的报道轰动了世界，成为1997年的头条科技新闻。近两年，每期*Science*上都有约一半文章与生命科学有关。生物技术的革命浪潮首先发生在医药领域，一些科学家提出：生物技术革命的第二次浪潮将发生在农业领域。预测1996—2000年的世界生物技术产品销售额中，农业方面将由5%上升到20%以上，超过医药。

二是信息科学和技术的快速发展。长期以来，传统农业的高度分散，区域性、时变性和经验性强，可控性和稳定性差的行业性弱势，极大地制约了农业的发展。怎样才能走出困境？信息技术带来了希望。智能化专家系统和软件技术可以使分散、复杂和经验性的技术和管理决策量化、规范和集成；数据库和信息传输技术可以克服农业的分散性和信息获取上的困难；3S及信息处理技术可以使时空变异大和自然灾害多的农业进行有效的宏观监测预报和科学管理，提高农业的可控性和稳定性。我们可以这样说，没有农业的信息化，就没有农业的现代化。我也曾对信息专家说过，农业也将为信息技术提供一个新的生长点和广阔的舞台。

下面讲一点有关农业方面的动向和信息。1996年9月，江泽民同志在“星火计划”实施十周年的纪念会上表示：中国的农业问题、粮食问题，要靠中国人自己解决。这就要求我们的农业科技必须有一个大的发展，必然要进行一次新的农业科技革命。1997年10月，姜春云同志在一个座谈会上，责成国家科委研究和制定新的农业科技革命的规划。最近，江总书记又针对我国西北生态环境恶化问题作了“再造一个山川秀美的西北”的专门批示，国家计委为此正在讨论和制订一个防治荒漠化和再造一个山川秀美的西北的计划。经过三年软课题研究的“21世纪初叶国家高技术发展计划”（S-863计划）已进入最后阶段，以及“国家重大基础研究规划”（973计划）等均将农业摆到首要位置。还有就是农业的产业化经营正在全国展开。中国农业和农业科技正面临着一个重大的历史转折，现代农业和农业科技的发展必须有各学科和行业的参与，这也为各学科和行业提供了极好的发展机遇。

上面谈到的生物技术和信息技术无疑将扮演着现代农业和农业高技术的重要角色。其他如在化肥和施肥技术上，我国使用化肥初期，每斤化肥带来16斤粮食的效益，而现在仅2.4斤。氮素化肥的损失率高达43%，相当于每年损失300多亿人民币，而且造成严重的环境污染。富营养化是引起内陆和沿海水体生态恶化的重要因素。工业的污染是点污染，排放到河里是线污染，而农业的污染则是面的污染。怎样提高氮肥利用效率，减少流失呢？现代化肥生产和施用技术已经由单质肥向复合肥、专用复合肥、控释性（智能化）专用复合肥以及“3S”精确施肥方向发展，这就要求农业、材料、化工、信息、航空航天等技术的共同参与。

再如设施农业中的温室大棚，就需要多种现代技术的集成。如覆盖材料的抗老化问题，我国的塑料薄膜一般只能使用1年，而国外一般3～4年，有的5～6年；覆盖材料不仅要透光性能好，还要研究兼有波长选择功能的材料，这对防治温室大棚的病虫害很有关系。温室大棚的结构设计要求能针对不同作物，做到光、温、湿、气状态的优化。目前国外的温室大棚不仅造价太贵，也不适合我国不同农业生态区的要求，存在很多问题。如何在消化吸收国外经验基础上，生产我国不同农业生态区需要的，高质低价的温室大棚设施是当务之急。

现代农业不仅是面对农田、草林、海洋的大农业概念，随着农业生物技术等各种现代技术的发展，农业由传统农产品的生产向着食品、能源、医药等方面延伸；不仅是产中，而且与产前产后结合，技农工贸结合，形成一个技术链、产品和产业链。生产链上每增加一个环节，效益就会成倍增加，这正是在全国广泛展开的，我国农业产业化经营的主体思想。

国家教委科技司对农业科技一直很重视，这次又专门召集几所著名高校的校长和专家讨论农业问题，我想提一点想法供大家参考。可否以干旱节水农业为目标，以甘肃作为基地，以国家干旱农业生态重点实验室为据点，组织一个大项目。这个项目的科技含量和水平一定要高，技术集成和综合开发程度一定要高，生态、经济和社会效益一定要高。可以考虑在河西走廊设一个示范基地，能代表内蒙古西部和新疆的一大片干旱地区，是旱区灌溉型生态农业类型；在陇东设一个示范基地，能代表黄土高原地带，是半干旱集水型生态农业类型。甘肃的地理条件在“再造一个山川秀美的西北”上很有代表性，一东一西，一省托两区。

我国是个人均资源占有量很低的国家，特别是水土资源。我国干旱和半干旱地区水资源严重不足，是制约农业发展的主要因素。但是水资源的浪费又实在惊人，如河西地区有的一亩地一次浇水七八百方。听说，祁连山的雪线后退，再不节水怎么得了。淡水资源不足是全球性问题，中国尤甚，中国西北地区更甚。我国生产 1 公斤粮食要用 1.02 方水，而美国、以色列等国只要 0.04 方左右，节水太重要了，潜力太大了。当然，这个地区还有严重的水土流失、沙化、盐渍化问题。所以，这个地区的发展，必须把保护改善生态环境和可持续发展摆在首位。

这个地区的农业产量低，农民收入低，一定要把农业生产和农民收入搞上去，示范基地才有意义。无论是改善生态环境，还是提高农业生产和农民收入，关键是加大科技和资金投入，走产业化经营道路。譬如种玉米，有一种通过生物技术与常规育种技术结合，培育出的高油玉米，玉米胚的含油量比普通玉米高 1 倍以上；收割时秸秆还是青的，可作青饲养牛；通过胚胎工程技术和后加工，可以使养牛的产值成倍增长。玉米胚提油后，还可以深加工成低热值高甜度的加甜剂，20 世纪 80 年代世界两大饮料公司，可口可乐和百事可乐采用这种加甜剂的决定，大大提高了玉米的身价。玉米淀粉还可以生产 *L*- 乳酸、全降解塑料以及燃料酒精等 30 多种工业产品。美国 90% 以上玉米都要进行加工，增值 5 ～ 10 倍，我国不到 10%。单位水土资源的利用效率和产出高了，农民富了，自然也就不会像现在这样一人种一二十亩地，广种薄收了。不少的地可以退耕还草还林，林和牧还是农业，既有生态效益，也有经济和社会效益，生态环境恶化的趋势也可得到遏制。是否可以通过国家教委向国家计委争取立项，争取国家计委和甘肃省的支持，在座和有关高校参与，发挥多学科综合交叉的优势，经过 3 ～ 5 年的努力，必会大见成效。

就讲到这里，谢谢大家。

（1998 年 1 月 10 日于兰州大学）

3 农业高新技术及其产业化
（1999 年 10 月 7 日，首届中国深圳国际高新技术成果交易会）

【讲话背景】

经国务院批准，首届中国国际高新技术成果交易会（简称高交会）于 1999 年 10 月在深圳举行。作为特邀嘉宾，作者在农业高新技术成果发布会上作了如下讲演。

女士们，先生们：

我很高兴能在首届中国国际高新技术成果交易会的"中国农业高新技术成果与特色经济项目发布洽谈会"上，和大家一起探讨农业的高新技术及其产业化问题。

农业是个古老的行业，又是个年轻的行业。我之所以说年轻，是因为它正经历着一场新的科技革命。在当今全球性的滚滚科技浪潮中，农业科技革命的浪头比以往的任何一次都要高。这是因为 20 世纪后半叶发生了两个重大科技事件：一个是分子生物学和生物技术，另一个是计算机和信息技术。

20 世纪 50 年代两位年轻的科学家发现了遗传物质脱氧核糖核酸，也就是 DNA 的双螺旋结构；70 年代的另外两位科学家在实验室内将 DNA 进行重组获得成功，这就开创了分子生物学和遗传工程的新时代。农业是从事生物性生产的产业，生物学上发生这样重大的事件，当然会对它产生很大影响。首先引发的是育种技术的革命，常规育种与以分子标记和基因工程技术为代表的分子育种技术的结合，大大扩展了种质资源的利用和改进了育种技术。细胞工程育种已趋成熟，转基因作物全球已批准田间试验的有 2 500 多例，已商业化的 60 多例。据最新报道，今年美国和加拿大的转基因大豆、玉米、棉花和油料（Canola）可占到总播种面积的 1/3 ～ 1/2；全球转基因作物种植面积今年可达到 4.2 亿亩，预计 2002 年将增加 1 倍。

去年，第六届国际遗传学应用于畜牧生产学术会议上提出的，猪的分子育种指标为日增重 1.2 公斤，瘦肉率 70%，料肉比 2.3∶1。我国已掌握此项技术，又拥有丰富的遗传资源，若达此指标，能有增产一倍的潜力。牛的胚胎工程技术已趋成熟和商业化，动物克隆技术引起了世人的瞩目。利用动物乳腺生物反应器技术已成为世界性的竞争热点，因为它生产的是EPO、干扰素、胰岛素等价值昂贵的药用和农用多肽蛋白。这项技术我国已经掌握，但能达到产业化生产水平的不多，目前中国农大与深圳某公司的合作项目进行得相当不错。

在生物农药、畜禽疫苗和生长调节物等农用生物制剂领域，生物技术，特别是微生物重组和基因转移技术的出现也带来了技术上的重大突破。20世纪80年代后期，一些发达国家已有基因工程疫苗的商品出售，我国已掌握此项技术，可惜至今未能实现产业化。90年代初，牛生长素在美国已商业化，其产品现已占有美国20%的牛奶及其制品市场。参加此次高交会的项目中，深圳绿鹏公司提出的猪生长素就是基因工程和发酵工程产品，可使猪的日增重提高26%，节省饲料25%，胴体脂肪下降17%～40%。如果我国20%的猪能够使用，将每年增加猪肉5万吨，节粮20万吨，这是个不小的贡献。

分子生物学和生物技术的出现是生命科学和技术的一场伟大的革命，是20世纪重大科技成就之一。它刚刚用于农业，就极具活力和形成一股强大的冲击波。李远哲去年在北大的讲演中说："生物技术可能为亚洲国家提供一个创造奇迹的契机。"今年年初，日本"开创生物技术产业的基本方针"中提道："正像以计算机为首的电子技术改变四分之一世纪的世界经济那样，以生命科学知识为基础的生物技术，可望为21世纪的经济社会带来重大变化和进步。"由于生命科学产品具有很高的经济效益，也引起了企业界的极大兴趣，Dupont、Monsanto、ICI、Bayer等一些全球性的大公司都在经营方向上作战略性调整。杜邦公司提出：生物工程在农业和医药领域就会像30年前的聚合物化工一样地掀起一场产业革命，它是生长点和发动机。这些公司正在紧锣密鼓地进行重组和投巨资从事生命科学产品的开发，甚至植物基因组等基础性研究，以求占领技术的制高点和最大的市场占有率。

下面想谈谈渗透力极强的信息技术冲击波，它也为农业注入了新的、强大的活力。农业是以土地为主要生产资料，利用光热水气等自然要素，从事动植物生产的产业。因而，生产条件复杂、高度分散、区域性强、时变性大，可控性和稳定性低、量化和规范化程度差等行业性和先天性弱势，信息技术的出现，为全面改善这种弱势提供了有力的技术支持。首先是以智能化和多媒体技术为主体的农业专家系统可以大大提高农业的量化、规范和集成程度，减少时空变异性的负面影响。1997年召开的计算机农业应用国际会议（荷兰）上提出了一百多个智能化农业专家系统，可用于栽培育种、施肥灌溉、植物保护、饲养管理、畜禽防疫等各个方面。我国已开发20多个农业专家系统和建立了4个国家级智能化农业信息应用示范区。

数据库和网络技术可以明显克服农业的分散性和在信息获取和应用上的障

碍。美国和欧洲的一些国家已建有比较健全的农业信息网络。据报道，1995 年美国 41.6% 的农户和 46.8% 的奶牛场，荷兰 11% 的农户和 35% 的奶牛场进行了计算机管理和上网。我国的农业信息网络有“金桥工程”和少数局域网，尚处起步阶段。

精确农业（PA，precision agriculture）是近几年兴起的新热点。它是利用遥感技术（RS）作宏观控制，全球定位技术（GPS）精确定位地面位点和地理信息系统（GIS）将地面的各种信息进行储存处理，再与地面的信息转换、实时控制、地面导航等系统相配合，按农田田块内地形、土质、作物长势的空间变量数据精确设定最佳耕作、施肥、播种、灌溉、喷药等多种农事操作，最小操作单元可达 12 ～ 15 米 ^{2}。PA 一改传统农业的粗放和经验为精细和科学，可以显著提高水、肥、药的利用效率和作物产量。才几年的工夫，美明尼苏达州的甜菜等经济作物 60%～ 80% 已采用 PA。

信息技术支持下的农业，向着量化、智能、精确、科学和信息化方向发展，是传统农业的一次深刻革命，是现代农业的重要构成部分。

此外，先进制造、新型材料、精细化工、自动控制等现代工程技术也加速了对农业的武装。农业节水中的激光平地、低压管道输水和喷滴灌是农艺与农田工程技术的结合；智能化控释性专用复合肥料是农艺与化工和材料工艺的结合；设施种植和养殖是农艺与结构设计、新型材料和自动控制技术的结合；现代农用机械对制造业提出了更高的要求。

农业高技术可以在一个新的高度上改善农产品品质和增加产量，提高资源利用效率和促进农业的持续发展。农业高技术成果是以物化和产品化形式表现，以市场机制运作的，其载体是企业。这次农业高新技术发布洽谈会必将推进农业科技产业的发展和国内外的交流合作。农业科技企业是为农业生产第一线提供农业科技产品和服务的行业，是“军工厂”和“武器制造商”，我希望它们能多提供些巡航导弹之类的先进武器武装中国农业。

就讲到这里，谢谢大家！

（1999 年 10 月 7 日于首届中国深圳国际高新技术交易会）

4 谈农业科技

——2000 年央视春节联欢晚会

（2000 年 2 月 4 日，中央电视台，北京）

【讲话背景】

2000 年的央视春晚有一个向全国农民拜年的节目，邀请作者作为嘉宾，向全国农民讲讲农业科技，20 世纪的农业科技成就和 21 世纪的展望。

主持人：您对过去一个世纪里的农业科技发展有什么看法？

石元春：首先，我借此机会给全国农民朋友拜个年，祝你们在新的一年里，有个好收成，有个好收入！

20 世纪，可以说是农业和农业技术大发展的世纪。20 世纪的前 50 年里，全世界粮食产量，平均每亩地每年只增加 2 两；到后 50 年，每年增加 6 斤，是前 50 年的 30 倍，中国增长得还要快。据专家研究，七八成是靠的科技。哪些科技呢？一是育种技术，就是一代一代地培育了优良的品种；二是化肥和施肥技术；三是植物保护和畜禽防疫技术；四是灌溉技术，还有地膜覆盖、温室大棚等。我们现在用的和不断改进着的不正是这些技术吗？

但是，我们也要看到，乱伐滥垦，只用地不养地，造成了水土流失、土地退化，破坏了宝贵的农业资源；过量和滥用化肥农药，造成环境污染，生态恶化。全球如此，中国也是这样。所以 1991 年，在欧洲的荷兰的登博斯，召开了一个可持续发展的世界大会，发表了全世界都要重视可持续发展的、著名的登博斯宣言。

总的说来，20 世纪的农业和农业科技，一是成就很大，二是还有问题，应当引起我们的注意。

主持人：您对下个世纪农业科技发展有什么展望？

石元春：现在大家认识了，发展农业，一定要依靠科技。我认为，下个世纪农业发展有三种技术最重要。

第一种是可以促进农业结构调整的技术。农业一定要按市场的需要调整生产结构，这样才能适应市场经济和中国进入世界贸易组织的新形势，否则就会吃大亏。调整农业结构需要哪些技术呢？例如，能提高农产品品质的技术，像优质的稻麦棉、特种玉米、果蔬花、猪牛羊、名特优等；再有就是贮藏和加工技术、降低成本技术等。

第二种是为了节约资源，保护环境，使农业能够持续发展的技术。例如，节约和减少水肥和农药使用量的技术；减少化学农药，增加施用生物农药的技术；减少地膜覆盖引起土壤肥力下降的白色污染，发展生物全降解地膜技术等。

第三种是高新技术，如生物技术中的分子标记技术、转基因技术，动物克隆技术等可以带来了传统育种技术的革命，可以更多更快地培育出品质好、产量高、成本低的各种农作物和畜禽鱼类；可以在防治病虫害、畜禽防疫等许多方面发挥过去做不到，甚至不敢想象的作用。农业信息技术非常重要，它可以通过各种农业专家系统帮助你们进行科学的应用技术和管理生产；可以通过遥感技术、地理信息系统技术和全球定位技术使农业由粗放变为精确；它可以通过网络技术使农民不出门，能知天下事，再不会吃耳目闭塞、消息不灵的亏了。

总之，在 21 世纪里，在农业科技这个大花园里，一定会繁花似锦，琳琅满目，争奇斗艳的。

（2000 年 2 月 4 日，北京）

5 在农业生物技术及产业化研讨会上的讲话

（2000年10月13日，第二届中国深圳国际高新技术成果交易会）

【讲话背景】

2000年10月在深圳召开第二届中国国际高新技术成果交易会前夕，深圳市科技局和投资管理公司在深圳市举行了“农业生物技术及产业化”研讨会，这里是作者在会议上的讲话全文。

深圳市科技局和投资管理公司举行的“农业生物技术及产业化”研讨会非常好，很及时。刚才许多专家和领导作了精彩发言，我也谈点体会。

一个多星期前，中国科协在西安召开了第二届学术年会，到会4 000多人，第一个大会学术报告是诺贝尔物理学奖得主杨振宁先生作的。他在回顾科技发展历史时说过这样一段话：“在现代科学技术发展的历程中，19世纪可说是物理科学的世纪，而量子力学、相对论和信息科学等的发展说明20世纪仍然是物理科学的世纪。但是我相信，21世纪将是生命科学的世纪。”他特别提到1953年沃森教授发现遗传物质脱氧核糖核酸的双螺旋结构，开创了生命科学的新纪元。

1998年，另一位诺贝尔奖得主李远哲，在北京大学100周年校庆学术讲演会上也提出，在计算机和信息技术革命中，发达国家已经遥遥领先，居于垄断地位，而“在以后的一二百年内我们将会看到急速发展中的生物技术，生物技术也许是亚洲国家创造奇迹的一个契机”。去年1月份，日本的科技、文部、厚生、农林、通产等五个部门，联合签署了《开创生物技术产业的基本方针》，文件中提道：“正像以计算机为首的电子技术改变了1/4世纪的世界经济那样，以生命科学知识为基础的生物技术，可望为21世纪的经济社会带来重大的变化和进步”。该报告还提出了“生物产业立国”的新的国家目标。

前年冬天，我在1998年11月的 *Chemical & Engineering News* 看到一篇长文。文章详细论述了20世纪90年代以来，英国的ICI，德国的Basf、Bayer和Hochest，美国的Dupont和Monsanto，瑞士的Ci-ba-Geigy等世界著名的化学公司，都在向生命科学产品作战略性转移，如“赌注般地和马拉松式的投资”，紧锣密鼓地进行调整和重组兼并。Hoechest 公司主席 J.Dormann 表示：致力于生命科学就意味着从高投入低产出转向稳定的低投入高产出；从无序的盲目投资转向有序的理性投资，将精力集中于生命科学产品而放松化工产品是必要的。杜邦公司认为：生物工程在农业和医药领域就会像 30 年前的聚合物化工一样地掀起一场产业革命，它是生长点和发动机，生物技术应用于农业，是和其他的技术革命，如蒸汽机、半导体和电脑一样，将被列入商业上的最重要的级别。

一个多月前，由美国的孟山都公司和嘉吉公司 1998 年联合组建的瑞力生公司的总裁、业务副总裁、财务总监等乘专机来华，提出要见我。向我介绍了该公司将以百亿美元开拓现代种业的国际市场，重点放在中国，主导产品是基因改良品种。当时我问，现在对转基因食物的争议很大，贵公司是怎样看待这个问题的？他的明朗和坚定回答出我意外。他说，美国和欧洲的这个争论是迟早会发生的，更多的是贸易问题而不是科学问题，所以他们相信这是暂时性的，用转基因等生物技术改善动植物的品质和产量是大势所趋和大有可为的，他们公司对此有完全信心，并从战略上加大投入。刚才贾士荣先生说，今年美国的转基因作物种植面积并没有减少，还有所增加，我想是和他们的这种判断有关的。

我在这里和大家交流和共享这些信息，是为了研讨我们国家该怎么办。刚才丁勇主任，还有好几位专家都在这个问题上谈了很好的意见。

去冬以来，转基因食品（GMO）的安全性问题在世界上闹得沸沸扬扬，用今年 2 月伦敦 GMO 国际论坛上的一句话来描述："希望澄清这场混乱的争论，这场争论使科学蒙上了阴影，给民众带来了恐惧，在欧洲和美国间种下了一场潜在的贸易冲突。"加强世界性的 GMO 的环境和食物安全非常重要，也非常必要。但是，对这场 GMO 风波的实质，我们一定要清楚，要清醒。欧盟和美国间的这场主要是贸易和概念而非科学问题的争斗，他们心里都很明白，我们可别糊涂。

在国际上，观察和处理问题，其最高原则是维护自己国家的利益，美国对此从不讳言。在生物技术上，我们与发达国家间的差距并不是那么大，我们中国这方面的专家，包括在座的诸位都是很有实力的。生物技术和相关产品是符合我们国家利益的，我们有什么理由，非要跟着欧洲走。刚才丁勇主任说，人家都吃饱了吃肥了，他们何必要吃转基因土豆。且不说世界上还有多少无产阶级，就是我们国家的粮食安全和人口发展压力问题、进入 WTO 以后的激烈竞争问题，我们为什么不发展生物技术产业？为什么不乘他们争斗的时候，抓住机遇，缩短差距，发展自己？

在这个问题上，科学家是容易理解的，民众是可以科普和做工作的。希望科学家多说话，新闻界正确导向和宣传，更寄希望于我们的领导层和有关业务部门。因为你们是政策的制定者，是国家利益和前途的最高体现者和决策者，是拿笔批人家项目和产品是行还是不行的。我国的生物技术及其产业只是刚出土的幼苗，很弱小，需要的是满腔热情地鼓励和扶持，而不是冷眼和苛责。中国人要以中国的利益为最高准则，一致对外，千万不要等人家都上去了，又来说中国人不如外国人！

这两天，一有空就看奥运会的电视，拿冠军时五星红旗一升、国歌一奏，就感到热血沸腾，越看越长志气，看了一遍又一遍，没够。体育场上靠运动员竞技显国威，市场上靠企业竞争显国力；体育竞争要有国手，市场竞争要培植一批竞争力很强的高技术企业，像海尔，像华为那样。奥运选手拿金牌人心鼓舞，我国的企业公司在国际市场上的胜利，也会让国人热血沸腾！现在，生物技术产业遇到了好机会，一定要抓住时机，培植“国手”，让他们到国际市场竞争中去建功立业，拿“金牌”，显国威，这是我的一点希望。

作为以生物工程产品为主导的绿鹏公司，成立至今已经四年了，很不容易。在深圳市、科技部、农业部等领导的关怀，在李局长亲自组建和支持下，有了一点点的进步。现在还是一株幼苗，我希望各级领导和社会各界，一如既往地给以指点和扶持。刚才新疆的郭志勤教授讲得很好，也希望其他专家能够加盟。还有，希望资本拥有者也能积极参与，与人力资本的结合，做到优势互补，协力夺“金牌”。中国为什么就不能出几个像杜邦、孟山都那样的大型生物技术高科技产业呢！我们应当有这样的雄心壮志。

最后，我再一次对深圳市、科技部、农业部等各方面的领导，各位专家和新闻界朋友表示由衷的感谢！

谢谢大家！

（2000 年 10 月 13 日于深圳）

6 在高交会农业展团招待会上的发言（部分）

（2000年10月13日，深圳）

【讲话背景】

2000年10月在深圳召开第二届中国国际高新技术成果交易会上，作者在农业展团招待会上作了即席发言。以下是发言的部分内容。

在我当北京农业大学校长期间，学校有一个阿维菌素的生物农药项目。当时经农大的技术转让，国内有三家能够生产，规模都不大。世界化工公司排名前十位的美国默克公司副总裁请我吃饭，谈阿维菌素的合作问题。开始时他说，愿投资两亿美元，在中国建立阿维菌素的联合销售公司，我当然表示欢迎。随之提出，中国市场和国际市场由联合销售公司控制，我开始感到国内外市场将全部为默克公司所控制，中国只是他的生产车间。酒过三巡，他又说："我们默克公司在掌握市场后，产品的利润一般不得低于300%"，这句话真正地震动了我。因为我一直在想，请教授们改进技术，降低成本和售价，让农民多得点利。如果按他的说法，刀把子掌握在外国大公司手上，中国专家为他打工，农民任凭宰割，太伤我们的民族感情和尊严心了。我从这里感悟到，什么叫掠夺？什么叫技术和经济殖民地？

目前我国生产用的优良鸡种，90%来自国外，每年都要用大量外汇购买祖父母代种鸡；泰国正大集团曾占有我国饲料市场的37%；中国农科院培育的转基因抗虫棉，被美国孟山都公司的抗虫棉压得抬不起头来；滴灌和温室大棚，也言必以色列、荷兰、美国的大公司。今年夏天，由美国孟山都公司和嘉吉公司两年前联合组建的瑞利生公司总裁见我时谈到，他们筹集了100亿美元，用于基因改良品种的种子产业，主要是针对中国市场。他们认为，用转基因等生物技术改善动植物的品质和产量是大势所趋和大有可为的，他们对此有完全信心，并从战略上加大投入。

在生物技术上，我们与发达国家间的差距并不太大，如果乘美欧鹬蚌相争之机，大力发展自己，可收渔翁之利。如果我们头脑不清楚，怕这怕那，就会坐失时机，继续拉大差距。我曾经有过一个估计，如果我们不大力发展农业技术产业，没有危机感和紧迫感，不出十年，我国农业高技术产品市场将被这些世界级的大公司所垄断，民族企业将望洋兴叹，悔之晚矣！

（2000年10月13日，深圳）

7 在朱镕基总理召开科技界代表征求对政府工作报告修改意见会上的发言

（2001 年 2 月 6 日，北京中南海）

【讲话背景】

2001 年 2 月 6 日国务院召开有二三十位科技界代表参加的座谈会，征求对政府工作报告（征求意见稿）的修改意见，朱镕基总理主持会议。作者在座谈会上提出了三点修改意见，特别是向总理展示了半年前在西北考察中的一张照片，提出要重视发挥生态的自我修复能力的建议，引起总理很大兴趣并写入了政府工作报告。

我们学习了镕基总理关于第十个五年计划的报告稿，受到很大鼓舞。五个指导思想，十个部分，无论是在战略上和计划实施上，都对未来五年的发展描绘出了清晰的轮廓和前景。在科学技术上对已取得的成就和未来的任务都是明确和恰当的。我们完全拥护报告稿中的内容。下面仅就科技和农业方面提三点修改建议供作参考。

第一点意见。“十五”期间，正是由传统农业向现代农业，产品经济向商品经济转型的时期。报告中提出了结构调整和产业化经营，这是纲，纲举就能目张。世界各国在工业化进程中，一直在寻求解决社会大生产与农民小生产之间的矛盾，美国靠的是扩大家庭农场规模，近二三十年，家庭农场由 650 多万个合并为 260 多万个，规模扩大了 1 倍；欧洲和日本至今虽保持个体农户的小规模经营，但是在农户之上，有各种各样的农业经营组织，以组织农户进入大市场；而我国则是在家庭承包制基础上实行“公司加农户”等多种形式的农业产业化经营。是以农户为基础，通过龙头企业将农产品生产与加工、销售结合起来；将分散的农户与国内外大市场结合起来，这是增加农民收入和实现农业现代化的重要劳动组织形式，有着很强的生命力，这在世界上也是个创举。农业产业化经营的关键环节，是农户基础上的龙头企业，也就是“公司加农户”中的公司。所以第一条意见是在报告稿的第 12 页，“大力促进产业化经营，推广公司加农户等形式”的后面，加上“积极扶持和培育龙头企业”8 个字。

由此延伸出了第二点意见，就是“兵马未动，粮草先行”，也就是要发展“农业科技产业”。要打好农业产业化经营这一仗，不能用低劣陈旧的武器去打，而现在用的，主要都是这些低劣陈旧的武器。我国单位面积的化肥施用量是美国的2.6倍，但有效利用率很低；发达国家已由单质肥进入专用复合肥阶段，复合肥和专用复合肥占80%以上，我国还不到20%，目前的2 700多家领证的小复合肥厂，技术和质量很低，还会经常出现那些假种子、假肥料、假农药坑害农民的事件。至于农业高技术产品更是凤毛麟角。

美国只有2%的就业人口从事农业生产，这是大家都知道的，但是在就业人口中，还有17%，是以大大小小的公司等形式为这2%的农民提供科技产品和服务。所以，在实现我国农业的市场化和现代化过程中，一定要改变这种结构上的落后状态。因此，建议在13页第二行，“加强生物技术、信息技术等高技术的研究与开发，推广先进适用技术”的后面，加上“积极扶持农业科技产业的发展”，为农业的产业化经营提供一个强大的技术后盾。这也是进入WTO后，与外国公司激烈竞争的一个敏感领域。

第三条建议是关于西部大开发方面的。

（1）去年西北考察中，听到的大开发规划中，有农业坐“冷板凳”的感觉，这是很不应该的，道理是很清楚的。因此建议在西部大开发一节里，加上强化农业基础地位的字样。

（2）西部开发中，水资源的重要性自不待言。但“十五”期间，主要是“就汤下面”，应以节水为主要任务。因此，建议第 × 页第 ×× 行改为“把水资源的节约、保护和合理开发”。

（3）在退耕还林还草中，出现一些不顾自然和人力条件，盲目植林、种果现象，这将会造成新一轮的浪费。建议加上强调因地制宜的字样。

（4）在恢复草地植被，防治风沙危害中，要充分发挥生态的自我修复能力。考察中发现，在200～400毫米年降水量的风沙区，只要改放养羊为圈养羊的封沙育草，草被可自动恢复到40%的盖度。这是个实实在在的多快好省的办法。去年我在腾格里沙漠边缘（图1）的包兰铁路上拍的这张照片可以作证。（展示一张放大照片，总理看得很认真）

镕基总理：石院士，你提的发挥生态自我修复能力很重要，这张照片就能说明问题。你是在哪里拍的？

石答：是在由宁夏中卫进入甘肃后的甘塘地段的铁路北侧。

镕基总理：新华社有人来吗？

工作人员答：有人来。

镕基总理：请新华社的人到那里去再拍一张给我。

图 1　腾格里沙漠边缘

8 注意最新动向，抓紧战略调整

——谈 GMO 和生物工程产业

（2002 年 3 月，北京）

【讲话背景】

2002 年的全国政协会议期间，李岚清副总理到会听取委员意见。作者就当时国际上发生的“基因改良风波”和我国应取的对策发表了意见。此发言成文后发表在同年 4 月 2 日的《科技日报》上，已收录在《石元春文集》的《农业卷》，内容大体相同。

我想就 GMO（Genetically Modified Organism）和生物工程产业的国际最新动向和我国战略战术调整问题谈一些情况和意见。

正当生物技术和动植物遗传改良工程如日东升，方兴未艾的时候，1998 年秋，英国的 A.Pusztai 教授发表了用转基因土豆喂大鼠发现生长异常的报告后，绿色和平组织在唐宁街 10 号门外转基因土豆以及 3 块转基因作物试验地被毁。次年 5 月，英皇家学会组织了权威专家对该试验进行审查时，发现设计上有 6 处严重缺陷，否定了该试验结果。正是这个时候，美国又报道了斑蝶因吃了转 Bt 基因玉米花粉而 44% 致死的试验结果，该试验后来也被权威机构所否定。尽管如此，仍引发了一场长达三年之久的 GMO 大辩论的世界浪潮。

1999 年 6 月，八国首脑会议曾专题讨论了这个问题。2000 年 1 月，联合国在加拿大蒙特利尔召开了有 130 个国家参加的“基因改良食品会议”，形成以美、加为首的迈阿密集团与欧盟的两军对垒，通过了“预防性原则”，即“当基因改良食品出口到一个国家时，这个国家如果认为该食品对环境和人的健康有害，有权禁止进口这一产品”，显然，欧盟在这一回合占了上风。

同年 2 月，在英国爱丁堡召开了成员广泛的“世界生物技术论坛”，会议纪要中写道：“希望澄清一场混乱的争论：这场争论使科学蒙上了阴影，给民众带来了恐惧，在欧、美间种下了一场潜在的贸易冲突。”同年 3 月，在日本召开了国际食品规格委员会；6 月，中、美、英等 7 个国家科学院发表联合声明，高度评价了 GM 的社会和经济意义，认为科学可以控制 GM 可能产生的负面影响。同年 10 月在美国召开的，有高层政府官员（美国是副国务卿 Alan Larson 参会和讲演）和专家参加的GM国际论坛，双方唇枪舌剑，面红耳赤，互不相让。在这一年里，这类会议、声明，还有一些总统信件等不断，GM成为2000年世界关注的一大热点。

GM技术对解决世界粮食短缺，提高农产品的产量和品质具有不可估量的潜力，这是一致公认的。反对者认为，GM食物可能对人体有毒、引起过敏反应、损害免疫系统、基因飘移可能造成环节污染以及未知的伤害因素。支持方则认为转入的基因不可能被人体接受，毒性和过敏是可以被监测的，上市前的严格检验和审批制度以及食品安全法规法律等均能防御对人体的伤害。其实，大家心里都明白，主要的并不是这些科学问题，而是贸易和企业利益问题。极端组织的态度和公众心理更增加了问题的复杂性。

2001年，形势开始出现变化，法国科技部部长5月在一次“生物企业和生物孵化器”会议上表示：生物技术具有良好经济前景，应当优先发展，这是个能够满足未来人类基本需要的技术。德国总理施罗德在联邦议院5月31日召开的“基因技术政策辩论会”上表示：鉴于基因技术在医学和经济领域的巨大潜力，德国不应该过早地从法律方面限制其发展，德国不能再错失这个机遇。6月初，比利时农业部部长Jaak Gabriels表示：农业必须抓住生物技术，欧洲不应该失去应用生物技术的机会。他还保证在比利时担任欧盟轮值国主席期间，推进农业生物技术的发展。

去年的欧洲议会上通过了允许繁殖、生产转基因物质及制品的法律程序的议案，为市场消费创造了规范、透明和宽松的环境。也预示着欧盟成员国将加强对转基因物质的研究和开发，刺激转基因产品的消费和进出口贸易的增长。欧盟委员会农业委员菲舍勒表示：欧盟正逐步对生物技术食品采取新的政策，一方面允许这种新技术进入市场，另一方面处理解决人们对食品安全所怀有的顾虑。

据澳大利亚2001年5月的一次民意调查，50%被调查者愿意接受GM食品，公众正在克服最初的畏惧心理，逐渐认识到GM食品对健康无害，GM技术可以提高农产品的产量和品质，且能减少杀虫剂的使用和有利于保护环境。实际上，美国食用GM食品已近十年，现在超市上有4000多种GM类食品，从未有过敏、中毒和危害健康的报道。

英国皇家学会委派了一组专家，专门分析了1998年以来GM的研究进展，于2002年2月4日发布了一个“GM食品与健康”的重要政策性文件。其主要结论性意见有：同意FAO的“实质等同原则”；GM技术可能导致非预期的有害结果，但在传统育种中也会出现；目前尚无GM食物导致过敏性反应的证明；特定的病毒DNA序列导入GM植物，对人类健康的危害是微不足道的。结论中谈及基因导入、GM植物对消费者遗传性影响的可能性问题时指出：“人和动物自身就有大量DNA，食物和微生物/病毒也会将各种基因带入人体。我们认为，通过 GM 植物带入的外源性 DNA 对人类的健康没有明显危险。”

看来，对垒双方在主要问题上已渐趋同了。1999 年开始的 GM 寒冬，2001 年开始转暖，现已是乍暖还寒季节，相信一个新的 GM 浪潮将要来临。此次 GM 事件说明，GM 的科学本质没有变；GM 技术对人类社会和经济发展的巨大意义没有变；现代技术与经贸的紧密关联没有变；新兴科技发展势不可挡的规律没有变。

GM 风波期间，美、加等国，一直坚持和强化 GM 的研究和产业发展。2001 年，全球（主要是美国）GM 作物种植面积不是减少，而是较 2000 年增长了 19%，比 1999—2000 年度的 11% 增幅还要大，首次达到 5 260 万公顷。转基因大豆种植面积已占世界大豆种植总面积的 63%，转基因玉米也占到了 19%。孟山都等跨国性的生物工程公司虽受到暂时的冲击，但不断在积蓄力量，调整布局，等待时机。孟山都和嘉吉两大跨国公司为发挥双方优势，合资组成了瑞利生公司（Renessen），以加大生物工程产品的开发和市场销售力度。

欧盟也是一边争论，一边加强 GM 的研究和开发。法国 2000 年的 GM 研究投入为 2.15 亿法郎，2001 年为 2.5 亿法郎，增幅为 16%；新建了近百家的生物技术公司，并在全法 31 个高新技术产业孵化器中的 10 个用于 GM 技术的开发。去年 5 月，欧盟就开始与美国做 GM 生意，欧盟以其对 GM 产品的新政策，换取美国对欧盟国家肉类的进口。

1999 年 1 月，日本科技、文部、厚生、农林和通产五省厅提出的“创立生物技术产业的基本方针”政策报告中表示，正像以计算机为首的电子技术改变了 1/4 的世界经济那样，以生物科学知识为基础的生物技术，可望为 21 世纪的经济社会带来重大的变化和进步。在 GM 风波中，态度谨慎，现也感到 GM 的“春意”，今年 1 月，该 5 省厅又在发布的《发展生物产业的政策报告》中提出，到 2010 年，GM 产品市场规模达 25 万亿日元，新创建生物技术产业 1 000 家的目标和 5 大战略重点。

GM 风波之初，我国一些专家就曾多次向有关业务部门提出 GM 在科学上没有问题，实质是贸易和国家利益之争，是暂时现象，我国应当抓住这个有利时机，把生物工程研究和产业“突”上去一大步。可惜我们采取的却是“明哲保身”和“保守疗法”，丧失了一次长达三年的“渔翁得利”的时机，现在只剩下“亡羊补牢”的余地了。

我们有一种忌谈或慎谈 GM 的心理。最近，还自以为得计地以非 GM 为武器，挡住美国大豆进口，其实挡不住多久，反身受投鼠忌器之害，因小而失大。现在越来越多欧洲国家的饲料蛋白主要靠进口美国等的转基因大豆。在 GM 低潮氛围和心态下出台的我国《农业转基因生物安全管理条例》势必要根据新的形势做必要的调整，否则有的条款将成为自己给自己戴上的“紧箍咒”。

美国孟山都公司从我国上海附近拿到一个野生大豆种，经传统测试，定位了与高产基因紧密连锁的分子标记后，立即向包括我国在内的101个国家，几乎覆盖性地申请了多达64项的专利。德国绿色和平组织成员在2001年10月联合国召开的《生物多样性公约》会议上揭发了这个事件，我国却全然不知。

现在的经济竞争，实际上是按WTO规则进行的，人才、技术、产品、市场和管理总合实力的竞争，政府的宏观运筹和管理扮演着重要角色。可是，有的业务部门，特别是少数司局技术主管，概念陈旧，既不适应复杂多变的形势和激烈竞争，又不思进取，甚至压制打击一些民族的生物高科技项目和企业，实在令人痛心。

根据以上情况，提出三点建议：

第一，改消极躲闪政策为积极出击政策。生物技术及其产业化是近十多年才发展起来的，我们已积累了一定基础，和发达国家之间差距并不是太大。只要有“两弹一星”的决心和信心，部署得当，措施有力，也许不要很长时间就能取得跨越式发展。具体建议是以“863计划”的“生物与现代农业技术领域”主题为依托，作好顶层设计和部署，以更大的强度推进GM的产业化，以产业化带动技术化。

第二,一定要作战略性的集中。我认为宜主要集中于两个战略重点，即生物工程药物，特别是蛋白质药物和动物乳腺生物反应器技术，以及农业的养殖生物工程。突出农业的养殖生物工程的原因有四：一是我国的动物类产品在国际农产品市场上最具竞争力和出口潜力（不是现在）；二是产品的附加值高，特别是与蛋白质工程药物的结合；三是它能带动种植业，是农业结构调整的一个火车头；四是这方面的一些生物技术比较成熟，我国积累较多，可以作为产业化的支撑。

第三，建一个高效和强大的生物工程产业孵化器，这是人才和技术走向产品和市场的桥和船。孵化器以最佳的政策环境和孵化条件，集天下之英才和成果，让他们在这里成熟放飞。孵化中心是“两弹一星”的试验场，企业是发射场。

第四，建议加强对GMO安全性的审批监管；加强对公众作GM的科学普及，消除畏惧心理；加强对负责领导和管理这方面工作的官员的专门培训。

以上说的，都是比较急功近利的构想，当然还应当有长远些和开阔些的安排，特别是针对我国基因资源的保护、挖掘和开发的。

一位诺贝尔奖获得者说：“如果亚洲国家真要创造奇迹，也许要赶快投入科学的研究与高技术的发展，生物技术也许是亚洲国家能够创造奇迹的一个契机。”江泽民同志在一个重要批示中写道：“小平同志明确提出中国在世界高技术领域要占有一席之地，其意义极为深远。这个奋斗目标在我们这一代人手里定要争取实现。”

（2002年3月，北京）

9 在77级、78级校友返校欢迎会上的讲话

（2002年7月13日，中国农业大学）

亲爱的校友们：

首先感谢你们在返校欢聚时没有忘记我，还要我代表教师讲话。

要我代表教师讲话，代表哪拨教师讲话？代表现在在讲台上的教师吗？大多是你们的师弟师妹，他们想向你们这些大师兄大师姐们说些什么，我找不到感觉。所以还是代表你们上学时的教师为好，现在他们多数都退休了，我比较好找到他们想向你们说些什么的感觉。

时间是一条长河，人的一生是这条长河中很小很小的一段，你也许赶上蜿蜒曲折的这一段，也可能赶上满布漩涡和暗流的一段；可能是静静的流水，可能是滚滚波涛。你们毕业后的20年，是改革开放，滚滚洪流的20年，这是时代对你们的偏爱，是你们生而逢辰。

改革开放是你们展示才华的一个大舞台。20年啦，相信你们个个都在为国家的改革开放大业增光添彩，硕果累累。现在，你们相聚一堂，老师们为你们高兴，为你们祝捷庆功。也许有人会想，你看，某某多风光，我就不如他。千万别这么比，因为机遇对每个人不会是一视同仁的，这里没有可比性。但是，有一点是可比的，就是在责任感和为人上。只要你对自己，对家庭，对同事，对社会，对国家，对我们这个曾经历过辉煌、屈辱和正在振兴中的中华民族是充满责任心的，在为人上是正直和坦荡的，你就是好样儿的，对得起这20年，对得起你的老师、母校和国家，对得起你自己和家庭，你可以踌躇满志地回到母校，会见老师和旧时的同窗。

大学毕业后，一个人大体上有两个20年，你们已经过去一个了，下面还有一个。告诉你们一个我的秘密，我的第一个20年只是打了点工作基础，包括在运动中接受批判的经历；如果说后来有点小成绩，主要是在第二个20年里取得的。这就是像有人说的，石元春是在曲周和黄淮海发家的，没错，就是在我毕业20年后，也就是1973年，42岁的年龄，“文化大革命”的期间，我和我们的研究组到河北曲周县张庄搞了12年的旱涝盐碱综合治理。恰是在第二个20年结束的时候，也就是1993年我们研究小组获得国家科技进步特等奖。我没有你们幸

运，你们的机遇是我的 Double。

我刚从校长位置上下来，一位同事非常认真和庄重地送给了我一个镜框，里面用宣纸毛笔工整地书录了张衡的一句话，我一直把它放在办公室作为我的座右铭。张衡就是 1900 年前，东汉时期制造浑天仪和世界第一台地动仪的那位大名鼎鼎的天文学家和文学家。他的这段话是："君子不患位之不尊而患德之不崇，不耻禄之不伙而耻知之不博，捷径邪至，我不忍以投步"，我想以这段话与大家共勉。

如果你们是在参加一场世界杯比赛，现在刚打完上半场，开始下半场。你们的老师和我、全校师生和整个母校，都是你们最真诚、最狂热的啦啦队，现在正在向你们这些场上的运动员大喊："加油！加油！"。

20 年后再相会！

（2002 年 7 月 13 日，中国农业大学）

10 在宁夏红寺堡灌区研究报告论证会上的发言

（2002 年 7 月 13 日，银川）

【发言背景】

水利部 2002 年 7 月在银川组织召开了“宁夏红寺堡灌区研究报告论证会”。宁夏扶贫扬黄工程中，红寺堡灌区工程是国家“八七扶贫攻坚计划”的一部分，是当时国内最大的扶贫移民工程，1998 年动工。当时的基本思路是一面“吊庄”，一面“开荒种粮饱肚子”，感情因素和传统思路在主导着。通过三年的实践，发现了很多深层次性的问题，研究报告在目标、规模、内容和产业结构上作出重大调整。论证会是先听研究报告，再作两天现场考察，最后听取专家意见。以下是作者在论证会上发言后整理成的文稿。

这个研究报告很好，好就好在工作上的实事求是和认识上的不断升华。四个“调整”非常必要，特别是将扶贫移民与生态建设和可持续发展结合起来，使人耳目一新。下面提四点建议供参考。

第一个建议，是在生态建设和可持续发展规划中，对土壤次生盐渍化的威胁要给以充分重视。垦殖初期，先暴露的是起沙，而盐渍化却是随着灌溉的发展而逐渐暴露出来的，像个定时炸弹，更像是一场潜在的癌病。这里，上面是降水少蒸发强；下面是地下有不透水层，地下径流不畅；中间是土壤和母质本身就富含易溶盐，所以是个十分敏感的潜在盐渍化区。你们说刚灌溉两年，就有 4000 多亩地返盐，潜在盐渍化面积约有 6 万亩。我估计你们说的 6 万亩是潜在易盐渍化面积，可能还会有更多的潜在“较易”盐渍化土地，或者是形成荒漠和半荒漠地区的“干排水”，将盐排到灌区周围（特别是下游），使之生态恶化。

建议不仅是节水灌溉，还要强调“防次灌溉”。为此，一是要作区域水盐均衡分析，二是建监测预警系统。

第二个建议是关于思维方式问题。一般，我们习惯于顺向思维，就是：扶贫—移民—扬黄—开荒—浇地—种粮—脱贫，当然，这次研究报告注意到农民增收致富和可持续发展是一大进步。如果我们换一种思维方式，即逆向思维方式，那么，有了扬黄灌溉前提和可持续发展理念，又有了农民致富和发展地方经济的最终目标，逆向思维的程序就会是：发展经济和农民致富—选择高附加值商品生产—确定初级农产品生产（农业产业结构调整）—最佳生产经营模式（产业化经营和公司+农户）—策划资金/政策投入方案。

当然，这两种思维方式不是对立和截然分开的，我说的意思是要从思维方式和概念上，首要的是将终极目标明确和突出出来，做到举纲张目。那么，为了农民致富和发展宁夏经济，第一步是在考虑和分析多方面情况（包括市场）基础上，选择和确定高附加值的主导性产品。我认为你们的肉用羊选择是对的，但不能停留在养羊比种粮食合算的水平上，而要形成系统开发，形成规模，形成产业，形成羊经济。用现代企业化经营替代传统农牧业经营。第二步是组建以羊业为主导的种养殖结构；第三步是运作相关的龙头企业和科技产业；第四步是建立以资金和政策为主体的支撑系统。

可惜的是，过去我们都是以搞工程为主体的顺向思维和工作体制，国家投入主要是建工程，效益只看浇了多少地，至于农民致富和发展地方经济就考虑不到了。结果是真正见经济效益的环节上，资金上不去了，工程效益也就大打折扣，也就是花钱养兵，无钱打仗。红寺堡工程 30 个亿，用在农业上 3 000 万，1%，主要还是用在公益性投入上。也就是说，如果没有十亿计的追加投入（不一定都是国家投入），搞产业化经营就会很难很慢，国家 30 亿投入的效益也就会大打折扣，这是缺乏系统观的表现。20 世纪 70 年代，联合国有关机构和世界银行等援助第三世界国家的项目也是这样的（如宁夏西吉造林项目），成功率很低，80 年代就改成综合性项目了，有时乡级中小学教育也要考虑进去。

第三个建议是关于建设目标和提法的问题。研究报告提出“以脱贫致富奔小康为目标”，我想这只能是初级阶段目标，如将“奔小康”改为“求发展”，目标及其弹性都大了许多。目标中还提到“高效生态农业示范区”，结构调整中还提到“草地生态农业”。这些提法没有错，只是觉得窄了点，低了点，学术味道强了点。我建议一步到位地提“现代农业”。

上个月我在院士会上作了题为“现代农业”的学术报告，其中提到新的农业科技革命和可持续发展理念推动下的现代农业，有四个特征，即现代农业是技术高度密集型的产业；是贸工农一体化经营和面向两个市场的现代企业；是以生物质产品为主和正在向农产品加工、医药、生物化工、能源、环保、观光休闲等方向拓展的一种新型产业；是资源节约和可持续发展的绿色产业。

在研究报告中都涉及这四个方面，只是没有提升到现代农业上去。这种提法是否有些冒进？我觉得这里有个看问题的角度问题。近两三年我常到西北各地走走，除了一些老的灌溉绿洲，大多是广种薄收和粗放经营的传统农业，已经在资源和环境上造成了严重浪费和污染。出路只有一条，那就是要靠诺贝尔经济奖得主舒尔茨的紧缺资源替代理论，就是要以观念、技术、投入和组织化程度来替代紧缺的资源。提高来说，就是用现代农业来替代资源型的传统农业。我也悟出一条道理，现代农业是改造欠发达的西北地区的一剂良药，是一条快车道，而不能在传统农业的概念和慢车道上改造传统农业。

红寺堡灌区是在国家大力支持下的一个建设项目，起点应当高一些，目标应当定在现代农业上。思想先进，行动才能先进。

第四个建议是关于土地利用 / 开发观的调整。既然是灌区，当然土地是以能灌和不能灌划线。但是，从土地利用和开发的角度看，就要有个整体考虑和利用是否合理的问题了。研究报告已经将红寺堡地区的 260 万亩的土地作为一个整体考虑，提出保护、治理和开发三者面积之比为 3∶1∶1。

我就提这四条意见，供你们参考。

（2002 年 7 月 13 日，银川）

11 在奶业的国家重大科技专项启动签约仪式上的发言

（2002 年 10 月 8 日，北京人民大会堂）

【讲话背景】

2002 年 10 月 8 日科技部和农业部在人民大会堂隆重召开“十五”国家重大科技专项“奶业重大关键技术研究与产业化技术集成示范”启动签约仪式，以下是作者代表科技界的致辞。

同志们：

奶业的国家重大科技专项启动签约仪式在这里举行了，这是一件大事。

每当我们看到世界人均乳品消费 100 公斤，而我国只有 7 公斤这样的数字，以及日本“一杯牛奶强壮一个民族”取得成功的时候，总是莫名感慨。什么时候 13 亿中国人也能每天喝上一斤牛奶？我想，奶业的重大科技专项，无疑是为这个目标吹响了进军号。这是提高全民族健康水平和身体素质的需要和福音，这是功在当代，荫及子孙的好事。

我们天天都在讲农业结构调整，发展奶业正是站在国家层次的高度上，在“种养加”和贸工农一体化上的战略性调整。因为当前形势下的种与养，以及种养加的结构性失衡是带有根本性的、全局性的，必须作重大的、战略性的调整。在养殖业中，以奶牛业的饲料转化效率最高、资源利用最节约，在发达国家，奶业产值可占到农业总产值的 20% 以上，英国达到 40%，而我国只有 3%。

公司加农户和产业化经营是结构调整和市场化的强大推进器。正是在这一点上，与其他农业项目相比，奶业项目具有其独到优势。“伊利”“光明”“三元”这些先行者，早已是经验丰富，硕果累累了。相信，企业界人士的胆识和经验对奶业项目的推进将发挥着重要作用。

在技术上，近几十年来我国在奶牛的遗传育种、饲养防疫、乳品加工等方面已经有了丰富的技术积累。生物技术，特别是胚胎工程和基因工程技术为奶业的发展提供了强大的技术支撑和潜势。但是我们还必须看到，与发达国家相比，我们的技术差距是十分明显的。这正是将本项目定位在“重大关键技术研究与产业化技术集成”上的意义所在。

回想十多年前，牛奶是只有儿童和老人才能享受的奢侈品，当时我既不是小孩，又不是老人，几十年不知奶味。“旧时王谢堂前燕”的牛奶，如今已是“飞入寻常百姓家”了，相信不久的将来，它将为提升全民族的身体素质和健康水平立下丰功。

谢谢大家!

（2002 年 10 月 8 日，北京人民大会堂）

12 在回良玉副总理座谈会上的发言

（2004 年 12 月 13 日，中国农业大学）

【发言背景】

2004 年 12 月 13 日，国务院主管农业的回良玉副总理到中国农大视察，与领导班子和部分教授座谈，以下是作者在座谈会上的发言。发言集中于加强我国农业科技推广体系的建设，提出了我国农业科技推广体系中的“主力部队”“民兵组织”和“野战军”的观点。

回副总理，各位领导：

我想就刚刚结束的中央经济工作会议文件中提出的“增加科技投入，加快农业科技创新，加强农业技术推广体系建设”，谈一点不成熟的认识和建议。

关于农业技术推广体系建设，是个老大难问题。近些年，在这方面做了大量和颇有成效的工作，取得了不少好的经验。我以为重在理顺体制，搞好队伍建设。

农业科技推广的主力军是谁？我认为，主要是分布在全国各地的 75 所农业高校及处在农技推广第一线的 339 所农业中等专科学校（含高职）。全国农业高校教师 30 663 人，在校生 574 547 人；中专和高职有 6 万专任教师和 70 万在校生（平均每 6 个县有一所）。这可是一支庞大的队伍，而且是整建制，成系统，稳定性高，分布全国各地。附在后面的两张附图上可以看到，如星罗满天，棋布全局。将教学、科研和推广结合起来，有利于科研成果的转移，也为师生提供了一个联系实际，服务“三农”的舞台，有利于提高教学质量、科研水平和服务社会，对提高农业教育系统的整体素质有重要意义。美国在这方面的一百多年的成功经验是值得我们借鉴的。

在市场经济环境影响下，部分农专出现“淡农”，以至于“去农”的倾向，应当引起重视，需要给以正确引导和必要干预，同时加大投入和政策性支持。

十多年来，各种形式的农民科技协会在推广先进农业技术中发挥了很好的作用，它是深受农民欢迎的农民自己的组织。经各级民政部门和科学技术协会审批在册的有 92 324 个（截止到 2002 年底），个人会员 66 万人，有粮作、经作、养殖、林果、瓜菜、加工等 7 大行业和 140 多种专业，这是又一支正在发展中的农技推广队伍。

如果说农业教育系统是农业技术推广战线的主力部队，农民科技协会就相当于地方民兵组织。那么，是否还有一支“野战军”呢？有，就是农业科技企业。

科技越进步，它的物化程度和商业化程度就越高，特别是新技术和高技术都是以科技产品为载体的。现在作物种子的科技含量越来越高，要求有高质量、标准化和规模化的种子产业，美国先锋公司的杂交玉米种子占有美国54%和世界22%的市场；孟山都公司的转基因作物种子占世界一半以上的市场销售额。化肥日益向着多元素，复混，专用、缓释和控释的高技术含量和“傻瓜化”的方向发展，日本三菱公司生产了80多种专用复合肥。以色列的喷灌和滴灌技术和设施已经成为一个庞大的产业；德国拜尔等十大公司占世界农药销售额的90%以上；农业机械深入到了农业生产的各个角落；小型简易大棚、大型连栋温室、无土栽培、自动控制推动着温室产业的发展；一个能适应不同条件和不同要求的，可以控制而又能完全降解的农膜产业将要兴起。

发达国家的农业科技进步，重要的是体现在他的科技产品和科技服务上。农业科技企业按市场机制运作，以最先进的技术产品和周到的技术服务于农民。说他们是实力强大，能转战南北的“野战军”并不为过。

这些年，我国的农业科技企业有了较大发展，但总体技术水平很低，规模很小，战斗力很弱，就以化肥科技企业为例。发达国家的复混肥和专用肥已到80%以上，我国只占化肥总消费量的30%。登记在册的化肥科技企业4 200多家（其中大型企业60多家），年生产实物量1亿吨（约3 000万吨纯量），多数是生产技术一般，产品质量较差，甚至假冒伪劣，坑害农民，能开展农化服务的不到10%。我们算过一笔账，发达国家的氮肥利用率是50%，我们只有30%，如果能提高到45%，也就相当于每年新增尿素2 700万吨，可满足1.2亿吨粮食生产的氮肥需要。加快我国化肥科技企业的建设实在太重要了。

农业技术推广的现代化武器是什么？是信息技术，是建设一个全国性的、能直接服务于“三农”的综合信息服务体系，这是一项新的、十分重要的农业基础设施建设。这可说是急切需要，立竿见影，农民欢迎，且技术成熟，全国宽带网已覆盖70%，有卫星双向接收平台，也就是陆路和空中航线基本有了，缺的是路上跑的“车”及“车”上装的“货”和对用户农民的培训。

下面提三点具体建议。

一是建议加强我国农业科技推广体系中的“主力部队”“民兵组织”“野战军”的组织体系建设；二是在当今新的农业科技革命形势下，建设现代农业科技必须以生物技术和信息技术为引擎，因此建议在“十一五”的国家“863计划”中，设置以农业生物技术和信息技术为主体的“现代农业技术领域”。三是以农林废弃物为主要原料，进行生物质能源和生物基产品生产的农林生物质产业，是世界范围内刚刚兴起的朝阳产业，它直面我国的“三农”、能源和环境三大主题，可以对三大主题起着带实质性和全局性的推动作用，希望农业部等有关主管部门能够大力支持和推进。对此，我们已有专门报告送呈有关领导部门，这次再呈送给副总理和有关领导。

作为一个在中国农大工作了半个世纪的老教师，还想说一句话。无论从哪个角度讲，都需要在我们这样一个农业大国，集中力量建设一所国际一流和对我国“三农”产生重要影响的农业大学，可惜在国家“985”等计划中，对中国农大的支持太少了；在实力雄厚的中国农大建设一个“农业生物学与生物技术国家实验室”太需要了。

以上发言，不当之处请批评指正。

（2004年12月16日成稿于北京）

13 遴选一批具有全局和战略意义的自主创新科技项目

（2005 年 6 月 22 日，在《科技日报》座谈会上的发言）

在我国经济取得重要进展和面对激烈的国际竞争环境时，胡锦涛同志及时提出，将自主创新摆在全部科技工作的突出位置，大力增强科技自主创新能力和核心竞争力，是全面建设小康社会和推进结构改革的中心环节，这是一项重大的战略指导思想和部署，将成为我国科技发展历史中的一个重要里程碑。

科技自主创新应当是多方面和多层次的，我想就提高产业核心竞争力的、具有全局性和战略性意义的重大科技自主创新问题谈一点不成熟意见。

如何从浩如烟海的科技中重中选重，要中选要地凝练出一批能在全局和战略上能提高产业核心竞争力的科技，这在国家推进自主创新的顶层设计中非常重要，选好了，就成功了一半。我以为，一要看准国计民生和国防建设中的重要领域和问题；二是在推进或制约发展上具有全局和关键意义的科技问题，而不是一般意义上的技术改造；三是要从世界层面上衡量，它往往是国际科技和经济竞争中众相抢占的制高点，一些前沿高技术和核心技术。

我想举两个例子。

发展可再生能源的意义不用赘述，而生物质能源不同于其他可再生能源之处在于它不仅有能源功能，还可以生产出上千种生物化工产品；可以发展农村经济，拓宽农民增收渠道；可以使有机废弃物无害化和资源化。在 1999 年美国总统签署的一项国家战略计划中提出，到 2020 年，生物燃油取代全国化石燃油消费量的 10%，生物基产品取代石化基制品的 25%，减少 1 亿吨碳排放量和农民每年新增收入 200 亿美元。欧盟提出到 2020 年运输燃料的 20% 将用燃料乙醇等生物燃料替代；日本制定了“阳光计划”；印度制定了“绿色能源工程计划”。在发展生物质产业计划中，其瓶颈在于成本上尚难与石油基产品相竞争，要将成本降到低于或平于石油基产品，一定要攻克三个技术难题，即克服木质纤维素分子对生物转化的抗性问题，糖—生物转化的高速、高效和高收率的糖转化及代谢产物的分离纯化问题，应用生物技术对生物质原料及生物转化过程中的基因改良问题。许多国家都在对此组织攻关，我们对此也有相当工作基础甚至优势，何必不早些下手呢？

再说一个例子。到 2020 年，保障我国的粮食安全的任务很艰巨，主要制约因素是水土资源的严重短缺。我们研讨过一个问题，通过作物的基因改良，可以具有 400 亿$米^3$的水替代潜力，相当于南水北调中线方案的过黄河水量的 4 倍。生物技术不是某种一般性高技术，而是农业科技的源头性和战略性高技术。现在遇到的瓶颈不是技术问题（我国与发达国家间差距不是很大），而是概念问题。

为什么在一片质疑和反对声中，全球转基因作物面积 6 年增加了 40 倍，全球 1/4 的大豆、玉米、棉花和油菜，特别是美国 2/3 的大豆和棉花，1/3 的玉米种的都是转基因作物，超市中有上千种食物与基因改良有关。为什么美国始终采取积极进取和我行我素的态度？难道他们就不顾及 2 亿多美国人食物安全及生态安全吗？当然不会。因为他们坚信能通过科学和监控手段保障食物和生态安全；坚信生物技术能对农民、消费者和环境带来巨大（潜在）好处；三是他们要在这个具有全球性巨大战略意义的技术、产品和潜在市场上居于领导和垄断地位。欧盟一些国家农产品过剩、概念保守、少全球战略观，故一心设置贸易壁垒与美国相抗争。我国人口众多，粮食和水土资源短缺，农业技术落后，农民收入增长慢，农产品需求和国内市场极大，生物技术在我国本应如鱼得水，可是有的部门领导却跟着欧盟某些国家的观念跑，社会舆论引导上也是问题。导致在这样一个全球性和战略性前沿科技上，我们本可取得一批重要的自主创新成果和居于世界前列，但这个机遇正在丧失。看来，科技的自主创新也离不开概念的创新。

以上我举两个例子，是想建议在国家中长期科技发展规划的基础上，遴选出一批能在全局和战略上提高产业核心竞争力的科技，以“两弹一星”的精神去攻克，将胡锦涛同志提出的，将自主创新摆在全部科技工作的突出位置落在实处。

（2005 年 6 月 22 日在《科技日报》座谈会上的发言）

14 关于 SPAC 与生物性节水

（2005 年 11 月 2 日，在香山科学会议第 267 次学术讨论会上的发言）

【发言背景】

2005 年 11 月 2 日，在香山科学会议第 267 次关于生物性节水学术讨论会上，作者致开幕词。以下是在《香山科学会议简报》中摘引的部分致辞内容。

石元春院士作了一个富有创意的开幕词，题目是“开场白——丰盛筵席前的一杯白开水”，他首先从植物－大气－水分循环系统（SPAC）方面，就作物高效用水结构与功能的优化匹配，根系和气孔间电波信号和化学信号的传递与调节，农田水循环及调节等问题进行了论述，系统指明了生物节水的研究方向以及科学构架。他强调今后发展高经济效益节水农业的重要性，提出“以节水促进增产增收，以增产增收激活节水”的原则。他于 1999 年提出了生物节水的概念，即“所谓生物性节水，是指利用和开发生物体自身的生理和基因潜力，在同等水供应条件下能够获得更多的农业产出”。

他认为生物节水正在进入实质性推进阶段。遗传性生物节水应该包括和开展以下几个方面的工作：高耐旱超级种培育及产业化，常规育种与分子育种，旱作农业与灌溉农业研究，更要与生理 / 生态性生物节水，与农艺节水技术相结合，提高生物体水利用效率的基础性研究。另外，将土壤—植物—大气作为一个物理上统一的连续体，用物理学方法，定量研究水分在这个不同介质和界面的连续体中的运动规律，也是节水农业的重要理论基础。建议将生物节水研究课题要送到科技部、国家发展改革委员会、国家自然科学基金等有关部门，要进入国家计划。

（引自第 267 次香山科学会议《香山科学会议简报》。2005.11.6.）

15 关于15年建设一个年产1亿吨绿色油田的书面发言

（2006年4月20日）

【发言背景】

2006年4月20日，作者作为专家被邀列席国务院办公会议，讨论国家可再生能源发展规划。该规划是由国家发改委副主任张国宝在会上做的汇报。作者作了书面发言准备，会议休息期间交给了温家宝总理，后又给国宝主任一份。

总理、各位领导：

前年6月我代表国家中长期科技发展规划农业组汇报时，温家宝总理对发展生物质能源给予了充分肯定，并作出对发展指标进行下一步论证的指示。近两年，我一直在跟踪国内外进展，思考我国的发展和指标问题。

在能源问题上，当前有三个动向值得我们关注。一个是在战略高度上提出"告别石油时代"和为此"作好心理和科技准备"。具代表性的是今年1月布什在他的国情咨文中提出："当前我们存在的一个严重问题是在使用石油上，像吸毒一样的'上瘾'，最好的办法就是依靠技术进步去打破这种对石油的过分依赖，摆脱石油经济，让依赖中东石油成为历史。我们的一个伟大目标是到2025年，替代75%的中东石油进口"。瑞典政府最近宣布，用15年时间使瑞典成为全球首个完全不依靠石油的国家。巴西、德国等也有类似提法。

第二个动向是在发展可再生能源上，越来越认识到，"比较现实可行的是生物质能源"，特别是在生物液体燃料替代石油上。美国在"开发和推进生物基产品和生物能源"的总统执行令（1999年）中提出："到2010年生物基产品和生物能源将增加3倍，2020年增加10倍"。去年8月美国通过的《能源法》和提出的乙醇训令中要求："到2012年，必须在汽油中加入2 250万吨/年乙醇等生物燃料。"这就将原克林顿制定的指标又提高了38%。今年布什在国情咨文中谈石油替代时，明确提出重点是发展生物乙醇，不仅是玉米，而且是用木屑、秸秆、柳枝稷生产纤维素乙醇，6年解决技术和商业化问题。

（附：巴西、美国、欧盟、日本和中国燃料乙醇发展状况与计划，此处略）

欧盟规定2010年生物柴油的添加比例将由2005年的2%提高到5.75%，需求量也随之由2005年的490万吨提高到1 400万吨，并制定了以生物燃油替代车用汽油的目标，即在2005年2%的基础上，2010年和2020年分别达到5%和15%。由于欧洲资源不足，奥地利已在我国山东建年产27万吨的生物柴油厂，意大利、冰岛等也都在谈判中。巴西是发展使用生物乙醇的先驱，是世界上唯一不供应纯汽油的国家，现生产能力已达1 500万吨，出口美、日、英等国，占世界乙醇交易量的53%。印度也宣布实施第二期“绿色能源计划”，全国车用汽油中必须添加5%的乙醇。

第三个动向是生物质能源生产技术进步很快，如美国的E85燃料（即85%乙醇掺15%汽油）和已有600万辆能使用E85等多种燃料的“灵活燃料汽车”FFVs上路、瑞典的车用甲烷（沼气纯化压缩）、加拿大的纤维素乙醇等新技术和新产品陆续投入使用。

我国在发展生物质能源上，需求迫切，资源丰富，特别是能够切切实实地推动以工哺农，城乡统筹，农民增收，农村工业化、城镇化和社会主义新农村建设。在我国，一定要把发展生物质能源问题与“三农”问题联在一起考虑，切忌就能源谈能源。根据在国内走过的一些地方以及对有关资料的了解，我们提出了建设年产1亿吨（油当量）的绿色油田建议，包括6类产品和西北、东北、西南、长（珠）江中下游等6个分区油田（参见附图和附表2张）。如果推动得好，2020年前后可以基本建成，可以替代35%左右的石油消费量和减排3.2亿吨CO_2；可以基本解除畜禽粪便、秸秆和塑料地膜的农村三大污染；可以使农民年新增收入600亿元和提供1 000～1 200万个岗位转移农村富余劳动力。

1亿吨绿色油田，是不是冒进了？其实，其中的1 300万吨乙醇指标只是巴西的现水平，生物柴油指标也是欧盟现水平，至于资源毫无问题。巴西有个经验，就是用改型汽车拉动乙醇生产，美国现年产几十万辆FFVs汽车，每辆车只增加150美元成本，巴西现售汽车中70%都是FFVs。如果我国将生物燃油与FFVs汽车匹配推进，可减轻石油短缺和价格飙升的冲击力，也可带动生物燃料和汽车业的发展。

这两年，国内对发展生物质能源有了越来越多的关注，一些地方和企业的积极性越来越高，当前最需要的是有一个国家的发展生物质能源计划和强有力的推动。为此，建议制定一个“国家发展生物质能源计划”和成立相应的领导和工作机构。如果我提的“15年建设一个年产1亿吨的绿色油田”设想有些参考价值，欢迎组织专家评议。

【另给国家发改委张国宝副主任的信】

国宝主任：您好！

前天上午国务院能源领导小组会上，我有一份“书面发言”。散会后将它交给了家宝总理，后来就找不到您了。现呈上一份，供您参考。

专此并颂

政祺！

中国农大教授

石元春　敬上

2006 年 4 月 22 日

16 关于"秸秆能业"的讲话

（2008 年 9 月 19 日，安徽合肥）

【讲话背景】

作者于 2009 年 11 月 8 日参加国家发改委在合肥召开的"全国农作物秸秆综合利用现场经验交流会"，作了题为"秸秆能业"的讲话。这是一个新的概念，会后整理成此稿。

秸秆是一种资源，可以发展成一个产业，叫秸秆产业。在本质上，秸秆和煤炭和石油是一样的，一个是碳水化合物，一个是碳氢化合物；一个是糖，一个是烃，都是能量和物质的载体。不同点是，秸秆是绿色的，可再生的，煤和石油是污染型的，不可再生的。

提出"秸秆产业"的概念是基于以下的考虑：

① 将秸秆作为一种可持续的绿色矿产资源开发而不是"零敲碎打"。

② 是产业化和工业化开发而不是传统的和小农式利用。

③ 用工业化思维和企业化经营管理培育秸秆产业。

④ 以工业化促进农业现代化。

中国有多少秸秆资源？按 2007 年的玉米、小麦等九大农作物的秸秆产出量是 70 387 万吨，折标煤是 35 542 万吨。相当于 7 个神东煤田，或 2007 年原煤消费量的 1/5；可以减排 8.5 亿吨二氧化碳，2007 年全国二氧化碳排放量的 1/8。

秸秆是个很有分量的砝码，难道不值得像看待矿产资源一样地进行产业化开发吗？

秸秆的现用途如何？根据最新资料和中国农业部与美国能源部项目专家组的预测，中国秸秆现用途是：还田 15%，饲料 16%、工业原料 3%、薪柴 50% 和露地焚烧 16%。也就是说目前秸秆中的 66%，约 6.7 亿吨是用于能源的，具有替代 2.4 亿吨标煤和减排 5.8 亿吨二氧化碳的能力。

秸秆还田、秸秆饲料、工业原料和薪柴的利用属传统产业提升，而以秸秆为原料的现代能源是一个新兴产业。在当今发展清洁能源应对全球气候变暖的大形势下，秸秆迎来了一个发展现代能源产业的重大机遇。

秸秆能业在欧洲发展已经 30 多年，特别是在北欧的丹麦和瑞典。根据国内外现状，秸秆发电和颗粒燃料的技术成熟度及商业化程度最高，通过热电联产技术，热效率可以达到 95% 以上。由于秸秆发电和颗粒燃料的技术成熟，热效率和工业化程度高，秸秆气化在欧洲已经不用了。

秸秆气化是一种能源产品。但秸秆中含约 30% 的氧，气化后得到的燃气热值连 1 000 大卡都达不到，沼气是 5 000 多大卡，且因焦油类杂质堵塞、安全隐患和运行费用高等问题，几十年来我国建设的秸秆燃气站能维持正常生产的厂家不多。秸秆经揉搓与化学处理后采用“两次发酵法”可直接产生沼气，但要规模化生产还有许多技术和工艺需要解决，如果与规模化养牛结合，可以做到养牛、养地和产业沼气三丰收。秸秆转化纤维素乙醇、费托柴油以及热裂解成油等尚在研发中，这些二代技术的突破将给秸秆产业带来一次升级。

截至 2007 年底，中国核准的生物质直燃发电项目约百个，装机容量 2 500 兆瓦，建成投产并网发电的项目总装机容量 400 兆瓦以上。截至 2008 年底，中国国能生物质发电集团已有 10 个 30 兆瓦和 7 个 12 兆瓦的生物质电站正在运营，其中单县电站装机容量 30 兆瓦，年发电 2.2 亿千瓦・时，可替代 8.7 万吨标煤的燃煤，减排 18 万吨二氧化碳，农民年新增收入 6 000 万元和获得 1 000 多个工作岗位。秸秆直燃发电的技术和设备可以全部自主与国产。

如将 1 亿吨露地燃烧的秸秆用于发电，可建 500 个 25 兆瓦的小型电站，相当于一个“三峡”的发电量，年替代 4 350 万吨标煤和减排 9 000 万吨二氧化碳，农民年新增收入 250 亿元和得到 50 多万个工作岗位。但一定要注意，不能一哄而上，无序争夺资源。

秸秆颗粒燃料产业意义重大。中国现年消费煤炭 26 亿吨，其中中小锅炉用约 10 亿吨，是温室气体排放大户，颗粒燃料是最佳替代选择。广西有 600 万亩木薯秸秆，可生产 360 万吨优质颗粒燃料和替代 200 万吨标煤，减排 500 万吨二氧化碳。吉林宏日生物质燃料公司以林业剩余物为原料制成颗粒燃料替代燃油，为长春市四星级吉隆坡酒店 4.5 万米^{2}用房面积供热，热效率 83%，节省费用 50%，环保效果突出。

“三农”问题的核心是农民增收，农民增收的关键是为农民寻求增收渠道。无论是直燃发电或是颗粒燃料，每吨秸秆农民可获得 250 ～ 300 元，全国 4 亿吨能源用秸秆就能获得 1 000 ～ 1 200 亿元。国能生物质发电集团 2009 年通过收购秸秆支付农民 10 亿元，未开一张“白条”，计划 2012 年达 40 亿元。哪里有一个生物质能源加工厂，那里的农民就能立即拿到可观的一笔现金。秸秆能变成“钞票”，农民是不会烧掉“钞票”的。此外，农村的能源消费中，由烟熏火燎的薪柴到烧颗粒燃料，能效可以提高 2 ～ 3 倍，能源消费质量可以显著提高，也是社会主义新农村建设中的重要内容之一。

（2008 年 9 月 19 日，安徽合肥）

17 在中国工程院农业学部 2011 年新春座谈会上的发言

——关于力争到 2020 年新建 8 亿亩高标准农田

（2011 年 1 月 27 日，北京金码大厦）

【发言背景】

中国工程院农业学部于 2011 年 1 月 26 日在中国农大召开新春座谈会，座谈关于“十亿亩高标准农田建设”重大项目。以下是作者在座谈会上的发言要点。

如果到 2020 年再新建 8 亿亩高标准农田，那么我国七成左右的农田就都是“高标准”的了，这对我国粮食和主要农产品的保障供应具有战略意义，也是一项造福子孙的大事。

我国农田的整体质量不高，中低产田占到 70%，约 13 亿亩。若在现高标准农田基础上再增 8 亿亩，建设对象将主要是中低产田，这是一个重要前提和条件。20 世纪 70 年代我国在黄淮海平原、黄土高原、西北旱农、三江平原、南方红黄壤等地实施了大规模的中低产田改造和农业发展计划，取得了重大进展和成果，为 20 世纪 90 年代我国粮食迈上 5 亿吨台阶和扭转“南粮北运”上作出了重要贡献。20 年后开始的新一期的中低产田改造工程也必将在我国粮食和主要农产品供应的长治久安上作出重要贡献。

我参加过当时黄淮海平原中低产田改良和农业发展达 20 年，感到这两期的中低产田改造和高标准农田建设有许多的不同点。首先当时国家粮食状况是综合生产能力低下，供不应需（1987 年粮食总产刚过 4 亿吨），而今粮食综合生产能力已达 5 亿吨，基本自给。未来 10 年的粮食目标是新增 0.5 亿吨。二是粮食消费结构的变化，过去主要目标是解决口粮，当前粮食总产的 1/3 是用于饲料（比重还将增加），口粮供应主要是城市居民的不到 1 亿吨的商品粮。三是在终极目标上的变化，过去政府与农民的一致目标是口粮，现在政府目标是要保障国家粮食安全，农民更需要的是增加收入，当然国家也要“解决农村改革中城乡二元结构造成的深层次矛盾”（引自《十七届三中全会报告》）和推进城乡统筹和农业的现代化。

建设“高标准农田”是手段而不是目标，只有考虑到新形势下的以上新特点，“高标准农田”建设的内涵有一个科学的定位。

“高标准农田”的内涵是什么？我认为除了针对中低产田障碍因子（盐碱、渍涝、沙黏、瘠薄、水土流失等）改造的技术指标以及粮食产量指标外，还应当考虑建设高标准农田对农民增收的潜力，提高农民土地投入积极性的潜力，对推动农村工业化、城镇化和新农村建设以及对生态与环境效益的贡献，还要考虑到投入产出的经济性等。建设高标准农田需要有个指标体系，而不能简单化为改造中低产田和增产粮食。中国中低产田的自然和社会条件太复杂了，有了一个目标体系就便于因地制宜，而减少“一刀切”式的瞎指挥和形式主义。

在建设高标准农田的理念上也要有所进步。20 世纪七八十年代的中低产田建设中强调的是“改造”与“粮食”，现在还应当重视“适应性种植”“多目标”和“经济性”。适应性种植是指不一定将低产障碍因子改造到高标准，也可通过种植方式去适应，达到事半功倍之功效，如发展大棚种植或种植抗逆性强的甜高粱、薯类等能源作物。“多目标”是指以粮为主，辅以果蔬等经济作物和能源作物。“经济性”是指一定要考虑产品的市场价值和潜力，农民能新增多少收入和产出投入比如何等。

“粮食”是主目标，但不是唯一目标和无限目标（有限目标是 10 年达到新增 0.5 亿吨），再说当前粮食的 1/3 或更多是用于饲料。饲料与口粮不是一个概念，我国粮食总产近四成是玉米，六七成玉米用于饲料，这里就有一个很大的回旋余地和空间。玉米加工燃料乙醇后仍保留丰富的饲料成分，如 2007 年美国生产了 2 000 万吨玉米乙醇，又用其糟渣加工生产了 1 190 万吨，含蛋白质 26% 以上，含脂肪 10% 以上的高品位饲料 DDGs，可替代 1 272 万吨玉米饲料。现在有一种粮饲兼用的玉米，收籽粒的同时秸秆可做“青饲”。又如一般中低产田可以不需要很多的工程改造即可种植抗逆性强的甜高粱，除籽粒可做饲料外，每 45 吨茎秆在生产 1 吨乙醇的同时可获 2.6 吨糟渣，可相当于 2.6 吨青贮玉米饲料。如果在建设高标准农田的躯体，插上综合开发和循环利用的科学翅膀，她就会飞得更高，更加有声有色。

30 年前，十一届三中全会就曾指出：“以往单打一抓粮食生产，并没有达到更快增产粮食的目的，反而造成农村经济停滞的局面。近几年开展了多种经营，包括发展经济作物，发展林牧渔业，发展农村工业、建筑业、运输业、服务业等，结果，粮食增产速度大大加快，农村经济全面繁荣”。“在我国条件下，农业和农村工业必须协调发展。不发展农村工业，多余劳动力无出路，也无法以工补农”。十七届三中全会提出：“当前推进农村改革中城乡二元结构造成的深层次矛盾突出”，要“把着力构建新型工农、城乡关系作为加快推进现代化的重大战略”。十七届五中全会提出要“更加注重保障和改善民生，促进社会公平正义”。在高标准农田建设中一定要全面考虑到我国“三农”问题这个“重中之重”的大背景。

我国人多农田少，要兼顾国家粮食安全和提高农民收入增长率是个难题，要有个大思路。1.5 亿～ 1.7 亿吨的商品粮和国家储备粮是要绝对保障的（这是粮食安全的核心），农民口粮及饲料粮是可以多途径解决的；如 8 亿亩高标准农田成为保障国家粮食安全的主体，其他 10 多亿亩农田也要像保障粮食安全一样地去发展多种经营，多途径和大幅度地增加农民收入，鱼与熊掌是有可能兼得的。2006 年我在《求是》杂志第 10 期上发表过一篇“农业的三个战场”的文章，可能对开阔思路有些帮助。

胡锦涛总书记一再强调要“科学发展”，要“创新”，高标准农田建设项目应当是一个很好的科学发展和创新的舞台。

（2011 年 1 月 27 日，于北京金码大厦）

18 在李克强副总理召开的《国家重点专项规划》编制专家座谈会上的发言提纲

（2011 年 4 月 29 日，北京中南海）

【发言背景】

李克强副总理于 2011 年 4 月 29 日在中南海召开专家座谈会，听取对国家发改委编制的《国家重点专项规划》的意见。以下是作者看过“征求意见稿”后准备的发言提纲。

当今我国农业有两个难点：一个是保障粮食安全，另一个是提高农业比较效益。

“十二五”的粮食发展指标是综合生产能力达到 5.4 亿吨以上，实际上是个保持问题，因为 2010 年粮食总产已经达到了 5.464 亿吨。关于“新增千亿斤粮食生产能力”，即年均增长 200 万吨的指标也是增速的保持问题，从粮食总产恢复到 5 亿吨的 2007 年到 2010 年的年均增长是 450 万吨。从我国多年的粮食总产波动曲线分析，影响粮食总产主要是政策因素，即调动农民种粮积极性的政策。因此，只要持续和提高农业综合生产能力以及调动农民种粮积极性的政策得以维持和改进，实现“十二五”粮食生产目标是可以谨慎乐观的。

我以为农业的更大难点是如何提高农业比较效益和缩小城乡人均收入差距问题。全国有 7 亿农民，人均 1 亩多地，70% 种粮食，1 亩地净收入二三百元，这种基本状况和产业结构决定了农业的比较效益的低下和难以提高。《国家重点专项规划》第五章是要加快发展现代农业，现代农业的产业结构应当是什么样子?

当今世界农业发达和现代化程度较高的国家有两种类型：一种是美国、加拿大等人均耕地量大的资源型农业，主要是靠机械化和规模化生产提高土地生产率和劳动生产率，以增加经营者收入；另一种是人均和劳均占有耕地有限的非资源型农业，主要靠延长生产链条，采用农工商一体化模式，以增加农业经营者的人均收入，荷兰、以色列以及日本等做得都很出色。转变我国农业发展方式和调整现代农业产业结构的核心应当是加快农村工业化和产业化的进程。它可以提高农业生产力和比较效益，可以增加农民收入和缩小城乡差距，可以推进农村城镇化建设和农民富余劳动力就近转移。另外，它还使“以工促农”和“以城带乡”有了实实在在的抓手，第八章提出的“建立健全城乡发展一体化制度”和“增强县域经济发展活力”也有了更加丰富的内容。

《国家重点专项规划》第六章拓宽农民增收渠道和提高家庭经营收入中提出：通过发展农业产业化和新型农村合作组织，使农民合理分享农产品加工、流通增值收益，使农民在农业功能拓展中获得更多收益。根据现代科技发展和社会需要，农村工业已经由农产品加工拓展到了利用农作物秸秆、林业剩余物、畜禽粪便、工业和生活有机垃圾等生物质资源生产绿色能源和绿色材料的阶段，具有很大市场潜力。如目前农民种 1 亩粮食的净收入约 200 元，将秸秆利用起来可以再净增约 200 元，农民种粮积极性当然会大增。全国每年产出约 7 亿吨秸秆，80% 来自玉米、小麦和水稻，作物秸秆的利用可以大大缓解粮食主产区农民收入低下的问题。此外，以畜禽粪便、作物秸秆等为原料的沼气可由户用向以村为单位的养殖小区以及大中型养殖场的工业化生产沼气的方向发展，可以与农村环境综合整治、社会主义新农村建设及发展新能源相结合。

鉴于以上认识，在编制农业专项规划时建议注意以下内容：

1. 在持续提高粮食综合生产能力的同时，进一步维持和完善提高农民种粮积极性的各项政策，以保障国家的粮食安全。

2. 提高农业比较效益是完成“十二五”规划农业目标的重点和难点。提高农业比较效益的主要路径是大力推进农村工业，即与城镇化建设和农村富余劳动力转移相结合地大力发展以农产品加工和农林有机废弃物利用的农村工业。

3. 大力利用资源丰富的农作物秸秆和林业剩余物制作成型燃料，利用畜禽粪便和作物秸秆等工业化生产沼气和能替代天然气的生物燃气。由于原料比较分散和不宜大规模生产，建议大力引进民间资本，发挥民营中小企业的积极性，通过政策、技术、设备、资金予以扶持，使之为一项新兴的农村工业。

（2011 年 4 月 29 日，北京）

19 在吉林省发展生物质能源规划评审会上的发言

（2011 年 8 月 2 日，长春南郊宾馆）

【发言背景】

2011 年 8 月 2 日，吉林省发展改革委员会在长春组织召开了关于吉林省发展生物质能源规划评审会。先是现场考察，然后会议评审。作者作为评审专家组组长，在会议最后作了以下的总结性发言。

各位领导、同志们：

刚才各位专家对这个规划作了很好的发言，最后谈一下我个人的意见。

这个规划和实施意见是顺应时代潮流和吉林省需要的一份规划。规划比较全面，实事求是，操作性很强，根据各位专家的发言，专家组对这个规划及实施意见是赞同的，同意经修改后上报省委省政府。美国有专门的生物质能源和生物基产品的发展规划，艾奥瓦等农业大州也有，他们不叫规划叫路线图。中国省一级的生物质规划，这是第一份，相信此规划对全国其他省是有借鉴意义的。

生物质能源原料多样，产品和技术路线多种，要根据省情科学地选择和部署。我同意《规划》中提出来的，首先要上的是成型燃料供热。吉林省电多煤少，近半年的供暖期因热电联产更加深了这个矛盾。利用丰富的作物秸秆和林业剩余物生产成型燃料供热，既替代了煤又可以减少发电，减排了 CO_2 和 SO_2，一石三鸟，而且辉南、宏日等企业已经成功地走出了这条路。成型燃料供热作为吉林发展生物质能源的第一个战役的条件已经成熟了，它可以将“宏日模式”在城市和乡镇以“利民模式”在农村展开。

吉林省生物质发电已建和在建的有 7 个厂，装机近 200 兆瓦。生物质发电在技术、装备和商业化运作上比较成熟，能消纳大量秸秆，缓解秸秆露地焚烧和给农民带来现金收入，是一个比较现实和好的选择。但直燃发电的能量和物质循环效率不高，热利用效率一般不到 40%（国外可达 80% 以上甚至 97%），而且一把大火使除钾盐外的氮、磷、铁、锌、锰等十多种可构成生命物质的元素被挥发或固结，不能再回归土壤，参与物质循环了。另外，它与成型燃料用的是同类原料，发展大了就会出现争夺原料问题。因此，生物质直燃发电的发展要适度，要与成型燃料供热协调发展。

吉林发展生物质能源的第二个战役我想应该是产业沼气，即生物天然气。在生物质的各种转化形式中，沼气的物质和能量循环利用效率是最高的，而且有很大的产业拓展空间，能形成一个很大的产业。规模化生产产业沼气的主要制约因素是原料供应。只靠畜禽粪便是远远不够的，再说厌氧发酵中畜禽粪便的产气率是不高的，在产业沼气发展得比较好的德国和瑞典，作物秸秆和能源草类已经成为新一代和可以大量供应的沼气生产原料。中国农大培育了一个玉米品种，收“棒子”时能保持茎秆的青绿。这可不是一件小事，因为干枯的黄秆和带绿的青秆的物质组分不同，青秆可立即粉碎后作青储，便于储存，可做饲料和沼气原料，干枯的黄秆就做不到。

吉林省农业和养殖业发达，畜禽粪便和秸秆资源丰富，加上西部有大片盐碱地和沙地可以种植能源植物，发展产业沼气的原料是十分充足的。也许有人会提出，吉林太冷，不适合发展沼气。是的，对农村户用沼气是这样的，但规模化和工业化生产沼气时，只要利用少量沼气能量做个加温装置也就解决了。瑞典和德国的纬度比吉林偏北许多，产业沼气发展得热气腾腾。刚才程教授在讲演中说，德国 2010 年已有近 5 000 座大型沼气工厂，2009 年产能约 1 200 万吨标煤。

沼气和天然气的有效成分都是甲烷，普通沼气含 60% 左右，天然气含 80% 以上。如果将沼气净化到 80%，就可像煤气一样地装罐户用或进入天然气管道替代天然气。如果净化到 97% 以上，则可像天然气一样用作车用燃料，所以国外叫它“生物天然气”。规模化厌氧发酵生产沼气和沼气净化压缩技术在欧洲已经相当成熟了，中国农大程序教授在南宁的产业沼气项目，今年 3 月也开始生产甲烷含量在 97% 以上的车用生物天然气，南宁市已经有上百辆出租车用的就是生物天然气，经济效益十分可观。

发展产业沼气对增加农民收入、发展现代农业和农村工业、新农村建设等都有很大推动作用。刚才省环保厅王林溪副厅长谈到吉林中部农区的畜禽粪便和废弃秸秆越来越成为水体和大气的重要污染源，生物天然气的生产正是对污染源的一种无害化和资源化再利用。吉林是农业大省，天然气极缺，而生物天然气资源极丰，产业沼气的发展前景十分广阔。但产业沼气在吉林不像成型燃料供热那样成熟和有基础，有许多起步工作要做。

吉林省发展生物质能源的第三个战役，我想应当是“西进”和燃料乙醇。吉林西部地区我没去过，只是昨天下午听了些介绍，总的印象是开发潜力很大，难度也很大。这里不仅是盐碱地和沙地问题，而且地形和土壤类型复杂。按目前情况，因地制宜地种些向日葵、高粱、玉米、水稻等，随年景看收成是可以的，如果作规模化和现代化的开发，土地整理和土壤改良的工作量很大。我想，以吉西的光、热、水、温和土地资源，是完全可能建设成为一个以甜高粱、菊芋、能源草为主的生物质能源基地的，主产品是燃料乙醇和产业沼气。还可能建成基于生物质能的生物质能－风能－太阳能的可再生能源联合开发基地。西部地区现在好像个包袱，但它有可能会成为一块待开垦的能源处女地，生物质能源的聚宝盆。到那个时候，吉东和吉中再也不会小觑吉西了。今天可能来了西部的一些市县领导，你们现在到省里说话可能没太大底气，以后会有底气的。

20 世纪之初，美国经济还很弱，搞了个“西进计划”（开发美国西部），对美国经济腾飞起了大作用。开发吉西，也许会带来吉林经济的再次腾飞。

发展吉林中部和东部的生物质能源，主要靠民营中小企业，但开发吉西的土地投资量大，需要在国家和全省的层面上运作，需要央企、国企和大型民企的进入。听说国能、大唐、武汉凯迪等有实力企业开始进入，省里一面要给他们提供优惠的政策和良好的创业环境，一面也需要有科学的引导。适合做什么和不适合做什么，该怎么做和不该怎么做，省里要有个明确的战略、规划和部署。这么大的事，有预则立。

是不是还有第四个战役？有，但它是和前三个战役配合作战的，即发展生物基产品。刚才汪院士和白厅长已经说到了，我同意他们的意见。为了避免分散力量，当前突出生物质能源是必要的，但也要顾及生物基产品，因为它与生物质能源密切关联、相辅相成。二者的结合有利于在技术和生产链条中进行综合开发和实现产品的多元化，且生物基产品附加值高而有利于降低生物质能源的开发成本。白厅长刚才说，吉林大成以玉米为原料的路子越来越窄，以秸秆替代的路子越走越宽。以秸秆制糖，继续生产化工醇、丙二醇以及聚酯类化工原料和产品的发展潜力很大。吉林在生物降解塑料等方面也有基础。汪院士提出传统化工与生物质化工一体化是今后发展的一个重要方向。

我在《决胜生物质》一书中的第五章章名用的是“巴西奇迹”。20 世纪初，巴西因为穷，买不起美国汽油，只好用甘蔗生产的酒精开汽车，现在甘蔗乙醇产业已经成为巴西超过信息产业的第一大支柱产业了。现在美国每年都要从巴西进口大量甘蔗乙醇，以减少石油进口和二氧化碳排放。真是“二十年河东，二十年河西”。路子选对了，靠的就是坚持。

会不会出现“吉林奇迹”？这里必须解决一个对生物质能源的战略定位问题。《实施方案》中只有生物质能源“十二五”发展 840 万吨标煤等的数量目标而没有战略目标，也就是在吉林省整体经济和社会发展战略中生物质能源的战略位置是什么？它可以在多大程度上改变吉林省能源在结构和质量上的现状和困境？在多大程度上能改善吉林省的环境状况？在多大程度上能促进农民增收和就业、促进现代农业和社会主义新农村建设，以及促进农村工业化、城镇化和城乡统筹的发展？对吉林省调整产业结构，转变经济发展方式上能有多大贡献？作为一个战略新兴产业，生物质产业（包括生物质能源和生物基产品）能发展成为吉林省的一个新的支柱产业吗？这些问题想好了，就好给生物质产业以恰当的战略定位。

吉林省的能源问题说到底是个能源转型和转变经济发展方式问题，也是中国经济社会发展中的问题，一种全球性和时代性的挑战。

最后谈三点具体建议：一是发展生物质产业需要大量引进资金，省内的省外的，国内的国外的，没有资金什么也做不成，建议有个发展生物质产业的资金引进计划；二是发展生物质产业需要大量高端人才和技术，建议搭建一个产学研结合的技术研发平台；三是发展生物质产业涉及多学科多部门，需要有一个由省委省政府的一位主要领导主持的，有能源、农业、林业、环保、科技、财政、金融等部门负责人组成的专项领导小组。

中国的第一个省级生物质产业发展规划即将诞生，我对此充满信心和期待。相信在吉林省委省政府领导下，一定能为我国生物质产业的发展创造出“吉林奇迹”。

（2011 年 8 月 2 日，长春南郊宾馆）

20 在《武汉 2049 远景发展战略》院士专家咨询会上的发言

（2013 年 9 月 17 日，北京）

【发言背景】

武汉市制定了《武汉 2049 远景发展战略》，2013 年 9 月 17 日，与中国工程院联合在京召开了专家咨询会。作者是武汉人，是湖北省和武汉市的科学顾问，对家乡的这一重大发展战略十分关注，以下是他在会上的发言。

同志们：

我抢着发言是有根据的。其一，我是武汉人；其二，如果这里还有武汉人的话，我年纪可能最大。

作为武汉人，听到刚才武汉市领导，还有李晓江院长的报告，我很激动，心潮澎湃，觉得自己作为武汉人很自豪，想到未来 2049 年更使自己感到前景无限光明。

在 1949 年我离开了武汉，考上了清华大学。从 1949 年离开到现在已经满头白发了，但是我始终不会忘记自己的故乡故土和这里的乡音乡人。我不是搞城市规划工作的，我只能就一般意义上谈点个人感受和体会。

任何一个城市，无论是中国的还是世界的，都有一些共性的东西。现在的城市，无论是一线城市、二线城市还是三线城市，主要是在传统工业化进程中逐步形成的，除了民族文化以外，这些大中城市大多都是与传统工业发展有关系。刚才谈到后物质主义，其实还有一个后工业文明的问题，还有后工业化的问题。这个问题大家看法不同，我不好展开，依我个人的看法，随着传统工业化的发展，将来必然是绿色发展。后工业文明，必然是绿色文明。

刚才李院长谈到“纽约 2030”，那几个词我听了很受启发，未来确实就是绿色发展，而不是传统意义上的工业化。所以，我觉得武汉市的发展可以考虑在传统工业发展形成的二线城市基础上，考虑到后工业化发展。不管后工业化是什么概念，但是绿色发展是没有问题的，绿色文明是没有问题的。工业化走到这一步，它对资源、能源的消耗都已经达到了高速度和高强度，而资源却是不可再生的和数量有限的，要发展必然是要实现循环和可持续利用。规划中谈到“更可持续”，

“更”字很好，我个人的体会是，更可持续发展，就是绿色发展。

20世纪50年代的武汉有武钢，60年代的武汉有二汽，到了80年代、90年代有了光谷，这都是传统工业化发展的标志性产业。未来的产业是什么？武汉市应该考虑过这个问题。现在该不该树立绿色发展的先锋性产业和企业？

习近平主席在7月视察武汉时，去了光谷，也看了武汉的凯迪公司。凯迪是利用生物质来进行液态燃料的重组，习近平总书记提到，这是一个重大的创新。我觉得未来武汉的产业不一定就是以凯迪为代表，但他应该有一个新的生长点，代表着未来绿色产业的生长点。

所以，我的第一点体会就是，在考虑武汉城市的共性过程中，更建议考虑纽约提出的“更绿色”的概念。它是一个灵魂，是一个总纲。因为党的十八大报告中已经说得很明确了，未来的发展是绿色发展，把生态文明摆在了重要位置。

第二点体会。任何一个城市，不管它的功能是什么，总会有一群人在那里居住、生活、工作，要能满足这三个基本生存需要，在于有产业，一产、二产和三产。这里面谈到“绿色的城市”，绿色的城市靠什么支撑，不是多搞一些绿地和滨江公园就能成为“绿色城市”的。绿色城市的支撑是绿色生产，绿色产业。我看资料说，武汉市目前的汽车拥有量达到了130万辆，每月增加1万多辆，一年就是10万多辆。我看到武汉市的卫星照片，雾霾也很厉害，武汉市的煤炭消费量也翻了很多番。有人说这是“黑色GDP”，至少这个GDP不是“绿色”的。未来，我们能不能把这些非绿色GDP尽量减少一些，把“绿色GDP”搞上来。

对一个城市来讲，除了对城市本身的规划以外，是离不开经济发展规划，离不开GDP和能耗、能效和绿色GDP的比重等等，这些也应该在《武汉2049远景战略》中得到必要的反映。

第三点体会。作为一个城市，最怕的就是千篇一律，没有自己的特色。刚才我说的那两条是共同性的，但是城市没有个性就会索然无味。大武汉的特色太鲜明了，我们试看中国的大中城市，哪儿有武汉这么好的条件？不仅三镇跨越大长江，还有刚才说的“百湖之市”。一个8 000多公里^{2}的市域，2 000多公里^{2}是水域。杭州市有没有？即使是西湖，比武汉东湖要小很多，除了东湖以外，武汉还有很多很多的湖，这么多水面形成了“蓝”“绿”特色。刚才谈到荷兰的蓝绿三角洲，我们这个是蓝绿的江汉平原大地，就不仅仅是个三角洲了。

如何做好水文章？除了湖北人爱喝汤、爱吃藕、爱吃莲子、爱吃鱼虾以外，水文章要大作，把“蓝色”和“绿色”互相呼应，这一点在中国的大中城市中，没有一个城市能与武汉比肩。

最后谈一点，《规划》里谈得似乎少了，就是城市建设中面临着什么问题？武汉那么大，2049远景发展那么宏伟，存在和将遇到的问题少不了，问题要摆清楚，克服的办法要说清楚，《规划》就可以更加落到实处。

最后，祝我的故乡发展得非常绿、非常蓝、非常美，吸引全世界的人都羡慕武汉人，到大武汉来看看。这是我的一个梦想。

（2013 年 9 月 17 日，北京）

21 在中国农业大学曲周试验站40周年站庆会上的讲话

（2013年11月23日，河北曲周）

【讲话背景】

在20世纪70年代和80年代由国家组织的“黄淮海科技大战役”中一马当先，冲锋陷阵的北京农大曲周试验站是作者参与创建和指挥的。40年过去了，当年40出头的中年讲师，现在已是白发苍苍的耄耋老者了。在回到故地，参加40周年站庆的时候，感慨万千，下面是他的讲话。讲到了过去的40年和未来的40年。

主持人（中国农大党委书记姜沛民）：今天我们来到现场，被我们曲周百姓与我们农大之间的感情所感染。正是老一代农大人深入农村，深入基层，不畏艰苦，无私奉献，共同取得的成果。下面就请我们老一代农大老师的优秀代表，我们的老校长石元春院士致辞，大家欢迎。

石元春讲话：

十年没有回家了，昨天又踏上了这片热土，见到了家乡亲人，一直很激动。在这十年里，尽管没有到过曲周，但是一直魂牵梦萦地思念着我的这个第二故乡。在近一年多时间里，我用章回小说形式写回忆录《战役记》时，不停地回忆着那二十年，我和我的战友在曲周和黄淮海项目里激情燃烧的日日夜夜。每想起这些事情，就感到我的人生很充实、很美好。相信当时在曲周工作过的很多农大老师，也会有我这种感受。

是曲周这片热土，一块伟大的土地抚育了农大200多位的博士和硕士、几十位教授和副教授，两位院士和两位校长。在写这本回忆录中会想起很多事，也会悟出一些道理。作为一个农大老师，去过很多地方工作，到过很多农村蹲点，为什么在曲周这个地方，就能工作得比较出色，作出一些贡献呢？除了当时有国家需求和项目，还有重要的一条，是曲周这块热土，有朴实、勤劳、智慧的农民；有对我们工作全力支持，对生活关怀备至的曲周领导，没有这些，农大老师必将一事无成。学校里有的同志说，石元春是曲周起家的，我说对的，我就是曲周起家的。因为是曲周培养了我，是曲周这块大地的乳汁抚育了我，我才有了成长，做了一些工作。

今天来了很多曾在曲周工作过的老同志，我们学校的书记和校长也来了。我想利用这个机会，以我个人名义，也代表曾在这里工作过的许多老师们，向曲周的人民和领导表示崇高的敬意。（起立，深深鞠躬）

这不是客气话，是真心话。

昨天下午我到曲周实验站的时候，见到了张庄的老队长和村支书赵文，还有很多位农民朋友。见面以后，我们都是紧紧拥抱，想说很多很多的话，但一时说不出来，最后只说了两个字，“想你”！“想你”不容易！从朴实农民口里说出的这两个字，该凝结了多少的情和意啊！

我非常想去张庄，但是又不敢去，怕控制不住自己的感情。今天上午还是去了，那个场面使我十分感动。进到村里，当然村容已是旧貌换新颜了，那些穿着整洁的老人和色彩丰富的妇女孩子们聚集到这里，向这个他们既熟悉而又陌生，已经是白发苍苍的“农大老师”投注了亲切和好奇的目光。我走到了他们中间，正好有个小男孩过来，我忘了自己的腰不好，一把将孩子抱了起来。曾在试验站工作多年的李学斌见我很吃力，很快就把孩子接了过去。

我专门到赵文家里去了，想去看看三十年前常去的赵文家，很整洁，有空调、吊扇和暖气。和赵文有谈不完的话，很多老朋友都来看我。特别使我感动的是，张庄村按三十多年前农大老师住过的房屋和院子的原型做了个模型。我心里一阵发热，这不是模型，是一种深情的怀念和心意。

离开张庄的汽车向前开出才十几米，我又让汽车停了下来，想在张庄村一垛垛玉米旁照张相，我多么希望看到的张庄村的这幅林茂粮丰的景象啊！正好这时有个小女孩在身边，我又一把将她抱了起来，嘴里还念叨说“多么可爱和幸福的孩子啊！”。

当年张庄村的秀才，团支书兼会计李玉，进村后总是拉着我的手，好像有很多话要说又没机会说。临走时，他在我兜里塞了一张黄色纸条，我来不及看就带回了宾馆。请大家看看，就是这幅题字（出示）。一个农民，要花多大的精力，才能用毛笔写下这么多工整的字，题目是“饮水思源”，纸上流淌着无限情意的诗般的语言。

昨天张庄村在曲周实验站主楼前立了一块巨石。巨石上面写着“恩重如山”。我说：“赵文啊！这是你和乡亲们说出了我的心情。是张庄村的乡亲，曲周县的领导对我，对我们农大老师恩重如山。”曲周县领导常说，农大为曲周做了多少多少的事，对农大表示感谢。但是，更应该的是我们要感谢邯郸市，感谢曲周县的领导，感谢张庄、王庄、高庄、大街和全曲周县的乡亲们，只有这样，才是公平的，真实的。所以，在曲周实验站四十周年站庆的时候，我们更应该饮水思源，感谢曲周这块热土，感谢这里的乡亲和领导。

有人问我，曲周精神是什么？在我写回忆录《战役记》的过程中，慢慢在回忆，慢慢地悟出一些道理和精神之所在。后来我向学校书记和校长汇报了，从农大老师的角度可以概括为八个字。

第一是“责任”。我们到张庄建试验区时，张庄村支书赵俄问我：“你们农大老师在这里能待多久？”我说：“治不好这块盐碱地就不走了。”这是一种严肃的承诺和责任。我们实践了诺言，即使盐碱地治好了，在这里 40 年也没走，再过 40 年也不走。没有责任心能做到吗。

第二是“奉献”。当时农大老师到这儿来的时候，学校刚从延安搬回北京，各家都住在实验室和教室里，家都没安置好，孩子没人照顾，困难很大，有的老师还有克山病等病痛缠身。他们能扎根曲周，没有奉献精神，是很难做到的。

第三是“科学”。我们不是蛮干，而是遵循科学规律，是用科学的理论和方法和曲周人民一起才战胜旱涝盐碱的。

第四是“为民”。这四十年如一日地在曲周坚守，为了什么？为了谁？就是为了这里的父老乡亲，为了人民，为了报效国家。

正因为有了这八个字，我们今天到了张庄，到了王庄，到了曲周，乡亲们才会用看待亲人一样的眼神来看待农大老师。这八字曲周精神的背后还有一个字，就是“情”字。是一个知识分子，一个老师对人民，对群众的情；是群众对为曲周服务的知识分子的情。有了这份情，才有了曲周精神。

光有这份情和精神是不够的，我们必须在党委领导下发动起群众，才能真正为人民服务。三四十年前，当时的主要矛盾是盐碱和旱涝，闹得群众吃不饱，靠吃国家救济粮度日。怎么办，农大老师就和试验区的群众一起，在曲周县委、邯郸地委和市委的领导下，用科学的理论和方法治理了旱涝盐碱。回想当时，那种千军万马闹治碱，机器轰鸣在工地的那个场景，绝不是几个农大老师干得了的，这是一场持续的人民战争，矛头所向，就是治理盐碱与旱涝。这是第一阶段。

第二阶段是 20 世纪 80 年代以后，在十一届三中全会改革开放方针指引下，不仅粮食要继续增产，农民还要增收致富，农业要向现代化方向发展。这是近

20 年曲周实验站在曲周县委领导下做的大事。

未来的 20 年或 40 年我们又该做什么呢？我以为该搞“绿色发展”了，十八届三中全会为我们指明了这个方向。

《中共中央关于全面深化改革若干重大问题的决定》的“指导思想”部分有 6 个“紧紧围绕”，其中第 5 个是“紧紧围绕建设美丽中国，深化生态文明体制改革”。我的理解就是要“绿色发展”，而不是传统的重化工业。听说今年习近平同志在河北考察时说，宁可把 GDP 降几个百分点，也要将河北的煤炭消费减 4 000 万吨，产能过剩的钢产压 1 400 万吨，这就是在启动绿色发展。什么生态文明、美丽中国、资源节约、循环经济、低碳经济、可持续发展，就发展而言，说的都是要“绿色发展”，这是 21 世纪的时代大趋势和最强音。

《决定》中的农业章标题是《健全城乡发展一体化体制机制》。我以为在经济和产业层面上，“城乡一体”就是要“工农一体”。打破城乡二元化体制，就要废除工农二元化，要工农业一体化。传统工业化阶段，工业与农业是分离的，而后工业化时代，绿色经济和绿色发展阶段，工业和农业是不分的，一体的。比如曲周晨光的辣椒红素和棉籽蛋白，就是建筑在土地和农业生产基础上的，是绿色的、可持续的，可以带动现代农业和农民致富的农工业，是曲周今后需要重点支持和发展的农工产业。非农工业项目可以增加县的 GDP，但对农业和全县 30 万农民致富的带动性小，弄不好还会留下严重污染后患，曲周要特别注意。

难道只有延长辣椒和棉籽的生产线可以走向世界，别的就不行了吗？当然不是，只是我们尚未认识与开发罢了，这正是我们要努力的方向。为了曲周实验站四十周年站庆，我提前一年就做了一个功课，在王庄搞了个不起眼的，技术含量不高的小实验，就是生物质成型燃料，或者叫“生物煤”的试验。就是用王庄地里的玉米秸、小麦秸、棉柴等粉碎后压制成块，在专用炉中替代煤炭。可不要小看它，热效率比一般烧柴灶提高 1 ～ 2 倍，比用煤便宜、干净、上火快，清洁无污染、可显著提高农村能源消费质量，用不完的可作为商品卖到曲周和邯郸，替代燃煤的中小锅炉，成为治理雾霾的一支奇兵。小颗粒可以办大事，能形成一个新兴的清洁能源产业。

还有，可以利用养殖业的畜禽粪便和作物秸秆为原料，用工业化的方法生产沼气，然后提纯压缩就可以变成大家熟悉的天然气。但是前面要加“生物”两个字，叫“生物天然气”。欧洲发展得可大了，中国也开始开展，农大老师在广西生产出了全国第一座日产万方的“生物天然气”，在南宁市出租车上已经用了两年多了。曲周为什么不能搞？还有利用废弃林木枝丫柴和种植能源林生产“生物油”以及高附加值精细化工产品的项目也在酝酿中。

曲周生物质资源丰富，发展清洁能源产业前途无限。粗算一下，曲周每年煤炭消费约 20 亿吨标煤，而生物质资源量将近是它的 1 倍。我们有个大胆设想，能不能在三五年内曲周的生物质燃料替代 60% 以上的煤炭，可能成为全国第一个告别煤炭的县。当然，我说的生物质能源产业只是上面说到的农工业中的一角，其他的很多很多，都有待开发。我只是想拿以生物质能源作为切入点和起爆器，起爆曲周的农工联合产业，起爆绿色生产，绿色发展和绿色经济。

京津冀是全国雾霾最重的地区，邯郸市在全国名列前茅，太需要清洁能源了，是曲周县发展清洁能源的潜在大市场。

中国农业大学有很多的技术成果、很强的技术力量。今天书记和校长都在，我建议能不能在曲周县的绿色发展中，发挥农大优势，在曲周县委领导下，让曲周实验站再立新功。

我在曲周实验站 30 周年站庆的时候说过一句话。大意是曲周实验站在我国类似的实验站里，是时间比较长的，但是在世界上就算不上了，英国洛桑实验站就有 180 年历史，等曲周实验站 100 周年站庆时我还会来参加。

我有些等不及了，希望再过十年，也就是曲周实验站 50 周年站庆的时候，曲周实验站继续在邯郸市委、曲周县委领导下，和广大群众和乡亲们一起，在农工业和绿色发展上开辟一片新天地，像四十年的改碱那样。

曲周实验站 50 周年站庆的时候，我一定参加，才 90 多岁，年纪不大嘛！

好，就说这么多。

（会议中的一段插话）十八届三中全会《中共中央关于全面深化改革若干重大问题的决定》中第 23 条提到的“产业与城镇融合发展，促进城镇与新农村建设协调推进”，意义十分深远。如何做到产业与城镇能够融合，而城镇又能够与新农村建设协调发展呢？我以为农业与工业的一体化发展是关键，如刚才林书记提到的辣椒红素、棉花蛋白、玉米淀粉等农工业。今天上午参观的小地拔村发展林苗产业给人印象很深，当时我就想，如果在支漳河、一分干等边际性土地上种植林木，可以收集到大量林业剩余物，再加工成能源、精细化工等高附加值高端产品是完全可以做得到的。

曲周不要忽视自身的优势——农业与林业，过去，我们的产品是果实与纤维，现在随着科学技术的进步，生物量更大的作物秸秆、林木枝丫柴等剩余物、畜禽粪便等都可以“变废为宝”，潜力无限，希望曲周能够重视。这次参观的南北工业园区的印象非常好，入区的条件非常优惠，凡农工业绿色产业可以更加优惠。农大老师与这类企业联系很多，可以推荐引进项目。

生物产业的全系统多层次开发是世界性的发展方向。吉林省是农业和玉米大省，省委提出的“玉米经济”搞得有声有色，从玉米淀粉到乳酸聚合到可降解塑料的精细化工，某些技术与产品具有世界领先水平。曲周的工业园区可以发展为绿色的农工业园区。

（2013 年 11 月 23 日，河北曲周）

22 在“林能及林能新能源装备研讨会”上的讲话

（2014 年 1 月 23 日，海口）

【讲话背景】

在国家林业局指导和支持下，以木质生物质原料生产生物柴油等生物质能源的内蒙古金骄集团于 2014 年 1 月在海南省海口市召开了“林能及林能新能源装备研讨会”。会议主题是以木质类原料生产液体生物燃料及在海南发展潜力的研讨。参会人员不多，但议题重要及主题报告立意高远。作者在会上作了如下的即席发言。

这次会议规模很小，但议题很重要。

刚才吴坚司长、程序教授和李十中教授为大会作了很好的报告，我只是谈一点个人体会。

2005 年我承接了中国工程院关于农林生物质工程的咨询项目，在我国农林生物质资源研究中，得出了林业生物质资源占全国生物质资源总量的 47%。当时我有过一句话：“我国林业生物质资源是二分天下有其一。”但是，相对于农业和其他类生物质原料资源，林业生物质原料资源量大而质差，因木质性生物质原料难以转化为高品位的液体和气体生物燃料及相关产品。

就生物质组分而言，人们首先用的是最容易转化的糖和淀粉，生产乙醇。继而是转化那些难度较大的纤维素和半纤维素，十多年科技攻关，至今纤维素乙醇尚未实现商业化。至于对付转化难度更大的木质素更是束手无策，最后是一烧了之。在数量上，这三类组分各约占 1/3，也就是在生产高品位生物质产品中，1/3 好用、1/3 难用和 1/3 没法用。林业生物质资源中除少量木本油料树木外，大宗的是难用和没法用的纤维素和木质素，多用于直燃发电、成型燃料、热解生产低品位的气态或液态燃料或原料。

近年来，在以木质性生物质原料生产高品位液体燃料上取得重要技术突破，程序教授在报告中对国内外发展情势作了介绍，特别提到了我国武汉凯迪集团通过裂解气化和内蒙古金骄集团在化学平台上分别获得了高品位的液体燃料。此项技术突破使生物物质原料高端化利用上闯入了木质素禁区，进入全生物质利用的时代。程序教授用了生物质能源发展第二波的概念，我很赞同，我以为“第二波”的标志应当是木质素高端利用禁区的突破。

刚才吴司长说林业生物质是“小弟弟”。随着此项技术的突破，林业生物质原料不仅可以生产高品位产品，而且在数量上也不止于是全国生物质资源总量的 47%，因为我国还有大面积可以种植木质性生物质原料的边际性土地。据国家林业局资料，约 7 000 万公顷，也就是近 10 亿亩。这件事使我激动不已，谁还敢说“生物质能源体量小”？谁还能不承认这庞大的生物质资源量在我国化石能源换代上可以作出巨大贡献？谁还能小瞧生物质能源？

这是一次规模很小的研讨会，但是我们不要忘记刘禹锡在“陋室铭”文中的两句话：“山不在高，有仙则名；水不在深，有龙则灵”。这次会议的“仙”与“龙”就在于木质性生物质的高端利用，在于能站在全球性生物质能源发展的历史高度与视野上评价这项重要技术突破。

我相信大家会记住，2014 年的春节前夕，我们在海口开了一次重要会议。

谢谢大家！

（2014 年 1 月 23 日，海口）

23 生物质能源发展的第二次浪潮

（2015 年 4 月 15 日，北京）

【发言背景】

由全国工商联新能源商会于 2015 年 4 月 15 日在北京举办的“第九届中国新能源国际高峰论坛”的开幕式上，本文集作者作了如下讲演。

各位嘉宾，同志们!

早上好!

借此机会，谈一点我国生物质能源的发展近况。

到去年末，我国生物质发电并网容量已达 1 000 万千瓦和发电量超过 500 亿千瓦·时，超过三峡电站发电量的一半，生物质发电在我国已经开始形成气候。

减少燃煤是防治雾霾的重要措施，而减少燃煤的最大难点和死角是全国高度分散的 50 多万个供热的燃煤中小锅炉，其替代燃料的最佳选择是“生物质成型燃料”。因此，近一年多的时间里，国家有关行政部门连续 6 次出台推进“生物质成型燃料供热”的政策和规章。2014 年全国成型燃料总产已经超过 1 000 万吨。成型燃料供热遇上了大好的商机，2014年全国成型燃料总产已经超过1 000万吨。

说说生物天然气。在昨晚新闻联播节目里，国务院新闻发布会发布了全国的农业污染已超过工业污染。工业是点源污染，农业是面源污染，除化肥农药外，作物秸秆露地焚烧的畜禽粪便的面源污染已刻不容缓。还有工业有机废水废渣、城市污水污泥等这些有机污染源都是可以通过厌氧发酵产生沼气，变害为宝的。十多年前，欧洲就已经用工业化方法规模化生产沼气，然后将沼气中的有效成分，甲烷的含量由 60% 提纯到 95% 以上，这就和大家十分熟悉的天然气一样了，它叫“生物天然气”。欧盟国家 2012 年就有了 13 800 多家生产沼气和生物天然气工厂，年产生物天然气 120 亿米^3。

中国的第一个日产 1 万米^3 以上的生物天然气厂是 2011 年在广西投产运营至今的，现在全国已有数十个生物天然气项目将陆续投产，国务院已制定发展生物天然气的计划。既防治污染又能缓解对化石天然气的需求压力，一举两得，何乐不为。相信生物天然气近期会有个大的发展。

液体生物燃料在我国发展得不好，一代燃料乙醇不能发展，二代燃料乙醇久攻不克，一代生物柴油又深受原料所限，可说是一路坎坷，十年踏步不前。但是，我想告诉大家的是一个好消息，一个“另辟蹊径”和“柳暗花明又一村”的好消息。

近三五年，不是用生物法，而是用热化学法，通过气化与费托合成生物柴油上取得了重大技术突破。它首先引发的是原料革命，即不是利用油脂、淀粉、糖和纤维素为原料，而是可以用木质性的，或任何的生物质为原料，皆可生产出高品位的生物柴油、轻质油和航空用燃料。原料革命大大拓展了原料来源，以至可以使相当于我国现有耕地面积的上亿公顷的，目前无任何经济产出的，沉睡了千百年的边际性土地有可能变成一片绿色油田。

此项技术突破也引发了产品革命。就是它不需要像一二代乙醇和一代生物柴油那样只能以 10% 左右比例地掺混到化石燃料里才能使用，而是可以和化石油品一样，百分百地直接加入车辆作为燃料。其品质可以达到欧Ⅴ标准；其动力性能优于国Ⅴ标准柴油，燃油消耗率还低 3.0%。更重要的是它的 CO、HC 和 PM 颗粒的排放量远低于国Ⅴ、欧Ⅴ和欧Ⅵ柴油的排放标准。因为它是绿色的而不是黑色的，是可以再生的而不是不可再生的。

此项技术突破的第三个革命意义在于其产品，生物柴油在防治雾霾上的特殊重要性。根据环保部编制的《2012 机动车污染防治年报》，仅占全国机动车总量 17% 的柴油车，贡献了汽车尾气排放的近 70% 的氮氧化物和 99% 以上的颗粒物。这就更显得生物柴油对化石柴油的替代在雾霾防治上的重要性和紧迫性了。轻型汽车可以电动，重型柴油车就不容易电动了。

我更想告诉大家的好消息是，在这场液体生物燃料的科技革命和科技竞赛中，中国走在了世界前列。今年初见端倪，明后年可见分晓，让我们共同期待。

国际可再生能源署（IRENA）在 2014 年的一份报告中预测，到 2030 年，生物质能源将占全球可再生能源总量的 60%，和在全球一次能源总量中的份额从目前的 10% 提高到 20%。

根据以上所述，给我的总体印象是，生物质能源在中国将进入快车道，全球将掀起生物质能源发展的第二次浪潮。

谢谢大家！

（2015 年 4 月 15 日，北京）

24 “民生前沿科技”课题开题会上的讲话

（2016 年 10 月 9 日，北京）

【讲话背景】

2016 年春，两院资深院士工作委员会“百年科技强国发展战略研究”咨询项目正式启动，作者任“民生前沿科技”课题组长。经过一个夏天的酝酿，设置了 5 个专题。2016 年 10 月 9 日召开开题会，以下是作者在开题会上的讲话。

刚才 5 个专题组作了简单汇报，汇报得都很好。

“民生前沿科技”课题组（简称民生前沿组）自 6 月 30 日的选题会后，大家一直在积极准备、频繁沟通，多次调整和修改选题内容。至此选题工作告一段落，今天在这里召开课题启动会。

选题过程中主要秉承百年科技强国发展战略研究项目组提出的精神和要求，如时间维上定位于 2030—2050 年；空间维上定位于与世界先进国家进行比较研究以确定中国的发展目标等。

民生前沿组在具体选题中，强调了三个字：一是“大”，就是选在国家层面上带有全局性的重大问题；二是“小”，因为民生中的大事太多，选题则重在与民生紧密相关的问题，也就是“小民生”；三是强调“人”，就是主持人。

鱼香肉丝好吃，但不同的厨师炒出来的味道大相径庭。美食家不仅会点菜还要看是哪个大厨做的。我喜欢听京剧，《凤还巢》和《宇宙疯》要听梅兰芳的，《锁麟囊》要听程砚秋的。一样的道理，选好题，还要选好主持人。

施院士是我国城市交通第一人，他和他的团队一定能把城市民众出行专题做得很好。有同志提出城市间交通也很重要，如铁路公路、海运航空、港口码头等，海陆空都要上。我以为这些是国家的“大交通”课题，我不忍心以此分散施院士精力和强人所难。如同请梅兰芳唱了《凤还巢》，还要他加演一场《群英会》，这不是为难梅老板了。

城市水生态这个专题是怎么定的？刘昌明院士搞了一辈子水生态和水战略，近十几年又攻略城市水生态。他在会上提出了当今国内外关注的海绵城市问题，我觉得这个选题很好，又是名厨自己推荐的拿手菜，我很快就在原来的四个选题的基础上加上了城市水生态选题。

考虑粮食安全专题时我心里就已有了“梅兰芳”。不料戴景瑞院士回复我说家里有病人，“狼狈不堪”，难接此任。我只好另请他人，但最后还是去请戴院士出山，他用“勉为其难”四个字给足了我面子，却让我演了一场“三顾茅庐”。

现在确定了粮食安全、生存环境、城市民众出行、城市水生态和医药卫生五个专题。我的要求不高，觉得民生前沿课题的这样专题架构已经可以了。我总认为，百年科技强国，这么大的命题和这么长的时段，不可能“毕其功于一役”。科学院、工程院等很多的智库现在和以后都会有很多这方面的研究，一定还会有很多很好的民生前沿课题提出，我们只是开个头而已。“有限目标”和“有所为，有所不为”一直是我们选题的原则。

选好了题和有了好的主持人，课题就成功了一半，另一半是什么？就是实施。实施中我以为能否取得成功的关键是一定要拒绝“泛论”，拒绝泛泛的研究报告，一定要凝练、凝练、再凝练地提出本专题的核心思想。龙画得再好看，不点睛它就飞不起来，一定要画好龙，还要点好睛。

再说生存环境专题。压煤减排、防治雾霾、水的富营养化和高 COD 废水排放、农业源污染、秸秆露地焚烧、镉大米、白色污染等等，简直是“四面楚歌”，民不聊生。环保采取什么战略？似乎是“兵来将挡，水来土掩”和“疲于奔命”的战略。如果像刚才程序教授所说的，通过发展第二农业，对农业、林业、加工业、城镇等的种种有机废弃物 / 污染源，无害化和资源化地转化为绿色能源和材料，就可以主动和有效地治理“黑色污染”“黄色污染”“白色污染”和减少汽车尾气对大气污染。这就会萌生出一个可以有效地改善民众生存环境的，具有主动性和整体性的新环境战略；也萌生出一个新的农业观，从根本上和大幅度地提升农业竞争力和农民收入；也将显著改善我国的能源消费结构和提高国家能源安全。“一石三鸟”，何乐不为？希望第二专题组能做好这篇大文章。

大家都在说“战略”，我到百度上查了一下。所谓“战略”，是从全局考虑以谋划实现全局目标的一种核心思想和行动。这使我想起春秋战国时期的“五霸”“七雄”，斗了500多年，政治形势那么复杂，无外乎是“合纵连横”四个字；“文化大革命”十年导致国家经济陷于崩溃边缘，邓小平同志提出改革开放四个字；在当今中国转型、产能过剩、经济下行、国际形势严峻的复杂形势下，习近平总书记提出了“一带一路”四个字；质量与能量转化概念那么复杂，爱因斯坦用$E=mc^2$一式道破，这就是“大道至简”。我们的研究报告能不能也要凝练出这种至简的大道。希望各专题组千万不要只画龙不点睛，要注意凝练“至简大道”。

不久前，习近平总书记引用了《史记》上的一句话，“千夫之诺诺不如一士之谔谔”。我把这句话转用到我们的课题上来，“万言之滔滔不如一策之铿锵”，说的就是既画龙又点睛。我相信我们民生前沿课题一定能多出“至简大道”，多出“铿锵之策”，多出精品思想与战略。

刚才专题组汇报里谈了很多研究方法，我鼓励专题组有了“至简大道”和“铿锵之策”就开研讨会，集思广益；也可以发英雄帖，华山论剑，百家争鸣，兴春秋战国时期的论辩之风。

这次会后，民生前沿课题就正式启动了。各专题组就要主动和紧张地行动起来，各自为战了，我这个课题组长就可以轻松些了，静候你们五路纵队从“战地”传来的捷报。

各专题组有事请随时与课题组联系，与胡林教授联系。

下面请杜院长讲话。

25 守住对经典的崇敬

——出席一次新书发布会上的讲话

（2019 年 4 月 12 日，北京）

【讲话背景】

李保国教授组织全国土壤界同仁用七年之久翻译出版了世界著名的土壤学专著。于 2019 年 4 月 12 日在北京举行了“新时代土壤学教育论坛暨《土壤学与生活》新书发布会”。作者应邀在会上作了如下即席发言。

同志们好！

马克·吐温在他 70 岁生日的庆祝会上说：今天我 70 岁了。获得了一种新的、令人敬畏的尊严，可以不必故作矜持，可以教诲他人而不受到指责。我今年 88 岁了，可以拥有更大特权，不想做的事和不想参加的会一概谢绝。讲话更放得开了，即使言语不当，上帝也会原谅的。

但是，今天“新时代土壤学教育论坛暨《土壤学与生活》新书发布会”，我是一定要出席的，因为这是我自己的专业所在。

半个月前，中国农业大学土地与科学技术学院院长李保国教授将新书送给了我和老伴（李韵珠教授）时，我们的第一感觉就是这本译著很厚重！又厚又重！当我翻看了这本书之后，我更加感觉到了这本书的分量。

土壤对于我们人类社会的重要性自不必说，在这本译著从第八版到现在第十四版的更新出版中，提出了土壤至少有六个主要的生态作用，这是《土壤学与生活》的作者，国际著名土壤学家 Ray R.Weil 教授在自序中提到的。

习近平总书记说过“要保持加强生态环境保护建设的定力，不动摇、不松劲、不开口子”这定力当中很重要的内容就是我们对于土壤的生态价值的认识和态度。从这个意义上来讲，这本书的内容本身非常的厚重。

还有第二个意义：这是一本教材。

这本教材有特殊的价值，它是应当传承的。通过教育，一代一代地被师生丰富、发展和传承。所以我觉得科学出版社将这本书作为一本科学教材印刷出版，意义重大。

这本书的出版有半个多世纪了，能够在很多的国家用多种语言传播并且作为教材传承，这本身就令人佩服。今天，中国农业大学的李保国教授等，还有沈阳农业大学、南京农业大学、华中农业大学、四川农业大学、浙江大学等土壤学界的专家们欢聚一堂，将土壤学在新时代的研究理论进一步丰富和发展，推动和传播。这本书是我们的依据，但是丰富和发展，指导新的生产实践，还是要靠我们自己。我们中国的土壤学在国际上也是有所建树的。

从 2012 年开始翻译到今天，七年的时间过去了。感谢李保国教授团队对这本书的翻译与传播。翻译工作很辛苦，“板凳宁坐十年冷，文章不写半句空”。今天是一个什么样的时代？来看年轻人的生活状态，“刷手机、看抖音、点快餐”。什么都追求快，秒杀！一步登天吗？安静沉寂的翻译工作很辛苦，特别是要耐得住寂寞。

希望我们能守住经典，守住对经典的崇敬！

最后，今天看到了很多的老朋友，有回家的感觉，像游子回到土壤学老家的感觉，像回到土壤学讲坛的感觉，真高兴！

再一次祝贺这本经典的土壤学译著的出版和发行。

谢谢大家。

26 怀念辛德惠同志的讲话

（2019 年 10 月 25 日，北京）

【讲话背景】

2019 年 10 月 25 日，中国农业大学资源与环境学院与曲周实验站召开了“泛生态学与乡村振兴学术研讨会暨辛德惠院士雕像落成仪式”。以下是作者在会上的讲话。

同志们：

早上好！

见到这么多老朋友，很高兴。今天济济一堂，怀念我们的老朋友辛德惠先生，研讨他的泛生态学术思想更让我高兴。

老人爱怀旧。

这使我想起人生旅途上一段最重要的旅程，在长达 20 年的曲周—黄淮海旅程里，我和辛德惠同志在一个战壕里战斗，一个锅里吃饭，一个房间抵足而眠。辛德惠同志，是我最亲密的战友。

辛德惠同志上大学时成绩优秀，留苏时获莫斯科大学副博士学位，他的导师是国际知名的黏土矿物学家。老辛的业务方向偏基础和微观，但有博览群书、手不释卷的好习惯，学术思想开阔活跃。

我和他同在土壤教研组，但不在一个课程小组，他是普通地质学课程小组，家又住在林业大学，所以我们平时交往不多。是因为1973年的曲周改碱让我们走在一起了。

他率真豪爽，乐于助人，不计个人得失。用他们东北话说，就是这个人敞亮、利索，所以他的人缘好，朋友多。我这个人毛病多，工作上常出纰漏，得罪人，他总是在会上、会下给我打圆场。慢慢地，他就成为曲周团队里的“政委”。

他一心扑在工作上，一头扎在书堆里，几乎达到忘我地步，把个人生活、身体、家庭和孩子都不放在心上。曾对我说：“我真后悔不该结婚生孩子。”忘我，可能是他走得早的原因。

今年上半年，北京师范大学新闻系的张同道教授要拍一部一百分钟的，关于曲周的纪录片“田野上的大学”时采访了我。我谈到许多辛德惠同志的事，他问我：“你觉得辛德惠老师是个怎样的人？”我不加思索地说：“一个纯粹的人。”

辛德惠同志业务方向偏基础和微观，但是他非常关注改良土壤和提高作物产量等实际问题，非常重视宏观和理性的思考。在曲周试验区，我们把旱涝盐碱和地下咸水作为统一的治理对象，又摆下了“水阵”“盐阵”和“农阵”等实施综合治理，效果非常好。那时刚改革开放，新理论、新思想、新技术如潮水般涌来。老辛爱看书，思考得多。是他首先提出我们的这套综合治理方案是一个大系统，进而提出这是一个“盐渍化农田生态系统”。改革开放不久，经他联系，就将曲周试验区纳入联合国“人与生物圈”项目。

当曲周试验区的张庄、王庄等几个大队粮食产量过千斤而收入水平仍然很低时，他主动提出“多种经营”，并纳入低产地改良的农田生态系统。20世纪90年代初，他提出了“泛生态”的理论思考。

恩格斯说：“一个没有理论思考的民族，是没有希望的民族。”辛德惠同志为我们作出了榜样。

我在《战役记》一书的最后，填了一首词。临江仙·怀念战友。“悠悠上天降奇才，德惠国家人民。一抔净土撒曲周，实践治盐碱，立论泛生态。”

我就说这些。谢谢大家。

建议篇

建议是五花八门的，有对某项目、规划、文章提修改建议；有给“全国建设高标准农田建设”“全国生态环境调查”“退耕还林还草”等重大问题出谋划策；有对某人书稿或讲演稿提修改建议；有在全国政协会议提的提案和上书中央的谏言，也有无关大局的只言片语，甚至对某问题的颠覆性否定……从电脑里存储的数十份建议中选出了28份，按时间顺序集中摆将出来也颇有一番阵势。

建议篇目录

1 对《21世纪议程农业行动计划》的修改意见

（1998年2月24日）

【建议背景】

《21世纪议程农业行动计划》是《中国21世纪议程行动计划》的一部分。农业部综合计划司来函征求意见。以下是作者的复信及修改意见。

农业部综合计划司：

关于征询《21世纪议程农业行动计划》修改意见函收悉。因近日事繁，未能及时回复，望见谅！

此稿拟写得很好，总体框架合适，内容把握得当。兹提以下数点供参考。

1. 第4页第7行“走过了依靠科技进步单纯强调利用自然资源的发展老路”和“开始寻求依靠更新的科技进步，通过……”，请考虑提法是否恰当。“科技进步”是个通意语，不好说“过去的”和“更新的”；再说，依靠科技进步是不会错的，和“单纯强调利用自然资源”没有必然联系，更谈不上什么“老路”。我的理解是人类社会向工业化社会发展以及人口数量和需求的急剧增长，日益加重对自然资源和环境的重负，甚至掠夺和破坏。至于说到科技，只能是人类不适当的利用（下面将要谈到）。我建议的提法是“近代社会发展中，忽视了与自然的协调发展，造成对自然资源和环境的严重破坏，《中国21世纪议程》和本行动计划之宗旨（精髓？）正在于使社会发展与自然间的协调和走持续发展道路”。

2. 农业在自身发展中，制约发展的因素也在增长，不当地使用科技成果，加速了这个进程。首先是对化肥的不当使用。我国化学氮的使用量居世界首位，占世界总施用量的27%，单位面积使用量是世界和美国的1.6倍。化肥生产量持续高速发展，而肥粮比也迅速由1∶16下降到1∶2.4，化肥氮的损失率达45%，相当于每年损失1900多万吨尿素，或380多亿元人民币。问题还在于对环境的严重污染，特别是河湖和沿海水体的富营养化及其所带来的一系列环境生态问题。这是我国粗放的增长方式的典型事例和恶果。它是我国农业持续发展中的一个重大问题，建议在《计划》中要有足够分量的表达。

3. 和化肥问题类似的是有机合成农药。20世纪40年代开始发展起来的有机合成农药，为防治作物病虫害作出了重要贡献。但是在大量，特别是不当使用情况下，越来越导致对有益生物群的伤害和生态失衡，以及环境的污染。《寂静的春天》一书曾轰动世纪。欧盟国家要求到20世纪末化学农药施用量减少25%，1992年世环会提出到20世纪末的生物农药施用量占到农药总施用量的60%，现在我国还不到1%。发展综合防治（IPM）和以生物农药逐步替代有机化学农药是我国农业可持续发展的重要内容和发展方向，建议在《计划》中得到应有的重视。

4. 在今后的农业发展中，提高国民动物蛋白的摄取和发展养殖业是必然趋势。建议在发展养殖业，特别是在密集饲养条件下动物疫病防治要加重笔墨。英国发生的“疯牛病”、中国台湾发生的猪口蹄疫、中国香港出现的“禽流感”等都给我们敲响了警钟。

5. 土地法中明确了超过一定坡度的坡地禁止农垦，也要有计划地对一批不适农用的现耕地实行退耕。建议强调我国西北地区一定要克服牺牲资源环境的广种薄收的落后种植方式，有计划地推行退耕减地，增产增收。

6. 近年来，在我国大地迅速发展起来的农业产业化经营是关系我国农业的现代化、农民脱贫致富的阳光大道。中央文件也有肯定。建议在适当处加重阐述。

由于时间短促，对文件看得不细，消化不够，以上所提，不尽恰当，不当之处请原谅。

敬礼！

石元春

1998年2月24日

2 肥料控释技术及其产业化开发的提案

（1998 年 3 月 10 日）

【建议背景】

此建议是作者 1998 年在第 9 届全国政协会上的提案。

一、意义及前景

农业增产中肥料的贡献可占到 3 ～ 4 成，农民生产的物质投入中化肥投入占一半，我国的化肥生产和使用也一直处于持续高速发展状态。但是，肥料，特别是化肥在生产和施用中的问题也最多、最严重。

我国化肥施用总量世界第一，用掉了世界化肥总生产量的 27.5%。我国单位面积化肥施用量为 26.5 公斤 / 公顷，是美国和世界平均施用量的 2.6 倍。1980—1995 年间，我国化肥使用量年均增长 18%，总量增加了 2.8 倍，化肥增长指数为 283（以 1980 年为 100），而粮食的增长指数仅 145。近 30 年中，由 1 斤化肥生产粮食 16 斤已下降到 2.4 斤，化肥报酬迅速递减要引起高度重视。另外，化肥氮的损失达到 45%，相当于每年损失 2 000 万吨尿素、380 亿元人民币，四五十个“大化”生产的化肥被白白浪费掉了，而且造成地下水、河湖和近海严重的富营养化污染，亚硝酸盐侵害人体，红潮黑潮不断，温室气体大量排放。我国化肥的生产使用和发展可称得上是典型的“粗放型增长方式”了，遗憾的是至今在考虑数量增长的同时，对提高肥效和科技含量重视不够。

提高肥效是个综合和多方面的问题，如改善营养成分比例和施用方法、改进肥料品种结构、合理布局、高新技术应用、改革调配流通体制等，其核心是集成现代高技术和常规技术，在战略重点上取得突破。控释专用复合肥技术及其产业化开发正是在这种背景和认识基础上提出来的。

二、从单质肥到控释专用复肥

作物对营养的需求是多元和均衡的，不同作物和同一作物的不同发育阶段对养分的需求不同，不同土壤和生态区的供肥情况也不同，因此才发展起来“平衡施肥”的理论和技术。但是科技人员开出的平衡施肥“处方”，农民理解困难，“抓药”更难。怎样去弥合理论与实践间的这个距离？于是，在单质化肥的基础上发展了复合肥，如德国巴斯福公司生产了含有十多种营养元素的复合肥，美国发展了 NPK 均质复合肥。复合肥有其通用的一面，但是不同作物的需肥特点不同，于是有了专用复合肥，日本三菱公司针对不同作物需要生产了 80 多种专用复合肥。另外，为了满足作物不同生育期的不同营养需要和减少流失，又出现了缓释肥和控释肥。所谓“控释性专用复肥”，是根据不同土壤环境、不同作物和同一作物不同生育期的营养需要，将平衡施肥的理论和技术“集成”和“固化”到肥料产品上来。尽管理论技术高深复杂，肥效卓著，农民用起来却很简单，可称之为“智能肥料”或“傻瓜肥料”。

复肥和专用复肥是发展方向，美国 20 世纪 60 年代初开始发展粒状 NPK 均质复肥，曾占到肥料总消费量的 52%。随着需求变化，到 1991 年生产基础肥料的厂家只有几十家，肥料再加工的掺混肥和液体肥工厂和销售商 13 000 多家，销售实物量 4 700 万吨，价值 70 亿美元，其中掺混肥占 46%。印度有 60 多个团粒复合肥料厂遍布全国。泰国有三家年产 100 万吨级的团粒复合肥料厂，基础肥料靠进口。近年来，日本研制成功“肥效调解型肥料”，即控释性专用复肥，稻田氮素利用率可高达 83.2%。

20 世纪 60 年代以来，我国部署了以单质肥为主的基础肥料系统，复混肥起步较晚。近年复混肥发展很快，但投资少，技术层次低，不规范，质量差，假冒伪劣产品时有所见。根据国内外肥料技术和生产发展趋势，当前我国肥料发展的战略思路，一是在调整基础肥料布局基础上，有计划、有领导、因地制宜地发展高质量和多类型的复混肥及专用复混肥；二是超前性和战略性地部署发展我国的控释性专用复肥技术和产业，在 21 世纪前十年，逐步形成我国现代高效和环保型肥料技术和产业体系。

三、控释性专用复肥的技术内容

控释性专用复肥的技术内容主要有：确定专用对象（考虑到不同生态区）、营养配方、包膜材料技术和生产工艺。控释技术一般有三类：①化合：如尿甲醛类缓释肥；②包膜：如包硫尿素、涂层尿素、钙镁磷包膜尿素；③有机复肥：包括有机BB肥（有机掺混肥）。这些方法可以控制释放，但只能达到部分控释目的。近年我国研究了在有机复肥（具有调节和促进N强度以及时间的功能）的基础上，综合运用了物理（包膜）、化学（大分子有机化合物接枝、有机修饰）、生物化学（有机质分菌及合成菌）途径，有很好的控释效果，可以开发出多种控释肥料。

目前国内外采用的包膜材料主要有塑料树脂类和硫黄、矿物油类，此外滤泥、造纸废液木素、味精酒精废液等多种工业废弃物以及沸石、膨润土等特殊功能矿物也在研制中。控释肥可以是单一元素，可以是多种元素，我们建议开发的是一种对N、K（阳离子）缓释，对P活化的有机无机控释性专用复肥。更大程度上和更广范围（大量、微量元素）内实现控释的技术正在研究中。

四、市场和经济效益

以养分纯量计，目前我国年使用化肥约3 500万吨，农业部1996年预测2005年将达到4 370万吨。如2005年控释专用复肥占总量的20%，约900万吨。按控释专用复肥含化肥养分纯量25%计，相当于3 600万吨实物量；每吨售价1 200元计，总产值430亿元，以上为理论推算数。以下是对广东和陕西的调查结果（现况）。

省份	市场需求（万吨）	成本（元/吨）	价格（元/吨）	产值（亿元）	利润（亿元）
广东	600	1 000	1 400	84	24
陕西	400	880	1 300	52	17

五、建议

1. 根据当今世界肥料技术和生产发展动向，结合当前我国情况，超前性地将控释性专用复肥作为发展的一个战略重点是很有意义的，同时，也是在培植一个新的经济增长点。此项产品的技术含量高，但单位价格和利润不高，需要有生产规模和总产值。在目前我国复混肥生产规模小、技术含量和质量低、市场混乱和非正常竞争激烈的情况下，初始期的控释专用复肥的技术优势不易发挥，关键在于经营管理和开拓市场，该技术逐渐被农民接受后，将有很强的竞争力和广阔的市场前景。

2. 由于肥料使用的地域性很强，需要按农业生态区和行政区相结合的原则布点，选择工作基础好的现有复混肥厂重点扶持升级，如广东芭田复合肥有限公司、河北秦皇岛中阿公司等。国家加强基础设施建设计划和化工部在河南、山东等地布置化肥生产点的计划中，建议将控释性专用复肥作为专项列入。

3. 控释性专用复肥的技术性很强，涉及化工、农学、地学等学科，是农艺与工艺的结合，是肥料和施肥技术的一次革命。要加强以企业为主体的技术开发研究，成立技术开发研究中心。

全国政协委员

石元春　提案

1998 年 3 月 10 日

3 落实温家宝副总理节水批示的提案

（1999 年 3 月 25 日）

【建议背景】

此建议书是作者 1999 年在第 9 届全国政协会上的提案。

首先，节水是国家目标，而农民的目标是增产增收，节水只是手段。同是节水，国家目标与农民目标是不能混为一谈的。如果节水不能获得显著的增产增收和值得为之付出代价，农民对节水是不会有兴趣的。这是多年来节水成败与否的症结所在。

其次，就节水论节水，把滴灌等只看成是个技术和产品问题，只是水利部门的事，其结果只能是“官办节水”，变不成农民行为，形不成农村节水（生产资料）市场，也推动不了群众性的节水局面。

所谓“集水—滴灌—简易大棚—高附加值果蔬花模式”及“以节水促增产增收，以增产增收激活节水”，我以为其核心是以综合农业技术（节水只是其中一环）为支撑，以市场和企业机制运作，大幅度促进增产增收，使农民致富目标与国家节水目标（农民致富也是国家的根本目标）得到统一和双实现，也就是走“节水致富”的道路。

在操作层次上，一是要有以市场为目标的“农户＋龙头企业”的产业化经营体系；二是要有强大的“综合农业科技企业”提供质优价廉的科技产品和服务；三是要有国家和地方在政策和资金上的支持。有了这三条，就可能在面上迅速健康推进。

当前抓节水，主要不是技术问题，而是正确的思路和策略问题。为此，建议：

1. 在京郊建立一个能适应我国农村需要而又具有现代高新技术水平的“综合农业节水的技术体系”的示范精品和技术扩散源。据初步接触，京郊密云县条件较好，愿组织实施此项计划和提供配套资金。

2. 我国北方，特别是西北地区，是实施节水的重点。可根据当地的自愿和条件，在陕甘宁三省各选一个条件较好的乡镇，组织“农户＋龙头企业”的实体。为之提供有力的农贷、技术、领导和政策支持。

3. 组建一个强有力的，以“节水致富”为主体目标的综合农业高新技术产业集团，其要为实现此项计划提供以下 10 个系列的技术产品和服务，即水窖等集水设施、滴灌等节水灌溉设施、不同生态农业区的不同规格和档次的塑料大棚、根据市场需求提供高附加值的果蔬花种子种苗，以及相应的肥料系统、植保系统、初级产品加工系统、农业专家系统、信息服务系统和培训系统。这个农业高新技术产业集团应在陕甘宁等设有分公司，还要得到国家在政策和资金上的支持，可以北京绿鹏等农科产业公司为基础组建，以中国农大为技术依托。

如果措施得力，以上部署，可以在一年多一点的时间里完成，再逐步向面上扩散。经过多年努力，向着实现我国除水田外的 8 亿亩平原农田节水（以低压管道输水—畦灌—覆盖为主）和 7 亿亩丘陵坡地农田节水（以集水—滴灌—覆盖为主）的目标迈进。

全国政协委员

石元春　提案

1999 年 3 月 25 日

4 给姜春云副总理新作提修改意见

（2001 年 1 月 5 日）

李显刚同志：

《中国农业实践概论》书稿收到多时，因琐事缠身未能及时拜读回复，望见谅。

这是一部总结我国近半个世纪农业实践和成就的宏论巨著，资料详实，论述全面系统。书稿的特点是站在国家和政府的高度，总揽全局地回顾和审视了 50 年来的，我国农业的实践和成就、问题和不足，并前瞻性地提出了见解和建议。此书的出版，是我国农业界的一件大事，对推动 21 世纪我国农业发展将起着重要的作用。

由于时间原因，未能仔细阅读，仅在枝节片语上提些修改建议，以供参考。

1. 近代农业的确立一节似有充实之必要。这是中国由传统农业向近代农业的转折时期，是中国经验性农业科学吸纳和转向西方实验性农业科学的关键时期，是近 50 年农业和农业科技发展的基础。31 页末行提及北京农业大学、南京金陵大学农科……最好用当时的，即前身的提法。近代农科教育是 19 世纪末的实验学堂开始的，第一所农业大学是清光绪二十四年（1898 年）御批“京师大学堂”（北大前身）的分科中有农科；1902 年《钦定京师大学堂章程》中提出：“农科之目有四，一曰农艺学，二曰农业化学，三曰林学，四曰兽医学”；1905 年御批成立“京师大学堂农科大学”，即北京农业大学前身。

2. 第 2 章第 2 节的新中国农业辉煌成就中，“综合生产能力”部分似觉单薄，主要说的是结果，是达到的生产水平。综合生产能力是 50 年农业建设的主体和“硬件”，是中国特色的具体体现，要浓墨重彩。如在土壤改良和土地加工、育种和种子更新换代、化肥由无到有（0.6 万吨到 4 124 万吨）、农田水利和发展灌溉、植物保护和动物防疫、耕作栽培和畜禽饲养技术、农业机械和农村用电、农村道路和村镇建设等。这一部分最好写得实一些。

3. 第 5 章和第 6 章写了土、水，是否应设一章肥，其中内容甚丰。第 6 章文中有“土地承载力是有极限的”，这个提法是对的，但也要注意说到问题的另一面，即土地的承载力是随科技水平的提高而提高的。

4. 专设一章（11 章）写了《迎接农业信息新时代》，但农业生物技术仅在新技术革命一节里作了介绍。生物技术上 21 世纪最具发展潜力和前景的，将构成现代农业技术的主体，所以在书稿中的“级别”低了。

5. 在农业现代化的主要标准中（144 页）的第一个标准——科技进步，应当作为一个体系看，不宜简单概括为“农业机械化结构型”或“生物技术结构型”等。过去将农业机械化等同于农业现代化是不对的，现在将生物技术视同于农业现代化也是不对的。第三个标准——制度创新的提法请考虑，因为制度创新是个永无止境的过程，无法作为标准去衡量，是什么制度就说什么制度为好。

6. 书稿中第 14 章的农业综合开发是从 1988 年说起的，实际上是 20 世纪 70 年代初从黄淮海平原的综合治理开始，继而在黄土高原、东北平原和南方红壤等区域综合治理取得成功的基础上，才进而发展到 1988 年纳入国家大型治理计划的。

7. 第 16 章，关于外向型农业是一个历史时期的产物，在进入 WTO 后，农业也将成为全球经济的一部分，提法上是否要考虑到这一点。

8. 通篇 30 章的结构上，似乎第 4 章和第 3 章放在最后为好，具有总结、提升和前瞻的作用。

9. 由于多人执笔，内容上难免出现重复，如第 7 章表 1 及所述内容似与第 2 章内容相近；在用词风格上，如“伏魔降龙的水利”“巧夺天工的传统农具”“择精取华的育种技术”“风光无限的现代农业装备”等请斟酌；在重要用词的确切和分量上也请掂量，如“农业机械化已成为现代农业的支柱”“地膜和温室大棚引发了农业的‘白色革命’”。

以上仅供参考。

礼！

石元春于 2001 年 1 月 5 日

注：李显刚同志是姜作的编辑。

5 关于改进治沙与退耕工作的提案

（2002 年 3 月 25 日）

【建议背景】

作者 2000 年和 2001 年的两次西北考察，对我国治沙和退耕还林工作形成一定看法，2002 年 2 月 25 日在《科技日报》上发表了“走出治沙和退耕中的误区”文；2002 年 3 月在 9 届全国政协会上提出了相应的提案。

2002年3月在全国政协小组会上作治沙和退耕方面的发言

我国的治沙工作取得了很大成绩，但基本结论是：“局部改善，整体恶化”和“治理赶不上破坏”。20 世纪 50 年代到 70 年代年均扩展 1 560 公里 ^{2}；20 世纪 70 年代中到 80 年代中是 2 100 公里 ^{2}，20 世纪 90 年代前 5 年是 2 460 公里 ^{2}，后 5 年是 3 436 公里 ^{2}。我认为，在治沙和目前的退耕工作中，存在一些误区和问题。

其一是林草误区。在西北，干草原、荒漠草原和荒漠区占总面积的 90% 以上，也就是说，绝大部分地区适于旱生草灌生长，不适于乔木。而三北防护林和 90 年代治沙工程中营造的 476 万公顷防风固沙林都是以乔木为主，所以，工程造价高，成活率低，维护更新困难。河西走廊有 1 200 公里的三北防护林带，因补水困难或地下水位下降而出现成片枯萎和死亡；民勤县人工造林 8.7 万公顷，只剩下 2 万多公顷。

西北种植草灌，耗水少、见效快、周期短、投入低，能与发展养殖业和草业结合，有利于农业结构调整和较快增加农民收入。治沙和目前的退耕还林还草中实行的以乔为主的乔灌草路线既不符合科学规律，又不符合经济规律。在西北干旱和半干旱地区应明确提出以草灌为主的路线。

其二是点面误区。风沙运动的主要形式，是在风力作用下的面上起沙和空中搬运，而不是沙丘的地面滚移。所以，三北防护林带的近地面和线上防守战术的实际效果是很有限的。采取步步为营和稳扎稳打战术的“小流域治理”，无疑能在点上取得明显成效，20 多年治理了 20 多万公顷流域面积，但就整体而言，犹如杯水车薪。同样，目前正在进行的退耕还林还草，着眼点仍是在几十万公顷的退耕地上。其结果当然是“局部改善，整体恶化”和“治理赶不上破坏”。

其三是标本误区。以冷高压为中心的强大风力，将我国北方分异成沙漠带、沙地带和黄土沉积带，北京是黄土沉积带的外缘，其沙尘主要来自内蒙古和陇宁一带。就自然地带而言，燕山山脉和京津地区为半湿润落叶阔叶林和森林草原区而非干旱和半干旱区。所以，北京以及河北丰宁等地的零星沙地，只是永定河等河流冲积物的“就地起沙”，与西北干旱和半干旱地区的沙漠化是两个不同的地理概念。

其四是退进误区。退耕一些严重诱发风蚀水蚀的劣地远地，本可让其自然恢复植被，改善生态，却又强调开发，投钱、投粮、投劳，使之成为继三北防护林后的又一个规模更大，涉及面更广的国家“退耕地治理开发工程”项目。这不是在“退”，而是在“进”。如果说改善生态，退耕地面积在退化土地中如杯水车薪；如果说开发，置面积数倍和条件更好的现耕地而不顾；如果说产生退耕地的根源，广种薄收和粗放经营病根未除，滥垦、滥牧、滥樵未得遏制。

其五是天人误区。在年降水量仅 200 毫米左右的荒漠草原和荒漠地区，到处可见因“三滥”而沙化的土地，但在人迹羊蹄罕至处，也能见到覆盖度达百分之四五十的草灌植被和灰钙土被，相当稳定而无沙化之虞。腾格里沙漠南沿的包兰铁路两侧，仅围栏禁牧禁樵四五年，即可出现覆盖度在 40% 以上的植被而沙化得到有效遏制。盐池县 1 200 公顷活动和半活动沙地上，封育飞播四五年，植被覆盖度也在 60% 以上。这是因为生态是具有自组织功能的大系统，具有自我修复能力。人力工程仅在于点线，自我修复可普惠大地；人力工程靠投入，自我修复靠系统的自组织功能。可惜，我们对这种自然力的巨大作用和潜在经济价值有所忽视。

导致以上误区的思想上原因是人定胜天思想有余，按自然规律办事不足，粗放经营和小农意识有余，现代农业观念不足。下面提三点建议：

第一，退牧退耕，封育飞播，在源头和面上解决问题。在沙化的源头上解决问题，就必须遏制住“三滥”，必须将滥牧滥垦导致退化的土地退牧和退耕。退牧就是将退化草地的载畜量退到允许线以下，严重退化和沙化的草地要厉行禁牧封育；退耕就是在保障生产主要用地的前提下，将那些收成很低，生态破坏性很大的远地劣地厉行禁耕封育。退牧退耕和禁牧禁耕，不是消极的，其目的在于启动生态系统的自我修复能力，以改善植被和土被状况。在沙化活跃和重点防治区，封育与飞播草灌结合，可以相得益彰，公顷投资仅数百元，是其他治理工程所无法比拟和替代的，多快好省的治理措施。

第二，改羊的放养为舍饲，可以生态生产双赢。西北饲养业的主体是羊，但羊又是破坏生态环境的祸首之一。如果管不住羊的嘴巴和蹄子，改善西北的生态环境就会落空。再说，退牧封育也不是消极限制养羊，而是与改放养为舍饲相结合，相辅相成地将养羊业转移到现代化轨道上来，实现生态生产的协调发展。

考察中发现，在宁夏农科院的指导下，一个种羊育种中心—种羊繁殖场—农户舍饲—饲料基地建设的农区养羊系统正在银川平原悄然兴起。农民自愿组织起来的种羊繁殖场已有百余，饲用玉米亩产近十吨，苜蓿种植面积和草业迅速扩展，羊产品加工和综合开发方兴未艾。据张英杰在定西县（现定西市安定区）的试验，舍饲羊均收入较放养高出 4.4 倍。农区可为舍饲提供广泛饲料资源，舍饲又为农业结构调整，产业化经营和农民增收提供了新的契机。

第三，以现代农业替代资源农业，在退耕的源头上解决问题。在宁夏南部山区和东部风沙区的两个典型村调查中发现，这里人均耕地是全国的 3 ～ 4 倍，而生产支出是 1/4，产出是 1/3，是一种典型的低投入低产出的高资源消耗型农业。但其中也能看出强烈反差和潜在积极因素，这里 1 亩一类地的产出相当于 4 ～ 8 亩三类地，1 亩塑料大棚的产出相当于 110 ～ 140 亩三类地。显然，这类地区的农业产出，主要不决定于土地数量而决定于土地生产率，决定于资本、技术和智力的投入水平。资源型农业向资源替代型农业，传统农业向现代农业的转换是改变西北农业和生态状况的根本路径和唯一选择。建议大力推进资源节约和集约经营、技术密集与“种养加”、贸工农一体的现代农业。

“故以汤止沸，沸乃不止，诚知其本，则去火而已矣”，退牧退耕、封育舍饲和加快推进现代农业乃釜底抽薪之举，正是国家资金、政策和技术投入的重点。

全国政协委员
石元春　提案
2002 年 3 月 25 日

6 对《退耕还林条例》（征求意见稿）的几点修改意见

（2002 年 3 月 27 日）

【建议背景】

根据朱镕基总理的政府工作报告和国务院安排，国家林业局提出了《退耕还林条例》的征求意见稿，以下是作者提出的修改意见。

一、关于还草问题

过去一直提退耕还林还草，朱镕基总理的政府工作报告的提法也是退耕还林还草，为什么这里只提还林，不提还草？

我们都知道，西部，特别是西北的绝大部分地区适合于种耐旱的草灌，不适合于乔木；西北又是我国生态问题最严重和生态环境建设的重点，条例中连还草都不提，第四条的“遵循自然规律，因地制宜”还有什么意义？

建议：条例的名称改为《退耕还林还草条例》；条例中各条款的“还林”均恢复为“还林还草”；总则中明确提出“西北地区以草灌为主”。

二、关于还林问题

在年降水量 500 毫米以上的宜林区，还林没问题；500 毫米以下的干草原、荒漠草原和荒漠的非宜林区，还林一定要有补水条件，否则劳民伤财，条例中一定要交代清楚。

正如第十九条所说，退耕地是指“水土流失严重或者粮食产量低而不稳的坡耕地和沙化耕地”。因此要充分估计到，在西北地区，连谷子都长不好的，分散在各村各户的这些劣地远地种植生态林的难度。即使种成了，如何估计这些零星分散的小片生态林可能产生的生态效果，会不会得不偿失，如果是还草，情况就不一样了（请参见 2 月 25 日《科技日报》上的文章）。

第三十三条提出的粮食和现金补助，还生态林至少 8 年，还经济林 5 年，还草 2 年。建议一律改为 5 年，生态林可适当延长。

建议第四条第四款“遵循自然规律，因地制宜”后面的“综合治理”改为“宜林则林，宜草则草”。

三、关于退耕目标问题

建议条例的第一条开宗名义和明确地提出退耕的目标是为了改善生态环境。第一条中“为了规范退耕还林活动，巩固退耕还林成果”欠妥，因前两年只是试点，正式的退耕还林还草还没开始。

如果不把改善生态简单地看成种树的话，那么退耕就不能只想到还林，这是个误区，会将我们的工作引向歧途和失误。为什么要退耕？就是因为滥垦滥牧，是个农业问题；还林还草中也有大量农业问题。我国有近亿公顷的退化土地，是个整体的生态恶化问题，如果孤立地看待和解决杯水车薪的退耕还林，就会重蹈“局部改善，整体恶化”的覆辙。鉴于问题的多重性，建议农业部和国土资源部参与此项目。

四、关于行政化问题

在条例中的许多条文里都会感到，这个项目的行政化程度很高，行政干预很强。从“制定规划、林种比例、树种选择”“生态林与经济林的认定和比例”“落实到山头地块和退耕还林者”“质量的国标制定”“项目的责任制监理制和管护制、管护人员的确定、管护责任的落实”，以至“种苗都要由县政府组织采购”等都是政府行为。当今的农业结构调整，政府只是指导性和扶持性的，农民在自己土地上完全拥有了种植自主权。那么，条例中的强干预做法是否与市场经济和当今形势相悖，不合时代潮流。

再说，退耕的主体是农民，政府应当处在指导和扶持地位，激发农民的自主积极性而不是包办代替，不能喧宾夺主。国家的退耕投资应当主要用在农民的地里，行政管理和“科技支撑”要严格控制，不要变成一个黑洞，不要把退耕搞成形象工程和政绩工程。

建议：条例明确提出退耕还林还草的主体和政府职能；提出强化农民自主和弱化政府干预的精兵简政条文；提出和严格控制行政管理和“科技支撑”经费的比例限额，以及对可能产生的不当行为的限制。

建议在宏观规划和控制下，政府与农户为退耕还林还草协议的甲乙双方，只要是通过退耕，符合改善生态要求，至于还林或还草，以及实施的具体过程，农民应有自主权，政府主要行使监督权。

建议：政府作为资金投入方，不得参与资金使用过程，政府资金应发挥带动当地民间种苗等相关科技产业和龙头企业的发展。

石元春于 2002 年 3 月 27 日

7 对《中关村农林科技园产业规划草案》的修改意见

（2002 年 3 月 23 日）

中关村农林科技园产业规划办公室：

《中关村农林科技园产业规划草案》收悉，谨提以下意见供参考。

1. 规划编制结构上的修改建议。原“1.”的战略高度不够，又太具体了些，不宜放在规划的这个位置，建议改为“时代背景与战略定位”。

时代背景主要有三：一是在全球范围掀起的，以生物技术和信息技术为主导的新的农业科技革命；二是中国正处在由传统农业向现代农业，产品农业向商品农业的历史转变时期；三是农业技术，特别是现代高新技术的重要战略地位。

根据时代背景的分析，以及我国目前农业和农业科技现状、存在问题和需求、中关村科技园区总的目标和要求提出农林科技园区的战略定位。

草案中的“2.”，建议在“2.1 建设目标”前加“制定规划的原则”，例如，要体现国家级和国家目标；以农业高新技术为主；要有超前性；要充分考虑到园区的区位优势；要有特色突出，不作低水平重复之类的原则。2.2 才是建设目标，2.3 是突破点的选择。

第三部分的“园区功能”是以上几部分的逻辑结果和具体化，是具有实质性和指导意义的画龙点睛之笔。

2. 建设目标（2.1）是否可以稍为具体和明确些，以加强其指导作用。最后一节的黑体字的第一句含 3 个定语和 4 个基地。农林高新技术生产基地不明确，是生产高新技术还是用高新技术生产？如果是后者，不如直接写“现代农林业生产示范基地”；农林高新技术企业的孵化基地是否应当是高新技术成果及其产业化的孵化基地而不是企业孵化基地；农林高新技术展示基地是否首先是中国的，然后才是世界的，所以可将世界二字去掉。至于教育基地，还有后面的研究生院我看不宜。一是教育部是否批准一个科技园区从事研究生教育；二是研究生教育不是那么好办的；三是旁边就是中国农大和北京林大，有必要吗？能比得过吗？这是件扬短避长、吃力不讨好的事。如果一般性地说出人才是可以的，教育不好随便提。

后面有 3 个“成为”“明日中国农林业发展的技术制高点”提法不妥，那么多的农业大学、农科院和林科院如何考虑？“领头雁”也只能加上“争取成为”。这 3 个“成为”最好用分号相连。

3. 从战略上考虑，科技园不在于办得多大多全，而在于办出特色，办得有成效和生机勃勃。这就要充分利用这里的优势，特别是地缘优势。一是园区的邻居就有中国农大、中国农科院、中国林科院、北京林大、北京农学院、北京农科院，以及其他有关高校和研究院所；二是靠近最高业务行政领导部门，如科技部、农业部等。

园区替代不了他们，不要做他们能做的事，而要做他们做不了的事。什么事？一是高新技术成果（特别是农业生物技术和信息技术）的孵化和产业化；二是高新技术企业和高新技术武装下的部分示范性和展示性的现代农业。要真正办成农业高技术成果的孵化和产业化基地是很不容易的。这要取决于两条：一是要与周围的院校和部委密切联系，他们是成果源和政策项目源；二是要有一个极具吸引力的机制。没有这两条，园区就成为无源之水，无本之木，只能小打小闹，成不了气候。

从上考虑，功能一节（3）中的四条，主要是第二和第三条。创新不是功能，而是一种指导思想和精神，是软件而非硬件。教育功能前面已经说了。

4. 硬件条件中的科技大楼里，不宜设置太专业性的实验室和研究室，而应以公用性的（如基因工程、发酵工程、细胞工程、信息工程等）为主。因为专门性的实验室和研究室太具体、太多，应当是成果研究和小试单位的事，园区是替代不了的。园区的主要设施是中试性的、孵化性的、产业化前期性的。

5. 在某种意义上说，规划中的 4.2，即软环境建设是园区成败的关键，也是最难的建设。不要以为凭借几项中关村的优惠政策就能解决问题，实际问题要复杂得多。将一项高新技术成果孵化成能在市场上具有竞争力的产品，至少要解决对成果即其产业化的评价系统和组织；要有一定的中试硬件条件；要有资金和金融系统的支撑；要有连接成果持有者与产业化接受者的中介桥梁；要有此三方及园区方的利益保障和激励机制，以及知识产权的保障等。在这方面国内外都有许多模式和成功经验，以供本园区参考（新加坡在苏州的现代农业科技园的发展演变值得借鉴）。

6. 规划中的第五节：核心技术领域是否应该按园区功能明确技术的来源和实施主体，是否是带有指导性和指南性的？同样，第六节的产业规划是指园区自己的产业还是拟引入和孵化的产业。如果是自己的产业，似乎太齐全和太大了些。

7. 盈利方式既决定于园区的性质和功能，又要有恰如其分的盈利渠道，不知道中关村其他园区如何处理这个关系。

由于对情况和精神了解不多，可能许多地方提得文不对题，仅供参考罢了。

石元春于 2002 年 3 月 23 日

8 对《国家科技基础条件平台建设发展纲要》的修改建议

（2003 年 4 月 17 日）

科技部综合计划司：

《国家科技基础条件平台建设发展纲要》的征求意见稿已看到，这个文件很重要，是我国科技和经济发展的一个重大战略构想和部署。由于时间仓促，没来得及仔细阅读消化，以下就与农业有关方面提三点建议，供参考。

1. 我体会《纲要》是要在更基础、更高层、更广域上部署“平台”。就农业的科技层面而言，具有当前和长远意义上的战略重点有三：农业生物工程、农业信息工程和农产品加工工程，建议在“平台”上能得到恰当和显著的位置。

2. “4.2. 整合和建设大型科技设施及基地”中提出对过去的实验室进行整合、重组和优化是必要的。过去这些年，不同部门建的各类 ×× 实验室、×× 基地、×× 中心已经很多，投了很多钱，应当重视发挥起它们的作用。希望注意避免“叠屋垒房”现象，又掀起新一轮的实验室“争夺战”。

3. 就农业而言，过去建设过一批传统性和强专业性的室、站、基地，重要的是让它们能真正发挥作用。从当前和长远考虑，我认为最需要的是，具有前瞻性、综合性、社会性的大型（省域）现代农业示范基地。它应当是适合我国国情和当代最先进的技术－生态－经济－社会的整合典型（从观念、技术、经营到政府管理）；它应当真实体现十六大提出的“统筹城乡经济社会发展，建设现代农业”和“可持续发展能力不断加强，生态环境得到改善，资源利用效率得到显著提高，促进人与自然的和谐”。建议这个“基地”首先考虑设在西部，特别是西北。

当前我国农业正处在一个历史的转型期，要结构调整，要产业化经营，要提高市场竞争力，要科技革命，要提高资源利用效率，要生态并重和可持续发展，要农民增收，要转移农村劳动力，要城镇化……当前的农业问题，是一个非常综合和非常“社会”的问题，不是孤立地靠某几项“补天”式的技术和基地所能解决的，要靠技术的集成，技术与生态、经济和社会的协同，这是当前最缺、最需要的。

正是从这个认识出发，才提出在国家层面和省域尺度上，建设一个能整合技术、生态、经济、社会的现代农业示范基地，这是个创举。建设中国现代农业和农村小康，需要竖起这面大旗，需要这只“领头羊”。

石元春　于北京

2003 年 4 月 17 日

9 西北省域生态和现代农业建设项目建议书

（2003 年 7 月 29 日）

【建议背景】

这是作者就西北省域生态和现代农业建设给国家发改委提的建议书。

张部长、黄司长：你们好！

今天上午的会很好，各组做了许多好的工作，资料也很丰富。根据会上谈的，我想，如果总的题目是“重大生态与环境建设工程”，可考虑设如下几个主题工程：

1. 天然林及长江防护（水保）林建设工程。

2. 农牧交错带（含黄土高原水土流失区与干旱草原沙化区）生态建设工程。

3. 河西走廊“三河”（石羊河、黑河、疏勒河）地区生态建设工程。

4. 华北“三河”（淮河、海河、运河）及华北平原的生态环境建设工程。

5. 农业“三污”（化肥、农药和农膜）防治工程（以提高肥效和农业废弃物资源化为中心）。

6. 重点城市“三污”（大气、水和垃圾）“二区”（酸雨控制区和 CO_2 控制区）防治工程。

7. 农村饮水安全工程。

……

农牧交错带含黄土高原水土流失区与干旱草原沙化区的主体部分，是西北生态环境最为脆弱的地带，也是京津和东部地区的一道屏障。这样安排可能比将黄土高原和草原分成两部分要合理一些。项目建议书草拟如下，供参考。

致礼！

石元春　敬上

2003 年 7 月 29 日

西北省域生态和现代农业建设项目建议书（初稿）

一、背景与缘由

西北水资源研究的目的在于解决好水资源与生态 / 农业建设这对矛盾，要落实和体现在当地的生态与农业建设上。所以，本建议是对即将完成的“西北水资源”项目的一个响应和延续。

在用水上，总是按灌一亩地要多少水，还有多少可垦地，还要多少水，现在又要留生态用水，所以西北永远是捉襟见肘地“缺水”，然后就是调水与节水，这已成为一种思维的定式。这种思维定式的一个漏洞就是将最重要的用水方—农业，简单化和抽象化了。现在的西北农业，还是资源依赖型农业，而现代农业则是技术替代和资源节约，贸工农一体和产业化经营的商品性农业。这里的“水文章”大有可做，岂能简单地用即将过时的资源农业来算“水账”。

干旱和半干旱气候条件下的干草原、荒漠草原和荒漠区，生态环境脆弱，人口承载力低。20 世纪 60 年代以来，地区性人口激增，滥垦、滥牧、滥樵的掠夺式开发，以及广种薄收和粗放经营，导致了土地沙化和水土流失等的生态环境恶化。“解铃还须系铃人”，即必须由资源农业转换为现代农业，才是修复生态之本，发展农业之本，致富农民之本。

西北的生态问题，实质是个农业问题，生态建设与农业建设是一个问题的两个方面。几十年来，我们吃亏就吃亏在就治理（生态）论治理，就缺水论缺水，就农业论农业上。

十六大报告指出：实施西部大开发战略，关系全国发展的大局，关系民族团结和边疆稳定，争取十年内取得突破性进展。统筹城乡经济社会发展，建设现代农业，发展农村经济，增加农民收入，是全面建设小康社会的重大任务。

在今年年初召开的中央农村工作会议上，胡锦涛同志提出：把解决好农业、农村和农民问题作为全党工作的重中之重，放在更加突出的位置，努力开创农业和农村工作的新局面。

现在是该用新思维、新路径来看待和处理西北的生态、水、农业问题的时候了。

二、项目内容

1. 在西北建设一个具有超前意义的、实验型的“生态与现代农业省”，建议为宁夏回族自治区，依据是：

（1）宁夏兼有干旱和半干旱两种气候类型，兼有沙化、盐渍化、黄土高原沟壑区的水土流失，以及高标准的灌溉农田等多种生态类型。

（2）交通方便，面积较小，有利于项目管理，资金需要量较少。

（3）在经济发展水平上宁夏有代表性，是西北的一个缩影。

2. 项目建设以农业（含种植、养殖和加工）活动区为主，非农活动区则以发挥生态系统的自我修复功能进行封育保护为主。农业活动区的建设内容主要有：

（1）改羊的放养为以舍饲为主，逐步封育过牧的草场，适当发展沙棘、柠条等固沙补饲灌木，全面改善放牧区的生态环境。

（2）发展农区养殖业和草业，改“重种轻养，种养分离”为“种养一体，协调发展”，将牧业产值提高到占农业总产值的40%以上。

（3）建设基本农田，扩大灌区面积，改变广种薄收和粗放经营的落后生产方式。

（4）建设现代农业的技术和农业高科技产业体系，包括：种植（含林草）和养殖的良种系统、种植和养殖的生产管理系统、施肥和节水系统、植保和防疫系统、资源高效利用再生和增值系统、食物安全和质检系统、农村能源系统、资源和生态环境监测和管理系统、农业信息系统、人才培训系统等十个系统。

（5）按不同生态农业区分别实施：东部风沙－盐碱区、南部水土流失区、中西部沙区和银川平原引黄灌区。

（6）建设先进的生产组织和经营形式，包括：动植物产品生产与加工的一体化、贸工农一体化和产业化经营、龙头企业/多种合作经济组织与农户的合作经营。

（7）建设与项目相适应的政策、投资、金融和监管系统。

3. 政府是项目实施的主体，科技队伍是项目实施的支撑。克服实施与研究、政府与科技队伍“两张皮”的弊端。以建设带动研究，研究服务于建设；以面带动点，点服务于面。

三、实施建议

1. 组织综合的技术专家组，在当地党政和中国工程院的领导下，进行项目的前期工作，主要是调研和制定建设规划，约需半年。

2. 由工程院和当地党政共同申请，列为国家西部建设项目或国家发展改革委员会制定的“十一五”重大工程项目。项目建设期五年。

10 对《全国生态环境调查评估报告》（征求意见稿）的修改意见

（2004 年 9 月 12 日）

国家环境保护总局自然生态保护司：

敬悉来函及所附《全国生态环境调查评估报告》（征求意见稿），修改建议如下，供参考。

《报告》全面和具体地阐述了我国生态环境的现状和存在的问题，思路清晰，资料详实，是一份编写得很好的报告。对《报告》文中的一些具体意见已直接写在了报告文本中，下面提几点一般性建议供参考。

《报告》的大量篇幅是资料性的“现状”，当然这是整个报告的基础，但对现象的分析和观点，特别是战略性的见解少了些，弱了些。在“关于几个重大生态问题的对策建议”中，问题都点到了，但从源头上提出问题、分析问题和战略对策较少，就事论事的多。

像荒漠化、化肥农药面源污染、地膜破坏土壤肥力、焚烧秸秆等的源头主要是农业的粗放经营，抓不住这个源头就只能在枝节上做文章。农业的资源与环境问题的解决还在于废弃物的资源化和发展循环经济。该评估报告少了些评估的原则及指标体系。

一些最新的、权威性的资料没有用上（具体见文本批注）。联合国 FAO、UNEP 等的资料也用得少。

以上看法不尽妥当，不当处请原谅。

致以

敬礼！

石元春　敬上

2004 年 9 月 12 日

11 对《中国草业可持续发展战略》总论提纲的修改意见

（2005 年 8 月 11 日）

洪部长：您好！

“总论提纲”全面精要，思路清晰，内容新颖。提几点想法供参考。

1. 草业是个新概念，建立个新概念及相应体系是很难的，因为在业内是新的，业外更不熟悉，是否先要破题，即有一节对其内涵、定义、范畴等有个明确的界定（如是否涵盖灌木？），这对业内外都是必要的，对本发展战略也是必要的，以免引起概念上的混乱。

2. “业”是个经济概念，从事物质性和非物质性生产的概念，它的主要生产资料、生产手段、产品、市场交换和价值，与农林等相关产业的关联的界定，当然与林业一样，也有生态功能。

3. 对“草业”“草地”“草原”的概念一定要准确和清晰，不要让读者模糊混淆，如第三页的“变草原为草业”，前者是自然体，后者是经济性质的；第四页的“五业协调”中将水与土也成一业了等。

4.《中国草业发展历程》一节中，是否需要在阐述建设成就的同时，对过度放牧、滥樵、滥采造成的草原退化有所表述。

5. 生态优先是林业先提出的，但对“业”间的协调发展注意不够，我倾向于“草业发展与生态保护和建设相协调”之类的提法（请不要受我的影响）。

6. “战略建议”是向谁建议？要有针对性，不一定用 1. 到 5. 的形式。

7. 关于生物质产业问题越来越受到关注，我写过一些东西，可供参考。

我对草业是外行，提的想法会有许多不当之处，请指正。

石元春　敬上

2005 年 8 月 11 日

12 对“现代农业”报告稿的修改意见

（2006 年 1 月 5 日）

【写信背景】

农业部杜青林部长为春节后给中央党校学习班作“现代农业”报告准备了讲稿，嘱部办公厅将讲稿送作者征求意见。以下是作者提出的意见。

农业部办公厅：

杜部长报告稿收悉，遵嘱提出以下建议供参考（请对照原稿）。

石元春于 2006 年 1 月 5 日

所拟讲演稿的思路和整体框架结构很好，仅在某些细节上提出以下修改建议。

其一，第 1 页末行开始的这一段对农业三个发展阶段的提法似觉不妥。农史学界的一般提法是农业始于新石器时代人类对动植物的驯化，如“原始农业的发生，是从驯化野生动植物开始的”。（见《中国农业科学技术史稿》第 3 页）所以，不能将发生农业以前的、旧石器时代的渔猎采集作为原始农业。关于农业发展阶段的划分学界提法不尽相同，可以笼统地表述为：经历了石质农具和驯化动植物以增加食物产出的原始农业时期，以金属农具和畜力进行精耕细作的传统农业时期，以及在近代科技革命和工业革命推动下，以使用化肥、农药、动力机械、电力和良种为特征的近代农业时期。

其二，关于第 2 页下部的现代农业的表述。正如文稿所说，学界对现代农业的内涵和表述是不一样的，但有些实质性要素是比较共同的。如 1992 年的登博斯宣言提出的“可持续发展”理念，以生物技术和信息技术为主导的新的农业科技革命，以及在全球化市场经济条件下农业的商品性等。我认为，没有这三个实质性的特征，就称不上现代农业，即区别于近代农业的现代农业。当然，表述上各有不同。文稿的“表述”中提到“劳动生产率、资源产出率”，据我所知，经济学上与“劳动生产率”相对应提出的是“土地生产率”，而不是“资源产出率”。土地生产率涵盖了几乎所有的资源和技术投入要素的综合效率指标。

文稿表述中的“通过市场机制……”一段很好，很重要，建议在产供销、贸工农和产前产中产后的表述中，点到必须走出“初级农产品生产”的传统概念，延长农业生产链条和拓展农业的领域（如生物质能源和生物基产品），农业才能“活”起来，农民才能真正“富”起来。

其三，第 3 页的“内涵说明”中，应当结合和突出中国当前存在的主要问题。中国农业一直维持着高投入（资源和物化生产资料）、低效率，高成本低效益的粗放型经济增长模式。“科学发展观”的提出就是针对这种经济增长模式的。长期以来农业的粗放型增长是相当典型和严重的，必须面对这个问题。也就是必须将提高水、肥、药等的利用效率和提高土地生产率放在突出的位置。文稿的“（2）生产手段现代化，劳动效率相当高。”并没有错，但是片面强调了“普遍采用现代工业设备”“代替手工操作”，就会误导中央部门和地方去追求“先进设备”和“硬件”，忽视效率和“软件”。再说，追求高劳动生产率，农村富余劳动力队伍扩展得更快，生产成本更高，可要掌握好这个“度”，提得要恰当。

其四，文稿第 5 页第 3 行提出的是：“深刻的内在动因”，好像在阐述动因中的四条写的都是“外因”，如“市场化主导”“工业化激活”“科技革命引领”“经济全球化推进”，建议在文字上做些处理。

其五，文稿中的第 10 页，前面写的是生物技术，后面写的是计算机的应用和推动工厂化高效农业，这不是同一个层次上的问题，建议后面写“农业信息化”才相匹配。

其六，第 11 页中部写了一小段生物质产业，这是农业继向农产品加工延伸之后，开辟的第三个战场，它为农业提供了一座富集的金矿。建议将这一小段改写为：“利用生物技术和现代工程技术，以我国丰富的农林废弃物资源以及利用边际性土地种植能源植物，生产附加值高和市场潜力巨大的生物质能源和生物基产品，这将对我国‘三农’、能源和环境问题的缓解作出重要贡献。”

（2006 年 1 月 5 日）

13 农业要开展一次新的产业结构革命

（2006 年 7 月）

【建议背景】

2006 年 8 月，中组部组织部分院士专家到北戴河休假。院士专家如有建议，可以在休假期间交组织部递交中共中央有关部门。此文是作者递交的建议信。照片是作者和任继周院士在北戴河休假时拍摄的。

十一届三中全会是我国农业发展历史上的一座里程碑。当农业陷入极大困境的时候，中央主要抓了两手：一是由“人民公社”转到“家庭承包责任制”；二是由“以粮为纲”转到“结构调整”。也就是一手抓调整生产关系，一手抓解放生产力，由此带来我国农业的历史性跨越和举世瞩目的成就。

快 30 年了，世界形势和中国经济都发生了很大变化，在我国经济快速发展中，“三农”问题和农业发展徘徊问题凸显出来了。症结何在？我认为，在新形势下，“家庭承包责任制”基础上的“贸工农一体”和“产业化经营”是生产经营方式上的一次重大革命和转型，但是在生产力上却仍停留于“产品结构调整”，成为解放生产力的一个瓶颈。

我在今年第 10 期《求是》杂志发表了“农业的三个战场”的文章，说的是“现代农业”不仅是技术层面上的，现代生产经营方式和现代产业结构也非常重要；

说的是现代农业产业结构应当包括基础农业、加工农业和能源农业三个部分。基础农业即传统概念上的初级农产品生产，这是农业的基础。但是，又不能“画地为牢”，必须与加工农业和能源农业相结合，才能构成一个完整的现代农业产业结构体系。

现代社会对农产品及其加工产品的要求，不仅是数量要求，而且要面对品质、食物安全、降低成本以及国内外市场准入的种种苛刻标准，这些都必须将初级农产品生产到加工生产，“从田间到餐桌”连成一个整体。我国农产品加工产值是农业产值的 40%，而发达国家是 2 ～ 3 倍，可见加工农业潜力之巨大。

在世纪之交的全球能源危机中，美国计划到 2020 年，生物燃油将增长 10 倍和替代 10%的化石燃油，到 2050 年替代 50%；欧盟国家提出了 2010 年以生物燃油替代 10%的化石燃油的目标。一时间，生物乙醇、生物柴油、生物塑料、成型燃料和沼气供热发电的生物质产业在全球迅速兴起。生物质产业的原料是农林有机废弃物，是利用边际性土地种植能源植物，都是农业的产业范畴。我国可用于生物质产业的农林废弃物的年资源量近 4 亿吨标煤，边际性土地种植能源植物的年资源潜力也在 4 亿吨标煤左右。这是个“重新发现”，一个可永续开采的“生物质金矿”的发现，是农业可拓展的一个全新领域。

“以粮为纲”不一定能解决粮食问题，“以传统农业为纲”不一定能解决农业问题，道理是一样的。当前，贸工农一体和产业化经营问题有了眉目，如果能在“产品结构调整”基础上开展一次“产业结构革命”，切切实实地以强大的国家行政管理和财力资源为支撑，大力推进基础农业、加工农业和能源农业，必将对农村工业化、城镇化和新农村建设起着实质性的推进。这是一条贯彻“以工哺农”“以城带乡”和建设现代农业的可操作路经，是值得国家加大投入的。

贸工农一体和产业化经营，加上新的农业产业结构革命，必将带来我国农业又一次的生产力解放。

中国农业大学教授　石元春

写于 2006 年 7 月

14 对国家发改委能源局《中国替代能源研究报告》（征求意见稿）的修改意见

（2006 年 8 月 27 日）

【建议背景】

作者对于国家能源局以煤基液体燃料（甲醇、二甲醚等）作为主要替代能源一直持反对意见，以下是作者向国家发改委能源局明确而尖锐地发表了自己的看法。

国家发改委能源局：

8 月 22 日发来关于替代能源研究报告征求意见稿看到较晚，未能于 25 日前反馈意见，请见谅。

《征求意见稿》思路清晰，结构严整。我想提的主要意见是将煤基液体燃料（甲醇、二甲醚等）作为主要替代能源问题需要再作斟酌。

第一是它的能源利用效率太低。按国内目前生产水平，以技术最先进的神华公司生产甲醇数据计算，1 吨甲醇约需原料煤 1.32 吨，生产过程能耗为 46 吉焦 / 吨（11 000 千卡 / 公斤甲醇），而一般联醇装置（化肥厂中甲醇与合成氨联产）的煤耗为 1.50 吨 / 吨甲醇，能耗为 80 吉焦 / 吨（19 100 千卡 / 公斤甲醇）。煤的热值为 7 000 千卡 / 公斤，甲醇的热值为 5 000 千卡 / 公斤，则甲醇的能量投入与产出比分别为 4.048 : 1（神华）和 5.92 : 1（一般甲醇厂），意味着投入 4 ~ 6 份能量，仅得到 1 份能量。

第二是污染问题不容忽视。“煤基液体燃料生产与应用的温室气体排放，是传统汽柴油的 2 倍以上”；在常规和非常规排放上，“有关权威单位认为，地方有关测试方法不对，测试数据不足，难以证明对环境没有影响”（《中国替代能源研究报告》二稿 87 页和 31 页）。我国“十五”期间的降污指标没完成，“十一五”头一年不降反升，《京都议定书》对我国的约束会越来越大，我们都不能不慎重考虑煤基甲醇等的污染问题。

第三是在一些技术性问题上，如“实现与新型汽车的大规模匹配应用，还需要进行一段时间的攻关”（二稿 88 页）；燃料分层、腐蚀性、溶胀性、冷启动等

“争议甚多”；对人体的影响问题上，“研究样本量偏小，研究中存在一些不足，需要继续进行研究”（二稿32页）。这么多的技术问题都未得解决，不能不认真对待。

二稿中多处提到“20世纪90年代以后，国际上甲醇燃料车用日渐萎缩”。事实上，美国加州的所有甲醇加油站都关闭了；洛杉矶和西雅图的运输管理部门的甲醇公交车都改为使用压缩天然气；西雅图经5年的试验结果显示，公交车运行6万～7万英里后会产生严重的发动机故障”；世界燃料标准组织（WWFC）绝对禁止汽油中含有甲醇等。国际上的这些多年试验结果，应当值得我们记取，可是在二稿中却没有看到足以否定上述国际结论的有力说明就肯定了煤基甲醇，这样是否会重蹈本应规避的风险。

“我国车用替代能源与汽车动力系统的技术发展战略建议”（讨论稿）第3页中提出：“与汽柴油相比，传统煤基燃料在生产过程中能源效率低，CO_2排放高，污染严重。考虑到未来中国可能要履行《京都议定书》中规定的义务，因此可能需要先进的洁净煤技术、二氧化碳固定技术与煤合成技术相结合。综合考虑大规模煤基燃料的建设周期、相关技术的研发进程以及示范工作的进展，可以预见，短期内煤基燃料不会产生明显的替代效果。”二稿的33页中也提出，“目前世界上二甲醚消费领域主要为：气雾剂，占50%；化学品中间体，占35%；燃料和溶剂占15%。将二甲醚作为车用燃料，正在研发中。”

面对这么许多的重要问题，还有煤炭是不可再生的化石能源，煤基替代能源本身就是不可持续的，所以，我认为“征求意见稿”第6页提出的“煤基液体燃料（包括煤制甲醇、二甲醚、制煤油）具有较好的资源基础和技术基础，是今后30～50年主要过渡性替代燃料，是可能将我国石油对外依存度维持在50%左右的现实选择”的提法和结论性建议，是不够慎重和不恰当的。

关于生物基替代能源，“征求意见稿”提出了“能效与汽柴油相当，污染物排放低，发展生物质液体燃料，有利于带动农业和林业相关产业的发展。”所提出的问题是：“目前生产成本高，缺乏市场竞争力，资源潜力需要进一步摸清和挖掘。”根据我们的调查，玉米乙醇成本约4 200元/吨，木薯成本约4 000元/吨，不是二稿90页中提出的“生产成本在5 000元/吨左右，近期市场竞争力较弱。”关于资源问题，一年多以前，中国工程院已经立题，由我主持了关于我国生物质资源的咨询研究，前几天的全国生物质能开发利用工作会议上，我已将此咨询报告呈交给了赵局长。就目前能得到的资料（主要是国土资源部和国家林业局最新的权威性资料），我以为我国能用于生物质能源（有机废弃物、边际性土地和主要能源植物）开发的资源基本上搞清楚了，整体精度可能不亚于煤炭资源。

“征求意见稿”及“二稿”介绍能源替代的国际动态中，主要说的都是生物质能源，因为这已是当今世界发展的大趋势。美国2002年制定的2012年生物乙醇发展目标是 1 635 万吨，2005 年增订为 2 250 万吨，提高了 38%；最近进展极快，预计 2008 年，即提前 4 年完成。最近在美国说得最多的是 25 — 25 和 30 — 30，即 2025 年生物燃油替代 25% 的化石燃油；2030 年生物燃油替代 30% 的化石燃油。欧盟原计划 2010 年生物燃油替代 5% 的车用燃油，最近增改为 10%，中长期目标是 50%。巴西 2025 年的甘蔗乙醇的产量将由 2005 年的 1 249 万吨提高到 7 200 万吨，远景目标是 3.2 亿吨。印度计划种植 3920 万公顷麻风树，从 2007 年起在 5 年内替代 20% 的化石柴油。所有这些都不是“空穴来风”，而是国际上实实在在的行动。

我国提出的 2010 年的乙醇的目标是 200 万吨（仅增加 100 万吨），2020 年的计划是 930 万吨（二稿 93 页）；我国已经有百万吨以上的燃料乙醇生产能力，还要等 10 年，即“争取在 2015 年以后，建立起生物燃料产业”（“征求意见稿” 8 页）；更不好理解的是，在一个生物质资源十分丰富，和亟须关注“三农”的中国，不思自己发展燃料乙醇而要从巴西进口。为何我国对生物质能源会如此冷淡？

随信附上“作为运输燃料的煤基甲醇、生物基乙醇和汽油的比较表”。

《中国替代能源研究报告》是在胡锦涛主席和温家宝总理亲自批示和关注下进行的，事关国家大事，冒昧提出了以上意见。

此致

敬礼！

石元春　敬上

2006 年 8 月 27 日

附：作为运输燃料的煤基甲醇、生物基乙醇和汽油的比较表

项目	煤基甲醇	生物基乙醇	汽油
分子式	CH_3OH	C_2H_5OH	$C_4 \sim C_{12}$
低位热值 /（千卡 / 千克）	5 000	7 000	10 000
比重 /（千克 / 升）	0.796	0.794	0.72 ～ 0.78
成本 /（元 / 吨）	1 800	4 200（玉米原料）	—
生产过程能耗 /（千卡 / 千克）	19 100	3 375（美国） 4 300	—
资源可供性	一次性	可持续	一次性
CO_2 减排	否	是	否
环境友好	否	是	否
安全性	剧毒	安全	有毒

续表

项目	煤基甲醇	生物基乙醇	汽油
作为燃料技术成熟程度	不成熟	成熟	成熟
作为燃料的使用规模	小规模试验	大规模产业化（2005年全球有2 700万吨乙醇被作为运输燃料）	大规模产业化（中国约为5 000万吨/年，美国约为4.5亿吨/年）
燃料国家标准	无	有	有
公众认可程度	低	高	高
作为燃料的发展趋势	国际上已萎缩或无发展	世界性大发展	逐渐被生物燃料等取代

15 对《林业生物质能源发展战略报告》的几点修改意见

（2008 年 7 月 14 日）

国家林业局办公室：

由于出差青海，未能参加《林业生物质能源发展战略报告》专家论证会，歉甚！

近日拜读了《战略报告》，深受启示和鼓舞。林业生物质能源在我国生物质能源中所占比重不下半壁河山，其意义和带动性是很大的。该《战略报告》思路清晰，结构严谨，资料数据详实，起点高，科学性、前瞻性和指导性强。我认为此《战略报告》经修改完善后必将成为我国林业生物质能源发展的一份重要的战略性指导文件。有关修改建议于后。

致以

敬礼！

石元春　敬上

2008 年 7 月 14 日

修改建议：

1. 当前国内外对发展生物质能源有不同的声音和见解，主要是在粮食安全和生态效益的影响上，而林业生物质能源基本不存在这些问题。所以，建议在《战略报告》的战略意义一章中，有针对性地写一段发展我国林业生物质能源的“特殊意义”和不可替代的作用。如不存在“与民争粮”“与农争地”问题；在二氧化碳上可以起到既能减排，又能增汇的双重作用；可以做到能源与生态双赢（详见下）；我国林业生物质能源的原料资源十分丰富，以及可以促进林区和农区农民增收和经济发展，促进社会主义新农村建设等。

2. 在战略重点上，建议将成型燃料和供热发电排在首位或重中之重。国家林业局可将“以生物煤替代化石煤，为国家大幅减排增汇”的大旗举得高高的，喊得响响的。明确摒弃和扭转过去林区“以煤代木”的不良做法。对我国林业形势来讲，林权制度改革已获中央和国务院批准发布，大批中幼林亟须抚育间伐，“成型燃料”的原料极其丰富，而且技术成熟，投入少，见效快，立竿见影，相对简单易行，影响面大，新闻效应好。木本生物柴油已经与“四大家族”有了初步合作协议，又是大家能耳熟能详的，作为重点推进即可。此外，按《战略报告》

提出的2020年目标中的正常方案，成型燃料是3 000万吨，生物发电1 200万吨，而生物柴油只是500万吨（均按标煤计），从中也能看出孰重孰轻。

3. 国家林业局可以很好地将发展林业生物质能源与防沙治沙相结合，突破“禁锢”，将“能源与生态共建双赢”的大旗竖起来。具体可在四大沙地建立能源－生态灌木林基地，给这些地区适当的政策、技术和资金支持，就很容易将沙区农牧民的积极性调动起来，使沙区农村和乡镇尽快烧上成型燃料的“生物煤”，以替代“滥樵”和化石煤，使节约下来的化石煤在其他地区发挥更大效益，为确保国家能源安全作贡献；还可以与发展风能/太阳能基地一体，全面提升沙区经济；这也是“不争粮、地”的具体体现。

4. 国家已经公布了《中长期可再生能源发展规划》，有关部委理应提出具体落实的《实施方案》或《实施计划》。因而国家林业局仅有《战略报告》似觉滞后与不足。

5. 几处具体修改意见。

（1）第三章的原料资源部分中，大家关注的不仅是有多少，而更重要的是可以利用多少。即不仅是资源量，而且是可作为原料的潜力。在“土地资源潜力”（45页）中有1亿多公顷，数量很大，相当于现耕地面积，但就发展能源林而言，其潜力能有几何？最好有个较为具体的说法，否则会给人以“大而无度”、实际意义不大的感觉。

（2）在“现有资源存在的主要问题”（46页）一节中说的都是实情，是否可以从发展林业生物质能源的角度提得更有针对性些。林能原料成本虽低，但因能量密度低，分散和运输不便而收集和储运成本高，如果采用分布式致密成型燃料技术就可以大大提高能量密度和降低收集储运成本。

（3）第四章的战略领域标题中可考虑加上“重点”二字，即“战略领域与重点”。“选择原则”中可考虑加上“可行度”的内容，因为林能利用的情况很复杂，利用起来有些比较简单可行，如“三剩物”加工为成型燃料；有些就比较复杂，如木本油料的种植周期长，采集难，加工投入较高等。

16 在我国四大沙地建设生态 - 能源基地的建议

（2008 年 7 月 18 日）

【建议背景】

作者多年关注我国北方四大沙地治理问题，多处发表过讲话和文章。2008 年秋撰写了《在我国四大沙地建设生态 - 能源基地建议》，12 月 16 日参加国家林业局在北京举办的“亚太生物燃料论坛”上递交给了国家林业局。

一、我国沙化及治沙情况

我国有 165 万公里^{2}的沙漠化和沙化土地，其中地质时期形成的占 77.6%，人为活动形成的占 22.4%（王涛，2004）。分布于干旱气候和荒漠地带的新疆、青海和内蒙古西部的塔克拉玛干等。8 大沙漠主要是地质时期形成的，相对稳定，且为非搬运型的沙尘暴沙源。以人为因素为主和处于活跃状态下的主要是位于半干旱草原地带的毛乌素、浑善达克、科尔沁、呼伦贝尔四大沙地（表 1）。

表 1　我国四大沙地基本情况

内容	毛乌素沙地	浑善达克沙地	科尔沁沙地	呼伦贝尔沙地
面积 / 万公里^2	3.21	2.14	4.23	0.75
主要分布的行政区	跨内蒙古、陕西、宁夏的 14 县、市、旗	内蒙古锡林郭勒盟、昭乌达盟	内蒙古通辽、赤峰、兴安盟	内蒙古海拉尔市（现海拉尔区）
海拔 / 米	1 200 ～ 1 600	900 ～ 1 100	120 ～ 800	
年均气温 /℃	6 ～ 9	0 ～ 3	3 ～ 7	0 ～ 2
≥ 10℃积温 /℃	2 500 ～ 3 500	2 000 ～ 2 600	2 200 ～ 3 200	1 800 ～ 2 000
无霜期 / 天	130 ～ 160	100 ～ 110	90 ～ 140	100 ～ 110
年降水量 / 毫米	250 ～ 420	350 ～ 400	350 ～ 500	350
全年蒸发量 / 毫米	1 800 ～ 2 500	2 000 ～ 2 700	1 500 ～ 2 500	

续表 1

内容	毛乌素沙地	浑善达克沙地	科尔沁沙地	呼伦贝尔沙地
水文及地下水	年地表径流量 14 亿米^3，可用 40%	沙地中河湖发育地下水资源丰富	地表地下水资源丰富，年均 124 亿米^3	
土壤	棕钙土、盐渍化和沙化土壤	栗钙土、棕钙土、风沙土	栗钙土、风沙土、黑钙土	栗钙土、风沙土、黑钙土
植被	荒漠化草原沙地植被、滩地草甸	半干旱干草原、疏林草原	沙地疏林草原	针茅－羊草草原
沙化情况			固定、半固定和流动沙丘分别占 15%、24% 和 24%	固定沙丘 5 665 公里^2，半固定沙丘 1 515 公里^2

（资料来源：王涛，2004）

我国大规模治沙是从 20 世纪 70 年代末的三北防护林建设开始的，90 年代全面推进，2000 年又在 17 个省市（自治区）开始了“退耕还林”工程。20 多年的治沙虽取得某些点上的成效，但基本结论是：“局部改善，整体恶化”和“治理赶不上破坏”。20 世纪 50 年代到 70 年代沙化土地年均扩展 1 560 公里^2；70 年代中到 80 年代中为 2 100 公里^2，90 年代前 5 年为 2 460 公里^2，90 年代后五年更发展到 3 436 公里^2。90 年代后 5 年中沙地扩展最快的类型是“闯田”，年均增加 63%；扩展最快的地区是内蒙古自治区，5 年增加了 15 629 公里^2，占全国沙地扩展面积的 91%。（慈龙骏，2004）

二、20 多年治沙的教训

20 多年治沙工作中，有三条教训是应当吸取的。

其一，是重视点线上的末端治理而忽视了面上的源头治理，即治沙工作重点放在了三北防护林和小流域治理及某几个孤立的点上，忽视了导致面上沙化的源头主要是滥垦、滥牧、滥樵和滥采。风沙运动的主要形式，是在风力作用下的面上起沙和空中搬运，而不是沙丘的地面滚移，是“空降部队”而不是“步兵”。故以近地面线上防御的三北防护林的作用是很有限的，小流域及点上治理只能改善治理地段的状况，改变不了面上的破坏和恶化。

其二，是重视人为治沙工程而忽视自然修复能力。生态系统，是生物体与气候、水、土等诸因素组成的一个相互依存和制约，相对稳定和有自组织功能的大系统。人为因素的介入可以打破该系统的稳定和平衡，一旦介入因素减弱或消失，该系统具有逐渐恢复到接近于原自然生态系统状况的自我修复能力。我国四大沙地主要处于半干旱气候（年降水量 250 ～ 500 毫米）的草原自然地理带，具有较好的自我修复条件和能力。可惜，我们对于利用这种自然力的巨大力量及其潜在经济价值有所忽视。

其三，是生态与生产的对立观。认为发展经济就会破坏生态，保护生态就免言发展经济，结果是生态建设投入不足和难以持续，对经济发展也有碍无助。这种生态生产“两张皮”是过去以“四滥”为特征的粗放式农牧经营的结果和由此而得出的一种过时和有害的概念。如果用人与自然和谐发展的理念和现代的经营模式与科学技术所建立起来的人工生态系统，可以更优于原生态系统和达到生态与经济共建双赢的目的。

过去治沙工作中的失误和沙化的扩展，其根源是尊重和遵循自然规律不够，因而事倍而功半。只要能以科学发展观为指导，一定能做到保护生态与发展经济的和谐双赢。

三、四大沙地的战略地位和有利条件

在自然地理条件上，四大沙地处在我国北方东部的半湿润季风区向西部干旱气候区、森林草原和典型草原向西部荒漠的过渡地带，是我国东西部地区间的一道重要的生态屏障。四大沙地为 250 ～ 500 毫米年降水量条件下的干草原与荒漠草原、栗钙土与棕钙土地带；是气候、植被、土壤和水文等自然条件变化大，稳定性低，生态脆弱和环境敏感的过渡型地理地带，是我国东部地区沙尘的主要来源地。从社会经济条件来看，它是农牧交错，生产力低下，经济落后，多民族聚居，贫困县乡集中，人口与资源矛盾十分突出的一个地区。生态脆弱、经济落后和政策失当成为这个地区沙化迅速扩展和生态环境恶化的自然和社会原因。所以，无论在生态、经济以及社会（脱贫和多民族）层面上，四大沙地的治理都具有重要意义。四大沙地的沙化得到控制和治理，经济有了显著发展，我国北方的生态环境和区域协调发展状况必将有重大改观。

这个地带（区）的过渡性也决定了在治理和发展上有它的许多有利条件。一是它处在 250 ～ 500 毫米年降水量的草原地带，其沙化的可逆条件显著优于西部的干旱荒漠地带；二是它拥有相当丰富的潜在土地和光热资源，其资源人均占有量显著高于东部地区；三是它紧邻东部的经济发达区，交通方便，往来频繁，有利于获取先进的技术、资金、人才和管理资源，有利于产品进入东部市场（如“伊利”和“蒙牛”的乳制品，“鄂尔多斯”的服装）；四是作为首都和东部地区的生态屏障以及贫困县乡的集中区等都是中央的重要关注点而备受重视。

四、生态－能源基地建设的设想（10条）

- 科学利用当地水热和土地资源，充分发挥生态系统的自组织修复功能，建设我国草原带的沙区能源灌木林人工生态系统，达到改善生态状况与增加生物量产出，人与自然和谐发展的目的，开创一个生态与生产共建双赢的新局面。
- 充分利用能源灌木新品种、促根剂、保墒剂、缓释肥、机械化生产与加工等现代科技，扩展和提高当地水热和土地资源的土地生产力水平。
- 建立灌木生物质生产与加工体系，发展沙区灌木经济。近中期以致密成型燃料为主要生物燃料产品，主要消费群体：沙区农村以替代薪柴，沙区乡镇以替代中小锅炉的煤炭，销往区外。此外，逐步发展生物质热电联产、灌木材深加工、纤维素乙醇、生物化工产品等。
- 沙区能源灌木林生产必须与农牧业生产紧密结合。当地养殖业宜以舍饲为主，以成熟灌木林放养补饲，以成型燃料加工中剩余新嫩枝叶生产颗粒饲料。
- 以农户为基础，以中小型龙头企业为主导，实行从田间到用户的灌木能源原料和产品的生产、加工、储运和营销的全程企业化管理。
- 通过发展生物质能源生产，促进适应当地的现代养殖业及基本农田建设，促进沙区农村经济，增加农民收入，彻底扭转滥垦（闯田）、滥牧、滥樵、滥采的局面，在源头和面上治沙。
- 将网络化信息服务和技术推广与培训作为沙区经济发展和新农村建设中的重要环节。
- 在已有一定工作基础的地方（如宁夏盐池县的百万亩柠条防风生态林等），经可行性论证后可组织试点先行。
- 在有条件的地方，可与风能和太阳能利用相结合，形成多种可再生能源的综合开发基地。
- 政府的资金投入和政策支持是前提，东部地区和国外的人才、资金和技术的引进是保障。

五、生物质能源生产潜力粗估

灌木耐干旱，可防风固沙，截雨蓄水，固定土壤；可作为燃料、饲料和肥料的原料，是我国西北地区的生态“守护神”和“摇钱树”。灌木是一种能质较好的能源植物，每公斤干重的发热量在4 000千卡以上，与原煤相当。我国西北地区主要成年灌木能源植物每公顷的地上部分产量在8～20吨，年产热量相当于

6～14吨标煤，相关指标可参见表2。

表2　我国主要灌木能源植物及产能指标表

树种	产量/（吨/公顷）	热值/（千卡/千克）	生产力1 000千卡/（公顷·年）	生产力吨标煤/（公顷·年）
柠条锦鸡儿	8.0（4年生）	4 707 （5年生枝干）	9 414	1.35
小叶锦鸡儿	7.935（4年生）	4 721 （4年生枝干）		
		4 821 （5年生枝干）	9 365.3	1.34
山杏	10.696（4年生）	4 708 （宁夏，2年生枝）		
		4 751 （山西，2年生枝）	12 704.2	1.82
沙枣	13.3（3年生）	4 931	26 294.6	3.76
	21.33（4年生）			
沙棘	4.7～4.99（3年生）	4 878.5	10 376.6	1.48
	5.21～7.61（4年生）			
	10.53～10.74（5年生）			
多枝柽柳	7.5（栽植3年平茬）	4 206	24 535	3.51
	10～15（2年生萌生林）			
	15～20（3年生萌生林）			
	20以上（4年生萌生林）			
东疆沙拐枣	22.5～30.0（5年生）	4 000	21 000	3.00
桤木	22（4年生，地上部分）	4 200～4 300	21 000～23 650	3.00～3.38
	25（5年生，地上部分）			
	13.53（3年生，全部）			
黑荆树	80～100（2年生，地上部分）	4 600～5 300	184 000～212 000	26.31～30.32

资料来源：尹伟伦，2006；生产力吨标煤/（公顷·年）栏由左侧生产力栏换算而得，每1 000千卡热值相当于0.143千克标煤

四大沙地的生物量产出在很大程度上受到水分，主要是降水量的制约。按每年每立方米水的生物量（干）产出为1公斤，或每毫米降水量每公顷的生物

量（干）产出为10公斤（李保国，2008）计，350毫米年降水量的每公顷生物量（干）产出为3.5吨。此数值与上述尹伟伦提供的生物量产出，以及美国最新报道在450毫米雨养区种植柳枝稷的公顷年产量干物质为6吨，水的生产力为1.3 kg/m^{3}的资料（Schmer MR，2008）基本一致。根据上述资料中的有关参数，可根据四大沙地及其中不同地段的年降水量和灌木种类而计算出具体的生物量产出。

四大沙地的面积为155万公顷，其中固定、半固定沙丘及丘间农田约占2/3，100万公顷。按地上部分生物量（干）每公顷年产出8～20吨计，可年产出800万～2 000万吨生物质或原煤热值。按吨煤价800元计，产值64亿～160亿元，可减排二氧化碳2 960万～7 400万吨。

参考文献

[1] 王涛．中国沙漠与沙漠化．石家庄：河北科学技术出版社，2004.

[2] 石玉林．等，西北地区水资源配置生态环境建设和可持续发展战略研究：土地荒漠化卷．北京：科学出版社，2004.

[3] 中国可持续发展林业战略研究项目组．中国可持续发展林业战略研究·战略卷．北京：中国林业出版社，2002.

[4] 石元春．中国生物质原料资源专题研究报告．中国工程院咨询研究项目，2007.

[5] Schmer M R, Vogel K P, Mitchell R B, et al. Net energy of cellulosic ethanol from switchgrass. PNAS, 2008, 105(2): 464-469.

（2008年7月18日）

17 对《秸秆综合利用规划》的建议

（2008 年 12 月 10 日）

【建议背景】

我国北方主要粮区露地焚烧秸秆成为一大社会公害，十余年未除的一个顽症。国务院拟发秸秆综合利用方面文件，国家发改委拟《秸秆综合利用规划》征求意见稿。以下是作者就此提出的意见。

国家发改委综合计划司：

编制此《规划》很重要，《规划》的框架和主体思想都很好。

露地焚烧秸秆是十多年未除的一个顽症，症结是在当前市场经济和农作体制下，没有途径实现它的经济价值。传统农作制下，秸秆量不大，且"三料"（肥料、饲料、燃料）需求高，劳力也便宜，所以不存在过剩问题。现在量大得多，"三料"需求降低，农村劳力宁愿外出务工也懒得用这些繁重劳力。有了计算器，谁也不愿意用算盘，明明小麦机收要交现金，质量不如自割，但河南农村还是机收当道。秸秆露地焚烧靠"堵"很难，一定要"疏"；一般的"疏"也不行，只有"疏"到农民感觉"烧秸秆就是烧钞票"才行。

秸秆做"有机肥"有几千年历史，农民不乏这方面经验，有了化肥就不再愿意花繁重劳动搞堆肥；有了煤就懒得烧秸秆，饲料问题也是这样，农民也是要算经济账和提高生活质量的。我以为出路是提高秸秆的商品价值和商品率，而燃料化和原料化的可能性最大。原料化多为耐用商品，需求和市场有限，技术和投资较高，而燃料化是消耗性商品，需求和市场几乎无限。燃料化中的压缩成型燃料（也称"生物煤"）投资少、见效快、用途广、商品度高，主要是打通商品化渠道，包括秸秆收集、分散化加工机械和加工点设置、产品收集和生产营销等。所有这些，在瑞典等许多欧洲国家都已经很成熟了。我国农村有大量尚无经济价值的秸秆，另一头是我国每年十多亿吨化石煤消费中一半是污染严重的中小锅炉，是温室气体减排的重点。秸秆的"生物煤化"利于农民，利于国家，利于全球。

除"生物煤"外，几年后纤维素乙醇技术有了突破，秸秆身价还要上涨。当然，不应该也不可能都燃料化，还要有还田、作饲料等多元化用途。

《规划》是重要的，但只靠《规划》是解决不了秸秆露地焚烧顽症和推动综合利用的。为此，《规划》中更应当点明问题之要害，突出其要点，强调实施及政策。

石元春

于 2008 年 12 月 10 日

18 开发农村生物质能促进农民就业与增收的建议

（2009 年 1 月 6 日）

【建议背景】

受全球金融危机影响，2008 年秋大量农民工失业返乡。作者为此十分忧虑，及时提出“大力开发农村生物质能促进农民就业与增收”的应对之策，登载于 2009 年 1 月 6 日的《工程院院士建议》第 15 期。

最近，受全球金融危机影响，大量农民工失业返乡，农民就业与增收的形势更加严峻，为此，中国工程院院士石元春提出应对之策。

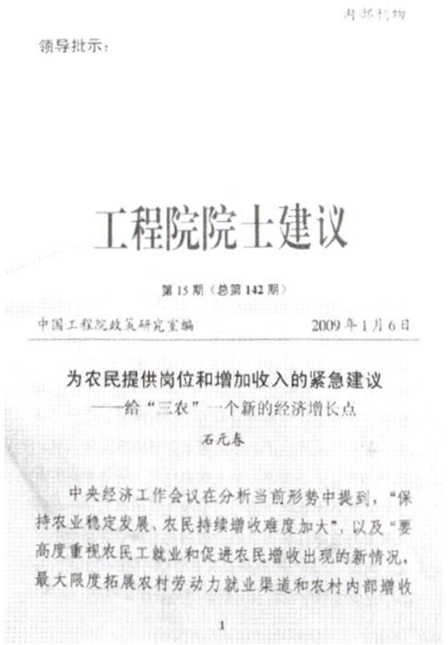
内部刊物

领导批示：

工程院院士建议

第 15 期（总第 142 期）

中国工程院政策研究室编　　2009 年 1 月 6 日

为农民提供岗位和增加收入的紧急建议

——给“三农”一个新的经济增长点

石元春

中央经济工作会议在分析当前形势中提到，“保持农业稳定发展、农民持续增收难度加大”，以及“要高度重视农民工就业和促进农民增收出现的新情况，最大限度拓展农村劳动力就业渠道和农村内部增收

1

一、开发农村生物质能，促进农民就业与增收具有相当发展潜力，可给“三农”带来新的经济增长点

1. 国外经验表明，发展生物质能产业可促进就业和农村发展

目前大力发展生物质能产业是全球性趋势。巴西 2007—2008 年度乙醇产量达 1 749 万吨，产值 112 亿美元，替代国内 50% 汽油，减排量达 2 580 万吨。生物燃料产业成为带动其农业、化工、汽车、机械、交通、市政建设等 13 个行业的国家支柱产业，每 100 万吨甘蔗可产 6.34 万吨乙醇，带动相关产业创造产值 1.73 亿美元、经济增加值 8 550 万美元，提供 5 681 个就业岗位。在美国，近年发展燃料乙醇的最大直接受益者就是农民，全美 223 个乙醇和生物柴油生产厂主要是由农民自办和分设在农村中。

各国在发展生物质能的实践中越来越认识到，它在促进农村经济发展、增加农民就业和收入方面可发挥重要作用。联合国亚太经社会 2008 年的报告也指出：生物燃料产业的发展势不可挡，它非常有利于增加农民收入、创造就业机会和抑制油价。

2. 我国农村开发生物质能具有较大优势和可行性

（1）利用能源作物生产乙醇：我国大部分地区都可种甜高粱和薯类，它们投入产出比高，生长快，耐旱涝，田间管理简单，能生长在盐碱地和瘠薄的土地上，在能效、减排和经济效益上均优于巴西的能源作物甘蔗。据国家《"十一五"燃料乙醇专项规划》论证专家在内蒙古的700亩甜高粱试验，平均亩产籽粒271公斤，秸秆6.8吨（含糖量17.3%），可产0.33吨乙醇（99.5%），较种向日葵和玉米每亩可分别增收320元和380元。采用先进的固体发酵技术后，每吨乙醇成本为4 346元，抵消饲料和燃料后成本为3 416元，能量投入产出比高达1∶23，每生产万吨乙醇可为农民提供4 750个农业岗位和100个加工岗位。

我国是世界上最大的甘薯生产国家，播种面积1.3亿亩，总产量1.5亿吨。每生产1万吨薯类乙醇约需4万亩薯田，农民可获6 200个原料生产岗位和80个加工岗位，新增收入1 200万元。此外，我国年产白酒和酒精600万吨，1/3原料来自薯类，如扩大现生产规模用于生产燃料乙醇，可事半而功倍。

（2）利用农村有机废弃物及林能资源生产沼气：我国有1.5亿吨标煤可利用的畜禽粪便等有机废弃物资源，可利用规模化养殖场和农产品加工业的有机废弃物发展经纯化压缩的工业沼气，用于替代天然气或用作汽车燃料。我国还有极其丰富的林业剩余物、薪炭林等林能资源，可加工"生物煤"及进行热电联产，用于替代化石煤，还有利于减排。这些在欧洲的商业化程度较高，在技术上没有障碍。

3. 我国农林生物质能资源具有很大的开发潜力

我国1/4耕地是低产田，上亿亩宜农后备耕地未被利用，这些土地不适宜种粮，但种甜高粱薯类等能源作物不成问题。宜林盐碱地和荒山荒坡等更多，完全可用于发展林业能源。据国土资源部及国家林业局等部门最新资料，对我国生物质原料资源研究的初步结果是年产能潜力为8.99亿吨标煤，其中有机废弃物与边际性土地 / 能源植物资源各占一半。边际性土地中有宜农后备土地1.1亿亩，现耕地中的低产田4.27亿亩；宜林荒山荒坡地8.56亿亩，现有薪炭林、油料林和灌木林7.76亿亩，整体合计面积与现有耕地面积相当，分省数量均有统计。

按不同原料不同利用方向划分，适于生产液体燃料以替代石油的原料资源，可年产能4.39亿吨标煤；适于生产沼气以替代天然气的资源，可年产能1.54亿吨标煤；适于生产生物煤（固体燃料）以替代化石煤的资源，可年产能3.07亿吨标煤。这些都是巨大的潜在资源和财富。

4. 开发农村生物质能对促进农民就业和增收有积极作用

如将上述资源的1/3盘活和利用，每年可有3亿吨标煤的产能和3万亿元以上的产值，有机废弃物的利用还有环保减排的生态效益。参考巴西相关数据，如能利用我国边际性土地的一半（约 2 亿亩）发展甜高粱和能源薯类，可年产 6 000 万吨乙醇，农民可获 3 000 多万个原料生产岗位和 40 多万个加工岗位，新增收入 480 亿元。

除少量低产农田外，所有边际性土地和有机废弃物都是具有潜在经济价值的资源，一旦投入生产和流通就能实现它们的经济价值和年年“发酵”增值。农村生物质能的市场无限，符合环保和可持续发展要求，既能为农村地区提供生活和生产用能，又可帮助农民脱贫致富，为“三农”带来新的经济增长点，也为实施中央关于“城乡社会经济一体化”和“以工补农”的战略部署提供有力“抓手”和载体。

二、具体实施建议

1. 分别在农、林两条战线，燃料乙醇、工业沼气、生物煤三个主战场进行部署。

（1）燃料乙醇生产：打好三个战役。一是在现有 1 亿多亩薯类和高粱地的基础上，调整 4 亿多亩低产农田的种植结构，将甜高粱和能源薯种植面积调整到 1.5 亿亩，并通过技术投入将单产提高 4～6 成，为年产 5 000 万吨乙醇提供原料，为农民提供 30 万个加工岗位和 450 亿元年新增收入。二是在 1.1 亿亩宜农后备耕地中开垦 6 000 万亩种植甜高粱和能源薯类，由各省分别实施，总计具 2 000 万吨乙醇的生产能力，为农民新提供 1 000 万个原料生产岗位、13 万个加工岗位和 160 亿元年新增收入。三是扶持纤维素乙醇的科技攻关，争取 2012 年示范生产和 2015 年达到 200 万吨年生产能力。乙醇加工厂规模以小型为主，年产量 3 万～5 万吨，在农村分布式布局。

（2）工业沼气生产：除农村户用沼气外，以规模化养殖场的畜禽粪便和农产品加工厂的废水废渣为原料生产工业沼气，应用纯化压缩和罐装管输技术，发展商品沼气，以生物气替代天然气。此举的关键是能否实现商业化和建立流通体系。

（3）生物煤生产：利用农林固体有机废弃物压制成型为“生物煤”，采用小型广泛分布式布局。除农民自用外，打通中小城镇的中小锅炉燃料市场，每替代 1 吨化石煤可减排 3.3 吨二氧化碳。此举的关键也在于实现商业化和建立流通体系。露地焚烧秸秆是久治不愈的顽症，如能使秸秆产生经济效益，农民就不会白白烧掉。

2. 制定一个操作性很强的启动规划（2009—2015 年），实施上要先易后难，见效快和提供岗位多的项目先上。

优先项目之一是在农民工返乡相对集中的省（自治区、直辖）市部署甜高粱和能源薯类的乙醇生产点，带动低产田种植结构调整和有计划的后备耕地开垦。一个年产 3 万吨的生产点约需投资 1.3 亿元，可带动 10 万亩农田，提供 1.5 万个农业岗位和 300 个加工岗位，农民可年增收 0.4 亿～ 0.6 亿元。2009—2010 年可在各有关省先上 100 个示范点，投资 130 亿元，产 300 万吨乙醇，提供 155 万个农业岗位和 3 万个加工岗位，农民增收 40 亿～ 60 亿元。第二个优先项目是 2009—2010 年在秸秆露地焚烧集中和林业剩余物集中的两类地区，部署 100 个“生物煤”加工及销售示范点，农民可很快见利和获得一批工作岗位。

19 给“三农”一个新的经济增长点

——为农民提供岗位和增加收入的紧急建议

（2009 年 1 月 19 日）

【建议背景】

为了扩大社会影响，作者在给《工程院院士建议》的基础上，进一步充实和系统化以后，在《科学时报》2009 年 1 月 19 日 A2 版发表了此项建议。

A2 国内 科学时报
给“三农”一个新的经济增长点
——为农民提供岗位和增加收入的紧急建议

中央经济工作会议在分析当前形势中提到，“保持农业稳定发展、农民持续增收难度加大”，以及“要高度重视农民工就业和促进农民增收出现的新情况，最大限度拓展农村劳动力就业渠道和农村内部增收空间”。为此，提出以下紧急建议。

一、当前“三农”形势相当严峻

我国有 1 亿农民进城务工，1.3 亿在乡企岗位，全球金融危机对我国经济的影响中他们首当其冲。珠三角、长三角和江浙等地的大批农民工开始失去工作岗位返乡，乡企也很不景气，如果其中 20% 的人受到影响，就有 4 000 多万农民失去工作岗位。中国农村居民家庭人均收入中（2006 年为 3 587 元），58% 来自非农及进城务工，金融危机必将直接影响到中国农民的收入水平。农民收入减少，返乡冗余劳动力增加，保障社会稳定任务加重，实现十七届三中全会提出的农民人均收入翻番目标更难，当前的“三农”形势相当严峻。

近几年，党中央千方百计地对“三农”多予少取和加大农业基础设施建设投入，这是非常正确和必要的，但是在发展生产，农民增收和缩小城乡居民收入差距上进展并不显著，城乡社会经济一体化和以工补农的战略部署也缺少具体“抓手”和实施载体，现在又要应对金融危机的波及。因此，无论在当前和长远上，我国“三农”问题都需要有新的战略思路，给“三农”一个新的经济增长点和推动农村经济的强力引擎。

二、巴西经验可资借鉴

最近在巴西召开，有 90 个国家和 24 个国际组织参加的“国际生物燃料大会”上，巴西发布了 2007—2008 年度乙醇产量 1 749 万吨，完成产值 112 亿美元，替代了国内 50% 的汽油和减排了 2 580 万吨温室气体。巴西甘蔗生产已成为带动农业、糖、乙醇、电力、机械制造、化工、汽车、交通、市政建设等 13 种行业的一项国家支柱产业。每 100 万吨甘蔗可生产 6.34 万吨乙醇，带动相关产业创造产值 1.73 亿美元、经济增加值 8 550 万美元和提供 5 681 个就业岗位。目前巴西生产乙醇的能量输入产出比高达 1 : 9.3，生产成本相当于石油 50 美元 / 桶。

在巴西，甘蔗 – 乙醇是个投资少和提供就业岗位多的产业。石油工业每提供 1 个工作岗位，水电和煤炭可提供 3 ～ 4 个，而乙醇产业可提供 152 个；每提供 1 个工作岗位，乙醇产业的投资额是 1.1 万美元，而消费品、汽车、冶金和石油化工分别是 4.4 万、9.1 万、14.5 万和 22.0 万美元。乙醇还可以联产乙烯和甘蔗基的聚羟基丁酸酯、聚乳酸前体乳酸等十数种能替代石油的高附加值下游产品。

巴西计划 2008—2020 年，甘蔗播种面积由 780 万公顷增加到 1 390 万公顷，产量由 4.87 亿吨增加到 10.38 亿吨，乙醇产量由 1 749 万吨增加到 5 191 万吨，联产生物质发电由 1 800 兆瓦增加到 1 4400 兆瓦。经过半个多世纪的努力，甘蔗 – 乙醇在巴西终于成了气候。今年全球粮食危机中，巴西总统卢拉在联合国粮农组织的一次会议上表示：有人试图将世界粮食危机归因于生物燃料，这是荒谬的歪曲。巴西的经验表明，生物燃料不仅没有威胁到粮食安全，而且可以在农村地区增加就业，为农民带来更多收入。

各国在发展生物质能源实践中越来越认识到，它在促进农村经济，提供农民就业岗位和增加农民收入上可以发挥重要作用。即使在美国，近年发展燃料乙醇的最大直接受益者是农民，全美 223 个乙醇和生物柴油生产厂主要是由农民自办和分设在农村中的。今年 3 月联合国粮农组织发布的一个帮助发展中国家发展生物燃料的报告中说：“要求各国在出台扶持生物燃料的政策和投资前，必须注意到可能产生的对粮食安全和环境影响，但也不能忽视生物燃料对发展中国家农村发展和改善经济的作用而延误这个产业的发展。”联合国亚太经济社会观察报告（2008 年度）也指出：生物燃料产业的发展势不可当，它非常有利于增加农民收入、创造就业机会和抑制油价。

三、中国的生物质产业优势

巴西地处热带，盛产甘蔗，而我国地处亚热带和温带，到处都可以种甜高粱和薯类。它们生长快，产量高，耐旱涝，能长在盐碱和瘠薄的土地上，全生育期用水只是甘蔗的1/3，田间管理简单，成本低廉，以及在能效、减排和经济效益上，均优于甘蔗。

根据李十中在内蒙古五原县的试验，700亩甜高粱的平均亩产籽粒271公斤，秸秆6.8吨（含糖量17.3%），产0.33吨乙醇（99.5%），较种向日葵和玉米每亩农民可分别增收320元和380元。采用先进的固体发酵技术，乙醇吨成本为4 346元，抵消饲料和燃料后的成本为3 416元，能量投入产出比高达1∶23，每万吨乙醇可为农民提供4 750个农业岗位和100个加工岗位。

我国是世界上最大的甘薯生产国家，播种面积1.3亿亩，总产1.5亿吨，分别占世界总量的65%和86%。每生产1万吨薯类乙醇约需4万亩薯田，农民可新增收入1 200万元，获6 200个原料生产岗位和80个加工生产岗位。我国年产白酒和酒精600万吨，1/3原料来自薯类，扩大现生产规模用于生产燃料乙醇，可事半而功倍。

我国有1.5亿吨标煤可利用的畜禽粪便等有机废弃物资源，在发展农村户用沼气的同时，可利用规模化养殖场和农产品加工业的有机废弃物发展经纯化压缩的工业沼气，用于汽车燃料或罐装管输以替代天然气。我国有极其丰富的林业剩余物、薪炭林等林能资源，加工成“生物煤”及热电联产等可以较大规模替代化石煤和减排温室气体。这些在欧洲的商业化程度已经很高了，技术上没有障碍。

四、盘活我国的资源存量

我国生物质原料资源状况如何，事关发展大计。

根据国土资源部及国家林业局等的最新资料，对我国生物质原料资源研究的初步结果是年产能潜力为8.99亿吨标煤，有机废弃物与边际性土地/能源植物两分天下。边际性土地中有宜农后备土地1.1亿亩及现耕地中的低产田4.27亿亩；宜林荒山荒坡地8.56亿亩及现有的薪炭林、油料林和灌木林7.76亿亩，整个累计面积与现有耕地面积相当，分省的数量均有登记造册。在具有年产能4.74亿吨标煤的可用有机废弃物中，作物秸秆2.56亿吨标煤，林业剩余物0.63亿吨标煤，畜禽粪便1.22亿吨标煤，以及加工业和城市有机废弃物0.33亿吨标煤。

按不同原料不同利用方向的原则，适于生产液体燃料以替代石油的原料资源，可年产能4.39亿吨标煤；适于生产沼气以替代天然气的原料资源，可年产能1.54亿吨标煤；适于生产生物煤（固体燃料）以替代化石煤的原料资源，可年产能3.07亿吨标煤。这是一笔何等巨大的潜在资源和财富。

我国是个土地资源相对贫乏，但又经营利用不够充分的国家。1/4的耕地是低产田，上亿亩宜农后备耕地未被利用，这些土地种粮食不行，种甜高粱和薯类等能源植物不成问题。宜林的荒草地、盐碱地、荒山荒坡就更多了，完全可用于发展林业能源。资本不流通就是“死钱”，“资源”不用就是“废物”。过去曾因掠夺式的土地开发而破坏了生态，但不等于利用就是破坏生态，不用就是保护生态。以现在的理念、技术和管理水平，完全可以做到开发与生态双赢，是事在人为而不要“因噎废食”。

“三农”和发展可再生能源是多么渴望这些土地和生物质资源的投入啊！国家应该有一个开发与生态双赢的新资源战略，盘活本该盘活的宝贵资源。

五、给“三农”一个新的经济增长点

如果将上述资源中的1/3盘活，每年就会有3亿吨标煤的产能和3万亿元以上的产值，有机废弃物的利用还有环保减排的生态效益。参考巴西的相关数据，若能利用我国宜农边际性土地的一半（约2亿亩）发展甜高粱和能源薯类，可生产6 000万吨乙醇，农民可以获得3 000多万个原料生产岗位，40多万个加工生产岗位和新增收入480亿元。

除少量低产农田外，所有边际性土地和有机废弃物全都是目前没有经济价值的潜在资源，一旦投入生产和流通就能实现它们的价值和年年“发酵”增值。这是一笔全新的土地和资本投入，资源是新的，产品是新的，产品市场是无限的，产业是绿色和可持续的，这是真正意义上的新经济增长点，推动农村经济发展的新引擎，也为实施中央提出的“城乡社会经济一体化”和“以工补农”战略部署提供有力的“抓手”和载体。

六、有现实性和可操作性吗？

全球燃料乙醇和生物柴油在2007年产量达到了4 600万吨，巴西计划2020年达到5191万吨，美国2007年底通过的《能源自主与安全法案》中计划美国2022年达到1.08亿吨。欧盟则采取了固、液、气三态并举和多元化的发展策略。在资源、技术、市场、经济性上，与美、巴和欧盟相比，我国毫不逊色，关键是下不下这个决心。如何才能将这种可能性变为现实性？兹提出如下 6 条建议。

1. 分别在农、林两条战线，燃料乙醇、工业沼气、生物煤三个主战场部署。

2. 燃料乙醇打好三个战役。第一个战役是在现有 1 亿多亩薯类和高粱地的基础上调整 4 亿多亩的低产田的种植结构，将甜高粱和能源薯种植面积调整到 1.5 亿亩，并通过技术投入将单产提高四到六成，为年产 5 000 万吨乙醇提供原料，为农民提供 30 万个加工生产岗位和 450 亿元的年新增收入。第二个战役是在 1.1 亿亩的宜农后备耕地中开垦 6 000 万亩种植甜高粱和能源薯类，由各省分别实施，总计具 2 000 万吨乙醇的生产能力，可新提供 1 000 万个原料生产岗位，13 万个加工生产岗位和 160 亿元的农民年新增收入。第三个战役是扶持纤维素乙醇的科技攻关，争取 2012 年示范性生产和 2015 年达 200 万吨年生产能力。乙醇加工厂规模以小型为主，年产 3 万～ 5 万吨，在农村分布式布局。

3. 在发展农村户用沼气的同时，以规模化养殖场的畜禽粪便和农产品加工工厂的废水废渣为原料生产工业沼气，应用纯化压缩和罐装管输技术，发展商品沼气，以生物气替代天然气。此举的关键是能否实现商业化和建立流通体系，技术不是障碍。

4. 利用农林固体有机废弃物压制成型为“生物煤”，可以小型分散，遍地开花。除农民自用外，打通中小城镇的中小锅炉燃料市场，每替代 1 吨化石煤可减排 3.3 吨二氧化碳。此举的关键也在于能否实现商业化和建立流通体系，技术不是障碍。露地焚烧秸秆是个久治不愈的顽症，如果能使它变成钞票，农民绝不会白白烧掉。

5. 实施上要先易后难，见效快和提供岗位多的项目先上。优先项目之一是在农民工返乡相对集中的省市部署甜高粱和能源薯类的乙醇生产点，带动低产田的种植结构调整和有计划地开垦宜农后备耕地。一个年产 3 万吨的点约需投资 1.3 亿元，可带动 10 万亩农田，提供 1.5 万个农业岗位和 300 个加工岗位，农民年增收 0.4 亿～ 0.6 亿元。2009—2010 年在全国先上 100 个示范点，投资 130 亿元，可生产 300 万吨乙醇，提供 155 万个农业岗位和 3 万个加工岗位，农民增收 40 亿～ 60 亿元。第二个优先项目是在秸秆露地焚烧集中和林业剩余物集中的两类地区，2009—2010 年部署 100 个“生物煤”加工及销售示范点，农民可以很快见利和获得一批工作岗位。

6. 制定一个操作性很强的启动规划（2009—2015 年）。

结语：给农民的这个新经济增长点，既是建设性投资，又是民生性投资；既是应急性投资，又是长远性投资；既能提升“三农”生产力，又能增加购买力；既利于“三农”，又利于国家能源结构调整和减排温室气体，是一件功在当代，惠泽子孙的好事。

推出一个新的经济增长点，肯定会遇到种种问题，难度很大，但肯定不会遇到“根本性”和“颠覆性”问题。对此，中央领导的信心和决心很重要。胡锦涛同志说过，中国的社会主义制度使我们有可能集中举国之力办大事。举国体制能将奥运办得如此出色，给“三农”一个新的经济增长点也是完全可以做得到的。

孙子兵法云：“为战者，以正合，以奇胜”，将农业主力部署到粮食主战场，又以“能源农业”为“奇兵”，激活“三农”全局，打开一个新的局面。

贯彻中央经济工作会议精神要雷厉风行。农业的季节性很强，现在抓紧还不晚，稍一放松，2009 年就派不上用场了。

20 对中国农业大学生物质工程技术中心二期发展的一些想法

（2009 年 11 月 6 日）

【建议背景】

中国农业大学于 2005 年成立“生物质工程技术中心”（以下简称中心），程序教授任中心主任。2009 年换届，经酝酿，学校建议王涛副校长任中心第二届主任，董仁杰任副主任。作者写信校给校党委书记和校长，提出自己的想法与建议。

振元书记、柄生校长：你们好！

我们与董仁杰等同志就我校生物质工程技术中心二期的想法交换了意见，草拟了一个文字材料附后。当否，请指示。中心主要负责人如何安排也望示知。敬请教安！

石元春，程序　敬上

2009 年 11 月 6 日

无论是温室气体减排，减少油气进口压力，增加农民收入，还是推进农村的工业化建设，发展生物能源对中国都太重要了。可是迄今一路走得很艰难。最近，生物质能源在中国出现了转机，这和中央十分重视新能源和减排的大形势有关，李克强同志最近有关于重视和加强生物质能源方面的批示。

中国农大自 2005 年成立“生物质工程技术中心”以来，在学校领导和支持下，在产业沼气、颗粒燃料以及为国家有关业务提供咨询等方面做了大量扎实工作，打下了进一步发展的基础。为了迎接国内外生物质能源大发展的新形势，对我校中心的二期建设与发展提出如下建议。

1. 总体要求

根据中心一期工作打下的良好基础和国内外生物质工程技术发展态势，我校中心二期应进入到快速发展期，利用两年左右时间完成从体制、规模和成果上的拓展。

2. 定位

建成紧密为“三农”和低碳经济服务和面向全国的生物质原料、加工、市场及咨询服务相结合的生物质工程与技术中心。

3. 二期目标（2010 年 1 月—2011 年 12 月）

（1）根据市场和科技发展需求，整合校内外资源，组建生物质原料资源、固态生物燃料、液体生物燃料（以甜高粱乙醇为主）、气体生物燃料（以产业沼气为主）、生物基产品以及战略研究与信息咨询服务中心（网络、媒体、规划设计）等6个研究室及主任办公室。

（2）建立校内（北京、烟台）及校外生物质工程技术示范基地（南宁等）。

（3）倡导和组织全国生物质工程技术产学研联盟（争取办公室设在中国农业大学）；近期内先行筹建全国产业沼气技术产学研联盟。

（4）建设拥有先进设备的生物质专项实验室（指硬件）1或2个。

（5）在产业沼气、颗粒燃料和甜高粱乙醇研发上取得重要进展。

4. 机制

（1）争取和承接项目（纵向和横向，国内和国外）是基础和杠杆，中心的职能是为科技人员创造条件、组织实施、监督评价和成果拓展。

（2）研究室主任负责制订本室工作目标和计划，争取、承接和组织实施项目。

（3）中心及各工作室主任采取聘任制（全职与半职），聘期两年，聘任期间可享受中心补贴与奖励。办公室人员为全职。

（4）专业性研发人员随项目流动，项目管理参照学校科研管理办法，特殊情况另订。

（5）信息咨询服务中心根据项目内容分收费与免费两类管理。

（6）积极与外校、外院（所）和企业合作建设实验室和申请研发项目。

5. 体制与编制

（1）鉴于中心的多学科特点，中心独立于院系，由一位校领导负责联系或直接兼任主任，另设专职常务副主任。

（2）学术委员会为中心的决策机构，由校内外著名专家组成（以校内为主）。主要职责是提出研发方向与重点、审定资助项目、工作室负责人聘任，及其他重要科技问题审议。学术委员会委员由学校聘任，任期两年。

（3）研究生随项目负责人，除特殊专项研究和经学校批准外，中心不单独招研究生。研究生名额由学校（研究生院）戴帽（“计划单列”）单独下达。

（4）中心编制约20人，以管理人员为主，少数专职研发和试验人员，岗位和职称纳入学校相关系统。

（5）引进人才非常重要。根据二期建设需要，请学校批准6～8名进人指标，在引进工程技术人才中不过分强求发表SCI论文标准。

6. 经费

（1）学校在“211工程”三期和“985工程”二期的经费上继续给予支持。

（2）积极争取纵向和横向课题经费。

（3）建立项目孵化基金。

21 关于建立秸秆成型燃料替代中小锅炉燃煤的产业化示范点建议书

（2009 年 11 月 15 日）

【建议背景】

作者 2009 年 11 月 8 日参加国家发改委在合肥召开的“全国农作物秸秆综合利用现场经验交流会”期间，与发改委解振华副主任交谈中提出秸秆成型燃料替代中小锅炉燃煤的建议，解振华副主任提出可以向国家发改委写建议书。以下是作者会后写作和递交的建议书，无果。

一、缘由与意义

温家宝总理在哥本哈根会议上提出我国“2020 年单位国内生产总值二氧化碳排放比 2005 年下降 40%～45%”和“言必信、行必果”。正确处理我国农作物秸秆问题必将为此作出重要贡献。

为了解决秸秆综合利用和露地焚烧，以及实现 2015 年秸秆利用率超过 80% 的目标（国办发《关于加快推进农作物秸秆综合利用的意见》文件），必须寻求能够快速和大量消化农村过剩秸秆和直接增加农民收入，调动农民积极性的途径，能源用途是唯一最佳选择。在年产出 7 亿吨秸秆的现用途中，约 2.5 亿吨用于还田、饲料和工业原料，4.5 亿吨可用于能源，相当于 2.3 亿吨标煤，可减排近 6 亿吨二氧化碳，农民可新增 1 000 亿元现金收入和大量工作岗位。

秸秆能源用途的办法很多，但目前技术成熟和可以很快形成产业化和规模化生产的主要是直燃发电和成型燃料供热两项。前者已经有了较好发展，建议尽快组织成型燃料供热的产业化示范项目。

全国煤炭消费中约 10 亿吨用于中小锅炉供热，热效率不到 60%，很难实现清洁燃烧，是二氧化碳及粉尘排放大户和治理的重点与难点。以秸秆和林业剩余物加工的成型燃料是替代中小锅炉化石能源的最好选择。与还田和饲用不同，生物质能源是个新兴的工业性产业，建一个发电厂或成型燃料加工厂就能立即消化大量秸秆和农民立竿见影地得到可观的收入，还能产出清洁能源产品和减排温室气体，市场需求几乎无限。

二、可行性的原则分析

生物质成型燃料供热发电在瑞典等欧洲国家商业化运行已有二十余年，技术成熟，市场流通顺畅。近年我国研发者日增，特别是吉林辉南宏日新能源公司在以成型燃料替代中小锅炉燃煤燃油上取得了突破性进展。该公司自行研制了成型加工机械设备及专用锅炉，2008—2009 年完成了长春吉隆坡酒店等 8 万米 ^{2} 供热示范。吉隆坡酒店的 4 万米 ^{2} 供热较原燃油供热节省费用 50%，减排二氧化碳 3 000 吨。2009—2010 年的供热面积达 20 万米 ^{2}。他们的创新点是将成型燃料的生产、供应、锅炉改造、供热相衔接的全程化技术与服务。

《欧盟 – 中国能源与环境项目》中由中国农大生物质工程技术中心与瑞典合作研究并已通过验收的“广西木薯秸秆以发电、制热 / 冷、兼产颗粒燃料之联产企业可行性研究”项目提出的木薯秸秆成型燃料的质量达到欧洲一级标准，不亚于木质成型燃料，具有年产颗粒燃料 360 万吨，相当于标煤 200 万吨和减排二氧化碳 500 万吨的潜力。

及时从田间撤出秸秆，为下茬作物腾地是解决秸秆露地焚烧的关键。中国国能生物发电集团公司已研制成功适合我国国情的农村秸秆从田间到电厂的收集、打包和运储的机械系统与设备。

秸秆快速收集、压制成型和锅炉改造全套技术和设备在我国已经成熟，设备可以全部国产，施工期约 1 年。

三、运行模式

采取农民可以全程参与的公司 + 农户模式。

1. 秸秆采集、打包、压缩、运输工序可参照现已成熟的“小麦机收服务模式”，在田间秸秆到成型燃料加工厂之间建成一条“快速通道”。示范期间由企业经办，条件成熟后交由农民自行组织的公司经办。

2. 按半径 30 ～ 40 公里，约 7 万亩或 6 万吨秸秆收集面积布置一个年产 5 万吨的成型燃料加工厂，替代约 100 个吨位的中小锅炉。示范期间由企业经办，条件成熟后由农民参与的公司经办。

3. 中小燃煤锅炉改造与终端供热由专业公司经办，与成型燃料加工厂形成产业联盟或集团公司，以免在原料上无序竞争。

4. 形成一个农民可以全程参与，农村富余劳动力可就地转移，工业反哺农业的运行机制和产业链条。

5. 建立以企业为主体的产学研运行机制。

四、示范点的布局

根据我国农作物及秸秆产出特点，可设北、中、南三个产业化示范点。

1. 一年一作的春玉米区示范点建议设在吉林省。吉林是玉米生产大省，国务院并已批准吉林实施增产 100 亿吨粮食的计划，秸秆压力会越来越大，副省长曾“张榜招贤”解决玉米秸秆问题。此外，吉林省成型燃料的产业基础较好。

2. 一年两作或两年三作的粮食主产区的示范点建议设在河北邯郸市曲周县。这里处于黄淮海平原的冀、鲁、豫中心位置，既是粮食及秸秆的主产区，又处在秸秆露地焚烧区的腹地。中国农大在这里有很好的工作基础，可以作为技术依托。

3. 南方木薯产区，建议设在广西南宁市。广西水热和土地资源丰富，是我国生物质原料资源大省，有较好的生物质能源工作基础，中国农大与瑞典合作的木薯秸秆成型燃料及联产项目为之打下了良好基础。

五、项目规模和目标

每个示范点的生产规模为年产成型燃料 5 万吨，替代中小锅炉 100 吨位，三点合计形成年产 15 万吨成型燃料生产能力和对 300 个吨位中小锅炉的化石燃料替代。其综合效益包括：年消化 25 万亩的 20 万吨秸秆和农民增收 5 000 万元，可替代 8 万吨标煤的化石能源和减排 20 万吨二氧化碳。

六、资金估算

每个示范点的建设项目投入如下。

1. 秸秆集运机械：300 万元（主要是中部和北部点）。
2. 成型设备：1 200 万元。
3. 锅炉改造补贴：600 万元。
4. 其他：200 万元。

三个示范点共投入 6 900 万元，研发费 1 000 万元，总经费 7 900 万元。

七、时间表

1. 实施期为两年。
2. 前期工作：可行性研究和实施计划制订约 3 个月（不在实施期内）。
3. 第一年做到三到位，即收集－运输机械到位、成型设备到位、替代点及锅炉改造到位。
4. 第二年全面试运行。
5. 第一年年末进行期中检查，第二年年末验收评估。

八、项目实施

项目实施及技术依托单位为中国农大生物质工程技术中心和辉南宏日新能源有限公司，项目办公室设在中国农大。

22 关于建立我国四大沙地碳汇林–治沙–生物质能源基地示范点的建议书

（2009 年 11 月 15 日）

【建议背景】

这是作者给国家发改委和解振华副主任上交的另一份建议书。

一、缘由与意义

胡锦涛主席和温家宝总理在国内外的一些重要会议上曾多次提出我国要通过大规模植树造林以增加碳汇。国务院也已下达到2020年增加碳汇林6亿亩的任务，将对实现“2020 年单位国内生产总值二氧化碳排放比 2005 年下降 40%～45%”的目标作出重要贡献。

在碳汇林建设中，我国北方的毛乌素、浑善达克、科尔沁、呼伦贝尔四大沙地具有特殊意义，它的条件最差和难度最大，生态意义也最大。面积 10 万公里^{2}的四大沙地，土地沙化活跃，生态脆弱，是北京和我国东部地区沙尘暴的主要沙尘补给来源。多年来这里的治沙工作虽取得一些点上的示范效果，但难以面上见效，其重要原因是没有将治沙与发展当地的沙产业结合起来。

现在我国已经有了利用沙生植物“平茬”的地上部分发电上网的成功经验。如果将四大沙地建成碳汇林–治沙–生物质能源原料三结合的基地，可兼收治沙、吸碳、减排和生产清洁能源的综合效果。这里还是我国风能和太阳能的资源富集区，可进而建成多种可再生能源的综合开发基地。

四大沙地为农牧业交错，多民族聚居，贫困县集中和经济相对落后的地区，此工程必将使这里成为经济繁荣，农牧民富庶，民族和谐的绿色生态走廊。

在我国可利用土地资源不足的情况下开发四大沙地具有重要意义。

二、可行性的原则分析

我曾多次到西北地区和四大沙地考察，即使在条件最差，年降水量仅200 ～ 250 mm 的宁夏灵武盐池一带，只要方法得当，也可以将沙地旱生和沙生灌草植被恢复到覆盖度 60% 左右。内蒙古毛乌素生物质热电公司于 2006 年开始在鄂尔多斯市毛乌素沙地投资建设了 33 万亩沙柳等沙生植被基地，并利用成熟后沙柳每四年“平茬”（将地上部分割除，可促进生长）枝条建了一个 2×12 兆瓦生物质发电厂，现已并网运行一年，发电 1.2 亿千瓦 · 时，减排二氧化碳 14 万吨，农民年新增收入 7 000 余万元。该公司在碳吸收和减排的同时，正策划将电厂排出的二氧化碳用于螺旋藻和油藻生产，实现碳吸收、碳减排和碳利用的“三碳经济”。

理论和实践都已证明：在年降水量 200 ～ 300 毫米的毛乌素沙地是可以实现治沙与发展生物质能源双赢的。其他三个沙地的立地条件比毛乌素沙地好许多，实施效果会更好。制约沙地植被生长和生物量产出的主要因素是降水量。根据研究资料，四大沙地中每毫米降水量的年公顷产出生物量约 10 公斤（干），四大沙地的年生物量产出为 4 000 万吨，可年吸存 6 500 万吨二氧化碳，替代 2 250 万吨标煤的化石能源，减排 5 600 万吨二氧化碳，双向碳效应约 1.2 亿吨。通过生物质燃料的种植和出售，农牧民可年新增 100 亿元现金收入（表 1）。

表 1　中国四大沙地年生物量（干）产量

内容	毛乌素沙地		浑善达克沙地		科尔沁沙地		呼伦贝尔沙地
	最小	最大	最小	最大	最小	最大	
面积 / 万公里 ^{2}	3.21		2.14		4.23		0.75
年降水量 / 毫米	250	420	350	400	350	500	350
干物质 /10^6 吨	8.025	13.482	7.490	8.560	14.805	21.150	2.625
平均 /10^6 吨	10.754		8.025		17.978		2.625

资料来源：李保国，2009 年

三、项目规模、目标和布局

据毛乌素生物质发电厂资料，一座装机容量 2×15 兆瓦的生物质电厂年发电量约 2.1 亿千瓦 · 时，年消耗生物质原料约 22 万吨（干重），大致相当于 60 万～ 100 万亩沙地的年均生物量产出。

考虑到四大沙地条件不同，建议在毛乌素沙地和浑善达克沙地各设置一个示范点，面积各约100万亩。建成后，在年提供清洁电力4.2亿度的同时，可吸存55万吨二氧化碳和减排60万吨二氧化碳，为当地农牧民年增收1.1亿元。

毛乌素沙地示范点可以在毛乌素生物质热电公司现有能源林基地和电厂基础上扩展完善，以较快取得示范效果。浑善达克沙地示范点可设在位于北京正北方的锡林郭勒盟正蓝旗，是距北京最近和沙尘影响较大的一个沙地，降水和生物量产出好于毛乌素沙地。

四、运行模式和相关政策建议

1. 每个示范点的治沙－能源林营造规模为100万亩，亩均投资200元，80%为国家补贴性投资，20%为企业投资，建设期6年，由国家有关部门监督验收，企业自主经营管理。

2. 能源林的原料运输的主要道路由国家拨付专项资金负责修建，支线道路由企业负责修建和维护，地方交通、路政部门对生物质原料运输专用车辆开辟绿色通道，不得设卡收费。

3. 能源林建设、运营各环节所涉及的种植、收割、加工、运输等机械列入名录，享受国家农机购置补贴相应优惠政策。

4. 能源林建设所需的宜林沙地，由国家（或地方政府）无偿划拨给示范点实施企业，企业完成造林后享有70年经营权和林权。出让宜林地的农牧户享有参与生态建设的优先权。

5. 能源林建成后启动电厂建设，资本金由企业承担，银行提供专项长期信贷支持，建设期1年，建成后由企业负责管理运营。国家对示范点上网电价实施示范特别补贴，最终电网收购价为0.85元／（千瓦·时），由当地电网按月与发电企业及时结算。示范点同等享受国家颁布的农秸秆生物质发电企业增值税即征即退、所得税减免等优惠政策。

6. 对示范点加大科技扶持和引导，提升其科技含量和产业竞争力。

五、资金估算

每个示范点的建设项目和投入金额如下：

1. 能源林100万亩：2亿元（其中国家1.6亿元，企业0.4亿元）

2. 生物质电厂一座：2.4亿元（企业自筹和银行贴息贷款）

3. 道路修建：0.3亿元（国家投资70%）

4. 配套机械系列：0.2 亿元（国家补贴 70%）

总计投资 4.9 亿元，其中国家投资 1.95 亿元，企业投资 2.95 亿元。

六、时间表

1. 实施期：毛乌素沙地示范点为 4 年，浑善达克沙地示范点为 8 年。

2. 能源林建设期：毛乌素沙地示范点 3 年，浑善达克沙地示范点 6 年。

3. 配套生物质电厂建设期为一年（毛乌素生物质电厂已经建成运行）。

4. 毛乌素示范点的全面验收时间定为第四年末，浑善达克沙地示范点的全面验收时间定为第八年末。

七、项目实施方和技术依托方

1. 毛乌素沙地示范点：实施方为内蒙古毛乌素生物质热电公司。技术依托方为中国农大和中国农机研究院。

2. 浑善达克沙地示范点：实施方为内蒙古毛乌素生物质热电公司。技术依托方为国能生物质集团公司。

23 向中央决策层提出解决“三农”问题的三点建议

（2010 年 3 月，中国科学院 / 中国工程院资深院士联谊会）

【建议背景】

2008 年 11 月，为深入学习贯彻中共十七届三中全会精神，给农村改革发展出谋划策，中国科学院 / 中国工程院两院资深院士联谊会在深圳召开会议，邀请作者在会上作了“学习‘三中全会’文件，解读‘三农’问题”专题报告。后经两院资深院士联谊会多次讨论，就“三农”问题正式向中央提出了以下三点建议，作者为建议人之一。

破解“三农”难题，突出的问题和难点在于围绕增加农民收入这一核心，在若干观念、理论和制度性创新方面取得重大突破。寻找新的农村经济生长点，加快农民收入的增长，逐步缩小城、乡差距。

2008 年中国共产党第十七届三中全会《关于推进农村改革发展若干重大问题的决定》明确指出：当前城乡二元结构造成的深层次矛盾突出。我们体会，“深层次问题”最显著的表现，就是如今已是社会主义市场经济，然而农业、农村和农民却一直扮演着计划经济时代延续至今的粮食和工业原料的单纯种植者和低价劳动力的角色。这两种模式很不相适应。当前，我国农民总体上还是靠家庭务农经营（其收入占总收入的一半），但务农收入很低，很多青、壮劳力不得不外出打工。而随着我国高技术产业不断发展，劳动密集型产业的规模将不断缩小，外出打工挣钱模式必然很难持久，也不可能使农民致富。因此，必须重视农村本身的发展，使农民安居乐业，不断提高农民文化水平，不断增强他们的就业能力和提供广阔的就业门路。如此才能逐渐缩小城乡差距。

当前的主要矛盾是农民的收入太低，增长乏力。特别是承担着商品粮生产主要任务地区的农民收入更低。发达国家的农业基本上都是在工业化前期就已经“过关”，不再“拖后腿”；日、韩等新兴经济体在工业高速发展期，农业虽曾一度被严重忽视和滞后，但很快采取得力措施得到解决。而我国农业一直在为工业化作贡献并同时“拖后腿”。正如国际农业经济界批评的那样，发展中国家普遍奉行的是“亲城市政策”。农民辛苦一年种 1 亩粮食，纯收入仅 100 ～ 400 元，还不如打半个月工的收入，大量青壮劳力选择入城务工。2008 年国际粮价暴涨期间，国际市场稻米价格曾高达每吨 1 000 美元，而国内的价格不到 200 美元。

如何化解这一矛盾？可以多管齐下：一是适当提高乃至放开粮价，逐步实现粮食产销的市场经济化；二是下大决心，大幅度增加对农业，特别是粮食生产的财政补贴；三是适当放开对粮食深加工的限制，让农民分享到延长农产品价值链而增值的利益，并从中增加就业。总之，无论是进一步的经济体制改革，还是增加“三农”的资金渠道，都必须围绕使农民收入逐步接近城市居民收入的水平和缩小贫富差别这一中心，这样才能形成稳定的社会主义和谐社会。

为此，通过认真讨论，我们提出以下三点建议。

一、由“粮食观”向“食物观”转变，由只重视“耕地”向“草地和沙地”扩展

长期以来，我国形成了狭隘的“粮食观”。然而指导现代农业的应是“食物观”。所谓“食物观”，不但包括食用谷物（消费量在不断减少），还要重视肉、蛋、奶等。在符合营养标准的食物构成中，后者的食物当量应明显高于谷物。而草地是肉、蛋、奶的重要生产场所。我国有面积约 4 倍于可耕地的草原，只不过由于长期超载过牧和滥垦，加上投入太少，生产力远未达到应有的水平。因此必须重视我国草原的建设与开发。草原的合理开发不但可发展畜牧业，减轻对粮食问题的压力，而且还可改善生态环境和减少碳排放（每亩草地每年可吸收和封存 100 ～ 200 千克的二氧化碳）。

我国西部有占国土面积约 1/6 的荒漠地，其中年雨量在 250 毫米以上的地区可以开发利用。既可种草，又能变为旱作农业的良田。沙地在荒漠地中占很大的比例。四大沙地（毛乌素沙地、浑善达克沙地、科尔沁沙地和呼伦贝尔沙地）面积 155 万公顷，其中固定、半固定沙丘及丘间农田约 100 万公顷。按地上部分生物量每公顷年产出 12 000 吨计，可年产出 1 300 万吨生物质，年产能约 1 000 万吨标煤，减排二氧化碳 4 500 万吨。在沙地治理和开发沙产业方面，近年来已有若干的技术突破和发明创造，包括一些零散的成功实践。例如，在内蒙古鄂尔多斯沙漠，原山西“煤老板”李京陆回家乡创立了“内蒙古毛乌素生物质热电公司”。该公司投资 8 000 万元，帮助农牧民建起 60 万亩能源灌木基地，扶植五千农牧户在沙地大面积种植沙生灌木沙柳等，结合定期平茬，农牧民既可收获可观的生物质卖给公司作原料，又有固沙和改善环境的效果。公司发电并网产能 25 兆瓦，年发电 1 亿千瓦 · 时。农牧民年增收 5 000 万元，年减排二氧化碳 25.6 万吨。但类似的实践和技术尚未能在总体规划和组织下，进行具有规模的进一步研究、比

较、鉴定和示范推广。

建议应该由有关部门出面，明确适合不同生态区域的治沙模式、机制和成套技术，使年降雨量在 250 毫米以上的地区成为有可观经济产出和生态效益的区域。对此类研发项目的组织领导，建议除了加大拨款力度外，从立项到经费的使用、研究进展的跟踪和成效判定，都作制度上大刀阔斧的改革，以确保成功。这样做的结果，既改变狭隘的“粮食观”，又可减轻对粮食问题的压力。西部地区农业大开发的成败关键，在于着力输入和培养西部本土人才，创造吸引人才和留住人才的大环境。与此同时，建议人事部门制定切实的激励政策，鼓励大批人才，包括大学毕业生和青年干部到西部创业和成才。

二、推行贸工农一体化经营，大力发展农产品加工业，实现循环经济和能源农业

国外现代农业发展成功的经验之一，是通过扩大农产品的非食物、非农业用途的加工，扩大对粮食的需求，反过来稳定和提升粮价，并让农民分享到农产品价值链延长和增值的利益。同时，也就彻底解决了“卖粮难”和“谷贱伤农”问题，稳定粮食生产者的积极性。另一条成功经验，则是实行乡村工业化。

20 世纪 30 年代美国经济“大萧条”，引发过严重的农产品滞销和“谷贱伤农”。国会为此立法，责成农业部为大量过剩农产品寻找新出路。美国农业部及时在农业主产区分别建立了 4 个“农业应用研究中心”。专门从事产后研究——农产品多用途特别是非农用途的开发研究，内容涵盖了从应用基础直至产业化全过程。最具标志性的成果之一，是研发出用玉米湿磨浸泡下脚料液作培养基，以及选育高产率菌种，成功地首次实现了具有极高价值的青霉素的商业化。其他如率先研发出多种玉米变性淀粉、大豆印刷油墨、棉籽醋酸酯等，使大宗农产品有了上千种非农业、非食用的用途。加上大量出口，美国农民从此再未受过农产品特别是谷物 / 大豆“卖难”和“谷贱”的伤害。

有鉴于此，建议改革我国单一的农业产业结构，大力发展农产品的深加工和综合利用。当前，特别是要大力开发基于农业、能吸收农村闲散劳动力的生物能源。包括产业沼气和农户沼气，秸秆和林木下脚料的能源利用，以及利用边际土地种植能源作物。开发生物燃料和延长农产品的加工增值链，应作为振兴农村中、小企业，推进中、小城镇化的实际举措，成为农民增加收入的一个重要新增长点。

西部地区土地广袤，是全国太阳能和风能资源最丰富的所在。在这些地区开发可再生能源，要使土地的所有者也能够致富。建议大力扶持农牧民开发可再生

能源的能力，尽快组织开发所需的简便、实用技术。所产生的能源可以并入国家电网，也可就地开发高耗能产业，如用于合成氨生产和各种加工制造业。

我国单位农田面积使用化肥量数倍于发达国家，问题严重。生产化肥一方面大量消耗紧缺的化石能源，增加二氧化碳的排放。在氮肥制造及使用过程中还会产生比二氧化碳温室效应大 300 多倍的一氧化二氮。因此，大幅度提高化肥的利用率实为当务之急。近年来，利用“纳米技术”节约化肥显著，初步试验结果，不仅可以“治沙”，还可使农作物增产，且价格与普通化肥相当。与此同时，科学地开发和扩大利用根瘤菌是也可能是有效途径之一。

此外，农村秸秆和粪便还田，城市粪便和有机垃圾经过加工或沼气发酵后，得到高附加值的产物和生物能源，植物养分和一部分有机质则回归农田，形成有中国特色的“生态农业”产业。要做到这点，需要开展深入研究，建议国家作为一个重大项目，组织力量早日突破。

三、进一步加强党对“三农”的领导，制定确保缩小城乡差别的法律

党中央对国家的粮食安全问题历来十分重视。改革开放以后，党中央的多次一号文件都涉及“三农”问题。但是实践证明，“三农”问题非常复杂，除了要有认识和思想上的保证之外，还必须形成上上下下真正重视和真抓实干的机制和法律上的保障。

西欧诸国在“二战”后，因工业高速发展，城乡差距一度迅速拉大。为了体现民主、平等的时代进步精神，它们相继以法律形式明确规定，农业经营者须获得与其他职业的就业者同等的经济收入。从而从法制上确保了大家都来关注和投入缩小城乡差别的行动，成效显著。素以“脱亚入欧”为目标的日本，正是汲取西欧诸国的经验，在工业化开始“起飞”的 1961 年，即及时制定了以缩小工农和城乡差别为目标的《农业基本法》，并以大力发展乡村工业等手段，保证了城乡差别的基本消除。

日本在 20 世纪 50 年代后期工业化开始加速时，通过立法、规划、布局、引导和投资等各方面，大力推进“工业下乡”，把工厂建在农村以及改造传统的农村企业。1971 年颁布的《农村地区工业导入促进法》内容是限制工业在太平洋沿岸和大都市集中，促进农村的农业与工业有机结合，实施农工商一体化。紧接着在 1972 年出台了《工业重新配置促进法》。规定把占全国工业产值 73% 的太平洋沿岸地带企业的一半，搬迁到 2 371 个农村市、町、村（占总数的 90%）去；并提供拆迁、搬运资助和优惠转移贷款。结果是：①兼业农户占了大多数，相当

一部分农村劳力在农村企业就地就业；即使在工业化高速发展期间，有进城务工劳力的农户数也只占总农户数的 7% 左右；②中小城镇大量出现，而村落数则大大减少；③地区间发展相当均衡和协调。即便是边远农区也不存在与大城区周边农区很大的差异；④最关键的是农民因兼业收入大增，而提前实现了政府在工业化高速发展之初在《农业基本法》中制定的目标："确保从事农业者和从事其他产业者在生活水平上的平衡"。

城市化体现了国家现代化的程度，我国长期以来十分重视城市的发展。在改革开放以后，大批农民进城，解决了部分农民的温饱问题。我国未来的发展会以"高技术产业"为主体，农民进城自会减少。如不采取得力措施，城乡差距还会进一步加大。因此，如何以法律形式保障农民的平均收入增长快于城市居民日渐成为突出的问题。

当前在我国，一般均以 GDP 作为考核地区领导干部政绩最主要的指标。除少数产粮区重视粮食生产以外，由于粮价低、农业产值低，在大多数地区往往受不到真正的重视。粮食主产区和调入区存在着实质性的不平等。即前者为保障商品粮的生产，不可能像沿海经济发达的粮食调入区那样，将土地转为收益数十倍甚至成百倍增加的非农用地。因此，建议改革干部政绩考核体系，并及早解决粮食主产区商品粮生产的补偿问题，以激励和督促各级、各地领导真正重视"三农"问题。同时，建议将农业劳动者与其他职业就业者经济收入相近原则，尽快列入全国人大的立法计划。

24 关于力争到2020年新建8亿亩高标准农田的建议

（2011年1月9日）

【建议背景】

2011年初，中央办公厅来询关于新建8亿亩高标准农田的意见，以下是作者提出的相关建议。

如果到2020年再新建8亿亩高标准农田，那么我国七成左右的农田就都是“高标准”的了，这对我国粮食和主要农产品的保障供应具有战略意义，也是一件造福子孙的大事。

我国农田的整体质量不高，中低产田占到70%，约13亿亩。若在现高标准农田基础上再增8亿亩，建设对象将主要是中低产田，这是一个重要前提和条件。20世纪70年代我国在黄淮海平原、黄土高原、西北旱农、三江平原、南方红黄壤等地实施了大规模的中低产田改造和农业发展计划，取得了重大进展和成果，为20世纪90年代我国粮食迈上5亿吨台阶和扭转“南粮北运”作出了重要贡献。20年后开始的新一期的中低产田改造工程也必将在我国粮食和主要农产品供应的长治久安上作出重要贡献。

我参加过当时黄淮海平原中低产田改良和农业发展达20年，感到这两期的中低产田改造和高标准农田建设有许多的不同点。首先当时国家粮食状况是综合生产能力低下，供不应求（1987年粮食总产刚过4亿吨），而今粮食综合生产能力已达5亿吨，基本自给。未来10年的粮食目标是新增0.5亿吨。二是粮食消费结构的变化，过去主要目标是解决口粮，当前粮食总产的1/3是用于饲料（比重还将增加），口粮供应主要是城市居民的不到1亿吨的商品粮。三是在终极目标上的变化，过去政府与农民的一致目标是口粮，现在政府目标是要保障国家粮食安全，农民更需要的是增加收入，当然国家也要“解决农村改革中城乡二元结构造成的深层次矛盾”（引自《十七届三中全会报告》）和推进城乡统筹和农业的现代化。

建设“高标准农田”是手段而不是目标，只有考虑到新形势下的以上新特点，“高标准农田”建设的内涵有一个科学的定位。

“高标准农田”的内涵是什么？我认为除了针对中低产田障碍因子（盐碱、渍涝、沙黏、瘠薄、水土流失等）改造的技术指标以及粮食产量指标外，还应当考虑建设高标准农田对农民增收的潜力，提高农民土地投入积极性的潜力，对推动农村工业化、城镇化和新农村建设以及对生态与环境效益的贡献，还要考虑到投入产出的经济性等。建设高标准农田需要有个指标体系，而不能简单化为改造中低产田和增产粮食。中国中低产田的自然条件和社会条件太复杂了，有一个目标体系便于因地制宜，防止“一刀切”和形式主义。

在建设高标准农田的理念上也要有所进步。20 世纪七八十年代的中低产田建设中强调的是“改造”与“粮食”，现在还应当重视“适应性种植”“多目标”和“经济性”。适应性种植是指不一定将低产障碍因子改造到高标准，也可通过种植方式去适应，达到事半功倍之功效，如发展大棚种植或种植抗逆性强的甜高粱、薯类等能源作物。“多目标”是指以粮为主，辅以果蔬等经济作物和能源作物。“经济性”是指一定要考虑产品的市场价值和潜力，农民能新增多少收入和产出投入比如何等。

“粮食”是主目标，但不是唯一目标和无限目标（有限目标是 10 年达到新增 0.5 亿吨），再说当前粮食的 1/3 或更多是用于饲料。饲料与口粮不是一个概念，我国粮食总产近四成是玉米，六七成玉米用于饲料，这里就有一个很大的回旋余地和空间。玉米加工燃料乙醇后仍保留丰富的饲料成分，如 2007 年美国生产了 2 000 万吨玉米乙醇，又用其糟渣加工生产了 1 190 万吨，含蛋白质 26% 以上，含脂肪 10% 以上的高品位饲料 DDGs，可替代 1 272 万吨玉米饲料；现在有一种粮饲兼用的玉米，收籽粒的同时秸秆可作青饲。又如一般中低产田可以不需或不需很多的工程改造即可种植抗逆性强的甜高粱，除籽粒可做饲料外，每 45 吨茎秆在生产 1 吨乙醇的同时可获 2.6 吨糟渣，可相当于 2.6 吨青贮玉米饲料。如果在建设高标准农田的躯体，插上综合开发和循环利用的科学翅膀，它就会飞得更高，更加有声有色。

30 年前，十一届三中全会就曾指出：以往单打一抓粮食生产，并没有达到更快增产粮食的目的，反而造成农村经济停滞的局面。近几年开展了多种经营，包括发展经济作物，发展林牧渔业，发展农村工业、建筑业、运输业、服务业等，结果，粮食增产速度大大加快，农村经济全面繁荣。在我国条件下，农业和农村工业必须协调发展。不发展农村工业，多余劳动力无出路，也无法以工补农。十七届三中全会提出：当前推进农村改革中城乡二元结构造成的深层次矛盾突出，要把着力构建新型工农、城乡关系作为加快推进现代化的重大战略。十七届五中全会提出：要更加注重保障和改善民生，促进社会公平正义。在高标准农田建设中一定要全面考虑到我国“三农”问题这个“重中之重”的大背景。

我国人多农田少，要兼顾国家粮食安全和提高农民收入增长率是个难题，要有个大思路。1.5 亿～ 1.7 亿吨的商品粮和国家储备粮是要绝对保障的（这是粮食安全的核心），农民口粮及饲料粮是可以多途径解决的；若 8 亿亩高标准农田成为保障国家粮食安全的主体，其他 10 多亿亩农田也要像保障粮食安全一样地去发展多种经营、多途径，以及大幅度地增加农民收入，鱼与熊掌是有可能兼得的。2006 年我在《求是》杂志第 10 期上发表过一篇《农业的三个战场》的文章，可能对开阔思路有些帮助。

胡锦涛总书记一再强调要“科学发展”，要“创新”，高标准农田建设项目应当是一个很好的科学发展和创新的舞台。

中国农业大学资源与环境学院，石元春

2011 年 1 月 9 日

25 关于发展纤维素乙醇的建议

（2012年5月10日）

国家能源局能源节约与技术装备司：

感谢纤维素乙醇产业发展专项规划论证会对我的邀请。由于工作安排不开，不能出席会议，谨致歉意！以下谈点不成熟的想法供参考。

多年前美欧等许多国家曾大力投入纤维素乙醇的研发并寄予厚望。然而因木质纤维素结构稳定，技术难度大，成本关难过，至今未能实现规模化商业生产，最近又不断传来诸多负面消息。美国EPA于2011年将纤维素乙醇产量由原规划的75万吨下调到2万吨，2012年可能由150万吨下调到4.7万吨。美国能源部将不再继续支持美国国家可再生能源实验室（NREL）于2012年结题的纤维素乙醇项目。10天前的一篇文章报道，壳牌石油公司与加拿大Iogen公司合作的年产2 300万加仑纤维素乙醇项目的研究资助也将于2012年底终止。

纤维素乙醇研发中首先遇到的难题是获得可发酵糖的预处理工艺复杂，能耗大（如气爆法），成本高，糖转化效率低，而不得不在后续糖化中需大量使用纤维素酶，继续推高了成本。此外，现有的乙醇发酵菌株几乎无法利用木糖，通过基因工程技术获得的微生物菌株的五六碳糖共代谢效率不高，距工业化应用尚有差距。正是这些原因至今一直困扰着纤维素乙醇的商业化进程。

在我看到的此次论证会上的PPT材料中已经注意到了上述技术"瓶颈"，但未指明目前我国是否已经解决这些"瓶颈"或解决到什么程度，我国目前是否已经具备了进入商业化生产条件，如技术上的先进性、商业化生产的经济性以及能耗等。这些问题不能含糊，否则2015年的50万吨纤维素乙醇指标就可能会有较大风险，况且纤维素乙醇的现生产能力只有2万吨（美国2012年约4万吨）。我们不希望看到因条件尚未具备而大上纤维素乙醇可能产生的不良后果，因为风能和太阳能这方面的教训记忆犹新。

纤维素乙醇是液体生物燃料的重要发展方向，希望国家加大这方面的研发投入。如果目前尚未达到商业化阶段，可在"十二五"期间加大研发投入，在现有基础上强化几个试验室和中试示范基地，以取得产业化技术的突破，为下一个五年计划作准备。

对以上不成熟想法，望予指正。

此致

敬礼！

中国农业大学

石元春　敬上

2012 年 5 月 10 日

26 对《武汉2049远景发展战略》的“专家意见”

（2013年10月21日）

【建议背景】

武汉市制定了《武汉2049远景发展战略》，征求专家意见。作者是武汉人，是湖北省和武汉市的科学顾问，对家乡的这一重大发展战略十分关注，对报告的征求意见稿提出了中肯的建议。正如他在建议最后说的：“我是老武汉，话说重了些是因为爱之切，请勿怪罪老乡。”

《武汉2049远景发展战略》（简称《战略》）是一份高水平、高质量和高屋建瓴的战略研究，具有很强的理论和现实意义。

武汉具有得天独厚的历史与区位优势，在国家中部崛起战略中具有举足轻重地位。2008年，国务院同意和国家发改委正式批准武汉城市圈为全国资源节约型和环境友好型综合配套改革试验区，明确要求加快转变经济发展方式，促进经济社会发展与人口、资源、环境相协调，切实走出一条有别于传统模式的工业化、城市化发展新路。

《战略》提出的武汉城市圈、省域发展轴和全国区位中的500公里和1 000公里两个圈层的区域定位非常重要，这是武汉发展的区位优势和良好外部条件。但发展仍植根于内部，是2049远景发展的战略核心。内因是根本，外因是条件。

像武汉这样的大型城市的发展，经济发展是基础，是影响城市整体发展的根本性要素。似乎《战略》中这一部分稍显单薄，市发改委参与程度不够，这会削弱此规划实施过程中的经济支撑与增大变数。

《战略》的产业发展模式中介绍的“国家中心城市模式”与“再工业化模式”中只有二三产而无一产农业，这是研究城市发展中的一种通病，似乎城市发展可以不含农业（指正在建设中的现代农业）。那么，中央的“城乡统筹”方针、周边农村对城市生活和生产资料的供应，以及城乡协调发展都会变得无序。

《战略》中经济发展单薄还表现在缺少对武汉市在经济发展中存在问题的阐述与足够的重视，如在网上看到的：

（1）从能源消耗的角度看，与国内先进城市、沿海地区的大型企业集团，武汉城市圈在能源利用效率的工艺和技术上的企业研发能力还处于相对较低的层次。2005 年 19 个副省级及以上城市单位 GDP 能耗，武汉市列第 14 位。

（2）从产业结构来看，武汉城市圈 2006 年的三产产业结构为 11.7%、44.3%、43.8%。其中武汉市 2006 年第三产业占 GDP 的比重（49.4%）低于北京（70.9%）、广州（57.6%）、西安（52.7%）、上海（50.6%）、沈阳（50.5%）等城市。

（3）在产业结构中，资源消耗型产业和污染密集型产业所占的比例比较大。如 2006 年武汉市制造业工业总产值中污染密集型制造业所占的比重为 32.3%，高于哈尔滨（16.0%）、青岛（18%）、沈阳（18.6%）、北京（23.7%）、杭州（26%）、上海（26.4%）、重庆（26.7%）、广州（27.4%）等城市。在 2007 年的圈内 5 557.24 亿元 GDP 中，“黑色 GDP”所占的比例比较高、而“绿色 GDP”所占的比重很低。

这些问题皆应作为《战略》研究中的重要内容加以考虑。

《战略》对“国家中心城市模式”与“再工业化模式”的叙述中强调二三产比重及之间的消长。我不赞同“第三次工业革命”和“再工业化”之类的观点与提法。我理解的工业化是指起于英国的，以近代科技对地球资源的强度开发带来的高度物质文明，以及对生态与环境的严重伤害（特别是作为能量支撑的化石能源），导致人类社会的不可持续发展。后工业社会或后工业文明应当是可持续发展绿色发展与绿色文明，在社会发展理念与内涵是完全不同于传统工业化的。此战略研究的时段长达 37 年，到 21 世纪中叶，如果只提二三产发展与比重而不谈绿色发展、绿色经济、绿色生活和绿色 GDP，似有下笔千言，言不及义之嫌。

还有两个具体意见：一是武汉市有 1/4 水面，这在国内是独一无二，世界少有的，建议做足“蓝绿”发展的这篇大文章。二是做足“生物经济”这篇大文章，武汉凯迪的巨大潜力需要引起足够重视与支持。

我是老武汉，话说重了些是因为爱之切，请勿怪罪老乡。

石元春

2013 年 10 月 21 日于北京

27 关于"十三五"（2016—2020）我国生物质能源发展建议书

（2014年11月20日）

【建议背景】

作者曾为国家发改委"十一五"和"十二五"国民经济和社会发展顾问专家组成员，深知每五年一次的《规划》的引领性的意义。因而花了近两个月的时间，收集资料和讨论，亲自执笔编写此两万言的建议书。在报送国家发改委的同时，还报送了国家能源局、国家林业局和农业部。建议书的中心思想和建议是第6部分的12点"综合建议"。

习近平总书记在推动能源生产和消费革命中提出：立足国内多元供应保安全，大力推进煤炭清洁高效利用，着力发展非煤能源，形成煤、油、气、核、新能源、可再生能源多轮驱动的能源供应体系。立足我国国情，紧跟国际能源技术革命新趋势，以绿色低碳为方向，分类推动技术创新、产业创新、商业模式创新，把能源技术及其关联产业培育成带动我国产业升级的新增长点。

谨以习近平总书记指示精神，就生物质能源提出如下资料与建议，供编制"十三五"国民经济和社会发展规划的参考。

1. 生物质能源的国外进展与评述
2. 生物质能源的国内进展与评述
3. 生物质固体燃料"十三五"发展建议
4. 生物质气体燃料"十三五"发展建议
5. 生物质液体燃料"十三五"发展建议
6. 综合建议

建议人：石元春、程序、陆诗雷、朱万斌

2014年11月20日

（注：石元春，中国农业大学教授、中国科学院院士、中国工程院院士；程序，中国农业大学教授；陆诗雷，国家林业局处长；朱万斌，中国农业大学副教授。）

1. 生物质能源的国外进展与评述

1.1 全球

20 世纪 70 年代第一次世界石油危机促使美国、巴西和北欧国家在寻求替代能源中试行开发了燃料乙醇和直燃发电，规模不大。1992 年联合国“世界环境与发展首脑峰会”提出“可持续发展”和《联合国气候变化公约》，使温室气体减排和化石能源替代成为全球使命和行动，为生物质能源发展提供了新的动力。克林顿 1999 年发布的《开发和推进生物基产品和生物能源》总统令[1]掀起了美国和世界发展生物质能源的世界浪潮。

2012 年，全球生物燃料产量 9 420 万吨，销售额 952 亿美元（风电与光伏发电分别为 738 亿美元和 797 亿美元）；预计到 2022 年生物燃料销售额将达 1 777 亿美元（风电和光伏发电分别为 1 247 亿美元和 1 237 亿美元）[2]。2013 年，全球生物燃料产量 9 720 万吨，并以每年 7.5% 的速度稳定增长，其中燃料乙醇占 80%。[3] 2014 年全球产燃料乙醇 7 200 万吨，减排温室气体 1.06 亿吨，预计 2018 年燃料乙醇将超过 1 亿吨。[4]

根据国际能源组织 IEA 对 2000—2011 年全球一次能源供应的统计中，总量年均增速 2.96%，生物质能与之同步增长（2.46%），占比保持在 10% 左右（参见附表 1 和附图 1）。2000 年到 2011 年全球能源消费结构的发展趋势中（参见附图 1）生物质能源在可再生能源中的占比一直维持在 75% 左右。2011 年全球生物质能源消费结构中固、液、气三态燃料的占比分别为 91.3%、6.4% 和 1.0%；固体燃料主要用于供热，液体燃料主要用于交通运输。

作为可再生能源主力的生物质能源，社会需求日盛，高速发展。IEA 在《2013 清洁能源进展报告》指出，最近 20 年来吨油当量排放的 CO_2 仅减少了 0.02 吨，为实现 2020 年控制大气温升 2℃的目标，需提高生物燃料产量 1 倍以上，先进生物燃料要达到 6 倍于现在的产量[5]。

（参见附表 1：2000—2011 年全球一次能源供应统计表，本建议书后）

（参见附表 2：2011 年生物质能源一次能源供应及消费结构，本建议书后）

（参见附图 1：2011 年全球一次能源供应结构图及 2000—2011 年全球能源消费结构趋势，本建议书后）

1.2 美国

1999 年克林顿发布《开发和推进生物基产品和生物能源》总统令；布什 2005 年签署《国家能源政策法》，并专设了“乙醇训令”，要求燃料制造商到

2012年在汽油中必须加入2 250万吨生物乙醇，以每年减少2 800万吨原油进口。布什在2006年的《国情咨文》演讲中表示：美国要保持领先地位就必须有足够的能源，可是美国在使用石油上像吸毒一样“上瘾”，而这些石油是从世界上不稳定地区进口的，最好的办法就是依靠美国人的才智和技术进步，打破对石油的过分依赖，改善我们的环境、摆脱石油经济。一个伟大目标是到2025年，替代75%的中东石油进口。

2007年美国通过了著名的《能源自主与安全法案》[6]，以法律形式规定，到2022年全美必须生产和使用1.08亿吨生物燃料，其中以玉米乙醇为代表的常规生物燃料2015年发展到4 500万吨后，年产不再新增，重点发展温室气体排放量较化石燃料减少50%以上的“先进生物燃料”。生物质能源是唯一写入美国法律的可再生能源。奥巴马上台后施行绿色新政，在2010年《国情咨文》演讲中表示：引领清洁能源经济的国家将是引领世界经济的国家。这个国家必将是美国。

以世界最大玉米生产国和出口国的优势，美国下大决心以玉米乙醇作为部分替代进口石油的战略选择。2013年，210家乙醇厂以美国玉米总产的30%生产了4 000万吨燃料乙醇，相当于减少进口石油6 800万吨，占进口石油总量的13%，节约购油款482亿美元，为GDP贡献440亿美元，增加税收307亿美元和就业岗位3 868万个[7]。由于坚持生物燃料替代，美国石油对外依存度已由2005年的62%下降到2013年的43%。不到十年，美国的玉米乙醇替代战略成功了。

2013年，美国能源消费总量中可再生能源占9.45%，其中生物质能、水电、风电、太阳能和地热的占比分别为4.62%、2.64%、1.65%、0.33%和0.21%（参见附图2）。生物质能源以远高于其他可再生能源而居首位，是美国政府多年努力的结果。

美国的燃料乙醇战略实施中受到过种种质疑，特别是2008年世界粮食危机中受到世界性的谴责，而布什总统毅然对媒体表示：问题的实质是我们的农民种植能源，并不再从不稳定地区购买石油，这是国家利益所在。美国遭遇到的更大困难是，为减少玉米乙醇对原料玉米的消耗和提高二氧化碳减排效果，政府下大力研发的二代纤维素乙醇久攻不克，以至EPA不得不将2011年纤维素乙醇产量由原规划的75万吨下调到2万吨。纤维素乙醇技术走向大规模商业化运作还有相当长的路要走。

页岩气开发与低油价会对燃料乙醇和沼气发展产生一定的负面影响，但美国坚持发展燃料乙醇和沼气，不仅是为了能源替代，还在于发展农村经济和保护环境。2014年8月，美国农业部、能源部与环保署联合发布了《沼气产业发展机遇路线图》，计划到2030年，在现2 000个沼气生产基地基础上增加到11 000个。美国发展生物质能源的大方向和决心不会改变。

（参见附图2：美国2012年能源利用概图，本建议书后）

（参见附图3：美国燃料乙醇发展及生物燃料发展计划，本建议书后）

1.3 巴西

早在20世纪70年代，巴西就用本国盛产的甘蔗为原料大力发展燃料乙醇，乙醇产量由1975年的30万吨增加到2008年的1 749万吨。[8] 2013年产甘蔗乙醇2 000万吨，占本国石油燃料市场的57%。[9]

在巴西，每100万吨甘蔗可生产6.34万吨乙醇，带动相关产业创造产值1.73亿美元、经济增加值8 550万美元和提供5 681个就业岗位。巴西甘蔗乙醇的能量输入产出比高达1∶9.3，每升成本0.19美元（相当于石油50美元/桶），而美国玉米乙醇是0.33美元和欧盟小麦乙醇是0.55美元。[11] 巴西已有由7万多家原料生产供应商，386家乙醇生产厂，261家经销商，618家零售经销托运商以及3.5万个销售站组成的，从蔗田到车轮的完整生产销售系统[10]，还兴建了长1 150公里，年输送能力80亿公升的、输往大西洋海岸的乙醇管道，主要用于乙醇出口。

甘蔗乙醇已成为带动巴西农业、糖、乙醇、电力、机械制造、化工、汽车、交通、市政建设等13种行业的一项国家支柱产业。乙醇汽油及相关产业总产值已达到国民生产总值的8%，超过了包括电信业在内的信息技术产业。[11] 在带动汽车行业上，截至2014年1月，全国有2 101万辆可以使用从纯乙醇到汽油的灵活燃料汽车（FFVs），96.9万辆乙醇车，合占汽车拥有量的65.2%。[9]

尽管国际油价和糖价对甘蔗乙醇会产生一定影响，但巴西发展甘蔗乙醇历史久，基础好，已形成成熟和完整的农工商贸的产业体系，成为国民经济中的第一支柱产业和出口创汇的重要来源，具有很强的调节能力和稳定性。加以巴西是一个土地和水热资源十分丰富的农业大国，发展潜力很大。

［参见附表3：巴西每100万吨甘蔗对相关产业的带动（表内资料来源于2008年“国际生物燃料大会”），本建议书后］

1.4 欧盟

和美国巴西不同，欧盟在发展生物质能源上有着自己的路径和轨迹。

欧洲的化石能源资源贫乏，消费量大，对外依存度高，对发展生物质能源有很强的内在动力。同时，为执行《京都议定书》关于2008年到2012年减排温室气体8%，也急需清洁能源的替代而大力发展生物燃料。欧盟于2003年发布《欧盟交通部门替代汽车燃料使用指导政策》，要求汽车燃料消费中生物液体燃料的比例指标由2005年的2%提高到2010年的5.57%；2007年欧盟首脑会议提出三个“20”的目标（以1990年为基数），即2020年减排温室气体20%；提高能效20%和可再生能源占能源总消费量的20%，其中生物燃料占运输燃料的10%。

欧盟国家生物质资源远不及美国和巴西，只能因地因时制宜地多能种和多元化发展。20 世纪 70 年代，首先是森林资源丰富的丹麦、瑞典等北欧国家以林业剩余物和劣质木材为原料，在发展生物质直燃和多联产发电以及成型燃料供热取得成功，至今热效率可达 98%。

液体燃料则主选环保性能好和本土原料资源比较丰富的油菜生物柴油，辅以燃料乙醇。2006 年欧盟的生物燃料产量达到了 538 万吨标油，对运输燃料的替代由 2005 年的 1% 上升到 2006 年的 1.8%，给他们以很大鼓舞和信心[13]。2013 年欧盟生产生物柴油 960 万吨，燃料乙醇 450 万吨。但是，以油菜、玉米等农产品为主要原料极受限制和非长远之计，瑞典、丹麦、西班牙等国开始大力开发纤维素乙醇技术和热化学平台上的气化合成技术攻关，至今尚无满意结果。

发展生物天然气（BNG）是欧盟的另一个重要选项，特别是在俄乌“斗气”的形势下。瑞典 1983 年即开始进行用 BNG 替代化石燃料的车用实验，2007 年斯德哥尔摩市有 BNG 驱动的公交车 1.5 万辆，加气站布网全国。1970 年瑞典能源消费结构中石油占 77%，2003 下降到 32%；2011 年能源消费结构中生物质能源已居首位，2013 年达到 33.6%。

（参见附图 4：瑞典能源消费结构中生物质能源已居首位，本建议书后）

1.5 综合评述

1. 能源转型已成 21 世纪的世界大势。对化石能源的替代中，生物质能源扮演着重要角色，成为世界一次能源供应结构中占比 10% 左右的第 4 大能源，供应量 54.9 艾焦（1 艾 = 10^{18}），占可再生能源供应总量的 75%。生物质能源在世界能源最终消费总量中已占到 14%。美、巴和欧盟诸国各依其国情，采取各自的生物质能源替代路线，皆有所成。

2. 生物质能源发展经历了 20 世纪后期近 30 年的孕育期和 21 世纪的快速发展期。生物质多联产发电、成型燃料供热、一代燃料乙醇、生物天然气的技术、装备和商业化运作模式已经成熟，产业化规模正在快速扩展。

3. 以燃料乙醇为代表的液体燃料是生物质能源替代的主战场。其技术发展态势是，一代燃料乙醇维持和保底，2 代燃料乙醇（纤维素乙醇）科技攻关未能取得预期成果；以木质性生物质为原料的合成生物燃油正在取得革命性突破。

4. 基于沼气的生物天然气（bio-natural Gas, BNG）始于 20 世纪 80 年代的瑞典，大发展于近十年的德国。由于 BNG 卓越的环保和减排性能，以及具有可共用化石天然气传输和终端配送系统的优势而成为生物质能源家族中的一颗新星。落后于欧洲的美国也于 2014 年 8 月启动了生物天然气的专项发展计划。

5. 在世界生物质能源发展的实践中，其重要性和多功能性获得了共识和重视。生物质能源不仅在于它的低碳、清洁、可再生和对化石能源的多途径替代，而且为现代农业、环保产业、资源循环利用的重要组成部分，也是提供大量工作岗位和带动汽车、机械、化工等十余种行业的强力引擎。

2. 生物质能源的国内进展与评述

2.1 中国生物质资源

我国地域辽阔，自然条件复杂，又是农业大国，生物质资源丰富多样，开发潜力巨大。据中国工程院《中国可再生能源发展战略研究报告》(2008)，中国不含太阳能的清洁能源可开采资源量为21.48亿吨标煤，其中生物质占54.5%，是水电的2倍或风电的3.5倍。

又据中国工程院《我国交通运输用生物燃料产业关键技术开发、示范与应用咨询研究报告》(2014)[13]，8类农林等有机废弃物的可收集作能源用的资源总量为4.25亿吨标煤/年；6类边际性土地种植能源植物的产能估算为4.95亿吨标煤/年，合计为9.20亿吨标煤/年。其中排前三位的是作物秸秆、宜农边际性土地和宜林国际性土地，分别占比为25.89%、24.07%和19.06%，合计为69.02%。

(参见附表4：我国可收集作能源用的生物质原料资源，本建议书后)

2.2 发展历程

2001年，国内因陈化粮压库而批准在吉林、黑龙江、安徽、河南4省上了4个陈化粮乙醇生产项目，并被列为“十五”计划重点工程项目。因推动力度大，各项相关政策法规配套，2006年销售燃料乙醇152万吨，配制乙醇汽油1 544万吨，成为仅次于美、巴的第三大燃料乙醇生产国[14]。

2005年全国人民代表大会通过了《中华人民共和国可再生能源法》，提出国家鼓励清洁、高效地开发利用生物质燃料，鼓励发展能源作物。国家“十一五”规划纲要提出：加快开发生物质能，支持发展秸秆、垃圾焚烧和垃圾填埋发电，建设一批秸秆和林木质电站，扩大生物质固体成型燃料、燃料乙醇和生物柴油生产能力。同年，《中共中央国务院关于推进社会主义新农村建设的若干意见》指出：要加快农村能源建设步伐，在适宜地区积极推广沼气，开始了我国农村户用沼气的建设。

“十一五”期间，国家发改委投入资金212亿元，大力推进农村户用沼气建设。同时，相继批复了国信如东、国能单县、河北晋州3个秸秆发电示范项目，并出台相关政策，使我国生物质直燃发电开始迈出实质性步伐。

2006年3月，国家发改委启动了生物质产业的高技术示范工程专项；科技部也启动了发展生物质能源和化工的重大专项；8月，国家发改委、农业部、林业局联合召开了“全国生物质能源开发利用工作会议”，向各省和部分地市部署了生物质能源的开发利用工作。

2007 年 9 月国务院发布了《可再生能源中长期发展规划》，提出 2010 年和 2020 年发展目标分别是 3.06 亿吨标煤和 5.99 亿吨标煤，其中生物质能占 43%、小水电占 33.5%、太阳能占 12.5% 和风电占 7%（不含大水电，国际惯例是大水电属传统能源）。”《规划》对生物质能源提出的发展目标是：“到 2020 年，生物质发电总装机容量达到 3 000 万千瓦，生物质固体成型燃料利用量达到 5 000 万吨，沼气年利用量达到 440 亿米^3，生物燃料乙醇年利用量达到 1 000 万吨，生物柴油年利用量达到 200 万吨。”由此，生物质能源开发在我国全面展开。

“十一五”是我国生物质能源全面推进时期，但发展指标除农村户用沼气外其他均未完成。燃料乙醇、新增非粮燃料乙醇、成型燃料和直燃发电的指标分别完成了完成 43%、10%、50% 和 43%。

进入“十二五”，生物质能源发展形势有所好转。国家能源局于 2011 年召开全国农村能源工作会议，部署 200 个绿色能源示范县；2013 年国家能源局发布《生物质能发展“十二五”规划》；2013 年 9 月国务院发布《大气污染防治行动计划》等均对生物质能源发展提供了良好政策环境。

2014 年 6 月 13 日，习近平总书记在主持召开在中央财经领导小组会议上对中国能源革命 5 项要求中提出：着力发展非煤能源，形成煤、油、气、核、新能源、可再生能源多轮驱动的能源供应体系。这无疑对生物质能源的发展注入了强大动力。

2.3　产业发展概况

“十一五”期间，我国生物质发电总装机规模由 2006 年的 1 400 兆瓦增加到 2010 年的 5 500 兆瓦，经核准项目 170 余个，其中 50 多个生物质发电项目实现并网发电，发电装机容量 2 000 兆瓦以上。根据《2013 中国生物质发电建设统计报告》[15]，截至 2013 年底，全国已有 28 个省（市、区）开发了生物质能发电项目，累计核准容量 1.2 万兆瓦，其中并网容量 7 790.01 兆瓦，占核准容量的 63.72%，上网电量 356.02 亿千瓦·时。发电累计并网容量排在前 5 位的企业依次是凯迪、国能、国电、光大国际和上海城投。

到 2013 年底，全国农村沼气用户达 4 300 余万户，产沼气 140 亿米^3/年；大中型沼气工程近 10 万处，产沼气 20 亿米^3/年；合计年产沼气 160 亿米^3/年[16]。沼气经纯化压缩为甲烷含量在 95% 以上的生物天然气（BNG）的生产在我国已经起步，广西、山东、北京、上海等地自 2013 年陆续有产品面市。

2013 年农作物秸秆固化成型工程 1 060 处，年产量 483 万吨；林业三剩物固体成型燃料年产量约 200 万吨，合计 683 万吨[17]。生物质成型燃料在技术、设备和产业模式上趋于成熟，吉林辉南宏日新能源公司、北京奥科瑞丰机电公司、广州迪森生物质能源公司等的分布式供热模式等均取得了成功经验。

由于受政策影响，一代燃料乙醇仍在原地维持，非粮乙醇进展不大，二代纤维素乙醇技术未得突破，2013 年燃料乙醇总产 160 万吨，与 8 年前同等水平。生物柴油形势稍好，2013 总产 109 万吨。

各生物质能品种的产能排序是，沼气、发电、成型燃料、乙醇和生物柴油，占比分别为 62.1%、20.9%、7.1%、5.1% 和 4.8%。根据国家能源局、林业局、农业部和相关行业协会公布的相关资料，统一按发电煤耗折算为一次能源，2013 年我国生物质能源总量为 5 191.46 万吨标煤，太阳能 4 722.14 万吨标煤、风能 4 117.50 万吨标煤。按联合国将大水电属传统能源的统计口径，我国生物质能源产能居可再生能源首位。

（参见附图 5：我国可再生能源按一次能源折算的产能，本建议书后）

2.4 综合评述

1. 生物质能源在我国起步较晚。经十余年的发展，一代燃料乙醇、生物质发电、成型燃料供热，以及生物天然气的转化技术、装备、产业化生产和商业化运行模式均已初具规模，为以后大规模发展打下了基础。但企业主体是实力较弱的中小民营企业，在技术、装备、能效和盈利等方面整体仍处初级阶段，水平不高。作为战略新兴产业发展初期，政府的相关扶持政策以及资本与金融的介入等亦未到位。

2. 十余年发展过程中，走过了一些弯路。一是发展燃料乙醇中国起步早，势头好，可惜不久被搁置，后寄希望于纤维素乙醇未果，导致生物质能源主战场失利。二是中国大力发展农村户用沼气虽有积极意义，但非商品性生物质能源产业主体，错失发展生物天然气的时机。三是一面政府急迫要求压煤克霾，一面每年亿吨秸秆被露地焚烧达 20 年之久，而欧洲已十分成熟和我国也有相当基础的成型燃料供热至今未能发展起来。四是当前竟舍性优的生物天然气而支持发展性劣的“煤制气”。

3. 生物质能源不仅在于它的低碳清洁、可再生和可对化石能源多途径替代，对资源循环利用、减排环保、促进农村经济和中小城镇建设、增加农民收入等也都有重要作用，却未受到应有的重视，致发展远落后于美欧诸国。2012 年世界燃料乙醇生产量 6 596 万吨，中国 160 万吨，占比 2%；2012 年世界成型燃料总产 3 305 万吨，中国占比 2.7%[18]。又据《生物质能源国际 · 2012》，2010 年全球生物质能源总产 5 926 万吨标油，中国占比 2.4%，是美国的 1/20[19]。

4. 近十余年我国生物质能源发展不尽如人意。客观原因与生物质能源本身较其他可再生能源复杂，人们对它了解少而误解多（如影响粮食安全、无大作为、原料不好收集等），认识有个过程。主观原因则是政府业务部门重化石能源、重工业性强的风能和太阳能而轻生物性和涉农性的生物质能。

5. 十余年的实践证明，生物质能源的重要性、多功能性和不可代替性对我国国民经济和社会发展具有重要意义；影响粮食安全等误解皆可消除，以及自身已发展成长为举足轻重的一种替代能源，重要的战略新兴产业。时机已经成熟，“十三五”可为之创造条件，将它引入发展的快车道。

3. 生物质固体燃料“十三五”发展建议

3.1 概述

生物质固体燃料主要用于发电、多联产和成型燃料供热，是现代生物质能源中发展早、成熟度高和固、气、液三相燃料中占比最大的生物质能种。

全球生物质发电装机容量约 50 吉瓦（1 吉 $=10^9$），可替代约 9 000 万吨标煤。居世界生物质发电量首位的美国装机容量在 10 吉瓦以上，占美国可再生能源发电装机容量的 40%。世界上第一座秸秆生物燃料发电厂 1988 年诞生于丹麦，现已在该国扩展到 130 多家。欧洲的成功经验是热－电－颗粒联产，瑞典谢莱夫特奥能源公司的第三代多联产电厂配置的 32 兆瓦蒸汽锅炉和 8 兆瓦汽轮机，年产热 40 吉瓦·时、电 48 吉瓦·时和成型燃料 105 000 吨，系统热效率可高达 98%。

生物质固体燃料具有低灰、低硫特性，其氮氧化物、二氧化硫、二氧化碳以及烟尘颗粒的排放远低于火电机组，“在环境性的改善上是极为显著的”[20]。生物质成型燃料含硫、含氮低，配套专用锅炉和适当除尘即可达到高标准清洁燃烧水平；且具易储运，运行灵活和适应性强特点，可按照用户要求量身定制地进行分布式供热服务。生物质成型燃料供热的烟尘、SO_2 和 NO_x 排放浓度分别小于 30 毫克 / 米 ^{3}、50 毫克 / 米 ^{3} 和 200 毫克 / 米 ^{3}，基本等同于天然气排放标准；供热价格稍高于当前煤炭而远低于天然气和重油，等单位热量的生物质、煤炭、重油、天然气费用比值约分别为 1 : 0.7 : 1.7 : 1.5[21]。成型燃料是中小燃煤锅炉替代燃料的最佳选择。

近 15 年，全球生物质成型燃料产量增长了 15 倍，2013 年达 2 360 万吨。欧洲是世界第一大用户，产量约占世界 50%，消费占 80%；北美位列第二，产量约占 25%，消费占 17%[22]。附图 6 是瑞典分布式供热燃料 1970—2009 年间的演进，现全国供热的 90% 来自生物质能源。

（参见附图 6：瑞典分布式供热燃料的演进（1970—2009 年），本建议书后）

3.2 产业发展概况

我国可收集作为能源用的生物质资源中，排在第一位的是农作物秸秆，年产出 4.7 亿吨，主要集中于农区，是我国发展固体生物质燃料的重要原料来源。排在秸秆产出前十位的省份（自治区）是河南、山东、黑龙江、河北、吉林、安徽、四川、内蒙古、江苏、辽宁[13]。我国还有大量林业剩余物。

（参见附表 5：全国及排名前十位的省、自治区的农作物秸秆产出量，本建议书后）

直燃发电是我国起步较早和发展较好的生物质能种。

自我国首座生物质发电厂，国能生物发电有限公司山东单县生物质发电厂 25 兆瓦机组于 2006 年 12 月正式投产，到 2013 年我国生物质发电并网容量已达 7 790.01 兆瓦和上网电量 356.02 亿千瓦·时；预计 2014 年底，二者将达 1 100 万千瓦和 500 亿千瓦·时。生物质发电主要集中于我国农业和经济发达的东部地区，江苏、山东、广东、浙江四省上网电量占全国 48.21%。生物质发电项目投资主体中，民营企业占 53%、国有企业 36%、外资和合资企业 11%；累计并网容量排在前十位的企业依次是凯迪、国能、国电、光大国际、上海城投、中节能、深圳能环、广东粤电、河北建设和创冠[15]。

生物质发电行业的标杆企业在技术、成本方面已经具有明显优势，投产生物质发电项目的盈利能力得到初步验证。但目前国内的生物质发电项目盈利能力普遍欠佳，多数尚处亏损或盈亏平衡边缘，主要是原料成本较高和政府补助政策不到位。

成型燃料是我国发展较晚和市场潜力很大的生物质能种，中国生物质固体成型燃料产业化发展研究课题组曾对此进行了系统考察和研究[23]。

我国成型燃料供热的主体是中小民营企业，2013 年农作物秸秆固化成型工程合计 1 060 处，燃料产量 483 万吨；另林业三剩物固体成型燃料年产量约 200 万吨，合计 683 万吨，主要用于国内。

吉林辉南宏日新能源公司自 2009 年启动运营的第一家固体成型燃料分布式供暖工程，到 2013 年供暖总面积超过 120 万米^2，探索出了成型燃料分布式供暖纵向一体化全产业链模式。北京奥科瑞丰新能源公司主营作物秸秆压块分布式供暖，2013 年在冀、鲁、豫、皖诸省产销 40 万吨以上。广州迪森热能技术公司主营生物质颗粒分布式供蒸汽和热水，2013 年产销量 40 万吨以上。生物质供热的运营模式有合同能源管理（EMC）、计量能源服务（BOO）、建设运营转移能源服务（BOT）等。

我国在成型燃料机械制造、生物质专用锅炉制造和生物质燃料燃烧技术等方面已经取得较大进展。成型机械的能耗、关键部件使用寿命达到了大规模生产的要求；生物质锅炉在解决热效率、抗腐蚀和污染物排放等方面，达到了生产和环保的要求；项目运行和管理能够达到用户供热要求。从农户生物质燃料炉具、小型生物质锅炉，到单台 75 吨的大型锅炉，都达到可全面推广的程度。

以 2013 年全国的生物质发电量 356 亿千瓦·时和 683 万吨成型燃料供热计，相当于消耗作物秸秆 8 800 万吨、农民新增收入 1 800 亿元、提供 45 万个工作岗位、减排二氧化碳 5 300 万吨，取得了很好的环境和社会效益。我国生物质固体燃料产业也已完成启动创业期和正进入快速发展期，但仍处需要政策引导与扶持的初级发展阶段，行业主体的民营中小企业，势单力薄，抗风险能力弱。

3.3 “十三五”发展建议

1. 在每年上亿吨农作物秸秆被露地焚烧而久禁不止，和生物质能源在我国刚刚起步的背景下，“十一五”和“十二五”期间积极推进生物质直燃发电是十分及时和必要的。随着防治大气污染任务繁重和中小城镇发展对清洁能源的需求，以及燃煤发电锅炉的清洁燃烧和风电等清洁能源的发展，建议“十三五”直燃发电规模不宜太多扩展，将农作物秸秆资源的利用重点转移到成型燃料供热上来，特别是用于对中小燃煤锅炉的能源替代以及为中小城镇供热。此外，“十三五”期间生物质发电厂面临的主要挑战是降低原料成本，提高技术装备水平和能效，以及改善盈利状况，故在适度扩大规模的同时，发展重点是对已建生物质发电厂作热电联产或热电－成型燃料联产的技术升级，以大幅提高能效和经济产出。

2. 2002 年以前的 10 年，冀、鲁、豫三省的煤炭消费年均增加 1 315 万吨，后 10 年，即到 2012 年，年均增加 5 982 万吨，是前 10 年的 4.5 倍（参见附图 8）。三省 2012 年煤炭消费量达 9.68 亿吨，接近于同年美国全国煤炭消费总量。煤炭消费高速增长和数量巨大，加以西有燕山山脉和北有太行山脉环堵，京、津、冀雾霾治理难度可想而知。现国务院要求河北省在 2013—2017 年间压煤 4 000 万吨标煤，即年均压煤 1 000 万吨标煤。尽管任务很重，然压煤 4 年后的 2018 年，仅回复到 2010 年水平。（参见附图 7：全国及部分省、直辖市煤炭消费量，本建议书后）

问题还在于，年均压煤 1 000 万吨标煤中，除部分为淘汰过剩产能的工业用煤外，大部分是一般工业和生活供热，即约年需 500 万吨标煤以上的清洁能源替代。“煤改气”虽好，但气供应不上，且价格比煤贵近 2 倍。邯郸市第一医院以煤供暖一冬耗资 200 余万元，用天然气需 600 余万元，如用生物质成型燃料替代仅 300 余万元，可达天然气排放标准，且可缓解本地区农田露地焚烧秸秆之害和增加农民收入。

因此，为治理雾霾和为发展中的中小城镇提供清洁能源，建议“十三五”规划中设置“京、津、冀、鲁、豫地区年供 800 万吨生物质成型燃料对中小燃煤锅炉燃料替代”的紧急行动计划。实现此计划，将消耗作物秸秆 900 万吨、减排 CO_2 约 1 000 万吨，SO_2 约 10 万吨，农民增收 30 余亿元。此外，在全国生物质原料富集的农区和林区，扶持培育生物质成型燃料生产消费基地、示范区或项目工程。

3. 2015 年完成《生物质能源“十二五”规划》中生物质发电装机 1 300 万千瓦和发电能力 780 亿千瓦・时，以及生物质成型燃料 1 000 万吨计划指标谅无问题。根据对原料资源收集能力和产业 / 企业的成长现状，以及政策和资金投入的估计等因素的综合考虑，《中长期可再生能源发展规划》提出的 2020 年生物质发电总装机达到 3 000 万千瓦和生物质固体成型燃料年利用量 5 000 万吨是恰当的。或发电装机可下调到 2 500 万千瓦，成型燃料指标上调到 6 000 万吨。

4. 具体措施建议：

（1）成型燃料（含以林业剩余物原料）的生产端补贴 200 元 / 吨，消费端补贴 100 元 / 吨，即完成 6 000 万吨 / 年指标需财政投入 180 亿元。或者鉴于煤炭价格降低的现状和生物质供热节能减排的功能，按照 0.03 元 / 兆焦的标准对生物质成型燃料供热进行补贴。

（2）建议将现生物质能上网电价 0.75 元 /（千瓦・时），提高到 0.85 元 /（千瓦・时）。适当提高补贴可起显著推动作用。建议鼓励生物质发电厂建设热电联供机制，考虑到清洁可再生能源的特性和生物质发电产业的经济状况，供热环节按照 0.03 元 / 兆焦的标准进行补贴。

（3）进一步补充完善财政补贴、奖励、税收优惠等各项政策；组织制定产业发展的相关标准、规范和条例；建设完善金融投资体系。

（4）作物秸秆和林业剩余物原料的收储运是生物质发电和成型燃料供热产业链条中的薄弱环节。建议在凯迪、国能等积累的经验基础上，设“能源用农林生物质原料收储运机械化建设”专项，尽快研制和提供相关系列机械。

（5）尽快形成和下发一个认定成型燃料是污染物排放水平同于天然气的一种低碳、可再生清洁燃料的全国性政策文件，对成型燃料的称谓、品质、环境影响等予以明确界定。

4. 生物质气体燃料“十三五”发展建议

4.1 概述

本建议的“生物质气体燃料”主要是指已在国际通称的“生物天然气”（又称“生物甲烷”）。

生物天然气目前主要来自沼气，通过净化和提纯，达到品质与普通天然气完全相同，既可并入天然气管网，又能以压缩形态（BNG 或 CBG）乃至液态（LBG），直接送到加气站为汽车所用。此生物天然气不含难以形成商品能源的生物煤气与热裂解气等生物质燃气和农户用沼气，也不含通过热化学转化合成途径形成的生物天然气（因目前仅在欧洲几个国家进入中试或生产性示范阶段，我国尚无研发基础）。

生物天然气用作汽车燃料，可能是运输燃料替代的一条捷径。欧洲经验表明，每立方米生物天然气比 1 升汽油可多驱动汽车行驶 15% 的里程，售价仅有汽油的 85% ～ 90%；燃料抗爆性相当于 120# 汽油；尾气中的有害气体排放量仅有汽油的 10%～ 50%；其加速性能偏低、气罐占据后备厢空间等问题，均已经在专用车上得到彻底解决。

欧洲天然气资源短缺而仰赖于俄罗斯，“俄乌斗气”使天然气供需形势十分严峻。自 21 世纪初，欧洲即大力发展生物天然气，至 2011 年，欧盟国家沼气及加提纯后的生物天然气总产量达 140 亿米^{3}天然气当量；2012 年，欧洲各国沼气工厂的数量已达 13 800 家。德国政府已制定 2020 年和 2030 年生物天然气年产量分别达到 60 亿米^{3}和 100 亿米^{3}的目标；瑞典计划到 2030 年达到年产生物天然气 70 亿米^3；荷兰提出 2030 年和 2050 年的生物天然气年产量计划将分别达到 30 亿米^{3}和 50 亿米^3。预计 2030 年欧盟的生物天然气产量将达到年产出 500 亿米^3。制定生物天然气中长期发展规划和目标有利于调动本国企业参与的积极性和吸引资本介入。

（参见附图 8：德国 1992—2009 年生物气工厂和产量的发展，本建议书后）

欧盟国家成功开发生物天然气的主要经验：首先，高层决策者有大幅度降低温室气体排放量和改善（空气、水）环境质量的强烈政治意愿，碳净排放为零以至负值的生物天然气必然是首选；其次，为了摆脱化石天然气大部分依赖从俄罗斯进口的困境。这些政治意愿被贯彻到一系列相关的立法，进而体现于扶植生物天然气产业的多种政策。

瑞典政府支持生物天然气发展的政策有：对建设沼气工程的企业 / 农场给予工程投资 30% 的补贴；对沼气纯化后替代燃料免征石化燃油使用税即“碳税”；减征沼气企业的增值税，以及免征车辆拥堵税（只限大城市）等。

4.2　我国生物天然气发展概况

2014 年我国天然气表观消费量将突破 2 000 亿米^3，天然气的对外进口依存度达 33%；根据已签署合同，2015 年我国天然气进口将达 935 亿米^3，进口依存度超过 35%。由于近年加速“煤改气”步伐，天然气消费量飙升，预计 2018 年将达 3000 亿米^3，对外依存度达 40% 左右。天然气供需缺口的迅速扩大更加深了我国能源消费的严峻形势。

面对天然气供需缺口的快速扩大，欧盟国家在生物天然气替代化石天然气上已经取得了巨大成功和积累了丰富经验。我国是农业大国，农牧业产生的大量作物秸秆、畜禽粪便、农产品加工有机废弃物，以及城市有机垃圾与污水皆可作为生产生物天然气的原料，其资源蕴藏与禀赋均优于欧盟。

自 21 世纪初，我国政府着力于发展农村户用沼气而对生物天然气很少旁顾。近三四年，中小民营企业中陆续出现十多项生物天然气规模化生产的示范工程，产能规模一般在 300 ～ 1 000 万米^3/年。2011 年 3 月在广西以淀粉厂高浓度有机废水为原料完成了国内第一个日产 1 万米^{3}以上的生物天然气生产，供应南宁市数百辆出租车用至今；北京德青源和山东民和两家大型养殖场分别日产 3 万和 2 万米^{3}沼气已发电上网多年和今年已有生物天然气生产。河南天冠酒精厂规模最大，年产沼气 1 亿米^3，部分提纯为生物天然气。还有数十个新上生物天然气项目正在建设中。这些企业均具赢利能力，发展态势喜人。

除加工业有机废水废渣和城市有机垃圾与污水污泥外，量大而稳定的生物天然气原料来源当推养殖场的畜禽粪便。据中国工程院 2014 年咨询报告资料，2009 年我国规模化养殖畜禽粪便排放总量约 8.37 亿吨，沼气生产潜力为 472.1 亿米^3，排名前十位省市主要集中于华北地区和东北农区，可详见附表 6。

（附表 6：2009 年全国及排名前十位省、自治区的规模化养殖沼气生产潜力，本建议书后）

如以 1∶2 的比例配以秸秆等其他有机废弃物，即具年产 1 000 亿米^{3}以上的生物天然气生产潜力。发展生物天然气可相应减排二氧化碳，可促进资源循环利用，可减轻畜禽粪便和路焚烧秸秆对大气和水体的污染，可促进农村经济和增加农民收入，可提供工作岗位和推进城镇化建设。

在南方一些城市，生物天然气车用深受欢迎，加气站前等候加气车龙不断。瑞典和瑞士的车用天然气也都始于该国首都公交车，继而普及全国。而我国北京等城市虽困于雾霾而设禁不用生物天然气，自束手脚。因此，发展生物天然气首先需制定产品标准和市场准入条件，以打开市场；其次是解决规模发展中生产装备的生产与提供问题。

4.3　生物天然气“十三五”发展建议

1. 以全国十万计的大中型畜禽养殖场为依托，以畜禽粪便为主料，辅以周边秸秆等有机废弃物，建立大大小小的产业沼气生产基点，以分布式或流动式地配置沼气纯化压缩加工装置或生产厂。同时鼓励城镇发展以城市生活污水、污泥和加工业有机废水、废渣为主料的生物天然气生产厂。

2. 我国已具备产业沼气及纯化压缩为生物天然气产业化生产的技术、装备及运行模式。“十三五”生物天然气大发展的瓶颈是产品标准与一站式综合配套装备的生产与供应。北京德清源养殖公司已着手这种“集装箱式”的生物天然气生产装备的生产，可在此基础上纳入国家计划，扩大规模和加快进度。

3. 需要制定和完善的相关政策有：

（1）对沼气工程建设的补贴，由目前的事前补，改为工程投产后按实际产气量补，每提供 1 米^3 商品生物天然气补贴 0.2 ～ 0.5 元；

（2）对生物天然气生产企业给予在一定期限内减、免企业增值税和所得税的优惠；

（3）为生物天然气的流通和进入消费市场提供政策保障和支持；

（4）一面加大对有机废弃物随意排放和造成污染的惩罚，一面加大对有机垃圾分拣和收集生物天然气生产原料的奖励力度；

（5）建立健全生物天然气市场准入政策。

5. 生物质液体燃料“十三五”发展建议

5.1 概述

根据世界生物质能源协会发布的 2014 年度统计报告，2012 年全球生产了 1 060 亿升生物燃油，其中燃料乙醇 831 亿升和生物柴油 225 亿升，其中燃料乙醇占 78.4%。

以生物乙醇为代表的第一代生物质液体燃料主要是将玉米、甘蔗、油菜等农作物的淀粉、糖和油脂用化学法转化为乙醇和柴油。随着生产规模的扩大而不可避免地会与农产品争夺市场和影响食品安全，且其环保性与经济性均差，故而寻求用生物酶法能将生物质组分中的纤维素和半纤维素转化生产乙醇，即纤维素乙醇，属二代生物质液体燃料。

近年来，杜邦、BP、壳牌、诺维信、杰能科、POET、Abengoa 等世界知名化石能源公司、先进酶制剂制造商和乙醇生产商纷纷进军纤维素乙醇领域。虽努力多年，仍未能突破商业化生产的技术与经济瓶颈。物料预处理成本和酶成本双高是木质纤维类乙醇产业化的根本性障碍。全球最早（2004 年）产出商品纤维素乙醇的加拿大 Iogen 公司曾联合荷兰壳牌石油公司，计划年产 2 300 万加仑纤维素乙醇的商业化合作项目，虽经 7 年努力而终于 2012 年底无果而终。纤维素乙醇的发展趋势一是进一步降低预处理和酶成本，二是实施附产高价值“副产品”策略。此外，燃料乙醇皆受“混掺墙”（blend wall）制约，即只能以小比例（≤ 15%）掺混到常规汽油内才能车用，故市场容量有限，发展前景仍存很大不确定性。

另一条技术路线则是以热化学法合成以生物柴油为主的生物质液体燃油。其中直接液化法的大部分技术尚不具备商业化条件，但生物质快速裂解制生物油（Bio-oil）、再提（改）质制取生物燃油的技术，已取得商业化的突破。间接液化法则是在高温下，将生物质气化产生混合气，经 F-T 合成（“费托合成”），获含轻质合成油和烯烃混合油，再经加氢裂解和异构化，得到优质溶剂油、石脑油、柴油、航空煤油和润滑油等的基础油。另有生物质合成气经二甲醚制生物 MTG 汽油，目前仅少数发达国家开始进入商业化生产。

美国环保署 2013 年报告指出，近年来运用热化学和合成等创新技术制“先进生物燃料”（advanced biofuels，指生物乙醇以外那些碳减排效应超过 50% 的生物燃料品种）的研发进展快速，特别是运用“创新技术”制备的“生物基生物柴油”（bio-based diesel），如以农林废弃物、有机垃圾和能源作物 / 林为原料的，基于 FT 合成的 BTL (biomass to liquids)。

国际权威性的 *Nature* 杂志 2014 年 3 月发表了题为《纤维素乙醇为生存而奋斗》文章。文中引述美国学者、能源部官员和乙醇企业经理人的观点指出：针对第二代生物乙醇久攻不克的状况，液态生物能源的研发重点，已经由酶 / 酵母等的微生物法，转向用热化学法生产烃类生物燃油。其优势在于产品是可“直接使用”的生物燃油（drop-in fuels）而不需小比例掺混，且可使用木质类原料，从而大幅度拓宽了原料来源和降低成本。

生物质液体燃料正在经历着一次新的技术革命。

5.2 产业发展概况

21 世纪初，我国在吉林、黑龙江、安徽、河南 4 省上了 4 个陈化粮乙醇生产项目并被列为“十五”计划重点工程之一，2006 年生产销售燃料乙醇 152 万吨，成为仅次于美、巴的第三大燃料乙醇生产国。2006 年停止审批粮食乙醇项目和鼓励发展非粮乙醇（木薯等），但进展不大，至今燃料乙醇总产仍在 8 年前的 160 万吨上下徘徊。我国一代生物柴油皆以植物油脂或厨余弃油为原料，经酯化加氢制成脂肪酸甲酯类生物柴油。其原料资源量有限和成本高企，且产品凝点高，氧化安定性和水解安定性亦差。

国家能源局主张和支持发展纤维素乙醇，虽在河南天冠集团等处取得一定进展，但未能达到商业化生产目标。山东龙力公司以玉米芯为原料主产糠醛，以残渣中纤维素和半纤维素联产纤维素乙醇，吉林松原光禾能源公司则以联产价格数倍于纤维素乙醇的木质素板材，以维持纤维素乙醇的商业化生产和销售。此外，攻关多年的，以甜高粱茎秆为原料的甜高粱乙醇即将取得实质性进展，其优势是可利用我国大面积盐碱地，称 1.5 代燃料乙醇。

近年我国出现两项重要的技术创新。

一是当纤维素乙醇技术久攻不克，世界科技界和商界将日光聚焦热化学平台，攻关气化合成生物质燃油技术的时刻，我国武汉阳光凯迪集团经 10 年研究，终于打通了以木质类生物质为原料的、生物质气化—分离提纯—费托合成—精炼的热化学转化技术路线，产出了生物柴油，生物汽油和生物航空煤油等优质油品。2013 年初，年产 1 万吨级的半工业化规模示范生产线投入运行，至今已连续运行 1.3 万小时。油品的主要技术指标均达到或超过欧Ⅴ的标准，成本控制 8 000 元 / 吨以内。目前在武汉和广西北海正筹建两座年产 60 万吨级的商业化生产厂。经包括石化和化学界多名院士在内的专家们多次考察和调研，确认这是我国液体生物能源产业化生产的一项重大的自主性集成创新，处在该领域国际领先行列。

二是内蒙古金骄集团以木质类生物质和农林及城镇有机废弃物为原料，通过糖平台（乙酰丙酸和糠醛）转化生产 N- 甲基丁二醇二甲醚类、N- 乙二醇二甲醚和碳酸二烷酯类油品取得成功。可混配生产高端生物液体燃料，包括柴油、汽油、航空煤油、专用燃油和润滑油，以及联产多种生物基精细化工产品和木质素成型燃料。2009 年和 2012 年已分别建成两座年产能分别为 10 万吨和 8 万吨的生产厂。此项目投资额低，加工工序简捷，生产过程绿色，每吨生物质原料产生毛利润 2 000 元以上。这是一项产生于我国的重要创新成果。

这两个技术的重要意义在于，使生物质能组成中约占四成多的木质素和半纤维素得以高端利用；使我国目前无经济产出的大量宜林荒山缓坡等土地，将可因种植能源林而变成一片永续的“生物质油田”；使我国在农地和林地之外又多出“能地”这一第三土地资源。

据国家林业局 2013 年完成的《第八次全国森林资源清查结果报告》[24]，我国有灌木林地 5 590 万公顷、宜林荒山荒坡地 2 738 万公顷、宜林沙荒地 1 151 万公顷、无立木林地 1 025 万公顷，合计 10 504 万公顷。又据国土资源部基于县级的最新土地调查资料[25]，其中含灌木林地、其他林地等“宜林能地”7 826 万公顷；含其他草地、盐碱地、海涂和陆涂的“宜草能地”8 727 万公顷，二者合计 16 553 万公顷。这是一片年产亿吨级的，永不枯竭的生物质油田。另外，中国工程院 2014 年咨询报告还提供了我国可收集能源用的林业“三剩物”的年产量 11 360 万吨，相当于年产生物燃油 3 246 万吨的资料。

我国大庆油田 50 年累计产油 20 亿吨，而这片永续的“中华生物质油田”蕴藏量就大得很多了。

（参见附表 7：我国林业剩余物的资源量及能源潜力，本建议书后）

5.3 “十三五”发展建议

1. 根据国内外发展形势，我国二代乙醇应舍单一纤维素乙醇路线而取“以辅带主”的联产路线，则酶成本可不再是纤维素乙醇发展道路上的拦路虎。在产出纤维素乙醇的同时，可产出增值性高的生物基产品（bio-based products），如生物降解塑料、有机合成材料（工程塑料、聚酯纤维等的生物“砌块”building blocks）、生物乙烯、聚氯乙烯、聚乙烯和涤纶等；也可联产技术含量不高而附加值高的木质素素建材等。正确路线确定以后，政策与企业是决定因素，“十三五”的发展可能是 200 万吨，也可能是 1 000 万吨，发展目标可定在 400 万吨。

2. 世界刚刚兴起的、以木质类生物质为原料的气化合成高品位燃油，我国已处世界技术前沿和制高点，产业化生产也已起步。如果不失时机地扩大此项产业化技术成果，必将推动对我国具有重大战略意义的生物质油田宝藏的开发。此技术不仅可用于国内，还可像高铁一样“走出去”，特别是对东南亚和非洲等发展中国家。

这不是美国的页岩气革命，而是在中国可能实现的生物燃油革命。

时不我待，兹紧急建议“十三五”规划中设立“第二代合成生物燃油产业化创新”重大专项。

3. “第二代合成生物燃油产业化创新”重大专项可在有条件的省、自治区、直辖市分别建 1 ～ 2 个年产能 30 万～ 50 万吨级的生物质气化合成生物燃油产业化示范点，技术与装备依托凯迪公司。“十三五”期间，在全国，即凯迪与相关省市自治区布局 30 ～ 40 个生产厂。2015 年准备，2016 年全面启动，建设期 2 ～ 3 年，2020 年可望实现年产 1 000 万吨目标。为此，“重大专项”宜含油（产）品的国家 / 地方标准；市场准入机制与定位；激励补贴、税费优惠、减排与 CDM 交易优惠、原料物流免征过路费等扶持政策，以及相关配套政策条例。

4. 建议在国家支持下，依托凯迪公司等具技术开发基础与经济实力企业，联合相关企业、高校和科研院所对“生物质油田”的开发与建管（能源林 / 草优良品种培育、能源 – 生态林 / 草地的开发管理、营管和原料收集机械化等）；生物质热化学平台和糖平台转化技术的改造升级及创新技术研究。

6. 综合建议

1. 由化石能源向清洁能源的转型已成世界大势。转型中的世界生物质能源在可再生能源中一直处于领先地位。值此能源转型大潮，中国在起跑线上落后了，中国的生物质液体燃料、气体燃料以及固体成型燃料的产量均仅占世界总量的 2% 左右。从能源的需求增长、消费结构、对外依存度、温室气体排放以及发展农村经济等方面考虑，中国都应该比任何其他国家更加重视发展生物质能源。建议“十三五”期间能够力转颓势，迎头赶上。

2. 我国农业污染已全面超过工业污染，接近 20 世纪 80 年代发达国家农业污染最重指标。农业排放污染物占全国废水水体化学需氧量、总氮和总磷的 50%

以上，尤其是养殖业畜禽粪便和秸秆露地焚烧对水体与大气的污染最为严重。治理农业面源污染不仅在于环保部门，最有效途径是实现有机污染物的无害化和资源化利用，生物质能源是最佳选择。另外，生物质能源对发展农村经济和增加农民收入，为发展中小城镇提供清洁能源和工作岗位等也都有重要作用。因此，简单地将生物质能源视为等同于风能等的可再生能源，而忽视其多功能性的传统观应当摒弃。建议“十三五”规划中对生物质能源赋予“多功能重大战略新兴产业”的定义。

3. 我国是幅员辽阔的农业大国，是生物质资源十分丰富和多样的国家。当前可收集作为能源用的生物质资源量为 9.2 亿吨标煤 / 年，是水电的 2 倍和风电的 3.5 倍，是 2013 年全国能源消费总量（37.5 亿吨标煤）的 24.5%。生物质资源是国家的珍贵宝藏，其体量足以担当在我国能源转型中的重任。

4. 对现代生物质能源的开发，我国起步于 21 世纪之初。经十余年努力，各类生物质能源的产业化开发已打下初步基础，度过了艰难的启动和初期成长阶段，基本具备进入快速发展期的条件。因此，建议“十三五”规划能审时度势，顺势而上地制定一个积极、务实和措施到位的生物质能源发展战略及规划。“十三五”期间，我国生物质能源发展能否出现一个崭新局面，将取决于国家的判断、决心和政策。

5.“十三五”的生物质发电重点应不在于扩大规模而在于作热 – 电 – 成型燃料联产的转型升级，如能将生物质能上网电价由 0.75 元 /（千瓦·时）提高到 0.85 元 /（千瓦·时），即新增财政补贴 100 亿元，即可产生重大推进作用。出于大气污染防治和为中小城镇发展提供清洁能源的紧迫需求，成型燃料供热应作为生物质固体能源“十三五”发展的战略重点，建议设置“京、津、冀、鲁、豫地区年供 800 万吨生物质成型燃料对中小燃煤锅炉燃料替代”的紧急行动计划；建议在完善配套扶持政策中，为成型燃料“正名”，和对生产端与消费端分别补贴 200 元 / 吨和 100 元 / 吨，即财政补贴 175 亿元，必将产生重要推动作用。

6. 作为化石天然气的补充和后续储备，我国生物天然气具有年产千亿立方米以上的潜力，不仅有利于畜禽粪便、有机垃圾和作物秸秆的资源循环利用，而且有利于减排环保、新农村建设和农民增收。我国生物天然气的产业化发展路径已经清晰，即以大中型养殖场为依托，辅以周边秸秆等有机废弃物为原料，星罗棋布地部署数以万计的沼气工厂，配以固定式或流动式的沼气纯化压缩加工点。建议明确农业部为一元化主管部门，有利于推动和建立相应的机制和体制。实施此项计划的瓶颈与制约因素首要的是将当前对沼气工程的事前（建设）补助，改为事后计产出气量的补贴，其次是市场准入与提供装备。建议制定和实施“发展生物天然气生产的组装式成套装备生产与提供”的紧急行动计划。

7. 我国二代生物质液体燃料发展的战略重点，应转移到以木质类生物质为原料的气化合成技术路线和化学合成路线上来。建议尽快制定和实施“二代合成生物燃油产业化创新”重大专项。“十三五”期间在全国部署30～40个生产厂，实现2020年生物柴油等高端油品的生产能力达到1 600万吨的目标。二代生物乙醇则应舍单一纤维素乙醇路线而取“以辅带主”的联产纤维素乙醇路线。

8. 为鼓励农林废弃物生物质能源利用，建议凡生产1吨产品，在原料供应端和生产端各补贴100元，原料供应端可重点考虑补给农民合作组织。为完成2030年中国非石化能源消费比例达到20%的目标，建议启动“绿能”消费配额制度，强制要求主要能源消费者从2015年起必须使用5%的认证“绿能”，并逐步增加比例。对不能完成绿能消费配额的收取配额税，用于“绿能”生产者的补贴。

9. “十三五”生物质能源发展的建议目标是：生物质发电1 800万千瓦，年发电量1 080亿千瓦·时，成型燃料5 000万吨，生物天然气400亿米^3，气化合成燃油1 000万吨，化学转化燃油600万吨，二代乙醇400万吨。经折算，以上6项合计年产11 796万吨标煤，其分别占比是28.5%、21.2%、27.0%、12.7%、7.6%和3.0%。

10. 按以上建议目标，生物质能源“十三五”的生产与消费量是“十二五”指标（不含户用沼气）的3.2倍，反映我国生物质能源开始进入快速发展期。在生物质能源生产与消费结构上也将发生重大和战略性调整，即固体燃料作技术升级与战略转移，气体燃料启动产业化规模发展，液体燃料通过技术革命和战略转移而重新崛起。此结构调整将对我国生物质能源的未来发展产生重要和深远影响。

11. 技术与产品新格局的形成使原料配置的轮廓趋于清晰。液体燃料的主原料为木质类，固体燃料的主原料为纤维素类（作物秸秆），气体燃料的主原料为高含水有机废弃物类并辅以作物秸秆（其间稍有交叉）。如此，我国的“生物质油田”将主要分布在林地和农地以外的，宜植能源林/草的荒山荒坡、盐碱、沙地和海涂等边际性土地，即农地和林地之外的“第三土地资源”——“能地”；“生物质煤田”主要分布在盛产作物秸秆的农区；“生物质气田”亦主要分布于以大型养殖场为中心的农区。建设我国生物质“三田”是一项长期的战略任务，建议“十三五”开始谋划[27]。

12. 根据我国目前发展情况，稍经培育，即可使若干产品如“高铁”般地“走出去”，特别是走到东南亚和非洲，让世界共享中国成果。建议“十三五”规划中，重点培育气化合成生物燃油、糖平台转化生物油品以及生物天然气三项产业化技术与装备的系统集成，作好“走出去”的准备。

参考文献

[1] The White House, Office of the Press Secretary. Executive Order of Developing and Promoting Biobased Products and Bioenergy. Augest 12, 1999.

[2] Ron Pernick, etc. Clean Energy Trends 2013. March, 2013, Clean Edge, Inc., http://www.cleanedge.com.

[3] http://www.mfrtech.com/news.

[4] The Global Renewable Fuels Alliance (GRFA). Merchant Research & Consulting.

[5] International Energy Agency. Tracking Clean Energy Progress 2013, available online: www.iea.org/etp/tracking.

[6] UNITE STATE AMERICA,The Energy Independence and Security Act. 2007.

[7] John M.Urbanchuk. Contribution of The Ethanol Industry to The Economy of The United States. Agriculture and Biofuels Consulting,LLP, February 17,2104.

[8] Marcia Azanha Ferraz Dias de Moraes. 对巴西乙醇工业的思考//生物燃料在巴西的发展.2008，巴西外交部驻华大使馆.

[9] The Oxford Institute for Energy Studies. ethanol and oil firms—the beginning of a new role for a alternatie fuels. 2014.2.

[10] Ildo Sauer. 生物燃料在巴西的发展：销售与物流//生物燃料在巴西的发展.2008，巴西外交部驻华大使馆.

[11] 中国驻巴西使馆.巴西生产酒精燃料和酒精汽车概况及其发展经验.2004.7.6.

[12] EurObserv'ER. 5,38 MToe Consumed in 2006 in The UN. Biofuels Barometer, May, 2007.

[13] 中国工程院.我国交通运输用生物燃料产业关键技术开发、示范与应用研究报告.2014.

[14] 熊必琳.中国生物燃料乙醇发展现状与“十一五”规划//中国生物燃料乙醇产业化发展战略研讨会讲演文集，中国工程院，2007.

[15] 水电水利规划设计总院和国家可再生能源信息管理中心.2013中国生物质发电建设统计报告.2014.5.

[16] 农业部总经济师钱克明在“中国清洁炉灶与燃料国际研讨会上”的致辞.2014年5月19日，北京.

[17] 朱万斌等.生物质能居我国可再生能源首位.中华新能源，2014.

[18] 生物质能源国际BEI·2012.

[19] BP世界能源统计2011.

[20] 林琳等.生物质直燃发电系统的全生命周期评价，水利电力机械，2006,28(12).

[21] 国家能源局.生物质固体成型燃料锅炉供热（宣传册），2014.

[22] 世界生物质能源协会.2014年世界生物质能源统计报告，2014.

[23] 中国投资协会、中国生物质固体成型燃料产业化发展研究课题组.中国生物质固体成型燃料产业化发展研究报告，2012.

[24] 国家林业局.第八次全国森林资源清查结果报告，2013.

[25] 国土资源部土地调查资料.

[26] 石元春.中国能源革命不能没有“一片”.中国科学报，2014-09-05.

附图与附表（按上文顺序）

附表 1　2000—2011 年全球一次能源供应统计表　　艾焦

项目	Total	Fossil			Nuclear	Renewables		
		Coal	Crude Oil	Natural Gas		Hydro	Solar,wind etc.*	Bioenergy
2000	426	98.7	157	86.8	28.3	9.44	2.51	43.2
2005	486	125	172	99.0	30.2	10.5	2.95	47.2
2009	515	140	172	106	29.4	11.7	4.28	52.0
2010	543	151	176	115	30.1	12.4	4.69	54.2
2011	552	158	177	117	28.2	12.6	5.32	54.9

Source, IEA statistics.*Solar,wind etc.include solar,wind.geothermaltidal,tidal, wave and ocean energy

附表 2　2011 年生物质能源一次能源供应及消费结构　　艾焦

项目	PES	FEC	Consumption of el.&heat		GFEC total	Gross Final Energy Consumption		
			Electricity	Heat		Heat	Transport	Electricity
Wastes	2.12	0.50	0.27	0.29	1.07	0.79	—	0.27
Solid Biomass	49.2	41.9	0.82	0.32	43.0	42.2	—	0.82
Biogas	1.10	0.55	0.15	0.02	0.73	0.57	—	0.15
Liquid Biofuels	3.00	2.95	0.01	—	2.97	0.05	2.91	0.01
Total	55.4	45.9		0.64	47.8	43.6	2.91	1.26

Source：IEA statistics and WBA calculations

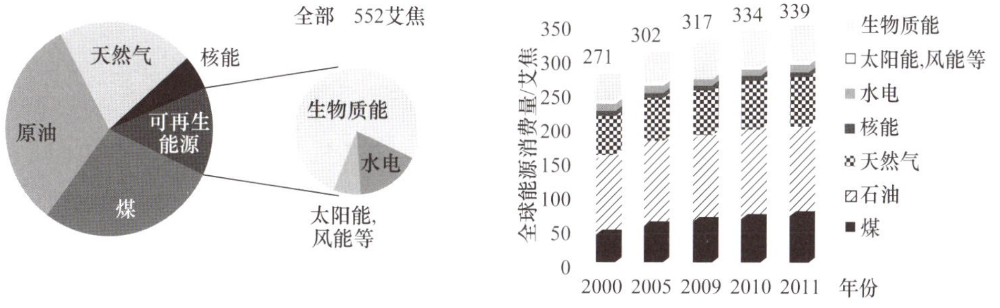

附图 1　2011 年全球一次能源供应结构图（左图）和 2000—2011 年全球能源消费结构趋势（右图）

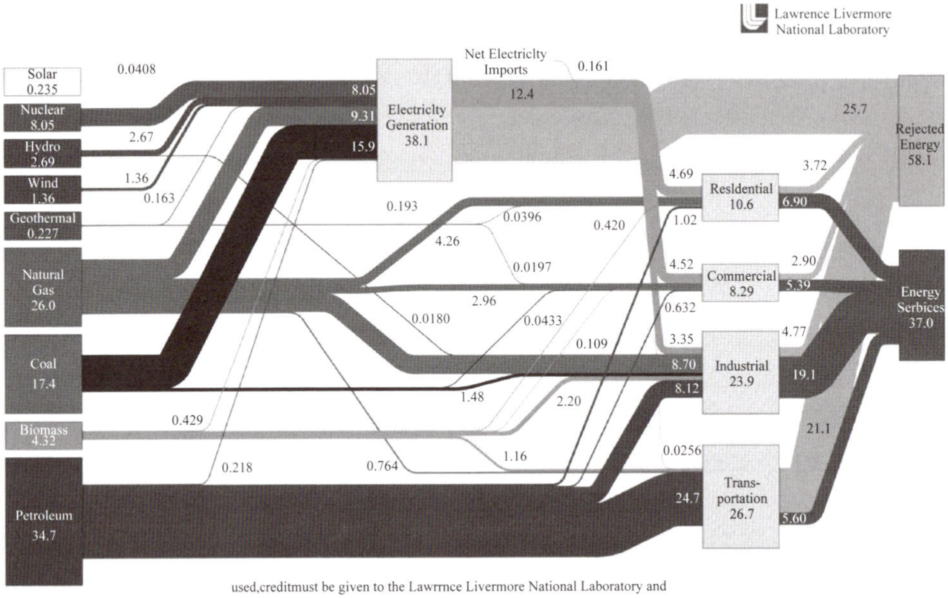

used,creditmust be given to the Lawrrnce Livermore National Laboratory and
theDepartment of Energy.under whost auspices the work was performed.Distnbuted electrioty
representsonly retail electricity salesa and does not include self-generation EIA reports condumptiom of renwable
resources (i.e. hydro.wind.geothermal.and solar)for electrcity inBTU-equivalent balues by
assuming a typical fossil fuel plant"heat rate".The efficiency of electricity productionis caculated as
the total retail electricity drlivered divided by theprimary energy imput electricity generation.
End use efficiency is estimatad as 65% for the residrntial and commercial sectors 80% for the industrial sector.and21%
for the transportation sector.Totals may not cqual sum of componrnts due to independent rounding ,LLNL-MI-410527

附图 2　美国 2012 年能源利用概图（95.1Quads）

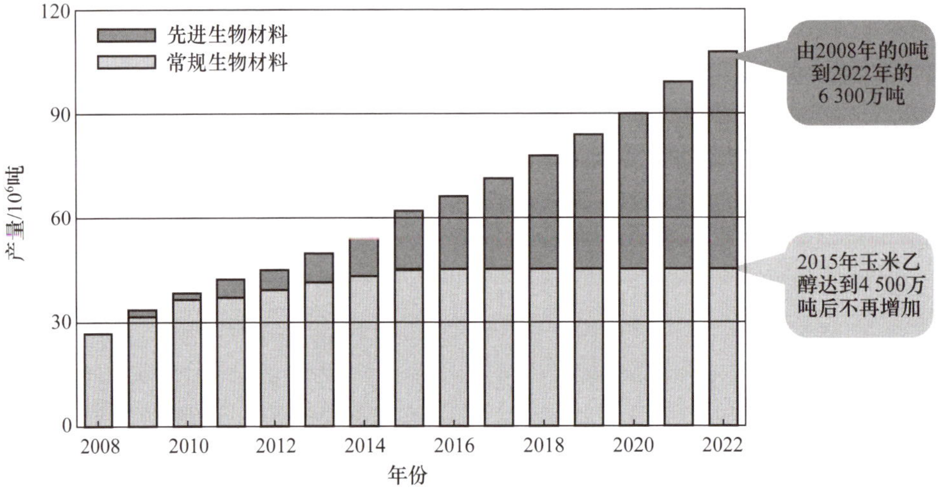

A　美国燃料乙醇发展

附图 3　美国燃料乙醇发展（A）及生物燃料发展计划（B）

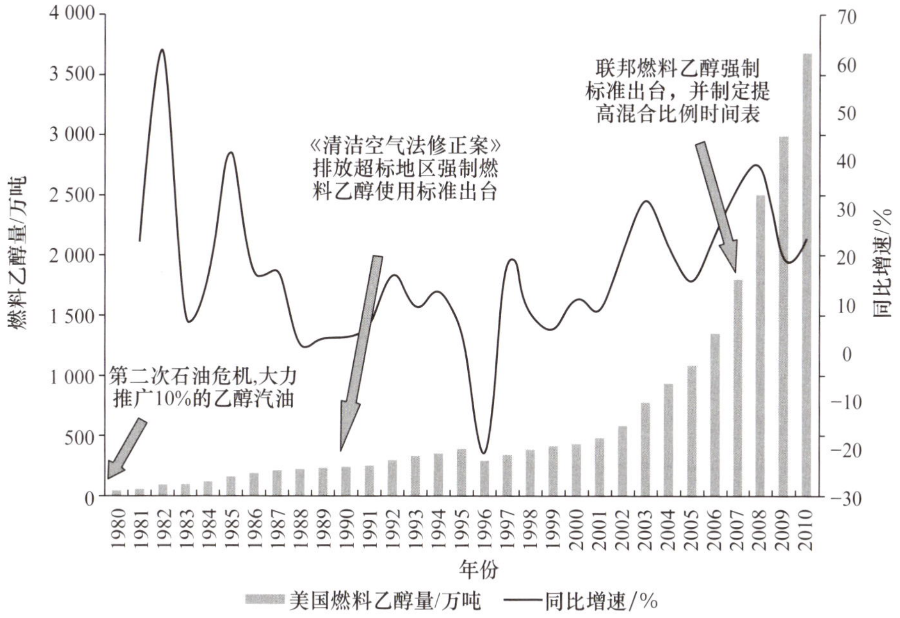

B　美国生物燃料发展计划

续附图 3

附表 3　巴西每 100 万吨甘蔗对相关产业的带动

带动产业	产值 / 万美元	增加值 / 万美元	就业岗位 / 个
甘蔗	2 225	1 040	1 467
相关农业	715	405	697
糖	400	135	31
乙醇	4 890	1 945	211
电	340	365	37
矿物加工	15	10	4
钢铁采矿冶金	355	105	48
机械、汽车等	465	210	51
石油天然气	1 475	605	12
化工	695	235	41
食品	770	155	93
市政建设	65	40	23
其他相关行业	840	285	287
贸易和服务业	4 065	2 650	2 679
家庭		365	

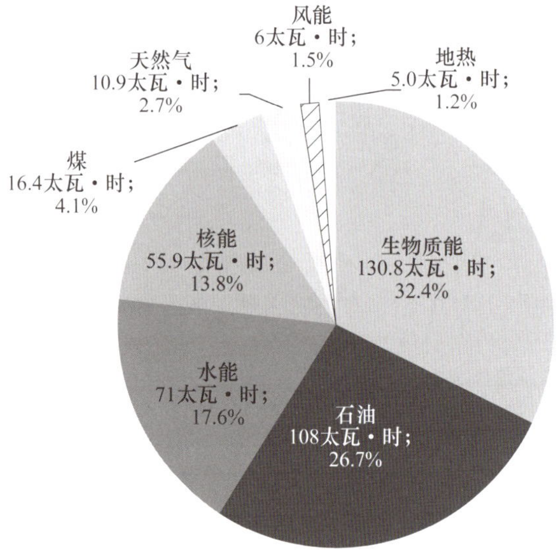

附图 4　瑞典能源消费结构中生物质能源已居首位（2011 年）（1 太 $=10^{12}$）

附表 4　我国可收集作能源用的生物质原料资源

有机废弃物种类	实物量 / 亿吨	折标煤 / 亿吨	占资源总量 /%
1. 作物秸秆	4.71	2.38	25.89
2. 农产品加工废弃物	0.80	0.44	4.83
3. 畜禽粪便	8.37	0.35	3.77
4. 林业剩余物	1.54	0.88	9.57
5. 城市生活垃圾	0.96	0.09	1.01
6. 工业废水和生活污水		0.04	0.40
7. 餐饮废油	0.04	0.05	0.59
8. 棉籽油	0.01	0.01	0.15
合计		4.25	46.21
边际性土地类型	**面积 / 万公顷**	**折标煤 / 亿吨**	**占资源总量 /%**
1. 宜农后备地	2 787		
2. 现边际农地	2 000	2.21	24.07
3. 宜林后备地	5 704	1.75	19.06
4. 现薪炭林	175	0.01	0.14
5. 现油料林	135	0.01	0.06
6. 现灌木林	5 365	0.96	10.45
合计	16 166	4.95	53.79
总计		9.20	100.00

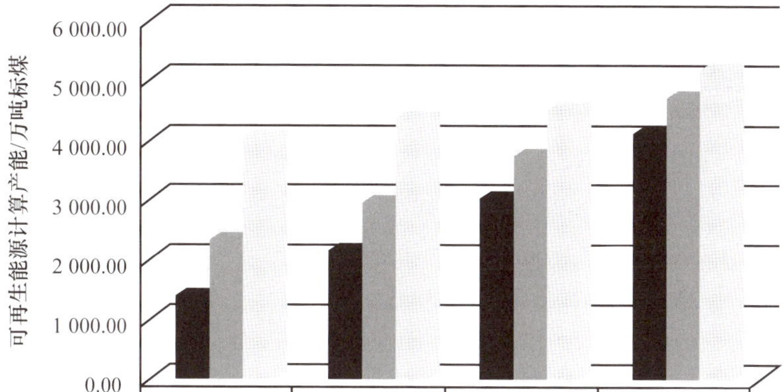

	2010	2011	2012	2013
■风能	1 392.14	2 166.16	3 062.20	4 117.50
■太阳能合计	2 341.56	2 957.73	3 754.11	4 722.14
生物质能合计	4 051.14	4 378.23	4 509.29	5 191.46

单位：万吨标煤

附图 5　我国可再生能源按一次能源折算的产能（朱万斌，2014）

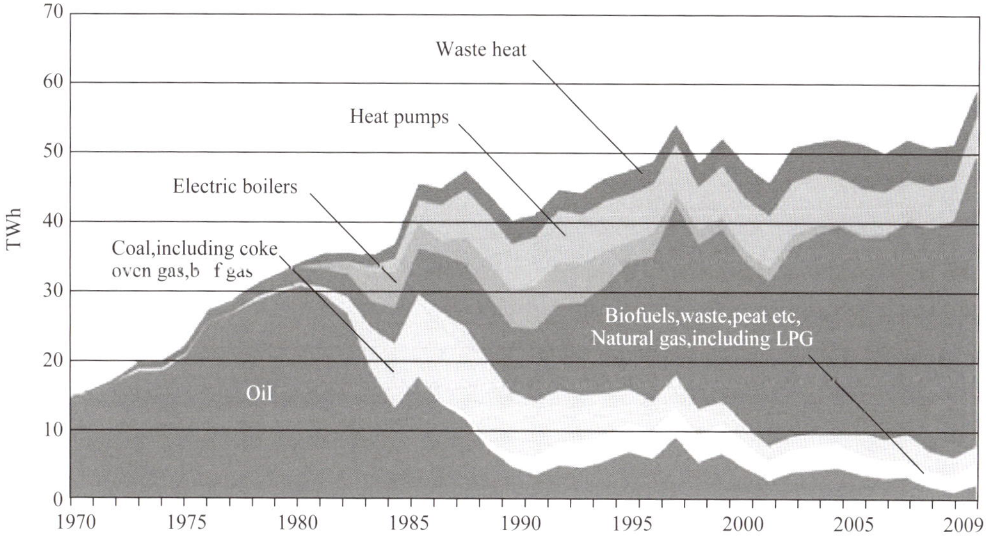

Source:Statistics Sweden and the Swedish Energy Agency

附图 6　瑞典分布式供热燃料的演进（1970—2009 年）

附表 5　全国及排名前 10 位的省、自治区的农作物秸秆产出量　　万吨

地区	稻谷	小麦	玉米	豆类	棉花	油料	合计
全国	12 195.91	15 733.69	35 449.03	2 844.81	1 788.34	6 460.26	77 136.99
河南	293.55	4 210.31	3 269.58	140.00	134.16	1 081.45	9 199.97
山东	66.26	2 812.05	3 864.12	61.59	217.24	684.32	7 800.22
黑龙江	1 148.75	126.36	4 648.80	902.78	0.00	55.06	6 944.84
河北	33.79	1 681.03	3 017.44	50.28	170.85	280.58	5 283.00
吉林	354.18	1.70	4 008.00	169.35	1.55	140.89	4 713.40
安徽	861.87	1 648.31	625.49	182.87	94.80	455.21	3 894.50
四川	942.04	584.24	1 338.00	147.45	4.25	537.05	3 796.21
内蒙古	46.59	225.70	2 931.38	249.06	0.34	256.30	3 794.85
江苏	1 126.30	1 377.06	436.96	127.84	78.25	303.94	3 471.11
辽宁	285.08	5.05	2 301.00	55.50	0.20	199.20	2 871.68

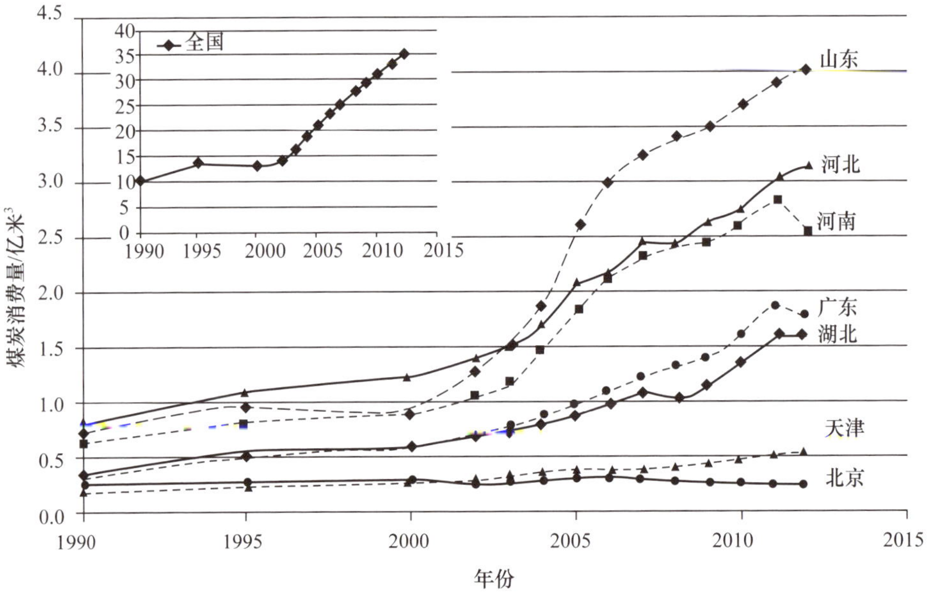

附图 7　全国及部分省、直辖市煤炭消费量（1990—2012 年）

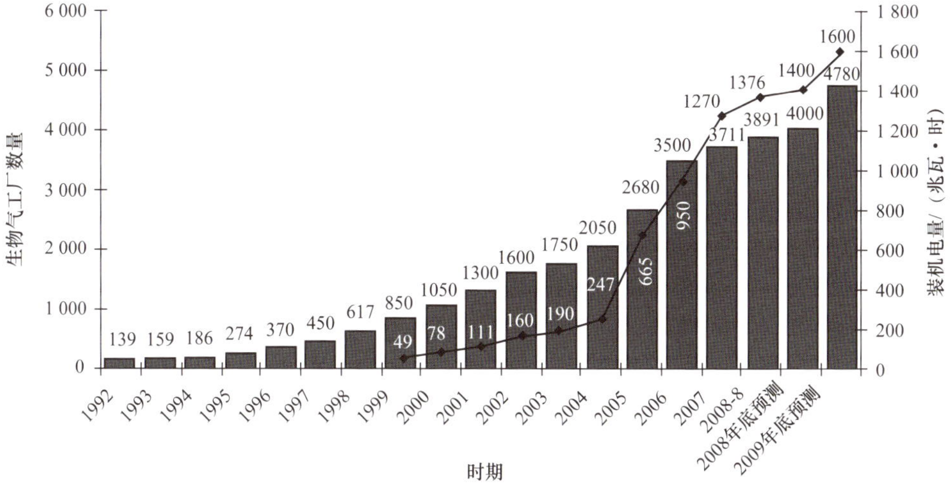

Source:Fachagentur Nachwachsende Rohstoffe e.V.(ENR)

附图 8　德国 1992—2009 年生物气工厂和产量的发展

附表 6　2009 年全国及排名前十位省、自治区的规模化养殖 * 沼气生产潜力　亿 m^3

地区	生猪	奶牛	肉牛	羊	蛋鸡	肉鸡	合计
全国	124.76	83.89	89.19	73.04	72.16	29.06	472.09
山东	11.75	7.96	8.60	8.38	10.39	7.13	54.21
河南	13.14	5.36	8.39	3.90	11.24	1.92	43.94
河北	6.87	11.38	6.69	4.99	12.39	0.94	43.26
内蒙古	1.00	14.01	5.73	16.05	0.93	0.10	37.83
黑龙江	5.36	13.76	10.96	2.64	2.30	0.50	35.51
吉林	5.28	2.17	15.84	2.07	3.46	2.66	31.49
辽宁	5.20	2.61	9.14	2.98	7.35	2.66	29.94
新疆	1.10	10.16	4.27	10.69	0.71	0.21	27.13
湖南	11.72	0.20	2.23	1.45	1.54	0.73	17.88
四川	9.61	0.87	1.82	2.46	1.89	0.54	17.18

* 规模化畜禽养殖场是指肉猪年出栏量 50 头以上，肉牛年存栏量 10 头以上，奶牛年存栏量 5 头以上，羊年存栏量 30 只以上，肉鸡年出栏量 2 000 羽以上，蛋鸡年存栏量 500 羽以上的畜禽养殖场。

附表 7　我国林业剩余物的资源量及能源潜力

类别		资源量		折标煤量
		万米^3	万吨	万吨
林业采伐及加工剩余物	年采伐剩余物	7 398.10	6 407.24	
	年木材加工剩余物	2 217.30	1 920.33	
	中、幼龄林抚育剩余物量	3 501.40	3 032.44	
	小计		11 360.00	6 475.20
育林剩余物	经济林抚育		4 813.00	
	城市绿化修枝与废旧木地板、家具		2 000.00	
	小计		6 813.00	3 883.41
合计			18 173.00	10 358.61

28 关于“发展第二农业，新增 20 亿亩耕地”咨询研究的建议

——2016 年春给宋健同志的建议信

（2016 年 4 月）

【建议背景】

2015 年冬，中国科学院与中国工程院两院资深院士工作委员会换届，宋健院士担任新一届工作委员会主任。作者给宋健主任写信，提出关于“发展第二农业，新增 20 亿亩耕地”咨询研究的建议。

宋健同志：

因到南方过冬，两次会都未能参加，但内容知道。

我参加了您提出和领导制定的 1994 年“S-863 计划”、1997 年“973 计划”和 2003 年“国家中长期科技发展规划”的战略研究。还记得 2004 年 6 月我代表农业组在给温家宝总理的汇报会上您提出重视开发薯类的建议。20 年来，我一直是您手下的一名科技老兵，这次廉颇未老，以耄耋之年再冲上一阵，岂不快哉！

2004 年，“中长期科技发展规划”中农业组提出的“发展生物质科技和产业”重大专项未获通过。但我们对此一直坚信不疑，十年如一日地上下求索，现在可以向国家和您交一份答卷了。我和我的团队拟向两院资深院士工作委员会提出，用 20 ～ 30 年，发展“第二农业”和新增 20 亿亩“农田”的建议。

几千年来的农业以食物为生产对象，而作物秸秆和畜禽粪便是农业废弃物。也就是农田生物量产出中用了 4 成，而 6 成未用。现代生物质转化技术则可将这些农业废弃物、加工业和城市的有机垃圾以及林地草地等所有可收集的生物质均能转化为种类繁多的生物质能源和生物基产品。如以传统的前者为第一农业，后者可称之为第二农业。

据中国工程院资料，我国 8 类农林等有机废弃物可收集作能源用的资源量为 4.25 亿吨标煤 / 年，6 类边际性土地种植能源植物的产能为 4.95 亿吨标煤 / 年，合计约 10 亿吨标煤 / 年。又据 2014 年国土资源部基于县级的土地调查资料，我国有宜林宜草的边际性土地面积为 16 553 万公顷，比全国总耕地面积还要大。我

国第二农业的原料资源极为丰富。据我们在吉林省的典型调查，第二农业的单位农田面积产值和净收入可接近或超过第一农业。又据 2012 年 *Science* 上的文章，深度加工的生物质产值可较作饲料用高十几倍以至数十倍。

重要的是，第二农业还是“深绿”产业。一方面是资源循环利用和新资源开发，使有机污染源无害化和资源化利用；另一方面其生产过程与产品是绿色的，是减排克霾，防治农业面源污染和白色污染的首选。2013 年我国生物质发电累计核准容量 1.2 万兆瓦，上网电量 356 亿千瓦·时，减少约 5 000 万吨作物秸秆的露地焚烧，替代约 1 000 万吨煤炭和相应减排了 2300 万吨 CO_2。

减排克霾的难点是全国共有 50 余万台 20 吨位以下的中小燃煤锅炉。它们难以清洁燃烧，高度分散而体小量大，年耗煤 2.7 亿吨，排放烟尘 60 万吨、SO_2 226 万吨和 NO_x100 万吨。“煤改气”虽好，但气缺价高靠进口。环境保护部（现生态环境部）和国家能源局已在全国大力推进生物质成型燃料供热，以替代燃煤。其烟尘、SO_2 和 NO_x 排放浓度基本等同于天然气排放标准，价格是“煤改气”的 60%。2013 年全国消费成型燃料 683 万吨，发展势头很旺。

沼气含甲烷 60%，提纯到 90% 以上就是生物天然气，与化石天然气同质。德国 1999—2013 年，沼气－生物天然气工厂由 850 个增加到 7874 个，装机容量由 49 兆瓦增加到 3364 兆瓦，超过了水电。2013 年我国开始有生物天然气商业化生产，全国具年产 1 000 亿米^3 以上的生产潜力，是 2018 年开始由俄罗斯进口天然气量的 3 倍。

2014 年全球产燃料乙醇 7 200 万吨，减排温室气体 1.06 亿吨。以淀粉和糖为原料制约了一代生物乙醇的发展，二代纤维素乙醇技术又久攻不克，高兴的是以热化学方法转化合成先进生物燃油的二代技术已趋成熟，这是一项由淀粉原料转变为木质纤维素原料的颠覆性技术创新。更令人高兴的是我国企业已处此技术战略高地的世界领先地位，开启了利用我国亿万公顷边际性土地之门。当今世界刚攻克防治白色污染的全生物降解塑料，我国的二代技术即将跟上，这也是具有世界意义的。

随着工农业发展而相应的流通和服务等其他产业也得到快速发展之时，经济学家罗纳德·费希尔于 1935 年提出了“第三产业”概念；当多媒体技术兴起而信息网络尚不畅通的情况下，阿尔·戈尔于 1993 年提出了“信息高速公路”概念；当生物质转化技术发展到一定程度，比尔·克林顿于 1999 年提出了“生物质产业”概念；当互联网和物流业在中国发展到一定程度，于扬于 2012 年提出了“互联网＋”概念和诞生了“阿里巴巴”。每当一个对社会发展有重要推动意义的事物发展到一定程度，总会出现一个这样的“概念助推器”。我以为提出“第二农业”概念的时机已经成熟。理念创新是战略层面上的创新。

我国地大不假，而物不博是因为科技不到位。我国地虽大，而五千年只能开发 20 亿亩耕地，现代生物质转化技术则只需二三十年即可新增 20 亿亩耕地，使这些边际性土地（含水面）的生态重建与优化。

现代生物质转化技术与产业极具发展潜力与前景，但只有二十年左右历史，尚处发展初期。我国起步稍晚，但有极大需求与市场，以及在以木质类原料生产高端生物燃油和生物基材料的技术战略高地上领先世界。如果能上升到国家层面和得到必要的支持，必将对我国现代农业、能源安全与自主、改善生态环境和绿色发展产生深远影响，也可视为我国创新发展战略的一个案例。

我主动向您请缨关于“发展第二农业，新增 20 亿亩耕地”的咨询研究。

因为怕会上说不清楚，故写此信相扰。随呈不久前《求是》杂志发表的一篇拙文。

致礼！

石元春　敬上

2016 年 4 月 10 日

信件篇

信件能用较小篇幅和较精练的语言反映时间、地点、人物与内容，能在时间轨迹上突出各个节点，是文章难以如此表达的一种特殊记事方式，文体语言也有不同。自1998年使用电脑以来，存了400余封发出过的信件，比较系统地反映这段时间的工作和思想。作者选出其中的48封收录，收信人与内容各异，篇幅大小不一，按时间统一排序。

信件篇目录

1 就山区综合治理给林业部陈耀邦部长的信

（1998 年 3 月 9 日）

耀邦部长：

您好！

年初，曾接您部全国山区综合开发办公室召开“面向 21 世纪山区综合开发高级专家研讨会”的邀请函。您是知道的，我长期在黄淮海平原和西北一些地区搞综合治理和开发，对这项工作是很有感情的。本想在政协会上与您面谈我的一些想法，不料您没在这届政协，只好提笔书写此信。

社会经济和科学技术已经高度发达了，把解决人类食物需求的目光局限于平原和农田显然是不够的，何况我国是个多山的国家。山区享有与平原同样的光热水资源的宇宙恩泽，且具有气候要素配置和生物资源的多样性优势，只是因为开发难度较大而经济滞后于平原。几千年来，人类集中于平原和过度开发而使之不堪重负，在社会经济和科技高度发达的今天，人们必将越来越把目光投向地球上的这片秀丽肥美的处女地——山区。开发山区，不仅为“脱贫”而不得已为之，还要提高到人类社会需要以积累的财富和现代科技去开拓一片新的天地和宝藏。

山区是欠发达和待开发地区。对这类地区的开发和投入，国际国内都有类似经验。20 世纪六七十年代 FAO 以墨麦、矮秆稻（“绿色革命”）为主的某些单项技术援助第三世界，虽有一定增产效果，但对改变受援地区落后面貌作用不大。经过总结经验，20 世纪 80 年代开始以项目形式，采用区域性的综合治理，有综合配套技术，也含社会条件改善、政策投入、资金运作和项目管理等。我曾参与的，世界银行和联合国 IFAD 的华北平原综合治理项目是比较典型的。近一二十年，我国在这方面也积累了不少经验。九十年代中期，欧盟等项目开始，将区域综合治理和开发与农业产业化经营结合起来，我国也始有这方面尝试。回想起来，援助欠发达地区的做法大抵有以上三个阶段。

当前我国正向社会主义市场经济转换，农业的产业化经营近年发展很快。我想当前我国实施山区综合治理，最好是以项目形式，以项目区（县乡）为基础，以市场为导向，以产品为龙头，以综合配套技术为依托，以交通通信和政策等为投资环境，以农业产业和农业科技产业为主体和以贷（拨）款形式循环运作。其中有两点很重要，一是根据当地资源优势和市场分析，选好主产品和相应的综合配套技术；二是以企业为主体作好项目管理。当然，山区基础差，改土、治水节水、交通通信等基础设施还需要国家的扶持。近日中央宣布将投资 7 500 亿美元于基础设施建设，如山区的基础设施建设能够列入，将造福子孙，功在千秋。

1995 年我从校长位置上下来后，时间充裕多了，在华北、两广、云贵、甘新、东北等走了不少地方；这两年又参加了下世纪初，即 2000—2010 年的国家高技术及产业化发展计划的制定工作，并负责其中的农业高技术及其产业化计划。如果需要，我愿意为我国山区综合治理再献微薄之力。具体方面，可嘱“山区综合开发办公室”与我联系。

专此，并致

敬礼！

石元春　敬上

1998 年 3 月 9 日

2 就发展我国农业科技产业给李岚清副总理的信

（1998 年 4 月 9 日）

【写信背景】

根据中办与国办的安排，作者于 1998 年 4 月 9 日在中南海给国务院领导讲新的农业科技革命与现代农业。当时有李岚清副总理等领导参加。随后又就发展我国农业科技产业给李岚清副总理写了此信，

岚清副总理：

您日理万机，尚亲临垂听科技讲座，使我们深受感动。

去年十月，在我作了“世界农业科技现状和 21 世纪展望”讲座后，总感到还有些话想对您讲，所以动笔写了这封信，又要占用您一些时间。

中国的农业问题很复杂，但小平同志高度概括地提出了“一靠政策，二靠科学”和农业问题的最终解决，还得依靠科技的英明论断。可是，目前我国农业科技成果的应用情况却很不理想。我长期工作在农业领域，眼看着大量很有应用价值，生产又很需要的技术，就是难以向生产转化，心里实在着急。我国农业科技成果的转化率只有 30% 多，而发达国家在 70% 以上，道理何在？当今对这个问题的认识和所取的政策措施上，我认为存在一个大的误区，就是把形成转化“瓶颈”的原因仅归结为成果拥有者缺乏转化动力和农业技术推广（社会化服务）体系的不健全，而完全忽视了主要的原因和理应的着力点——农业科技产业，这对提高我国农业科技成果转化率和农业生产水平是很不利的。

农业的区域性很强，技术成果和产品一般要作适应性的试验、示范和推广。因此，建立地方性的农业技术推广站网是十分必要的。在计划经济体制下，可以由政府统一计划安排，较好地将科研单位和院校的研究成果通过这些站网流向农业生产者。当时我国和苏联、东欧国家都是这样做的。可是在市场经济体制下，情况就很不一样了。实用性科技成果和产品一般都是在具有了商品性质后，才能按市场机制运行的。农业是一种产业，为其提供科技产品和服务的主体也必然是企业形式和行为，科技成果转化的主体也应当是企业，这在市场经济发达的国家，已经是看得很清楚的现实了。美国农民只占从业人口的 2%，但是约有 17%

的从业人口，以大大小小的公司形式在为他们提供各种农业科技产品和周到的服务。当然，在市场经济体制下，农业技术推广站网也是不可缺少和十分重要的，它是在政府领导和支持下运作的，公益性、地方性和事业性的农业技术推广和服务组织。如果将农业科技产业比作强大的“野战军”，推广站网则是“地方部队”，二者以不同的功能和作用，构成农业科技成果转化的完整体系。

农业是从事生物性生产的产业，农业科技产业是为农业产业提供科技产品和服务的产业，是使科技成果集成固化和商品化的中心环节。农业科技在近代世界农业发展中建立了卓越功勋。为世界粮食增产作出重大贡献的杂交玉米，是20世纪初沃莱斯通过组建美国先锋种子公司才实现其产业化的。现在该公司占有美国杂交玉米种子市场的42%，世界22%的玉米播种面积种的是该公司的种子，年销售额十多亿美元。20世纪40年代开创了有机合成农药及其产业化的新纪元，如今年销售额近300亿美元，其中，世界十大农药公司占到70%的份额；世界著名的农药研究机构也多设在公司，研究经费可占其销售额的10%左右，可见研究实力之强大。美国MERCK公司垄断的，号称20世纪80年代超级农药的阿维菌素（AVERMECTINS）就是从日本购得菌株专利后，自行研究开发成功的，现在雄踞世界药坛。美国孟山都公司的转基因抗虫棉、牛生长素、猪生长素等生物工程产品又执世界农业高技术产品之牛耳。此外，还有为施肥、灌溉、设施农业、农业机械等方面的大大小小的企业。这些农业科技产业集科农工贸一体，资金雄厚，技术先进，营销灵活，市场开拓和竞争力很强，他们是市场经济体制下，农业科技成果转化的主要形式和充满活力的强大力量。

在我国经济体制转换和投入不足的情况下，农业推广和社会化服务体系的建设必定是个艰难而长期的过程。这就更加显得迅速发展我国农业科技产业的紧迫性和重要意义。农业科技产业是我国社会主义市场经济体系建设中的重要组成部分；农业现代化，没有一支强大的农业科技产业大军的支撑是不可想象的。

化肥、农药和农机，在计划经济体制下是“农用工业”生产和按计划分配的。尽管会考虑到农业的特点，但与农业的复杂性和细腻多样的需要之间的距离太大了，计划驱动的机制不可能弥合工业生产和农业使用之间的这种距离。在我国向社会主义市场经济体制转换的过程中，农用工业需要改造转换，新兴农业科技产业一定要大力发展。

还有一层意义也是不容忽视的。国外的一些大型农业科技公司早就注目我国这个具有巨大潜力的农业科技产品市场，近两年纷至沓来，大举进入。泰国正大集团曾占有我国1/3的饲料市场；美国先锋种子公司两度向我国杂交玉米种子市场冲击；墨克公司正在谋划垄断我国阿维菌素市场；以及孟山都公司在生物工程等高技术产品，荷、以、法等国公司在温室喷滴灌等农业设施产品，加拿大公司在新型肥料产品上都取得了相当进展。还有，我国年养鸡80亿只，可是90%以上的鸡种掌握在外国公司手上。我们需要引进国外先进技术和管理经验，欢迎外国公司和产品进入我国市场。但是，作为一个人口众多的农业大国，农业生产的重要支撑条件——先进的农业科技和产品主要掌握在外国公司手里，而没有自己的产业体系，就如同是自己端着饭碗，而饭勺把子拿在别人手上。令人忧虑和不安的是，在发展我国的民族农业科技产业上，从观念认识上至今没有引起全社会的注意，更谈不上扶持性的方针和政策，规划和措施。

为了促进我国农业科技产业的发展，拟提出以下三点建议：一是进行一项关于我国农业科技产业发展的软课题研究；二是在此基础上制定发展规划和相应的扶植政策；三是在高层位上，先办一、两个试验示范性的农业科技产业，特别是农业高科技产业，以取得经验。

新年伊始，愿以一孔之见，拳拳之心，报国效农。不当处请批评指正。

致以

敬礼！

中国科学院院士、中国工程院院士

原北京农业大学校长

石元春　敬上

1998 年 4 月 9 日

3 就特种玉米梯级开发给河南省委马忠臣书记的信

（1998 年 4 月 13 日）

【写信背景】

受河南省邀请，作者等于 1998 年 4 月 13—15 日考察河南农业和作报告。河南省委马忠臣书记曾任农业部副部长并分管过北京农业大学工作，当时因出差外地而未能在郑州与作者相见，故作者留下此信。

忠臣书记：

感谢河南省领导对我的邀请和盛情接待。我这次主要介绍的是当前国内外农业高技术发展现状和农业产业化经营。河南是个农业大省，正在向农业强省和经济大省迈进，科技，特别是高新技术将是一个强大的推进器。

送上一份特种玉米梯级开发建议书，这是我为国家科委“S-863 计划”（21 世纪初《中国高技术发展计划》）起草的，可能对河南有些参考作用。这个建议书的内容是从特种玉米到全降解塑料的技术—产品—效益的多级开发链和多种技术的综合与集成，主要有：

1. 近年在美国兴起和发展很快的玉米重复杂交优势利用技术和品质改良
2. 包括种子繁育、精选、包衣、加工等的种子产业化技术
3. 特种玉米的青饲、精饲的饲料产业化技术
4. 牛胚胎工程技术（国外引进优质胚胎，改良本地牛，一代育成）
5. 特种玉米精制技术
6. 高品味低热值增甜剂（可口可乐和百事可乐等已全部用此替代蔗糖）
7. 多种工农业用酶制剂（高温淀粉酶、低聚糖酶、植酸酶等）技术
8. *L*- 乳酸及其衍生物（*L*- 乳酸 90% 以上）生产技术和工艺
9. 生物农药生产技术和工艺
10. 生物全降解塑料生产技术和工艺

十项高新技术和十多种相关产品的梯级开发，可以集成一体，也可以拆分成组，综合效益可使玉米产值提高 10 倍以上。河南玉米总产 1 000 多万吨，居全国玉米产出大省的前五位。与稻麦不同的是，玉米主要不是口粮，而是用于饲料

和工业原料，有利于加工增值。朱镕基总理提出的五项重大改革的第一条就是粮食流通和转化，玉米的综合和深度开发必将成为重点。此外，玉米种植和牛的养殖可由农户经营，种子、精制、酶和 *L*– 乳酸、生物农药、全降解饲料等食品环保产业可作为龙头企业，有利于推动农业的产业化经营。我想，河南如能搞几个玉米链，组建几条玉米龙，形成气候，会对发展现代农业起到很好的推动作用。有了这样的组织形式和机制，科学技术也就容易进入和发挥越来越大的作用。

近两三年，我一直参加“S–863 计划”，并负责农业高技术及其产业化计划的软课题研究。以上想法供参考，如要进一步了解，可请有关部门同志与我联系。

再表对我邀请和盛情接待的谢意。

致以

敬礼！

石元春　谨上

1998 年 4 月 13 日

4 几位农业科学家给江泽民主席和朱镕基总理的信

（1998 年 4 月 20 日）

【写信背景】

在左天觉博士主持下，由 58 位著名中外农业专家撰文编著约《中国农业：1949—2030》一书将在中美两国出版。诺贝尔和平奖得主，“绿色革命”倡导人 Norman Borlaug 等 6 位中外农业科学家写信给江泽民主席和朱镕基总理，对中国农业问题提出建议。

江泽民主席、朱镕基总理：

我们是一些十分关心中国农业发展的中美两国的农业科技专家。现在向您写信陈述一点我们对中国农业发展的想法和建议，供您参考。

去年，在左天觉博士主持下，由 58 位著名中外农业科技工作者撰文编著了 40 余万言的《中国农业：1949—2030》，将于今年 6 月在美国出版，中文本计划年内在国内发行。这部巨著表达了我们对中国农业发展的极高热情和智慧的贡献，相信能对中国农业发展有所裨益。

自 1949 年以来，中国农业取得了举世瞩目的成就。我们认为，中国的资源潜力可以供养自己，中国人的智慧可以运用农业科技养活养好自己，问题的症结是如何充分发挥这种潜力和智慧，以达到人口巅峰期能够提供充足和优质的农产品。这也将是对人类社会的一个重要贡献。

中国农业发展中，有许多重要生产技术和经济政策问题需要解决，我们认为以下 8 点具有特别意义：十分重视节约用水，极力开发新淡水资源和建设大西北；保护土地资源和防治荒漠化；制止滥用化肥农药；促进科研教育推广一体化；加速农业信息技术和网络建设；推动农业产业化经营；加大农业和农业科教的资金投入；鼓励农民的土地投入积极性。希望在大力发展中国农业的同时，注重保护资源环境，坚持可持续发展原则。

邓小平先生曾精辟指出，农业的根本出路在于科技，江泽民主席也曾提出，要求农业科技有一个大的发展，必然要进行一次新的农业科技革命。中国有一大批优秀的农业专家和新的科研成果，加上还有许多技术可从国外引进，关键是如何尽多尽快地使之用于发展农业和不断产生新的科研成果。我们认为，当前影响科技成果转化的瓶颈是将技术成果“孵化”成技术产品的中间环节目前还很薄弱，亟待加强。

因此，我们建议由国家出资和国外境外筹资，建立“中国农业科技成果商业化风险投资基金”，按企业方式管理运作。我们愿为筹集海外基金尽绵薄之力。

我们还建议设一个以国内专家为主，境外国外专家参加，人数不多的顾问专家组，以便有一个经常渠道，对一些农业发展的重要问题和吸纳国内外优秀人才和先进技术等方面提供咨询建议。

我们以极端诚挚的心情，期望上列想法和建议能得到您的重视和考虑，并恳切要求，请指定一个时间，我们由世界各地专程到北京谒见，当面汇报。

颛此奉呈，望乞赐复。

左天觉、吴瑞、Norman Borlaug、孔宪铎、石元春、李振声

1998 年 4 月 20 日

建议人签字和简介：

左天觉（美） 农业生物化学专家，国际农业生命科学发展教育所理事长，美农业部顾问。前美国政府特级文官和总统奖获得者。

吴瑞（美） 分子生物学专家。美国康乃尔大学教授，前系主任。

Norman Borlaug（美） 诺贝尔和平奖得主，领导“绿色革命”，对世界农业发展有重要贡献，现任国际玉米小麦研究中心顾问，世界粮食奖咨询主席，美德州农工大学教授。

孔宪铎 分子生物学专家，香港科技大学副校长，前美国马里兰大学教授，农业生物工程中心主任。

石元春 土壤学家，中国科学院院士、中国工程院院士，中国科协副主席，前北京农业大学校长。

李振声 作物育种专家，中科院院士，中国科协副主席，中国科学院前副院长，中国遗传学会主席。

5 就“973项目”启动给李振声院长等的五封信

（1998年11月15日—1999年2月21日）

【写信背景】

1997年3月的“两会”上，部分科技领域委员给李鹏总理建议国家应重视和加强基础科学研究。后设置了“国家重点基础研究发展计划”，即“973计划”。1998年成立“973”专家组，作者是农学领域唯一专家组成员。为积极推荐农学领域项目，与作物育种专家中科院副院长李振声院士、植保专家浙江农大校长李德葆教授、农业生态专家中国农大程序教授等取得密切联系，以下是当时写出的部分信件。

之一：

德葆同志：

您好！

“973”终评结果是首批15项，其中农业2项，一是光合，二是种质资源，疫苗和交错带落选。结果并不重要，问题在于农业项目自身的水平和质量上不去。

第一批上得仓促，只能在上报项目里挑而没有自上而下的战略性和整体性的规划和“出题”。前两天专家顾问组会议决定到明年3月前补上这一课，分领域开会，探讨战略，订规划，出题目，张“黄榜”。农业组我想分两个层次进行，先按育种、植保、土肥水和宏观四个方面组织研讨，然后汇合开会。分组会放在12月20日前，综合会放在1月初。植保方面恳请阁下领衔，参加人员（10人左右如何？）和开会地点请您定。人员确定后，最好通知做些准备。经费由科技部出。

以上是在下的“一闪念”，多有不周，万望指点。

“973”的文件材料不知是否保留？主要精神部分可复印给参加专家。我15－20日不在北京，有事可与秘书龚元石博士联系，他的电话号码是62892513（O）和62893304（H）。

专此并颂

教安！

石元春　敬上

1998年11月15日

之二：

德葆、振声、程序同志：

你们好！

研讨会开得怎样，从参加专家阵容看，一定内容丰富。

现将科技部最近寄到的“意见”转达。农业领域的综合研讨会初步定于下月14—16日在京召开，不知您可否安排。

根据三组研讨情况和科技部“意见”的要求，以下诸点供您作准备时参考：

请你们在综合研讨会上全面介绍贵组讨论情况，主要的分析、见解和建议，相同的，不同的。口头、胶片、幻灯片等多形式；时间半小时，一小时均可，可以谈得细些，充分些。此次战略研讨会的目的主要是在分析重大需求和科学发展前沿 / 趋势的基础上，提出若干支持的“主要研究方向”和“重大科学问题”。也就是把握全局，自上而下，出题招贤，最后落在“出好题”上。

请尽快告知参加综合研讨会的 3～4 位专家的人名、单位、通信地址和邮编，电话电传号码，以便发出通知（请告知龚元石同志）。

专此敬请

学安！

石元春　敬上
1998 年 12 月 27 日

之三：

振声、德葆、程序同志：

你们好！

27 日曾上一函，谅已收悉。

在你们的精心组织下，农业领域的分领域战略研讨会开得很好，很有内容。但因我掌握得不好，经费超过较多（已约 6.5 万元，下达指标是“5 万元左右”）。昨日与科技部基础司联系，他们的意见是控制在 7 万元内。我想只得简化综合研讨会，改变工作方式了。是否可按照科技部文件要求，4 个分领域先分别起草文字报告，汇总成一个材料，然后邀请在京部分专家开会征求意见，最后修改成稿。

根据科技部文件要求，建议分领域报告提纲包括两个部分：一是宏观分析该分领域的国家经济和社会发展的重大需求；国外基础研究的发展趋势和战略重点；国内研究现状。二是择需、择重、择优地提出该分领域的 4 ～ 5 个重要研究方向和重大科学问题（按每个方向 / 问题编写，分题内容包括：题目，出题依据，需要研究的主要内容和要求，国内研究现状和优势，在自然科学基金、攀登计划、863 计划、攻关等国家项目是否有类似内容部署）。

分领域报告字数 5 000 ～ 6 000 字，其中第二部分占 1/2 ～ 2/3。

时间安排是：15 日前交分领域报告；

15—22 日汇总和出总报告征求意见稿；

22—29 日征求意见；

2 月 7 日完成初稿。

征求意见会议我们 4 人出席并商量修改定稿问题。以上是初步想法，当否，望速复。

分领域报告起草请尽早安排。

新年将临，祝新年愉快，阖家欢乐！

石元春　敬上

1998 年 12 月 31 日

之四：

李院长：

您好！

“973”专家组听取了各领域的战略研讨汇报，对农业领域的意见一是要把已入选和培植的 4 个项目也写上；二是第四部分适当压缩；三是总体项目数约在 12 ～ 14 个；四是修改战略报告的同时，提出“重点支持方向”。

育种部分没有提出具体意见，但施履吉先生在会上谈到他对基因组研究的看法，休息时又对我谈了农业领域育种部分的想法，并给了一份他写的文字建议，我说一定转交给您，现附上。另外，报告中的育种部分和经调整后的“重点支持方向”也一并送上。请您对育种部分做最后修改定稿，指南部分也请提意见。

明天就是春节了，顺祝春节愉快，阖家欢乐！

石元春　敬上

1999 年 2 月 15 日

之五：

李院长：

过节好！

十分感谢您送我的节日礼物，字意俱佳，定将裱存留念！

节前“973”专家组听取了各领域的战略研讨汇报，对农业领域的意见如下：一是要把已入选和培植的 4 个项目也写上；二是第四部分适当压缩；三是总体项目数约在 12 ～ 14 个；四是修改战略报告的同时，提出“重点支持方向”（亦称“指南”）。

育种部分没有提出具体意见，但施履吉先生在会上谈到他对基因组研究的看法，休息时又对我谈了农业领域育种部分的想法，并给了一份他写的文字建议，我说一定转交给您，现附上。另外，“重点支持方向”和上次提交的报告也一并送上。请您在政协会上将育种部分做最后修改稿交我，“指南”部分的意见望23日前告我。

专此并颂

春祺！

石元春　敬上

1999年2月21日

6 给武昌文华中学高中同学陶雪非的回信

（1998 年 12 月 30 日）

雪非学友：

秋日来函，冬时迟复，望能见谅。

收到来信，感慨万端。昔日风华年少，如今老矣，弹指一挥间。难得同窗情谊，鸿雁叙旧。

我 1949 年毕业文华后，和朱凤鸣、刘永安等同学考入清华大学农学院，后合并为北京农业大学，一直工作到现在。1959 年与同班同学李韵珠成家，有一子一女，均已工作，尚无孙辈。我和老伴身体尚健，家庭祥和。目前已不任一线职务，但社会活动颇多。

回忆往事，眷念无限。陶雪非的名字是记得清楚的，如果没错，你个子不高，平时少语，性格内向。新中国成立前夕，文华，特别是高班，进步思想日盛，活动甚多。演“雷雨”，唱“山那边有个好地方”，出“壁报专刊”，办“讲演会”。印象最深的是在教室外的壁报处贴了一张地图，用插小旗的方式报道战事进展，引起校方紧张，据说还有特务拍照，后来就停办了。另一件事就是你说的，因为“开除”一事，班上几位同学去找范主任说情，窗外围了许多同学（课间休息时间），群情激奋，形势紧张。你说的陈同学，可能是陈定武（当时是进步学生，不久与张富伦等同学跑到解放区）。我是高二高三当班长的，高三又被选为级长会议主席，新中国成立前夕，曾组织学生护校。一些活动我参加了，但当时我算不上进步学生，是个积极分子吧。

往事似东流之水，一人一事，如沧海之一粟。年岁大了，回忆是件乐事，无愧于国家民族，无愧于社会民众，心也就安了。

就写到此，祝新年愉快！阖家幸福！

同窗　石元春　敬上

1998 年 12 月 30 日

（注：陶雪非为作者高中同学，数十年未见）

7 就生物技术问题给外国专家局马俊如局长的信

（1999 年 2 月 12 日）

【写信背景】

作者当时是国家“S-863 计划”战略研究组成员，马俊如局长是该组副组长，故有此信。

马局长、张司长：

去年 12 月左天觉先生在全国科协的一次学术报告中讲道，“美国已不再为 Biotech 而研究 Biotech 了”。日前我曾写信询及此事，现将他的回信附上供参考。另外，将最近的 *CHEMICAL & ENGINEERING NEWS* 中的一篇文章也复印给您参考。

一项新技术出现，总有一个由研究成熟期转向常规应用期的过程，蒸汽机技术也好，半导体技术也好，杂交育种技术也好，无不如此。杂交育种技术早就没有人专门去研究了，而是把它作为一项常规技术在玉米、水稻、猪、鸡等的育种中去应用和在应用中不断完善和发展，这是任何一项技术发展的常规常理，也是一个常识。从 1973 年基因重组成功至今已有 25 年了，生物技术有了突飞猛进的发展，无性克隆、生物反应器等的成功说明这项技术已趋成熟。美国撤销专门性的生物技术研究中心，“主要是不再因为 biotech 而研究 biotech；而转成以 biotech 做各种实际应用工具。当然，technology 的改进，随时随地仍在进行，尤其在 health science 突飞猛进”（左信）。

由此，使我想到“S-863 计划”的软课题研究中，如将生物技术组改为医学领域高技术组，我想是符合技术发展规律和生物技术发展大趋势的。“S-863 计划”的指导思想既然是“发展高技术，实现产业化”，突出行业和产业是理所当然的。农业、能源、民机、先进制造等都是行业，是传统产业，是国民经济的重要支柱，所以才要以高技术进行改造更新。旧体制下科学研究脱离经济建设，研究技术忽视与产业结合，为研究而研究，为水平而研究的弊病和流毒很深，我以为不能低估这个阴影和惯性在今天科技工作上的影响。所谓“developing”不仅表现在经济指标上，一些概念、传统和价值观上也是落后于时代的，我们应当承认和正视这个现实。

看了 *Living and Loving Life Sciences* 一文后也颇有感触。20 世纪 90 年代中期以来，象 ICI、Basf、Bayer、Dupont、Monsanto、Hoechest 等世界级超级大化工公司正在进行着一次历史性的战略大转移，就是以生命科学为中心，化学与生物技术结合，大举进入农业和医药行业。Hoechst 的主席 J.Dormann 一针见血地说，致力于生命科学就意味着从高投入低产出转向稳定的低投入高产出，从无序的盲目投资转向有序的理性投资，甚至不惜放松化工产品而集中精力于生命科学产品。杜邦公司认为生物工程在农业和医药领域“将会像 30 年前的聚合物化工一样地掀起一场产业革命”，称之为“生长点”和“发动机”。有的公司视之若“救世观音”；有的公司以此为赌注，疯狂投资，去拥有市场份额。为了抢占这个“朝阳产业”的制高点和最大市场占有率和利润，一些“庞然大物”的超级跨国公司，正在不失时机地加紧兼并重组，如 ICI 在 1993 年分离出来组建的 Zeneca 又在重组规模巨大的 Novartis 生命科学公司。

人家比我们早干了几十年，实力比我们大几百倍，他们正在比我们高得多的层次上锐意图进，而我们的生物工程产业尚在胎腹襁褓之中，要“占有一席之地”谈何容易。我们应当多一些危机感和紧迫感；应当众志成城，卧薪尝胆；应当像联想集团那样敢与外国大公司较劲。我希望“S-863”在生物技术问题上能审时度势，认清现在不是就技术研究技术，而是在农业和医药领域的高技术产业中去应用和发展的时代了。切勿战略失误，贻误时机，否则与发达国家的差距越拉越大，“S-863”还有什么意义呢?

以上是对“美国不再为 biotech 而研究 biotech”和看了一篇洋文有感而发，难免偏颇，望勿见笑!

专此并祝

春节愉快，阖家欢乐!

石元春　敬上

1999 年 2 月 12 日

8 就农业节水问题给温家宝副总理的信

（1999 年 2 月 18 日）

家宝副总理：

今年 1 月，在中国科协五届四次会议上听到了您的重要讲话，感触很深。特别是您从亚洲金融危机到我国对策，从扩大内需的立足点到优化结构的着力点，从经济发展越来越依赖于科技进步到对当前我国农业的深刻分析和向科协提出要积极参与科教兴农等三项任务。讲话中您还提到今年农业工作的三个重点——节水、种子和坡改梯。我是个老农业科教工作者，曾主持“黄淮海平原综合治理”的国家科技攻关项目和“节水农业的基础研究”国家自然科学基金重大课题，还曾任北京农大校长多年。我感到，扩大内需的一个战略重点是激活潜力极大的农村市场，关键是让农民在发展生产中富起来。下面仅就农业节水问题谈点看法和建议。

我国东部受季风气候影响，旱涝无常；西部是干旱和半干旱气候，所以干旱威胁着每一块农田，是悬在我国农业头顶上的一把德摩利克之剑。中央十分重视农业节水，近年取得了很大进展。农业节水涉及的面很广，但当务之急和可立竿见影的是在节水灌溉技术上取得突破，即面向约 8 亿亩平原农田的低压管道输水——畦灌技术，以及面向约 7 亿亩坡耕地的集水——喷微灌技术。

这些新的灌溉技术都是以器械硬件为载体，以企业经营为主体的。要节水，就要大力发展节水企业，仅有 670 万亩农田的以色列，就有 20 多家颇具规模的微滴灌设备公司。微滴灌作为一种新型灌溉技术是 20 世纪 70 年代才迅速发展起来的。我国起步并不晚，1974 年周总理批示由墨西哥引进滴灌技术；1985 年邀请发明滴灌技术的以色列 Netafim 公司来华交流；1988 年通过了国家星火计划项目《滴灌成套设备》的鉴定；1991 年引进了以色列第三、四代的补偿式和台风式滴头技术（北京绿源）；1994 年引进了第二代的迷宫式滴头技术和生产线（河北龙达）；“九五”规划开始，国家每年安排约 50 亿元的贷款用于农业节水建设。去年您还亲自参观了 Netafim 公司。

从 20 世纪 70 年代到 90 年代中期，世界滴灌农田面积扩展到 4 400 万亩，我国几起几落，至今才 110 万亩。我国起步不晚，发展很慢的原因很多，就目前而言，我认为问题主要不在技术和投入，而在抓的思路和方法不对头。

一是认为发展慢是因为滴灌技术不过关，把注意力盯在以色列的技术上。其实，主要是我们的节水企业体制不顺、机制不活、管理不严、经营不善和产品质量差。领导关注的重点应当是后者。

二是把节水设施简单地作为一般技术产品出售，忽视与农业增产和农民增收结合。最近我在甘肃谈节水时，提出了集水—滴灌—简易大棚—高附加值果蔬花，可增值 5 ～ 10 倍的综合开发模式引起很大反响。要以节水促进增产增收，以增产增收激活节水。

三是认为农民没有这种消费习惯和能力，降低价格也卖不出去。企业只能盯着国家项目，赚公家钱，忽视引导消费，培育市场。

四是国家的投入和政策性贷款不能就节水论节水，应当激活农民通过节水去增产增收和致富的积极性和支持能为此提供科技服务的科技企业，调整贷款目标和范围，形成良性循环。

从以上认识出发，提出以下三点建议：

1. 要引进学习以色列的滴灌技术，但不能照搬，要根据我国的国情和农情建立我们自己的滴灌和农业节水的技术体系；建立对基层农业组织和农民进行综合农业节水的教育和培训体系。

2. 大力扶持民族的，具有综合农业节水功能的科技企业。建议国家支持一个示范性的，以中国农业大学为技术依托，由一两个具有实力的科技企业组成的综合农业节水的民族高科技企业。如有需要，我可出面协助组织。

3. 引进以色列关键性（如台风式滴头）技术设备，聘请关键性专家作技术顾问（可提供名单），以增强我国技术实力。

中国科学院院士
中国工程院院士
中国科协副主席
石元春　敬上
1999 年 2 月 18 日

9 就远程教育给教育部韦钰副部长的信

（1999 年 2 月 23 日）

韦钰副部长：

读了去年 10 月您在石家庄会议上关于教育信息化的报告和听了 11 月您在工程院教育委员会成立大会上关于远程教育的报告，启示感触良多。

教育思想和理论的发展会推动教学方法和手段的进化；反之，一种教学方法和技术的突破，也会引发教育思想和内容的改变。信息技术正在广泛而深刻地改造所有的传统产业，改变着人们传统的工作、生活和思维方式，也必然会强烈地冲击着传统的教育思想、内容和方法体系。教育部抓信息化教育和远程教育确是英明远见之举，这是时代的大趋势，是新的教育革命的前沿。

20 世纪 90 年代初至今，我有幸参加了“S–863 计划”的软课题研究和结识了汪成为、李国杰等信息领域专家，将我带进了信息天地的大观园，使我有可能从一个全新的角度去审视我所熟悉的农业领域和教育领域。1996 年 6 月我在工程院学部会上作了“传统农业的信息化改造”的学术报告；1997 年我主持编写了“S–863”软课题报告的农业信息产业化部分；去年在中国科学报的院士论坛上写了“农业呼唤信息技术”的文章；这次又听 / 看了您的两个报告，使我产生了一些想法，谈出来供您参考。

农业急需信息化教育，信息化教育将在农业领域大放异彩。按照您的“分三个层面逐步推进我国信息化教育”的设想，我想农业领域的信息化教育可由三个板块组成：一是高教板块，即在加快开发利用（部分）农业高校校园网的同时，遴选一批本科优秀课和研究生学位课制成的多媒体（专家系统）教材（光盘），可上网，也可进入各校图书馆系统。二是中教板块，我国有 300 多所农业中专和大量农业高中，可集中优势力量编制一批面广影响大的重点课多媒体光盘教材，较快地将教学水平推进一大步。三是县教板块，即以多媒体和网络形式面对全国 2000 多个县的数万名指挥农业生产的党政干部和 30 多万名农业技术和推广人员的政策、技术、管理教育。

信息化教育传播的载体是网络，而主体是以多媒体为主要形式的教育软件。当前网络化建设发展较快，软件、数据库和信息服务相对滞后。“修路”“造车”

和“备货”要协调发展，忌“有路、少车、无货”的局面。“备货”是基本功，是慢功，一定要先行。

以上想法供您参考。如用得着，我可继续在您麾下推动农业信息化教育。

顺颂

春祺！

石元春　敬上

1999 年 2 月 23 日

10 给中组部知识分子工作办公室的信

（2000 年 1 月 14 日）

中组部知识分子工作办公室的同志们：

你们好！感谢你们的新年贺卡和来信。

我从校长岗位下来后，压力小了，身体好了，自由度大了，但一直活跃在农业科教战线上。国家形势好，国力增强，这是我梦寐以求的，因为我开始懂事和记事时的第一件事就是“七七事变”和可恨的日本鬼子。这两三年，我干劲不减当年，每年要写七八篇文章，作 20 多场报告，计划写的一部学术著作也开始了。

在思考我国农业和农业科技发展时，悟出一些道理和想法。1998 年，我在中国科学报《院士论坛》栏目曾发表过一篇文章，题目是《农业呼唤信息技术》。文中认为，必须加快对我国农业的信息化改造，否则会延误我国农业的市场化和现代化进程。现将此文的复制件附上。

收到你们的贺卡时，使我想起，好像知识分子办公室是设在干部培训司的，不知是不是这样？如果是这样，我提个建议，在去年政府上网年的基础上，可否对全国县级领导进行一次农业信息化的培训，包括信息技术的基础知识和操作技能、提供农业的相关数据库及技术专家系统和管理系统、建局域网及全国性专业网和因特网、办公自动化等。可否由贵司牵头，由农业部农业管理干部学院与具有这方面实力的院校和公司合办。先在有条件的省市县试办，取得经验，再向面上扩展。

就写到此，顺祝新春愉快，工作顺利！

中国农业大学
石元春　敬上
2000 年 1 月 14 日

11 山东科技体制改革考察后给科技部李学勇副部长的信

（2001 年 2 月 18 日）

【写信背景】

2001 年 2 月 13—15 日，作者随科技部李学勇副部长到山东省考察科技体制改革。回京后以此信谈了自己对此次考察和科技体制的看法。

刘、朱二位司长并转

学勇副部长：

感谢给我到山东学习的机会，现将学习体会和建议汇报如下。

1. 海洋三所一校的实力很强，几占全国该领域半壁河山，在这里建我国海洋方面的科教和成果转化基地比杨陵的条件好得多。面向 21 世纪的发展和竞争，海洋是战略生长点和要地，在此建“基地”，绝对是有远见和战略眼光的。

三所一校中，除海洋局一所与科学院海洋所少数领域稍有重复外，基本上是互补的。我一直认为某些高校和杨陵的“大联合”模式并不可取，由于机构、人事、关系上的协调要消耗很大能量和时间，1 + 1 不一定比 2 多多少。我看青岛基地建设可采取“加强两头，调整中间”的模式，可以补短扬长，低耗快上。加强两头，就是上头加强协调决策层，成立具有学术和指挥权威的“基地工委”之类组织，由以科技部为主的领导部门和高层专家（注意宽域和战略性）组成，类似“973”顾问专家组，负责高层设计、决策、协调、评估和检查；下面成立以成果转化为职能，面向全国的“海洋科技园”，集展示、孵化和成果交易于一体（此类成果孵化 / 交易组织在德国等国家很发达，成功经验很多）；中间的三所一校，可适当调整其重点，突出特色，各展其才。

三所一校重在发挥研究优势，不必都办公司，搞开发，有了成果，可在科技园转化，得到相应利益，形成斯坦福—硅谷格局。研究院所和大学自己办公司创收的成功者甚少，原因是机制、管理、资金、企管人才都无优势。校企像个孙悟空，即使本事再大，还能为了救师父而打白骨精，但是唐僧还是要念紧箍咒的，王选得病，可能不会与此无关。袁业立说“世道险恶”，其实说的是研究院所办的企业斗不过外面的企业。

在听省科技厅、海工院介绍的会上我曾说："似乎什么都说到了，就没感到突破在哪里"和"首先是观念的突破"。我说的就是他们科技体制改革的突破点不明，层次不清。成立海工院的用意很好，名字响亮，但职能依旧（海洋处），既担当不了上层设计和决策，又无力推进下游开发产业化，恐怕需要调整职能。民营的"山东登海种业股份有限公司"，多么光彩照人，汇报中却轻描淡写，言不及义，可惜了。

2. 看了寿光和听了潍坊介绍，很是振奋鼓舞。在农业的产业化经营和现代化道路上，他们先行了 5 ～ 8 年，是先锋和榜样。他们将这套作法搬到滨海重盐碱地上，才两年，四口之家的一个农户，用 8 000 元建两个大棚，一年 5 000 元生产成本，收入 2 万元，人均收入翻一番。这个模式的成功是毋庸置疑的，成功的关键是在地方领导（特别是地方科委）扶持下建立起来的各类服务中心和龙头企业，是他们左手给技术，右手找客户，将农户与市场连接起来，他们是时代的弄潮儿和英雄。再好的蔬菜和鲜花，进不到市场和客户手里，一文钱也不值。材料上还说："政府不设任何形式的管理机构，集中精力抓协调，搞服务，促发展"，多好的经验！

当听到潍坊农副产品出口 120 多个国家，创汇 4 亿多美元，还在国外办了 4 个农场和 11 家经销公司，真是热血沸腾！他们开始迈出国门，利用两种资源，两个市场了。火虽星星，却昭示了我国农业的方向和希望，愿入世后成燎原之势。

先行者必先遭遇新问题和新挑战。潍坊和寿光面临着产品市场逐渐被后来者分占；技术水平、经营形式、产品质量和经济效益如何上新台阶；入世的挑战、机遇和对策是什么；无公害产品和清洁生产问题；多年连作的病虫害问题等。在目前层次上扩展，他们的优势还能持续三五年，但要未雨绸缪，应当促他们继续充当先行者，为后来者披荆斩棘，对国家有利。因此，建议在潍坊和寿光设"现代设施农业科技园"，这个科技园不应当是现状的延伸和扩大，而是用新思路，在更高层次上，踩出一条新路来。

3. 不像在青岛和潍坊，听山东农科院介绍科技体制改革，有些沉闷。他们改革的基本框架是，保留一批，撤销一批，新建一批，分流一批。也就是保留 60％的人员按事业编制继续从事研究、推广和管理，分流 40％的人员按企业编制搞成果转化和社会化服务。我问："有没有人愿意进入企业编制？"书记回答："没有一个人愿意"。问题很清楚了，谁都愿意继续端着现行研究体制的"铁饭碗"，不愿意搞成果转化和社会化服务，所谓"分流"，就是让非主力队员"下放"，这算什么体制改革？

中国农业正处在重要的历史转折时期。经济上，由产品经济转轨到商品 / 市场经济；技术上，由传统农业转轨到现代农业；经营上，由个体农户经营转轨到产业化经营；发展水平上，由粮食短缺到相对过剩；政治层面上，农民增收和劳动力转移成为紧迫和长期任务；国际层面上，由半封闭的农业转向面对“入世”后的国际市场。新形势下，中央如此重视“三农”，是因为事关全局，是国家的战略要事。农业工作者应当感到责任之重大，农科院的体制改革应当有这种时代的使命感。

目前的农业科研体制是在学习苏联和计划经济体制下形成的，曾发挥了好的历史作用，但已很不适应巨变的现代形势了，必须要从根本和体制上的改革，光修修补补是不行的。农科院的“研究职能”完全可以由大学（不仅是农大）替代，省钱省事又有利于培养人才。其实，19 世纪开始的美国赠地大学直至今天，都是教学、科研、推广三结合的，这是世界公认的成功范例。我国连经济体制都改了，为什么美国的这个经验就不能借鉴，还要维护早已过时的体制呢？

现代的农业科技体系，包括研究、公益性推广、成果孵化和中介以及科技企业四个部分。目前我国最急需的是成果转化和农业科技产业群，潍坊和寿光的成功事例已经摆在那里了。无论是美国经验或是当今急需，农科院体制改革的大方向都应当以成果转化为重，即以组建大型科技企业和中介服务为主，结合市场和企业需要设置研发机构和项目，基础性和一般公益性的研究职能交给大学，这是合理和优化的结构。

当然，做到这点很难，因为动作太大了。不过，话又说回来，242 个大院大所的转制不是也办得很成功吗？在潍坊和寿光看到地方领导和科委干部热气腾腾，因为他们不需要脱下研究院所的“长衫”，也没有框框；至于那些民间能人和“企业家”，在市场大潮中摘掉贫穷帽子，得到的是时代的丰厚回报，他们是“无所顾忌”和最具生命力的。而农科院所要迈出这一步就不那么容易了。

农科院的科技体制改革，是关系到当前我国农业历史性转轨的一件大事，改得对路，必将大大促进我国农业现代化进程，大大增强入世后农业和农业科技产业的竞争力。因此，建议科技部领衔，继全国农业科技工作会议后，筹备召开全国农科院所的科技体制改革工作会议。

就说到此，片面之处，请批评指正。

石元春　敬上

2001 年 2 月 18 日

12 就十五“863 计划”中“农业领域”问题给科技部徐冠华部长的信

（2001 年 3 月 16 日）

【写信背景】

此信由作者发起并起草。

尊敬的徐冠华部长：

近日从科技部的网上获悉，即将实施的十五“863 计划”中“农业领域”未被列入，仅作为生物技术领域中的四个主题之一，我们对此感到十分忧虑。当时“S-863 计划”软课题研究中，农业高技术一直是独立领域，国家“十五”规划又将农业放在突出位置，所以我们认为“863 计划”中的农业领域，不仅不应当削弱，还要加强。

“S-863 计划”农业高技术领域专家组在科技部领导和组织下，经过四年的反复调研、扫描和聚焦，才于 1999 年 5 月完成了 4.0 版本的《农业高技术领域发展战略研究》报告。之后，又完成了“农业领域”六个重大项目的《建议书》和《预可行性研究报告》。这是全国 170 多位专家们的智慧和辛勤劳动的结果，客观地反映了当前国内外农业高技术发展的趋势和我国农业的需求。

“十五”期间，正是我国农业做战略性调整，抓产业化经营，向现代化转化，增加农民收入和面对 WTO 挑战的关键时期。江泽民同志指出：要求我们的农业科技有一个大的发展，必然要进行一次新的农业科技革命。为了用现代高技术改造和武装农业，发展农业高技术产业是一项十分紧迫的战略任务。您也曾多次在文章和报告中强调发展高科技产业的重要意义，其中当然包括农业高科技产业。我们恳请将农业高技术仍作为独立的领域列入“十五”的国家“863 计划”。

当否，请批示。

卢良恕、庄巧生、石元春、范云六、李振声、
刘昌明、吴常信、汪懋华（签名）
2001 年 3 月 16 日

13 就节水农业给杨鹏同志的信

（2001 年 6 月 18 日）

杨鹏同志：你好！

我出差近半月，看到节水农业文件（讨论稿）晚了，表示歉意。

这个文件很好，这件事是早该做的。我以为首要的是澄清多年来一直存在的“节水农业”的概念，同时提出节水农业的技术体系和实施问题。

节水农业的确切表述应当是节水型农业，是针对资源型农业而言的。那么，就应当是一个整体性的“农业”的概念，是一个大的体系和系统。在这个农业系统中的节水内涵，应当全面包括工程节水、灌溉技术节水、农艺技术节水和管理节水。文稿中提到的 8 条节水技术很好，但深耕深翻与深松不宜单独提出，因为这是有条件的，如处置不当，会大量失墒。对此技术体系有个调整意见如下，供参考。

- 土地整理节水技术
- 渠系输水节水技术
- 高效灌溉节水技术
- 耕作栽培节水技术
- 覆盖保墒节水技术（含化学制剂）
- 生物性节水技术（含作物的遗传改良和生理调节）
- 丘陵旱作集雨节水技术
- 农田水测报和信息管理技术

就写到这里。

致以

敬礼！

石元春　于 2001 年 6 月 18 日

（附：本文作者在《科技导报》1999 年 10 期上发表的生物性节水文章）*

---

* 本文省略附文

14 就工程院院士评选问题给中国工程院宋健院长的信

（2001 年 7 月 30 日）

【写信背景】

中国工程院建院之初，作者就曾向朱光亚院长提出，一定要加强工程院的院风和学风建设，一旦风气失当，以后再纠就费事了。果然不出数年，即感问题已经很多。作为身兼两院的院士，作者以两院在院士评选的比较，及时向宋健院长写了此信。

宋健院长：您好！

工程院初评后我又参加了科学院的初评，不知您是否参加？因为这两个会是接着开的，有些感触和想法，想与您谈谈。

我觉得科学院的院士评选中，学术气氛很浓，对每位候选人学术成就上的系统性和创新性、在国内该领域的学术地位和国际上的影响考察甚严。审查小组和主审人由学部常委会指定，推荐人和本单位院士不得作主审人。评审期间，气氛平和，严肃认真，院士的自律性很好。

工程院的评审情况也是很好的。但有的学部风气不好，有的院士为了让某些候选人入围而会上会下活动，做工作。这种风气大有蔓延之势，仅几年间，就形成以某些学科和单位的势力中心，影响评选的客观性和公正性。这些势力中心周围的院士人数像雪球一样越滚越大，若得不到控制，一个学部就会被几个大“家族”控制，什么公正性、民主性、学术性、权威性等都将成为一句空话。

完善评选办法很重要，用制度去保证评选的公正性和民主性，促进院士自律和制约不正之风。某院士已三四次地推荐某候选人，每次亲自介绍，大加渲染。但因专业不对口而未能入围。后又以推荐人身份推荐到管理学部，广为活动。“朝中有人好做官”，当然容易入选，雪球越滚越大，这对“朝中无人说话”的候选人公正吗？

我在学部会上发言时谈到，在抵制评审中的不正之风中，院士与申请人的界面比较清楚和容易识别，而在评审过程中院士及院士间的自律和可能发生的不正之风应当引起注意，特别是对少数自律性较差的院士。如果这种不正之风像传染病一样地蔓延开来，公正、民主、学术、权威都将荡然无存，院士个体质量将难以保证，院士队伍将松懈涣散，工程院的形象将受到严重伤害。

工程院成立时间还不长，学术风气、优良传统以及严格管理还有待建设和形成。我认为工程院的有些工作宁可少做一点，学风建设和内外形象上一定要下大力气，因为这是灵魂。

对 11 月的终评会提几点建议：一是有针对性地在大会上强调评审过程中院士的自律和自觉对不正之风的抵制；二是推荐人和本单位院士不得担任主审人和作介绍；三是资深院士既不参加推荐和投票，建议也不参加评选过程（科学院就是这样规定的），若有建议可书面提交学部，这有很多好处；四是管理学部一定要严格把关，宁缺毋滥，这个口子开大了恐难收拾。

工程院成立六七年，发展很快。工程界的精英已经遴选了四五批，总人数已超过科学院，建议严格控制人数，重在提高质量。

以上想法和意见定有片面和不妥之处，望于批评指正。

此请

学安！

石元春　敬上

2001 年 7 月 30 日于北京

15 就沙尘暴问题给《科技日报》社的信

（2002 年 2 月 1 日）

《科技日报》社总编室：

近两三年，多次到西北考察，感到治沙和退耕还林还草工作中存在一些误区，对国家投资、西北生态和农业建设有许多负面影响，因此成文。文中某些观点，可能引起争论，我想是件好事。

考察中照了不少照片，如有需要，可以选用。其中一张朱总理很重视，并将我提的“要重视发挥生态系统的自我修复能力”的建议纳入了去年的政府工作报告。

我是全国政协委员，如此意见见报，就不再写提案了。贵报是否刊用此稿和是否能在两会以前或期间见报，望尽早决定和通知本人，春节前最好。我家里的电话是 62891046，办公室电话是 62892972（秘书崔平）。

顺致

节日问候！

石元春　敬上

2002 年 2 月 1 日

16 就玉米秸秆综合利用问题给中共陕西省委李建国书记和程安东省长的信

（2002 年 4 月 4 日）

建国书记、安东省长：你们好！

近两年没有与你们相见，但曾多次到陕西访问学习。杨陵的基因工程疫苗项目进展不错，国家计委和科技部都给了相当大的支持。这几年西安、杨陵和陕西省的变化使人感到惊喜。

上周我到临潼的雨金、西安的灞桥、咸阳的秦都等地考察了玉米秸秆的综合利用。他们将几千年来的横铡改为纵向挤丝和揉碎，打包成干饲或接种为青饲，还可以进一步加工为全价颗粒饲料、肥料等。去年，也就是头一年，完成了 1 000 吨秸秆饲草的回收任务，全部销售给西安草滩农场和省外，秸秆加工户亩均增收 100 多元。雨金镇农民韩树定 50 天饲草加工的净收入万余元。今年，他们计划部署 3 000 台玉米秸秆挤丝揉碎机，加工 90 万亩的玉米秸秆，生成 60 万吨，即可供养 6 万头牛的饲草，为当地农民净增收入 6 000 余万元。

我认为他们在技术上有两项重要突破：一是改玉米秸秆的横铡为挤丝揉碎和打包，显著提高了饲草质量、应用范围和运输效率；二是接种打包和袋装青饲，突破了青饲窖藏的传统模式。这两项技术的集成和进一步的改进，将出现一个新兴的"秸秆草业"，它有利于农业"废弃物"的环保化和资源化，有利于草业的机械化和产业化，有利于农区畜牧业的发展和农业经济结构调整，有利于农户加公司的产业化经营和农民增收，这是一个深受农民欢迎和前景非常好的项目。

这个项目是在陕西省科技厅、环保局和机械局的领导和支持下，由陕西辰烁环保农业股份有限公司开发的。项目进展很不错，存在的问题主要是有些技术尚需改进配套，推进速度尚需加快，资金和政策支持力度不够。为此，我有两点想法和建议供你们参考。

1. 建议将新兴的"秸秆草业"与发展养殖业（特别是养牛业）结合起来，作为当前农业结构调整和推进农业产业化经营的一个新的生长点和亮点，加大政策和资金支持力度。如有可能，今秋在关中平原组织一个"玉米秸秆饲草秋收工程"，势必可以大大推动这个项目的发展。

2. 东北、内蒙古、东部和南方，以至日韩等对饲草的需求很旺，市场很大。陕西可以把这个大旗举起来，一定能在全国产生影响和作出贡献。辰烁公司的业务已经开始向宁夏、山东和黑龙江等地发展，这是个好基础。

以上建议，不当之处，请批评指正。

专此并颂

政祺!

石元春　敬上

2002 年 4 月 4 日于北京

17 就《中国可持续林业战略研究》给温家宝副总理的信

（2002 年 10 月 9 日）

【写信背景】

《中国可持续林业战略研究》是温家宝副总理亲自部署，中国林业科学研究院院长江泽慧主持的一个大型战略研究项目。作者是该项目的科学顾问和其中一个分项目负责人，参加了 2002 年 9 月的汇报会，感到在几个涉及战略和方针问题上提法不妥。会后分别给江泽慧院长和温家宝副总理写信表达了自己的观点。以下是给温家宝副总理的信件。给江泽慧院长的信件内容基本相同。

家宝副总理：您好！

国庆节前参加了您召开的《中国可持续林业战略研究》汇报会。当时未做口头发言，是考虑到涉及一些大政方针，怕时间短了表达不清楚。现奉上此信，供您参考。

其一，关于《总体战略思路》部分。

我国是个少林国家，过去相当长一段时间又砍伐过度，生态恶化，因此在当前经济形势转好的条件下，提出“生态优先”战略是十分正确和适时的；生态建设、生态安全和生态文明的提法也很鲜明和完整。但在整个材料中，对林业的另一个基本功能——物质生产，却显得过于单薄和无光少彩了，九个“重大战略性问题”中只在最后谈到“林业产业发展战略”。

我国是个少林国家，又是个年需过亿立方米，缺口近半和仍在快速增长的木材消费大国。为还多年“生态欠账”和“休养生息”，目前提出生态优先和每年以数十亿美元地进口木材是非常必要的。但在国家战略上，一定要兼顾生态和生产的双重功能，更何况在很大程度上二者不是对立，而是可以协调发展的。当今世界各国奉行的“森林可持续经营”理论正是以生态和生产协调发展为前提的。

在林业的生态功能和产业功能上，避免强化一面，弱化另一面，或某个时期强调一面，另一时期强调另一面。建议总体战略思路中，首先提出“森林可持续经营”的基本理念和生态与生产的双重功能，继而在总结过去经验和分析当前国情基础上提出“生态优先”战略，并相应加强林产部分的内容，特别是更新“森工”观念，强化人工林培育和林产品深精加工。

其二，关于《退耕还林战略问题》部分。

经自然界的长期演化，形成了相对稳定的，地理上的区域性和生态系统的多样性，形成了各生态系统中诸要素间的相互协调、制约、补偿关系和整体效应。在自然条件下，除非有地区性（如地形）或人工性补水，否则，乔木树种是不能进入草地系统的。在草原和荒漠地区，稳定的补充水源是乔木正常生长的必要条件和前提，而草灌则是该系统自身的组分，具有很高的适应性和生态效率，且草灌生长周期短，见效快，能与发展养畜、农业结构调整和农民增收紧密结合，故在西北地区鼓励发展草灌，是件利民利国的大事，不应该以林压草。

“退耕”的国家目标是改善生态，而农民目标是增收。国家适当给农民以补助，将那些不该垦而垦了，收成少而破坏性大的耕地退下来，这是问题的实质，至于“还”什么，是派生性的，应服从于科学和经济的规律，由农民做主。现在，连主要农田都自主种植，为何退耕地上种什么还要政府规定呢？特别是在适种草灌的地区，硬性规定或导向农民种乔木，既不科学又不经济，这是何苦？

我国有林地 1.29 亿公顷，天然草地 3.93 亿公顷，是世界上除澳大利亚外的第二大草地资源国，草地占我国国土面积的 41%，近 90%分布在西北干旱和半干旱地区。西北地区的还林与还草问题，实非学术观点之争，而是希望国家排除人为干扰，科学地面对我国的草地生态区和 41%的国土，执行一条正确的发展路线和政策。

建议：①将此节标题改为“退耕还林还草战略问题”和在出现“还林”处加上“还草”；②文中适当处，加上“退耕地的还林还草应因地制宜，宜林则林，宜草则草，西北干旱和半干旱地区鼓励与养畜和农业结构调整结合，发展草灌”；③国家补助的是退耕地，至于还林还草，一视同仁。

其三，关于《荒漠化防治战略问题》部分。

自喜马拉雅山隆起导致我国西北干旱化以来，风沙在我国西北已经刮了 200 多万年了，以后还要继续刮下去，这是个人力无法抗拒的地质过程，就如人不能使西北出现热带雨林一样，我们能做的，主要是防治人为因素造成的沙化。导致沙化的人为因素主要是滥垦、滥牧和滥樵；防治的对象主要是半干旱和干旱地区超载过牧的 8 400 多万公顷退化草地。

古人云：“故以汤止沸，沸乃不止，诚知其本，则去火而已矣”，而防治沙化，根在制止“三滥”。治理的对策是，在严厉禁止新“三滥”的基础上，滥垦的农田退耕还草，超载的草地减牧舍养，人为造成的半活动和活动沙地实行封育加飞播。道理很简单，办法不复杂，投入也不多。过去的问题出在病急乱投医，防治不对路。我想，如果把钱投在退耕减牧和封育飞播上，可以少花钱办大事，还可以与当前的农业结构调整，农民增收紧密结合，避免“局部改善，整体恶化”

之延续。

其四，关于“林草一家”问题。

我国的耕地有农业部管，林地有国家林业局管，而面积最大的草地却没有明确的管辖所属，这是几十年来我国草地和草业管理不当，发展不力以及土地沙化扩展的管理体制上的原因。

林地和草地虽分属两个生态系统，但在部门管理上，退耕与荒漠化防治既已明确于国家林业局，林与草就要有统一考虑和管理了。不能因部门分工而悖于科学与经济原理，对林草厚此而薄彼。建议国务院能重视和考虑解决由于部门和体制原因给退耕和荒漠化防治中带来的十分不利的负面影响。

年初，我曾在《科技日报》发表了《走出治沙和退耕误区》一文，最近又在该报看到刘巽浩的文章，一并附上以供参考。

此致

敬礼！

石元春　敬上

2002 年 10 月 9 日

18 就“西北水资源”项目给钱正英副主席的信

（2002 年 12 月 26 日）

【写信背景】

“我国西北水资源”是由钱正英院士主持的中国工程院重大咨询项目，作者是该项目的科学顾问。项目汇总期间的两次会议因故未有参加，故以此信提出对项目汇总资料的个人意见。

钱副主席：您好！

两次项目会议都因故未能参加，深表歉意。

出差三周，近日看到综合报告二稿，深受教益。下面谈一点读后体会和建议，供您参考，不当处请批评指正。

1. 关于水资源，除一般资料性介绍外，是否要有些评议性表述。人们一提起西北，就是缺水，西北与缺水成了同义语，我就觉得不够全面。从干旱半干旱气候和降雨稀少来讲，这是对的，但也有些特点和优势却很少提及。

季风因素使我国东部地区的降水在时间上高度集中，降低了利用效率；而地貌因素导致西北水资源在空间上的高度集中，却有益于水资源的利用。广大沙漠戈壁降水很少，而天山和祁连山则汇集存蓄大量雨水，集中滋润着肥美的天然和人工绿洲，使它享用着多出几倍，几十倍的水资源。东部季风区降水虽多，但旱涝频仍，西北地区降水虽少，却供应稳定，少有旱涝。此外，西北水资源的人均占有量接近全国平均水平，人均和亩均分别是黄淮海三流域的 3.5 倍和 4.0 倍；内陆河流域的人均水资源占有量是全国的 1.8 倍，黄淮海三流域的 8 倍。报告中提到“不具备可比性”，我不知所指，既是“人均”，就是已排除其他要素，以单要素做对比用的。

一个全面和客观的评价，可以使各级领导和民众对西北水资源有个全面认识，能够科学对待，增强信心，不要盲目背上缺水包袱。

2. 合理配置水资源是报告的重头。建议一开始就明确交代水资源配置的概念、原则、内涵和存在问题，“水资源的变化趋势和预测”可简约融入。

水资源配置中首先遇到的是生态用水问题。生态用水是在人们觉悟到掠夺性开发已造成严重生态后果的背景下提出的一个新问题，也是水资源合理配置中的一个难点。“竭泽而渔”导致发展不可持续，“复原”（restoration）到人类干扰前生态系统的初始状态又不现实，怎样才算“和谐发展”呢？难也就难在这里。

刘昌明院士和他的研究组在这方面做了很好的工作，有了“生态需水主要指维持陆地植被生态系统生存的最小水资源需要量”的提法和计算举例，这在概念上是能成立和有意义的。但是，“陆地植被生态系统”是个抽象的概念，它必然要涉及恢复生态学中的演化、“重建”（reclamation）的目标以及生态经济学的综合评价。

例如，已经萎缩的岱海和居延海，艾比湖和玛纳斯湖的湖面要恢复到什么程度才算“和谐”？引孔雀河以至伊犁河水改善塔里木河下游的生态到什么程度才算合理和在现有社会经济条件下能够承受？实际上，主要的还是要人为地去寻求和设置不同目标和层次的“和谐发展”的生态设计。这是个尚在研究和需要在实践中摸索经验的问题。

我说这么许多是想提出，《报告》中的“在西北内陆河流域，生态系统和社会经济系统的耗水以各占50%为宜”（35页）的结论性意见应当是有条件的和有弹性的。这不仅是因为这个数字有很强的政策导向（或指导）性和实践影响力，还在于科学和实践依据上的不够成熟，以及存在着明显的人为目标设置和地域上的差异性。

为此，从战略和政策角度上的提法可考虑为：“为了社会经济和生态系统的和谐和可持续发展，在水资源配置上要十分重视安排好生态用水，一般不低于该流域可支配水量的（30%？）。生态用水因地域不同而各异，生态欠账多，需要休养生息以及人为因素造成土地荒漠化严重的地方，要注意优先安排生态用水。”

3. 西北地区89%的水用于农业，即使以后二、三产业发展了，农业仍是用水大户。因而在相当长的一段时间里，社会经济用水的水资源配置，主要是服务于农业，要考虑农业对水的科学需要。

西北农业的现状是：科技和设施水平低，水利用效率低，产出低，经济效益低，组织化程度低，生产/管理者素质低，以及农业结构不合理，这就是我们所面对的农业现实。不赶快投入人力财力去改变这个现实，而继续大兴工程地去调水，这就像个家境平平的家长，不把钱用在孩子念书和增强体质上，而一个劲儿地加强营养。

从整体和战略上看，当前西北主要是用水问题，而不是缺水问题；主要是改善用水大户自身素质，提高用水效率和效益，而不是急于以巨资开源调水问题。正像报告中提出的：“水利工程应以续建、配套、更新、改造和调整现有的和在建的工程为主，新建工程也应以地方的中小型工程为主，辅以少数的大型工程”。

如果加上一句："上国家级大型工程要十分谨慎"更好。

西线南水北调的局限性显而易见（40页）；从上所说，相当长的时间里的必要性也不存在：且不说技术难度，国家将巨资花在这里太得不偿失；还有就是可替代性，即调水只能为黄河补水，实质是为黄河下游补水，这是南水北调中和东线也能做到的事，何必舍近求远。如果这些观点基本成立，报告中的"抓紧前期工作，建设南水北调工程"作为"战略"列为"十项战略措施"之一也就没有必要了。

4. 综合报告里的沙化及其防治问题，建议加强它与农牧业发展的内在联系方面的阐述。

如果认同沙漠化主要是第四纪时期青藏高原隆起和西北干旱化导致的一种地质过程，而人为因素引起的沙化只是沙漠化地质过程的一种非主体性的叠加；如果认同人对沙化的防治，主要是针对人为因素导致的沙化，而对沙化的地质过程是无能为力的；如果认同导致沙化的人为因素主要是滥垦、滥牧和滥樵，这三个"认同"的逻辑结论就是：防治沙化，主要是防治"三滥"。如果说得深些和理论些，就是要将几千年来的粗放的资源农业转移到集约的现代农业轨道上来。

人为的，或叫次生的沙化、盐渍化和水土流失主要是在人口增长压力下粗放的资源农业引起的。解铃还须系铃人，现代农业对资源农业的替代过程，也就是人为荒漠化治理的过程，即"败也农业，成也农业"，两种完全不同的农业。这种思维方式，不是西医的对症治疗，而是中医的辨证施治。

5. 关于现代农业，我曾送给您一篇文章，比较系统地阐述了我的观点。简单地说，一是资源节约和可持续发展（理念）；二是强大技术支撑（动力）；三是贸工农一体的产业化经营（体制）；四是由初级产品生产向农产品加工和食品、生物制药和化工、能源和材料、环保和观光休闲等整个生物质生产领域的拓展（多元化）；五是产品品质和安全性的严格检测监管（绿色）。

显然，西北农业在传统的资源型农业上延伸是没有出路的，越早转移到现代农业的轨道上来越好。只有现代农业才能改变西北的生态、经济和农民生活的颓势，只有现代农业才能救西北。江泽民同志在十六大报告中谈到农业问题时的第一句话就提到了"统筹城乡经济社会发展，建设现代农业"。

西北农业有三大块：1.3亿亩灌溉农业、2.3亿亩旱作农业和20亿亩草地畜牧业。1/3的灌溉土地生产了2/3的粮食，这是西北农业的主阵地，是加快现代农业推进的重点。旱作农业的自然和社会经济条件差，生产力低，生态环境恶化，治理发展难度大，更需要在现代农业的框架下，趋利避害地，发展以高生物质能的草灌和作物为基础的草地农牧业及其加工产业，加大对滥垦耕地的退耕还草力度。20 亿亩草地畜牧业的当务之急是发展羊的放养与舍饲结合，大幅度地将超载羊只数量降下来，让被滥牧的草地得以休养生息，逐渐减弱和抑制草地沙化过程。现代养殖业要走与种植业（包括人工草场）相结合的道路。

关于区域粮食安全，我认为不应该受自耕自食的观念和省省县县都搞粮食安全的束缚，而要放在市场机制和粮食流通背景上考虑。就一个省和地区来说，所谓的粮食安全，是看它是否具备自给粮食的生产能力，而不是看是否年年自给自足。从整体上看，西北地区已具备了粮食安全的生产能力（主要指包括土地、灌溉、施肥、植保、品种、栽培等生产要素在内的土地生产力水平）。不论现在种的什么作物，一旦需要，就能及时调整和生产出能够自给的粮食。

24 页的“草地农业”是一种学术观点，我感到内涵和边界还不很清楚，大家也比较生疏，综合报告中是否要使用?

6. 发展城镇化，综合报告将它作为“建设节水高效型的经济与社会”的一种途径；“十项战略措施”中又放在了“按节水高效防污的方针，积极发展工矿业，推进城镇化”，是否可以用其他的提法和角度。

城镇的发展最早是因为有商品交换和以后出现工业大生产才发展起来的，它是社会生产和生活方式的一种存在形式，是经济发展的一种自然结果。城镇化不能脱离经济发展而强推，但是可以通过发展经济来推动城镇化，通过城镇化带动农业人口转移和农村经济发展。综合报告提出“发展工矿业，推进城镇化”，过去是这样的，现在就不仅是靠工矿业了。我在一些文章里曾多次提到，现代农业的发展将使一、二、三产的界线趋于模糊，贸工农一体的产业化经营、向农产品加工等多元化方向拓展、新兴的农业科技产业等，都将成为繁荣农村经济和推进城镇化发展的发动机。工业可以带动农业，现代农业也能带动工业和服务业，它们间是互动互作和相辅相成的，城镇就是这种互作的载体和触媒。作为政府，在于觉察，在于主动运用行政的正面干预去启动这个发动机和触媒，这个新的正在孕育中的积极因素。

为此，可考虑将报告中的“城镇化”升格，将西北生态建设的主体——现代农业建设与城镇化建设的互作提到议事日程上来。

7. 人口是西北生态环境建设中的一个重大和敏感的问题。报告中人口问题没有专节，“十项战略措施”里第八条的分量又太重，感到体例上不太协调。是否在前面的生态环境建设中专有一节谈人口，不仅是措施，是否要有个政策性的基本态度或观点。

拉拉杂杂地谈了上面一些想法和建议。西北是个大系统，要素间的相关中，水资源配置主要为的是农业，生态环境“败也农业，成也农业”，人口控制和城镇化也在于“三农”，所以，资源农业向现代农业的转轨将处在改善和提升这个系统品质的中心位置。

不当处请批评指正。

致以

敬礼！

石元春　敬上

2002 年 12 月 26 日

19 就“农业科技中介”问题给徐冠华部长的信

（2003 年 8 月 9 日）

【写信背景】

2003 年 8 月 8 日，科技部徐冠华部长和李学勇副部长等到中国农大听取关于农业科技中介机构建设方面的意见。作者中途到会，发言未能尽意，随后，写了这封信件。

冠华部长、学勇副部长：

昨天下午参加科技中介方面的座谈会，我没有思想准备，但文件和大家的发言给了我许多收获。

从过去长期议论的“科技成果转化”到“科技中介机构建设”，是多年抓科技成果转化的一种提升和凝练，是重要发展和新的阶段。因为是个新命题，座谈会上出现些概念模糊以至混乱也是正常的，我想这正是为出正式文件前的一种准备。为此，想向你们谈一点我听完座谈会后的想法，可能有些用处。

座谈会上，我有一种感觉，就是将所有有关技术转移和扩散的事都一股脑地堆在了“科技中介机构”上，以至于将技术的持有、受体和中介三方混为了一谈。概念的不清和混淆，可能会导致以后工作上的负面影响。

“农业技术推广”，在农业界是个老生常谈的事，又是一件长期令人困扰的事。计划经济体制下建立起来的“四级推广网”，运行得很好，20 世纪 80 年代中期的两三年间，就被经济体制改革冲击得“线断网破人散”，连那些“远看像要饭的，近看像卖炭的，一问才知是农业推广站的”技术人员一时也找不着了北。

20 世纪 90 年代初，中央文件提出了“社会化服务体系”，但没有明确界定，敞着口，让实践去发挥创造力。目前，一种是转制的，允许创收的“官办”模式；一种是“送科技下乡”的社会援助模式；一种是农民自办，科协倡导扶持的“农村专业技术协会”或“科技专业户”模式；一种是企业主导的经营型模式。至今，对这些尚无权威性说法。

我的认识是，上述诸模式的内容，主要是一般性的常规技术、科技知识和相关信息的转移和扩散，其功能在于对农民提供服务。在美国、澳大利亚及欧洲一些国家皆属政府职能，如美国责成各州农业院校、澳大利亚由州农业部的农业推广培训中心承担。至于民间组织和公司也可按其自身目标做技术转移和扩散活动。

20 世纪 80 年代中期以来，随着信息科技的发展，发达国家的农业技术推广内涵和形式都发生了很大变化，也就是“extension”被“communication”取代，即由单向到交互，由接受到参与，由传统手段到网络。

我认为，对农民的技术推广和培训，政府责无旁贷。在新的形势下，建议加快可直接面对基层和农户服务的“农业信息网络服务（平台）体系”的建设（我正在为“十一五”组织编写“农业信息服务网络工程”的建议书），陕西宝鸡市的“农业信息服务中心”就是个很好的样板。

中国农业的自然和社会条件十分复杂，社会化服务的多元化和多形式是必然的，但“农村专业技术协会”“龙头企业”“送科技下乡”等 NGO 行为，是政府信息服务机构的一种重要补充，也需要政府大力扶持和推动。

按我的理解，上面说的，都不是“科技中介机构”，因为都是以科技知识、一般性技术和信息为内容，无明晰的“三要素”构成（技术的提供方、接受方和中介方，即甲、乙、丙三方）。“科技中介机构”宜界定其运作对象为新的科技成果，国家出资（及个人）研究的实用性科研成果。中介方是技术持有方和技术接受方之间的“桥梁”和“红娘”，这正是当前最缺的。徐部长在中介机构工作会议上已经明确指出：面向社会开展技术扩散、成果转化、科技评估、科技资源配置等专业化服务的科技中介机构，属于知识密集型的服务业。生产力促进中心、科技企业孵化器、科技咨询和评估机构、技术交易机构、创业投资服务机构等是科技中介机构的主要形式。这虽然是在整个科技中介意义上提出的，但对农业也是适合的，农业更加需要这样的科技中介机构。

农业科技中介与工业不同的是，技术接受方不成熟。显然，农业科技成果的主要接受方不是农户，而是农业（龙头）企业和农业科技企业，二者现在均处成长初期，这正是当前农业科技中介的特点和难点。从另一个角度看，这正是给中介机构提供了培育接受方，推动科技成果转化的一个历史机遇，但必须有政府的大力扶持，包括政策的与资金的。推进农业企业和农业科技企业的发展，也是在实质意义上推进剩余农业劳动力的转移和城镇化建设。单方可以自行其是，有了双方和三方，“游戏规则”就非常重要了，因为这里有大量的经济利益和法律责任问题。有了好的“游戏规则”，就能形成兴旺的技术交易市场。

“科技推广”与“科技中介”的概念不清会导致“两败俱伤”，二者的分别界定会带来“双赢”。就说这些，不当处请批评指正。

专此并颂

夏祺！

石元春　敬上

2003 年 8 月 9 日

20 就发展农业高科技产业给国家计划委员会高科技产业化司马德秀司长的信

（2003年9月）

德秀司长：您好！

日前在国家中长期科技发展规划会上，我曾向您谈及农业高技术产业化问题，对此，我一直十分关注。党的十六大提出“建设现代农业”，农业高技术的产业化是重要的一环，如果做好了，可起四两拨千斤之效。

记得1999年我曾给春正主任和您写信谈到全降解塑料一事。当时“可”降解之风正劲，鱼目混珠了一阵子，结果是从美国引进了160多条已被他们淘汰了的生产线，现在这些公司几乎全部倒闭了。我当时提出的“全”生物降解塑料的建议，是有前瞻性的，但对其技术难度估计不足，所以没有继续与您联系。

我是个不到黄河不死心的人，这几年对此还在孜孜以求。去年上了“863计划”，现已完成小试，有了小试产品，准备中试。我国每年有1亿多亩的地膜覆盖，正在饮鸩止渴般地蚕食着我国的土壤肥力，我这个土壤工作者实在揪心：白色污染在全国泛滥，北京又如何面对2008年的“绿色奥运”。而这个成果使我见到了曙光。

去年我去了宝鸡，考察了该市的“农业信息服务中心”，这是个在农业生产第一线，为县乡村和农户提供信息服务的成功典型，太受农民和基层干部欢迎了。在他们的启发下，我又作了一番推动，现已找到了一套能为农业生产第一线（市、县、乡、村、户）提供农业信息服务的、最新研究成功的软硬件系统，技术水平全国领先。

另外，利用动物乳腺生物反应器技术生产乳铁蛋白等生物制品，明年就有一批生物反应器牛诞生，这是近20年努力的结果，是世界生物技术产业竞争的热点和制高点。

还有些类似的农业高技术，我觉得基本具备了产业化开发的条件，若您有时间，我可以带点资料与您面谈（如可能，下周为好）。对您感兴趣的项目还可以请该项目的同志作更详细的汇报。我办公室的电话是 62892972，我家的电话是 62891046。

先说到这里，顺祝

节日愉快!

石元春　敬上

2003 年中秋节

21 就手术成功给北京大学第一附属医院院领导的感谢信

（2004 年 3 月 22 日）

【写信背景】

正当参加国家中长期科技发展规划的关键时刻，作者被查出身患前列腺癌。2004 年 2 月住北大第一医院，手术及前后约半月余。出院前给医院领导以及护工湛淑芬同志写下了感谢信和表扬信。术后十年，至今安好，选录此信，以资铭记。正如信中所言，“在我古稀之年，给了我第二次生命，让我能继续为国家和社会多做一点事情”。

中共北京大学第一医院党委：

蒋学祥书记：

我是今年 2 月初住院的一个病人，怀着无限感激的心情给你们写这封信。

今年春节刚过，我被诊断为前列腺癌，随即通过中国工程院农业学部（我是中国科学院和中国工程院院士）与医学学部联系，希望能得到贵院郭应禄院士的帮助。郭院士热情地接待了我，对病情作了分析，安排我住院和在整个治疗过程中十分关心和给以指导。

我的根治手术是薛兆英教授做的，他医德高尚、医术精湛、为人谦和、耐心细致，堪称楷模。没有他的高超手术和全程安排，我不会如此顺利和很快康复。泌尿外科一病房的潘大夫、金大夫、龚大夫、彭大夫、穆护士长及庞秋颖等诸位护士救死扶伤、治病救人的高尚医德给我以教育，一病房的严格管理给我留下了深刻印象。

我以无限感激的心情，感谢他们在我古稀之年，给了我第二次生命，让我能继续为国家和社会多做一点事情。我愿意向院党委反映，你们有了这样一批十分优秀的医务工作者是病人的福分，乃国家之栋梁。

这次是我有生以来的第一次住院，住院的一个多月，是我感受医务工作崇高的一个多月。我再一次向党委，并通过你们向所有为我提供治疗和护理的医生和护士表示由衷的感谢。

致礼！

已康复出院的原泌外一病房九病床病人

石元春　敬上

2004 年 3 月 22 日

北京大学第一医院物业管理负责同志：

我是今年二月初住院的一个病人，2 月 18 日手术后至 3 月 15 日出院，一直是由湛淑芬同志护理的。她认真负责，尽心尽力，护理业务熟悉，减轻了我的不少病痛，使我顺利康复出院。谨写此信，以兹表扬。

此致

敬礼！

已康复出院的原泌外一病房九病床病人

石元春　敬上

2004 年 3 月 22 日

22 就国家中长期科技发展规划农业科技问题研究结题给农业专题组专家的信

（2004 年 7 月 27 日）

【写信背景】

历时一年的国家中长期科技发展规划战略研究于 2004 年 7 月 24 日下午召开总结会。作为农业领域战略研究专家组组长的作者，写信通报全组成员和有关专家，感谢合作，并致谢忱。

农业科技问题研究专题组各课题组同志：

7 月 24 日下午国家中长期科技发展规划办公室召开了战略研究总结会，颁发了荣誉证书，宣布了战略研究工作的结束和制订纲要阶段的开始。

我组在 200 多位专家的共同努力下，较好地完成了向温家宝总理的汇报、总报告和分课题研究报告稿，这是大家共同的智慧结晶和努力的结果。在此，专题组对大家表示衷心的感谢，感谢你们对这项工作的重视和支持。总报告和课题研究报告将由规划办正式编印后分发，现将本专题组的总报告一份送上。请注意前面所附的，关于保密工作要求的文件。

现在专题组已经解散了，但有些工作规划办可能还会找到有关同志，请大家一如既往地支持和参与。

再一次感谢大家对专题组工作的支持。

致礼！

国家中长期科技发展规划战略研究

农业科技问题专题组

2004 年 7 月 27 日

23 就农业组重大专项申报问题给江上舟主任的信

（2004 年 8 月 5 日）

【写信背景】

国家中长期科技发展规划战略研究中设置了重中之重，国家将投巨资的“重大专项”，全国仅能遴选 20 项以内，如“登月”“大飞机”等。农业战略研究组报了两项，“农用动植物分子育种”和“农林生物质工程”。江上舟同志是“重大专项”办公室的负责人。国家中长期科技发展规划战略研究项目结题总结会后，作者即写信联系此件大事。

上舟同志：您好！

感谢您的多次指点。

农业组报的两个重大专项，我还在组织人改，我们作好了反复修改的准备，望不断得到您的帮助。

农林生物质工程是件新事，需要做更多工作，对领导、对科技界、对自己。我想在 9 月初开一次座谈 / 演示会，请国内已开展这方面工作的专家和单位（含企业）参加，连谈带实物演示，一起交流、摸底、汇报、再改建议书等多种作用。如果效果好，考虑开个高层专家论坛。

有两个问题向您请示：一是用什么名义？因为专题组已经完成任务解散了；二是需要用钱，我从专题经费里预留了一点，显然不够，规划办或专项组能支持一些吗？

本该当面向您汇报，因学勇部长关心我这个“老骥”，安排我到黑龙江休假，故请李十中博士代为送上此信，望请见谅。如有事，请办公室同志与他联系。我今天出发，20 日前后返京。

启迪部长处代为致意。

专此并请

夏安！

石元春　敬上

2004 年 8 月 5 日

24 就“农林生物质工程”重大专项申报一事分别给农业部部长、科技部部长和国家林业局局长的汇报信

（2004 年 11 月 30 日、12 月 2 日、12 月 6 日）

青林部长、宝文副部长：

你们好！

在我参加国家中长期科技发展规划农业科技发展战略研究过程中，一直得到你们的指导和支持，十分感谢。

送上关于“农林生物质工程”重大专项资料一套，有建议书、汇报用幻灯片（附文字说明）及两个附件（座谈会文集、美国农业部与能源部给美总统关于发展生物质产业的报告等政策性文件），是农林生物质工程重大项目组建议向你们的汇报。另一个重大专项建议是“超级种培育”将另作汇报。

我们认为，将生物质产业简单理解为能源产业是不妥的，它是农业，是农业的一部分。我们提出的《农林生物质工程》目标（2020）中的头两条就是：实现全国 50% 的作物秸秆、40% 的畜禽粪便 / 有机废弃物和 20% 的林木废弃物的无害化和能源化；开发 7 000 万亩边缘性土地，建设能源 / 材料植物种植基地和建设扶持 826 个农林生物质龙头企业。第五和第六项目标是：年沼气发电能力达到 140 亿千瓦·时，使 4 000 万农户用上沼气（已有 1 100 万）和秸秆固化成型燃烧；农民年新增收入 400 亿元和获得约 1 000 万个农林生物质龙头企业的工作岗位。第三和第四目标是能源与环境。我们提出的“农林生物质工程”是以“三农”为主体，兼有能源和环境功能的。

美国在 20 世纪 30 年代就开发了大豆生产油墨、生物柴油；70 年代能源危机中玉米燃料乙醇崭露头角。20 世纪末，在人们越来越担忧化石能源枯竭，以及对保护环境、可持续发展和循环经济的追求中，催生了生物质产业，它预示着一个充满活力的新行业将在美国出现，它将提高国家的能源安全、环境质量和农村经济（引自《美国生物质技术路线图》，2002）。在美国，凡相关重要文件都是由农业部和能源部联合提出的，美农业部在“农业研究战略计划——生物能源”报告中用的标题就是“美国农村的新跃进（vibrant）”。

生物质产业的原料主要不是粮食，而是作物秸秆、林业废弃物、畜禽粪便、

能源植物等，英文用词 non-food，即是以生物的“非食用”部分为主要原料。生物质产业的产品主要是能源、生物化工和环保产品，其附加值显著高于一般的农产品加工，仅本工程三大产品的年产值（2020）就有 2 500 亿元。所以，从原料到产品，生物质产业均不同于传统意义上的农产品加工。

农业生产一般是指稻、麦、棉，以及猪、牛、羊等初级农产品的生产。党中央和国务院将食品和农产品加工作为农业和发展农村经济的一部分的战略部署，是对农业领域的一次重要拓展和放大。而农林生物质产业将是对农业的再一次拓展和放大，是件关系我国农业发展全局和战略的大事。它对扩展农业领域和农民增收渠道；促进农村工业发展、小城镇建设，富余劳动力转移；提高农村环境及能源消费质量，以及缩小工农和城乡差别将起着实质性和整体性的推动作用。

农林生物质产业近年在新疆、四川、山东等地迅速兴起。新疆农科院已就种植甜高粱和生产乙醇做了三年试验，王乐泉同志四次批示新疆要“快上做大”，并责成生产建设兵团主抓，提出了种植 200 万亩甜高粱和年产 70 万吨燃料乙醇的计划。西南三省计划到 2010 年种植麻风树 1 000 万亩，生产生物柴油。（新疆材料附后）

“农林生物质工程”重大专项的主体内容是“三农”，杜部长是国家中长期科技发展规划领导小组成员，如能以农业部为主管部门必将有利于推动“农林生物质工程”重大专项的立项和实施。

妥否，请示。

致以

敬礼！

石元春　敬上

2004 年 11 月 30 日

冠华部长：

您好！

送上农业科技组提出的《农林生物质工程建议书》及附件一套。

这次建议书有三个重要调整：一是突出“三农”，次化能源；二是对原料和产品的再凝练，即作物秸秆、林业废弃物、畜禽粪便和利用低质地种植能源植物四种原料，和燃料乙醇、生物柴油、生物塑料、沼气发电 / 固化燃烧四大产品；三是对能源危机言词避免刺激，对“生物质产业”意义多留余地。

生物质产业在我国的特殊意义在于对扩展农业领域和农民增收渠道，促进农村工业发展、小城镇建设，富余劳动力转移，提高农村环境及能源消费质量能够起到实质性和整体性的推动作用。故“农林生物质工程”的提法是“以‘三农’为主体，兼有能源和环境功能。

“工程”的主产品是燃料乙醇、生物柴油、生物塑料和沼气发电/固体成型燃料。总体目标（2020）是：全国50%的作物秸秆、40%的畜禽粪便/有机废弃物、20%的林木废弃物的无害化和能源化；开发7 000万亩边缘性土地，建设能源/材料植物种植基地，扶持826个农林生物质龙头企业；达到燃料乙醇、生物柴油、生物塑料各1 200万吨年生产能力（可替代4 800万吨石油，年产值2 500万元）；降低1.6亿吨二氧化碳排放量，解决1 200万吨塑料垃圾的白色污染、2亿多万吨秸秆露地燃烧和8亿多万吨畜禽粪便对水体的污染；年沼气发电能力达到140亿千瓦·时，使4 000万农户用上沼气和秸秆固化成型燃料；农民年新增收入400亿元和获得约1 000万个农林生物质企业的工作岗位。

这次修改建议书中的一个重要收获是，通过对当前技术/成本及可预见的技术改进对成本降低空间的分析中发现，一般降幅是20%～40%，完全可能通过技术改进将成本降到石油基产品以下。这是“三农”的福音，能源多元化的福音，国家的福音，也更加强了我们推动生物质产业的信心。

农林生物质产业近年在新疆、四川、山东等地已经兴起了。新疆农科院已就种植甜高粱和生产乙醇做了三年试验，王乐泉同志四次批示新疆要“快上”“做大”，并责成生产建设兵团主抓，和已制定了种植200万亩甜高粱和年产70万吨燃料乙醇的计划。（新疆材料附后）西南三省计划到2010年种植麻风树1 000万亩，生产生物柴油。

我们在深入调研中发现，我国不仅生物质资源丰富、劳动力成本低，在生物质技术前沿上也有不少优势。例如，国家8部委下发车用乙醇汽油试点后，黑龙江等省相继试点，乙醇生产骤然升温。但生产中用的仍是普通酵母间歇发酵技术，可是我们已经初步掌握基因工程连续发酵技术和高效菌株，可降低成本20%；另外，现在尚多用淀粉为原料，如改用甜高粱，产能高于玉米4倍；现在我们正在研发的“创新木质素水解技术”一旦突破（估计5年），作物秸秆和林业废弃物将可成为主要原料，成本大幅下降，农民大步增收。生物柴油方面正在做无催化剂合成技术的中试准备，还有共沸蒸馏甘油酯化–甲醇法；生物塑料的在线产物分离连续发酵乳酸工艺及高效产酸真菌的构建可大幅降低成本，还有生物质固化成型技术等。这些技术，都处于国际生物质技术的前沿，我们使一把劲，就可能走在发达国家前面。

生物质产业是刚刚兴起的，大家起步差不多，谁发力早，谁就跑在前面。能否一面争取重大专项（个头大，起步慢），一面科技部作个特例，尽快专项启动，走在形势发展的前面。

对农林生物质项目我下了不小力量，不尽是兴趣使然，一是越深入下去，越感到它是件利国、利民、利农的大好事，值得我七十老翁为之呐喊；二是因为它新，议论纷纭，我有必要参与。

您的工作太重太忙，请多注意身体。

祝工作顺利，身体健康

石元春　敬上

2004 年 12 月 2 日

周生贤局长：

您好！

“农林生物质工程”是国家中长期科技发展规划前农业科技组提出的一个重大专项。现送上建议书及附件一套向您汇报。

生物质产业是在化石能源渐趋枯竭，人们追求保护环境、可以持续及循环经济的背景下发展起来的一个新兴产业。在我国，生物质产业不仅在于能源与环境，更在于对扩展农业领域和农民增收渠道；促进农村工业发展、小城镇建设，富余劳动力转移；提高农村环境及能源消费质量能够起到实质性和整体性的推动作用。本项工程的设计思想是：以“三农”为主体，兼有能源和环境功能，故在生物质前面加了“农林”二字。

“工程”的主原料定位是：作物秸秆 / 林业废弃物、畜禽粪便、利用低质地种植能源植物（草本与木本）、作物基淀粉和油脂等四种原料。主产品的定位是：燃料乙醇、生物柴油、生物塑料、沼气发电 / 固化燃烧四大产品。

“工程”的总体目标（2020）是：全国 50% 的作物秸秆、40% 的畜禽粪便 / 有机废弃物、20% 的林木废弃物的无害化和能源化；开发 7 000 万亩边缘性土地，建设能源 / 材料植物种植基地，扶持 826 个农林生物质龙头企业；达到燃料乙醇、生物柴油、生物塑料各 1 200 万吨年生产能力（可替代 4 800 万吨石油，年产值 2 500 亿元）；降低 1.6 亿吨二氧化碳排放量，解决 1 200 万吨塑料垃圾的白色污染、2 亿多万吨秸秆露地燃烧和 8 亿多万吨畜禽粪便对水体的污染；年沼气发电能力达到 140 亿千瓦・时，使 4 000 万农户用上沼气和秸秆固化成型燃烧；农民年新增收入 400 亿元和获得约 1 000 万个农林生物质企业的工作岗位。

通过对当前技术 / 成本及可预见的技术改进对成本降低空间的分析中发现，一般降幅是 20%～40%，完全可能通过技术改进将成本降到石油基产品以下。这是“三农”的福音，能源多元化的福音，也更加强了推动生物质产业和本工程的信心。

农林生物质产业近年在新疆、四川、山东等地已经兴起了。新疆农科院已就种植甜高粱和生产乙醇做了三年试验，王乐泉同志四次批示新疆要“快上”“做大”，并责成生产建设兵团主抓，和已制定了种植 200 万亩甜高粱和年产 70 万吨燃料乙醇的计划。四川将高能野生植物麻疯树（籽实含油率 60% 以上）作为金沙江干热河谷的水土保持树种，在成都已建年产 10 万吨规模的生物柴油加工厂，西南地区打算示范推广麻疯树 1 000 万亩。

原建议书提出的产品较多，包括林产品加工、聚乙烯、木糖醇等，报到重大专项办公室后，他们认为太分散，故仅留下了现在的四种产品。在此《农林生物质工程》重大专项中，有几块是与林业直接相关的。一是林区地面枯枝落叶和木材加工的废弃物的能源化和产业化，当前较成熟的技术是固化成型，可将能效提高数倍和形成商品，既减少了林区火灾隐患，又为林场工人增加创收渠道；二是野生能源林的开发，如麻疯树、黄连木等木本油料（生物柴油）和灌木淀粉（燃料乙醇和生物塑料）；三是部分薪炭林可调改为高能效能源林。

国家林业局在林业生物质产业开发上已经做了大量和卓有成效的工作，希望能得到您对此建议书的修改意见和指示。

专此敬颂

冬祺!

石元春　敬上

2004 年 12 月 6 日

25 就“农林生物质工程”重大专项申报一事分别给林科院院长和农科院院长的信

（2004 年 12 月 5 日、2004 年 12 月 9 日）

江泽慧院长：

您好！

送上“农林生物质工程”建议书及附件一套，这是国家中长期科技发展规划前农业科技组提出的重大专项建议书的修改稿。在修改过程中，储副院长做了许多工作，谨表谢意。

原稿的产品中提出的产品较多，包括聚乙烯、木糖醇和林产品加工等。报到重大专项办公室后，他们认为太分散，故仅留下了现在的燃料乙醇、生物柴油、生物塑料和沼气发电 / 固化燃烧四项；原料也是四种：秸秆 / 林业废弃物、畜禽粪便、能源植物（草本与木本）、作物基淀粉 / 油脂。

这次建议书的一个重要调整是突出了“三农”。生物质产业在我国的特殊意义在于对扩展农业领域和农民增收渠道；促进农村工业发展、小城镇建设，富余劳动力转移；提高农村环境及能源消费质量能够起到实质性和整体性的推动作用。故本工程的提法是“以‘三农’为主体，兼有能源和环境功能”，在生物质前面加了“农林”二字。

“工程”的总体目标（2020）是：全国 50% 的作物秸秆、40% 的畜禽粪便 / 有机废弃物、20% 的林木废弃物的无害化和能源化；开发 7 000 万亩边缘性土地，建设能源 / 材料植物种植基地，扶持 826 个农林生物质龙头企业；达到燃料乙醇、生物柴油、生物塑料各 1 200 万吨年生产能力（可替代 4 800 万吨石油，年产值 2 500 亿元）；降低 1.6 亿吨二氧化碳排放量，解决 1 200 万吨塑料垃圾的白色污染、2 亿多万吨秸秆露地燃烧和 8 亿多万吨畜禽粪便对水体的污染；年沼气发电能力达到 140 亿千瓦 · 时，使 4 000 万农户用上沼气和秸秆固化成型燃烧；农民年新增收入 400 亿元和获得约 1 000 万个农林生物质企业的工作岗位。

这次修改建议书中的一个重要收获是，通过对当前技术 / 成本及可预见的技术改进对成本降低空间的分析中发现，一般降幅是 20%～40%，完全可能通过技术改进将成本降到石油基产品以下。这是“三农”的福音，能源多元化的福音，国家的福音，也更加强了我们推动生物质产业的信心。

农林生物质产业近年在新疆、四川、山东等地已经兴起了。新疆农科院已就种植甜高粱和生产乙醇做了三年试验，王乐泉同志四次批示新疆要“快上”“做大”，并责成生产建设兵团主抓，和已制定了种植200万亩甜高粱和年产70万吨燃料乙醇的计划。(新疆材料附后)西南三省计划到2010年种植麻疯树1 000万亩，生产生物柴油。

在此《农林生物质工程》重大专项中，有几块是与林业直接相关的。一是林区地面枯枝落叶和木材加工的废弃物的能源化和产业化，当前较成熟的技术是固化成型，可能效提高数倍和形成商品，既减少了林区火灾隐患，又为林场工人增加创收渠道；二是野生能源林的开发，如麻疯树、黄连木等，木本油料（生物柴油），灌木淀粉（燃料乙醇和生物塑料）；三是部分薪炭林可调改为高能效的能源林。

林业还有哪些内容能进入此专项的，请您指示。另外，按此生物质工程的概念，能否有一个林业生物质资源的总体性研究报告，这对此重大专项的立项会很有帮助。希望您能继续关心、指导和支持本重大专项及其立项工作。

专此敬颂

冬祺！

石元春　敬上

2004年12月5日

翟虎渠院长：

您好！

送上“农林生物质工程建议书”及附件一套，这是国家中长期科技发展规划前农业科技组提出的重大专项建议书的修改稿。

原稿的产品中提出的产品较多，包括聚乙烯、木糖醇和林产品加工等。报到重大专项办公室后，他们认为太分散，故仅留下了现在的燃料乙醇、生物柴油、生物塑料和沼气发电/固化燃烧四项；原料也是突出了四种：秸秆/林业废弃物、畜禽粪便、能源植物（草本与木本）、作物基淀粉/油脂。

这次建议书的一个重要调整是突出了“三农”。生物质产业在我国的特殊意义在于对扩展农业领域和农民增收渠道；促进农村工业发展、小城镇建设，富余劳动力转移；提高农村环境及能源消费质量能够起到实质性和整体性的推动作用。故本工程的提法是“以‘三农’为主体，兼有能源和环境功能”，在生物质前面加了“农林”二字。

“工程”的总体目标（2020）是：全国50%的作物秸秆、40%的畜禽粪便/

有机废弃物、20%的林木废弃物的无害化和能源化；开发7 000万亩边缘性土地，建设能源/材料植物种植基地，扶持826个农林生物质龙头企业；达到燃料乙醇、生物柴油、生物塑料各1 200万吨年生产能力（可替代4 800万吨石油，年产值2 500亿元）；降低1.6亿吨二氧化碳排放量，解决1 200万吨塑料垃圾的白色污染、2亿多万吨秸秆露地燃烧和8亿多万吨畜禽粪便对水体的污染；年沼气发电能力达到140亿千瓦·时，使4 000万农户用上沼气和秸秆固化成型燃烧；农民年新增收入400亿元和获得约1 000万个农林生物质企业的工作岗位。

这次修改建议书中的一个重要收获是，通过对当前技术/成本及可预见的技术改进对成本降低空间的分析中发现，一般降幅是20%～40%，完全可能通过技术改进将成本降到石油基产品以下。这是“三农”的福音，能源多元化的福音，国家的福音，也更加强了我们推动生物质产业的信心。

农林生物质产业近年在新疆、四川、山东等地已经兴起。新疆农科院已就种植甜高粱和生产乙醇做了三年试验，王乐泉同志四次批示新疆要“快上”“做大”，并责成生产建设兵团主抓，和已制定了种植200万亩甜高粱和年产70万吨燃料乙醇的计划。四川将高能野生植物麻疯树（籽实含油率60%以上）作为金沙江干热河谷的水土保持树种，在成都已建年产10万吨规模的生物柴油加工厂，西南地区已有示范推广麻疯树1 000万亩的计划。

发展农林生物质产业是件新事，也是件老事。望您能及时指点，以便对建议书做进一步修改。

专此并颂

学祺！

石元春　敬上

2004年12月9日

26 就农业组重大专项申报一事二次给江上舟主任写信

（2004 年 12 月 5 日）

【讲话背景】

国家中长期科技发展规划战略研究的总结会议开完后，作者的工作重点就转移到“重大专项”申报上来。“农用动植物分子育种”是长盛不衰和共识度高的项目，“农林生物质工程”是全新项目，各方人士了解不多，是申报工作的重点。2004 年年末要预审了，写给“重大专项”工作的负责人江上舟同志的此信是为了向他汇报近况和获得他的指点及支持。

上舟同志：您好！

上次将《农林生物质工程建议书》及附件材料送上，现在信中作一简单说明和汇报。

这次建议书较前稿有三个重要调整：一是突出“三农”，次化能源；二是对原料和产品的再凝练，即作物秸秆 / 林业废弃物、畜禽粪便、种植能源植物、作物基淀粉 / 油脂四种主原料，以及燃料乙醇、生物柴油、生物塑料、沼气发电 / 固化燃烧四大产品；三是对能源危机言辞避免刺激，对“生物质产业”意义多留余地。

在我国，生物质产业的特殊意义在于对扩展农业领域和农民增收渠道；促进农村工业发展、小城镇建设，富余劳动力转移；提高农村环境及能源消费质量能够起到实质性和整体性的推动作用。故本工程的提法是：“以‘三农’为主体，兼有能源和环境功能”，这是切合我国实际的。

“工程”的总体目标（2020）也体现了“一为主，二兼有”的思路，即全国 50% 的作物秸秆、40% 的畜禽粪便 / 有机废弃物、20% 的林木废弃物的无害化和能源化；开发 7 000 万亩边缘性土地，建设能源 / 材料植物种植基地，扶持 826 个农林生物质龙头企业；达到燃料乙醇、生物柴油、生物塑料各 1 200 万吨年生产能力（可替代 4 800 万吨石油，年产值 2 500 亿元）；降低 1.6 亿吨二氧化碳排放量，解决 1 200 万吨塑料垃圾的白色污染、2 亿多万吨秸秆露地燃烧和 8 亿多万吨畜禽粪便对水体的污染；年沼气发电能力达到 140 亿千瓦 · 时，使 4 000 万农户用上沼气和秸秆固化成型燃烧；农民年新增收入 400 亿元和获得约 1 000 万个农林生物质企业的工作岗位。

这次修改建议书中，我们在可行性的微观分析，即主产品可行性分析上下了些功夫，得到一个重要结论是：当前技术 / 成本及可预见的技术改进对成本降低空间一般可达到 20%～40% 的降幅。也就是说，完全可通过可预见的技术改进将成本降到石油基产品以下。这是“三农”的福音，能源多元化的福音，国家的福音，也更加强了我们推动本工程的信心。

我国不仅生物质资源丰富、劳动力成本低，在生物质技术前沿上也有不少优势。例如国家 8 部委下发车用乙醇汽油试点后，黑龙江、河南、安徽等省相继试点，车用乙醇生产骤然升温。但生产中用的仍是普通酵母间歇发酵技术，可是我们已经初步掌握了基因工程连续发酵技术和高效菌株，可降低成本 20%；另外，现在多以淀粉为原料，如改用甜高粱，产能可高出玉米 4 倍。如果现在我们正在研发的“创新木质素水解技术”一旦取得突破（估计 5 年左右），作物秸秆和林业废弃物将可成为主要原料，原料和产品成本大幅下降，农民大步增收。生物柴油方面，正在做无催化剂合成技术的中试准备，还有共沸蒸馏甘油酯化－甲醇法等都可降低成本和减少对环境的污染。生物塑料方面的在线产物分离连续发酵乳酸工艺及高效产酸真菌的构建可大幅降低成本；还有生物质固化成型技术等。这些技术，都处于国际生物质技术的前沿，我们使一把劲，就可能走在发达国家前面。生物质产业刚刚兴起，大家起步差不多，谁发力早，谁就跑在前面。

农林生物质产业近年在新疆、四川、山东等地已经兴起了。新疆农科院已就种植甜高粱和生产乙醇做了三年试验，王乐泉同志四次批示新疆要“快上”“做大”，并责成生产建设兵团主抓，和已制定了种植 200 万亩甜高粱和年产 70 万吨燃料乙醇的计划。他们知道“农林生物质工程”建议后十分兴奋，先是新疆农科院院长要见我，前两天又见到生产建设兵团的副司令员，他们的信心非常足，想不到他们的成本降幅比我们预计的还大。随信附上王乐泉同志的四次批示和有关材料。

四川将高能野生植物麻风树（籽实含油率 60% 以上）作为金沙江干热河谷的水土保持树种，在成都已建年产 10 万吨规模的生物柴油加工厂，西南地区已有示范推广麻风树 1 000 万亩的计划（可参见参考资料 *1，83-88 页）。

10 月 15—16 日我们召开的座谈会，邀请 20 多人，来了 50 人。有的是主动要求参加，有的不请自来。会开得很成功，这些来自生物质产业第一线的同志带来了信息、信心和一股清新气息。大家一致认为“农林生物质工程”意义十分重大，提得及时，完全可行。

您几次给我带口信，光靠几个专家不行，还要有具备实力的大部门、大单

* 略去参考资料。

位、大企业在上面运作，提得很中肯，很重要。我是打算将自己的思路厘清，建议书和一套资料准备好，寻求“主要承当单位”就有了基础，不至于“以其昏昏，使人昭昭”。前两天，已给杜青林部长、徐冠华部长等，这两天给吴启迪副部长、江泽慧院长等，打算给徐匡迪院长、国家林业局周生贤局长等写信送材料。在杜部长信中已向他提出可否建议农业部为主管部门。企业方面，新疆生产建设兵团、华北制药厂（全国 500 强）等已经找上门来了，正在与中石化联系，中型企业也会积极响应的。

我的问题是，至今我还想象不出以后的体制格局会是怎样的，望能指点，其他专题组提的重大专项有什么经验？现建议书如何做进一步修改？下一步还该做些什么？望示。

今年 6 月，我代表农业组向家宝总理汇报时，您也参加听取了汇报。当时家宝总理对与本工程有关的内容有两段讲话如下（按规划办的录音文字稿）：“我原来对生物质能源这个问题也没有认识，昨天我见舒尔茨和基辛格，他们是来研究战略对话的。他们提出的第一个问题就是能源问题，而且就提到了生物能源。第二个例子是这次在德国访问，我以为沼气就是能点灯，能做饭，我这次看到了沼气的发电机，这个村子的沼气发电机可以负责好几个村子的用电。就是说，生物能源像石元春同志说得这么大，我还不敢想象，但是，它起码是个组成部分。”

家宝总理的第二段讲话内容是“……第五点，就是生物能源，实际上生物能源应该与生物废料的利用相结合。我已经看到了资料，现在还在大量的烧秸秆，狼烟四起，石家庄到现在也还在烧，没有解决。所以，生物能源的利用，不管是燃料，不管是沼气，不管是发电，都跟废料的利用结合在一起，跟环境的污染结合在一起，也与肥田有关系。”

温家宝总理的讲话精神一直贯彻在我们的建议书中。对农林生物质项目我下了不小力量，不全是兴趣使然，而是越深入下去，越感到它是件利国、利民、利农的大好事，值得我七十老翁为之呐喊；再则它新，议论纷纭，我更有必要参与。

十分感谢您在“农林生物质工程”项目及农业组的另一个重大专项申请的指导和支持。在农业科技领域，超级种培育是个长盛不衰的项目，共识度高，我比较放心。

专此并颂

政祺！

石元春　敬上
2004 年 12 月 5 日

27 就“863 计划”中农业领域单设一事给科技部徐冠华部长等的信

（2005 年 1 月 13 日）

【写信背景】

作者曾参加国家“S-863 计划”战略研究，后得知在正式计划中，“农业高技术”放于“生物技术领域”而未单设。于是与卢良恕院士与李振声院士联名写了此信。

冠华部长，颂德、学勇副部长：

你们好！

我们拟就发展农业高技术和在“863 计划”中单设农业领域一事谈些想法和建议，供你们参考。

现在越来越清楚地看出，继 19 世纪开始以农业化学（化肥和有机合成农药）和遗传学（近代育种技术）为代表的农业科技革命之后，以生物技术和信息技术为主导的新的农业科技革命日益深刻地影响和推动着整个农业科技的发展。

生物技术对动植物品种培育、植物保护与生物农药、植物营养与施肥、动物营养与饲料、畜禽防疫、农产品加工，以及人类的食物安全与营养等的科技进步与突破都有着重要的推动作用，它是整个农业科技体系中的一项源头性和战略性高技术，是强力的引擎和不可分割的一部分，只有将它放在农业技术之中才能真正发挥它的作用。有些人将生物技术简单地说成是“转基因”，这是很片面和不利于农业生物技术发展的。

农业信息技术也是这样。农业面对的是生命体与外界环境统一，产品与社会需求相协调的一个非常复杂和时空变异很大的巨系统，信息技术则为研究和管理此巨系统提供了强大而有效的手段和工具。但手段和工具不能代替农业本体，对农业对象和过程的数字化与模拟模型，智能化与决策支持，网络化与“三农”信息服务，3S（RS、GIS、GPS）技术与农业动态监测预报，PA（精准农业）技术与精准的耕地、播种、施肥、灌溉、喷药和收割等农艺操作等，都必须使信息技术进入农业技术体系之中。

将生物技术和信息技术游离在农业之外来“解决”和“提升”农业技术和生

产问题，总有效率低下和“隔靴搔痒”之感。我们认为，“农业生物技术”和“农业信息技术”的提法是比较科学和妥当的。

我国农业的整体技术水平还不高，迫切需要有生物技术和信息技术的进入和推动，这对解决我国“三农”问题和全面建设小康社会非常重要。我们恳切希望，在制订“十一五”的“863 计划”中，将农业作为一个独立的领域，这种顶层设计的本身就可对农业高技术的发展及其对常规农业技术的推动起着不可替代的重要作用。以上想法和建议的不妥之处请批评指正。

专此并颂

政祺!

石元春、卢良恕、李振声　敬上

2005 年 1 月 13 日

28 就建设中国农业大学生物质工程中心一事给书记和校长二信

（2005 年 2 月 25 日、3 月 30 日）

【写信背景】

国家中长期科技发展规划战略研究的总结会议开完后，作者忙于给有关部、院通报和“重大专项”办公室联系。当然，积极推进中国农大成立“生物质工程技术中心”是必走的一步。以下是给校党委书记的两封信。

之一：

瞿书记，孙副校长：你们好！

谢谢校领导昨天上午视察生物质中心。

前一阵为上项目着急，现在又为中心着急。申报这么大的国家项目，和探月工程一样的重大专项，农大历史上是没有参与过的，多少教学科研单位在羡慕和设法挤得一席之地。如果中国农业大学不在起跑的那一刹那，冲在最前面，搞不好，落个“起早床，赶晚集”的结果，这太可惜了。

不能只靠“一老一少”去折腾了，当务之急是组班子、建队伍和上硬件三件事。组建一个战斗力强的工作班子是关键，建议在以孙校长为首的领导小组的领导下，程序同志任主任、李十中、胡林任副主任，如能返聘，潘大志同志任支部书记。

建队伍，要首先搭好中心的构架。既要想得远些，又要结合当前实际，建议：成立学术委员会；建三个研究室（生物质资源与供料、生物质转化、产品开发与市场）和一个综合性中试基地，一个办公室。其主要职责和工作内容见附件。

队伍要根据需要组建，不宜拼凑，学科带头人要坚持一流，工作要高起点，是国内外最先进的，当然也要有各种人员形成合理结构。建议先在校内选拔调集，再调集校外的，校外的要精，要有（项目）针对性。

上硬件，房子和仪器设备，特别是房子。项目正式启动后，肯定会有座专用楼，现在先过渡两三年。过渡用房既要满足前期工作需要，也要有接待大量视察参观的准备。学校房子很紧张，肯定是个难题。

李十中引进的层次问题成了他的一块心病。他说孙校长曾答应二级，人事处通知三级，他很委屈，说到此就激动，我想不会是为了多得 50 万元，而是希望得到自我价值的承认。得人要先得心，我只是反映这个情况。

为“农林生物质工程”一事，我注入了不少心血，是因为相信它能惠及“三农”，利于国家，所以对学校生物质中心事也采取了相当主动的态度和做法，想“扶上马，送一程”。我离开学校管理工作岗位的那一天就给自己立了一条规矩，不妄议校事，更不干预校（院、系、组）事。以上只是向学校领导反映想法和建议，参考而已。

致礼！

石元春　敬上

2005 年 2 月 25 日

附件

初步考虑先设的研究室有：

1. 生物质资源与供料研究室，主要研究方向有：资源状况与区域特性、资源开发与生态环境、新资源的发掘和引进、能源植物的选育与栽培、原料处理与供料。

2. 生物质加工转化研究室，主要研究方向有：生物质燃料（乙醇、生物柴油）加工转化技术、生物能源（沼气、固化成型）加工转化技术、生物基产品（生物塑料）加工转化技术、重大基础性研究。

3. 产品市场与营销研究室，主要研究方向有：产品布局的自然、经济和社会的综合评价、国内外市场研究及动态监测（产品营销网络建设、生物质产业发展配套政策研究、产品标准化研究、信息情报收集与分析）。

4. 中试车间或实验室。

5. 办公室，主要职能是行政管理、财务管理、对外联系、专利管理、产业化开发、技术转让等。

之二：

瞿书记，孙副校长：你们好！

昨天我和李十中等同志去 507 看了房子，不是很满意，后去神内楼，眼睛为之一亮。这里使用率不高的潜在房源丰富。目前在内工作的草地中心等又多与资源环境和生物质工程两个平台有关，且独立楼的显示性好，便于接受视察参观和召开国内外学术会议。神内中心的背景我很熟，洪部长那里我可以去疏通。

这座楼现在显得陈旧、沉闷，人气不旺，如能全面装修，焕然一新，加上“中国农大生物质工程技术中心”的牌子，必然是一番新的气象，也显示学校实施“985”的决心与效率。这也将是对生物质中心的一大促进，望支持和批准使用。

前天我参加科技奖励大会时见到温家宝总理，我问他看到我写给他的信没有，他说："看到了，很好，我马上就批"。在休息室见到周济部长，谈及农业科技体制创新之事，他希望加强与农业部联系和由中国农大牵头。我随即与他一起见了杜青林部长，后杜部长又与我谈了农林生物质的事，嘱我多加指导与支持。

专此并颂

春祺！

石元春　敬上

2005 年 3 月 30 日

29 关于为农业开辟“第三战场”和建设年产5 000万吨绿色油田给温家宝总理的建议信

（2005年3月23日）

【写信背景】

为配合“农林生物质工程”重大专项申请，作者在2005年3月2日《科技日报》上发表了“发展生物质产业”一文，提出“种出一个绿色大庆油田”。同时与几位关注生物质产业的院士联系向温家宝总理上书，这是由作者执笔的4位院士联名给总理的信。

温家宝总理：

您在“两会”政府工作报告中指出，“解决‘三农’问题仍是全部工作的重中之重，实行工业反哺农业，城市支持农村的方针”“缓解我国能源与经济社会发展的矛盾必须立足国内”，以及“加快资源综合利用和循环利用，积极开发新能源和可再生能源”是我国经济发展中带根本性和长远性的国家重大战略，我们深受教益。

想向您提出的建议是：提前启动已基本肯定的，国家中长期科技发展中的重大专项《农林生物质工程》，因为它紧扣“三农”、能源和环境三大主题，能起着全局性和实质性的推动作用。

该重大专项的论证报告提出，如果能利用全国40%的作物秸秆、30%的畜禽粪便和20%的林区废弃物使之无害化和资源化；再开发约7 000万亩低质土地（我国有约16亿亩）种植高抗逆性的能源植物，以及发展一批从事生物质转化的龙头企业，每年生产出的燃料乙醇、生物柴油和生物塑料可相当于5 000万吨的石油替代，即种出一个“绿色大庆”；可以每年新增3 500亿元产值，农民新增400亿元收入和获得1 000多万个就业岗位；可以通过沼气发电和固化成型燃料使全国1/5的农户在能源消费中将能效提高3～4倍，改变几千年来农民烟熏火燎的能源消费方式；可以用全降解的生物地膜替代石油基地膜，防止约2亿亩农田土壤肥力的下降和在源头上遏制住全国性的“白色污染”。

传统农业仅从事初级农产品的生产；向农产品加工领域延伸，是为农业开辟第二战场；而生物质产业则从原料到产品，为农业开拓了第三战场，使农民又多了一条广阔的增收渠道，对促进农业工业化、城镇化建设和富余劳动力转移具有长远和战略意义，是农业支援工业，工业反哺农业的一种新的互动形式，是循环经济的一个范例。

我国石油进口依存度已达 46%。进口依存度越高，国家能源安全度越低，而建设绿色油田既安全稳定、战备性强、可以持续，又立足国内，不必受制于人和付出外交代价。

该论证报告对项目的可行性作了认真分析。在宏观上，生物质产业是新兴的朝阳产业，世界发展之大势，美欧日等发达国家已作为一项重大的国家战略正加紧推进。在战术层面上，我国生物质资源丰富而成本低廉，转化技术比较成熟，产品市场十分广阔，问题是当前成本与价格尚难与石油基产品竞争，通过技术进步以降低生产成本成为该工程的核心，也是世界竞争的焦点。

煤与石油化工的烃技术体系形成已有百年历史，而糖技术发展晚得多和不成熟，但也因之而有相当大的技术改进与成本降低的空间。巴西以甘蔗生产燃料乙醇，1980 年吨价 849 美元，1998 年降到 300 美元以下，2003 年产 1 300 万吨。我国自行培育的甜高粱每公顷产燃料乙醇 5.5 吨，比玉米高 2.8 倍，也高于巴西甘蔗，以此为原料可将燃料乙醇吨价降到 2 800 元以下，而以陈化粮基的吨价 3 800 元。油料作物基生物柴油吨价 4 000 元上下，而以麻疯树基或垃圾油脂基生物柴油吨价可降到 3 000 元以下。新能源植物资源的发现和应用生物技术进行遗传改良，原料成本还会有较大降低。

工业转化技改的潜力也很大，如将普通酵母间歇发酵改进为基因工程菌连续发酵生产燃料乙醇、酶法和非催化法合成生物柴油、在线产物分离连续发酵、木质纤维素水解技术等的突破都将大幅度降低转化成本。

根据对几个生物基主产品的综合分析，仅靠技术改进即可获 25%～40%的成本降幅，成本均低于现石油基产品。石油基产品价格涨势势不可当，生物质基产品价格的降势也势不可当。据技术现状分析，我国有可能在一些自主创新的核心技术上走在世界前列。新疆在种植甜高粱生产燃料乙醇上已成功进行了三年试验；西南地区已有 10 万亩麻风树种植，计划到 2010 年发展到 1 000 万亩，还有山东、内蒙古、河南等地也已是星火点点，有待全国燎原了。

为农业开辟第三战场和种出个“绿色大庆”，似乎匪夷所思，但又是那么现实、可行，好像就在我们身边。我们估计，如果工作上去了，“十一五”可见显著成效，“十二五”大见成效。如上所说的种出一个“绿色大庆”，仅动用了全国不到一半的农林废弃物和不到 1/10 低质土地的资源，可见发展前景和潜力之大。

“农林生物质工程”是发展我国生物质产业的奠基工程，我们建议的提前启动，包括先部署一批比较成熟的项目，在有关部委领导下成立项目前期工作领导小组和专家小组，以及制订实施方案三个部分，最好能在2005年内完成。

生物质产业在世界刚刚兴起，与发达国家几乎站在同一条起跑线上，他们有他们的优势，我们有我们的优势，看谁策划得好，看谁动作得快，应该有信心在这场国际竞赛中跑在前面。我们这个民族，是个创造奇迹的民族；我们这个国家，是个敢于创造奇迹的国家，相信在近一二十年里，生物质产业一定会创造一个令世人刮目相看的奇迹。

专此并颂

春祺！

石元春、闵恩泽、沈国舫、曹湘洪　敬上

2005年3月23日

资料

石元春：中科院院士，中国工程院院士，农学家，国家中长期科技发展规划农业组组长

闵恩泽：中科院院士，中国工程院院士，中国石油化工股份公司原石油化工科学研究院学术委员会主任

沈国舫：中国工程院院士，中国工程院副院长，林学家

曹湘洪：中国工程院院士，中国石油化工股份公司高级副总裁

30 就“农林生物质工程”立项问题给温家宝总理的信

（2005 年 4 月 18 日）

【写信背景】

申请重大专项的“农林生物质工程”初评通过，但终审时可能被淘汰，情急中作者给温家宝总理写了此信，但最终未能挽回被淘汰结局。

家宝总理、至立国务委员：

事出紧急，不得已而打扰你们，请原谅。

听说“农林生物质工程”在重大专项审议中有可能被排除，我想可能的原因之一是有同志怕用粮食换能源，这真是个误解。我们在农业科技问题战略研究中提出的第一大战略就是粮食安全，而对农林生物质工程提出的前提和原则就是不与农业争粮争地，这在《农林生物质工程建议书》、历次的研究报告和我在今年 3 月 2 日《科技日报》发表的文章中都有过明确说法。

农林生物质工程的原料一是农林废弃物，二是利用不能垦为农田的低质地（我国有约 15 亿亩）种植强抗逆性的能源植物。用粮食生产酒精是前些年的事，现在连美国也不把玉米作为主要原料而在大力开发作物秸秆，利用木质纤维素和种植能源植物。一是因为发展生物质经济所需原料量极大，不可能靠粮食；二是成本下不来；三是木质纤维素水解技术基本得到解决；四是利用农林废弃物有利于环保。

令人鼓舞的是，在木质纤维素水解、非催化法合成生物柴油等多项国际前沿技术我国有可能取得重大突破，获取多个具有自主知识产权的核心技术，这对发展我国的生物质产业会起着重要推动作用。我们仔细论证过，5 年左右时间，一些重要能源产品成本将对石油基产品具有很强的竞争力。现在国内地方上动得很快。

看到国家领导人为我国“三农”和能源问题操碎了心，看到俄罗斯要弄石油外交的报道，看到美国军舰在马六甲海峡游弋的报道，看到日本对我国东海油田的垂涎，心里很不是滋味。我们完全可以种出个年产 5 000 万吨的大庆绿色油田；完全可以在我国农村大地上雨后春笋般地出现千千万万个生物质企业和中小城镇。农业一定要有大量下游工业产品生产才能带动得起来，“三农”才能真正活起来。

以我对国内外情况和资料的掌握以及半个世纪来对“三农”的感受和领悟（在黄淮海平原治理盐碱地时，我在农村工作了整整 12 年），“农林生物质工程”绝对是个非常好，而且可以取得成功的项目。我今年 74 岁了，去年因癌症手术住院期间也从未间断这个工作，只想在人生的最后一站再为国家做最后一点事情。再次为打扰你们致以歉意。

专此敬颂

春安！

石元春　敬上

2005 年 4 月 18 日

31 给母校武昌文华中学校友会的复信

（2005 年 11 月 20 日）

袁绍运同志：

您好！

来函敬悉，因身边琐事，未能即复，望见谅。

十分感谢您寄来的 1946《文华季刊》复印件，唤起了我 58 年前的美好回忆，梦一般的回忆。永远留存在我记忆中的李辉祖校长、黄巨兴等老师、许许多多的同学、两层的木质教学楼、体育馆、大操场和教堂、铜号队、英语讲演比赛、与希理达女中的辩论会，还有昙华林的小路。

记得是 1948 年，我们班的几位同学办了一个解放战争进展形势的墙报，就是在地图上插两种颜色的小旗，后来红旗越来越多，不敢再办下去了。

大约是 1948 年的冬天，天很冷，我们班张富伦等同学借了华中大学大礼堂演出“大雷雨”，张富伦演鲁贵，我负责拉幕。演出中，“山那边有个好地方”“跌倒算什么？”“团结就是力量”的歌声在台上台下，此起彼伏，群情激昂。第二天到教室上课时，张富伦、陈定国、郭慎思等几位同学没有来，原来他们已走上去延安之路了。

1949 年的 5 月，武汉解放前夕，形势非常紧张，汉口与武昌间的轮渡停开了，我是星期日下午坐着“小划子”过江，从汉口赶回学校上自习的。学校组织了“护校队”，每个同学拿个木棍，通宵站岗巡逻，记得我还是个队长（我是高三班班长和全校级长会议主席）。快天亮时，听到远处零零星星的枪炮声。早饭后，突然传出“武汉解放了”的欢呼声，全校鼎沸。同学们忙不迭地跑到教室去拿早就制作好了的欢迎解放军的小旗，成群结队地涌上街头。出了粮道街不远，就迎上了雄壮威严的解放军队伍，相信这个历史的瞬间都会凝固在我们每个人的记忆中。

1949 年的夏天非常热，晚上睡觉的竹床和枕席上总是吸足了我们的汗水，我和朱凤鸣、吴宝知几个同学挥汗准备高考。当时的大学不是统一招生，只要考试时间不冲突，可以报考几个学校。报考哪所大学？哪个系？成为我们议论的热门话题。记得是在一次汉口到武昌的轮渡上，我和李汝庆、金士杰、朱凤鸣，好像还有刘永安几个同学，在议论中提出了报考农学院，原因很简单，因为美国西部片中的牛仔骑马舞枪，驰骋在草原和牧场，对当时的我们，吸引力太大了，用现在的话说就是“偶像”“追星”。我们都报了武大农学院和清华农学院，也有报北大农学院的。记得在武大体育馆考试时，好像是坐进了蒸笼，挥汗如雨形容得一点也不过分。

收到武大的录取通知书，全家喜出望外，母亲在为儿子准备行装。可是，在去武大报到的前一天下午，邮差送来了清华的录取通知书，父母要我去武大，我非要去清华，惹得父母好不高兴。我们是随武汉的“北上团”去北京的，因为是最晚的一批，错过了参加开国大典，遗憾了一辈子。当年 11 月，清华农学院、北大农学院和华北大学农学院合并为北京农业大学。进到这个学校的文华中学同学还有朱凤鸣、刘永安、胡寿田和李辉祖校长之子李自立。

这是离开母校半个多世纪后的一份迟到的汇报，随信附上我在《院士思维》上的一篇回忆性文章可以作为以后情况的补充。我常与人谈及，人的一生有好些个转折点，高中是第一个，也是最重要的一个转折点。我十分感激父亲为我选择了文华，我十分感激文华老师对我的教育，没有三年的文华学习生活，就不会有我以后的一切。

前些时候，听到有将文华合并到其他中学的传闻，这实在太不应该了。文华不是个一般的中学，而是有着悠久历史、优良传统、优秀教学质量的老校、名校。北京的协和医科大学曾改名首都医科大学，“文化大革命”后又改回来了。怎么现在还会将名校改掉呢？也许是误传，或已不成问题，但愿如此。

我快 75 岁了，还在忙，好在身体不错。

随信附上几份向母校汇报的材料和照片。

愿母校越办越好，英才辈出。

敬颂

教祺！

文华中学 1949 届校友

石元春　敬上

2005 年 11 月 20 日

32 就推进生物质产业专项给马凯主任的信

（2005 年 12 月 5 日）

【写信背景】

作者与几位院士 2005 年 3 月 23 日就开辟农业“第三战场”和建设年产 5 000 万吨“绿色”油田给温家宝总理上书，经总理批示，国家发改委为此设立了专项。以下是项目实施过程中作者给国家发改委马凯主任写的建议信。

马凯主任：您好！

今春我会同其他几位院士给家宝总理写信，建议发展生物质产业建设年产 5 000 万吨“绿色”油田，您在总理批示后立即指示高新司承办。通过近半年时间的研究论证，发改委已设立生物质产业专项，推进我国生物质产业发展。非常感谢您对生物质产业这一新兴的可持续产业的支持。

同样，我们的研究工作也取得了进展，认识也进一步提高，根据技术、资源现状和需求（减少对进口石油的依赖，保护环境和改善生态，缓解“三农”问题）分析，借鉴发达国家的成功经验，特向您提出到 2020 年建设成各年产 5 000 万吨的“绿色油田”和“绿色煤田”的建议，彻底打破“能源封锁”，从根本上解决依赖进口石油问题、“三农”问题和环境污染问题。

到 2020 年建成年产 5000 万吨“绿色油田”的具体内容是：燃料乙醇及其衍生物分别为 1 300 万吨和 600 万吨、生物柴油及其衍生物分别为 200 万吨和 100 万吨、车用甲烷 37 亿米^3（相当于 571 万吨石油）、可生物降解塑料 1 200 万吨，累计可替代石油 5 033 万吨，减排 1.7 亿吨 CO_2；年产 5 000 万吨“绿色煤田”的具体内容是：生物质成型燃料 5 000 万吨、生物质发电 720 亿千瓦·时、沼气发电 80 亿千瓦·时，累计可替代标煤 5 540 万吨，并可得副产品有机肥 4 000 万吨，减排 1.3 亿吨 CO_2。两田建设总计可实现年总产值 4 669 亿元，利税 1 507 亿元，节约外汇 175 亿美元，农民新增收入 600 亿元，并获得 942 万个原料生产就业岗位和 87 万个加工性生产岗位，约 1 000 万个农村富余劳动力将向生物质企业和中小城镇转移。

“十一五”期间，到 2010 年年产 700 万吨乙醇及衍生物、150 万吨可生物降解塑料、4.5 亿米^{3}车用甲烷（可替代 50 万吨汽油）、50 万吨生物柴油、500 万吨生物质成型燃料和 1 000 兆瓦生物质发电能力，替代 1 000 万吨原油和 550 万吨标煤，减排 4 745 万吨二氧化碳。

实现上述目标仅利用了我国现有秸秆类农林废弃物（约 15 亿吨）的 15%，现有荒山、荒地、盐碱地（约 15 亿亩）的 5%，以及生猪、家禽和牛等畜禽养殖业粪便排放量（约 18 亿吨）的 18%。在技术上，乙醇及其衍生物、生物质成型燃料、生物质直燃供热 / 发电、车用甲烷已经成熟，已经开始产业化并有相应的基础设施，燃料乙醇产量达到 102 万吨 / 年，由乙醇生产的生物基乙烯的成本（6 900 元 / 吨）已低于石油基乙烯成本，表明我们可以不再过分依赖进口石油生产运输燃料和化工产品；在现有基础上，消化吸收国外先进技术、设备，提高生物质成型燃料、生物质直燃供热 / 发电水平，可以用生物质大规模替代 10 兆瓦以下燃煤、燃气锅炉及民用燃具目前使用的煤和天然气。可生物降解塑料和生物柴油也开始示范，武汉华丽公司的淀粉基可生物降解塑料已经出口日本、韩国，中石化正在石家庄建设采用世界上最先进技术（高压醇解技术）的生物柴油生产装置。在世界公认的生物质利用核心技术——秸秆乙醇生产技术方面，我国开发的“分子振动预处理，微生物菌群产纤维素酶同步糖化，基因工程细菌共发酵五、六碳糖产乙醇”技术居于国际领先水平，在国家的支持下近期可能先于欧美发达国家产生突破，将率先在世界上有经济效益地生产秸秆乙醇。

发展生物质产业，建设“绿色油田”和“绿色煤田”，看似匪夷所思，实则切实可行。巴西的生物能源已占全国总能源消耗的 23.4%，美国的燃料乙醇产量达到 1 020 万吨 / 年，瑞典的生物质发电量已占全国总发电量的 20%。我国有资源优势、技术优势、人才优势、体制优势，只要我们策划得好、动作快，我们就能在新世纪里创造新的奇迹，在能源领域的国际竞争中取得领先地位，就不再受制于人。

专此并颂

冬安！

石元春　敬上

2005 年 12 月 5 日

33 就广西生物质能源考察给国务院能源领导小组办公室马富才副主任的信

（2006 年 3 月 10 日）

【写信背景】

2005 年 5 月国务院成立了国家能源领导小组，温家宝总理任组长，下设办公室及专家委员会，作者受聘为专家组成员。

2006 年 2 月 22 日，广西壮族自治区与中国工程院签订了“发展生物能源合作协议”，作者参加签字仪式和作学术报告后，随中国工程院杜祥琬副院长一行进行了广西发展生物质能源考察。这是将此项活动向国家能源领导小组办公室马富才和徐锭明两位副主任写的第一份汇报信。

马副主任、徐局长：你们好！

我刚从广西回来不久，有些情况向你们汇报。

这次主要是广西壮族自治区与中国工程院签订关于“发展生物能源合作协议”，仪式后杜祥琬副院长、欧阳平凯院士和我作了学术报告，会后又进行了多点参观考察。

广西地处南亚热带，生物能资源非常丰富。首先，“铁杆庄稼”木薯真是个好东西，它能在贫瘠地上生长，产量高，耐旱耐台风，两三亩地就能产 1 吨乙醇（玉米要五六亩），无须灌溉和管理比较简单，故成本比玉米、甘蔗低得多，去年广西种了 600 万亩。与之相匹配的是广西的荒坡地资源很丰富，有资料是 3 500 万亩，我查了 1999 年国土资源部的正式资料是 2 300 万亩，如果两亩半地产 1 吨乙醇，有新增近千万吨的潜力。

广西是产糖大省，蔗糖产量占全国总产的 80%，仅制糖后的废糖蜜就可以生产 40 万吨乙醇（技术没问题，已有数家糖厂开发）。盛产于百色一带荒山的石栗树籽粒含油 60% 以上，开发利用起来，两三亩地也能产 1 吨生物柴油，柴油在 −20℃时不凝固，质量优于欧洲用菜籽油生产的柴油，且有利于山区水土保持和农民增收，广西石栗油可与马来西亚棕榈油比美（在作为生物柴油原料上），马来西亚计划用棕榈油生产 1 000 万吨生物柴油 / 年。

还有件意想不到的收获，在与南宁市市长林国强同志谈到市民用煤气罐曾涨到130多元一罐时，他说市长最怕的就是“减气”“断气”，能不能用沼气罐替代。这事启发了我，技术上没问题，经济效益和社会效益很高，气源可以从三方面解决：乙醇厂废水发酵（南宁市郊杨森乙醇厂每天可产沼气3万米^3）、大中型养殖场畜禽粪便、屠宰场下脚料。如果通过工业化规模生产沼气，不仅能缓解中小城市的供气，还能拉动养殖业和环保产业。

广西对发展生物质能源的积极性很高，成立了以常务副主席为组长和四个副主席为副组长的发展生物质能源领导小组和办公室，制定了一个“生物能源基地建设规划”。区发改委的黄荣胜处长如数家珍地向我一个一个地介绍了已有、正建和拟建的乙醇厂，对2010年生产150万吨（2005年产量30万吨）燃料乙醇充满信心，2015年和2020年可分别替代石油500万吨和800万吨，广西已将生物能源产业作为一个新的支柱产业和经济增长点。

我考察了南宁郊区的年产30万吨的杨森乙醇厂（去年产8万吨）、年产30万吨的钦州新天德乙醇厂（去年产10万吨，部分外销美国和日本），以及年产20万吨的广东湛江大华糖业和生物能源厂。当前他们在生产上有三个难点：原料供应、废水处理和废渣处理。后二者在技术上基本解决，原料供应问题是与农民的利益分割和组织协调问题，在地方政府干预下可以逐渐解决。企业最关心和迫切希望解决的是，产品的市场准入问题和政府的扶持性政策。目前民营企业的积极性很高，中石油、中石化、中粮等大型国有企业也到广西考察作立项准备，中粮已开始10万吨乙醇/年工程的建设前期工作。

我想，能抓一个省域的生物能源发展基地建设试点是件好事，如果你们能安排时间，去考察一次，一定会起到很好的推动作用。我答应4月下旬去南宁给市里作学术报告，如能随同你们一起前往才好。

专此并颂

政祺！

石元春　敬上

2006年3月10日

34 就生物质能源发展近况给国家能源局赵小平局长的信

（2006 年 6 月 22 日）

赵小平局长：您好！

从网上得知您接任能源局局长，非常高兴。想利用这次会议的机会，向您呈上此信，报告一些生物质能源方面的信息和想法。

最近，5 月 30 日—6 月 1 日在瑞典召开了世界生物质能源大会，有些信息对我们很有用。现送上中国农大程序教授参会后写的一份材料，供您参考。

目前，全球生物质能源的政府推动力度越来越大，技术和产业化进展得也非常快。欧盟议会代表在大会致辞中透露，欧盟正在制定“生物质行动计划”（Biomass Action Plan），2010 年的目标是使生物燃油取代石油的 10%（2004 年提的指标是 5%），中期计划是 50%；要求欧盟 25 国 2010 年增加生物燃油 8000 万吨（toe，标油）。

瑞典总理佩尔松在致辞中说，瑞典去年燃料乙醇销售量增长了 5 倍，售出的汽车中 10% 以上是生物燃料车，现正投入数十亿克朗扩大生产运输用生物燃料。20 世纪 90 年代瑞典供热 90% 依靠石油，如今只是 10%，目前的生物质能源已占到能源总消费量的 25%，是欧盟的 4 倍。今年 2 月 7 日，瑞典宣布了“2020 年告别石油”（Free from the dependency on petroleum）。

巴西代表在大会上报告了甘蔗乙醇 2005 年的产量达到 1 240 万吨，计划 2025 年到 7 200 万吨，远期是 3.2 亿吨。记得我曾给过您一份材料，介绍布什在今年 1 月的国情咨文中表示，当前我们存在的一个严重问题就是使用石油像吸毒一样的‘上瘾’，最好的办法就是依靠技术进步去打破这种对石油的过分依赖，摆脱石油经济，让依赖中东石油成为历史。一个伟大目标是到 2025 年，替代 75% 的中东石油进口。其决心和魄力可见一斑。

目前，从技术和产业化发展上可看到以下的趋势：

1. 在车用燃料的替代上，尽管可以多种多样，但最现实和可以大规模生产的是生物乙醇，目前美国和巴西已成气候，欧盟正奋起直追。

2. 加快生物燃油对石油的替代，必须突破使用瓶颈。现已不是在汽油中添加 10% 的乙醇，而是在乙醇中添加 15% 的汽油，即 E85、E85 和 FFVs（灵活燃料汽车）是最佳搭配。福特、通用、Volvo 等汽车公司已大量生产 FFVs，美国有 600 万辆，巴西有 130 万辆上路。

3. 这次大会同时举行了生物质颗粒燃料会议，生物质成型燃料已不仅用于供暖锅炉，而且用于工业锅炉，会议期间展出的各种设备琳琅满目。瑞典人均占有颗粒燃料 130 公斤以上，生物质热电联产（CHP）能效在 90% 以上。颗粒燃料的原料广泛，加工技术成熟，使用方便，早已是入市的成熟商品。

4. 沼气除工业化生产和用于供热发电外，纯化压缩技术可使之作为车用燃料。2005 年斯德哥尔摩市有 30 辆沼气公交车行驶，计划 2009 年达到 120～130 辆。纯化压缩沼气还可以替代液化天然气罐装管输用于生活。技术无障碍，经济上可行。

5. 生物质大型气化工厂已在瑞典哥德堡市顺利运行，生物质气化后得到合成气，可通过 FT 反应合成生物柴油。目前，生物质气化生产煤气或发电因能效低，在发达国家已经罕见。

6. 木质纤维素生产液体生物燃料 BtL 被认为是第 2 代生物燃料，包括纤维素乙醇、汽化后经 FT 合成生物柴油（FT 柴油），以及热裂解（TDP）或催化裂解（CDP）得到的生物柴油。纤维素乙醇已接近产业化。

总体上看，一是生物质能源在能源替代中的主力地位逐渐被肯定，发达国家已作为国家重要能源战略加速推进；二是技术和产业化已日臻成熟，开发力度越来越大，二代技术也在研发中；三是各国的扶持性政策趋实趋强。

就我国情况看，原料资源十分丰富，潜力极大。当前可以突出发展生物乙醇、颗粒燃料和沼气（供热发电和纯化压缩）三大主体产业，并辅以生物塑料和下游化工产品。抓得好，“十一五”替代一两千万吨，甚至两三千万吨石油都是可能的。我以为当前的主要问题是有些同志心存怀疑和犹豫，一般性推动可以，大决心下不了，大行动动不起来。国家能源办和专家组是国家能源决策的参谋部，如有可能，建议在一个适当的时间，作一次生物质能源方面的专题讨论；如有可能，秋后去广西等几个现场看看更好。

专此并颂

夏祺！

石元春　敬上

2006 年 6 月 22 日

35 就温总理批示及进展给几位院士的信

（2006 年 9 月 28 日）

国舫、恩泽、湘洪三位院士：

你们好！

去年三月，我们四人曾给温家宝总理写信，提出："关于为农业开辟第三战场和建设年产 5000 万吨绿色油田的建议。"总理批给了发改委并由高技术产业化司经办。我与闵先生参加过几次会，协助他们制定了这方面的发展和工作计划。去年底发出文件并在网上发布在全国设置"生物质产业示范工程"的计划和指南。全国上报项目达 110 多项，今年三月评议后入选 30 多项。

生物质能源项目已正式进入国家"可再生能源中长期发展规划"和"十一五"规划。今年 4 月 20 日温家宝总理召开的国家能源领导小组会上正式审查和原则通过了这个计划。今年 8 月 19—20 日，国家发改委、农业部和林业局联合召开了全国生物质能源开发利用工作会议，已在全国各省市推动。今年 4 月，财政部开始制定发展生物质能源专项计划，科技部也作为重大专项。

前几天，国务院秘书局给我转来一份由温家宝总理批示的"关于加快我国生物质产业发展的报告"，主要是对我们四人建议的回复，现将复制件送上。

一年来，这方面颇有进展，得力于各方的努力。在以后的推动上需要我做什么，请示知。

祝

节日愉快！

石元春　敬上

2006 年 9 月 28 日

36 就"替代能源"问题给曾培炎副总理的信

（2006 年 11 月 26 日）

【写信背景】

根据胡锦涛总书记批示，国家发改委对"替代能源"作了专题调研，作者参加过研究报告讨论，对煤基与生物基问题有明显分歧。但在 2006 年 11 月 20 日曾培炎副总理听取此汇报时，煤基成了唯一方向。作者当场即提出不同意见。不想会后媒体歪曲报道会上曾培炎副总理"批准"煤基方向，并被外媒引用。作者上书曾培炎副总理揭露此事。同时也给国家发改委马凯主任写了信（见下一封 37 号信）。

培炎副总理：

您好！

我参加了 11 月 20 日由您主持的替代能源研究工作汇报会。不想两三天后，国外媒体就以"中国政府批准甲醇作为汽车替代燃料"作了显著报道。这是关系未来二三十年国计民生的一件大事，我想再次以书面形式向您进言。

在会上我对"以煤基甲醇为主替代液体燃料"表示了不同意见。因为它有四个"致命伤"：一是不划算，以等热值计，投入 4～6 份能量仅得到 1 份能量，能源利用效率太低；二是不清洁，生产 1 吨煤基甲醇排放 8.25 吨二氧化碳（二甲醚是 12 吨），与减排二氧化碳原则背道而行；三是有害，既腐蚀机械（汽车一般运行 6 万～7 万英里后会出现发动机故障），又影响人体健康；四是不可持续，原料仍是化石能源。美国用甲醇做运输燃料的试验，1996 年曾在加州发展到 1.3 万辆汽车和 80 多个 M85 加油站，5 年后就结束了这项耗资 1.02 亿美元的试验，所有的甲醇加油站都关闭了。为什么我们还要以如此大的代价去走这个"冤枉路"？难道就没有更好的办法了吗？

研究报告中也指出：煤基液体燃料（包括煤制甲醇、二甲醚、煤制油等）生产综合能效为 40%～50%，生产与消费全过程的能耗、污染物和温室气体排放比传统汽柴油高；生产 1 吨煤基液体燃料耗水 10 吨左右；甲醇燃料对人体和环境有不良影响的疑虑和争议始终存在。同时在报告中也肯定了生物质液体燃料在这些主要方面的明显优势，但却得出了“以煤基液体燃料为主”的结论，也就是说，有好得多的办法不用。希望国务院慎重考虑和决策。

正如您在最后总结时指出的，煤炭作为近期的替代选择，应以多联产（IGCC）为主，煤基甲醇主要用作中间体生产烯烃替代原料石油和燃料电池的产氢原料，这也符合国际发展趋势。目前世界上没有任何一个国家用煤基甲醇、二甲醚作为运输燃料的，也没有类似的计划。

经过近一二十年的探索，以生物质液体燃料作为运输燃料替代的国际大趋势已经很清楚了，因为它能效高、近零排放、资源充足、可以持续、技术成熟、商业化程度高，可以大规模替代，还可以带动农村经济。美国 2005 年燃料乙醇产量 1 200 万吨，2008 年将达到 2 400 万吨，提前四年实现美国《能源法案》提出的目标。最近提出“25—25”口号，即 2025 年用生物燃油替代 25%化石运输燃油。欧盟提出 2010 年生物燃油替代车用燃油 6%，2020 年超过 20%；巴西 2005 年乙醇产量 1 250 万吨，2025 年将达 7 200 万吨，远景目标是 3.2 亿吨；印度计划 2012 年以生物液体燃料替代 20% 的化石燃油。

早在 20 世纪末，在您的领导下创建了我国的生物质能源产业，“十五”期间建成了 4 家燃料乙醇企业，2005 年产量 102 万吨；乙醇汽油已在 9 省示范推广和制定出台了相关标准，占到全国的车用燃油的 20%；中国国际工程咨询公司已完成“十五”燃料乙醇试点工作评估。前不久国家发改委召开了“生物燃料乙醇及车用乙醇汽油‘十一五’发展专项规划”专家论证会，包括 14 位院士在内的 17 位专家一致支持该项规划，即到 2010 年以薯类、甜高粱等非粮原料为主生产 522 万吨燃料乙醇，届时乙醇汽油使用量将占全国的运输燃油的 75%。

在发展生物基液体燃料上我国有很好的资源禀赋，如薯类播种面积 1.5 亿亩，折粮总产 3 600 万吨和平均亩产 2 吨，如 1/4 用于能源，即有 1 000 万吨乙醇的生产潜力。在广西，每亩能源木薯农民可增收 500 元，现有的榨糖废糖蜜 176 万吨可以生产 40 万吨乙醇。可种于北方盐碱、荒地、海涂等边际性土地的甜高粱的产能潜力极大。我国可用于能源的有机废弃物的产能潜力相当于标煤 3.82 亿吨，利用边际性土地发展能源植物的产能潜力是 4.15 亿吨，共约 8 亿吨标煤。只要国家明确战略地位、制定规划和加以扶持，就可以较快地发展起来，对 CO_2 减排和促进新农村建设都将发挥重要的作用。

11 月 20 日是一次工作汇报会，但 22 日《中国化工报》却报道参会专家方德巍称：“中国国务院已批准甲醇为替代性汽车燃料”。这条误传消息很快就出现在国外媒体（Dow Jones Newswires）上，并注言：“我们知道的是以乙醇作为替代燃料，不知还会有人想到用甲醇作为替代燃料。”（确实，目前世界上没有任何一个国家用煤基甲醇、二甲醚作为运输燃料）这给国际社会传达了一个“另类”的信息和我国在二氧化碳减排上的不负责任印象。如果真是年产 2 000 万吨甲醇，将增排 1 亿吨以上的二氧化碳。我们不应该顾此失彼。

个人浅见，不当处请批评。

专此并颂

政祺！

石元春　敬上

2006 年 11 月 26 日

37 就“替代能源”问题给国家发展改革委员会马凯主任的信

（2006 年 11 月 26 日）

马凯主任：您好：

国庆后曾呈上一函，得到您的重视与支持，十分感谢。

11 月 20 日我们参加了曾培炎副总理主持的替代能源研究工作汇报会，对汇报中以煤基甲醇为主要运输替代燃料发表了我们的不同意见。几天前又见到国外援引参加会议的一位方姓专家的话“中国国务院已批准使用甲醇作为替代燃料”，在国际上引起很大反响，认为中国不再推广燃料乙醇和将增排二氧化碳。为此，我们给曾培炎副总理写了一封信，现附上，请指正。

在给曾副总理的信中谈到了以甲醇为运输替代燃料的四个“致命伤”和以生物乙醇等生物液体燃料作为主要替代已是国际大趋势。难怪国外媒体报道（Dow Jones Newswire）《中国化工报》误传的“中国国务院已批准甲醇为替代性汽车燃料”时说：“我们知道的是以乙醇作为替代燃料，不知还会有人想到用甲醇作为替代燃料。”确实，世界上没有任何国家用煤基甲醇、二甲醚作为运输燃料的，也没有类似的计划。

在给曾副总理的信中还谈到了我国发展生物乙醇等液体燃料的良好资源禀赋和已有的工作基础，只要国家明确战略地位、制定规划和加以扶持，就可以较快地发展起来，对改善能源结构、减排二氧化碳以及促进新农村建设都将发挥重要作用。

研究报告中对我国生物质能源处在“资源调查”阶段的估计是不符合实际的。在中国工程院关于我国生物质能源资源的研究报告中，已经根据国土资源部和国家林业局的最新资料提出了相当详细和可资利用的我国生物质能源资源状况的相关资料。至于提出生物质能源尚处“产业培育”有一定道理，但比煤基甲醇的产业化基础要好许多。在您和国家发改委的领导和积极推动下，我国 2006 年燃料乙醇产量达到 130 万吨，仅次于巴西、美国，居世界第 3 位，E10 乙醇汽油已在 9 省示范推广和制定出台了相关标准，占到全国的车用燃油的 20%。

另外，对研究工作汇报提两点技术性建议。一是报告中关于使用燃料乙醇的二氧化硫排放量竟然比汽油还高 60%，显然没有科学根据，因为乙醇不含硫；二是报告提到天然气基的燃气动力汽车，但没有提到以沼气代替液化天然气作为运输燃料在瑞典等欧洲国家已经商业化运行，这是以可再生资源对不可再生的液化天然气的一种更具发展前途的替代。

我们认为，对运输用液体燃料的替代应以生物燃料（包括车用沼气）为主，煤基甲醇作为中间体生产烯烃以替代原料石油，或煤炭多联产（IGCC）间接制油（FT 合成油），这是符合国情和国际大趋势的。

以上意见，供您参考，不当处请批评指正。

专此并颂

政祺！

石元春　李十中　敬上

2006 年 11 月 26 日

（附上给曾培炎副总理信的复制件）*

* 略去复印件。

38 就“三农”问题给胡锦涛总书记的信

（2007 年 7 月 25 日）

【写信背景】

在党的十七大召开前夕，作者执笔，与程序、郭书田三位老党员和农业战线老兵就“三农”问题给胡锦涛总书记写信。

胡锦涛总书记：您好！

在党的十七大召开前夕，我们几个老党员，农业战线的老兵，想向您谈一点对解决“三农”问题的看法和建议。

“三农”问题是长期积存，在向市场经济转型与工业化起飞的新形势下凸显出来的。一是城乡居民收入差距越来越大，近 20 年的农民收入年增长率一直在 5% 上下徘徊，而城市居民一直在 10% 以上，1990 年二者相差 2.2 倍，2000 年相差 2.8 倍，2006 年扩大到 3.3 倍。如果考虑到农民享受不到城市居民的住房、医疗、教育和社会保障等各种福利和公共服务，其实际差距在 6 倍左右。二是农业生产与农民收入增长乏力，全国粮食总产持续八年的恢复性徘徊，粮食播种面积走低，耕地面积锐减，灌溉用水无增，实现 2020 年粮食总产 6 亿吨目标很难，且农村人口持续增加，富余劳动力转移滞缓，劳动生产率很低，农业生态环境日益恶化。“三农”问题“非一日之寒”，其症结唯“积劳成疾”和需“对症用药”。

与先行工业化国家不同，我国工业化的资金主要靠农业积累，改革开放前的 25 年间，用工农业产品价格“剪刀差”的办法，以约 6 000 亿元支援了工业建设。近年来，中央采取了一系列惠农措施，但农民负担仍然很重，2003 年农民所负担的不能抵扣的增值税进项税款和缴纳的车辆购置税，以及农民在日常消费中负担的增值税、营业税、储蓄存款的利息税，2003 年大体为 4 788 亿元，占到农民总收入的 14.3%（国家税务总局，2007）。如果加上当年乡镇企业上缴的 3 130 亿元税金，合占农民收入的 24%。而当年国家支农款 1 134 亿元（仅国家财政支出的 5.4%），以及取消农业税、农业特产税等 1 250 亿元，二者合计不到农民税赋的 1/3，实“取远大于予”矣。且农产品的国内和出口补贴很少，发达国家数十倍于我国。

半个世纪里，“三农”长期支工支城而“积劳成疾”。以人均不到500美元的收入，何以扩大再生产，更难成为现代农业和社会主义新农村建设的投资主体。“三农”需要休养生息，需要大幅度增加“反哺”资金，真正做到“多予少取”。

关于需要“对症用药”问题。在农业生产要素中，土水资源短缺，劳力过剩与素质不高已是刚性约束，新增资本相对不足，三者滞惰性极强，唯“第四”生产要素——“经营”有可能作为改变全局的突破口。

在“人民公社”和“文化大革命”使农业面临崩溃边缘的时候，党的十一届三中全会提出了“家庭联产承包责任制”，继而改“以粮为纲”为“多种经营”，在外汇十分紧缺的情况下，增加粮食进口，让农民“休养生息”，力挽狂澜地使“三农”重现生机。1980至1990年的十年间，粮食总产由3.2亿吨上升到4.5亿吨，农业总产值由1 923亿元上升到7 662亿元，农民人均收入由191元增加到686元，其年均增长率（13.7%）远高于同期城市居民（8.0%）。这是我国农业历史上的一次全面、快速和跨越式发展时期。

为了深化农村经济改革，1996年中共中央二号文件及时提出了“发展贸工农一体化经营，实现农产品生产、加工、销售的紧密结合”，以及以后推进的“农业产业化经营”重大决策。到2004年底，全国产业化经营组织11.4万个，龙头企业销售收入14 261亿元，带动农户8 454万个，农民增收1 016亿元。推行产业化经营已有十年，然企业规模小，装备水平低，近一半企业的年销售收入在500万元以下，扶持政策不到位，整体发展水平不高。贸工农一体和产业化经营是当今世界发展的趋势，理念与提法上都是先进的，但我国推进力度显然不足。

当前，欲激活滞重的“三农”全局和取得跨越式发展，关键在于开展一次农业的产业结构革命。即在发展传统农产品生产的同时，向农产品加工方向延伸和开辟“能源农业”第三战场。构成基础农业、加工农业和能源农业的，工农一体化的新型产业结构，以加工农业和能源农业“激活”和“拉动”基础农业生产，三者相辅相成。

这些年，在市场经济条件下的农业，下游加工拉动上游农产品生产的现象十分明显。尽管粮食生产徘徊，而蔬菜、水产、肉类的高增长势头始终不减；粮食中的玉米，水果中的葡萄均因有强大的下游加工拉动而在同类产品中脱颖而出。如采取“以下促上”的策略，通过强化下游加工业和开拓加工产品的国内外市场，可以拉动上游初级农产品生产与农民增收，并可充分运用市场杠杆和以农工一体吸引各类资金。发达国家初级农产品生产与农产品加工和食品生产之比为1∶（4～6），我国是1∶0.37，加工农业在我国有着巨大发展空间。

关于能源农业。在国际社会对化石能源将趋枯竭、减排温室气体以及发展循环经济的关注中，生物质能源逐渐成为主导性的替代能源。因为它既能直接替代运输燃料和进行生物材料和化工产品生产，又能有力地促进农村经济发展，这是其他可再生能源和新能源所做不到的。美国、欧盟、日本、巴西和印度等都以此作为国家重大战略推进，发展极快，形势逼人。

生物质能源的原料主要是各种农林废弃物和利用低质土地种植的能源植物。美国为实现 2030 年以生物燃料替代 30% 化石燃料的目标，在每年所需的 13 亿吨的生物质原料中，62% 是农林废弃物，28% 是能源植物，玉米只占 6.4%（目前生产燃料乙醇尚以玉米为主）。生物质能源产品是多样的，有燃料乙醇、生物柴油、工业沼气、成型燃料、生物塑料、生物化工产品等。生物质能源的发展为我国“三农”提供了难得的历史机遇。

我国可用于生物质能源生产的原料资源非常丰富，其年产能相当于 10.6 亿吨标煤。其中 53% 来自农林废弃物，其他是现有的薪炭林、灌木林、木本油料林以及低质土地上种植的能源植物。我国发展生物质能源的一条重要原则是“不与民争粮，不与农争地”。如果建设一个相当于年产 1 亿吨标煤的“生物质油田”，年产值约 5 500 亿元，减排二氧化碳 3 亿吨，农民可获得 2 000 多万个直接就业岗位和年新增收入 450 亿元，约需投资 3 000 亿元。如能建设三五个这样的生物质油田，其作用和贡献就极大了。

加工农业在我国的发展空间很大，能源农业更是一个市场需求极旺的朝阳产业，二者必将强力拉动基础农业生产。农业与农产品加工工业、生物能源工业和生物化工工业的一体化和协同发展，构成现代农业的新型产业结构；成为“以工哺农”和“城乡统筹”的产业结构基础；成为农业工业化、中小城镇建设、农村富余劳动力转移的强大推动力量。

“三农”体量大，滞惰性强，唯激活“三农”自身能量为上策。农工一体化和注入引入资金是“酵母”，增加农民收入和调动农民生产积极性是“加温”。“三农”一旦被激活，水土资源约束可以通过技术替代；资本约束可以在发展生物能源和农产品加工业中化解（目前中石油、中石化、中海油、中粮、国家电网等大型国有企业和大量民营中小企业正纷纷进入生物质能源领域）；农村富余劳动力也可以向新兴的生物产业及中小城镇就近转移，这盘棋就有望走活了。为此，我们建议：

1. 大力调整国民收入分配结构，在财政支出中从总量和增量上动真格地提高对“三农”的“反哺”投入。特别是在农村教育和培训，提高农民的整体素质上，使“三农”得以休养生息，积蓄力量，使“予大于取”能够真正落到实处。

2. 将农业的产业结构革命作为一项国家战略推行。高强度地向基础农业、加工农业和能源农业注入引入资金和予以充分的政策支持和引导。

3. 在国家层面上大力推进农业产业化经营，加大政策力度，鼓励和支持工商企业进入基础农业、加工农业和能源农业，通过农民合作组织与农民形成利益共同体，并大力支持农村社区合作组织延长农业生产链条，发展农村工业与流通业，就地转移农业劳动力。在全国形成一个工业下乡、农工融合的热潮，不愁“三农”问题不得化解。

我们相信，党的十七大必将在振兴中华的征途上，竖立起一座新的里程碑。

附 6 幅插图（略）

石元春、程序、郭书田敬上

2007 年 7 月 25 日

附：

石元春：中国农业大学教授、中国科学院院士、中国工程院院士、北京农业大学原校长

程　序：中国农业大学教授，曾任农业部科技司司长

郭书田：中国社会学会农村社会学委员会理事长，曾任农业部政策司司长

39 就“主体功能开发区”报告给甘子玉、王春正两位主任的信

（2007年9月4日）

【写信背景】

作者受聘为国务院国家规划专家顾问委员会委员，参加“十一五”国民经济发展规划顾问工作。以下是作者就国家发展改革委员会提出的“主体功能开发区的研究报告”给专家顾问委员会甘子玉、王春正两位主任的建议信。

子玉、春正两位主任：

你们好！

27日会后，我又学习了两个文件和伟民同志的PPT，拟提出以下意见供修改时参考。

1. 关于四个主体功能开发区的冠名问题，可以考虑主辅名制。优化开发、重点开发等为主名，体现开发的“部署”；辅名（如征求意见稿中的4、5、6、7各章的副标题）体现该区的“主体功能”。主名“优化开发区”的辅名可考虑为“国家新型工业化示范功能区”或“提升国家经济竞争力功能区”；主名“重点开发区”的辅名可考虑为“提升经济质量与效益示范功能区”。

至于第三区，我认为“限制”二字不妥，分量太重，到了地方和基层容易误解为全面限制，负面效应和抵触情绪会很大。再说，204万公里^2，1/5的国土面积（相当于4个法国、8个英国、24个荷兰），6 730万人口和全国40%的贫困县，不发展经济怎么行？我在会上发言中已经谈到，按这个标准，荷兰、以色列等早该“限制”了，他们的资源环境承载能力更差，但经济发展得非常好，因为承载力是重要约束条件而不是“限制”经济发展的绝对条件，千万不要轻易“枪毙”，要留有余地。建议将“限制”改为“有限”，即主名“有限制开发区”辅名是“生态保护优先和特色经济发展示范功能区”。

禁止开发区的辅名可考虑为“自然及文化遗产保护功能区”，可以不留余地。

2. 在整个规划中，农业的处理和定位是个大问题。从我听到的一些讲话和发言中感到，这个规划似乎不含农业，或笼统地放入“限制开发区”（PPT）。这么重要的国家经济发展规划，怎能没有国民经济的基础——农业？怎能把农业作为

“限制开发”？这与“‘三农’是全党工作的重中之重”“全面建设小康社会的重点和难点在于农业、农村和农民”，以及党的十六大报告提出的“统筹城乡经济社会发展，建设现代农业，发展农村经济，增加农民收入，是全面建设小康社会的重大任务”的精神如何相容？

国务院文件在本规划的“指导思想”中也明确提出：全面落实科学发展观和构建社会主义和谐社会的战略思想，在坚持实施区域发展总体战略基础上，前瞻性、全局性地谋划好未来全国人口和经济的基本格局。全国主体功能区规划是战略性、基础性、约束性的规划，是国民经济和社会发展总体规划……在空间开发和布局的基本依据。以上说的都是“全局”。不含农业或列为“限制开发”，如何向国务院和人代会解释？

至于如何将农业纳入规划，一是遵照“统筹城乡经济社会发展”的精神，前三个功能区中，都应包含农业；二是建议在重点开发区中增加两个重要农业区，即“东北平原区”和“黄淮海平原区”。前者（按三省 2005 年统计数）耕地面积 3.23 亿亩，占全国耕地总面积的 16.6%，粮食产量占全国粮食总产的 15.3%，人均占有粮多，粮食商品率高。后者（仅平原部分）面积 32 万公里^2，耕地 2.7 亿亩，占全国耕地面积的 14%。这两个平原占我国 1/3 的耕地，是我国主要粮食和农产品产区和主要商品粮区，且靠近环渤海和长三角两个“优化开发区”的消费市场，运输成本低。黄淮海平原的水资源缺乏，宜发展节水型农业。

3. 伟民同志 PPT 的第三张，全国空间图的图例中将全国分为“不适宜”“较不适宜”“适宜”和“城市”，但没有说明“适宜”什么，似乎说的是“人居”。大片咖啡色的“不适宜”区很吸引眼球，而西藏、新疆、甘肃、内蒙古、宁夏等数亿人聚居在这里已经几千年了，怎么现在被冠上了“不适宜”居住的帽子，他们会怎么想，难道向东部适宜地区迁徙。这里有很多少数民族地区，影响可能更加不好。如果说的是发展经济的适宜度，有能源的西部、我国主要棉区北疆等都被涂上了咖啡色，很不妥当。

国土资源部的土地分类是科学、专业和恰当的，即“已用土地”（耕地、园地、林地、牧草地、交通用地和居民点和工矿用地）、“未利用土地”及“水域”，且有专业性图件和详细数据。“空间”概念主要是陆地和海域，陆地的主体是土地，土地除自然属性外，主要是经济属性，不能简单以“人居”适宜度来评价国家的“空间”。

PPT 的第四张，用部分国家的人口密度对比来说明“空间有限”也很勉强。

4. PPT 第 5 张的饼图有两个问题：一是未利用土地是 27.5%，不是 3.36%；二是农用地最好将耕地、园地、林地、牧草地分开。根据 PPT 第 3、4、5 张而概括出第 6 张的空间结构“四多四少”似乎不太确切。“生产占用空间偏多，留给生态的空间偏少”没有数据和资料的支持，“生态空间”没有比较一致的认识和标准；“生产占用空间偏多，用于生活的空间偏少”也是缺乏依据和支持，经不起推敲。

“农村居住空间偏多，城市居住空间偏少”可能依据的是第5张的“城镇用地面积比重0.4%”和“农村居民点比重1.7%”，但二者间没有可比性。因为二者都是“用地”不是“人均居住面积”，都包括各种公共和生产用地，如何比较？再说，农村的宅基地不仅人居，还要养猪、养鸡、垛草、存粮、储菜等等，与城里人的居住面积也没有可比性。这个结论性的“多与少”可能产生的负面效应就是鼓励扩大城市及城市居民居住面积。

陆大道委员在今年2月的“关于遏制冒进式城镇化和空间失控的建议”中指出：十多年来，我国城市人均占地已经很快达到110～130米^{2}的高水平。这个水平，是大多数人均耕地资源比我国多几倍乃至十几倍的发达国家的水平，超出许多发达国家的城市。在2001—2004年的四年间，全国又净减少2694万亩耕地，相当于增加了670万农业剩余劳动力。

5. 会上感到，此次规划重点在城市，在大城市和“城市群”。在城市化中，“以大为主”和“大中小结合”的争论很多，但我只想说一点，十六届五中全会通过的《中共中央关于制定国民经济和社会发展十一个五年规划的建议》指出：“坚持大中小城市和小城镇协调发展，……积极稳妥地推进城镇化。”此次规划不是孤立的，是与中央各有关文件和精神协调一致的。

6. 会上感到，似乎开发强度说的是城市和工业用地占用土地空间比重，或单位土地面积的人口密度。其实更直接的和主要的依据应当是“土地人口承载力”，那么“优化开发区”的三个三角洲都是水土资源的“超载地区”，而“盈余地区”，如东北三省、内蒙古、宁夏、新疆等地恰恰不是重点和优化发展地区。这个问题值得斟酌。会上还感到，区域划分中有明显的“银行法则”的痕迹，“济富不济贫”。可否“预想”，按此实施十年，二十年后，我国的东西部差距会缩小还是拉大。

以上建议不尽妥当，仅供参考。

石元春　敬上

2007年9月4日

40 就“我国可再生能源发展战略研究”项目给中国工程院杜祥琬副院长的信

（2007 年 10 月 16 日）

【写信背景】

中国工程院重大咨询项目“我国可再生能源发展战略研究”，由杜祥琬副院长任项目组组长，作者任生物质能源分项目组组长。作者在给杜副院长信中阐述了自己对项目及生物质能源分项目的意见。

杜副院长、黄院士：你们好！

11 日会后，你们出差深圳，我也去了一趟哈尔滨，前天刚回来，还有些话想与你们交流。

我以为战略章可能放在具体建议章之前为好，标题可考虑用“关于发展我国可再生能源的战略思想与建议”，加上“思想”可起强化作用。

在我国，一个概念（思想）和名词一旦被中央或职能部门接受和使用后，其作用和影响力很大。党的思想、路线、方针、政策等总是用最精练的语言来表达的，有时简单到一个名词。大至“科学发展观”“和谐社会”“可持续”等，次如“三农”“社会主义新农村”等。其中有中央领导自己提出的，有“高参”提出后被认同或修改加工成的。工程院可以算是“高参”的外围组织，为了使自己的思想和建议尽可能地被接纳，以效力于国家，最好尽量把战略思想和建议表述得清晰和精练些，能提出可供方针政策性词语更好。

就此，在可再生能源的战略定位战略中，我有两点想法。一个想法是强化“储产比”概念（词语）。根据我国国情，石油界提出的石油合理储产比是 15 ～ 20，（《中国石油天然气发展战略》，张抗，2002），现在已经到了 12 的警戒线。此外，常引以为自豪和自慰的，“我国是煤炭大国”“我国煤炭资源丰富”，其实这是一种错觉。按 2002 年资料，我国煤炭储产比是 82，排名在世界最后，而剩余可采储量占世界 1/4 的美国的储产比却是 252，绝大多数国家的储产比都在 200 以上（印度是 235）。如果按 2005 年的资料，我国煤炭储产比已是 53，也就是按现在的年开采量只能用 53 年。

发达国家一般都采取比较稳健和合理的 200 以上的储采比，这是一种成熟的能源政策，而我国的储采比不过百。中华文化中的“留有余地”和“宽打窄用”是传世之宝，作为一个正在崛起中的大国，一定要守住传承。

“在未来相当长的时间里，煤炭和油气仍将作为主要能源”是不争的事实，但作为一种传统思维和定式，就会在心理上成为一种依赖。如果换一个角度提出，加快能源结构调整，积极推进可再生能源及核能对化石能源的替代，心态就完全不一样了。这就是我想提的第二组词语：“加快”和“积极”。这比现在的 48 字能源方针中的“煤为基础，多元发展”要积极和明确得多。我们提出的可再生能源定位，不妨就以此 8 字为修正和替代对象。国家可再生能源中长期发展规划提出了 2020 年 15％的目标（含水能），如果我们提出一个，有充分依据的，更加积极的目标，而且又被国家接受，这就是工程院的一个很大贡献。

下面说说另一个想法。

可再生能源应当是一个整体，一个“家族”。水、生、风、日是一母所生的四个兄弟，“各有所长”，要各显其能，相辅相成地攥成一个拳头才会更有力量。四兄弟不能“相煎”，更不要“拆台”。生物质能源可以替代化石能源，但替代不了其他三兄弟；同样，其他三兄弟也替代不了生物质能源。这个思想如得共识，可否在报告中得到整体性反映。

那么，可再生能源发展的战略重点是什么？我以为是供热发电、运输燃料和生物基产品三项。以煤替代和减排为目标的供热发电，四兄弟都可以作贡献，各据一方，各显其长，但生物质能源应以林业剩余物和能源林为主，作物秸秆不宜。运输燃料是我国最缺、进口依存度最高、安全度最低、需求增长最快的一种能源品种，美欧等也都是以此为战略替代的重点，工程院的报告应当突出之。

关于生物基产品可能看法不同。美国的高明之处在于其总将 bioenergy 与 bioproducts 并提，实际上，这是一个问题的两个方面。1999 年美国国家科学院就提出，到 2050 年 95％的化工产品将由生物基原料替代。今年 8 月，美国能源政策办公室主任 Roger Conway 提出（信后附有他的部分 PPT*），20 世纪之初，石油基工业制品逐渐取代了生物基工业制品；21 世纪之初，生物基工业制品重新回归，将逐渐替代石油基工业制品。他的预测是，2005 年美国的生物基化工产品产值是 212 亿美元，2025 年将增加到 4 830 亿～ 6 140 亿美元。

这里要说明一个概念问题，能源的终端产品只是原油和原煤的一种转化形态（是主要而非全部），非能源的石油基材料和化工产品是另一种形态，在我国要占到近 1/4，仅塑料一项每年就要消耗约 2 000 万吨原油。所以，能源产品的替代仅是对原油和原煤替代的一部分，包括对石油基和煤基的非能源替代才是全部，

---

* 略去 PPT。

即广义的替代。从概念到现实，国内都没有将非能源石油基产品纳入战略和工作视野，我们工程院提出是必要的。

能源的战略研究的文章报告太多了，工程院能不能在大量资料研究基础上，根据国情提出一两个切中要害的战略思想和战略重点，并在一定程度上为中央所采纳就很不错了。有些战略重点别人提过，但是我们提得更清晰明确，更突出和分析更深刻；有些战略重点别人没注意，我们却提出来了，这都是贡献。

下面再谈谈生物质资源问题。会后仔细地看了一下《最终报告》的生物质资源部分，感到问题很多，不得不说。

我是从事农业工作的，专业是土壤地理和土地资源。这次参加此咨询项目，我是下了点功夫的，想将生物质资源弄得清楚一些，因为这很重要。我和我身边的几位年轻同志收集了大量有关资料（主要数据都是来自国家正式发布的资料），进行系统整理和分析，力求每个数据（特别是基础性数据）要有严格出处，推算的数据也必须层层推导，力求接近实际。例如作物秸秆资源，一般是按农作物总产乘以出秆系数，我们则分别按八大作物的分别产量及其秸秆产出率分别计算后加起来，可以更确切些。畜禽粪便、可利用边际性土地等的数据都是这样一级一级推导和抠出来的，都集中在今年 6 月提交的资源专题报告（征求意见稿）上。因为过去对土地资源、林业资源、秸秆、畜禽粪便、工业和城市有机废弃物等都是分散和单项的研究，而我们的这次研究不仅是整合，而且按生物质资源的要求做了一番去粗取精、去伪存真的工作。我敢负责任地说，这是目前对我国生物质资源最系统、最全面和最新的研究成果。当然，这只是“目前”，以后还需要做更加深入和系统的工作。

可惜，在《最终报告》上，并没有认真对待这份研究成果，只是按其所需地零星，甚至不当地用了其中的一些数据，再加上一些自己的“估计”（未说明资料来源，也未说明是如何估计的），进而大胆地作出“评论”和“结论”。例如 26 页作物秸秆中用了我组的数据，也说了 5 种用途的比例，27 页又说“综合以上分析，我国现有生物质资源约为 5 亿吨，其中秸秆、畜禽粪便和林业废弃物居多。但是考虑到其他用途已消耗掉的各类资源，估计现有剩余可用生物质资源量约为 2.8 亿吨标煤。”怎么由 5 亿吨标煤一下子“估计”成 2.8 亿吨标煤，少了快一半，是怎么“估计”出来的？

在边际性土地资源上，没有交代地用了“已有林地 5 176 万公顷”和“可供生物质原料的边际性土地资源主要适宜林土地 5 704 万公顷”，这两个数据根本对不上头。紧跟着又预计 2020 年、2030 年分别可以增加生物质能源量 5 000 万和 1 亿吨标煤，这是怎么预计出来的。还有 29 页的表 2.5 堆砌了一些似是而非的数据后，又来了个 2010 年、2020 年、2030 年、2050 年的预测，怎么预测出来的没有任何交代。还有将工业废弃物中的 3 500 万吨写成了 3 500 万吨标煤。

我很难再往下说了，如果以上问题说不清楚，这些用估计的数据写成的报告能代表工程院上报吗？我有一个正式请求，请在《最终报告》前言中注明，“本报告中生物质能源部分不代表生物质能源专题组的意见”。

11日会上，黄院士说在钓鱼台论坛上赵立欣同志对生物质资源提出了不同意见。我想这很正常，石油、煤炭等的许多基础数据，几个世界级权威机构的数据都不一样，可以将赵立欣同志的数据一并写在报告里。但是我看了他的PPT，报告题目是“适于种植能源作物边际土地标准的界定”，前面谈的都是“标准界定”，到第34张才提出的耕地后备资源面积是734.4万公顷，这和我们的数据完全相同，因为都是来自国土资源部。紧跟着在第35片讲“2007年农业部开展能源作物种植专用边际土地调查（进行中）”，因为正在进行中，所以以后的各张中也找不到一个他研究提出的边际性土地资源的数据，更没有涉及农林废弃物资源。我不知道他在报告中是如何表达他的不同意见的，可否请学部办公室向他征询在生物质能源资源的研究结果和数据。

不知是否受综合组和赵立欣的影响，使黄院士不认同生物质能源专题组的研究结果而同意《最终报告》的“可利用资源和总体发展潜力仍不明朗”等的结论。我在6月15日向你们两位上报“生物质能源资源专题报告”（征求意见稿）的信上诚恳地征求你们和综合组的意见。但没有得到反馈，得到的只是这次综合组8月13日及这次的《最终报告》上的回答。工程院是全国最高的工程科技殿堂，每位院士都有责任维护他的学术尊严，我可能说了些不当之言，请你们原谅。

一个新事物出来，有不同意见是正常的，因为不同业务和不同工作背景的人总会从不同角度观察和提出问题，这就更需要冷静和科学的判断。我提交的报告，不仅是靠资料编写出来的，而且是靠这几年的信念和工作做出来的。几年来，到广西、海南、广东、吉林等地，最近还去了宁夏和哈尔滨；接触了中粮、中海油、中石油以及许多企业，以及跟踪国内外的信息，对在我国发展生物质能源的重要意义和信心越来越强了。若有同志担心，我国没有那么多的边际性土地，其实，在我脑子里却有一本实实在在和看得见摸得着的“账”。我是搞盐碱地起家的，在东北，在环渤海，在黄骅……前两天，李十中陪中石油同志去山东东营和滨州看了，600多万亩的大片盐碱地是很好的能源植物基地，中石油的积极性非常高，又到欧洲考察去了。

我说这些，不是想表白自己和争取支持，而是希望得到更多人，特别是工程院这个“殿堂”对生物质的更多了解。我不是在作学术争论，要个你是我非；也不是在争强好胜，揪着综合组的几位中青年人不放，这些对我这样年龄的人实在是太可笑了。

会上，黄院士说到要一些资料，PPT看起来方便。我将今年5月给项目组汇报的 PPT[*] 重新印出来，加了几张最近的信息（欧盟、印度、菲律宾等）。还选印了美国能源政策研究办公室主任关于生物基产品的部分 PPT 供两位参考。

言语不当之处，请海涵。

致

礼！

石元春　敬上

2007 年 10 月 16 日

* 略去 PPT。

41 就银川治沙考察给国家林业局李副局长的信

（2007 年 10 月 21 日）

李副局长：您好！

谢谢您对我宁夏之行的安排。

此行诗雷对我照顾极好，当地领导接待热情周到，使我完成了一次时间不长而收获甚丰的考察。

考察中印象最深的是 2003 年封山禁牧以后，宁夏河东一带的植被和沙化现象普遍好转，林业部门治沙成绩斐然，也使我更加增强了旱区沙地治理的信心。我以为，坚持以发挥生态系统自我修复机制为基础和以灌木为主的治沙方向是正确的。

治理初期，“封山禁牧”是必须的，但也不是“一封了之”。在植被状况有了一定好转后，要逐步建立灌草抚育制度以及“林牧”或“林能”的人工生态系统。过去，灌木是农、林、牧“三不管”的“金三角”，研究和实践都很薄弱，现在林业部门抓起来了，一定会挖出一个比“绿色长城”宝贵得多的“金矿”。

记得上次在您办公室谈到“我国四大沙地林能共建双赢工程”，这次考察是有意去了解一下四大沙地中自然条件最差的，毛乌素沙地最西沿的宁夏河东地区。在年降水量 200 毫米的白芨滩林场，以草方格固沙和种植柠条、花棒、沙柳等沙生灌木起步，两三年后即有明显固沙效果，还出了个全国治沙英雄。

年降水量 250 毫米左右的盐池县情况好得多，沙生植被的成活率高，长势好，覆盖度大。我们在盐池县看了 2006 年初开始的日本援助的 4.2 万亩治沙项目区，每亩投资 50 元的沙生灌木植被长势喜人，已经开始利用平茬沙柳作柳编。令人十分高兴的是考察了盐池县近几年发展的 240 万亩以柠条为主的固沙灌木林地。据盐池县林业局介绍，四年平茬一次，亩产干物质 175 公斤，年均总产 8.8 万吨，产值 1050 万元，可使全县农业人口人均增收 81 元（2006 年人均收入 2 238 元）。

这里的沙产业还很初级，主要是沙柳作柳编和柠条粉碎后作颗粒饲料。据当地干部说，如果能作为一个国家工程和大的产业经营，原料产量可以翻番，附加值也会大增。我们参观了一个叫“绿海”的饲料加工公司，年生产能力 4 万吨，现在“吃不饱”（才生产两万吨），主要是原料供不上。加工的苜蓿－柠条颗粒饲料每吨 700 元。

事实证明，即使在四大沙地的最西沿，条件最差的沙地，只要路子对头，治沙与沙产，生态（固沙与增加碳汇）与能源基地的“共建双赢”也是可能的。东部的三片沙地年降水量多在四五百毫米，条件比这里好得多，“双赢”自不待言。四大沙地面积约 10 万公里^2，是北京沙尘暴的近地沙源，是国家东西部的重要生态屏障，如能建成这条“绿色生态保护带”，又是国家生物能源基地，无疑是一项利国利民的好工程。能源基地初期可以成型燃料为主，相当于一个年产 500 万吨的“绿色煤矿”，进而可以发展为附加值更高的纤维素乙醇生产基地。此基地可以增加碳汇，可以减排二氧化碳，可以年贡献千万吨以上的增汇减排指标和 CDM 市场的十数亿元交易额。

当然，这还需要进行仔细的科学评价、经济评价及可行性分析。此事如能在您领导下，由江泽慧院长主持，一定能做得很好。如有价值，可通过一定渠道向中央建议。

专此并颂

政祺！

石元春　敬上

2007 年 10 月 21 日

42 就“非粮引导项目”给财政部朱副部长的信

（2007 年 12 月 4 日）

【写信背景】

国务院停批粮食乙醇项目，鼓励发展非粮乙醇，财政部设立了“生物能源和生物化工非粮引导奖励资金”。作者参加项目评审后给负责此项工作的朱副部长写信提出自己的意见。

朱副部长：

您好！

久未谋面，前天参加了财政部《生物能源和生物化工非粮引导奖励资金》项目评审，与曾司长见面时谈到您对这个项目的重视和支持。

这次有 56 个项目参评，初评出约 20 项。由于评审专家业务和情况熟悉，意见十分一致。许多专家认为，从申报的项目看，国家在发展生物能源和生物化工方面的基础相当不错，潜力很大，也增强了专家们的信心。专家建议，这次评上的，均以贷款补贴形式支持，一年后检查合格者再给以奖励引导。

化石能源渐趋枯竭的信息不断，油价飙升，能源替代成为各国关注的焦点。核能、风能、太阳能主要是以电能形态替代化石能源，而生物质能源独具液态燃料及化工原料的功能。当今世界最缺的是石油，所以美国在发展多种替代能源的同时，战略重点是生物燃料对运输燃料的替代。美国最近重申“20—20”和“30—30”计划，即 2020 年以生物燃料替代 20% 石油燃料，2030 年替代 30%。今年 3 月欧盟首脑会议提出三个“20”的目标，即到 2020 年减排温室气体 20%，提高能效 20%和可再生能源占能源总消费量的 20%，其中专门提出生物燃料占运输燃料的 10%的指标。

今春，国务院叫停玉米乙醇和鼓励非粮乙醇是非常正确的。我是搞农业的，一开始就不主张“以粮换油”。这次财政部提出的“非粮引导奖励资金”非常好，就是应当打“非粮”牌。美国玉米乙醇，巴西甘蔗乙醇，中国非粮乙醇，这就是中国特色。

中国甜高粱的综合优势远高于玉米，特别是可以把中国盐碱地等低质土地用了起来，从黑龙江到海南岛，从天山山麓到东海之滨，全国都可以种，技术上已领先于美欧。木薯等薯类用的也是低质土地，年种植面积 1 亿亩，总产 1.7 亿吨，分别占世界的 65% 和 86%。按每公顷产乙醇 3 ～ 5 吨，具有年产 2 500 万～ 4 000 万吨乙醇的生产潜力。有人说，薯类乙醇会“与畜争饲”，其实，乙醇用了淀粉的能量后，营养物质和纤维素等仍以饲料和肥料形式还给了养畜和农田。

甜高粱和薯类发展起来了，谁也不会用玉米生产乙醇，因为原料成本比玉米要降低至 80% 以下，农民的净收入要提高 30% 以上。是不是会“与农争地”？这两种能源作物用的都是低质土地，按国土资源部资料，我国有 734 万公顷“宜农后备土地”，石油这么紧张，为什么不能用一些呢？再则，1.3 亿公顷耕地中有 5 027 万公顷非粮低产农田，种的本来就是薯类、高粱等非粮作物。我粗略计算了一下，只要国家政策对头，从这些地里每年拿 1 亿吨乙醇没有问题，为国家节省七八十亿美元的外汇，农民还可从中大受其益。

这次财政部的“非粮引导项目”如果推动得好，2009 年前后就能拿下 100 万吨以上的燃料乙醇和生物柴油。可否以此次立项为契机，以 20 个左右被获准企业为骨干，召开一次“中国生物能源和生物化工产业化会议”，既布置了工作，又可推动全国产业化进程和第二批项目的申请。

目前，社会上对生物能源和生物化工存在些模糊看法和误解，若能在媒体上发表些文章和谈话，以及向领导提供些材料，我想是有必要的。您在这方面有些什么指示，望告。

随信附上清华大学李十中教授提供的有关材料，供您参考。

专此并颂

政祺！

石元春　敬上

2007 年 12 月 4 日

43 就《欠了债要还》一书给作者李孝生的回信

（2007 年 7 月 15 日）

李孝生、张兴民同志：

《欠了债要还》样书收阅。

样书主题思想明确，思路清晰，结构严谨，文字流畅。由于未能精读，只提几点粗浅看法供参考。

1. 关于“天然林锐减，功能几乎丧失殆尽”。该节提出 180 万年前到公元前 2007 年的“远古”森林覆盖率是 64%～60% 以及人口低于 140 万，数据相当精细，但不知是否有具体出处和考据。

农业是早期人类最伟大的发明，没有农业文明就没有工业文明，再说没有中国以精耕细作为核心的人工农田生态系统对原自然（森林）生态系统的替代又哪来的农业文明，所以不宜简单以从远古至今的“天然林锐减”来说明“生态形势严峻”。至于“功能几乎丧失殆尽”，如果是森林生态被农业生态替代，只能说是功能转换而非“丧失殆尽”；如果指所剩的天然林，在国家林业局的“天保工程”中仍在发挥其正常功能。

2. 所谓生态恶化，主要是指人类经济活动中的对自然资源粗放和掠夺式行为所导致的生态功能退化。早中期的人口压力和对自然的干预手段有限，而 20 世纪 50 年代至今，这种极端负面的干预越来越严重，这应当是阐述生态恶化的重点。此外，书中多处用了“人对自然的改造”，请斟酌。

3. 人口篇中提出人口“剧增”具有“正向负向两方面的巨大效应”“人口持续快速增长造就了巨大的生产力、创造力”。这也许在人类社会早期如此，而以后，特别是现在提出是否恰当？而且是“持续快速增长”。20 世纪 90 年代，罗马俱乐部提出的全球面临人口等四大挑战是有世界共识的。再说，人口持续快速增长不一定就会带来巨大生产力和创造力，英国的工业革命并非由于人口快速增长，相反，19 世纪和 20 世纪中国和印度的人口增长最快。

此外 255 页麦迪森提出西汉末以及北宋时的中国、西欧、日本的人均产值（450 美元与 425 美元）是否可靠和值得引用请斟酌。

4. 第三章是“模式篇”，第四章是“生息篇”，想必是为了与其他各篇篇题的一体（二字），但有生硬感，如果是“增长模式篇”和“休养生息篇”就与题文相符。

以上仅供参考。

石元春　敬上

2007年7月15日

44 就我国发展生物天然气给李克强总理的信

（2013 年 7 月 29 日）

【写信背景】

作者 2013 年 2 月在《科技日报》发表“克霾”文谈及发展生物质能源对燃煤的替代；6 月，科技部部长万钢在京郊德青源蛋鸡养殖公司召开生物天然气产业开发商业模式应用推荐会；7 月，作者与程序教授联名给李克强总理写了此发展生物天然气的建议信。后得总理批示，由国家发改委、财政部等部门做进一步调研和提出在全国推行生物天然气方案。

克强总理：

您好！

我们是中国农业大学的教师。近日考察了北京德青源农业科技股份有限公司并参加了科技部万钢部长在那里召开的生物燃气产业商业模式应用推荐座谈会，拟就此向您提出发展我国生物天然气方面的建议。

德青源公司 13 年前是一个蛋鸡养殖企业，当规模由 2004 年的 50 万只发展到 2007 年的 300 万只时，每天 200 多吨鸡粪的处理成了大的难题。2007 年该公司投资 6 500 万元，以鸡粪为原料进行厌氧发酵，日产沼气 2 万方（1 方 =1 米 ^{3}）2009 年开始并网供电，至今已累计发电 3 000 万千瓦 · 时。

德青源今年又完成了二期工程，即以鸡粪、沼液、农作物秸秆、餐厨垃圾等有机废弃物为原料进行发酵，年产沼气 550 万方，提纯压缩为甲烷含量在 95% 以上（普通天然气甲烷含量小于 92%）的生物天然气 365 万方，以日供 1 万方的规模开始为延庆县（现延庆区）两个镇的 39 个村约 1 万农户供气。试运营期每方生物天然气收费 2.5 元，比罐装液化石油气便宜一半左右；农民还可以用 1 吨秸秆换取此生物天然气 60 方。这里的农村告别了千百年来烟熏火燎的秸秆、柴火和原煤炉灶，代之以清洁、方便和经济的生物天然气灶，享受着与城市居民同样的天然气消费待遇，也见不到村里到随处堆放的柴堆了。

该公司的养殖与食品加工业相当于每年将 12 万亩农田的 6 万吨以玉米为主的初级农产品转化为以蛋品为主的安全食品，以及将污染环境的有机废弃物无害化和资源化地转化为清洁能源。此两项产品的年收入为5.5亿元，还可年替代1万吨煤炭、减排8.4万吨二氧化碳，实现了“生态养殖—食品加工—清洁能源—有机肥料—订单农业”的循环经济模式。德青源探索出了一条现代农业产业化的新路子。

同为大型养鸡场的山东民和牧业公司日产3万方沼气，发电6万千瓦·时，年并网供电2 190万千瓦·时，年减排温室气体8万吨以及获CDM碳交易款700万元。二期工程将实现日产沼气7万方，提纯压缩后的生物天然气4.2万方，以及优质沼液沼渣有机肥60万吨。

我校于2011年初在广西武鸣县（现武鸣区）完成了国内第一个日产1万米^{3}生物天然气，供应南宁市数百辆出租车用的示范项目，原料用的是当地长期造成严重水和空气污染的甘蔗糖蜜及木薯制酒精产生的大量废液。

生物天然气是一种气电热肥联产的农工联合型产业，又是一种资源循环利用和克霾减排二氧化碳的生态环保型产业。1999—2009年，德国生物燃气工厂由850个增加到4 780个，装机容量由49兆瓦发展到1 600兆瓦，超过了水电。截至2010年，欧盟各国已有近8 000家大型生物燃气工厂，年产气200亿米^{3}以上。

我国的生物天然气产业起步较晚，规模还小，但已形成从原料收集、厌氧发酵、提纯压缩、装备制造和终端服务的产业链雏形。我国生产生物天然气的资源很丰富，具年产2 330亿立方米的可实现潜力，相当于2012年我国化石天然气进口量的3.8倍。生产生物天然气的经济性也很好，其基本建设一次性投资，是进口化石天然气的37%和“川气东送”工程的40%。

中石油云南昆仑天然气公司正在建设的、将于明年投产的四川彭州三界生物天然气项目，可年产0.7亿米^{3}生物天然气；计划“十二五”期间在全国建成10个项目点，年产气8.7亿米^3，相当于我国2011年进口天然气的3%。

生物天然气有诸多优点：一是厌氧发酵是生物质能源转化方式中能量和物质转化效率最高的，且原料广泛而受地域限制小。二是比化石天然气更加环保与清洁。化石天然气全生命周期（LCA）的温室气体净排放量是398克，而用畜禽粪便制取的生物天然气是−414克。三是雾霾克星，车用生物燃气可较柴油和汽油汽车减排90%的尾气颗粒物和二氧化碳（斯德哥尔摩市公交车全部使用生物天然气和生物乙醇，2009年减排颗粒物10吨、氮氧化物100吨和二氧化碳4万吨，空气质量可经常保持PM2.5颗粒在10毫克/米^{3}左右的优良水平）。四是可共用现成的化石天然气管道和配送系统，无须另设。

我们以为，当前我国推进的现代农业不应是计划经济体制下单一的初级农产品生产，而是农工联合和城乡一体的农业，生物天然气可为之增光添彩；新型城镇化的能源战略支点，不应是扩大化石能源需求缺口和增排促霾，而是以生物天然气等生物能源为主导的清洁能源。发展生物天然气还是可容纳大量农村劳力转移就业，资源循环再生，产品市场需求无限的战略新兴产业。

发展生物天然气可对我国能源替代、克霾减排、现代农业和城镇化一举四得，不存在资源与技术装备制约，只需政府着力推进即可。为此我们建议：

1. 在《生物质能源“十二五”发展规划》基础上，制定更加积极和有效的实施方案，加大扶持政策力度，协调国务院的能源、科技、农业、环保、财政、税收、金融等部门，合力支持。目前沼气发电每度补助 0.25 元已经很低，且长期拖欠不发，企业叫苦不迭；而生物天然气至今尚无鼓励政策和补助，若每立方米补助 1 元上下会有较大推动作用。

2. 生物天然气是一种新型的农工联合型产业，对主要来自农业的分散原料的收集和稳定提供环节，一定要有足够的重视和周密安排；要加强农业部门和环保部门的积极参与；要充分发挥中小企业和民间资本的作用，以适应原料分散和小型的特点。建议尽快出台给中小民营企业在市场准入、政府审批和贷款等方面更多的方便和实质性支持政策。

3. 我国治理雾霾任重道远，建议将大力发展车用生物天然气以替代北京等城市的车用化石燃料作为一项紧急的战略举措。您最近在国务院会议研究部署加快发展节能环保产业时要求政府公务用车和公交车率先推广使用新能源汽车，美欧国家的经验是车用生物燃料是替代公交车和载重卡车化石燃料的主力。相信这也会成为我国的首选，因为以煤电替代车用化石燃料只会增排促霾。

4. 产品和设计标准化、装备模块化和装备制造业是发展生物燃气的助推器，建议在政府指导下大力推进我国生物天然气的产业化和商业化发展，培育一批民营工程咨询设计安装的专业化服务公司。

5. 建设若干个年产 10 亿米^3 的“生物质气田”；加强科技支撑与人才培养既是长远大计，又是当务之急。

如您能在日理万机中抽出半天时间到京郊德青源公司视察，可以了解到更多实情。

专此并颂

夏安！

中国农业大学教授
石元春、程序、崔宗均　敬上
2013 年 7 月 29 日

45 就全国生物质能源会议给中共吉林省委王儒林书记的信

（2013年8月17日）

【写信背景】

在发展生物质产业上，吉林省具有资源丰富、工作基础好、领导重视的优势。在作者支持下成立的生物质专业委员会拟在长春召开一次全国性生物质能源会议。为此，作者给吉林省委王儒林书记写信，称有意以此会进一步推动全国以及吉林省生物质产业的发展，后确有此功效。

尊敬的王儒林书记：

我是中国农业大学教师，曾到吉林作过生物能源方面考察和参加相关会议，对吉林省发展生物质产业的资源优势和产业基础印象深刻，并曾就此给省领导提出过相关建议。最近得悉贵省正在争取成为国家生物质高端化利用示范省，深受鼓舞。

近年，生物质能源在国内外发展很快。我国国家能源局去年颁布了《全国生物质能发展“十二五”规划》，国务院最近又印发了《关于加快发展节能环保产业的意见》，进一步加大了生物质能源在全国的推进力度。

生物质能源不仅是一种可再生清洁能源，对化石能源的替代，可以减轻国家能源进口压力和减排温室气体，而且作为一种战略新兴产业，可带动现代农林业发展和促进新型城镇化建设。近年来，煤炭消费和汽车数量的急剧增长，导致雾霾屡现，严重影响了空气质量，成为国家当前非常棘手的一个影响生态环境和国民健康的问题。环保部刚发布了全国上半年城市空气质量状况报告，其严重程度令人触目。京津冀最差，据说长春市也不理想。兹将今年二月我在《科技日报》发表的关于雾霾方面文章随信附上*，供参阅与指正。

高度分散的中小燃煤锅炉供热是城镇雾霾的重要贡献者和治理难点，作为一种清洁能源，生物质固体成型燃料供热是最佳方式和首选，也是环保的一项重要举措。对此，吉林省已为全国之先驱和表率，且潜力巨大。

---

* 所附文章在本文略。编者注。

资源和地理条件与吉林相近的瑞典，能源消费结构中生物质能源已超过化石能源而居首位，供热市场的生物质能源消费占到70%。相信吉林一定能在这方面作出更大贡献。

在我的倡导下，全国工商联新能源商会下设了“全国生物质专委会”，现任会长单位是贵省的生物质能源龙头企业。该专委会与中国低碳经济发展促进会（业务归属国家发改委）得到国家能源局和环保部的支持，拟于2013年9月24—25日联合召开“全国生物质能源清洁利用战略研讨会”，共同研讨生物质能源的清洁利用和国家推进问题。

鉴于吉林省领导对发展生物质能源的高度重视和较好的工作基础，拟建议将会议地点设在长春市，相信对吉林省和全国生物质能源工作的推进都会产生积极影响，希望能得到您的支持。但不知是否会对贵省工作带来不便，因为涉及省发改委、环保厅和长春市等多个部门的工作安排。

专此奉呈，时间紧迫，盼能及复。

敬颂

政祺！

中国农大教授、中国科学院院士

中国工程院院士

石元春　敬上

2013年8月17日

46 就北京市发展生物天然气问题给洪峰副市长的信

（2013 年 11 月 27 日）

【写信背景】

作者于 2013 年年初著文为北京市克霾支招，年末又给分管治理雾霾工作的副市长写信谈北京市“克霾”问题。洪峰副市长曾在北京农大学习过，胞弟是农大教师，与作者曾有交往。

洪峰副市长：

一别多年，不知还记得我否？您虽由京而陕又京，我仍不断在媒体上看到您的行踪与政绩。

我关注生物质能源多年，今年年初我还针对雾霾写了一篇题为《舍鸩酒而饮琼浆》的小文发表在《中国科学报》上，给北京治理雾霾出了点主意。后得知您在北京市负责抓雾霾工作，作为北京子民的我也想为此尽些微薄之力，附上拙文请指正。

所谓“舍鸩酒而饮琼浆”，是指生物质能源对化石能源的替代。如“生物煤”替代中小锅炉的燃煤、“生物油”替代汽油、“生物天然气”替代化石天然气，都是可再生和清洁的“克霾”能手，经济性环保性俱佳，国内已实现商业化生产，是北京克霾的好帮手。

我校程序教授研究团队与南宁市一企业合作，率先在国内建成日产 1 万米^{3}车用生物天然气工程，于 2011 年 3 月正式投入运营至今，一直为南宁市出租车提供燃料。今夏我与程教授为此联名给克强总理上书，总理批示中明确指出生物天然气是调整能源结构、改善生态环境和促进农业发展的重要措施，指示国家发改委、财政部和环保部深入调查，认真研究，提出支持产业发展政策。

作为车用燃料，1 米^{3}生物天然气比 1 升油可多行驶约 15% 里程，成本低于汽油；燃油抗爆性（汽油标号）大大提高；致霾污染物和二氧化碳排放量减少 50% ～ 90%，安全性更好。过去反映较多的续航里程短、动力不足和气罐占据后备厢空间等问题，已在新车设计中得到解决。

中国农大正在与北京市房山区窦店农牧工商总公司合作，利用窦店村 220 万只鸡和 1 400 头牛的粪便，加上餐厨垃圾、蘑菇渣等混合发酵，建设日产 1 万米 ^{3} 生物天然气的工程，可用于居民管道供气及出租车、公交车燃料，年减排二氧化碳约 3 万吨。成功后可进一步在北京扩大发展。

据初步估测，北京市农林废弃物、城市有机垃圾、污水厂的污泥、死猪等特殊有机废料能够生产生物天然气的潜力可达每年 50 亿米 ^{3}，约占当前全市天然气用量的一半多。

该项目已经由房山区窦店镇向市发改委申报立项，特请洪市长对该试点项目的立项、审批、建设和政策以及资金上予以关注和支持。我校程教授生物天然气课题组很希望您能在百忙中听取一次他们的汇报与建议。

洪荣亦多年不见，请代问好。

专此并颂

政祺!

石元春　敬上

2013 年 11 月 27 日

47 就生物质能源“十三五”发展给国家发改委徐宪平副主任的建议书

（2014 年 11 月 20 日）

【写信背景】

由作者执笔，与几位专家联名就生物质能源“十三五”发展给国家发改委写了两万字的《建议书》，已收入本卷《建议篇》，这是给国家发改委徐宪平副主任的信件。同时也给农业部、国家能源局、国家林业局写信和报送了此《建议书》。

宪平副主任：

您好！

几年未见，想必会记得，2010 年您领导专家组讨论“十二五”规划的情况，会上我曾多次对农业和生物质能源部分发表意见。转眼您又组织编制“十三五”规划了，并在网上表示希望“面向全社会集思广益”。我动了响应号召的念头，与几位专家一同，就生物质能源的“十三五”发展写了一份《建议书》。现呈上，供参考。

经“十一五”和“十二五”的培育，我国生物质能源产业已经是个“小伙子”了。如“十三五”规划加以积极引导，必将进入快速发展期。生物质固体燃料将为防治大气污染立下汗马功劳，生物天然气将异军突起，液体燃料将为整个生物质能源产业破局。特别是武汉凯迪在生物质气化合成生产高端生物燃油的技术已成为该领域的世界领军企业，已与马来西亚、越南、芬兰等国及企业签订了合作协议，他们的一条腿已经“走出去”了。

为响应习近平总书记关于“能源生产和消费革命”，最近提出“2030 年中国清洁能源占到 20%”的号召，我希望生物质能源能为此作出应有的贡献。我对“十三五”充满期待。

这份《建议书》2 万余言，其中不少资料性的。您可重点看第 6 节的“综合建议”，约 2 000 字。

我很想能与您面谈一次，您能安排时间吗？29 日我去海南越冬，下周能安排时间吗？真不好意思。

专此并颂

冬安！

石元春　敬上

2014 年 11 月 20 日

48 为向母校 110 周年校庆献礼致信学校校庆办公室

（2015 年 10 月 14 日）

中国农业大学

110 周年校庆办公室：

近年我整理出版了 8 部书和 2 部外文版，谨以此作为对母校 110 周年校庆的献礼。

2011 年出版《决胜生物质》后，陆续出版了英文版和韩文版；2013 年出版的《战役记》和《黄淮海平原的水盐运动》是 20 世纪七八十年代关于曲周和黄淮海工作的整理；2015 年出版的《石元春文集》5 卷是对过去 60 年著文的整理，其中《教育卷》是我 1987—1995 年担任北京农业大学校长期间 8 年转型改革中文章讲话资料的汇集。

我是“北京农业大学”成立的 1949 年入学的第一届大学生。感谢母校和老师们培养了我，感谢身边一起工作的同志对我的帮助和支持。5 年出书 8 部，中国农业大学出版社为之付出了极大辛劳。

祝母校繁荣昌盛，再创辉煌！

校友　石元春

2015 年 10 月 14 日

中国农业大学

资源与环境学院：

近年我整理出版了 8 部书和两部外文版，谨以此作为对母校 110 周年校庆的献礼和对学院的一份汇报。

2011 年出版《决胜生物质》后，陆续出版了英文版和韩文版；2013 年出版的《战役记》和《黄淮海平原的水盐运动》是 20 世纪七八十年代曲周和黄淮海工作的整理；2015 年出版的《石元春文集》5 卷是对过去 60 年工作的整理，其中《教育卷》是我 1987—1995 年担任校长期间北京农业大学 8 年转型改革中文章资料的汇集。

我是“北京农业大学”成立的 1949 年入学的第一届大学生，1953 年由农学系转土化读研。感谢母校和老师们培养了我，感谢身边一起工作的同志对我的帮助和支持。

祝母校和资源与环境学院

繁荣昌盛，再创辉煌！

校友　石元春

2015 年 10 月 14 日

柯炳生校长：

近年我整理出版了 8 部书和两部外文版，谨以此作为对母校 110 周年校庆的献礼。

2011 年出版《决胜生物质》后，陆续出版了英文版和韩文版（英文版书名是您的作品）；2013 年出版的《战役记》和《黄淮海平原的水盐运动》是 20 世纪七八十年代曲周和黄淮海工作的整理；2015 年出版的《石元春文集》5 卷是对过去 60 年工作的整理，其中《教育卷》是我 1987—1995 年担任校长期间北京农业大学 8 年转型改革中文章资料的汇集。

我是“北京农业大学”成立的 1949 年入学的第一届大学生。感谢母校和老师们培养了我，感谢身边一起工作的同志对我的帮助和支持，感谢校领导和您对我工作和生活上的支持和照顾。

祝母校繁荣昌盛，再创辉煌！

校友　石元春

2015 年 10 月 14 日

姜沛民书记：

我是“北京农业大学”成立的 1949 年入学的第一届大学生。感谢母校和老师们培养了我，感谢校领导和您对我工作和生活上的支持和照顾。

近年我整理出版了《石元春文集》5 卷，是对过去 60 年工作的整理，其中《教育卷》是我 1987—1995 年担任校长期间北京农业大学 8 年转型改革中文章资料的汇集。

值此中国农业大学成立 110 周年之际，谨以《石元春文集》向您汇报工作。纪念校庆 110 周年办公室将另呈，以作献礼。

祝母校繁荣昌盛，再创辉煌！

校友　石元春

2015 年 10 月 14 日

首批赠书：
一、10本套（2套）
校庆办公室、资环学院办公室
二、5本套+两本外文版
柯校长
三、5本套
姜书记、资环学院院长和书记、副院长

短文篇

常有友人索“书序”，青年学子约“寄语”，作者多是随写随交，散发多于电脑留存。作者偶尔也对某些世事与时弊等有感而发地写些短文随笔，如素质教育、大学精神、人才培养、“大师”现象等。这些题词、寄语、随笔等也是作者科学文化生活与创作中不可或缺的内容。在此选入25篇短文，按时序排列。

短文篇目录

1 天觉先生百次回国随感

（1998 年 10 月）

【写作背景】

左天觉先生是华裔美籍著名农业科学家，为发展中国农业科技和教育，20 年间来回奔波于中美两国达百次之多。本文是作者为左先生所作。

天觉先生居美已有半个世纪，在美国农业部工作 30 年，获美国农业部的杰出工作奖和美国总统授予的“高级执行文官杰出贡献奖”等。1974 年接待了第一个中国农业代表团访美，1977 年初次回国，至今已回国百次之多，在美国接待中国农业方面的代表团和人士就不计其数了。

天觉先生在国内农业界可说是闻名遐迩了。我任北京农大校长多年，但与先生接触不多，而这两年却过从颇密，正是有缘不在早晚。今夏，国内农业科教界的几位同志，在京偶尔谈及先生回国百次事深有感触，想办一 party，以示纪念，也是对海外华裔科学家爱国心、建国情表示些许国人心意。先生先是不允，后经提出与《中国农业：1949—2030》（左先生主编）的中文版首发式结合进行才得首肯。既然说到回国百次，总要有个材料，先生不好反对，但提出不能歌功颂德，不要放照片。最近在给我的信中再次叮咛“不要请人写歌功颂德的假文章，老朋友愿意写，轻松幽默短文最好。”其实，天觉先生是出了个难题，“歌功颂德文章”好办，“轻松幽默短文”难写。

平时，左先生有事给我来电话总是晚上十一二点，倒不是时差原因，是这个时间最能捕捉到我，所以我把左先生的电话戏称为“夜半铃声”。今春的一个夜晚，电话铃声响了，估计来自大洋彼岸。不过这次左先生的语音不似往日平和，“石校长，你知道 5 月在北京召开一个有美国专家参加的中国农业问题讨论会吗？”我说不知道。他讲了此会的背景情况后表示，有些外国专家，用选择性的数字对中国农业发表耸人听闻的警告，对中国，对不了解实情的其他国家的影响都不好，没有必要为他们提供宣传机会。次日，我给主持此会的中方专家电询此事，并转达了左先生的意思和我的态度。事后，先生仍关心着此事。这使我联想起，去年左先生做了心脏搭桥大手术后，专程从医院赶到会场，与布朗先生辩论“中国人能否养活自己”。今年，在给中央的一份建议书中，左先生情真意切地写下了“我们认为，中国的资源潜力可以养活自己，中国人的智慧可以运用农业科技养活养好自己。”在和先生的接触中，时时都能感到一位华裔科学家对自己祖国的由衷深情，对有伤祖国的事和人，他总是义正词严，耿耿于怀。

左先生谈起中国农业问题，总是那么激情。他十分关心中国的淡水资源、农业节水、开发大西北、雅鲁藏布江西线调水；如何制止滥用化肥农药，保护资源环境，走持续发展道路；农业高校要向综合化发展和科研、教育、推广一体化以及一定要对保护农民的土地投入积极性等。他每到一地，总是要求到农村去，与农民交谈，用他的话说，“搞农业就要到农民中去，了解他们的需要和苦衷”。去秋，江泽民主席访美期间接见左先生等著名华裔科学家时，他专门谈及中国农业问题；今春，又与五位中美著名农业科学家联名给中央写中国农业问题的建议书；7 月，中央领导接见时的坦诚陈述以及事后对建议落实情况的关注等都是那般的务实、认真和执着。

最近，左先生主编出版了《中国农业：1949—2030》一书，姑且不说该书对半个世纪来中国农业的巨大成就、存在问题和对未来 30 年的展望的论述，就说这 775 页的英文版巨著，是他花了两年多时间，亲手编撰，一字一句扣出来的。我们都有写文著书的经历，其工作量之大是可想而知的。不料左先生在谈笑中说：“工作量太大，以后不敢再做了”，突然使我意识到，这项大工程是他在年近八旬才动工的。想到这里，我这个才六十多岁的晚生后辈也平添了几分勇气。

说起回国百次，下面列出最近一次，6 月 18—7 月 14 日在国内活动的情况就可见一斑了。

6 月 18—24 日　北京，与国务院侨办、农业部讨论国际合作项目，访农科院、中科院等；

6 月 25—29 日　去湖南数地区考察烟草，作报告；

6 月 30—7 月 2 日　北京，拜访农业部，作中央领导接见准备；

7 月 3 日　中央领导接见；

7 月 4—11 日　到湖北武汉、鄂西等地考察烟草，会同美国专家讨论国际合作；

7 月 11—14 日　到云南讨论国际合作，受聘为云南省政府烟草顾问；

7 月 14—15 日　到香港联系国际合作事宜；

7 月 15—18 日　南京市市长邀请讨论丘陵地开发等问题，和南京农业大学谈国际合作问题；

7 月 18 日　回北京；

7 月 19—23 日　去山东黄河三角洲考察，讨论开发国际合作事宜，受聘山东省政府顾问；

7 月 23—29 日　去内蒙古讨论农牧情况及开发黄河水源的国际合作；

7月30—8月4日　在北京与中国烟草公司讨论有关事宜；

8月5—12日　与多国专家到新疆乌鲁木齐、伊宁等地讨论节水及开发大西北问题；

8月13日　回京；

8月14日　返美。

在三伏大暑的57天中，先生走访了9个省（自治区、直辖市），行程万余公里。一位功成名就、生活优裕和已经心脏搭桥的八旬老人，不远万里，频频回国，不辞辛劳地奔波各地，这是为什么？终于，在最近左先生的一篇文章中找到了答案，他是这样写的："一滴水算不了什么，一粒沙也算不了什么；一百滴水算不了什么，一百粒沙也算不了什么。可是千千万万滴水就成为大海，千千万万粒的沙就成大地。我们每一个人的力量是极端微小，若能为一根草、一枝花、一个人、一件事略为增加一点美好，千千万万人、千千万万年累计起来，就是人类生命的活力，历史本来就是千千万万小人物，小事情积累起来的。"原来左先生做一件事、回一次国，都当作一滴水、一粒沙，实实在在、认认真真地做，如精卫愚公般地添海移山。若没有浩海大地的胸怀，是不会如此坦荡博大的。滴水粒沙里有量与质的哲理，更有为人行事之道。在物欲横溢的社会，有太多人为一事一利而不择手段和忘乎所以，到头来为波涛和大地所掩埋。"人是要有一点精神的"，我在想，多一些"滴水粒沙"精神，世界一定会更美好。

吉尼斯纪录无奇不有，但不会有回国次数的记录，即使有，在精神面前，数量又显得不那么重要了。为了不悖先生尊意，上面说的都是实情实事，以避歌功颂德之嫌。其实，功德所在无须颂歌；功德不在，歌难入耳，颂也枉然。这也是实话实说。

（1998年10月）

附：左天觉先生1952年由中国台湾赴美，在美农业部工作31年。1968年获美农业部颁发的"高级贡献奖"，1977年获"杰出贡献奖"，1984年获美国总统授予的"高级执行文官杰出贡献奖"。先后被选任全美科学促进协会（AAAS）、美国化学研究会、美国农学会等学术组织的资深会员。还在世界银行、CGIAR、亚洲发展银行、洛克菲勒基金会等重要国际组织任职或作顾问，现任国际农业发展教育及生命科学研究所所长。左先生是华裔科学家在农业方面最有影响的学者之一。

2 为《中国农业：1949—2030》书作序

（1998 年）

中国的农业，无论从哪个角度审视，都是个重大而又内涵深邃的命题。

七八千年前，中国就开始栽种稷黍稻谷和驯养猪羊；以精耕细作著称的传统农业也有了三四千年历史；1949 年以来，随着国家的工业化建设，农业也进入了这个“快车道”跑了半个世纪。“民之大事在农”，农业为立国之本，几千年来，中国农业有着辉煌的成就，也经历了艰辛和坎坷。时至今日，面对有限的资源，脆弱的基础，庞大的人口重负，谁也不会感到轻松。经济日趋全球化的 21 世纪，中国的农业状况如何，不仅是中国的问题，而且将在国际上产生深刻影响。中国农业的担子和责任实在太重了。

在这半个世纪里，耕地面积没有变化，粮食总产提高了近 4 倍；人口由 4.5 亿增加到 12 亿，人均粮食不仅没有减少，还由 209 公斤增加到 400 公斤。正是这样的速度和奇迹，维持了半个世纪里中国人口和需求的剧增，我们理当引以为自豪。但是，也不能忽视问题的另一面，我们付出了太大的代价，就是化肥、农药和投能千百倍地增长和资源环境的恶化。没有物质投入，哪来的高速增长？问题是出在高投入，低效率上。化肥施用量持续增加而报酬年年递减；单位面积化肥施用量是美国和世界平均量的 2.6 倍，而粮食单产水平不高；化肥氮损失率达 45%，还造成对水体的严重污染。这种急功近利地追求数量和速度，忽视效率、科技和环境后果的粗放型增长方式，同样也表现在水土资源利用和农药使用等方面。发达国家已经走出工业化初中期高投能的误区，我们还在这条道路上奔跑。

在世纪之交总结成绩和检讨问题的时候，还要看到那令人振奋的因素，就是日益广泛和深入展开的，以生物技术和信息技术为主导的农业科技革命。它给传统的农业科技和生产注入了新的活力，并将逐步形成新的农业科技和生产体系。这对世界农业，尤其是中国农业提供了新的时代机遇和挑战。20 世纪只剩下一年多的时间了，静下心来，对中国的农业问题，作些认真和深层次的思考是十分必要和有益的。

左天觉先生对祖国农业十分关心，20 年回国百次。这两年，他以 80 岁高龄，主编出版了《中国农业 :1949—2030 年》一书，亲自编撰，汇集整理了 40 多位中外著名农业专家对中国农业的论述。此书将时间定格在1949—2030年，既有半个世纪的回顾，又有未来30年的展望，可谓匠心独具。农业问题很复杂，中国的农业问题更复杂，很难用几个数字做结论，还是多一些讨论，多一些不同角度和侧面的审视更为有益，本书正是这样集思广益的。书中文章，资料充实，论述精达，坦诚陈词，是一部迎接新世纪的上乘之作，定将为中国农业的发展作出应有的贡献。

石元春

1998年秋识于北京

3 为《少年博览》写寄语

（1998 年岁末）

少年朋友们：

新的一年快要来到了。你们的《少年博览》要我给大家写几句话。

你们中一定有些人把当科学家作为自己的理想，我就谈谈这件事吧！

和你们周围的爷爷奶奶、叔叔阿姨一样，科学家也是普通的劳动者。他们的工作和志向是通过艰苦的劳动，去认识客观世界，发现和发明人们现在还没有认识的东西，为人类社会造福。这是一条很艰苦、很困难和很光荣的人生道路。

我小时候，对老师有那么多知识，知道那么多事和讲的科学家故事那么吸引人，特别佩服和羡慕。上中学时，看《居里夫人》电影的时候，感动极了，学习的劲头更大了。几十年过去了，现在回想起来，原来我走上科学的道路，是和少年时候种下的这颗“思想种子”分不开的。光有理想还不够，要对国家和社会有责任心，要刻苦学习。

科学的世界，是那么绚丽多彩，引人入胜啊！科学工作者的生活和兴趣也是丰富多样的。我对音乐和体育不在行，但是特别喜欢听音乐和看体育节目，还有书法和绘画、小说和诗歌，一切美好的东西我都喜欢。科学和文化艺术是相通的。

少年时代是最幸福的，对什么都有好奇心和兴趣，但一定要努力学习，要全面发展。

你们的老朋友

石元春

1998 年岁末于北京

4 农业知识的宝库

（1999 年 2 月 1 日）

【写作背景】

此短文是作者应农业出版社之约，为《农业大词典》写的一篇读后文。

最近，在我的案头，多了一本沉甸甸的巨作——《农业大词典》。

我说它沉甸甸，不仅是在 2 400 多页的厚度和重量上，而在于它那囊括了农业的历史、经济、生物、气象、环境、生态、土壤、水利、作物、果树、蔬菜、观赏园艺、林业、植物营养、肥料、植病、昆虫、农药、畜牧、兽医、水产、蚕桑、养蜂、工程、机械、贮藏、加工等农业名词术语 3 万条；那洋洋洒洒的 800 万字和 2 500 多幅插图；那 400 多位专家学者和众多编辑人员十年“寒窗”的结晶。

我首先看了词目目录，有些是我熟悉的，但更多是我不熟悉和不知道的，一下子就激发了我的求知欲。扔下了手头的事，一个劲儿地翻看起来。词条中既有植物营养的不可代替律、营养最大效率周期，又有堆肥、沤肥和掩青；既有理论和概念，又有技术和方法；既有自然科学，又有社会科学和政策法规。这部词典，专门家可读，农民能看；老师可查，学生要学；领导可看，干部也要学，确是一部雅俗共赏，包容性很广，读者面很宽的“大”词典。从专业的角度，我选看了些我熟悉的词条，如土壤分类、土壤超微形态、溶质流、饱和流、非饱和流等，其词解精要、准确得体，有些能反映该学科领域的新概念新成果。《农业大词典》的丰富内容和工具性质将成为我的随身伴侣和老师。

我国是个人口大国，在保证食物安全、经济建设和人们日益增长的需要中，农业任务重大。我国是个农业大国，一个农业还相当落后的农业大国，传统农业改造的任务极其繁重。十五届三中全会通过了《中共中央关于农业和农村工作若干重大问题的决定》，为中国农业跨世纪的发展，指明了方向，绘制了蓝图。在开创我国农业和农村工作新局面的热潮中，中国农业出版社推出这部《农业大词典》，可谓逢时矣。“工欲善其事，必先利其器”，这部综合性的大型工具书——《农业大词典》，必将对我国农业跨世纪的发展作出应有的贡献。

几千年来，中国以农立国，历来十分重视农书的建设，北魏贾思勰的《齐民要术》、明徐光启的《农政全书》被誉为中国古代的农业百科全书。19 世纪，特别是 20 世纪以来，传统农业和农业科技向现代农业和农业科技发展，农业领域在扩展，学科专业和技术方法日新月异，即令“学富五车”的饱学之士，也只能屈居一隅。因此，一部能反映现代农业和农业科技且具有工具性的农业百科全书的出版适应了时代的需要。十年磨一剑，中国农业出版社的《农业大词典》终于面世了。相信在我国的科教兴农中，这个农业知识的宝库将焕发出知识的光彩。

5 为《中国水资源与可持续发展》作序

（2001 年冬）

【写作背景】

作者受友人张岳教授约请为新作《中国水资源与可持续发展》作序。此序后以《关乎全局的大事》为题被刊登在 2001 年 2 月的《出版广角》上。

张岳同志从事水利工作四十多年，由他主编、广西科技出版社出版的《中国水资源与可持续发展》不愧是一本好书。

当今世界各国越来越认识到水已成为 21 世纪可持续发展的一个关键问题。特别是随着人口、经济、社会的发展，水危机已不是危言耸听。2000 年大旱，全国 22 个省、自治区、直辖市同时出现旱灾不仅是水资源供需矛盾的集中表现，而且干旱已经表明，北方缺水已成定局，水危机已成事实。天津用水告急，国家不得不采取引黄济津的应急方案就是一个佐证。

这本专著以鲜明的观点论述水是自然资源、经济资源、战略资源。人类的生存在于水，可持续发展的关键在于水，环境发展的核心在于水，归结到一点，人类的安全都在于水。按照自然规律，坚持人与自然的和谐共处，突出以水为主题，系统、全面、综合地论述了水资源与人口、水资源与环境、水资源与经济、水资源与可持续发展，以及水在人口、资源、环境协调发展中的战略地位和不可替代的作用。在分析我国水资源条件、开发利用现状、前景展望的基础上，重点分析了影响水资源可持续利用的主要因素；在总结国内外可持续发展观点的基础上，对未来 21 世纪中国水问题进行了分析与展望。

张岳同志将水利建设划分为三个阶段，即工程型水利、资源型水利和环境型水利三个不同的发展阶段，并从可持续发展的战略高度，在水利发展战略上，提出通过资源的优化配置和措施的优化组合，最终目标实现水资源的高效利用和水资源的可持续化，建立以资源优化配置和保护为基础的节约型经济社会发展体系和措施优化组合防洪减灾体系。关于资源型水利的内涵，张岳同志概括为“合理配置、优化调度、节约高效、统一管理、永续利用”二十字方针，是很有针对性的，符合我国的国情和水情。特别是强调依靠科技创新走效益型、科技型、优化型、集约型经济发展的模式，这是世界上发展的趋势，也是中国走出水资源短缺困境的根本途径。

遵照党中央提出的可持续发展和科教兴国两大战略，张岳同志提出了 21 世纪水资源可持续利用的十项行动计划建议：即制定一个“碧水绿洲”行动计划，大力增强全民族水的忧患意识；制定国民经济和社会发展规划要充分考虑水资源条件，重新审查水利发展战略及长远规划；全面理解和正确贯彻开源与节流并举的方针，加快跨流域调水的步伐；制定华北地区水资源短缺的应急方案，依法完善水资源的统一管理体制；建议成立国家水资源委员会；建立城乡一体化的水资源管理体制；健全和完善各项水利经济政策；以科技进步为先导，实施科教兴水战略；加快水利基础设施产权制度改革，实现产业化经营；拓宽水利建设资金来源，加大水利投入。这些建议对进一步研究中国水的问题具有指导意义，对于实际工作具有非常重要的参考价值。

石元春 2000 年冬于北京

6 为《走近科学家》书写几句话

（2001 年 2 月 4 日）

黄健同志：您好！

来信收悉。得知您正准备出版《走近科学家》一书。它是您，也是社会对知识的尊重和热心，由衷地祝贺您将取得的成功。您要我“写几句话”，我还真不知道写几句什么好。下面仅就您给我的“内容提要”和“目录”说一点体会。

人类在地球上出现，曾经历过几百万年的漫漫长夜，直到近两三千年，特别是近二三百年，才用自己的智慧点燃了科学和技术的明灯，照亮了人类前进的道路。在这条道路上，有科学和技术的座座丰碑，幢幢大厦；科学殿堂的建造中，既有栋梁之材，也有粒砂片瓦，他们都是不可或缺的。大师和巨匠们的光环，闪耀着智慧和科学精神的耀眼光芒，也以其对人类和自己国家的责任感和爱国心昭示后人。

致

礼！

石元春　敬上

2001 年 2 月 4 日

7 对《红壤物质循环及其调控》等二专著的推荐意见

（2002 年 10 月 21 日）

《红壤物质循环及其调控》和《中国东部红壤地区土壤退化的时空变化、机理及调控》两本专著是多年来难得的土壤学研究力作，是作者，也是我国土壤学界取得的一项重要成果。

该专著的研究对象——红壤，占地球陆地面积 40％以上，生活着近一半的世界人口；在我国，也占有 1/5 的国土面积和生活着约 40％的人口。这些数字的本身已经说明了这项研究在理论和实践上的广泛和重要意义。

该专著未拘泥于传统的土壤学研究思路和方法，而是直向于问题的核心和本质——物质循环；也只有在物质循环这个基础和本质性的基点上，才能在更广阔的时空上展开，这应当成为本书的一个重要特点和成功之处。

该专著从红色风化壳和母质的第四纪地质背景以及土壤形成演变中的物质循环入手，这就为全书作好了理论和资料上的铺垫。继而在矿物质和有机质，养分和水分的物质循环上列举了详实的资料和理论性分析，成为本书的重要组成。

该专著未止于科学和基础性的研究和论述，而且针对该地域的农业生态、资源利用以及土壤退化及过程中的物质循环方面有一定的论述。该专著含大量丰富的研究成果和有价值的资料。该专著的出版对该地域的农业开发、生态环境的保护和可持续发展将起着很好的指导作用，同时也反映了作者在实践工作上的功底。

该专著的另一个重要特点是，应用现代理论和方法，将红壤的物质循环与全球变化结合了起来，特别是红壤地域二氧化碳、甲烷和氧化亚氮排放的研究，无疑是全球变化研究的重要组成。

该专著能做到理论与实践，宏观与微观，传统与现代的结合，在一个广阔的领域，作出系统和深入的研究成果，是与中国科学院南京土壤研究所近半个世纪持续和出色的研究分不开的；是在李庆奎院士等的研究基础上，赵其国院士等近 20 余年对土壤研究的深化分不开的。

该专著是我国土壤学研究上的一项重要成果，也是对世界红壤研究的重要贡献，因此我愿意推荐该专著申报国家奖励。

也要提到的是，在这个研究的框架中，还有许多的未知和有待深入的地方；红壤地区的自然条件复杂，地域性很强，还有许多工作要做。

中国农业大学土壤学教授
石元春
于 2002 年 10 月 21 日

8 “盲人摸象”悟

（2002 年 9 月）

【写作背景】

作者认为，飞机在天空飞行期间，干扰最少，或昏昏入睡，或大脑奇思幻想。2002 年 9 月，作者在由武汉返京的飞机上就发生过一通乘机奇思遐想，随后写一随笔。此随笔在电脑中存放了十多年，趁此时机，可让它晒晒太阳，出出丑。

“盲人摸象”的故事可说是妇孺皆知的了，我上小学时，就听老师讲过，书中插图还依稀记得。这次出差途中，又有了些新的感悟。

为了从武汉赶早班机回京，6 时许即离开了宾馆。

金秋的武汉已是暑气尽消，我带着一身清晨的爽意登上了出租车。

离开市区，出租车驶上机场高速路不久，路两侧出现了好大的一片水面。我不经意地问司机，这是什么湖？司机面无表情地说：“这是条河！”弄得我这个湖北佬颇为尴尬。可能是因为在北方待的时间太久，将江汉平原上汛期刚过的宽浅河床误当成湖了。

早班机上的乘客不多，我坐在前排右侧靠近舷窗的座位上，悠闲地看着当天的《武汉晨报》。飞机起飞了，习惯地放下了报纸，把视线投向了窗外。飞机刚一离地，就躲开了周围的障眼物体，看到那阴云密布的天空，像个圆浑的穹形天罩满满地盖在了大地上，使我奇思妙想地联想到天圆地方说，天圆的视觉太明显了。古人们没有坐过飞机，一定是登高山之巅而遇阴沉天气才会找到这种感觉的。

刚起飞的飞机，总是大角度地向上拉升，使机舱明显上扬。今天云层很低，从舷窗外看去，这直上的飞机，正向那灰蒙蒙的穹形天罩刺去。大约上升到一两千米，机身下出现了几处悠然飘移着的云朵，很美，很像天安门前华表上的祥云。往下看，绿色的大地上，大大小小的湖泊，星罗棋布，着实展示了家乡“千湖”之秀美。长江奔流出三峡后，溢出了这一片肥美的江汉平原，还如天女散花般地撒下了点点湖泊，将大地装扮得如此娇娆。起初在机场路上看到的那片水面，不，那条宽河床当然已经远缩到无法辨识了。

飞机向穹形天罩冲刺了，快要触及浓密的云层，我紧紧地盯着窗外。瞬间，窗口被堵住了，塞满了密密的云团，或浅或深的灰色云团。我的视线被这些浓密的云团逼得很近很近，浑浑然如堕五里雾中。一时间，心绪上感到些憋闷，原来天上也不都是明媚悦人的。

当飞机冲出这个恼人的天罩，云层稀薄了，天空明亮了，视野开阔了，心情也好了起来。初升的太阳，将一束金灿灿的霞光投到了云层之上，不时地在云端上顽皮地跳跃和变换。突然，眼前出现了一幅精美的画卷，是在一片云层空洞的下面，露出了绿色大地，繁星式的湖体已被视线缩成了粒粒明珠，朝霞为它们镶上了一层金灿灿的花边，熠熠放光，令人目不暇接。

平原与湖泊依旧，可是，才十几分钟，随着视线的拉伸，从机场路边的水面到镶着金边的明珠，却发生了如此多的变化。世界真是个"万花筒"，几块不变的镜片和彩纸，一旦转动起来，就会景象万千。

飞机上到了万米高度的平流层，眼前出现了一派宏灏壮观的景象。远处有慢慢飘移着的，由云朵堆成的白色云山；近处密集着起伏不大的云层，如极地的皑皑冰雪；原来我们飞机穿透的那层"天罩"，云团变得白净卷曲，如羔羊绒毛般的地毯。这是一片白色的"大地"，白得纯洁无瑕，晶莹剔透，白色"大地"上的天，湛蓝湛蓝的，蓝得比海明亮，蓝得令人心醉。这里只有广袤无垠的蓝天与白云，像一座冰洁的圣殿，置此仙境的凡人，都会受到一次纯净心灵的洗礼，而羞于尘事的污浊。

"先生，您用什么饮料？"从漂亮空姐的声调和表情感到，这已是再呼了。

"哦，对不起，我要一杯咖啡。"不无歉意地应答着。

一边品着香浓的咖啡，眼睛仍盯着舷窗外，思绪还萦绕于此人间仙境。

在民航机上看万米高度景色，心境十分开朗。而在宇航员眼里则是一片浩瀚太空，地球仅一蓝色星球而已。在哈勃天文望远镜最近拍摄的，由蓝色热星体组成，围绕着一个奇特星系的黄色核心旋转着的霍格星系，自当是宇航员所看不到的另一番精妙绝伦景象。真是，"天外有天"啊！在古代，九是极数，古人提出"九重天"很有道理。地面、飞机、宇宙飞船和天文望远镜是用不同的手段，在不同层次和尺度上"看天"，看到"天"是不一样的。

"先生，请用早餐"，这次不敢怠慢地接过了空姐手上的餐盘，食不甘味地咀嚼起面包、香肠、一小包榨菜和几粒小西红柿。

不想，这顿早点，却将我的思绪从天上拉到了地下，联想起了种种尘事凡人。

人要面对大自然，面对大社会，面对"人心隔肚皮"的人际关系，太繁复了，又能看清多少事？何况人皆有主观与私心。说人生如"盲人摸象"实不为过，用哲学语言说，叫人的认识局限性，小人物也好，大人物也好，莫能幸免。

说起地球，就很复杂。日地关系和地球公转与自转等宇宙因素，两极与赤道、陆海格局与地势高低等地球因素，使得地球表面的气候、土壤和生物，在时空上规律性的演化与分异，出现了寒带、温带和热带，湿润区、干旱区和半干旱区，以及森林、草原和荒漠等非常复杂的生态类型和景观，编织了一幅瑰丽多彩的云锦、湘绣或喀什织毯。这些自然要素和生态景观类型，和谐地构成了一个有机整体。对于大自然，人们要敬畏她，亲近她，了解她，是不允许错位和胡来的。

“各位旅客，再过 20 分钟，我们就要到达北京国际机场了。现在飞机开始下降，请大家……”我如梦初醒，原来一个半小时的空中旅行就要结束了。

有人说，厕所里看书最专心，我没有这方面的感受，倒是觉得飞机上的干扰最少，什么事都干不了，手机也要处在关闭状态。但是，能限制我胡思乱想吗？

9 为《曲周试验站建站30周年专辑》写前言

（2003年10月19日）

在曲周试验站建站30周年期间，中国农大学报出一期专刊是件很有意义的事。

曲周试验站建站之初，除了有一个好的，需要进行旱涝盐碱综合治理的现场外，试验条件是谈不上的。开始的研究手段是四大件：土钻、铝盒、台秤和从县里借来的一个烘箱；第二年才在一间上面掉土漏雨、四面透风进沙的土坯房子里建了个能做盐分和水分分析的“实验室”，计算工具是算盘；第三年自己参加劳动，在张庄村边建了个“排水采集器”，就这样地做了好几年的水盐运动研究和作物考种。

当时，常在曲周试验站工作的有十多位老师。他们离开了家和孩子，一年有八九个月在这个工作和生活条件都很差的地方，搞“小米加步枪”式的研究。当时只用写试验报告，不用发表文章，不知道什么是SCI；不用考虑职称和工资，一心干活就是了。到1977年才汇编了一本内部编印的《华北农业大学农业科技参考资料》。

科学研究是需要条件的，就像战士需要武器一样。武器很重要，但更重要的是战士，战士的信念。

曲周试验站能历30年而不衰，在于它能始终把研究现场放在生产实践的第一线上，在于它与当地的农民和领导血肉相连、息息相通。当年是在综合治理旱涝盐碱的战场上，以后又在承包责任制、结构调整和产业化经营的一线，现在，十六大提出了“统筹城乡经济社会发展，建设现代农业”的战略任务，曲周试验站都要与时俱进地和当地农民和领导一起，走在时代的前列。

我真诚希望，曲周试验站能成为中国农大的一个面向中国农业实践，学习中国农业实践的基地，成为中国农大展示师生风范和科技水平的橱窗。

这期专刊发表的文章，是许多老师近年研究的成果，是用现代化武器和方法研究的成果，有时代感，有较高水平，这是令人高兴的。

石元春

2003年10月19日于北京

10 为《信阳农业发展战略与规划》作序

（2005 年 9 月）

看到《信阳农业发展战略与规划》，很高兴。这是一部不错的地市级农业发展的战略研究和规划，对信阳的农业资源、历史沿革、发展战略、区域布局以及茶产业等有详细的资料和论述。

近半个世纪的世界农业发展中，中国农业是佼佼者，作为农业大省河南和农业大市信阳无疑作出了重要贡献。中国农业进入了一个新的发展时期，一是有中共十六大关于“统筹城乡经济社会发展，建设现代农业”等一系列重要方针政策的正确指引；二是有新的农业科技革命的科技驱动；三是有国内外两个市场的激励。

新时期农业发展中的两个转变是值得注意的：一个是由资源型农业向效率型农业，由不可持续发展向可持续发展方向的转变；另一个是由单一的初级农产品生产向初级农产品、农产品加工以及现代生物质产业的多元化方向的转化。前者是个十分艰巨和长期的任务，但是一定要痛下决心，早做快做；后者是农业必须冲破传统观念的禁锢，要自己解放自己，要拓展自己经营的空间。今年五月，我在郑州作过一场题为“农业的三个战场”的报告，说的就是这个意思。

相信《信阳农业发展与规划》一书，对信阳农业现代化的推进会起到它应有的作用。

石元春

2005 年 9 月于北京

11 为卜风贤博士所著《农业灾荒论》一书作序

（2006 年 3 月）

我国是一个农业大国，也是一个频繁遭受自然灾害侵害的国家，农业灾害对农业发展具有极为重要的影响作用。现在，我国农业生产面临着许多新的机遇和挑战，其中农业可持续发展和粮食安全是大家比较关注的两个焦点问题，二者都与灾荒有密切关系。农业可持续发展的核心内容主要是强调农业生产与自然环境之间的协调关系，粮食安全则侧重于农业生产与社会需求之间的平衡状态。日益复杂多样的灾害事件对我国农业的可持续发展和粮食安全态势都造成了威胁。提高农业生产的科学技术水平和农业现代化程度是促进中国农业发展的主要途径，加强农业减灾研究，提高农业抗灾减灾能力并大幅度降低灾害风险也对保障国家粮食安全会产生积极的重要作用。所以，从这个意义上讲选题研究农业灾害并探讨农业减灾救荒是我国农业发展中的一项重大课题。

我国是一个农业历史悠久的国家，几千年以前我国的先民就在黄河、长江流域耕垦播植，发展起来了原始农业生产形式。传统农业时代我国农业生产技术长期领先于世界，农作物单产水平远高于世界其他地区，但农业是一个弱势行业，我国季风季节十分容易发生多种灾害，干旱的春季正是小麦拔节时，缺水成为重要的影响因素；早稻收获、晚稻播种时节，正临汛期；地震、滑坡、泥石流灾害也十分频繁。所以，农业生产特别容易受到灾害的破坏性影响而出现减产绝收，由此而引发的饥荒和社会动乱成为古代中国社会发展中难以逾越的陷阱，某些西方学者因此竟称我国为“饥荒的国度”，可笑至极。先进的农作技术和频繁发生的灾荒同时并存于中国农业发展史上，研究我国农业问题需要高度重视灾害事件及其演进影响。

卜风贤博士所著的《农业灾荒论》一书在农业发展和自然灾害之间找到了很好的切入点，从灾荒理论研究、历史灾荒发生演变规律研究、农业减灾与农村社会发展以及农业历史研究入手，内容涉及农业灾害理论与现实层面的多种问题。书中观点见仁见智，有些问题需要商榷，有些问题还需要补充材料，相信读者会给予中肯的评价。不过，农业灾荒史研究是一个有待进一步深入的学科领域，真诚地期盼年轻学者能够继承老一辈学者的敬业奉献精神，今后作出更多更大的成绩来。

石元春

2006 年于北京

12 创新是一种精神、氛围和文化

（2008年3月10日）

【写作背景】

2008年年初，中央组织部人才局向院士专家征询培养创新型人才的意见，此文是作者的一份回复，谈了自己对创新的体会，提出“营造创新型人才的成长环境是根本性的百年大计”以及四点具体建议。此文后载于中共中央组织部人才工作局出版的《百名专家谈人才》一书。

在1990年召开的第一届全国基础科学工作会议上，宋健同志在主持会议的讲话中谈到当时日本在美国大量购置资产以至自由女神，还声言科技上也要超过美国。坐在身边的钱学森同志表示：在科学技术上日本永远也不会超过美国，因为日本没有美国的那种科学精神和环境。杨福家同志讲过这样一个故事，大意是国外有一所著名大学，校长与一位新聘数学教授谈话时，教授问：“五年里我不会给您提交科研成果，可以不可以？”校长说：“不要紧，只要您是在认真地研究和授课就够了。”后来，这位教授发表了一篇论文，得了诺贝尔奖。钱钟书进清华的数学考试是零分，这是大家熟知的。其实，相对论、DNA双螺旋结构、青霉素等许多重大科学发现并不都是在国家重大项目、高级实验室和雄厚资金支持下由学术权威完成的，至关重要的是有献身科学、自由探索、追求真理的科学精神和氛围。当然，有了高级实验室和雄厚经费就会如虎添翼。

其实，创新是一种精神、氛围和文化现象，一种崇尚科学、追求真理、宽容失败、鼓励争鸣、不唯权威、提倡求异的精神与氛围，就像孵化鸡蛋所需要的那种温度和湿度一样。创新型人才是“果”而不是“因”，要“修成正果”就必须创造适宜的温度和湿度，要得“鱼”则必须“放水养鱼”。

科学、技术和工程三者密切相关，但又是不同的概念与范畴。20世纪60年代我国的“两弹一星”和现代的“探月”都是在一定科学理论基础上的技术与工程的集成，是可以在国家指令和强力推动下完成的，科学理论的形成规律就与此不同了。但是，勿论是科学家、技术专家和工程专家，只有在科学精神和氛围的热土上才能展开他们智慧的翅膀。

中国欣逢经济腾飞盛世，“一万年太久，只争朝夕”。我们需要积极进取和速度，需要更多的SCI/EI文章和专利申请，需要加大国家科研经费的投入，需要提升科技竞争力的世界排位，我们已经这样做了，也取得了令人自豪和世人侧目的进展。但世事都有两面性，科技领域也在滋长和弥漫着“浮躁”和“急功近利”之风；科技项目申请、评议和管理出现一些严重问题和不正之风；科技人员提职提级中的不良导向；科技骨干的主要精力不在研究而消耗于“争取项目”，接受检查、验收、鉴定和报奖；成果跟踪模仿多，自主创新少，原始性创新更少；评议中的“同行捧场”和媒体的“美化宣传”，甚至少数科技人员的不端行为；等等，已经成为一种可怕的精神、风气和文化，像癌细胞一样地在侵蚀我国科技的健康肢体。这种“温度”与“湿度”能孵化鸡蛋吗？科技界有人说，“国外出活，国内不出活”，这是对科技人员精力和智慧的一种可怕“掠夺”。

中国经济由积贫积弱到振兴腾飞，科技由一穷二白到令人侧目，科技人才由凤毛麟角到求强创新，当今谋才的境界，是否应当上升到谋创新之才与营造成长环境的并重，“鱼”与“渔”的并重。营造创新型人才的成长环境是根本性的百年大计。

为此，

——下决心改革当前科技管理中计划、实施和监督三位一体，一部独大的体制；下决心改革科技项目在立项、申请、评议、检查、验收和评奖全程中的弊端、陋习和腐败。

——下决心改革科技人员升职提级及管理制度与方法，克服重关系，重SCI，重得奖；轻潜质，轻能力，轻业绩。一定要戒浮躁，戒浮夸，戒急功近利；要讲品格，讲奉献，讲实事求是。

——大力提倡献身科学、自由探索、追求真理、宽容失败、鼓励争鸣、不唯权威、提倡求异的科学精神与氛围。在国内及引进人才中要注意发现那些不仅学识高超，成果丰硕，而且能以其科学精神影响和带领团队的领军人才。

——学校，特别是大学和研究生教育，是培养创新型人才的摇篮。科学精神与氛围应当成为衡量一所大学办学质量的最基本和最高标准与要求。培养创新型人才要从大学的科学精神和氛围营造上抓起。

科学精神、氛围和文化的形成是一个整体和系统，动其一点，“孤掌难鸣”。一种精神、氛围和文化的形成不可能一蹴而就，要只争朝夕，又不能急于求成。

（中国农业大学，石元春，2008年3月10日）

13 为学人寄语二则

（2008 年 7 月 15 日和 2013 年 7 月 27 日）

1. 几位青年教师要我说说做人和做学问的体会，我说了两点，并记留在了电脑里，现在拿出来晾晒一下。（2008 年 7 月 15 日）

——对个人而言，成果、著作、声望等都不是目的，真正的目的是对过程的追求与享受。

——不为名所累，不为利所困，不为人所扰，不为情所动，不为财所愁，不为时所限，人即可炼得百邪不侵的金刚之身，可进入到人间仙境。

2. 南京理工大学毕业学生搞的一个“梦想传递，寄语未来”——两院院士寄语当代大学生的活动，希望全国大学生都能有机会分享院士的人生经验和感悟。这封信函的寓意很好，文字也很美，使我这个为人师者难以拒绝。于是写下了如下的一段话与同学互勉。（2013 年 7 月 27 日）

人生旅途中，学习与工作、理想与事业、爱情与家庭等都会充满着变数与不定，唯一不变和能够自己把握得住的是个人的修身与立德。有了修身与立德就能以不变应万变，得意而不忘形，挫折而不气馁，充实和坦然地度过一生。

14 为《20世纪中国知名科学家学术成就概览·农学卷》作序

（2009年11月17日）

【写作背景】

由钱伟长院士担任主编，由数学、力学、天文学、地理学等21卷组成的大型纪传《20世纪中国知名科学家学术成就概览》中的《农学卷》由作者任主编并作序。

16世纪以来，随着科技革命和工业革命在欧美的兴起，先进的中国逐渐地被抛在了世界后面，一直领先于世界的中国传统农业与技术也是望洋兴叹。19世纪中叶，达尔文进化论发生在英国；施莱登和施旺的细胞学说、维勒的人工尿素合成和李比希植物矿质营养学说发生在德国；孟德尔遗传学发生在奥地利，正是它们奠定了近代农业的生物学和农业化学的理论基础，掀起了19世纪末开始的，以育种、化肥、农药和拖拉机为代表的近代农业科技革命。而这时的中国，正经受着鸦片战争和列强瓜分的奇耻大辱，半封建半殖民地的痛苦熬煎，近代科学与技术在“西学东渐”中蹒跚起步。

中国近代农学启蒙于19世纪末，发祥于20世纪上半叶。这一时期创办了农作物、园艺、林科、蚕桑、茶叶、家畜等各类学科的学堂、试验场和学会组织，聘请了外国专家，引进了先进技术和优良品种。1905年兴办京师大学堂的农科大学，1906年农工商部设农事试验场，1932年成立中央农业实验所。这一时期主要是聘请美英和日本专家主持讲学与试验，也通过出国留学等形式培养了我国第一代的农科专家，逐步建立中国的农科教育和试验体系。

新中国成立使农科教育和研究进入到一个崭新的发展时期。新中国成立之初，仅有高等农科院校43所，教师2 140人，在校生1.3万人。在大学院系调整中，1949年成立了北京农业大学，并将原有43所农科院校和综合大学的农科院系调整为30所独立的高等农林院校，分布于全国各地。1957年成立了中国农业科学院以及各省的农科院。在国家大形势影响下，这一时期是农业科技和教育大发展，也是大动荡的年代。先是全盘学习苏联，以米丘林学说批判孟德尔遗传学，土壤、农经等其他学科也在不同程度上以苏联学派抑制西方农业科技在我国的影响。“大跃进”给农业科技和教育以巨大冲击；“文化大革命”更使农业科教蒙受了一场灾难。

新中国成立后17年间的农业科技和教育取得了显著的发展，特别是在组织体系、科技队伍以及农业科教人员深入农业第一线上。17年间累计毕业本专科生近18万人，研究生1 004人，正是这个农业科教体系的建立和素质较高的农业科技队伍的形成，为改革开放后农业科技的大发展提供了人才与组织准备。新中国成立后的17年，是20世纪中国农业科技发展历程中的一个承上启下的重要时期。

改革开放迎来了农业科技发展的春天，一个生机勃勃、成果累累、人才辈出的大发展时期。这一时期的农业科技成果丰硕，如获1981年度国家发明奖特等奖的杂交水稻，获1993年度国家科学技术进步奖特等奖的黄淮海平原中低产地区综合治理的研究与开发等一大批国家和省部级科技奖励。农业科技对农业生产的贡献率由27%提升到45%。

新中国成立后17年培养成长的农业科技队伍成为改革开放后农业科技大发展中的骨干和主力，他们一面积极学习西方先进科技，弥补曾经失去的时间；一面大力培养改革开放后新一代的农业科技人才。改革开放后有80多位农科教授和研究人员进入中国科学院和中国工程院院士行列。恢复高考后全国农科高校在校生5万人，2007年发展到35万人，在校研究生由312人增加到4.3万人；1981—1988年，公派出国农科留学生1 063人。

“十年树木，百年树人”，20世纪的一百年里，中国农业科技走过了由启蒙发祥到跟上世界发展步伐的百年路程。科技传承和创新的载体是人，是一支农业科技队伍。在这一百年里，有罗振玉、许璇等为代表的启蒙时代的第一代人；有丁颖、梁希、俞大绂等为代表的第二代人；有新中国成立后培养成长的袁隆平、李振声等为代表的第三代人；有改革开放后培养成长的张启发、武维华等为代表的第四代人。

如果说第一代人和第二代人担负了学习引进西方农业科技的历史重任，第三代人承上启下的话，在改革开放大环境下成长的第四代人，在20世纪后期开始的以生物技术和信息技术为主导的新的农业科技革命中，与西方发达国家水平间的差距已经大大缩小了。中国的杂交水稻和抗虫棉等已居世界前列。

《20世纪中国知名科学家学术成就概览·农学卷》包括总序、前言、20世纪的中国农学、传文、20世纪中国农学大事记等部分。农学卷的入选学者是本卷编委会经过充分讨论、严格把关、最终投票优选出来的。有部分入选学者，虽已列入名单，但在组稿过程中或本人婉拒，或过世多年撰写者难以落实，或超过截稿日期等原因，个别稿件未能及时收入本卷。

《概览》农学卷将展示这一百年间中国现代农业科技从启蒙发祥到逐渐跟上

世界先进水平历程中成长和作出较大贡献的 200 多位代表人物。这是一幅历史长河中的百年画卷，这些代表人物是滚滚长江激流中的点点浪花。

《20 世纪中国知名科学家学术成就概览 · 农学卷》编委会

石元春

2009 年 11 月 17 日

15 为《草原的女儿——贺草坪与牧草种子学家李敏教授八十华诞》一书作序

（2011 年）

作者已届耄耋之年，仍矢志不渝，笔耕不已，以自己的拳拳之心和科学成就回报社会，回报他们深爱着的鄂尔多斯草原。本书系统性强，理论与实践紧密结合，在结缕草及草地生态系统营养化学等项研究上处于该领域的国际前沿。值得我们学习的是，新中国早期培养的这一代大学生，在半个多世纪的十分艰苦和坎坷的人生道路上，始终对科学充满激情，对新中国和人民深怀爱心和责任感，把自己的一生无私地奉献给祖国的大地，李敏和钟永安就是这一代人的代表，也是我学习的榜样。我希望这本书能给读者带来科学的灵感、人生的感悟。

16 为石玉林院士《诗词话集》作序

（2012 年 1 月 10 日）

【写作背景】

石玉林院士 1957 年毕业于北京农大土化系，后又与作者师从李连捷院士参加中国科学院新疆综合考察队三年。二人以师兄师弟相称，称韵珠为师姐。玉林《诗词话集》书稿寄作者征求意见，以下是反馈的意见。玉林以此作为《诗词话集》的代序。

玉林、超子：

收到《诗词话集》，仔细看过，不胜感慨。玉林是性情中人，诗词是对亲情、友情、乡情、山水情和事业情的真挚流淌。如果人间更多一些大爱与真情，少一些功利和私欲，一定更加美好。以玉林的这些作品，出一本《诗词话集》非常必要，反映了一位自然科学工作者文化生活的宝贵的一面。师兄师姐力挺之。为曲写词，是否有歌唱家的演唱作品，翘首以待。玉林的诗词受闽文化熏陶，自有风格。以后如有新作，望即惠赐，以资品赏。

愚兄、愚姐

2012 年 1 月 10 日

17 毕业 60 年感言

（2013 年夏）

【写作背景】

2013 年夏，三十多位原北京农业大学农学系 1953 届毕业同学举行毕业一花甲的聚会。参会者皆耄耋老者，然精神矍铄，风采不减当年。席间，原班团支书陆漱韵点名作者发言，下面是发言内容。

陆漱韵给我的任务是“讲讲”。团支部书记要我讲讲，当然是叫我汇报思想。

前年出了一本书叫《决胜生物质》，一个美国出版社和一个韩国出版社拟出英文版和韩文版，大概今冬明春面世。这一年多又写了两本书，也是秋后出版。打算以后每年写一本，写到不能写为止。也许蒋谐音会说：“石元春年轻时就有个人英雄主义，到这把年纪也不想改。”也许团支书会说：“石元春名利思想重，现在还这么重。”

其实，这与程普源和蒋谐音的书法、奚惠达操琴京剧、陆漱韵爱好摄影、王象坤还在搞他的杂交水稻育种、有人喜欢看电视或打太极拳等都是一样的，是一种能把自己的心境带到一个“愉悦世界”的个人爱好，何乐而不为？我的字写得臭，京剧唱不来，照相只会用傻瓜相机，怎么办？只得靠写书自娱自乐吧！至于有没有人看并不重要。世界上每年都出那么多的书，有一两本没人看也不算什么。

上帝将人的一生分成三段：前二十年是属于父母和老师的，要健康成长和好好念书。中间四五十年是属于国家的，要好好工作，为国为民，尽忠报国。当时我们入团入党、为国为民、拼搏创新，都是受信仰和追求的驱动，很执着，很真实。只有这最后的二三十年才是属于自己的，可以由自己支配。

老子主张无为，是指有为而言，是指的人生中段。到了老年，往事如云如烟地散去，全都 OK 了，我以为应当是“无欲”了。如果说“有欲”，也就是做自己喜欢的事，想做什么就做什么，不想做什么就不做什么，谁也管不着；想吃什么就吃什么，千万别亏待自己，别犯傻。保命、保健康很重要，但要有度，如果降低生活质量我就不干，要找好平衡点和度。想想宇宙与地球，想想秦皇与汉武，想想那平凡得不能再平凡的芸芸众生，千万别把自己当回事。

人说难得糊涂，其实也难得明白，这两种生活态度和境界是一样的，因为难得糊涂的人和难得明白的人心里其实都很明白。但是也有人到老也活不明白，我去年写了一篇文章叫《我国能源的忧思》，今年又写了一篇文章叫《舍鸩酒而饮琼浆》，确有忧国忧民的一面，也有不吐不快的一面；有明白的一面，也有不明白的一面。

反正我就把握一条，“随心所欲而不逾矩”，这是我们的祖师爷，孔老夫子说的。

好好活着，享受属于自己的幸福晚年，人生即再度辉煌。

18 “热病”病得不轻

（2013 年 8 月 23 日）

【写作背景】

《中国科学报》拟就近来“大师”频出现象作一期电话专访，还发来几份资料。作者看后，有感而发地写了此短文。后发表于《中国科学报》。

唐盛世有李杜，楚将亡出屈原，大师常植根于大时代。

近年媒体上“大师”层出，“奇方异药”“空中别墅”等等，他们的出现也是植根于一种荒唐世界的。

现在什么皆可假，假药和假名牌，假大夫和假领导，假文凭和假学位，假信息和假广告，花样百出。现在人人都在受着浮躁与狂热，广告与鼓噪，虚假与欺诈的煎熬，从报纸到电视，从会议资料到街头小广告，更不用说那网络上的无限风光。好像有一种全民性的发热发烧与发狂，逐名逐利与逐权的“热病”在社会上蔓延着。

凡“社会人”都会不同程度地生着逐名逐利和逐权的“热病”，所以才有种种条条的“道德”与“法律”，规范人们的行为。对“热病”抵抗力最强的是知识阶层、学界和教育界，在这里总能保住一方净土，古今中外，哪朝哪代都是如此。而今的中国，似乎这块净土也不净了，太可怕了。以后什么“大师”“之父”之类的称谓在学界千万慎之又慎，不要有辱斯文，贻笑大方。

管仲云：“礼义廉耻，国之四维，四维不张，国乃灭亡。”扪心自问，当今“礼”得如何？“义”得如何？“廉”得如何？至于说到“耻”，常言说“知耻近乎勇”，可怕的是一些人不知“耻”为何物，达到了“恬不知耻”的至高境界。

“国有四维，一维绝则倾，二维绝则危，三维绝则覆，四维绝则灭”“礼不愈节，义不自进，廉不蔽恶，耻不从枉。故不逾节则上位安，不自进则民无巧诈，不蔽恶则行自全，不从枉则邪事不生。”就说“耻不从枉”吧，而今社会上“巧诈”者越来越多，“不从枉”队伍越来越大，这可怎么得了！

“地冻三尺，非一日之寒”。今日之“热病”，要从“病根”上施治，但也要“治标止痛”。中宣部应该担当，众媒体应该行动，知识界应该自律。驱“热病”以净社会，人人“守土有责”，特别是媒体，至少勿要推波助澜。

19 为韩文版《决胜生物质》作序：让我们共同迎接绿色的明天

（2013年）

我写的《决胜生物质》一书出版不久，韩国池成泰博士就与中国农业大学出版社联系，拟出版该书韩文版。我很高兴得知这个消息，这是对拙作的认可，更是对这种绿色观的认同。

太阳辐射是太阳为地球持续提供能量的主要形式，而地球上的植物体则以光合作用将其转化为化学能态储存于生物质体。4亿年前，高等植物开始在地球陆地大量繁殖，经漫长的地质过程，它们被转化为煤炭、石油和天然气，故称之为“化石能源”，正是它们支撑了人类社会灿烂的工业文明。

先进科技帮助人类仅用二三百年时间就将几亿年积存下来的化石能源用得差不多了，同时还将大量温室气体排放到大气里，导致全球气候变暖，使人类社会面临能源更迭转型和减排温室气体的双重挑战，使人类社会得以持续发展的挑战。

有幸的是，先进科技也可以帮助人类不需要经过亿万年，而是将现今地里长出的生物质转化为生物煤、生物油和生物天然气，以替代资源渐趋枯竭的化石能源，而且它们是可再生和可持续的，可以大量减排温室气体的清洁能源。

所有的有机生物质及其衍生物，如作物秸秆、畜禽粪便、清林等林业剩余物、工业和城市排放的废水废渣及污泥污水等均可做为生产生物质能源和生物基产品的原料，所以生物质生产还是可以带动现代农林业的一种资源循环和环境保护产业。

1966年，美国学者鲍丁提出了“宇宙飞船经济理论”和以后发展起来的“循环经济理论”提出资源的有限性和废弃物的污染性，主张建立一种在资源回收与循环再生与再利用的低消耗、低排放、高效率的经济发展模式。美欧和巴西等许多国家近一二十年的实践经验说明，生物质科技与产业在化石能源替代、减排温室气体、资源循环与环保，以及促进农林业发展上正在和将会作出重要贡献。

相对而言，韩国的化石能源资源和生物质资源都不算丰富，这就更需要早做谋划，精心设计，为世人演绎出一幕精彩的生物质循环经济的大剧。

多年前，在与一位韩国朋友交谈中，他谈到对中国《论语》和《易经》的一些理解，使我非常吃惊。当时我任北京农业大学校长，于是产生了一个想法，中国的中等教育和高等教育里，太需要加强对人文和中国古代哲学思想的教育了。

几月前，韩国总统朴槿惠访华，在清华大学讲演一开始就引用了《管子》中的一段话："一年之计，莫如树谷；十年之计，莫如树木；百年之计，莫如树人。"一下子就拉近了中韩两国学子和国民间的距离。

两个国家和两个民族间，两个家庭和两个朋友间，最好的沟通桥梁和亲合剂就是文化。正如朴槿惠在清华大学讲演中最后说到的："中国和韩国的年轻人，希望今后通过文化和人文交流，使两国间的关系更加密切。"希望拙作韩文版能为此尽绵薄之力。

韩国有着悠久的历史和灿烂的文化，近代的"汉江奇迹"使韩国经济走在了世界前列。中韩建交以来我们两国的经济交往日益密切，我每天要面对台式电脑前的"三星"显示屏，每天都会看到北京街头来往的现代牌汽车，世界本是一个大家庭。

《论语》与《管子》代表着过去，"三星电子"和"现代汽车"代表着现代，生物质循环和发展绿色文明代表着未来。让地球村的中韩两个近邻携手共同迎接绿色的明天。

希望韩国读者能喜欢这本书，更希望对本书的不足提出批评与建议，谢谢！

20 一幅我国土地资源研究的历史画卷

（2013 年）

【写作背景】

石玉林院士与作者同姓和同为李连捷院士门生，以师兄弟相称。2013 年石玉林院士出版《文集》，师兄为之作序，也是土壤界一桩美谈。

我有幸与玉林是李连捷院士的同门弟子。

自 1958 年我离开中科院新疆综合考察队以后，我们虽不在一起工作，但同在一个大的学科领域，在文献著作中和学术会议上仍有不少接触与了解。今日得识他的这部宏论巨著，不禁使我感慨万千，为我国有了这样一位杰出的土地资源学家而感到骄傲与自豪。

石玉林同志是新中国培养的一代土地资源工作者。因国家的需要他提前于 1957 年 5 月毕业，成为中国科学院新疆综合考察队的一员，从此开始了他科学考察的生涯，土地资源成为他终生不渝的科学追求。

石玉林野外考察的足迹几乎遍及全国，他所从事的研究工作主要在“三北”地区（即西北、华北、东北），我国的干旱和半干旱地区。随着中国建设的需要和综合考察事业的深入发展，他的研究领域也随之扩展，从土壤地理学科的研究领域向土地资源学科研究领域发展，又向自然资源综合研究与区域资源开发研究领域延伸。他长期从事野外考察工作，从一名普通考察队员成长为领导数百人及数十门学科的大型科学考察队的队长和主持全国性的重大科研任务。

此《文集》分四大篇，160 万字，是一部内容丰富的科研著作。《文集》内容有以下几个特点。

一是实践性。由于他的文章、著作是建立在大量的实地调查，向自然调查，向社会调查的基础上撰写而成的，有很强的针对性。针对自然界的发展规律和资源开发、经济发展中出现的问题有的放矢地进行考察研究，提出解决问题的途径，所以具有很强的可行性。

二是开拓性。面对我国大面积开荒的需要，促使他在土壤地理研究的基础上，开展土地资源评价研究，进一步开展了土地资源调查与制图、土地资源承载力、土地资源高效利用等多方面的研究工作，从而开拓了土地资源学领域的研究。随着多学科的联合研究的深入，促进了资源综合研究的兴起，石玉林在推动资源科学发展方面起了积极作用。

三是宏观性。由于石玉林长期从事大范围、大面积、多学科的综合考察，致使他对问题的看法和所提的观点具有全局性、整体性、长远性和战略性。立足资源，加强综合，协调发展。他和他的团队研究的成果，为国家或地区制定发展规划、计划和重大决策提供了基础和依据。

四是科学性。石玉林不仅置身于探索自然规律的研究，而且将自然科学研究与经济科学研究结合起来。他早在 20 世纪 60 年代期间，研究区域开发时就注意到人口、资源、环境与经济发展的相互协调关系，即可持续发展的理念。他对干旱和半干旱地区“人与自然”的和谐发展有着深刻认识。

五是应用性。“认清国情，分析矛盾，寻找对策，挖掘潜力”，这是他在撰写国情分析研究第二号报告《开源与节约》的研究宗旨，也是他从事科研的一贯宗旨。他从实际调查中总结出客观规律和利用资源中存在的问题，提出对策建议，故能符合形势发展，针对性强，具有重要参考价值。

石玉林同志为人正直，对人真诚，坚持真理，敢说真话。他治学严谨，重视实践，长年从事野外调查，重视掌握第一手材料；他尊重自然规律，实事求是，对工作极端负责，对国家尽忠竭力。这是我几十年与他交往中的深切感受。

《文集》是石玉林一生科研工作经验的总结，是他一生科研轨迹的写照，也是新中国建立后土地资源与自然资源综合研究与发展的一部记载，所以我以“一幅我国土地资源研究的历史画卷”为题代序。

21 为《纪念辛德惠院士文集》作序

（2013 年）

我与辛德惠同志是学友，又是患难与共的战友。我们有着相似的人生经历。

老辛于 1950 年考入原北京农业大学土化系，1954 年毕业并留校任教，从事教学科研工作；我于 1953 年从农学系本科毕业，又响应组织号召转读了土壤农业化学研究生，和辛老师一起师从中国著名土壤地理学家李连捷先生。1958 年老辛赴苏联莫斯科大学生物土壤系留学，1962 年获生物学土壤专业副博士学位回农大土化系任教；我研究生毕业后留校，参加中国科学院新疆综合考察队四年。

1973 年，我与老辛等奉老校长王观澜之命，与土化系的几位老师在河北省曲周县建了个低产盐碱地改良试验点，在灾情最为严重的张庄村安营扎寨。从曲周的盐碱地改造到黄淮海农业开发，我和老辛共同度过了 20 多年终生难忘的战斗生活。

老辛为曲周盐碱地的治理作出了很大的贡献，在承担黄淮海平原区域综合治理国家重点项目，作为“六五”“七五”“八五”国家科技攻关曲周试区专题主持人，在 21 年的科研和生产实践中，创立了工程科技领域的一个新方向，即工程生态设计的方法和系统理论，取得了重大科研成果。

“七五”以来，除组织曲周试区科研工作以外，他还在邯郸地区主持了 5 县 4 万公顷盐渍化中低产田改造项目，并在不同类型区开展了试区工作，包括河北邯郸马头市郊型农业实验站、河北涿鹿山区农业综合开发试验、山东桓台高产地区集约农业实验站等，均取得良好的示范效应，受到地方科研和生产部门的称赞。

在多年从中低产农区到高产农区的农业发展研究与实践基础上，老辛于 1990 年首次提出“泛生态学”大纲和农业－农村发展“三阶段论”以及综合农业理论；1996 年在全国人大组织的学术会议上发表了《我国粮食问题和农业－农村发展战略》论文，提出了他自己的有关国家粮食安全系统战略思想，引起国内外同行的高度重视。

老辛不但聪敏，而且非常勤奋好学、爱思考。他最大爱好就是逛书店，买各种各样的书，看各种各样的书，不断从书的海洋里汲取营养。他总是不停地思考，不停地记着笔记，把看到、想到的全都记下。老辛有着巨大的理论创造的勇气，他曾说过：“科学家要用自己的头脑进行哲学思维，一切人的创造性，来源于实践中的独立思考。”老辛的另一个特点是脚踏实地、埋头苦干，有一年，他在曲周工作了三百多天。从 20 世纪七十年代到九十年代，他就是这样忘我工作的。老辛对周围的同志，无论是同事、学生，还是地方干部、技术人员或是农民群众都一视同仁，满腔热忱，他的人际关系特好。在农大曲周实验站他从一位讲师成长为一位教授、院士，在农业科研战线上可以说成了权威，但是从不摆架子，平易近人，一丝未变。

在多年的工作及生活中，我深深地体会到老辛不但是一位杰出的农学家，更是一位深邃睿智的思想家和哲学家。泛生态学、农业－农村发展思想、资源与环境学科的创建与发展就是辛老师哲学思想精髓的反映。辛老师不仅留下了宝贵的学术遗产，还留下了宝贵的精神财富。他创立了泛生态学大纲，为祖国的农业发展作出了卓越的贡献。

让我们以辛德惠同志为榜样，学习他无私奉献的高尚品格，学习他实事求是的科学态度，学习他严谨求实的治学方法，继承他的遗志，完成他未尽的泛生态事业。

22 忠厚的长者，永远的楷模
——怀念安民校长
（2014 年秋）

【写作背景】

安民教授是作者的老师，前任校长，十分钦佩他的学识和人格魅力。得知他夫人为他出书的消息，作者主动请缨，写了这篇缅怀文章。

几个月前，吴培同志约我写篇纪念安民校长的文章，我说："我一定写，一定要写！"因为我有许多话想说，与安校长之间的那些故事。

几个月过去了，昨天吃中午饭时，接吴培同志电话："石校长，你的文章写好没有？"我说："还没写啦！明天交稿。"老伴问我："你还没写，明天就能交稿吗？"我说："没问题，文章底稿已经写在脑子里了。"一边口里嚼着饭，一边脑子里想着。"有了！""什么有了？""题目有了，'忠厚的长者，永远的楷模'"。

其实，这个题目，几十年前在我脑子里就有了。

这个故事要从 64 年前说起。

我念大一，1950 年春天在学校卢沟桥农场实习的时候。那时条件很差，连食堂也没有，就在一片沙地上，同学们一圈一圈地蹲在地上吃饭，但"革命"热情很高，也很热闹。时而一边吃饭，一边有宣传队拿着喇叭筒读报、唱歌、说快板。有一天，一位老师别出心裁地"拉洋片"，同学们一个劲儿地叫好。我是在农学系与森林系两系同学合组的第 4 班，就问蹲在我旁边吃饭的班主任王世谟老师，"这拉洋片的老师叫什么？""叫安民，是 6 班的班主任。"这是我第一次见到的安民同志，特别活跃、幽默，脸上总是似笑非笑的，很可亲。

后来又听人说，新中国成立前他在南京的中央大学念书，当过学生会主席，带头闹学运，国民党要抓他，没毕业就跑了。还说，抗战胜利前夕给美军当过翻译。就凭这两条，对一个一心追求进步的十八九岁的大一学生来说，简直就羡慕和钦佩得不得了。

安先生在畜牧系，我在土化系，无缘相识，没有过交谈，但他在我心里始终是个偶像，是个谜。

"文化大革命"结束了，听说安民当校长了。我心想，这就对了，金子总是会发光的。大概是 1979 年，那时我在曲周蹲点改良盐碱地，一次校办通知我回学校汇报工作。当时学校在 5 号宿舍楼办公，二楼当中的那间稍大的房间是会议室。我汇报完曲周改良盐碱地工作后，几位校领导分别发表了意见和指示，在一切都已妥当，似乎要散会时，主持人突然想起，向坐在房间角落沙发上一声不吭的安先生说："安校长，你有什么意见吗？""没有！没有！很好！很好！"

这就是我第一次见安校长。

过了不久，我陪安校长去参加国家教委召开的一个会，住在北京市灯市口的一个招待所里，这是我第一次与安校长独处。晚饭后，安校长说："走！石元春，到街上遛遛腿去。"特别平易近人，说起话来又风趣，很随和，我对安校长之间的生疏感和距离感很快就在消失，好像是在和自己熟悉的老师谈话，也像和自己的兄长聊天。

那时北京大街的晚上，灯光还很昏暗，我们边走边聊。这么好的机会，我当然就会问起："安校长！听说您在中大闹过学运？""是啊！那时闹学运可不是玩的，蹲监狱，掉脑袋的思想准备都得有。""听说您给美军当过翻译？""是啊！当时到了英国，一时间回中国的轮船也没有了。"他将那些事讲得津津有味，像讲故事一样。一位校长对一个初识的一般教师，就能敞开胸襟，随随便便地聊自己的往事。我更加钦佩我身边的这位偶像了。

随着改革开放的进展，遮埋在金子上的覆土逐渐散去。1985 年，在济南召开的"国际盐渍土改良学术会议"上，安校长代表学校致辞，我也参会了。当时，中国致辞人多是讲中文，由翻译人员翻成英文，安校长直接用英文，也没有讲稿。这次可让我开眼了，那英文听起来怎么就那么顺耳，那么地道。不慌不忙，不紧不慢，抑扬顿挫，娓娓道来，比那些非英语国家的外宾讲得强多了。这次才让我见到"翻译官"的厉害。

济南会议后，我被任命为学校副校长，有幸当上安校长助手，和安校长的接触多了起来。安校长不仅在动物繁殖科学上造诣很深，在农业高等教育上见解独到，而且在校长工作上也是管理有度，办事严谨。安校长态度和蔼，为人低调，与世无争，修养极高，一位活脱脱的忠厚长者。

顺便说一件小事。此次与安校长一同出国，更感到他那机智、幽默和纯熟的英语。一次参加霍尔汉姆大学莱斯校长家里的欢迎晚宴，几位德国教授，西服革履，偕夫人赴宴。安校长与这些教授和夫人游走攀谈，气度潇洒，应付自如。餐宴上，安校长讲了几句话，惹得教授夫人们哄堂大笑，此时我还没听明白安校长说的是什么。

我与安校长一同参观马克思故居时，安校长讲过一句话："马克思这个人，一边想共产主义，一边搞工人运动，一边还写了一大本《资本论》。就他那本《资本论》，厚得像块大砖头。"至今我还记得安校长的这句话，对！要想，要做，还要写。

安先生离开我们了，但他永远活在他的粉丝心中。

23 “学海一舟”

（2014 年 11 月 12 日）

【写作背景】

李保国教授相继获美国土壤学会会士和农学会会士，2014 年 11 月 12 日，资环学院为之庆贺而召开了一个小型的“土壤学学科发展讨论会”。作者是保国教授的老师，届时到会祝贺和讲话。以下是讲话后撰写的短文。内容稍有增减。

保国教授相继获得美国土壤学会会士和农学会会士，我们谨向他表示热烈的祝贺。

保国教授刚才介绍了这次在美授予会士仪式后参加的为期 2 天的土壤科学考察，谈到美国西部第四纪期间沉积物的堆积与古土壤埋藏。这使我想起了我的老师李连捷院士，20 世纪 30 年代末在美国研究的就是美国西部的埋藏古土壤。20 世纪 50 年代，李先生给我的研究生论文题也是我国黄土中埋藏古土壤的研究。保国教授说他在土壤学研究中有两个重要支点，地学与数学。如此说来，三代师生，“一脉相承”。我想当年李先生很可能是美国土壤学会会员，如地下有知，他的徒孙当上美国土壤学会会士，一定会含笑九泉的。

保国教授的两个“洋会士”，可说是“名至实归”。我为他准备了一份小礼物，一枚方章，上面刻了四个字，“学海一舟”。意汪洋学海，一叶扁舟耳。“学海一舟”

出自韩愈的“书山有路勤为径，学海无涯苦作舟”。句中勉励为学者，务勤务苦，保国教授是个好榜样。韩愈在“师说”中还有两句名言，在今天的会上也能用得上。一句是“师不必贤于弟子”，说的是我；第二句是“弟子不必不如师”，说的是在座的诸位保国教授的学生，你们也不必不如保国教授，“青出于蓝”嘛！

古之学士，除“头悬梁，锥刺股”般勤学外，最讲的是“气节”。如“齐大饥，君子不食嗟来之食”；如陶渊明“不为五斗米折腰”；如屈原的《离骚》与《天问》；如岳飞的《满江红》和文天祥的《正气歌》；又如近代“拍案而起”的闻一多和不领“美国救济面粉”的朱自清；等等。想那屈原、杜甫、苏轼等多少文人学士，不是自辞便是被贬地弃官而去。人们都知“学而优则仕”，实则多是“学而优不仕”。因为学士的操守是“真”与“实”，而官场的法则是“争”与“夺”，道不同也。

其实，外国的文人学士也是这样。说到诺贝尔奖的诺贝尔，瑞典化学家，毕生从事炸药研究，从液体炸药到黄色炸药到弹道炸药。早年做试验因发生爆炸，胞弟和四个助手遇难，自己也受重伤。诺贝尔终身受伤病折磨，未娶，将丰厚的专利与股份所得全部用于慈善事业，最后作科学奖励基金，活了 63 岁。他的一生是献身科学和服务人类的一生。

再说诺贝尔奖获得者，无人不知的，曾两次获诺贝尔奖的居里夫人。一次，她的助手到她家，看到夫人的小外甥女“过家家”，玩具中就有诺贝尔奖章。助手惊问夫人，夫人淡淡地回答：这些奖章只是说明过去，现在的最好用处是给孩子当玩具，让他们从小就知道，荣誉并不重要。

1933 年，爱因斯坦在居里夫人墓前致悼词时说：在像居里夫人这样一位崇高人物结束她的一生的时候，我们不要仅仅满足于回忆她的工作成果对人类已经作出的贡献。第一流人物对于时代和历史进程的意义，在其道德品质方面，也许比单纯的才智成就方面还要大。即使是后者，它们也取决于品格的程度，远超过通常所认为的那样。

看来，中外标准是一样的。中国传统讲的都是“品学兼优”“德才兼备”“道德文章”，“德”总是放在“才”前面的。

毛主席曾经讲过一句话：“人是要有点精神的。”这话直白深透，一语中的。今日我们国家的精神如何？知识分子的精神如何？这是我一个老知识分子思考得最多的问题。

24 为《地学综合实习指导》作序

（2014 年 11 月 23 日）

【写作背景】

在李保国教授主持下，资环学院开设了一门大型和多专业本科生的“地学综合实习”教学长达 10 年。从内蒙古高原到滨海的大断面上进行地质学、第四纪地质学、地貌学、水文学、水文地质学和土壤学的综合地学野外实习。积十年实习教学经验编制了此《地学综合实习指导》。作者受邀为之作序，以资鼓励。

我们每个人都是地球村的村民，不能只知道自己住的房屋、城市与乡村，还必须知道这个星球的大气圈、水圈、生物圈、土壤圈和岩石圈，它们是人类生存的大环境，与人类社会的生存与发展息息相关。如果是资源与环境科学工作者，更离不开这五大圈了。也许你有许多这方面的知识，说起来头头是道，可是一到辽阔的大地，可能就什么也看不出，说不清了。甚至连东南西北和海拔高低都搞不清，被错综复杂的水、土、气、生搞得晕头转向。

不要紧，自然界的一切都是有规律的，摸清了规律，再多加实践，大自然就会敞开它的胸怀，成为你的知心朋友。当你成为大自然朋友的时候，一走进大地和原野，就像进了自己家门，熟悉而亲切，充满着乐趣。

要想做到这一点，认认真真地随着老师，做好这次实习吧。

下面是我的体会：“在自然界，第四纪沉积物、地貌、水文与水文地质、土壤、植被等五个地学要素不是各不相干和随机叠置，而是有规律和相互协调的一个统一的地学系统。第四纪沉积物是地学综合体的基础，决定了地貌的基本骨架及其构成物质的岩性和年代、土壤母质以及水文和水文地质特征；地貌是水、风、重力等外营力作用于第四纪沉积物的一种外在表观；土壤和植被则是在一定的沉积物（母质）、地貌、水文和水文地质条件下发育生成的。把握了第四纪沉积物、地貌特征及水文与水文地质状况，土壤与植被的类型及分布规律就一目了然了。地学五要素及其综合体形形色色，繁复多样，但在空间分布上与地貌类型的相关性和一致性最高。这就是我的‘地学综合体’观”。

这一段是我 2011 年在一篇文章里写的。

石元春于北京

2014 年冬

25 我与中国科学院70年

（2019年10月）

1949年，我考入清华大学农学院，后与北京大学农学院、华北大学农学院合并为北京农业大学。1953年毕业留校读研，师从李连捷教授，专攻土壤地理学。

1954年，导师在西郊一个宾馆参加制定我国第一个科技发展规划，《1956—1967年科学技术发展远景规划》，后又到中国科学院讨论成立学部事宜，那时的中科院是在北海西原北京图书馆的后侧。1955年，导师成为中科院公布的第一批学部委员和受聘教育部的一级教授。这两年，我像个小秘书一样来往于北农大与中科院之间，递送材料与通知。

1955年我开始做论文研究，导师把我安排在中科院黄河中游水土保持综合考察队第四纪地质组，请组长——中科院地质研究所第四纪地质研究室主任刘东生先生协助指导，那时的刘先生才三十多岁。在两位名师指导下的论文研究方向是晋西黄土中的古土壤，交叉于地质科学与土壤科学之间。1956年5月如期完成论文。

1957年，中科院召开第四纪地质研究会成立大会暨学术讨论会，导师嘱我给大会提交论文，我的文章题目是"晋西地区的黄土及其形成过程"。不想随导师到会后，会议安排我在大会作报告，我有些急了，请导师帮我把大会报告撤下来。导师说："刘东生先生是大会秘书长，这是他安排的。"

第二天到会场更傻眼了，四五百人坐得满满的，都是地质界前辈，特别是第一排坐的全是第四纪地质方面的名家大儒，我只是在专著和文章中才能看到他们的大名。这时，我是真慌了，忙走到坐在第一排的导师身边说："李先生，还是把我的报告撤下来吧，我不讲了。"李先生头也没回地说："慌什么？讲去！"就这样，我在中科院的学术讲台上报告了我的处女作。

在我毕业前的1956年年初，东生导师对我说："我已经和所里说过了，欢迎你毕业后到地质所工作。"我回答道，"我非常愿意到地质所工作，但要看李先生的安排。"

没几天，连捷导师对我说："竺可桢院长已经通知我，中科院正式成立新疆综合科学考察队，由我担任队长。如果你没意见就留下来，和我一起去新疆考察。"我把东生导师说的事说了。导师说："我知道，我和刘先生已经商量过了。"

就这样，我分配留校，随导师参加中科院新疆综合科学考察三年。

新疆综合科学考察队有地质与地貌组、水文组、水文地质组、地植物组、土壤组、经济地理组等。组长都是师辈，是国内顶尖的学科带头人；考察队员都是我们这批新中国培养刚毕业的年轻研究生和大学生；还有苏联专家的指导与助阵。这是一个有组织、有明确工作目标的高素质的学术集体，一个科学大家庭，一所大学校。

从北疆到南疆，从阿尔泰山到天山；上山骑马，平原行车；风餐露宿，天地为家；探索规律，查探宝藏。科考生活，浪漫充实，丰富多彩。每当我们宿营山林，扎寨戈壁滩，总是簇拥在篝火唱“勘探队员之歌”，兴奋，自豪。

在参加黄河中游水土保持综合考察和论文研究过程中，我学到了土壤学与第四纪地质交融的相关知识。新疆综合考察中学科更多了，使我有机会在野外考察中，在向其他学科老专家学习，与同辈切磋中，逐渐感悟到第四纪地质学、地貌学、水文学、水文地质学、地理学和土壤学之间是有着密切内在联系的，它们组成了一个有机整体，就像人是一个整体，医院却有内、外、五官、妇产等科室之分一样。于是我萌生了“地学综合体”的概念。

我的感悟是，在自然界中，第四纪沉积物、地貌、水文与水文地质、土壤、植被等五个地学要素不是各不相干和随机叠置的，而是形成了一个有内在规律和相互协调统一的地学系统。第四纪沉积物是地学综合体的基础，决定了地貌的基本骨架及其构成物质的岩性和年代、土壤母质以及水文和水文地质的基本特征；地貌是水、风、重力等外营力进一步作用于第四纪沉积物的一种外在表观；土壤和植被则是在一定的沉积物（母质）、地貌、水文和水文地质基础上，有生命体参与下的一种表现。把握了他们的内在联系与整体性，纵然千变万化，也能脉络清晰。

在 1958 年的南疆考察中，各个学科考察组的中苏两国专家在焉耆盆地组织了一次“多兵种联合演练”。在总结交流会上，我代表土壤组汇报考察小结，从海西期褶皱基底、燕山晚期挤压抬升、挤压效应从盆地边部向内部传递以及经多期构造运动改造成如今的一个中、新生代复合盆地的地质背景说起；然后讲到山前第三纪剥蚀台地、第四纪剥蚀堆积台地、Q3 和 Q4 两级河流堆积平原，以及湖积平原等的地貌、堆积物和地下水状况。正要讲到土壤部分时，扎哈琳娜专家（当时苏联专家只有她一人参会）站起来说：“主席！对不起，我建议暂时休会。”大家摸不着头脑地“被”休会了。

二十多分钟后，七八位苏联专家陆续到场，会议重新开始。扎哈琳娜专家解释说：“刚才石同志讲得很好，建议他再从头讲，让我的苏联同行也听一听。”我又从地质背景讲到植被与土壤的类型和分布规律，以及在人为开发中应当如何保护生态环境。会后扎哈琳娜专家对我说：“石同志，你讲得太好了，没有一个土壤学家能有这么系统的地学知识和分析能力。我要让更多一些苏联专家了解中国年轻科学家的实力。”

焉耆盆地“多兵种联合演练”结束后，各组又按计划分头考察，我的小组在天山南麓塔里木盆地北部考察。又接连演绎了一段天山南麓版的“地学综合体”，在《新疆维吾尔自治区的自然条件论文集》发表了“塔里木盆地北部盐分的积聚规律和盐渍土的利用改良问题”的长篇文章。

1956 年，阿尔泰山考察结束后，我回到乌鲁木齐，帮助导师准备向新疆维吾尔自治区党委的汇报材料，彭加木同志忙着筹建中科院新疆分院，一起吃饭时总有很多话说，只可惜他后来消失在罗布泊周边的沙漠里，无影无踪。

1956 年回京后，导师又接到中科院的任务，由新疆综合考察队协助筹备成立“自然资源综合考察委员会”，简称“综考会”。按导师安排，我与学校土化系联系，一面选拔了石玉林、黄荣金、马式民、韩炳森四位应届毕业生参加新疆考察，储备人才，一面帮助综考会筹建化学分析实验室。比我晚一届土化系毕业的孙鸿烈，大学毕业后就考上了中科院研究生，以后任综考会主任和科学院副院长，中科院院士。石玉林也担任过综考会主任，毕生献身于自然资源考察，中国工程院院士。

1960 年后，我就回学校工作了。

人的品性形成主要在青少年时期，科学工作者素养的形成也重在早期。我有幸跟随导师，两次参加中科院的综合考察，在中科院的人才成长沃土中汲取了丰富营养，让我终身受益。

国庆节打开邮箱，收到中科院《学部通讯》的约稿函。于是以感恩之心写了此回忆短文。

石元春于 2019 年 10 月

诗词/PPT篇

作者虽不谙诗词，却常兴之所至地写上几首，也能抒发情怀，自娱自乐。写回忆黄淮海平原旱涝盐碱综合治理的《战役记》书中即集12首之多，本篇共收集39首。再者，或汇报，或讲演，作者喜用PPT，既能将欲言之意娓娓道来，又能用文字、图表、照片组成一幅幅美轮美奂的图片。它是科技、思想、图片艺术的结晶品。自使用电脑以来，已集PPT二百余套，幻灯片近万。此篇选用了其中的一套75帧。

诗词 / PPT 篇目录

1 明志诗一首：志犹坚

（1992 年）

历经磨难志犹坚，
天生佳质展雄颜；
边有缺失一撇角，
角棱锋锐胜当年。

1956 年在海拔零点以下百余公尺的吐鲁番艾比湖边采得一方“风棱石”（下左图），十分喜爱，数十载辗转搬迁多地亦珍藏不舍，唯缺失一角。校长在任期间，有感于世事繁艰而题此明志，并附于石背（下右图），置办公桌，以自警示。

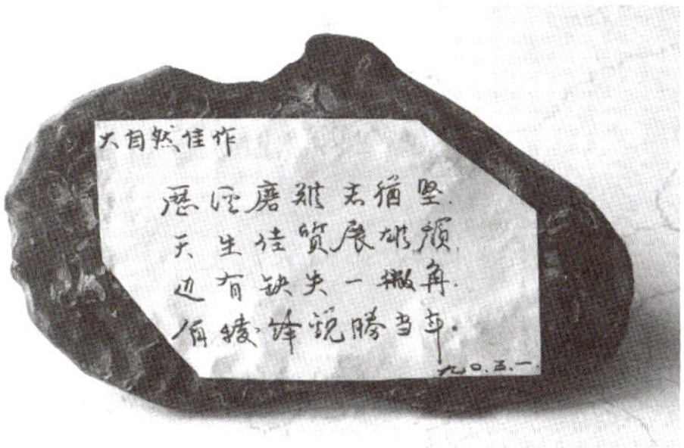

2 古稀抒怀：心中的伊甸园

（2001 年）

最美的声音是音乐，
最美的线条是绘画，
最美的语言是诗歌，
最美的生活是情感，
最美的求索是科学，
我一生都在追求完美。

心中的女神啊！
飘然来到身边，
将我带进伊甸园。
让秋天的花朵，
比春花更鲜艳，
以清澈的爱情去呵护和润甜。

生活的扁舟啊！
曾经风暴跌宕，
才显忠贞坚强。
让阳光与雨露，
洒满伊甸园净土
切莫受尘思凡事玷污。

我祈祷，
在离去的病榻上，
有一个完美的梦，
纯真真的伊甸园，
临终的一个陶醉，
天国永相随。

3 能源诗四首

化石能源

煤炭石油天然气，天源地炼三兄弟；
异相[*]同质同根生，声光电热任高低。
（注：异相是指固气液三相之不同）
（煤炭、石油和天然气乃亿万年前生物质经地质作用生成。）

煤　炭

天地铸乌石，千年早入诗；
昔日当雅玩，而今撼世事。
（汉称“乌石”、唐名“瑞炭”、宋之文人雅士叫“香饼”）

能源变迁

无可奈何终将去，柳暗花明寻再生。
幸逢人间新世纪，生物能源展鹏程。
（作者在讲演中就化石能源终将为生物质能源等所替代而作）

蛰　伏

粮食危机刚去，金融海啸又来。
三年蛰伏蓄势，明日黄花更香。
（作者在“生物质能源在 2008”讲演中以此诗为结束语）

---

* 前二首选自《决胜生物质》，后二首选自 PPT。

4《战役记》诗词十二首

为纪念“黄淮海科技战役 40 周年”，作者 2013 年出版了回忆录《战役记》一书。作为该战役的最早参与者和后来的项目第一主持人，随着“战役”进展，作者有感而作诗词 12 首。

陋室铭

（仿学刘禹锡《陋室铭》）

苍穹虽阔，“神舟”可攀。海沟虽深，“蛟龙”可探。斯是陋室，惟赛*德馨。风雨无遮拦，屋前映盐霜。旱涝又盐碱，同心治理忙。可以搞科研，求增产。无名利之所累，无案牍之劳形。西北地窝子，东北干打垒。吾等云：“此又如何？”

（作者团队 1973 年进驻河北省曲周县张庄村，这里旱涝盐碱肆虐，民间至穷极苦，老师们住的是透风漏雨落土的“三透”房，有感而仿写“陋室铭”）

苦张庄

年年旱涝处处碱，地不生粮长小盐；
一日三餐捧三红，家徒四壁少炊烟。

（听张庄支书介绍村情后有感而作）

书生意气

意气风发书生情，句句千斤论乾坤；
莫道他日蹉与跎**，敢为人先缚蛟龙。

（1974 年初，研究团队开会研究综合治理旱涝盐碱方案时，人人积极献策，斗志昂扬，作者写下此诗。）

---

* “赛”指“赛先生”，意“科学”

** “文化大革命”中的知识分子对国家和自己的前途两茫然

何妨吟啸

迎风雨我行我素，且徐行何妨吟啸；
是科学何惧风浪，真君子荣辱不惊。

（正当试验取得进展，成效显著时，为提倡“浅井”而遭“文化大革命”中河北省委点名批判，作者写下了此诗）

十年一剑

旱涝盐碱，危害一方。
科学治理，有法有章。
政府主导，节节彰显。
产量过江，农民开颜。
春华秋实，为国奉献。
水乳交融，十年一剑。

（研究成果获国务院嘉奖令，又逢曲周试验站建站10周年，作者有感而写。）

庆冠礼

四海宾朋聚璇阁，把酒欢歌庆冠礼；
生产科研硕果丰，百尺竿头情更怡。

（作者写于北京农大曲周试验站建站20周年站庆）

苦中乐

（仿学任文儒《苦中乐》）
世人皆笑我痴癫，寒冬酷暑在田间。
何人知此苦中乐，大地作画似神仙。

（作者对研究团队长达20年的农村艰苦生活和所取得的出色成果而有感作）

“四人帮”被粉碎

冥冥天下事，转折信息间；
晨曦一觉醒，阴霾换青天。

（“四人帮”倒台两天后，作者由张庄试验区到省会石家庄才得知消息，大喜而作）

“黄淮海科技战役”20 载记

凡七年曲周面壁，前哨战蹉跎艰辛；
逢盛世改革开放，大战役悄然打响；
四年整建军备战，组队伍区划先行；
引外资筹措粮饷，集结号吹响济南；
初领军六五出征，试验区区区过关；
搞军演部队练兵，摆阵势国际大会；
喜六五初战告捷，谋七五两线再战；
李总理一线犒军，众将士斗志昂扬；
黄淮海效应凸显，在全国两级放大；
庆七五硕果累累，黄淮海战绩辉煌；
获特奖项目荣光，画句号急流勇退。

（自 1973 年到 1994 年，作者在黄淮海科技战场工作 20 年，当项目获 1993 年度国家科技进步特等奖后，以 11 对排句记下了全过程，浓缩了《战役记》全书）

临江仙·科技战役

浩浩平原东向海，阳光雨泽大地，旱涝盐碱群魔舞。
规律依旧在，当靠科学伏。
科技战役二十载，治理生产双荣，利国为民获殊奖。
古今多少事，留写青史中。

（《战役记》全书结束时，作者以此词彪记此科技战役）

临江仙·科技战士

悠悠科海苦作舟，立志攀登险峰，一纸大地写春秋。
科魂当常在，虚名不可求。
蹉跎坎坷二十春，青丝顿生华发，一片丹心图报国。
三害初遁去，双魔再降伏。

（《战役记》全书结束时，作者以此词彪记科技战役中的科技战士）

临江仙·怀念战友*

悠悠上天降奇才，德惠国家人民，一抔净土撒曲周。
实践治盐碱，立说泛生态。
献身农水气轩昂，大林竞放异彩，不惧裹革披肝胆**。
道德人皆颂，文章万世传。

（《战役记》全书结束时，作者以此词彪记科技战役中的两位战友）

* 怀念战友辛德惠和贾大林，词中第二句和第四句有“德惠”与“大林”名。

** 贾高龄高血压，当时坚守科技一线时说：“我已作好马革裹尸准备。”

5 祝贺何康部长九十华诞

（2012 年 12 月）

何届花甲又添半，
康泰常驻膝承欢；
寿启春开普天庆，
诞辰笙歌二四时。

学生石元春敬贺
壬辰仲冬

6 老师，你能慢下来吗？（和吴文良诗）

（2013年4月7日）

2013年春，吴文良教授赠新诗一首：《中国，你能慢下来吗？》，激起作者诗兴，随即按吴诗风格和俳句和诗一首。诗中以“新生”（一年级学生）与老师的对话形式，倾诉了一个老教育工作者对目前高校境况的忡忡忧心。

老师，你能慢下来吗？
我是热爱你的新生，
可我，怎么也赶不上你的步子。

你知道吗？
我想听校园里的琅琅书声，
我想看运动场上的矫健身影，
我想在咖啡吧听那书生意气，
听，前人没有说过的话；
我想看讲堂上唇枪舌剑的辩论，
望，渴望那科学与真理的声音；
我想问蓝天上的白云，
为什么不能自由逸漾？

你知道吗？
为什么当代中国没有思想家，
因为老师太忙，太累，太浮躁；
我想跟刘谦学变魔术，
把讲堂和实验室都变成科学殿堂，
让虚名浮利无处躲藏；
老师教学精益求精循循善诱，
为学生殚心竭力无私奉献；

老师科研追求真理攻坚克难，
为国家忠心耿耿无怨无悔；
我想听操场旁大树上喜鹊的叽喳。

你知道吗？
一位老爷爷告诉我，
新生啊，
老师被争取科研项目压弯了腰，
他们已不那么昂首挺拔；
老师为获奖、SCI 和升职气喘吁吁，
他们的面颜已不焕发容光。

你知道吗？
这不是老师的错，
是社会浮躁和莫名其妙的“管理”，
像鸦片一样让人兴奋和欲罢不能，
像雾霾一样刺激人的喉咙和神经；
老师一定在想，
无忧无虑地和学生促膝谈心，
自由自在地钻研学问，
无拘无束地思考人生真谛；
可是一个黑影说，
这是妄想！
你只能按魔咒不停地旋转，
直到你筋疲力尽。

老师，你听见了吗？
我是你的新生，
你可知道，
我常在被窝里泪汪汪，
我常梦中这样想，
老师，你能慢下来吗？
能不能，不要这么快，这么忙？！

7 贺词二首

为母校武昌文华中学140周年校庆题词

（2011年）

百四十载文华传薪播火育桃李

万万千千学子报国为民拜恩师

为中国科学出版社花甲之庆题词

（2014年）

出好书，书书都好，越出越好，为科技护航。

求精品，品品皆精，愈求愈精，为国家争光。

石元春　敬贺

甲午春月

8 祝寿诗二首

贺　其益师九十大寿

一生治学唯严谨，为科为教为人民；
忧国独钟黄淮海，古稀尚恋种衣情。
师表千秋瑶池庆，桃李芬芳三千情；
花甲等闲一周半，再过十年庆百龄。

学生　石元春　敬贺

丁丑仲冬

（沈其益教授是我国著名植物保护专家，原北京农业大学副校长，一向关心支持曲周及黄淮海项目和“神农剂”推广）

贺　学垣兄八十寿诞

学贯中西润泽沃壤惠及三农八秩耕耘书春秋
垣高仰止桃李芬芳科教双馨耄龄伏枥再辉煌

石元春　敬贺

2011 年 4 月 26 日

（李学垣是华中农业大学土壤学教授，作者好友）

9 贺岁诗五首

2011 年始，每逢春节均以自摄照片做贺卡，并应景题诗为趣，谓诗画配贺卡。2011 年 4 月苏州游中女儿抓拍此照，二人面部表情可掬，选作 2012 年贺卡，秋遭网络诽谤，故诗中出现“有顺有逆几十年”句。第二幅是 2012 年到海南过冬得此照作 2013 年春节贺卡，故诗中有“北雁南栖”和“海天一线”句。第三幅是 2013 年再次到海南过冬，除夕日与女儿女婿在亚热带与热带的“分界洲”聚餐，故有“北亚南热带”入诗，又时值 2013 年除夕，故有“今天是一生（13 的谐音），明天是一世（14 的谐音）”句入诗。后查得海南岛均为热带，“牛岭分界洲”只是地理概念。但贺卡已寄出，只得在此更正致歉！原贺卡也不改了。2014 年到海南越冬，用该年秋与故人在苏浙汇餐厅聚会时的摄影作贺岁卡，题诗两首。

2012 年贺岁卡上的题诗：“上桥下桥人生路，有顺有逆几十年；天晴天雨都可乐，相依相扶到永远。”

“北雁南栖觅佳境，容身海天一线间；浪移涛吟时无尽，偷得一生老来闲。”

“北亚南热带，东海西琼岛；今日是一生，明天是一世。”

2015 年贺岁卡上的题诗：

（一）

马年瑞祥，金风送爽。
故人相聚，华厦堂皇。
江浙餐厅，饭菜飘香。
亦真亦幻，玻璃幕墙。
人景相融，内外一样。
人虽耄耋，形体健康。
（2014 年秋，与故人相聚于苏浙汇餐厅，摄于走廊）

（二）

寒月南飞，越冬海南。
享受自然，写作不断。
常相厮守，时光荏苒。
冬去春来，辞马迎羊。
祈我亲朋，幸福美满。
祷我亲朋，长寿安康。

10 诗画配 10 帧

2011 年 4 月在杭州参会期间，与老伴游览西湖之侧的一块天然湿地“西溪”时，唤起对“原生态”的美好憧憬。回京后在每张照片上写下打油诗一首，自娱自乐。

辛卯春游西溪湖，趣闻秦奋欲结庐；
试问房价能几许，店家开价三万五。

*这里是电影“非诚勿扰”拍摄现场之一，葛优扮演的男主人公秦奋要在这里买房

溪水清清映树影，一桥凌波压草宴；
横接两岸皆是岛，桥东桥西游人稀。

小桥流水人家今犹在，蓝天碧水立幡入仙境。

结庐溪水边，远离尘世间；
高台堪远眺，嫦娥影若现。

蓝天碧水两相映，白墙青瓦衬绿茵；
杭城喧嚣已淡远，敢与西子比宁静。

放棹湖面涟漪起，渐行渐窄穿桥行；
船高桥低如何过？皆因自大乱心境。

弃舟登岛游，参天不用求；
树高立千仞，归根土一丘。

碧溪绿岛觅行行，
游人接踵喜兴兴。
借问酒家何处有？
路人遥指蒋家村。

驻足花丛欲争艳，人面郁花在当前。
时间无情人有情，青春永留在心田。

11 PPT 75 帧
——现代资源环境观的发展

2012 年 11 月 9 日，在纪念中国农业大学资源与环境学院成立 20 周年的大会上，作者作了题为“现代资源环境观的发展”的讲演。此为讲演用 PPT，它是科学思想与图片艺术相融合的结晶。

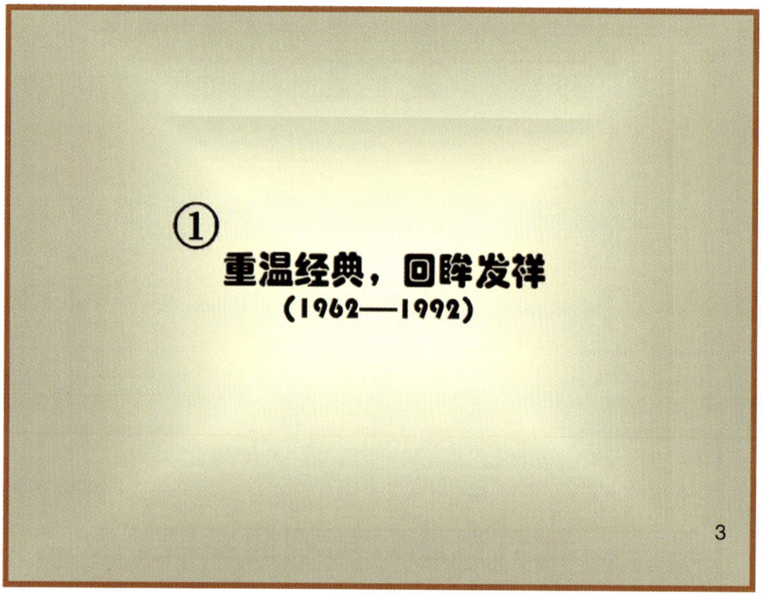
①
重温经典，回眸发祥
（1962—1992）
3

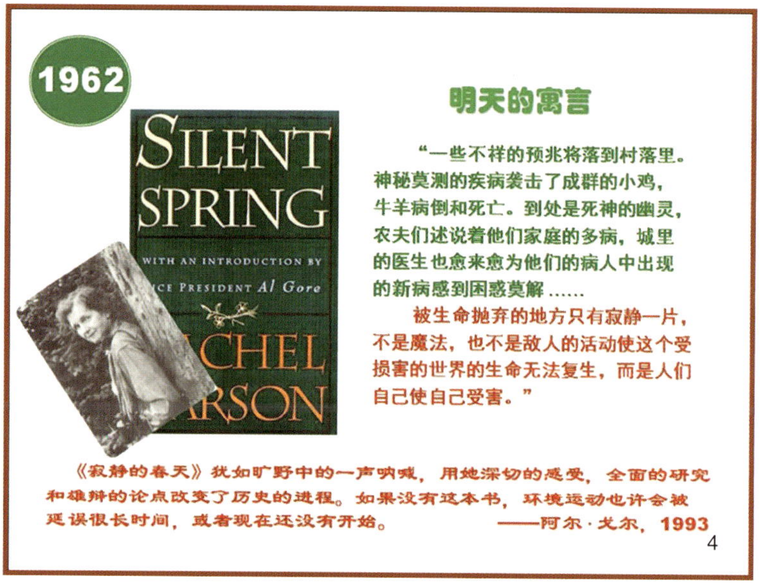
1962
SILENT
SPRING
WITH AN INTRODUCTION BY
明天的寓言
“一些不祥的预兆将落到村落里。神秘莫测的疾病袭击了成群的小鸡，牛羊病倒和死亡。到处是死神的幽灵，农夫们述说着他们家庭的多病，城里的医生也愈来愈为他们的病人中出现的新病感到困惑莫解……
被生命抛弃的地方只有寂静一片，不是魔法，也不是敌人的活动使这个受损害的世界的生命无法复生，而是人们自己使自己受害。”
《寂静的春天》犹如旷野中的一声呐喊，用她深切的感受，全面的研究和雄辩的论点改变了历史的进程。如果没有这本书，环境运动也许会被延误很长时间，或者现在还没有开始。
——阿尔·戈尔，1993
4

1972

世界未来的两种前景

“第一种前景是，如果在世界人口、工业化、污染、粮食生产和资源消耗方面以现在的趋势继续下去，这个行星上增长的极限有朝一日在今后100年中发生。最可能的结果是人口和工业生产力双方有相当冲突的和不可控制的衰退。”

“第二个前景是，改变这这种增长趋势和建立稳定的生态和经济的条件，以支撑遥远的未来是可能的。全球均衡状态可以这样来设计，使地球上每个人的基本物质需要得到满足，而且每个人有实现他个人潜力的平等机会”。

5

1972

联合国在斯德哥尔摩召开了“联合国人类环境会议”，第一次将各国首聚在一起，讨论当代环境问题，发表了《人类环境宣言》。

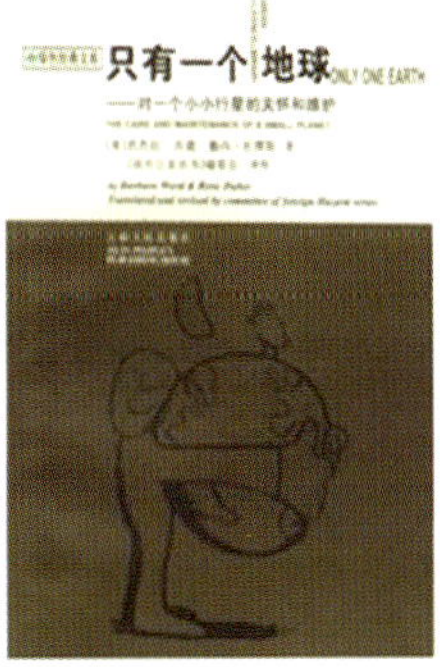

在这个太空中，只有一个地球在独自养育着全部生命体系……这个地球难道不是我们人世间的宝贵家园吗？难道它不值得我们热爱吗？难道人类的全部才智、勇气和宽容不应当都倾注给它，来使它免于退化和破坏吗？我们难道不明白，只有这样，人类自身才能继续生存下去吗？

——受联合国人类环境会议秘书长委托，芭芭拉·沃德和勒内·杜博斯为此次联合国大会提供的一份非正式报告。

6

1972
为了这一代和将来的世世代代的利益，地球上的自然资源，其中包括空气、水、土地、植物和动物，特别是自然生态类中具有代表性的标本，必须通过周密计划或适当管理加以保护……地球生产非常重要的再生资源的能力必须得到保护。
——《联合国人类环境会议宣言》
联合国人类环境第一次会议会场，1972.6，斯德哥尔摩
UGANDA
GUINEA
CANADA
XINHUA
7

1987
我们共同的未来
OUR COMMON FUTURE
全球正面临人口、资源、食物和环境的严重挑战
——受联合国秘书长委托，以挪威首相布伦特兰夫人为首的22人国际委员会（WCED）向联合国提交的《我们共同的未来》报告。
8

1991

1991年联合国粮农组织(FAO)在荷兰登博斯召开了有各国农业部长参加的“农业与环境会议”，发表了著名的“登博斯宣言”。大会提出了“可持续农业和农村发展(SARD)”的概念，要求建立强化有机物质的循环利用，减少化肥农药等石油产品的投入，提高农产品的产出与质量，保护自然资源与环境的可持续性农业系统。

9

1992 世界环境与发展首脑峰会

——主题思想：可持续发展

- 《里约环境与发展宣言》
- 《21世纪议程》
- 《联合国气候变化框架公约》
- 《生物多样性公约》

资源、环境与可持续发展开始由学界走向全人类社会

10

一声声的呐喊，一次次地唤醒着人类的良知，1992年联合国的环境与发展世界大会终于打起了“可持续发展”大旗，成为彪炳人类社会发展史的最新一座丰碑。

11

1992年7月1日，北京农业大学在土化系和农业气象系的基础上成立了农业资源与环境学院

12

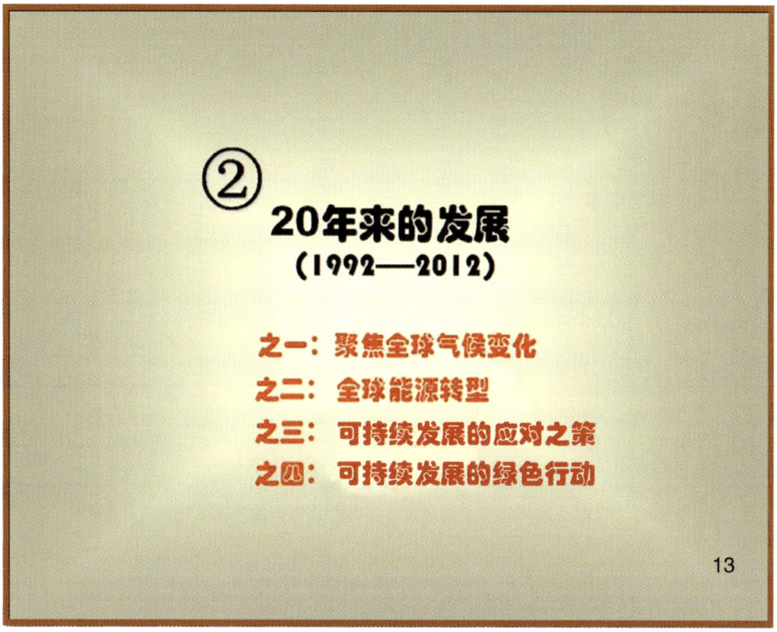
②
20年来的发展
（1992—2012）
之一：聚焦全球气候变化
之二：全球能源转型
之三：可持续发展的应对之策
之四：可持续发展的绿色行动
13

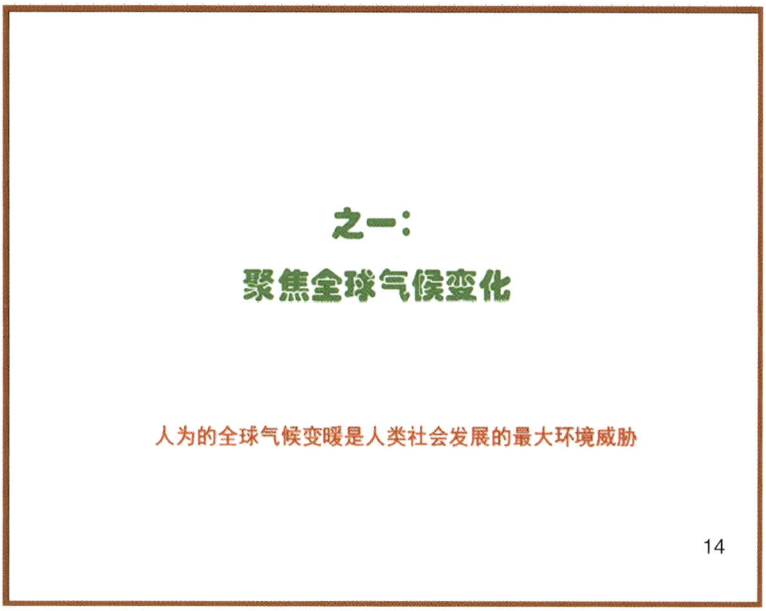
之一：
聚焦全球气候变化
人为的全球气候变暖是人类社会发展的最大环境威胁
14

20年大事记

1992年　联合国世界环境与发展大会，巴西里约热内卢
1994年　《联合国气候变化框架公约》正式生效
1997年　通过《京都议定书》，规定38个工业化国家的二氧化碳等6种温室气体 2008—2012年的减排任务是较1990年减少5.2%
2002年　联合国可持续发展世界首脑第二次会议在南非约翰内斯堡举行5个焦点建议：水、卫生、能源、农业与生物多样性
2004年　欧盟、日本、中国等相继批准《京都议定书》，美国宣布退出《京都议定书》
2007年　IPCC发布第四次评估报告
2007年　G8+5会议在德召开，加、欧提出到2050年全球温室气体排放量比1990年降低50%的建议，美同意“认真考虑”方达成妥协
2007年　“后京都时代”启动会议在印尼巴厘岛召开
2009年　“后京都时代”峰会议在哥本哈根召开
2012年　联合国可持续发展世界首脑第三次会议在巴西里约热内卢举行

15

将大气中的温室气体浓度稳定在一个安全水平，使自然生态系统能够适应全球的气候变化，确保食物生产不受到威胁使经济能够持续发展。

——《联合国气候变化框架公约》，1992

《京都议定书》规定，38个工业化国家的二氧化碳等6种温室气体的2008—2012年的减排任务是较1990年减少5.2%。

16

2007 IPCC

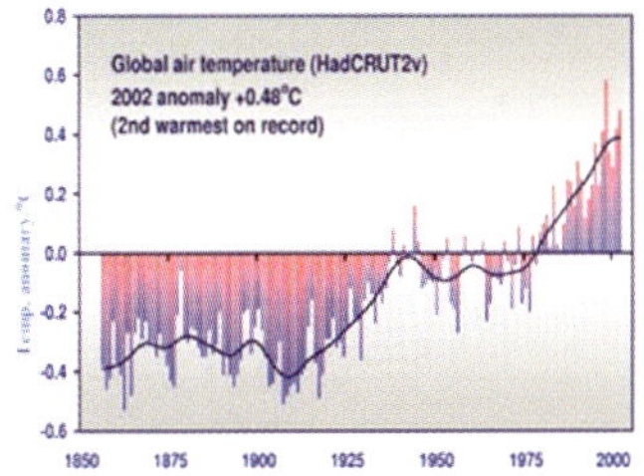

"全球气候变暖已是不争的事实，近百年全球地表平均温度明显升高，21世纪变暖幅度还会增大。"

- 全球二氧化碳浓度由工业化前的280 ppm增加到2005年的379 ppm
- 1970—2004年主要温室气体排放增加了70%
- 最新观测结果表明1906—2005年全球地表平均温度上升了0.74°C，到20世纪后半叶北半球平均气温是近1 300年中最高的
- 与1980—1999年相比，未来20年全球将增温0.4°C，到20世纪末增温1.1～6.4°C，海平面将上升0.2～0.6米
- 如不积极采取措施，2030年的温室气体排放量将比2000年增加25%~90%，其中二氧化碳将增加40%~110%，增量主要来自发展中国家
- 人类活动，特别是化石燃料的使用，是导致全球变暖的主要原因

17

IPCC 2007 ——全球影响及后果十分严重！

- 冰川消融加速，冰川积雪的储水量减少，海平面上升，旱区面积扩大，世界1/6以上人口的可用水量将受到影响
- 水资源时空分布失衡，部分地区旱者愈旱，涝者愈涝，洪涝灾害加重，热浪、强降水、台风等极端事件将更加强烈和频繁
- 对全球生态系统将造成不可恢复的影响
  - ——平均温度增幅超过1.5～2.5°C，二到三成物种可能灭绝
  - ——对陆生和水生动植物的季节迁徙和地理推移将产生重大影响
  - ——农林业的气候变率以及气候和生物灾害增加，收成更加不稳定
  - ——二氧化碳增加海水酸度，导致海洋生态失衡
- 导致突发性公共卫生事件增多增强，严重威胁人类健康

越早采取措施，经济成本越低，效果越好

18

2007
8国峰会

2007年6月在德国海滨小镇海利根达姆召开的8国首脑峰会，将应对全球气候变化作为主题。欧盟和加拿大等国提出了关于到2050年全球温室气体排放量比1990年降低50%的建议。在激烈讨价还价和强大的压力下，布什勉强同意美国将“认真考虑”才达成了峰会的“妥协方案”。

今日视点
八国气候妥协能否改善气候变化

19

2009
UNCC

后京都时代峰会
“挽救地球”的会议
哥本哈根CC会议

如果这次会议失败的话，我们将会花更多时间和成本去寻找另一个解决办法，这是我们等不起的，这次会议只能成功，不能失败。
——丹麦气候和能源大臣康妮·赫泽高女士

“丹麦文本”与“北京文本”，会议仍然是先行工业化国家与发展中国家利益的博弈。《哥本哈根协议》没有实质性有法律约束力的结果。

20

之二：
全球能源转型

引起全球变暖的温室气体80%~85%来自于化石能源消费。

——美国能源信息署《世界能源展望》（IEO2005）

21

化石能源资源将渐趋枯竭

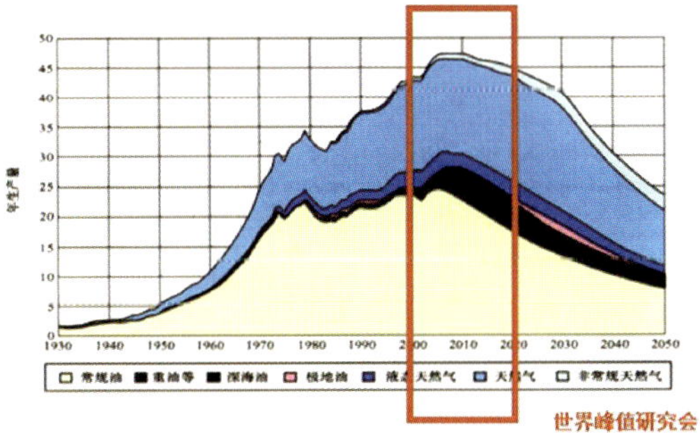

世界峰值研究会（2002）

石油天然气峰值期：2000—2020年

22

国际权威组织对化石能源枯竭的预测

全球剩余可采储量加上储量增长潜量和待发现资源量石油可用**53**年、天然气**63**年、煤炭**90**年。——《IEO2005》

2010年世界石油、天然气和煤炭分别可满足世界46.2年、58.6年和85年的开采。

《BP世界能源统计报告2011》

按**2005**年的储产比
中国石油可用**14**年
天然气可用**45**年
煤炭可用**57**年

23

自1973年世界石油危机以来，发达国家开始寻求以生物乙醇、生物质发电、工业化沼气、风能等可再生能源对化石能源的替代之路。1999年的一纸《总统令》，启动了全球的农业转型。

24

21世纪——能源换代的世纪
《发展生物基产品和生物能源的总统令》1999.8.12.
“目前生物基产品和生物能源技术有潜力将可再生农林业资源转换成能满足人类需求的电能、燃料、化学物质、药物及其他物质的主要来源。这些领域的技术进步能在美国乡村给农民、林业者、牧场主和商人带来大量新的，鼓舞人心的商业和雇佣机会；为农林业废弃物建立新的市场；给未被充分利用的土地带来经济机会；以及减少我国对进口石油的依赖和温室气体的排放，改善空气和水的质量。”
—EXECUTIVE ORDER: <DEVELOPING AND PROMOTING BIOMASS PRODUCTS AND BIOENERGY>, AUGEST, 12, 1999
农村经济
能源替代
改善环境
25

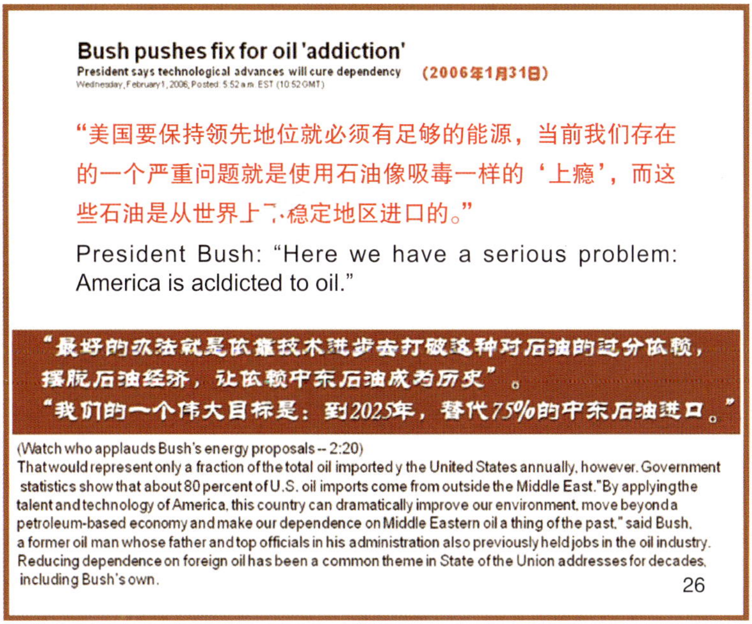
Bush pushes fix for oil 'addiction'
President says technological advances will cure dependency
Wednesday, February 1, 2006; Posted: 5:52 a.m. EST (10:52 GMT)
（2006年1月31日）
“美国要保持领先地位就必须有足够的能源，当前我们存在的一个严重问题就是使用石油像吸毒一样的‘上瘾’，而这些石油是从世界上不稳定地区进口的。”
President Bush: “Here we have a serious problem: America is acldicted to oil.”
“最好的办法就是依靠技术进步去打破这种对石油的过分依赖，摆脱石油经济，让依赖中东石油成为历史”。
“我们的一个伟大目标是：到2025年，替代75%的中东石油进口。”
(Watch who applauds Bush's energy proposals -- 2:20)
That would represent only a fraction of the total oil imported y the United States annually, however. Government statistics show that about 80 percent of U.S. oil imports come from outside the Middle East."By applying the talent and technology of America, this country can dramatically improve our environment, move beyond a petroleum-based economy and make our dependence on Middle Eastern oil a thing of the past," said Bush, a former oil man whose father and top officials in his administration also previously held jobs in the oil industry. Reducing dependence on foreign oil has been a common theme in State of the Union addresses for decades, including Bush's own.
26

我们将致力于用太阳、风和土壤为汽车和工厂提供燃料和动力。

——奥巴马，2009 年总统就职演说

奥巴马 2009 年发布美国的“绿色新政”后，在 2010 年国情咨文中说道：“掌握洁净、可再生能源动力的国家将处于 21 世纪的领先地位。”

美国不能把长久繁荣与安全建立在将会枯竭的能源基础上，未来十年内美国的石油进口规模将减少三分之一。

——奥巴马，2011 年国情咨文

27

生物质能源是全球一次能源中的第四大能源

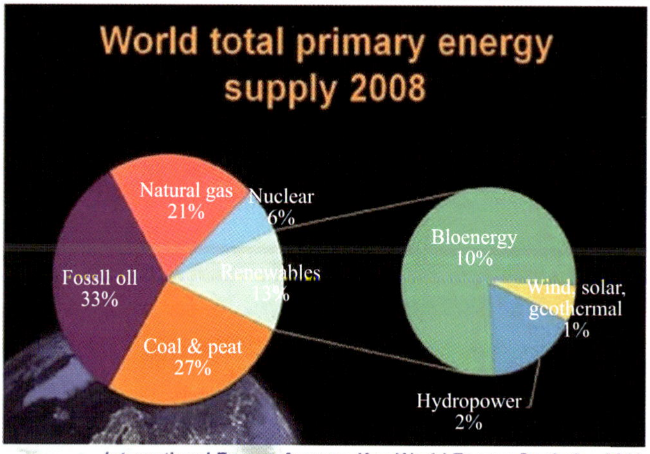

International Energy Agency, Key World Energy Statistics 2010

28

“从长远看，石油终将枯竭，利用取之不尽、用之不竭的农林生物质资源将会逐步兴起。由石油碳氢化合物生产的化石燃料，终将会由碳水化合物生产的生物质燃料逐渐部分替代。让我们加强生物炼油厂的研究，迎接‘碳水化合物’新时代的到来。”

中国科学院院士
中国工程院院士
中国石油化工奠基人
2008年度国家最高科技奖得主
闵恩泽，2006年

29

之三：

可持续发展的应对之策

从《超越极限》到《第三次工业革命》

30

1972
增长的极限
1992
绿色前沿译丛
BEYOND THE LIMITS
超越极限
正视全球性崩溃，展望可持续的未来
31

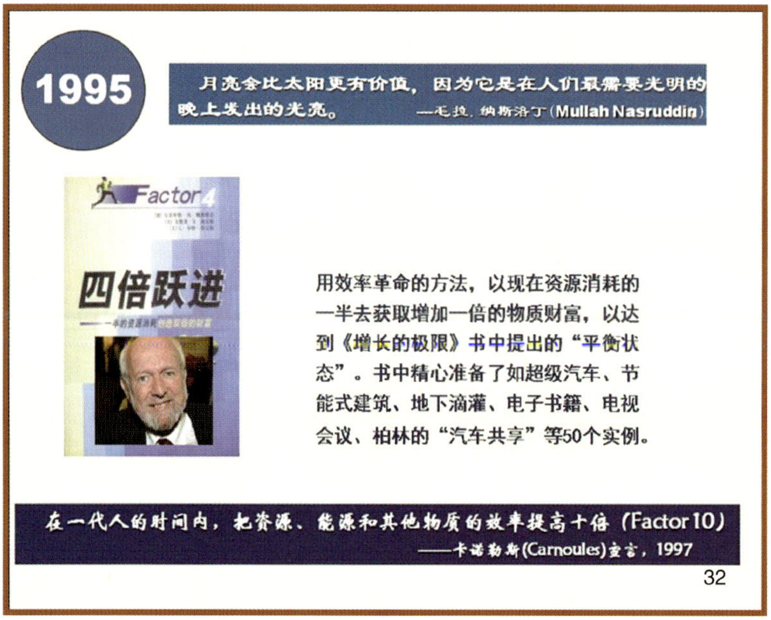
1995
月亮会比太阳更有价值，因为它是在人们最需要光明的晚上发出的光亮。——毛拉.纳斯洛丁(Mullah Nasruddin)
Factor 4
四倍跃进
用效率革命的方法，以现在资源消耗的一半去获取增加一倍的物质财富，以达到《增长的极限》书中提出的“平衡状态”。书中精心准备了如超级汽车、节能式建筑、地下滴灌、电子书籍、电视会议、柏林的“汽车共享”等50个实例。
在一代人的时间内，把资源、能源和其他物质的效率提高十倍（Factor 10）
——卡诺勒斯(Carnoules)宣言，1997
32

以矿物燃料为基础、以汽车为中心、充斥着一次性物品的西方经济模式，在工业国家已不再行得通，在中国、印度等发展中国家也不会行得通。

——L·R·布朗

以牺牲资源与环境为代价和不可持续的现行“A模式”必将被“B模式”所代替。实现“B模式”的途径是提高水和土地的生产率，将碳排放减半，以及通过稳定人口、普及教育、全民医疗等应对社会挑战。

——L·R·布朗

33

循环经济

按照自然生态系统物质循环和能量流动规律构建的经济系统，并使经济系统纳入自然生态系统的物质与能量循环过程的一种新的经济形态。

——以资源的高效利用和循环利用为目标

——以“减量化、再利用、资源化”为原则

——以物质闭路循环和能量梯次使用为特征

“减量化、再利用、再循环”——“3R”原则

34

2008

克林顿和小布什两任总统的环境顾问
Fred Krupp新书《决战新能源》

“一场新的工业革命已经开始，它将彻底改变世界和我们的生活方式。”

“第三次世界大战不是炮与火的战争，而是全球新能源战争。”

“一场影响国家兴衰的产业革命。”

“保护我们的地球不要毁灭。”

35

2011

互联网技术和可再生能源将结合起来，将为第三次工业革命创造强大的新基础设施。

第三次工业革命的五个支柱

（1）向可再生能源转型；
（2）将每一大洲的建筑转化为微型发电厂，以便就地收集可再生能源；
（3）在每一栋建筑物以及基础设施中使用氢和其他存储技术，以存储间歇式能源；
（4）利用互联网技术将全球电力网转化为能源共享网络；
（5）将运输工具转向插电式以及燃料电池动力车，电力由共享的电网平台提供。

36

2012
RIO+20

2012年联合国可持续发展大会

37

2012
RIO+20

大会主题：
- 绿色经济在可持续发展和消除贫困方面的作用
- 可持续发展的体制框架

保护资源环境、实现永续发展是我们唯一的选择。我们的三点建议是：
- 坚持公平公正、开放包容的发展理念；
- 积极探索发展绿色经济的有效模式；
- 完善全球治理机制。

——温家宝，2012.6

38

之四：
可持续发展的绿色行动
（两个案例：Gussing与Sweden）

39

持久的未来能源
——《State of the World》，2009

介绍的是奥地利东南边境的一个小镇

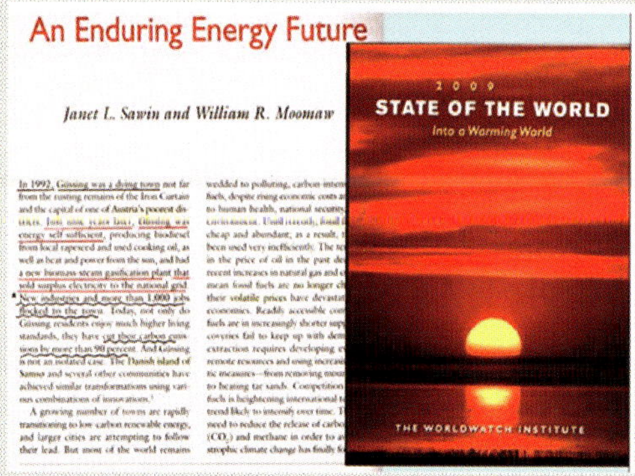

40

居辛(Gussing District)，奥地利东南边境最穷、最不发达的小镇，面积50km²，2.7万人口。农民靠传统农林业为生，70%的劳力外出打工，连一年600万欧元的用电和取暖用化石能源都买不起。这里没有工业和贸易，没有交通基础设施。
2011/09
41

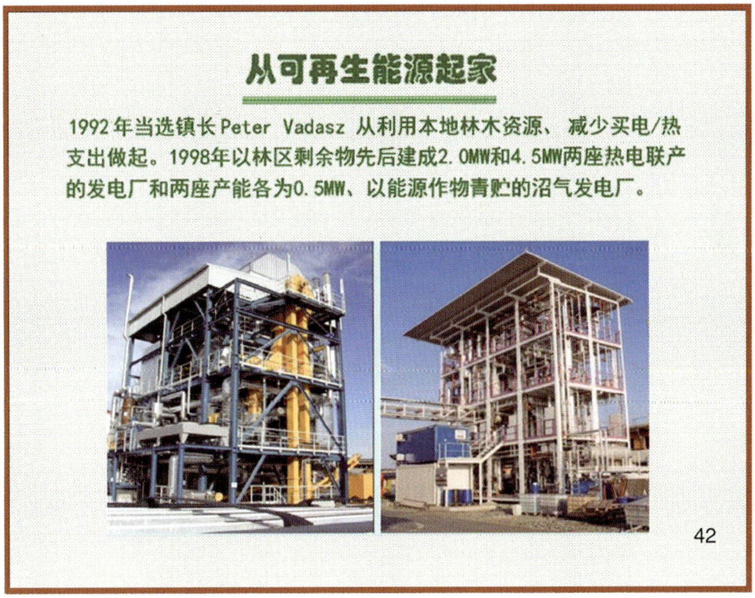
从可再生能源起家
1992年当选镇长Peter Vadasz从利用本地林木资源、减少买电/热支出做起。1998年以林区剩余物先后建成2.0MW和4.5MW两座热电联产的发电厂和两座产能各为0.5MW、以能源作物青贮的沼气发电厂。
42

- 居辛的可再生能源消费占总能源消费量的100%还自给有余，而奥地利是23%；欧盟是6%。
- 减排温室气体90%以上，而2009年度获欧盟 “可持续城镇”的瑞典Waxjo为25%。

43

栽好梧桐树，引来金凤凰

- 可再生能源项目陆续“落户” 居辛，有发电厂27家，总发电产能22MW，其中8MW卖给国家电网，“绿电”年销售额1400万欧元。建有12家生物质能厂，1家生物柴油厂和3家大型太阳能厂等。
- 奥地利首家高效能太阳能电池生产企业等50余家落户居辛，累计创造新就业岗位1000余个；获得一批可再生能源的技术和发明专利；成立了可再生能源技术咨询服务公司（ECRE ）。
- 兴起“绿色和生态友好旅游”，年游客20余万人次。
- 地方财税收入从1990年的40万欧元增至2006年的123万欧元。

44

欧洲可再生能源中心落户居辛
(European Center for Renewable Energy，EEE)
TECHNOLOGIEZENTRUM
EUROPÄISCHES ZENTRUM
FÜR ERNEUERBARE ENERGIE
GÜSSING
2011/09/17
——此材料及图片由程序教授提供
45

介绍一个瑞典的可持续发展工程设计公司
SUSTAINABLE PLANNING
WITH SPECIAL FOCUS ON THE BUILT ENVIRONMENT AND ENERGY EFFICIENCY
46
LILJEWALL
arkitekter
VBK
swedesign
CONNECTION

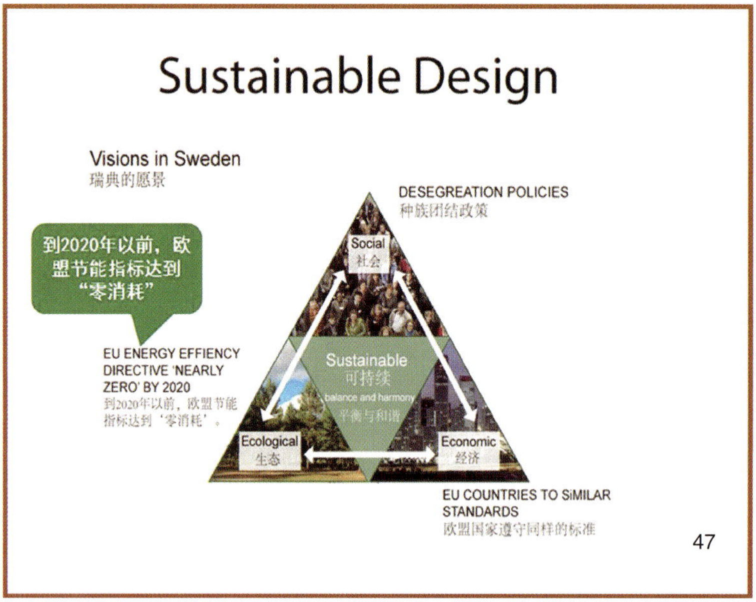
Sustainable Design
Visions in Sweden
瑞典的愿景
到2020年以前，欧盟节能指标达到“零消耗”
DESEGREATION POLICIES
种族团结政策
Social
社会
Sustainable
可持续
balance and harmony
平衡与和谐
EU ENERGY EFFIENCY DIRECTIVE 'NEARLY ZERO' BY 2020
到2020年以前，欧盟节能指标达到‘零消耗’。
Ecological
生态
Economic
经济
EU COUNTRIES TO SIMILAR STANDARDS
欧盟国家遵守同样的标准
47

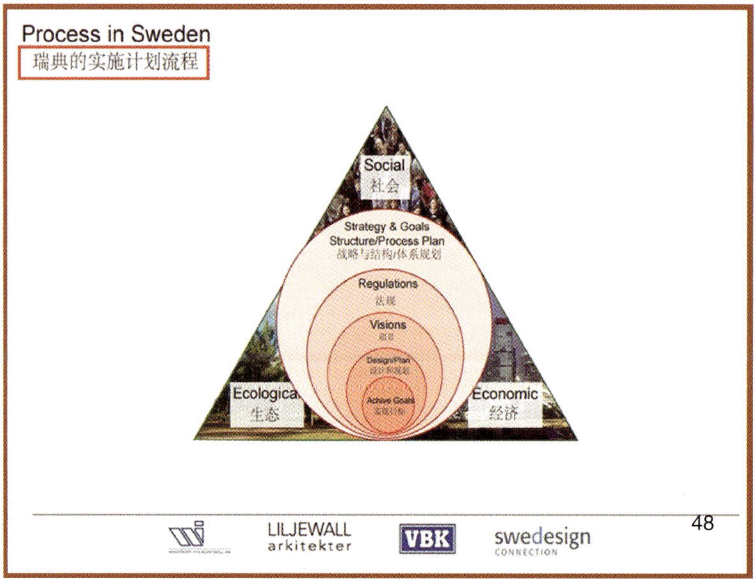
Process in Sweden
瑞典的实施计划流程
Social
社会
Strategy & Goals
Structure/Process Plan
战略与结构/体系规划
Regulations
法规
Visions
Design/Plan
Achive Goals
Ecologica
生态
Economic
经济
LILJEWALL
arkitekter
VBK
swedesign
CONNECTION
48

可持续发展城市设计的3个案例
Gothenburg
哥德堡
Västra Hamn Malmö
马尔默西港
Hammarby Sjöstad, Stockholm
汉马贝湖城，斯德哥尔摩
49

Hammarby Siöstad Stockholm
汉马贝湖城，斯德哥尔摩
已实现的生态指标：
● CO_2 排放量减少60%；
● 化石燃料使用量由80%减少到3%
● 能源利用效率90%
● 硫化物与可吸入颗粒减少99.5%
措施：
• 封闭式全自动地下废物收集系统。
• 一半的能源来自自身——可再生燃料，余热利用、沼气和家庭利用率。
• 太阳能热水和发电。
• 生活污水和废物生产沼气。
• 收集和过滤径流水。
• 高效节能建筑、三层玻璃窗、绿色屋顶等。
50

马尔默西港

- The first climate-neutral district in Sweden
- Uses 100% renewable energy.
- Energy is supplied by solar and wind power systems and geothermal heat pumps.
- Offers an extensive bike path system and buses that are powered by natural gas/biogas.
- Open storm water-system
- Sweden´s largest wind power: with electricity with 48 large wind turbines generating 2.3 MW of electricity, enough to power 60,000 homes.

- 瑞典的第一个“气候中立”区。
- 100%使用可再生能源。
- 太阳能热水和发电，风力发电和地源热泵发电。
- 大面积的自行车系统和天然气与沼气动力公交车系统。
- 露天的雨水采集系统。
- 瑞典最大的风力发电基地：拥有48个风力涡轮机可以产生2300千瓦的电能，可够60000个家庭使用。

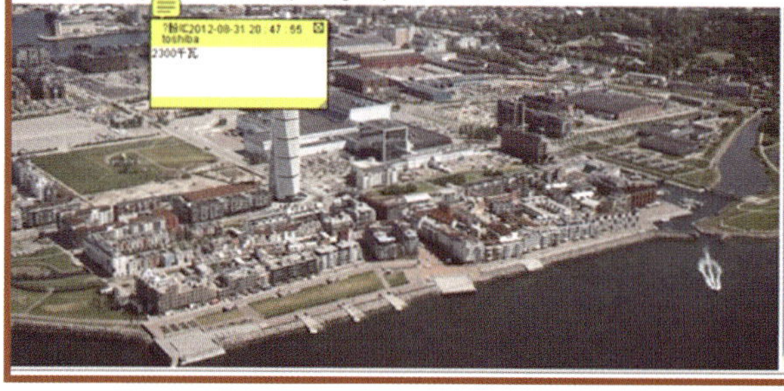

51

Our Buildings Compared with Swedish Regulations

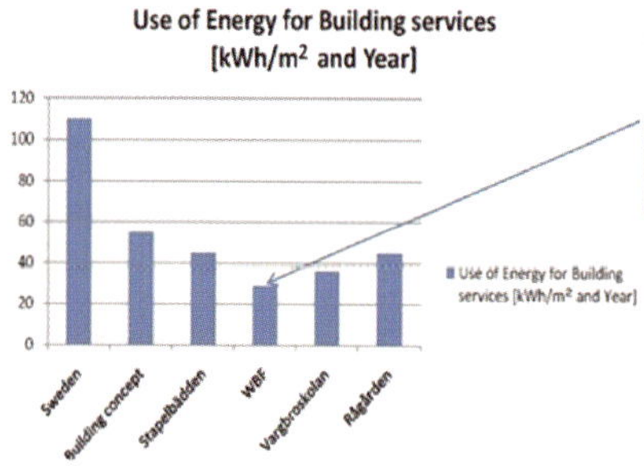

WBF
Office and
Production Facility

52

可持续理念已进入
建筑设计和商业运作
可持续设计理念在中国的实践
Project of Sustainable in China
BCKJ
别处空间
航星技术中心办公楼
北京大学公共教学楼
四川茂县黑虎小学
北京宝钞胡同甲38号四合院
53

③
我的绿色文明观
54

2011

我们现在讨论的应对全球气候变化和能源转型，讨论的后工业社会和绿色文明，都是在讨论着一个未来的美好时代，决胜生物质是为迎接至美的绿色文明社会中的一个重要战役。

——石元春，2011

55

GDP

全球GDP（以公元1500年为1）

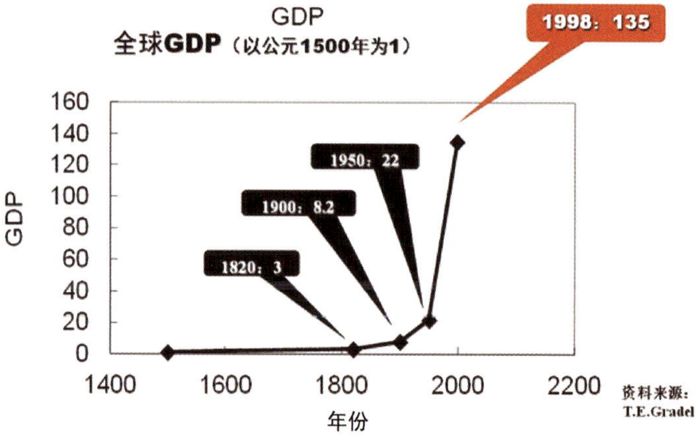

经济总量的高速增长必然要有物质原料和能量投入的相应高速增长

56

化石能源是导致全球气候变暖的祸首，且资源正趋枯竭

引起全球变暖的温室气体的80%～85%来自于化石能源消费。——《IEO2005》

2010年世界石油、天然气和煤炭分别可满足世界46.2年、58.6年和85年的开采。

——《BP世界能源统计报告2011》

57

不可再生的非能资源枯竭危机同样深重！

表中除铬、煤、钴、铁四项尚能使用百年以上外，其他均不及百年，起始期是1971年。

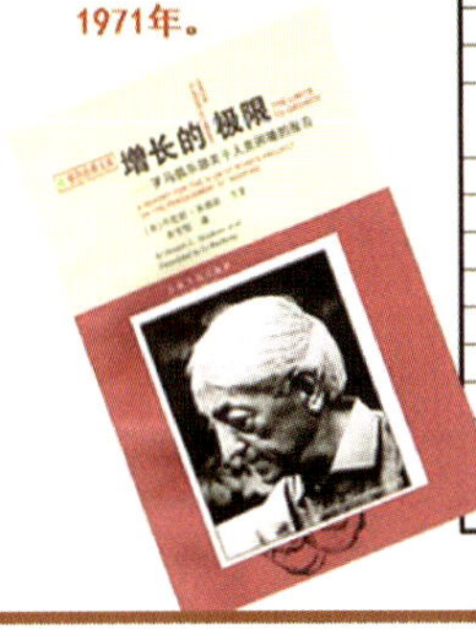

资源	已知世界储量	固定的指标（年数）	指数的指标（年数）	5倍于已知的储量指数的指标（年数）
铝	$1.17 \cdot 10^{9}$吨	100	31	55
铬	$7.75 \cdot 10^{8}$吨	420	95	154
煤	$5 \cdot 10^{12}$吨	2300	111	150
钴	$4.8 \cdot 10^{9}$磅	110	60	148
铜	$308 \cdot 10^{6}$吨	36	21	48
黄金	$353 \cdot 10^{6}$英(两)金衡	11	9	29
铁	$1 \cdot 10^{11}$吨	240	93	173
铅	$9 \cdot 10^{6}$吨	26	21	64
锰	$8 \cdot 10^{8}$吨	97	46	94
汞	$3.34 \cdot 10^{6}$铁瓶	13	13	41
钼	$10.8 \cdot 10^{9}$磅	79	34	65
天然气	$1.14 \cdot 10^{15}$立方英尺	38	22	49
镍	$147 \cdot 10^{9}$磅	150	53	96
石油	$455 \cdot 10^{9}$桶	31	20	50
类白金	$429 \cdot 10^{6}$英两(金衡)	130	47	85
白银	$5.5 \cdot 10^{9}$英两(金衡)	16	13	42
锡	$4.3 \cdot 10^{6}$长吨	17	15	61
钨	$2.9 \cdot 10^{9}$磅	40	28	72
锌	$123 \cdot 10^{6}$吨	23	18	50

58

不可再生的矿产资源正趋枯竭

随着人类开发资源程度的加剧，新的矿床和新型资源矿床已经变得越来越难以找到和开发，因为这些能源和矿床埋藏更深更荒远，而浅层矿床和地处人类活动频繁地带的矿床已经逐渐枯竭。

——国际矿床地质学会第八届大会，2005.8.

59

中国：一个矿产资源大国的窘境

2003年，我国消耗了占全球31%的原煤，30%的铁矿石，27%的钢材以及40%的水泥。2004年，由于我国对铁矿石需求的急剧增加，国际市场价格曾上涨了71.5%；由于国际原油价格屡创新高，我国全年多支付外汇达数十亿美元。长此以往，越来越多的企业将不堪重负，国家将不堪重负。

——陈自立，2005.8.

我国的45种主要矿产资源人均占有量不到世界水平的一半，铁、铜、铝等只是世界平均水平的1/6、1/6和1/9。我国多数金属矿产资源禀赋不佳，开发利用难度大，选矿和冶炼成本高。”“到2020年，我国45种重 要矿产资源中，可以保证的有24种，基本保证的2种， 短缺的有10种，严重短缺的有9种。

——刘健生，2005.8.

60

二百多年工业化经济的高需求和高科技，带来了物质生产原料与能源的高消耗和快枯竭，以及化石能源使用中导致的环境恶化不可避免地使工业经济模式不可持续，工业文明正在走向终结。

61

用于社会物质生产的原料与能源的基本特质

◆不可再生、不可循环、高碳：

化石能源

◆不可再生和减量循环：

金属类/无机矿产类

◆可再生、不可循环、低碳、不可替代：

水能、风能、太阳能

◆可再生、可增量循环、低碳、可替代：

生物质

62

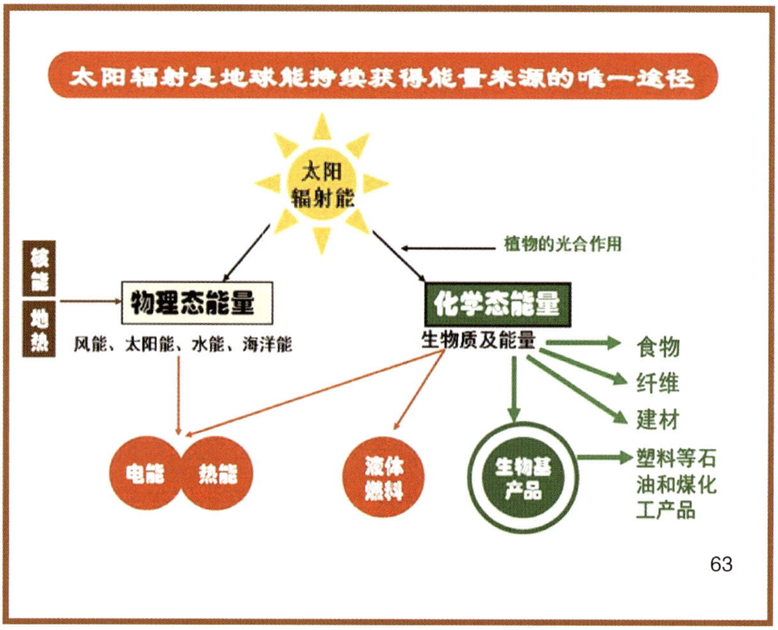

生物基产品最终满足大于90%的美国有机化学消耗和达到50%的消耗和达到50%的液体燃料需要，并形成转化生物基产品的全球领导地位。

—— Biobased Industrial Products: Research and Commercialization Priorities，NAS，1999

全球生物基化工制品市场设想（亿美元）

	2005年	2025年
一般化工制品	9	500～860
特种化工制品	50	3000～3400
精细化工制品	150	880～980
聚合物	3	450～900
合计	212	4830～6140
增加比值	1	23～29

Dr. Roger Conway, Director,
USDA/ Office of Energy Policy and New Uses
August 20 -22, 2007

64

EVERYTHING OLD IS NEW AGAIN
——THE FUTURE FOR BIOPRODUCTS
Dr. Roger Conway
Director
USDA/Office of Energy Policy and New Uses
August 20 -22, 2007
20世纪之初，石油基工业制品逐渐取代了生物基工业制品；21世纪之初，生物基工业制品重新回归，将逐渐替代石油基工业制品。
65

土壤的新功能：生产能源与减排增汇
The Nature and Properties of Soils
NYLE C. BRADY
RAY R. WEIL
土壤的功能不仅是生产食物和纤维，还要担负起生产能源的任务。
——土壤学教材，第12版，2002年
土壤的功能不仅是生产食物、纤维和能源，还要担负起温室气体的增汇减排任务。
66

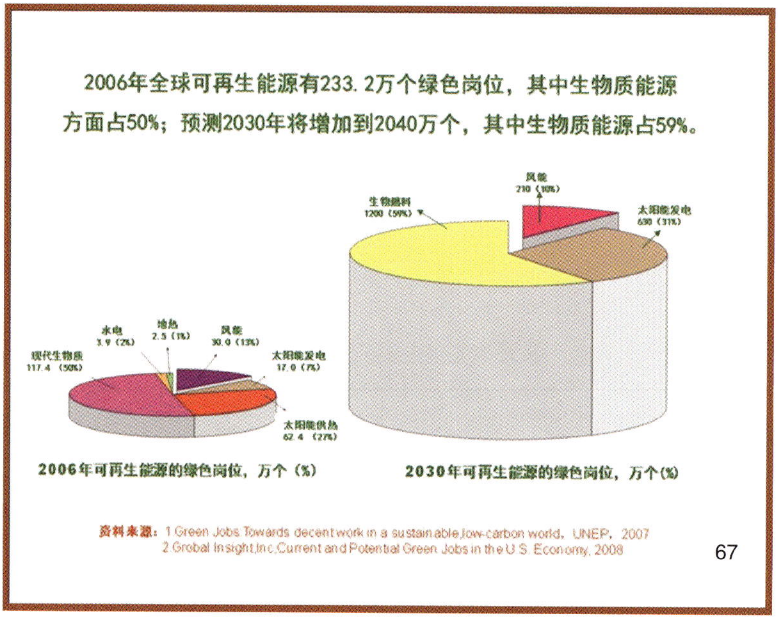
2006年全球可再生能源有233.2万个绿色岗位，其中生物质能源方面占50%；预测2030年将增加到2040万个，其中生物质能源占59%。
风能
210（10%）
生物燃料
1200（59%）
太阳能发电
630（31%）
水电
3.9（2%）
地热
2.5（1%）
风能
30.0（13%）
现代生物质
117.4（50%）
太阳能发电
17.0（7%）
太阳能供热
62.4（27%）
2006年可再生能源的绿色岗位，万个（%）
2030年可再生能源的绿色岗位，万个(%)
资料来源：1.Green Jobs:Towards decent work in a sustainable,low-carbon world，UNEP，2007
2.Grobal Insight,Inc,Current and Potential Green Jobs in the U.S. Economy, 2008
67

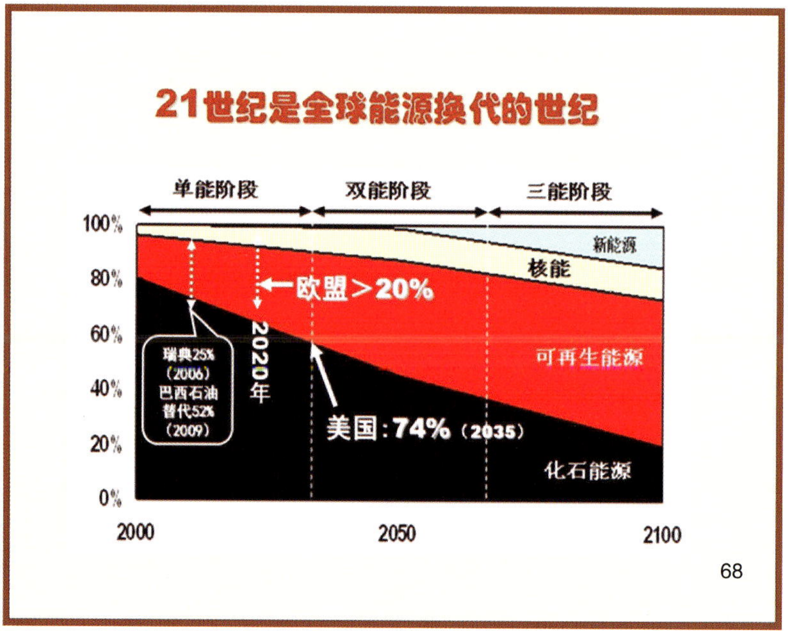
21世纪是全球能源换代的世纪
单能阶段
双能阶段
三能阶段
100%
80%
60%
40%
20%
0%
新能源
核能
欧盟>20%
2020年
瑞典25%
(2006)
巴西石油
替代52%
(2009)
可再生能源
美国:74%（2035）
化石能源
2000
2050
2100
68

在生物质能源和生物基产品强势发展的带动下，生物产业将得到迅速发展，未来产业结构的一、二、三产业将是生物产业、非生物产业和服务业。

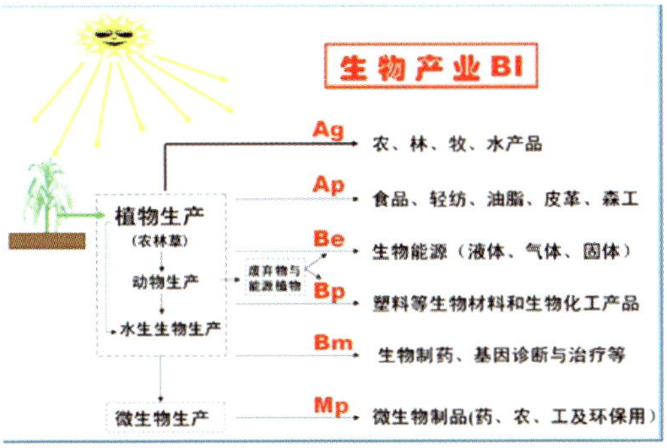

69

不同社会形态具有不同的本质特征和不同的发生、发展和消亡过程。农业社会以农业为先进生产力代表和社会存在的主要形态，同时又因农业生产力高度发展导致人口与土地的尖锐矛盾而难以为继；工业社会以工业为先进生产力和社会存在的主要形态，也因工业生产力高度发展导致资源枯竭和环境恶化而不可持续。那么，下一个社会形态则必须以能缓解资源匮缺与环境恶化矛盾并保障社会的持续发展，以生物产业为主导的绿色经济将作为未来社会的先进生产力代表和社会存在的主要形态。

——《决胜生物质》，石元春，2011

70

绿色文明的理念是“天人合一”和“可持续发展”；绿色文明将使牺牲生态与环境的经济发展模式转向为修复和保护生态环境模式；绿色文明将使不可再生资源主导模式转向为可再生资源主导模式；绿色文明将使追求单一和近期目标的科技进步转向为促进社会健康和可持续发展长期目标的科技进步；绿色文明将使人类生产、生活和消费上的贪婪与无度转向为理性与高尚。

在绿色社会，理念是绿色的，科技是绿色的，生产是绿色的，消费是绿色的，生活也是绿色的。

——《决胜生物质》，石元春，2011

71

发展资源与环境学科和培养人才是一项重要和长期的任务，为此，北京农业大学于1992年成立了资源与环境学院。

72

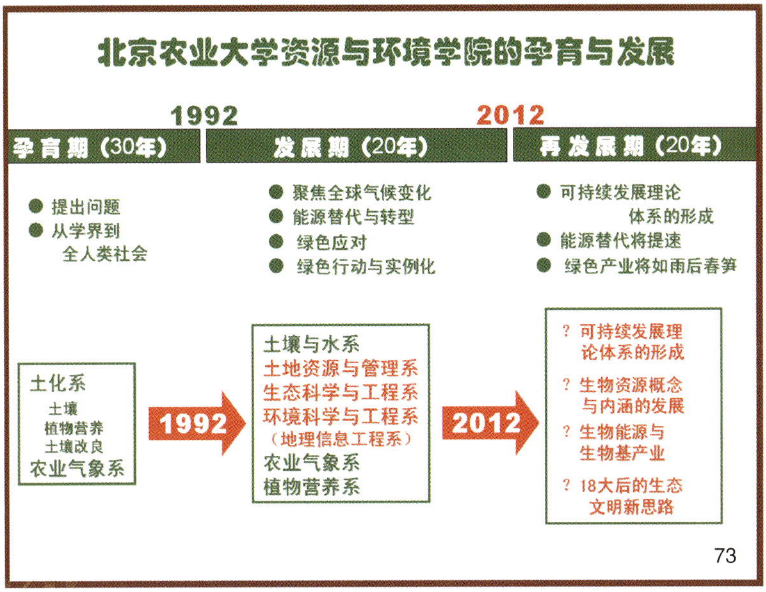

教育的滞后性决定了教育理念与培养的超前性。北京农业大学资源与环境学院的成立是超前的，这20年里我们超前了吗？是否我们应当做一次阶段性的反思与评估。想想我们的科学与教育理念超前了吗？想想我们的系科与专业、培养目标、方案和课程设置超前了吗？我们的研究项目与课题（被动的和主动的）超前了吗？还有我们的教师队伍的素质等。想想未来的20年我们可能或该做些什么。

74

谢谢!
75